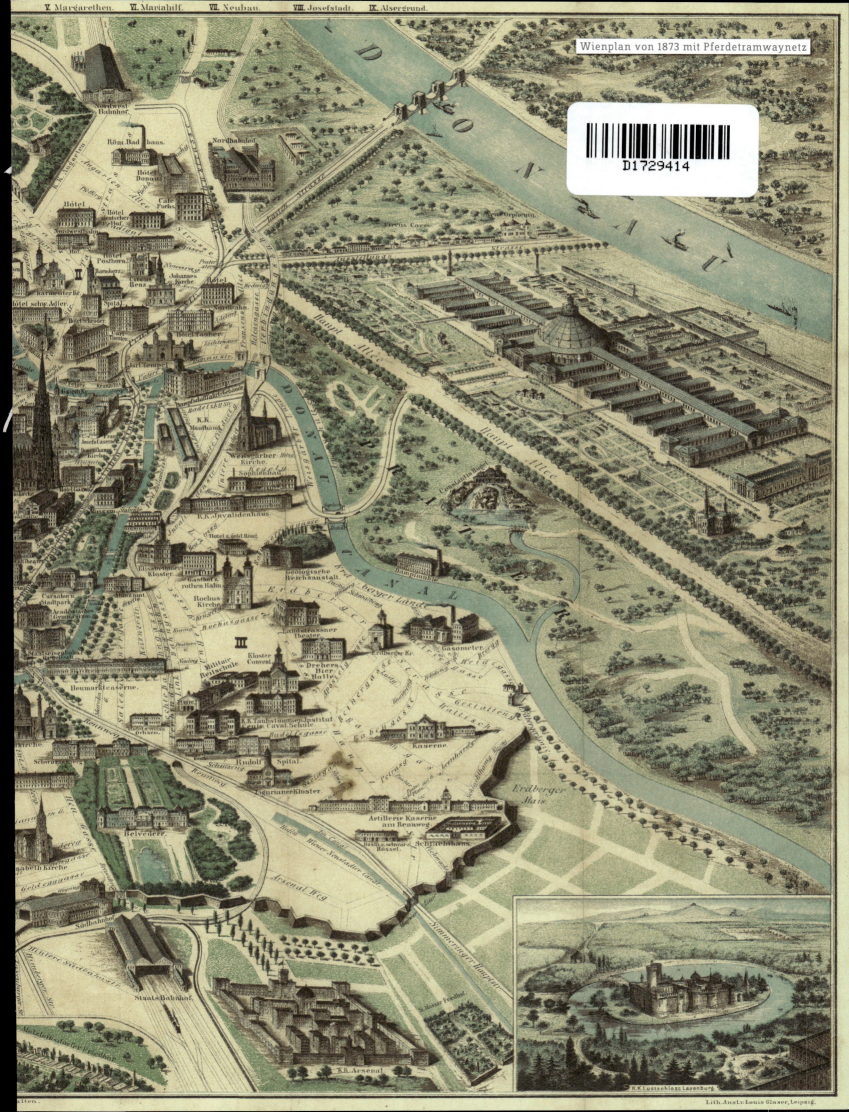

Johann Hödl

Vom Sesselträger zum Silberpfeil – 200 Jahre Wiener Verkehrsgeschichte

Autor

Prof. Johann Hödl
Geboren 1955 in Korneuburg, lebt in Wien. Seit 1975 beim Wiener U-Bahn-Bau tätig. Leiter der Abteilung Kaufmännische Dienste und Controlling für das Bau- und Anlagenmanagement der Wiener Linien, Koordinator von Kunstprojekten in der U-Bahn, Verfasser verschiedener Fachartikel und Publikationen zum Thema U-Bahn-Bau und zur Verkehrsgeschichte Wiens

Impressum

Herausgeber
Wiener Linien GmbH & Co KG, 1030 Wien

Autor
Prof. Johann Hödl

Konzeption und Gesamtleitung
Prof. Johann Hödl

Produktionsassistent
DI Dieter Dorazin, M. A.

Lektorat
DI Dieter Dorazin, M. A.
Martina Hödl
Prof. Dr. Philipp Maurer
Ing. Josef Sabor

Buchproduktion
Wilhelm Missauer

Grafische Gestaltung
Wilhelm Missauer

Bildbearbeitung
Wilhelm Missauer

Lithografie
Pixelstorm Litho & Digital Imaging

Druck
Holzhausen Druck

Verlagsort
Wien

© Wiener Linien, 2015
ISBN 978-3-99036-011-8

JOHANN HÖDL

Vom Sesselträger zum Silberpfeil

200 JAHRE WIENER VERKEHRSGESCHICHTE

Dieses Buch erschien anlässlich des Jubiläums
„150 Jahre Tramway in Wien"
(4. Oktober 1865 – 4. Oktober 2015)

Inhaltsverzeichnis

Eine Bilanz 7

8 Wien in der 1. Hälfte des 19. Jahrhunderts

Kernstadt – Vorstädte – Vororte 9

Der Verkehr in der Stadt – individuell unterwegs 20

Aus der Stadt hinaus 28

Massenverkehr nach Fahrplan 36

Revolutionäre Veränderungen 42

Der Kampf der Systeme 47

Auf Flüssen und Kanälen 52

Dampfende Automobile 62

Auf glatten Schienen 66

Die Wiener Revolution 78

82 Wien in der 2. Hälfte des 19. Jahrhunderts

Der Abbruch der Stadtmauer – Wiens Weg zur Weltstadt 83

Die Frage der Verbindungsbahnen 94

Großmacht in Stein gemeißelt 98

Die liberale Ära oder Gründerzeit 102

Die Pferdetramway – eine neue Technik aus Amerika 108

Konjunkturmotor Weltausstellung 1873 120

Nach dem Schock 128

Dampfend durch die Straßen Wiens 136

Unter Strom – das elektrische Zeitalter 150

Der Aufstand der „Tramwaysklaven" 160

Die zweite Stadterweiterung 164

Der Bau der Stadtbahn 168

Die „Elektrische" 198

206 Heiteres / Skurriles

Geniale Erfindungen, die uns erspart blieben 207

210 Wien in der 1. Hälfte des 20. Jahrhunderts

Ein neues Zeitalter – Wien kommunalisiert 211
Die dritte Stadterweiterung – Floridsdorf kommt zu Wien 228
Autobusse mit Batterie-, Benzin-, Strom- und Dieselantrieb 232
Das große Versäumnis – Wien ohne U-Bahn 237
Eine „Elektrische" von Wien nach Pressburg 246
Die Ursachen des großen Krieges 248
Die Straßenbahn in den Kriegsjahren 1914-1918 258
Die Schaffnerin 266
Von der Residenzstadt zum „Wasserkopf" 270
Die Elektrifizierung der Wiener Stadtbahn 284
Der große Riss in der österreichischen Gesellschaft 290
Der beginnende Siegeszug des Automobils 298
Groß-Wien zur Nazizeit 302
Die Straßenbahn im Zweiten Weltkrieg 306
Aus Schutt und Asche 308
Von A-Z, die ersten Nachkriegsfahrzeuge der Straßenbahn 316
Zukunft Kraftomnibus 318
Umorganisationen und Neueinführungen 320

322 Wien in der 2. Hälfte des 20. Jahrhunderts

Wiens erste Stadtverkleinerung 323
U-Bahn – ja oder nein? 326
Eine Politik der kleinen Schritte 330
Die Ära Roland Rainer 346
Fortsetzung der Politik der kleinen Schritte 350
Das beginnende U-Bahn-Zeitalter 362
Die zweite U-Bahn-Ausbauphase mit den Linien U3 und U6 376
Nicht nur U-Bahn 388

394 Wien zu Beginn des 21. Jahrhunderts

Neue Zeiten im neuen Jahrtausend 395

406 Verkehr in Zahlen

150 Jahre öffentlicher Verkehr in Wien 406

Eine Bilanz

Im Jahr 2015 feierte der öffentliche Verkehr in Wien ein historisches Jubiläum. Vor genau 150 Jahren nahm die erste Pferdetramway in der Stadt ihren Betrieb auf. Es war auch international aufsehenerregend, als sich am 4. Oktober 1865 die ersten Straßenbahngarnituren auf der etwas über vier Kilometer langen Strecke vom Schottentor über die Alser Straße nach Hernals in Bewegung setzten. Noch waren Gleise im Straßenbereich und Tramwaywagen im Stadtbild eine Seltenheit. Über Land waren Pferdeeisenbahnen – wie die erste österreichische Eisenbahn zwischen Linz und Budweis – schon seit dem Jahr 1827 unterwegs. Das Verlegen von Schienen auf Verkehrsflächen, die auch von anderen Verkehrsteilnehmern stark genutzt wurden, war aber durch das notwendige bündige Versenken in der Straße eine technische Herausforderung, die lange nicht zufriedenstellend gelöst werden konnte. Während das Eisenbahnwesen ab Mitte des 19. Jahrhunderts einen enormen Aufschwung – sowohl technologisch, als auch in punkto Netzerweiterungen – zu verzeichnen hatte, hinkte die Entwicklung der Straßenbahnen hinterher. Auch war die Kernstadt Wien mit ihren verwinkelten, engen Gassen zu keiner Zeit für die Anlage von Schienen geeignet. Erst mit dem Abriss der Stadtmauer im Jahr 1858 und der Einverleibung der – zwischen Ring und Gürtel gelegenen – Vorstädte begannen ernsthafte Planungen, das nun erweiterte Stadtgebiet mit einem schienengebundenen Massenverkehrsmittel zu erschließen. Es ist daher kein Zufall, dass im Jahr 1865 nicht nur die erste Pferdetramway in Betrieb ging, sondern auch die Ringstraße eröffnet wurde. Dieser enge Zusammenhang zwischen dem baulichen Geschehen in der Stadt und den Erfordernissen des öffentlichen Verkehrs ist auch heute noch gegeben und von gegenseitiger Beeinflussung gekennzeichnet. Mit Eröffnung der ersten Straßenbahn war aber der richtige Weg im öffentlichen Verkehr vorgezeichnet. Das städtische Verkehrsnetz wuchs Jahr für Jahr. Vor allem nach Elektrifizierung der Straßenbahn und Kommunalisierung der öffentlichen Verkehrsmittel wurde Wien zu Beginn des 20. Jahrhunderts zu einer der von Straßenbahnen weltweit am besten erschlossenen Städte. Im Jahr 1930 erreichte das Wiener Straßenbahnnetz mit rund 300 Kilometern seine größte Ausdehnung. Ab den 1980er Jahren begann die neue und schnellere U-Bahn der Tramway den Rang als wichtigstes öffentliches Verkehrsmittel abzulaufen. Heute bilden U-Bahn, Straßenbahn und Bus die drei Säulen des öffentlichen Verkehrs in Wien und die Stadt kann die Früchte ernten, die von zukunftsorientierten und konsequent handelnden Politikern trotz oft massiven Widerstands und schwieriger ökonomischer Bedingungen gesät wurden. Jahr für Jahr steigende Fahrgastzahlen beweisen die Richtigkeit dieser Verkehrspolitik. Mit derzeit 39 % Anteil der Öffis an allen zurückgelegten Wegen und fast einer Milliarde Fahrgästen im Jahr ist das Wiener Modell beispielgebend für viele andere Metropolen. U-Bahn, Tramway und Bus haben gemeinsam dazu beigetragen, Wien zu einer der weltweit attraktivsten und lebenswertesten Städte zu machen. Die aktuellen Ausbaupläne von U-Bahn und Straßenbahn beweisen, dass sich die Stadt auch heute ihrer Aufgabe und Verantwortung den Bewohnern gegenüber voll bewusst ist. Das hohe Gut der Mobilität und der Freiheit der persönlichen Entscheidungen, welches über die Jahrhunderte – vom Sesselträger bis zum Silberpfeil – von den Menschen mühsam errungen werden musste, wird weiterhin ein Markenzeichen der Stadt bleiben. Das Jubiläum „150 Jahre Wiener Tramway" soll Ansporn und Motivation für weitere Optimierungen des öffentlichen Verkehrs in Wien sein.

Wien in der 1. Hälfte des 19. Jahrhunderts

Wiener Straßenszene am Neuen Markt in der Biedermeierzeit

Lebhafter Straßenverkehr außerhalb der Stadtmauer zu Beginn des 19. Jahrhunderts

Kernstadt – Vorstädte – Vororte

Eine kleine Weltstadt

Wiens geopolitisch zentrale und militärstrategisch vorteilhafte Lage verhalf der Stadt, sich neben London, Paris und Berlin zu einer der größten und bedeutendsten Metropolen des Kontinents zu entwickeln. Als Hof- und Residenzstadt eines riesigen mitteleuropäischen Kaiserreiches, das sich von der Adria bis an die Grenzen Russlands erstreckte, spielte Wien weltpolitisch eine gewichtige Rolle. Die Stadt war das politische und geistige Zentrum der österreichisch-ungarischen Monarchie. Dies hatte die Anwesenheit dem Hofe nahestehender Adeliger, politischer Entscheidungsträger und hoher Vertreter der Kirche zur Folge, deren repräsentative Residenzen und Bauwerke noch heute die Stadt zieren. Die politische Grundeinstellung Österreichs war durch die herrschenden Habsburger systembedingt konservativ und klerikal. Obwohl damit immer eine gewisse Fortschrittsfeindlichkeit einhergeht, galt die Stadt dennoch als bedeutendes Wissenschafts- und Kulturzentrum. Durch Gründung von Universitäten, technischen Instituten und wissenschaftlichen Einrichtungen war ein steter Zuzug von Größen aus Wissenschaft und Technik sowie deren zahlreichen Studenten gegeben. Zusätzlich belebt wurde das Stadtbild durch die Präsenz von unzähligen bunt uniformierten Heeresangehörigen aus dem gesamten Kaiserreich. Schon im 18. Jahrhundert führte dies zu einem lebhaften, immer dichter werdenden Straßenverkehr.

„Es würde in diesen engen, krummen, ungleichen Gassen, in denen von frühem Morgen an eine unglaubliche Menge Menschen sind, und besonders von 10 Uhr Vormittags an eine ungeheure Menge Wagen fahren, nothwendig sehr viel Unordnung und Unglück geschehen; wenn es nicht die vortrefliche Polizey und auch die Geschicklichkeit der Wienerischen Kutscher (welche sogar in unsern Gegenden zum Sprüchworte geworden ist) verhütete. Man sieht auf den engsten Gassen sehr selten, daß Wagen ineinander gerathen, oder sonst Unordnung entstehet. Es trägt hierzu auch der friedfertige und gutmüthige Charakter der Einwohner Wiens, besonders von den niedern Ständen das seinige bey, und die Kutscher selbst vornehmer Herren sind viel achtsamer als an anderen Orten."[1]

Fußgängerstadt Wien

Trotzdem herrschte in Wien – im Vergleich mit anderen europäischen Metropolen – lange eine gewisse biedermeierliche Beschaulichkeit. Nicht nur, wie oftmals behauptet, durch den Charakter ihrer Bewohner, sondern auch durch die beengte Struktur und geringe Ausdehnung der Stadt. Bis zur Mitte des 19. Jahrhunderts hatte die historische Kernstadt nicht ganz die Ausdehnung der heutigen Inneren Stadt. Ihr maximaler Durchmesser betrug nicht mehr als 2,2 Kilometer. Die verwinkelte spätmittelalterliche bauliche Struktur bestand aus etwa eintausend oft vielstöckigen Gebäuden[2] sowie zahlreichen Markt- und Kirchenplätzen. Die Stadt mit ihren engen und lichtarmen Gassen war in ein Stuben-, Kärntner-, Wimmer- und Schottenviertel eingeteilt. Die meisten ihrer 55 000 Bewohner[3] konnten somit – auch in Ermangelung eines eigenen Fahrzeuges – ihre Wege zu Fuß erledigen. Man kann daher Wien zu dieser Zeit als „Fußgängerstadt" bezeichnen.[4] Mangelnde

---

1 Nicolai Friedrich, Reise durch Deutschland 1781, Wien 1921, Seite 75
2 Zapf Johann, Die Wirtschafts-Geschichte Wiens, Wien 1888, Seite 2
3 Umlauft Friedrich, Die österreichisch-ungarische Monarchie, Wien 1897, Seite 862
4 siehe auch Kurz Ernst, Die städtebauliche Entwicklung der Stadt in Beziehung zum Verkehr, Wien 1981, Seite 75

Die Wiener nutzten die Stadtmauer gerne für Spaziergänge – Blick stadtauswärts Richtung Karlsplatz

gesetzliche Regelungen des Verkehrs und die fehlende Trennung zwischen Fahrbahn und Gehsteig machten den Fußgängern aber das Leben schwer. *„Die Fahrzeuge bilden ganze Züge – und wie sie lärmen! Die Fußgänger seien ebenso gedrängt wie die Kutschen, überdies bemächtigen sich die Kutscher, wenn es eng werde, auch der Trottoirs. Dann weichen die Fußgänger in die Durchhäuser gigantischer Zinskasernen."*[5]

Nur in seltenen Fällen, wie etwa bei der Kirche am Hof, war der Gehsteig gegenüber der Straße überhöht angelegt und damit deutlich von ihr getrennt.[6] Meistens waren es nur einfache Poller, die zum Anbinden von Pferden genutzt wurden, welche die Straßengrenze markierten. Eigene erhöhte Bürgersteige mit Granitrandsteinen gab es im 19. Jahrhundert nur vereinzelt. Erst nach dem Ersten Weltkrieg wurden sie zu einer Selbstverständlichkeit.

Eine kilometerlange Mauer

Wien wurde durch eine mächtige rund 300 Jahre alte Stadtmauer geschützt. Bis zu 22 Meter hoch und 20 Meter breit, war diese zusätzlich durch vorspringende Bastionen – von den Wienern Basteien genannt – verstärkt. Davor lagen noch elf inselartige Vorwerke, sogenannte Ravelins. Auf der 3,7 Kilometer[7] langen Festungsmauer war es möglich, die Stadt in etwa einer dreiviertel Stunde zu Fuß zu umrunden.[8] Die Wiener Bevölkerung nutzte dies in ihrer Freizeit gerne und machte so im Laufe der Zeit aus dem mächtigen militärischen Verteidigungsbollwerk eine beliebte Flaniermeile.

„In Kurzem wird die Bastei-Saison beginnen. Die Sonne bedarf nur einiger ihrer freundlicheren Strahlen auf das Residenzgestein zu senden, so schlüpfen schon die über den Winter Vergrabenen aus den Steingeklüfte ins Freie heraus.

5 Darcel Alfred, Excursion artistique en Allemagne, Rouen-Paris 1862, Seite 6 (aus Zöllner Erich, Wien um die Mitte des 19. Jahrhunderts in der Sicht seiner fremden Gäste, Wiener Geschichtsblätter 1978, Heft 3, Seite 119)
6 Wien Museum, Drei Jahrhunderte Straßenverkehr in Wien, Wien 1961, Seite 12
7 Umlauft Friedrich, Die österreichisch-ungarische Monarchie, Wien 1897, Seite 862
8 Weber Carl Julius, Deutschland oder Briefe eines in Deutschland reisenden Deutschen, Stuttgart 1834, Seite 235

Fußgeher auf der Freyung in Wien

Lageplan von Wien mit Stadtmauer und vorgelagerten Ravelins zu Beginn des 19. Jahrhunderts

In der „Begegnungszone" beim Stadttor war Vorsicht geboten

Das Glacis: im Sommer staubig, im Winter matschig – Blickrichtung k. u. k. Militärgeographisches Institut, heute 2er Linie

Napoleon ließ 1809 vier Ravelins und vier Basteien der Stadtmauer sprengen

Da wandeln sie dann in süßer Eintracht auf der Bastei herum, freuen sich des bischen Lebens, und bekommen zum Schlusse der Begebenheiten Hunger!" [9]

13 finstere Tore

Für den Verkehr in und aus der Stadt gab es 13 schmale und finstere Stadttore (Franz-Josephs-Tor, Laurenzertor, Rotenturmtor, Schanzel- oder Gehtor, Fischertor, Neutor, Schottentor, Franzenstor, Burg- oder Widmertor, Neues Kärntnertor, Altes Kärntnertor, Karolinentor, Stubentor), durch die sich der lebhafte Verkehr pressen musste. Nicht alle Tore waren für die Durchfahrt der immer zahlreicheren und größeren Kutschen und Fuhrwerke geeignet, sodass sie den Fußgängern vorbehalten blieben.

„Enge, für Wagen kaum ausreichende Thore mit düsteren, tunnelartigen Durchlässen führten über hölzerne Brücken in die Vorwerke. Von diesen musste man neuerdings Thore passiren, um zu dem fortificatorischen Rayon zu gelangen." [10]

Schon bei der damaligen Verkehrsdichte dürften bei diesen Engstellen Vorrangdiskussionen, überforderte Wachorgane und fliehende Fußgänger zum Alltagsbild gehört haben.

„Eng, nieder und winkelig, waren sie nur bestimmt, den Eingang so schwer wie möglich zu machen. Daß diese Eigenschaft für die lebhafte Passage einer bevölkerten Hauptstadt nicht wünschenswerth sei, ist einleuchtend, ja, es mußten sich selbst häufige Unglücksfälle ereignen, weil Kutschen und Fußgeher, Reiter und Schiebkarren auf einen engen Raum zusammengepreßt waren." [11]

Stadtgraben und Glacis

Hatte man diese „Engstellen" endlich überwunden, gelangte man zu einem 20 Meter breiten und sieben bis acht Meter tiefen Graben[12], der die Stadt – bis auf den Bereich beim Donaukanal – umgab. Bei einer Belagerung konnte er mit Wasser aus der Donau, dem Wienfluss und dem Ottakringer Bach geflutet bzw. versumpft werden. Der Stadtgraben wurde im Bereich der Stadttore von Brücken überspannt, die zu einer bis zu 600 Meter breiten unbebauten, nur mit Alleebäumen versehenen Freifläche um die Stadt führten. Dieses Glacis war ein offenes Sichtfeld, das bei einem etwaigen Angriff auf die Stadt aus militärischen Gründen für die verteidigende Artillerie notwendig war. Im Sommer staubig und im Winter matschig, konnte man erst nach dessen Überquerung, entsprechend verschmutzt oder durchnässt, in die Vorstädte gelangen.

Wie ein Halsring

Militärisch war dieser mehrfache Schutzring rund um die Stadt im 19. Jahrhundert nicht mehr zeitgemäß. Den Wienern wurde die Sinnlosigkeit der Stadtmauer im Mai 1809 bei der Beschießung durch die Truppen Napoleons I. drastisch vor Augen geführt, da nach nur einem Tag Belagerung die weiße Fahne geschwenkt werden musste. Die Stadtmauer lag wie ein enger Halsring um die Kernstadt und behinderte damit massiv deren räumliche Entwicklungsmöglichkeiten. Steigende Wohnungsnot und zunehmende Verkehrsprobleme waren die Folge. Napoleon war der Erste, der begann, Teile der antiquier-

9 Allgemeine Theaterzeitung vom 10. Februar 1847, Seite 138
10 Wien 1848 – 1888, Wien 1888, Seite 235
11 Der Oesterreichische Zuschauer vom 6. September 1839, Seite 1086
12 Öhlinger Walter, Die Basteien Wiens, Wien 2005, Seite 4

Die „fünf Torheiten" des neuen Schottentors

ten Stadtmauer abzutragen. Nicht die Beseitigung der beengten Verkehrsverhältnisse der Stadt war sein Anliegen, sondern die Verminderung der Wehrhaftigkeit und die Demütigung der Stadt. Ab 16. Oktober 1809 sprengten die Franzosen vier Basteien (von der Augustiner- bis zur Mölkerbastei) und vier Ravelins (vom Augustiner- bis zum Schottenravelin)[13] in die Luft. Die ganze Aktion dauerte 14 Tage und verursachte bei vielen naheliegenden Häusern schwere Schäden, da die Explosionen wie Erdbeben auf die Stadt wirkten.[14] Kurz nach dem Abzug der zerstörungswütigen Franzosen kam am 27. November der vor Napoleon geflüchtete österreichische Kaiser Franz I. nicht im Prunk, sondern vorsichtig und getarnt in einer einfachen Reisekalesche nach Wien zurück. Abends wurde der Wiedersehensfreude durch festliche Illumination der Stadt samt des von Napoleon hinterlassenen Trümmerhaufens Ausdruck verliehen.[15] Aber an eine Vollendung des Abbruchwerkes oder gar an erhoffte politische Veränderungen und Modernisierungen war nach der Rückkehr des konservativen Monarchen nicht zu denken. Die Verhältnisse blieben so wie sie waren: baulich und geistig beengt.

Die Wiener Torheiten

Noch hatten die österreichischen Militärs aus der modernen napoleonischen Kriegsführung nichts gelernt und glaubten an die Sinnhaftigkeit von Festungsbollwerken. Die Schäden an der Stadtmauer wurden folglich behoben und nur kleine Änderungen im Laufe der Jahre gestattet. So wurden zum Beispiel 1810 mit dem Karolinentor und dem Franzenstor zusätzliche Durchbrüche durch die Stadtmauer geschaffen, die jedoch zu schmal waren, um die Zu- und Ausfahrtsituation zu verbessern. Zwar hob Kaiser Franz im Jahr 1817 den Festungsstatus Wiens auf, bis auf den Abbruch der restlichen Ravelins konnte man sich aber zu keinen einschneidenden Änderungen an der Stadtmauer durchringen. Als im Jahr 1840 beim neu errichteten Schottentor die Durchfahrt durch Verbreiterung und bauliche Trennung in zwei „Gehtore" und drei schmale „Fahrtore" erleichtert werden

13 Csendes Peter/Opll Ferdinand, Wien – Geschichte einer Stadt, Band 3, Wien 2006, Seite 65
14 Allgemeine Theaterzeitung vom 16. Oktober 1840, Seite 1143
15 Allgemeine Theaterzeitung vom 27. November 1840, Seite 1300

Der Linienwall im Bereich der Gürtelstraße vor Bau der Stadtbahn (heutige U6)

sollte, sprachen die Wiener nur abschätzig von den „fünf Torheiten"[16].

Der Linienwall

Die befestigte Kernstadt Wien war außerhalb des Glacis ringförmig von 34 Vorstädten umgeben. Zwischen den einzelnen Vorstädten lagen ursprünglich neben den Sommerpalästen des Adels mit ihren Parks und Kunstgärten noch viele weite, unbebaute Flächen, Weingärten, Schottergruben und Wiesen, auf denen sich Schafe und Ziegen tummelten. Im Laufe des 19. Jahrhunderts begannen die Vorstädte miteinander zu verschmelzen. Anders als die Häuser der Inneren Stadt, die vier bis fünf Stockwerke hatten, waren die Häuser der Vorstädte nur zwei bis drei Stockwerke hoch. Rund drei Kilometer vom Stadtzentrum entfernt – im Bereich des heutigen Gürtels – verlief ringförmig um die Vorstädte der rund 13,5 Kilometer lange[17] und 3,5 Meter hohe[18] „Linienwall". Dieser trennte die Vorstädte von den davor verstreut liegenden Vororten. Der Linienwall war ursprünglich ein einfacher Erdwall, umgeben von einem rund drei Meter tiefen Graben. Er war zur Zeit Prinz Eugens nach einem Angriff der Kuruzen[19] in der kurzen Zeitspanne von März bis Juli 1704[20] unter dem Einsatz aller Vorstadtbewohner vom „Hofmathematikus" Johann Jakob Marinoni[21] errichtet worden. Um das Jahr 1738 war der Linienwall dann mit festen Ziegelsteinen zu einer zweiten Wiener Stadtmauer ausgebaut worden[22]. Diese war jedoch gegenüber der alten Mauer um die Innere Stadt bei weitem nicht so wehrhaft und wuchtig.

Der Wiener Linienwall trennte die Vorstadt von den Vororten. Ansicht des Belvedere-Linienwalltores

16 Öhlinger Walter, Die Basteien Wiens, Wien 2005, Seite 7
17 Buchmann Bertrand Michael, Der Wiener Linienwall und die Linienämter, Wiener Geschichtsblätter 1978, Heft 2, Seite 67
18 Mayer Wolfgang, Der Linienwall, Wien 1986, Seite 6
19 die Kuruzen waren aufständische Ungarn, die mit dem Osmanischen Reich verbündet waren. Noch heute hat sich im Wienerischen der Ausruf „Kruzitürken!" (Kuruzen und Türken) erhalten.
20 Kisch Wilhelm, Die alten Strassen und Plätze von Wien's Vorstädten, Band 1, Wien 1888, Seite 5
21 Mayer Wolfgang, Der Linienwall, Wien 1986, Seite 3
22 Umlauft Friedrich, Die räumliche Entwicklung der Stadt Wien, Wien 1893, Seite 6

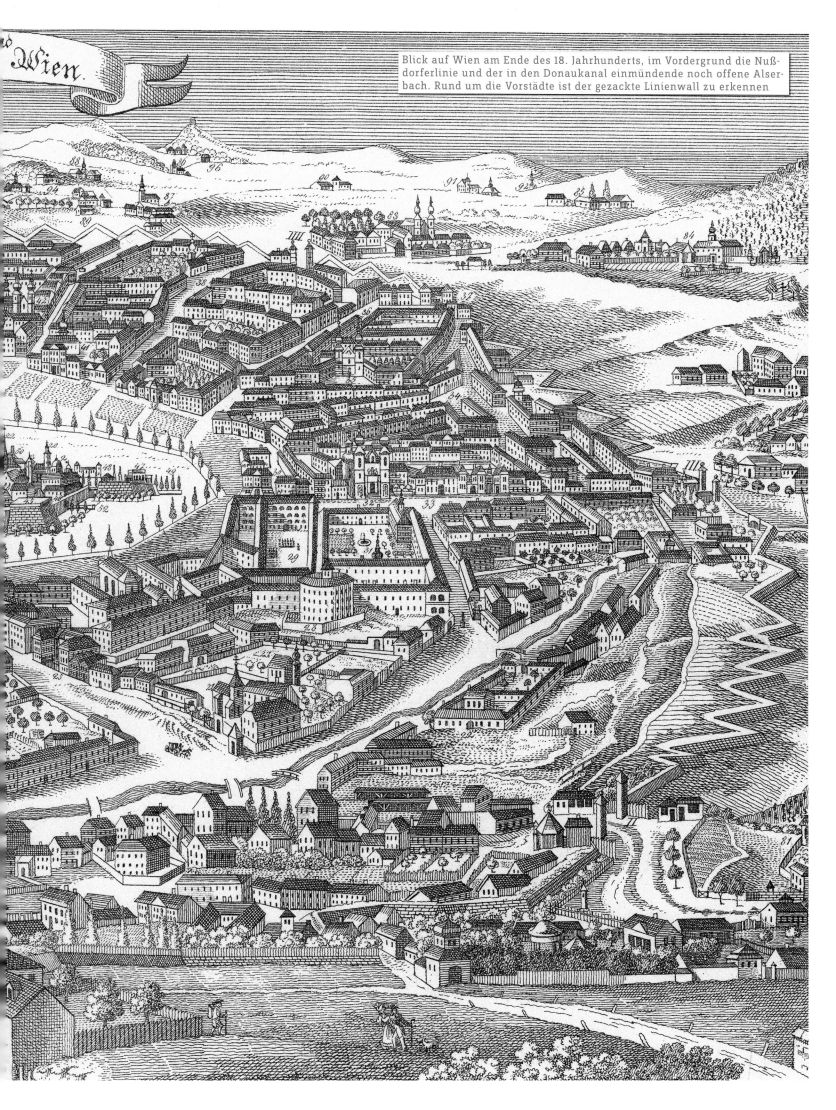

Blick auf Wien am Ende des 18. Jahrhunderts, im Vordergrund die Nußdorferlinie und der in den Donaukanal einmündende noch offene Alserbach. Rund um die Vorstädte ist der gezackte Linienwall zu erkennen

Wiederum 13 Tore

Der Linienwall besaß - trotz wesentlich größerer Länge als die innere Stadtmauer - ebenfalls nur 13 Zugangstore [23] (Tabortor, Tor bei der Erdbergerlinie, St. Marxertor, Belvederetor, Favoritentor, Matzleinsdorfertor, Schönbrunnertor, Gumpendorfertor, Mariahilfertor, Lerchenfeldertor, Hernalsertor, Währingertor und Nußdorfertor), über die man die Vorstädte verlassen konnte. Mit Beginn des Pferdestraßenbahnbetriebes ab 1865 kamen dann drei weitere Durchlässe (Arbeitergasse, Sechsschimmelgasse und Liechtensteinstraße) hinzu, die aber dem Straßenbahnverkehr vorbehalten blieben. Um von einem Linienwalltor zum nächsten zu gelangen, war es daher notwendig, mehr als einen Kilometer zurückzulegen.

Verzehrungssteuer-Tarife aus dem Jahr 1866

Vom Linienwall zum „Steuerwall"

Ebenso wie die Stadtmauer um die Innere Stadt hatte auch der Linienwall im 19. Jahrhundert schon lange seine eigentliche militärische Schutzfunktion verloren. Er diente nur noch den Steuerbehörden als gut überwachbare Zollgrenze. Bei den Toren bzw. Straßendurchlässen waren Mautämter situiert, bei denen man auf alle Waren in die Stadt ab 1829 [24] eine Verzehrungssteuer zu entrichten hatte. Sämtliche Produkte mussten dort umständlich ausgepackt, deklariert, verzollt und wieder eingepackt werden. Da dies für alle Waren galt, auch wenn sie anschließend längere Zeit im Lager aufbewahrt wurden, siedelten sich im Laufe der Jahre nicht nur Angehörige der Unterschichten in den billigeren Vororten außerhalb des Linienwalls an, sondern auch immer mehr Gastronomen, Gewerbetreibende und Industrieunternehmungen. Stadtmauer und Linienwall begannen Oberschicht von Mittelschicht und Proletariat zu trennen. Die

Durch die engen Stadttore strebte der gesamte Verkehr dem Zentrum zu

23 Umlauft Friedrich, Österreichisch-Ungarische Monarchie, Wien 1897, Seite 863
24 Czeike Felix, Historisches Lexikon Wien, Wien 1995, Band 5, Seite 559

bisherige soziale Durchmischung der Stadt wurde tendenziell von einer immer deutlicheren, auch baulich sichtbaren Klassentrennung abgelöst.

Radiale Straßenzüge

Durch die kreisförmige Anlage sowohl der Stadtmauer als auch des Linienwalls entwickelten sich die wichtigsten Straßenzüge linear von den Toren der Kernstadt durch die Vorstädte zu den Toren des Linienwalls. Entlang dieser radialen Straßenzüge wie der Mariahilfer Straße, die eine Verkehrsverbindung zwischen dem Burgtor der Inneren Stadt und dem Mariahilfertor des Linienwalls darstellte, konzentrierte sich der Verkehr – und damit auch die bauliche Entwicklung der Vorstädte. Die traditionellen Verkehrsströme im Raum Wien waren daher immer schon stark radial in Richtung Zentrum ausgerichtet. Verkehrsfragen und Verkehrsprobleme fokussierten sich folglich meistens auf die City.

„Das größte Menschengewühl ist auf dem Kohlmarkt, Graben und Stock im Eisen; wer sich hieher pflanzt, kann nie Langweile haben, und gerade hier sind die engsten Passagen. Auf einem Raume, den man in einer halben Stunde umgeht, tummeln sich täglich vom frühen Morgen an 54 000 Städter, und wenigstens die Hälfte der Vorstädter, neben 3-4 000 Wagen und Reiter ohne Zahl, die vielen Zufuhrwagen vom Lande nicht einmal angeschlagen. Alles drängt sich nach diesem Zentralpunkte der mächtigen Monarchie, und nach dem reichen Wien, das sicher, nach London, auch die reichste Stadt Europas ist, trotz allem Papiergelde."[25]

Die wenigen tangential (d. h. querverbindend) ausgerichteten Straßen der Vorstädte konnten nicht annähernd eine so große Bedeutung für das Verkehrsgeschehen und die Verkehrsströme in Wien erlangen wie die sternförmig von der City zu den Vororten strebenden radialen Ausfallstraßen.

Arm und von Wölfen bedroht

Noch weiter draußen, außerhalb des Linienwalls, lagen verstreut die Vororte wie Sievering, Dornbach oder Hütteldorf – kleine Dörfer mit geringer und oft armer Bevölkerung.[26] Für den, der über kein eigenes Fuhrwerk verfügte, waren diese Ortschaften beinahe unerreichbar. Die Vororte konnten ihren ländlichen Charakter mit Feld- und Gartenwirtschaft lange behalten. Bis ins 18. Jahrhundert waren sie sogar noch von Wölfen bedroht:

„Am 21. Jänner 1729 kamen bei dem strengen Winter die Wölfe rudelweise bis an die Linien Wiens. In der Au bei Korneuburg zerrissen sie einen Mann, von dem nur die Füße in den Stiefeln gefunden wurden. Auch am Wienerberge fand man Überreste von Menschen, die ihr Heißhunger verzehrt hatte."[27]

[25] Weber Carl Julius, Deutschland oder Briefe eines in Deutschland reisenden Deutschen, Stuttgart 1834, Seiten 245 und 247
[26] Stieböck Leopold, Alt-Wien Monatsschrift für Wiener Art und Sprache, 12/1898, Seite 174
[27] Allgemeine Theaterzeitung vom 21. Jänner 1840, Seite 76

Vormärzliche Idylle im Jahr 1820 in Dornbach

Sesselträgerstandplatz vor der Michaelerkirche (rechts)

Der Verkehr in der Stadt – individuell unterwegs

Antisemitische Vorschriften

Innerhalb der Wiener Kernstadt standen für diejenigen, die es sich leisten konnten, rund 80 Tragsessel[1] zur Verfügung. Kaiser Leopold I. hatte bereits 1703 mit kaiserlichem Erlass seinem Kammerdiener Heinrich Ernst von Rauchmüller die Erlaubnis zur Einführung dieses Gewerbes mit ursprünglich folgender Einschränkung konzessioniert:

„Es dürfte indes in diesen Sesseln weder ein Kranker, noch Jemand in der Livree, noch eine andere ‚geringfügige' Person, viel weniger ein Jude getragen werden; nur die Pagen machen eine Ausnahme. Auch dürfen keine Ausländer als Träger verwendet werden."[2]

Gegen Ende des 18. Jahrhunderts war diese Diskriminierung zumindest dahingehend aufgehoben, als den Sesselträgern nur mehr die Beförderung von Kranken in Krankenhäuser und der Transport von Leichen untersagt blieb.[3] Die Träger trugen rote Röcke und hatten mehrere Standplätze in der Stadt. Während in anderen Städten wie in London das Sesseltragen als menschenunwürdig angesehen wurde, erfreute sich dieses „Service" in Wien großer Beliebtheit. Bis 1848 gab es noch über 100 nummerierte Tragsessel, auch „Portechaisen" genannt, die sich auf sechs Standplätze verteilten. Nach dem Jahr 1848 wurde ihr Gebrauch immer spärlicher. Vielleicht auch des-

---

1 Offenthaler Eva, Budapest und Wien, Wien 2003, Seite 121
2 Kisch Wilhelm, Die alten Strassen und Plätze von Wien's Vorstädten, Band I, Wien 1888, Seite 439
3 Nicolai Friedrich, Reise durch Deutschland 1781, Wien 1921, Seite 158

halb, da die Sesselträger aufgrund ihrer roten Mäntel mit den „Seressanern", einer ebenfalls rot gekleideten kroatischen Grenztruppe verglichen wurden, die bei der blutigen Niederschlagung der Wiener Revolution von 1848 an vorderster Front beteiligt gewesen waren.[4] Der letzte bzw. die beiden letzten Sesselträger meldeten aber erst im Jahr 1888 ihr „untertänigstes" Gewerbe ab.[5]

„Fahr'n ma, Euer Gnaden?"

Wollte man schneller als mit menschlicher Kraft – d. h. mit „Pferdestärke" – unterwegs sein, standen für Fahrten innerhalb Wiens und zu den 34 Vorstädten verschiedene nummerierte Lohnfuhrwerke bzw. Lohnkutscher zur Verfügung. Diese durften in der Stadt jedoch nur im Trab fahren.[6] Zum Höhepunkt des Lohnfuhrgewerbes – vor Ausbreitung der Pferdetramway – in den 1870er Jahren gab es rund 1200 billige, von nur einem einzigen Pferd gezogene vierrädrige Einspänner. Diese wurden „Comfortables" genannt, wobei die einfache Variante dieser Einspänner, die nur zwei Räder hatten, als Cab[7] bezeichnet wurde. Dabei saß der Kutscher etwas erhöht hinter dem Fahrgast. Daneben waren rund 1000 von zwei Pferden gezogene teurere Fiaker in der Stadt unterwegs. Zusätzlich standen Gehmüden noch 800 Stellwagen, 100 Stadtlohnwagen und 700 Kleinfuhrwagen[8] zur Verfügung. Es gab auch nichtnummerierte zweispännige Lohnwagen, die für besondere Fahrten genutzt wurden. Sie standen „anspruchsvollen Herren", die aus verschiedensten Gründen auf das eigene Fahrzeug verzichteten, für mehrere Tage oder sogar Monate exklusiv zur Verfügung. Bekanntes historisches Beispiel ist Kronprinz Rudolf, der meistens mit seinem Leibkutscher Josef Bratfisch unterwegs war.

Vorrangfragen waren schon in der „Fußgängerstadt Wien" zu klären

Fesche Fiaker

Die heute in der City für den Tourismus immer noch beliebten zweispännigen Fiaker gab es in Wien nach dem Vorbild von London und Paris bereits ab Ende des 17. Jahrhunderts. Sie versahen ihren Dienst schon vor der 2. Türkenbelagerung im Jahr 1683 – noch bevor die ersten Sesselträger ihre Dienste anboten. Aber sie waren durch die doppelt so hohe PS-Leistung und den höheren Fahrpreis gegenüber den Einspännern die Luxusfahrzeuge. Im Inneren der gepflegten Fahrzeuge standen dem Kunden Spiegel, Zündhölzchen, Aschenbecher und sogar Zeitungen zur Verfügung.[9] Zwischen 7 und 22 Uhr warteten sie auf bestimmten Plätzen der Stadt und der Vorstädte auf Kunden.

4 Wien Museum, Drei Jahrhunderte Straßenverkehr in Wien, Wien 1961, Seite 25
5 Krobot/Slezak/Sternhart, Straßenbahn in Wien, Wien 1972, Seite 12
6 Tschischka Franz, Geschichte der Stadt Wien, Stuttgart 1852, Seite 532
7 1834 wurde in England vom Architekten Joseph A. Hansom das „Hansom-Cab" erfunden, bei dem der Kutscher auf einem erhöhten Bock hinter dem Fahrgast saß. Die Fahrzeuge wurden in Wien 1852 eingeführt.
8 Die Gemeinde-Verwaltung der Reichshaupt- und Residenzstadt Wien in den Jahren 1877 bis 1879, Wien 1881, Seite 779
9 Silberstein August, Die Kaiserstadt am Donaustrand, Wien 1873, Seite 180

Mit einem einachsigen Cab zu fahren, war rasant, aber durch den schlechten Zustand der Straßen nicht ganz ungefährlich

Fahr'n ma, Gnä' Frau?

Der „fesche Poidl"

„Drei Fiakerfahrten, zu denen auch der kleine Mann sich das Geld rechtzeitig auf die Seite legte, gab es im Leben jedes alten Wieners: die Fahrt zur Taufe, zur Firmung und zur Hochzeit, und auf dem letzten Wege mußten wenigstens die Freunde im Fiaker hinter dem Sarge fahren." [10]

Ab dem Jahr 1824 war es den Fiakern gestattet, auch weiter als vier Wiener Meilen (rund 30 Kilometer) außerhalb der Stadt zu fahren. Zuvor war ihnen dies, aus Angst der überregional verkehrenden Postkutscher vor einer unliebsamen Konkurrenz, verboten gewesen. Die Preisgestaltung der oft schlitzohrigen Fiaker war legendär, da sie sich an die vorgegebenen Tarife nicht gewöhnen wollten. So gibt es kaum einen gedruckten Fremdenführer aus dieser Zeit, der nicht die blauäugigen unkundigen Touristen vor den teilweise unverschämt hohen Tarifen der Fiaker warnte.

„Wenn es regnet, oder kein anderer Fiaker in der Nähe ist, fordern sie von einem Fremden was sie wollen. Der Fremde muß sich gefallen lassen, was sie mit ihm machen wollen." [11]

Auf die Frage: „Fahr'n ma, Euer Gnaden?" zuzusteigen, bedeutete ein gewisses finanzielles Risiko. Bei Verneinung musste man sich aber ein – gerade in Damenbegleitung – peinliches „Miass ma leicht sparen?" spöttisch nachrufen lassen. Auch so mancher zusteigende dickliche Fahrgast lernte mit der scheinbar besorgten Frage: „Auf amoi oder auf zwamoi" den herben Charme der Wiener Fiaker kennen. Untereinander gaben sie sich in ihrer wienerischen Art oft Spitznamen wie „Zucker-Franzl", „Fescher Poidl", „Schimmel-Sepp" oder „Bamlang". [12] Erst mit genereller gesetzlicher Einführung des „starren und unflexiblen" Taxameters ab dem Jahr 1912 gelang es, aus der „windigen Branche" der Fiaker ein kalkulierbares Wiener Verkehrsmittel zu machen.

„Seit dem 1.d. sind sämtliche Wiener Einspänner mit Taxametern versehen. Auch die wenigen Wagen, die noch bis Ende Oktober ohne Taxameter fuhren, haben nunmehr den Wegmesser aufmontiert." [13]

Vom Fiaker zum Taxler

Zur selben Zeit wurde mit der Ausbreitung der motorisierten Taxis das langsame Ende der Fiaker eingeläutet. Ihre Bedeutung für den Lokalverkehr schwand. Als Touristenattraktion konnten sie aber bis heute in der Innenstadt überleben. Wahrscheinlich wird aber ihr legendärer Wiener Schmäh von den überwiegend fremdsprachigen Touristen kaum verstanden und gewürdigt, sondern nur als exotisches Lokalkolorit empfunden.

---

10 Brandl Franz, Kaiser, Politiker und Menschen, Wien 1936, Seite 54
11 Nicolai Friedrich, Reise durch Deutschland 1781, Wien 1921, Seite 157
12 Silberstein August, Die Kaiserstadt am Donaustrand, Wien 1873, Seite 182
13 Die Zeit vom 3. November 1912, Seite 9

Wartende Fiaker vor dem Wiener Rathaus

Auch die lärmempfindlichen Wiener litten unter dem lauten Straßenverkehr, hier in einer Zeichnung nach einem Gemälde von William Hogarth (1697-1764) dargestellt

sches" Durcheinander und einen hohen Geräuschpegel:

"Nirgendswo in der Welt rollen auf einem so beengten Raum so viele Wagen, und reiten so viele Reiter; der Donner der Wagen und das Geschrei der Fiaker betäubet. Man denke sich 3 000 Herrschaftswagen, 300 Remisen, ebenso viele Landkutschen, 700 Fiaker, und nun erst noch die Menge der Reitpferde. An einem schönen Sonntag sind gewiß 2 000 Wagen im Prater und 20 000 Menschen, wenn auch kein Feuerwerk abbrennt. Hogarth hat ein Gemälde gefertigt, wo er alles zusammenstellte, was Lärmen macht – Kanonen, Glocken, Tambours, schreiende Kinder, Scheerenschleifer, wiehernde Pferde, bellende Hunde etc., er hätte kurzweg nur Wien malen dürfen, dessen Wagendonner allein schon betäubet wie der Rheinfall, bis das Ohr sich gewöhnt. Wien ist nach Neapel die geräuschvollste Stadt, und beide hören dereinst gewiß zu allerletzt – die letzte Posaune!" [16]

Fast so laut wie Neapel

Bis Mitte des 19. Jahrhunderts zählte man in Wien über 10 000 Fahrzeuge im Stadtgebiet. Neben den Lohnfuhrwerken wie den Fiakern hatten auch rund 6 000 Privatpersonen eigene Fuhrwerke. Ihre Cabriolets, Tilburys, Caleschen, Kutschen, Coupés, Landauer, Berlinen, Diligencen, Einspänner und Zweispänner waren in den engen Gassen der Stadt unterwegs – und das oft zu schnell. Daneben sorgten offizielle Postchaisen [14] mit vier Pferden sowie die sechsspännigen Hofequipagen [15] neben den zahlreichen Fußgängern für ein buntes „italieni-

Lauter Granit statt staubigem Sandstein

Bereits seit dem 15. Jahrhundert waren wichtige Straßen und Marktplätze in Wien mit Flussschotter gefestigt. Auch die ersten „Katzenkopfpflastersteine" wurden schon 1533 verlegt.[17] Im Jahr 1777 wurde das „Kiesel" (Katzenkopfpflaster) durch Sandsteinplatten aus den Sieveringer Steinbrüchen ersetzt. Diese nützten sich aber sehr schnell ab und führten gegen Ende des 18. Jahrhunderts zu einer enormen Staubbelästigung in der Stadt:

*"Ein Fremder, der diesen Staub nicht gesehen, kann sich schwerlich einen Begriff davon machen. Die Menge der Wagenräder und Pferdefüße jagt in allen Gassen und zu allen Stunden eine Menge davon auf. Geht man an einem Sonntage nach einem schönen, warmen Tage um

---

14 im Wienerischen hat sich das Wort „Chaise" für ein robustes Fuhrwerk als „Tschäsn" für ein minderwertiges Auto erhalten.
15 Realis, Curiositäten- und Memorabilien-Lexicon von Wien, Band 1, Seite 433
16 Weber Carl Julius, Deutschland oder Briefe eines in Deutschland reisenden Deutschen, Stuttgart 1834, Seite 245
17 Kolar Heinrich, Alltag und Heimat, Straßenverkehr, Wien 1930, Seite 4

Kutschen für „höhere Herrschaften"

... Droschken für Jedermann

Der Albrechtsbrunnen nächst dem neuen Operntheater in Wien. Der Boden war mit Sandsteinplatten belegt

8 Uhr Abends aus dem Hause, so wandelt man im Nebel, man sieht die Laternen durch den Staub nur dunkel flimmern, und tritt man vor das Tor, so schwebt eine düstere Staubwolke unbeweglich über der ganzen Esplanade. In fünf Minuten sieht man Schuhe, Kleider und Hut mit Staub inkrustiert. Sechzehntausend Wagenräder und den dazu gehörigen Pferden, und ein Heer von mehr als 20 000 Fußgängern haben ganz Wien in Nebel gehüllt." [18]

Ab dem Jahr 1818 wurden daher Versuche mit Holzpflasterungen unternommen. Im Jahr 1832 wurde das aus Mauthausener Granitsteinen bestehende harte Würfelpflaster eingeführt.[19] Nur wurde dabei der Staub durch Lärm, den die Hufe der Pferde und die groben Wagenräder verursachten, ersetzt.

Militärisch bewachter Asphalt

Erst die Entwicklung des Asphaltbelages konnte den Lärmpegel in der Stadt hörbar reduzieren. Über den ersten Versuch wird aus dem Jahr 1838 berichtet:
„Man hat mit der vielbesprochenen Asphaltpflasterung ein Experiment gewagt und einen Fleck von ungefähr sechs Quadratklaftern (ca. 22 m²) zwischen dem Burgthore und der, nach der Vorstadt Laimgrube führenden Allee nach dieser Methode belegt." [20]

Dieses Versuchsfeld auf dem des nachts unbeleuchteten Glacis dürfte jedoch einige finstere Gestalten oder übermütige Wiener zu Schandtaten inspiriert haben:

„Nachdem der erste Versuch nicht sehr günstig ausgefallen ist und bald, vielleicht auch durch die Bosheit einiger Betheiligten, in der mit dem neuen Zement belegten Stelle eine bedeutende Öffnung entstand, machte man eine ausgedehntere Probe im ersten Hofe der Kavalleriekaserne nächst dem Getreidemarkt, wo gegenwärtig dreierlei Arten der Pflasterung, unter den Augen des Wachpostens vor muthwilliger Zerstörung geschützt, besichtigt werden können." [21]

Unter dem gestrengen Auge der Militärs konnte der trittschallabsorbierende Asphalt nun auch in Wien seine Vorzüge unter Beweis stellen. Im Laufe der Zeit konnte der Asphalt Stück für Stück die Straßen der Stadt erobern.

18 Der Oesterreichische Zuschauer vom 26. August 1839, Seite 1041
19 Weiß Karl, Rückblicke auf die Gemeindeverwaltung der Stadt Wien in den Jahren 1838–1848, Seite 55
20 Der Oesterreichische Zuschauer vom 28. November 1838, Seite 1448
21 Der Oesterreichische Zuschauer vom 17. Juli 1839, Seite 867

Starkes Verkehrsaufkommen in der Praterstraße, der Verbindungsstraße zum Nordbahnhof

„(Asphaltpflaster in Wien.) Eine ziemlich bedeutende Strecke auf der Wasserkunstbastei wurde bereits von dieser trefflichen, neuen Pflasterung belegt, und erregte die allgemeine Aufmerksamkeit des industriösen Publikums schon aus dem Grunde in hohem Grade."[22]

In der Folge wurde die Klostergasse (heute Gluckgasse) in der Inneren Stadt, wo sich der Standplatz der Stellwagen nach Lainz, Speising und Mauer befand[23], als erste stark befahrene Straße damit überzogen.[24]

Öffentliche Bedürfnisse

Eine geregelte Straßenreinigung gab es trotz der unzähligen Pferde auf den Straßen erst gegen Ende des 19. Jahrhunderts. Die mit heutigen Maßstäben kaum vorstellbaren sanitären Zustände in den öffentlichen Bereichen wurden zusätzlich verschlechtert, da es auch noch keine öffentlichen Bedürfnisanstalten gab, sondern nur „Uriniersteine" auf den Straßen, die noch dazu allen Blicken ausgesetzt waren.

Rush hour im Biedermeier

Wer glaubt, die Zusammenballung des Verkehrs zu den bestimmten Stunden der „rush hour" sei eine „Erfindung" des 20. Jahrhunderts, der irrt. Schon immer wechselten sich in Wien untertags ruhigere Stunden mit hektischem, verkehrsdichtem Geschehen ab:

„Bis um neun Uhr sieht man keine Kutschen von Distinction auf den Straßen, nur Fiaker bringen hier und da eine wohlhabende Bürgerfamilie oder einen Hausbeamten aus den Vorstädten

---

22 Der Humorist Nr. 253 vom 20. Dezember 1839, Seite 1017
23 Czeike Felix, Historisches Lexikon Wien 1995, Seite 537
24 Allgemeine Theaterzeitung vom 10. Jänner 1840, Seite 40

herein. *Dagegen sind die Straßen noch mit Holzwagen, Bierwagen, Fleischwagen, Frachtwagen, und derlei ökonomischen Fuhrwerken, wie übersäet. Um halb neun marschiert eine Armee von Sekretären, Registranten, Konzipisten, Protokollisten, Ingrossisten, Kanzellisten, Accessisten aus. Diesen folgen dreihundert Wagen mit Kanzlern, Vicekanzlern, Präsidenten, Vice-Präsidenten, Referenten, Archivaren, Räthen. Alles trabt nach der Staatskanzlei, Reichskanzlei, Kriegskanzlei, österreichisch-böhmischen Kanzlei, ungarisch-siebenbürgischen Kanzlei, auf das Rathaus, zur Obersten Justizstelle, Münze, Oberst-Rechenkammer, Religions-Commission, Studien-Commission, zur Regierung."* [25]

Das Ganze hat sich dann am späten Nachmittag in der umgekehrten Richtung und noch etwas gesteigert wiederholt:

„Nach sechs Uhr steigt der Lärm in den Hauptstraßen auf den höchsten Grad. Die Kanzleien schließen sich, die Arbeiter aus den Vorstädten legen ihre Werkzeuge nieder, die Öffnung der Theater ist nahe, die Stunde der Abendgesellschaften rückt heran, der größte Theil von Handarbeitern hört um diese Stunde auf, viele Waarenständchen und Buden werden geschlossen. Das Heer der öffentlichen und Privatbeamten ergießt sich wieder über die Gassen, die Vorstädter drängen sich hastig gegen die Thore ihrer Weltgegenden, die große Welt fliegt, in Staatskarossen galopirend, daß die Funken aus den Steinen spritzen, nach den Theatern und in die Salons, der Bürgersmann trägt sich selbst in sein Bierhaus oder zum Nachbar. Wird ein neues Schauspiel, eine neue Oper gegeben, so wächst das Getöse, das Stampfen der Pferde, das Bellen der Kutscher- und Wagenhunde wirklich zu einem höllischen Konzert, und man kommt nicht ohne Lebensgefahr über den Michaelerplatz." [26]

Kein Wunder, dass sich viele Wiener bei diesem Lärm zu gewissen Stunden wie in Neapel fühlten.

Das leidige Schnellfahren

Neben dem typischen Lärmpegel eines Großstadtverkehrs brachte der zunehmende Verkehr auch Probleme durch Schnellfahren und undiszipliniertes Fahrverhalten mit sich. Erst langsam entwickelten sich Verkehrsregeln wie Überholverbote und Vorrangregelungen, von denen man aber annehmen kann, dass sie in einer monarchistisch von großen Klassenunterschieden geprägten Gesellschaft sicherlich nicht ohne Ansehen der Person exekutiert wurden. Bei Verkehrsvergehen wurde von den seit 1822 an neuralgischen Punkten aufgestellten Militär-Polizisten auch schon damals gestraft, betroffen waren aber weniger die „Herren von Stand" sondern eher nur die „Kleinen" von niedrigem Stand. Trotz auf einem Auge blinder Gesetzeshüter verbesserte sich die Verkehrssituation:

„Seit die bestehenden Verordnungen gegen das übermäßig schnelle Fahren neuestens republicirt wurden, kommt auch kein Fall mehr vor, daß irgend ein gedungener oder selbstherrlicher Kutscher, ein Fiaker aus Passion, hoch zu Bock sich einen rascheren als eben einen sogenannten Hundetrab zu Schulden kommen läßt. Die Preßhefen-Equipagen, die Wienerwürstel-Comfortables, die Fleischhauer-Zeugeln, die Sodawasser-Reutitscheiner, kurz alle die zahllosen bekannteren und unbekannteren Mieth-, Luxus-, Waaren- und Menschenbeförderungs-Fuhrwerke, welche noch vor wenigen Wochen eine Morgenpromenade in den Straßen Wiens zu einer lebensgefährlichen Waghalsigkeit stempelten, halten neuestens sich und ihre Rolle im Zaume ... Achtung vor dem Gesetz, ja das und nur das ist's, was den Wiener charakterisiert. – Ein Stadthaltereigebot sagt: ‚Du sollst nicht schnelle fahren' und siehe da, der Wiener fährt langsam – wenn die Straße so enge ist, daß das Vorbeifahren zur Unmöglichkeit wird, oder wenn die Passage in Folge angehäuften Fuhrwerks gehemmt ist ..." [27]

Schlafen während der Fahrt verboten!

Da bis 1852 in Wien die Rechtsfahrordnung herrschte, in den Vororten und der restlichen Monarchie aber der Linksverkehr vorgegeben war, dürften chaotische Szenen und Vorrangdiskussionen schon damals zum üblichen Bild des Straßenverkehrs gehört haben. Die Verordnung aus dem Jahre 1801, die den Kutschern verbot, während der Fahrt zu schlafen und die Pferde alleine über Vorrangfragen entscheiden zu lassen, war in der immer hektischer werdenden Zeit bald überholt.

Verordnung in einem noch sehr gemütlichen Wien

---

[25] Der Oesterreichische Zuschauer vom 4. Sept. 1839, Seite 1076

[26] ebenda, Seite 1077

[27] Telegraf Nr. 21 vom 13. März 1862

Schwer bewaffneter mittelalterlicher Handelszug

Aus der Stadt hinaus

Das frühe Postwesen

In den Jahrhunderten vor Beginn des Industriezeitalters gab es in Europa noch keine staatlichen Organisationen, die sich um die Abwicklung eines regelmäßigen überregionalen Verkehrs kümmerten. Es entstanden nur kleinere private Botenanstalten, die zwischen Klöstern oder Universitäten einen regelmäßigen Postdienst organisierten. Erst gegen Ende des 15. Jahrhunderts etablierten risikofreudige Geschäftsleute die ersten größeren Postverbindungen zwischen einzelnen europäischen Ländern. Daneben bewegten sich auf den Handelsrouten von Händlern organisierte Frachtfuhrwerke in sogenannten Plachenwagen, die oft zu ganzen Frachtzügen organisiert waren. Diese benötigten in den damals unsicheren Zeiten bewaffneten Begleitschutz gegen mancherlei Gefahren, denen auch die Postboten, vor allem wenn sie Geld brachten, ausgesetzt waren. Von Wien führten durch vier Stadttore wichtige Handelsstraßen als großräumige Hauptrouten hinaus in die Provinz und die angrenzenden Länder:

- vom Burgtor über die Mariahilfer-Linie und die Linzerstraße nach Oberösterreich, Salzburg, Bayern und Süddeutschland;
- vom Kärntnertor über die Wieden zur Matzleinsdorfer-Linie und die Triesterstraße in die Steiermark, nach Kärnten und Italien;
- vom Stubentor über die Landstraße und die St. Marxer-Linie nach Ungarn
- und vom Rotenturmtor über die Tabor-Linie beim Augarten nach Böhmen, Mähren, Polen und Russland.

Schlechte Straßenverhältnisse

Schon in den Vorstädten und Vororten herrschten aber, vor allem bei bestimmten Wetterlagen, die denkbar schlechtesten Fahrbedingungen. Die Straßen waren noch äußerst primitiv nur mit gewöhnlichem Grubenschotter bedeckt. Besonders für die klobigen, schweren Stellwagen oder Gesellschaftswagen bedeutete dies oft ein schwieriges Vorwärtskommen. Johann Nestroy lässt seinen Plutzerkern in „Der Talisman" im 1. Akt sagen:

„Er heißt ja deßtwegen Stellwagen, weil er von der Stell' nicht weiterkommt."

Über Land waren die Straßen – obwohl wichtige Handelsrouten – weit von der Qualität der alten und längst verfallenen Römerstraßen der Antike entfernt. Auf den staubigen und holprigen Wegen

Vom Burgtor führte der Weg Richtung Salzburg und Bayern

Durchs Kärntnertor ging es nach Italien

Über das Stubentor führte der Weg nach Ungarn

Wer Richtung Russland wollte, musste durchs Rotenturmtor

Not macht erfinderisch: Bei den schlechten Straßenverhältnissen im 19. Jahrhundert konnte man oft nur auf Stelzen den Überblick behalten

Bei schnell wechselnden Witterungsbedingungen missglückte so manche Landpartie

zu reisen, war innerhalb Österreichs eine äußerst mühsame und zeitaufwendige Angelegenheit. Und zu bestimmten Zeiten, vor allem im Winter, bis auf eingeschränkte Schlittenfahrten oft gänzlich unmöglich.

Die Postwagen

Den in die Provinz gehenden überregionalen Personenverkehr besorgten bis zum Beginn des Eisenbahnzeitalters Mitte des 19. Jahrhunderts hauptsächlich die Postwagen. Diese Personenpostwagen fuhren seit 1650 regelmäßig auf den staubigen und schlecht ausgebauten Landstraßen von Wien ab.[1] Für die Fahrt z. B. von Wien nach Brünn benötigte man aber wegen der schlechten Straßenverhältnisse zwei bis drei Tage. Von Wien nach Triest oder nach Berlin waren sogar fünf Tage einzuplanen.[2] Ein wesentlicher Fortschritt wurde mit der Einführung

1 Kolar Heinrich, Alltag und Heimat, Wien 1930, Seite 16
2 Andrees Karl, Geographie des Welthandels, Wien 1921, Seite 433

Abfahrt des Postwagens vom Franziskanerplatz

Bei stärkeren Anstiegen mussten die Passagiere aussteigen und zu Fuß gehen

AUS DER STADT HINAUS

Lange Nasen der Postkutscher beim Anblick der „modernen" Eisenbahnen (zeitgen. Karikatur)

der schnelleren, dafür aber höherpreisigen k. k. Eilwagen, den sogenannten Diligencen, ab 3. Mai 1823 erzielt. Solche Schnellverbindungen gab es in England zwischen London und Edinburgh bereits seit 1784, auf dem europäischen Festland aber erst seit 1821.[3] Mit einem besser organisierten Pferdewechsel schaffte man die Fahrt von Wien nach Brünn nun in 16 Stunden. Die Postkutschen waren bis zum Beginn des Eisenbahnwesens ein für Wien bedeutsames Verkehrsmittel.

„Die österreichischen Post- und Eilwagen genießen allerseits einen guten Ruf, und mit Recht, die Zweckmäßigkeit ihrer Einrichtungen, ihre Haltbarkeit und elegantes Äußere, insbesondere aber ihre Bequemlichkeit, hat ihnen den verdienten Credit erworben."[4]

Im Jahr 1848 bestanden 14 von Wien ausgehende Postrouten, die den Brief-, Paket- und Personenverkehr besorgten.[5] Ab Mitte des 19. Jahrhunderts aber begann die Eisenbahn die Postkutschen zu verdrängen. Ein neues Zeitalter kündigte sich auch im Verkehrswesen an.

Strenge Kontrollen

Zu Beginn des 19. Jahrhunderts war nicht nur das Reisen selbst eine mühsame Angelegenheit, auch eine überbordende Bürokratie machte Reiselustigen das Leben schwer. Wollte man aus der Stadt hinaus, war Tage vorher eine behördlich-polizeiliche Genehmigung zu erwirken. War man in der Stadt angekommen, musste man – vor allem als ausländischer Besucher – eine Eselsgeduld aufbringen. Passier-, Erlaubnis-, Beglaubigungs- und Aufenthaltsscheine, sonstige Genehmigungspapiere und ausgefüllte Zollerklärungen mussten registriert, abgestempelt, archiviert und darüber hinaus zur Abrundung durch entsprechende Leibesvisitationen überprüft werden. Der Fantasie ambitionierter Behörden waren keine Grenzen gesetzt. Der österreichische Verwaltungsapparat agierte gegenüber Ankommenden misstrauisch nach dem Motto *„da kennt ja ein jeder kommen"* und begann in seinen selbst geschaffenen Vorschriften regelrecht aufzublühen. Viele heute noch unerklärliche Regeln und Eigenheiten der Verwaltung finden hier ihren historischen Ursprung. Grundsätzlich wurde jeder, der sich in Wien innerhalb des Linienwalls aufhielt – egal ob Einheimischer oder Fremder – registriert. Seit den Ereignissen der Französischen Revolution von 1789 war man von Staats wegen vorsichtig und tat alles, um den Zuzug revolutionärer, die Ruhe störender Elemente zu unterbinden.

Fliegenschützen und Zeiselwagen

Neben den Postwagen gab es in Wien auch größere Lohnwagen, die für den Transport von mehreren Personen und Personengruppen geeignet waren. Es waren primitive ein- oder zweispännige Bauernleiterwagen mit einem einfachen Dach, die „Fliegenschützen" genannt wurden und gegen Bestellung beim Fuhrwerker für längere Fahrten in die Provinz zur Verfügung standen. Fliegenschützen

Hochnotpeinliche amtliche Perlustrierung des Reisegepäcks

3 Andrees Karl, Geographie des Welthandels, Wien 1921, Seite 430
4 Allgemeine Theaterzeitung vom 3. Mai 1847, Seite 419
5 Paul Martin, Wien unter der Regierung Kaiser Franz Josefs I., in Beiträge zur Wirtschaftskunde Österreichs, Wien 1911, Seite 519

> Jedem in Wien ankommenden Fremden wird an der Linie von dem dort aufgestellten Polizei-Posten der Paß abgenommen, und ihm dafür ein Empfangsschein in deutscher, französischer und italienischer Sprache ausgefertigt, worin die Anweisung enthalten ist, sich innerhalb 24 Stunden bei der Polizei-Oberdirektion zu melden. Hier wird er an die Fremden-Commission gewiesen, daselbst um den Zweck seiner Herreise, die Dauer seines Aufenthaltes, und nach Beschaffenheit der Umstände, wohl auch um die Mittel zu seinem Unterhalte befragt, welche Letztere er in diesem Falle durch Wechselbriefe oder andere beglaubigte Urkunden nachzuweisen verpflichtet ist. Jedem Fremden wird sodann gegen eine kleine Taxe ein sogenannter Aufenthaltsschein ausgefertigt, welcher auf eine bestimmte Zeit lautet, nach deren Verlauf jeder Reisende um eine, seinen Bedürfnissen angemessene Verlängerung ansuchen kann, mittlerweile sein Paß bis zu seiner Abreise bei der Polizei-Direction aufbewahrt bleibt. Uebrigens ist die Abfahrt aus den Linien auf das offene Feld mit eigenem Kutscher, Fiakern, Gesellschaftswagen und offenen Wagen durchaus frei; bei der Einfahrt wird jedoch die festgesetzte Linienmauth entrichtet. Jene in k. k. Postwägen, Reisewägen, Landkutschen ꝛc. Reisenden, haben sich mit Pässen, oder im Falle sie bloß kleinere Ausflüge machen, mit Passirscheinen zu versehen. An den Linien, als den Verzehrungssteuer-Posten, ist alles Steuerbare genau anzugeben und zu vermauthen, und nöthigenfalls hat sich auch jeder Reisende, er komme von nah' oder ferne, einer Untersuchung seines Gepäckes zu unterziehen.

Vorschriften einer überbordenden Bürokratie (aus Schimmer Carl August, Das Kaiserthum Österreich, Darmstadt 1850, Seite 193)

dienten allerdings hauptsächlich dem Warenverkehr und weniger dem Personenverkehr. Die erste Erwähnung dieser billigen Fuhrwerke geht auf das Jahr 1547 zurück. Ursprünglich waren sie im Wageninneren nur mit Stroh bedeckt, worauf sich die Fahrgäste der Länge nach hinlegen und so die Reise in horizontaler Lage absolvieren mussten. Da der Fernverkehr den Postkutschen und 20 konzessionierten Landkutschern vorbehalten war, kamen die Fliegenschützen bald mit diesen in Konflikt. Immer wieder wurden die Post- und Landkutscher wegen der Ausbreitung der billigeren Konkurrenz bei den Behörden vorstellig.[6]

Den A… Frankreich zu

Aus den Fliegenschützen entwickelten sich ab 1744[7] die Zeiselwagen, auch Steirerwagen genannt, die sich ebenfalls ein- oder zweispännig auf Fahrten bzw. den „öffentlichen Verkehr" in die nähere Umgebung Wiens zu den verstreuten Vororten spezialisierten. Die Zeiselwagen waren einfache, nicht gefederte, d. h. unbequeme Bauernleiterwagen, die schmal und niedrig gebaut und meist mit hellen Farben angestrichen waren. Sie hatten eigene

6 Gugitz Gustav, Der Zeiselwagen, aus Fahrbuch des Vereins für Geschichte der Stadt Wien, Wien 1948
7 Csendes Peter/Opll Ferdinand, Wien – Geschichte einer Stadt, Band 3, Wien 2006, Seite 80

Ein Fliegenschützenwagen als Vorläufer der Eisenbahn-Liegewagen in Richtung Wien vor Schönbrunn

AUS DER STADT HINAUS

Ein Zeiselwagen vor der Stadt

Ein Fliegenschützenwagen abfahrbereit vor der Stadtmauer

Wagennummern. Die Sitze und Sitzlehnen bestanden aus ungepolsterten Holzbrettern, auf denen bis zu 16 Personen hart sitzend, aber geordnet, befördert werden konnten:

„Bei drohendem Regen oder gar großer Müdigkeit habe ich mehrmalen der Zeiselwagen mich bedient, vieles von Eingeborenen en passant gelernt, Stubenmadeln erzählten mir, daß die Herrschaft verreiset sey und fragten: ob ich nicht auf die Mehlgrube komme, oder zum Casperl? – und einer der Wagenlenker, dem ich nicht recht saß, sagte mir: ‚Anders rum, den A… Frankreich zu!'"[8]

Die Zahl dieser billigen und bei der Bevölkerung sehr beliebten Zeiselwagen wuchs bis Mitte des 19. Jahrhunderts auf rund 1 200 [9] an. Sie hatten ihre Standplätze ausschließlich vor dem Linienwall, da ihnen die Fahrt in die Stadt „anstandshalber" polizeilich untersagt war.[10] Ab 4 Uhr früh und bis 22 Uhr durften sie auf ihnen zugewiesenen Standplätzen auf Kunden warten.

Unkalkulierbare Abfahrtszeiten

Die Zeiselwagen hatten aber keinen regelmäßigen Fahrplan, was bedeutete, dass sie in geschäftstüchtiger Weise erst abfuhren, wenn genügend Passagiere Platz genommen hatten und der Wagen voll war, was oft lange und unkalkulierbare Wartezeiten mit sich brachte.[11]

„‚Steigen euer Gnaden nur auf', ruft der Zeisler, ‚es fehlt just noch eine Person, steigen's auf, so fahr ich gleich fort.' Man läßt sich verführen und steigt ein, aber der Zeisler fährt dennoch nicht fort; ein zweiter Vorübergehender wird auf die gleiche Art angerufen. ‚Aber es ist ja kein Platz mehr', schreit der Erste dem Führer zu. ‚Wird schon Platz sein', antwortet einer der Reisegefährten, indem er lachend absteigt. Die Sippschaft der Zeisler hat nämlich den Wagen eingenommen … Es steigt immer heimlich jemand ab, wenn ein wirklicher Passagier kommt."[12]

Ein breites Leinwanddach und zwei herablassbare Plachen schützten die Fahrgäste vor Sonne, Wind und Wetter. Eine Fahrt mit dem Zeiselwagen war billig und durchaus kommunikationsfördernd, sodass er als der „Volkswagen" seiner Zeit bezeichnet werden kann. Zur Erholung und zum Genuss „aufs Land zu fahren", war damit auch für weniger begüterte Wiener im vormärzlichen „eisenbahnlosen" Zeitalter planbar und möglich. Regelmäßige Wochenendausflüge und Fahrten zur

---

8 Weber Carl Julius, Deutschland oder Briefe eines in Deutschland reisenden Deutschen, Stuttgart 1834, Seite 361
9 Gugitz Gustav, Der Zeiselwagen, aus Fahrbuch des Vereins für Geschichte der Stadt Wien, Wien 1948
10 Kisch Wilhelm, Die alten Strassen und Plätze von Wien's Vorstädten, Band II, Wien 1895, Seite 363
11 Stieböck Leopold, Alt-Wien Monatsschrift für Wiener Art und Sprache, 2/1898, Seite 20
12 Die Grenzboten, Wien 1842, Nr. 32

Ein Zeiselwagen beim Verlassen Wiens vor der Mariahilferlinie. Alle Passagiere „den A... Frankreich zu"

Sommerfrische aufs Land wurden für die staub- und lärmgeplagten Wiener im 19. Jahrhundert für ihre Lebensgewohnheiten typisch.

Das Ende der Zeiselwagen

Ab Mitte des 19. Jahrhunderts begannen dem Zeiselwagen andere Verkehrsmittel den Rang abzulaufen. Dazu gehörten der bequemere und vor allem nach Fahrplan fahrende Stellwagen – auch Gesellschaftswagen genannt – und später die Pferdetramway sowie überregional die Eisenbahn. Zeiselwagen fuhren in Wien bis zum Jahr 1871, wo noch insgesamt 168 Fahrzeuge gemeldet waren. Schon im Jahr darauf existierte aber kein einziger mehr.[13] Neben seiner Verdrängung durch das stetig wachsende, moderne, schienengebundene Verkehrsnetz dürfte die damals einsetzende Euphorie im Zuge der für das Jahr 1873 geplanten Weltausstellung in Wien das ihre zu dieser Entwicklung beigetragen haben. Man wollte den zahlreich erwarteten internationalen Gästen dieses rustikale Transportmittel nicht zumuten und trieb folglich den Ausbau der Eisenbahnen und der Pferdetramway voran.

Wochenendvergnügen mit Zeiselwagen und Bierfassl

13 Sechzig Jahre Wiener Sicherheitswache, Wien 1929, Seite 113

Die Stellwagen von und nach Wien hatten einen regelmäßigen Fahrplan und fixe Routen

Massenverkehr nach Fahrplan

Alles geht vom Wirtshaus aus

Neben Fiakern und Zeiselwagen, die mit den heutigen Taxis und Sammeltaxis vergleichbar sind, entwickelten sich ab Mitte des 19. Jahrhunderts sogenannte „Stellfuhren", die mit „Stellwagen" abgewickelt wurden. Die Fahrzeuge waren kastenförmig gebaut und groß genug, um von mehreren Personen gleichzeitig genutzt werden zu können. Es waren im Grunde genommen die ersten Massenverkehrsmittel, da mit ihnen nicht nur mehrere Personen gleichzeitig, sondern diese auch auf festgelegten Routen und zu fixen Abfahrtszeiten befördert wurden. Im Fernverkehr wurde schon 1730 eine Konzession für regelmäßige Fahrten von Wien nach Graz, Laibach, Görz, Triest und Fiume vergeben. Im Ortsverkehr waren die ersten Stellwagenunternehmer meist findige Gastwirte aus den Vororten und der näheren Umgebung Wiens, die mit diesem Service die Kunden aus der Stadt in ihre Etablissements locken wollten. In Wien entwickelte sich der Verkehr mit Stellfuhren, als ein Fuhrunternehmer, der nebenbei auch den Gasthof „Goldenes Lamm" in der Wiedner Hauptstraße betrieb, beide Geschäftszweige zu kombinieren begann.

Das ehemalige Hotel „Goldenes Lamm" diente als „Kopfstation" von Stellwagen in die Umgebung Wiens

Im Wartesaal des „Goldenen Lamms" konnte man die Fahrkarten kaufen und auf die Abfahrt warten

Wiener Stellwagen in Vorder-, Seiten- und Rückansicht

Zweimal täglich gingen von seinem Wirtshaus in der Vorstadt zu einer bestimmten Stunde seine Stellfuhrwerke in die Vororte und in die unmittelbare Umgebung Wiens nach Traiskirchen, Mödling und Brunn, aber auch nach Eisenstadt und Pottendorf ab. Der kommerzielle Erfolg veranlasste auch andere Gastwirtschaften wie die „Drei goldenen Kronen" oder „Stadt Oedenburg", ähnliche Liniendienste ins Wiener Umland anzubieten[1]. Die Stellfuhren hatten daher hauptsächlich bei Gasthöfen in der Stadt und in den Vorstädten ihre Standplätze. Neben festen Fahrplänen und fixen Haltestellen hatten sie auch – im Gegensatz zu den Fiakern – festgelegte Beförderungstarife.

Die Verbreitung der Stellwagen

Aus den ursprünglich nur von Wirtshäusern abgehenden Stellfuhren entwickelten sich für öffentliche Fahrten bald umfassende liniengebundene Routen durch die Stadt und die Vorstädte, die von Pferdestellwagen sowie den etwas vornehmeren Gesellschaftswagen bedient wurden.[2] Von der Innenstadt bis zu den Vororten – in einem Umkreis von zwei Meilen (15,2 Kilometern) – erledigten sie den öffentlichen Verkehr.[3] Durch die zunehmende Trennung von Arbeitsplatz und Wohnung schon im vorindustriellen Zeitalter kam ihnen eine immer höhere Bedeutung zu. 1828 gab es einen viel umjubelten Verkehrsfortschritt in Wien, als der erste große Stellwagen mit Verdecksitzen zwischen dem Lobkowitzplatz und Hietzing in Betrieb ging.[4] Es gab ursprünglich keine Verbindungen zwischen den Vororten untereinander. So musste, wer von Dornbach nach Ottakring wollte, zuerst von Dornbach ins Stadtzentrum und von dort wieder hinaus nach Ottakring fahren. Mit Beginn des Eisenbahnzeitalters in der k. u. k. Monarchie ab Mitte des 19. Jahrhunderts begannen auch die privaten Eisenbahn-Gesellschaften mit eigenen Stellwagen für die Kunden Zubringerdienste zu ihren Bahnhöfen anzubieten. In den Zeitungen gab es bereits alle wichtigen Informationen über Standorte, Routen und Fahrzeiten.

Die Konstruktion der Stellwagen

Die Stellwagen – Vorläufer der heutigen Autobusse – gab es in verschiedenen Größen. Sie waren von ihrer Form typisch kastenförmig gebaut, stark „ausgebaucht" und mit einem hohen gewölbten Dach, breiten Fenstern und Türen versehen. Sie konnten bis zu zwölf Personen aufnehmen. Die

Aus „Allgemeines Intelligenzblatt zur Österr.-Kaiserl. privilegierten Wiener-Zeitung" vom 4. Juni 1814

1 Kisch Wilhelm, Die alten Strassen und Plätze von Wien's Vorstädten, Band II, Wien 1895, Seite 69
2 Zapf Johann, Die Wirtschafts-Geschichte Wiens, Wien 1888, Seite 4
3 Csendes Peter/Opll Ferdinand, Wien – Geschichte einer Stadt, Band 3, Wien 2006, Seite 80
4 Kolar Heinrich, Alltag und Heimat, Straßenverkehr, Wien 1930, Seite 16

MASSENVERKEHR NACH FAHRPLAN 37

Stellwagen mit Trennung in Raucher- und Nichtraucherabteil

Die Stellwagen hatten veröffentlichte Routen, Fahrpreise und Abfahrtszeiten

5 Schuster Mauritz, Alt-Wienerisch, Wien 1951, Seite 156
6 omnibus = lat. für alle

hinteren Räder dieser ersten Linienwagen waren im Vergleich zu den vorderen übergroß. Da die Konstruktion auf vier mächtigen Schneckenfedern ruhte, ergab sich gegenüber den Zeiselwagen ein wesentlich höherer Fahrkomfort.

„Stellwäg'n, ein Personenfuhrwerk, dessen Nachfolger der motorisierte Omnibus, anfangs ‚Auto-Omnibus' genannt wurde. Die ersten St. wurden im 19. Jhd. in Öst. gebaut, und sie vermittelten den regelmäßigen Verkehr zwischen bestimmten Haltestellen. Die blaugestrichenen, breitgebauten, sehr behäbig schwankenden St. Wiens waren von zwei Pferden gezogen und fingen der damaligen Straßenpferdebahn nicht wenige Kunden weg. Der St. mit seinem Damen- und Rauchkoupé war nämlich das Lieblingsgefährt aller Großmütter und älteren Frauen, die der heillosen Gefahr des sie verwirrenden Umsteigenmüssens von einem Straßenbahnzug in einen anderen entrinnen wollten. Denn der Stellwagen fuhr frischweg gewisse Bahnen weit über das Stadtgebiet hinaus; und wäre auch manche Strecke mit der ‚Pferdetramway' in einem Drittel der Zeit erreichbar gewesen, sie litt nun einmal an der abschreckenden ‚Umsteigerei', und im übrigen spielte der Zeitbegriff bei den älteren Weiblichkeiten jener Tage keine Rolle."[5]

Omnibus, ein Verkehrsmittel für alle

Da mit den Pferdestellwagen nicht nur Großmütter und ältere Damen gerne fuhren, sondern alle Personen, unabhängig ihres gesellschaftlichen Standes, wurde für diese Gefährte ab den 1840er Jahren auch die Bezeichnung Pferdeomnibusse[6] gebräuchlich. Sie besorgten nun sowohl den radialen Verkehr aus der Stadt heraus zu den Vor-

Stellwagen mit luftigen Dachsitzen

städten und Vororten als auch den tangentialen Verkehr. Mitte des 19. Jahrhunderts gab es breits 70 Stellwagenbesitzer mit rund 260 Stellwagen. Diese privaten Pferdeomnibusunternehmen waren naturgemäß auf Gewinn orientiert und befuhren daher nur Routen durch dichter bebaute Stadtgebiete. Von einer flächendeckenden Versorgung mit öffentlichen Verkehrsmitteln konnte dadurch nicht die Rede sein. Die Postverwaltung verlangte von den Stellwagenunternehmen, die periodisch Personentransporte durchführten, eine Taxe, welche – an die Fahrgäste weitergegeben – durch ihre „Unverhältnismäßigkeit" oft zum Ärger der finanziell schlechter gestellten Kundschaft führte. Die Stellwagen verkehrten in Intervallen von 5 bis 60 Minuten, zumeist alle 12 oder 15 Minuten.[7] Gegen Ende des 19. Jahrhunderts gab es bereits rund 1 400 Stellwagen, die aber „niemals in überstürzender Eile"[8] den Verkehr in der Stadt, den Vorstädten und der näheren und ferneren ländlichen Umgebung Wiens besorgten.

„Fremde Gäste, welche aus London oder Paris nach Wien kamen, waren des Erstaunens voll über die Genügsamkeit, mit welcher sich unsere Bevölkerung die unbequemen und langsamen Fahrten in jenen altmodischen Vehikeln, den ‚Stellwagen' gefallen ließ."[9]

Die erste „Nightline" und der erste „Niederflurwagen"

Im Jahr 1862 begannen die Stellwagen auch Fahrten in der Nacht anzubieten. Diese ersten „Nightlines" wurden aufgrund der Tanzlust der Wiener eingeführt, da diese beim Walzer Tanzen gerne vergaßen, auf die Uhr zu sehen.

„Eine hießige Stellwagenunternehmung ist endlich auf den glücklichen Einfall gekommen, während des Carnevals einen nächtlichen Verkehr herzustellen. Zwischen den besuchtesten Tanz-Etablissements, wie z. B. ‚Elisium', ‚Sperl', ‚Sophienbad', ‚Schwender' und ‚Dianabad' und den Vorstädten werden nach allen Richtungen zu jeder Stunde der Nacht Stellwagen fahren. Dabei drängt sich aber die Frage auf: ‚Wie viele Personen sollen bei einer solchen Fahrt im Stellwagen Platz finden?'. Die Ball-Toilette einer jeden Dame erfordert doch wenigstens drei gewöhnliche Sitzplätze, und wenn man sich auch bei der Heimkehr etwas schmiegsamer benehmen sollte, so wird sich doch keine Dame bei der Fahrt zum Balle ihre Crinoline und Frisur der Gefahr der Zerstörung aussetzen wollen. So hat jedes Unternehmen seine Schwierigkeiten."[10]

Auch in punkto Einstieghöhe der Fahrzeuge kam es zu laufenden Verbesserungen.

7 Stimmer Kurt, Wien 2000, Wien 1999, Seite 172
8 Volkswirtschaftliches Leben in Wien, Wien ca. 1890, Seite 317
9 ebenda, Seite 317
10 Telegraf Nr. 4, 1862, Seite 46

Ein Wiener Omnibusfahrer auf Fahrgäste wartend

Im Stellwagen, Originaltext: „Dame: Es ist doch gräßlich mit diesen engen Stellwagen; ich werde ja förmlich gequetscht! Ein Nachbar: Machen Sie sich nichts daraus, meine Gnädige, denn wir haben jetzt überall Preßfreiheit, und da muß man sich auch einigen Druck schon gefallen lassen."

11 Allgemeine Theaterzeitung vom 27. Mai 1847, Seite 504

„*Der Fortschritt hat auch die Gesellschaftswagen ergriffen. Auf der Hietzinger Straße begegnet man Gesellschaftswagen, die sich durch ihre Niedrigkeit besonders auszeichnen und an Comfort nichts zu wünschen übrig lassen. Aber nur die Hietzinger Straße zeichnet sich durch die Wagenreformation aus; die anderen Straßenbefahrer nach den Umgebungen der Residenz bleiben hartnäckig bei ihren Rumpelkästen.*"[11]

Die Stellwagen waren die ersten Massenverkehrsmittel in der Stadt vor Einführung des Tramwayverkehrs im Jahr 1865 und haben dem öffentlichen Verkehr in der Stadt – nach Sicht der damaligen Zeitgenossen – regelrecht Flügel verliehen.

Beliebt, verraucht und überfüllt

Da die Stellwagen bis zur Einführung der Pferdetramway gleichsam das Monopol auf den öffentlichen Verkehr in der Stadt hatten, waren sie regelmäßig überfüllt und durch die vielen Raucher auch entsprechend verqualmt. Mit Einführung reiner Damencoupés und eigener Rauchercoupés wollten einige Stellwagenunternehmer die sich zwangsweise ergebenden Interessenskollisionen der Fahrgäste schon im Vorfeld abfangen. Wahrscheinlich hat diese Trennung aber erst recht zu Überfüllungen und Verstimmungen geführt. Mit Einführung der schienengebundenen, wesentlich schnelleren Tramways ab 1865 wurden die Stellwagen langsam von den Hauptrouten in der Stadt verdrängt und waren nur mehr auf Nebenrouten unterwegs.

Wiener Verhältnisse

Ebenso wie in den anderen großen europäischen Metropolen London, Paris und Berlin steigerte sich im Laufe des 19. Jahrhunderts auch in Wien das Verkehrsgeschehen – sowohl innerhalb der Stadtmauern als auch außerhalb in den Vorstädten und Vororten – immer schneller und rasanter. Die biedermeierliche Beschaulichkeit musste der fortschreitenden Industrialisierung und der steigenden Mobilität Tribut zollen. Für eine reibungslose Aufnahme des zunehmenden Verkehrs waren die Straßen und Plätze der Kernstadt aber nicht ausgelegt. Dazu waren sie viel zu eng und zu verwinkelt. Trotz vermehrter Demolierung ganzer Häuserzeilen kam aber ein radikaler „verkehrsgerechter" Umbau der Altstadt nicht in Frage. Der zunehmende Verkehr in Wien war daher noch Mitte des 19. Jahrhunderts auf dieselbe geringe Fläche beschränkt, die der Stadt schon im Mittelalter zur Verfügung gestanden hatte. Die engen Fesseln zu sprengen, galt aber nicht nur für die alte Stadtmauer, sondern auch für die rückständigen politischen Strukturen.

Mit dem Sturm auf die Bastille im Jahr 1789 begann die Französische Revolution

Revolutionäre Veränderungen

Die pervertierte Französische Revolution

Mit Beginn des industriellen Zeitalters im Wechsel vom 18. zum 19. Jahrhundert setzte in Europa durch die Französische Revolution von 1789 auch ein politischer Umbruch in Richtung Moderne ein. Die Revolution fraß aber bald ihre Kinder. Mit Napoleons Eroberungssucht wurden die Ideale der Französischen Revolution – Freiheit, Gleichheit, Brüderlichkeit –, die ohnedies nie für alle Menschen gedacht waren, zu Grabe getragen. Von Alexandrien über Aspern bis Moskau und Waterloo überzog Napoleon den Kontinent mit unzähligen Kriegen und blutigen Schlachten. Der Hoffnungsträger einer bürgerlich-humanistischen Weltverbesserung entpuppte sich als machthungriger Feldherr, der sich selbst zum Kaiser mit absolutistischen Machtansprüchen krönte und damit die Revolution pervertierte.

England wird Weltmacht Nr. 1

England war durch sein „Inseldasein" in der vorteilhaften Lage, von den kriegerischen Ereignissen der Napoleonischen Kriege auf dem Kontinent nur rudimentär berührt zu werden. Es ist daher kein Zufall, dass fast alle großen und praktikablen Erfindungen der Zeit – wie die Dampfkraft und die Eisenbahn –

1 Allgemeine Theaterzeitung vom 12. August 1835, Seite 640

vom politisch ruhigen England aus ihren Weg um die Welt nahmen. Die geplante Invasion Englands hatte militärtechnisch selbst Napoleon überfordert. Zu futuristisch und abgehoben waren für die damalige Zeit die Ideen und Überlegungen Napoleons, wie z. B. mit Hilfe eines Riesenfloßes seine Truppen über den Ärmelkanal zu schicken oder mittels Luftschiffen England zu erobern.

„Der Ingenieur des Luftschiffes Campenas schrieb an Napoleon: ‚Bürgergeneral! Durch unermüdliche Nachforschungen ist es mir gelungen, alle Schwierigkeiten zu überwinden, und ich bin nun imstande, wenn mir die Mittel dazu angewiesen werden, ein Luftschiff herzurichten, welches Sie mit mehr als 200 Mann in die obern Regionen führen wird, und nach jeder Richtung des Compasses gelenkt werden kann. Ich selbst will der Steuermann seyn. Sie können dergestalt ohne Gefahr über den Flotten unserer eifersüchtigen Feinde schweben, und, einem Jupiter gleich, Donnerkeule auf sie herabschleudern, in dem Sie senkrecht Feuerbrände auf sie herabfallen lassen, ... vielleicht halten Sie es aber für noch gerathener, das britische Cabinet mit Einemmale zu einer Capitulation dadurch zu zwingen, daß Sie die Stadt London in Brand stecken! was leicht zu effectuieren wäre.‘"[1]
Davon musste aber selbst der große Feldherr Napoleon Abstand nehmen, da die dafür notwendigen technischen Entwicklungen noch in den Kinderschuhen steckten. Mit dem Ende von Napoleons Herrschaft nach der Schlacht bei Waterloo im Jahr 1815 wurde England neben seiner technologischen Vorreiterrolle auch zur politischen Weltmacht Nr. 1. Die als unbesiegbar geltende imperiale Seemacht besaß die größte Flotte der dama-

Alles schien möglich: Heißluftballon-Projekt aus dem Jahre 1804 zur Überführung von französischen Soldaten nach England

Ansicht eines gigantischen Landungsfloßes für Napoleons geplante Invasion in England

REVOLUTIONÄRE VERÄNDERUNGEN

Die Kriege von Napoleon – hier die Schlacht bei Waterloo – förderten technische Weiterentwicklungen

Der „Bürgergeneral" Napoleon Bonaparte krönte sich am 2. Dezember 1804 selbst zum Kaiser

ligen Zeit, die immer nach dem Prinzip, größer als die zweit- und drittgrößte Flotte zusammen zu sein, erweitert wurde. Damit war Englands politische und wirtschaftliche Einflussnahme auf allen Kontinenten der Erde gesichert. Die geschlagene „Grande Nation" Frankreich blieb aber im 19. Jahrhundert weiterhin ein Unruheherd, wie die späteren französischen Kriege gegen Russland 1854, Österreich 1859 und Deutschland 1870/71 und der Konflikt mit England im sudanesischen Faschoda 1898 bewiesen. Am Ungeist des im Zuge der Französischen Revolution entstandenen Begriffs der „Nation", der zwar aus Untertanen Staatsbürger machte, aber Europa mit Ideen und Werten wie „Volk", „Rasse" oder „Patriotismus" bis heute viel Unheil bescherte, werden wohl auch noch zukünftige Generationen zu leiden haben.

Kriege als Innovationsschübe

Trotz der Wirren der Zeit kam es aber – nach Jahrhunderten mit nur geringen technischen Verbesserungen – im 19. Jahrhundert beinahe explosionsartig zu innovativen Entwicklungen im Maschinenbau und bei wichtigen Produktionsabläufen, was zu großen Veränderungen im bis dahin eher gemächlichen Wirtschaftsgeschehen führte. Wie so oft in der Menschheitsgeschichte bringen erst kriegerische Ereignisse einschneidende Neuerungen und Innovationsschübe mit sich. Durch die verlustreichen Schlachten der Napoleonischen Kriege waren Pferde und die notwendigen Futtermittel knapp und entsprechend teuer. Maschinelle Anlagen begannen sich plötzlich gegenüber der Zugkraft der Pferde zu rechnen. Die Kraft der Pferde wurde von den Pferdestärken der Maschinen verdrängt. Kohle und Eisen waren die Materialien, welche die neue Zeit prägten. Die westliche Welt verzeichnete ein sprunghaftes Anwachsen von Industrie, Handel und Verkehr. Das Zeitalter der Dampfkraft revolutionierte durch Mechanisierung und Industrialisierung beinahe alle Lebensbereiche. Benjamin Franklins Ausspruch *„time is money"* aus dem Jahr 1748 drückte dem 19. Jahrhundert seinen Stempel auf und verlor auch in den folgenden Jahrhunderten nichts von seiner Gültigkeit.

Frühe Dampfmaschine von Thomas Newcomen

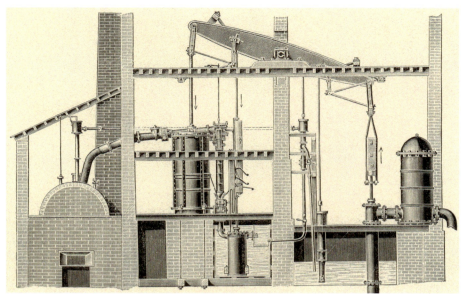
Eine legendäre technische Entwicklung: die Dampfmaschine von James Watt

Ein neues Zeitalter

Die alte beschauliche Welt wurde durch die Industrielle Revolution regelrecht auf den Kopf gestellt. Mobilität und Geschwindigkeit wurden zu allgemein anerkannten Werten, die auch heute noch von kaum jemandem in Frage gestellt werden. Größere Warenmengen und effizientere Produktionsbedingungen erforderten bald auch bessere Lösungen bei Fragen des überregionalen Handels und der schnellen Güterverteilung. Verkehrsfragen rückten immer mehr in den Vordergrund. Sowohl die schlechten regionalen Verkehrsverbindungen als auch die mühsam zu bewältigenden überregionalen Handelsrouten der Zeit machten Verbesserungen der Transportwege und der Transportsysteme dringend notwendig.

Die rasanten technischen und industriellen Entwicklungen im 19. Jahrhundert stellten die Welt auf den Kopf

REVOLUTIONÄRE VERÄNDERUNGEN 45

Fulton präsentiert Napoleon in Paris sein Dampfboot

Der Kampf der Systeme

Vom Zweikampf zum Dreikampf im Verkehrswesen

Bis zu Beginn des 19. Jahrhunderts stellte sich bei Fernverkehrsfragen für die Planer nur die Alternative zwischen dem Ausbau von Straßen mit festen Fahrbahnen (damals französisch Chausseen genannt) oder der Errichtung von künstlichen Schifffahrtskanälen als bauliche Ergänzung der natürlichen Flussläufe. Zu Wasser oder zu Land war die Frage, welche die Entscheidungsträger bewegte. Ein ganz neues Beförderungssystem begann sich aber in den Eisenwerken und im Bergbau Englands durchzusetzen. Dabei erfolgte der Transport von Abbaumaterialien und fertigen Gütern auf eigens errichteten Trassen aus speziell verlegten Eisenschienen. Auf diesen konnten pferdegezogene Wagen, deren Eisenräder zur stabileren Führung auf den Schienen mit einem Spurkranz versehen waren, leichter rollen. Eisen war natürlich für Eisenwerke ein billiges Bauma-

Das Industriezeitalter veränderte Menschen und Umwelt nicht immer zum Besten

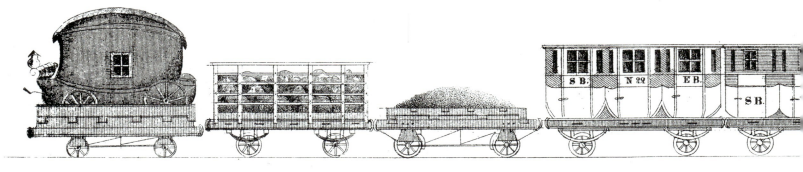

Ein typischer früher Zugsverband mit unterschiedlichsten Anhängern

Vater: Franz Josef Ritter von Gerstner (1756-1832)

terial – und der geringere Reibungswiderstand zwischen Rad und Schiene erforderte gegenüber dem herkömmlichen Transport wesentlich weniger Antriebsenergie. Somit konnten von den Pferden wesentlich höhere Lasten gezogen werden. Diese eisernen Bahnen waren reine Industriebahnen und beschränkten sich auf die Beförderung von Gütern auf kurzen Strecken innerhalb von Bergwerken, auf deren Verbindung mit den Fabrikationsstätten sowie als Zubringer zu den in England stark ausgebauten Schifffahrtskanälen. Noch ahnte niemand, dass diese Methode der Fortbewegung die Welt bald revolutionieren würde und aus dem „Zweikampf" einen „Dreikampf" zu machen begann. Unter den Ersten, die erkannten, welch große Bedeutung diese aus England kommende Technologie auch für den überregionalen Verkehr auf dem Festland haben könnte, war auch ein Österreicher.

Straßen, Schienen oder Kanäle?

Franz Josef Ritter von Gerstner, Mathematiker, Astronom und Techniker, war Mitbegründer des Polytechnischen Institutes in Prag, dem er auch als Direktor vorstand. Als wissenschaftliche Koryphäe wurde er von der im Jahr 1807 in Prag gegründeten Hydrotechnischen Gesellschaft für Böhmen noch im selben Jahr beauftragt, die Möglichkeit eines Verbindungskanals als Handelsstraße von der Moldau zur Donau zu untersuchen. Ende des Jahres gab er der Gesellschaft die überraschende und visionäre Empfehlung, anstelle einer Wasserstraße eine Eisenbahnstrecke zwischen der Moldau und der Donau zu planen. Dieser Vorschlag wurde – so modern er auch war – von der konservativen Gesellschaft angenommen. Aber zur Realisierung eines solchen großräumigen Bauprojektes waren die kriegerischen Zeiten damals nicht günstig. Europa befand sich andauernd im Kriegszustand. Die Idee blieb in der Schublade. Österreich hatte andere Probleme, da es in der vordersten Reihe der Gegner Napoleons stand. Franz Josef Gerstner veröffentlichte aber zumindest die Ergebnisse seiner Studien im Jahr 1813 unter dem Titel: *„Zwey Abhandlungen über Frachtwägen und Strassen und über die Frage, ob und in welchen Fällen der*

Fultons Dampfschiff mit Schaufelradantrieb

Bau schiffbarer Canäle, Eisenwege oder gemachter Strassen vorzuziehen sey".
Damit dokumentierte er, dass er als einer der Ersten die außerordentliche Bedeutung der Eisenbahn für die Zukunft – vor allem für den überregionalen Verkehr – erkannt hatte.

Vater und Sohn

Sein Wissen und seine Erkenntnisse gab er seinem Sohn Franz Anton Ritter von Gerstner, Professor der praktischen Geometrie am Wiener Polytechnischen Institut, weiter. Dem blieb es vorbehalten, die Idee des Vaters weiterzuführen und auch praktisch umzusetzen. Zwanzig Jahre später – ab dem Jahr 1827 – konnte er tatsächlich den vom Vater geplanten Schienenweg zwischen Moldau und Donau in Form der Pferdeeisenbahn von Linz nach Budweis realisieren.

Schiffe, Eisenbahnen, Automobile – alles dampft

Die Diskussion, ob die Zukunft des Verkehrs auf dem Wasser, auf Schienen oder auf der Straße liege, erlebte mit der fortschreitenden Entwicklung der Dampfkraft neuen Zündstoff. Die Schifffahrt, die vor allem flussaufwärts über Jahrhunderte sehr mühsam gewesen war, konnte mit der Entwicklung der ersten dampfgetriebenen Antriebsräder schon sehr früh ihre Leistungsfähigkeit steigern und einen enormen Aufschwung verzeichnen. Bereits 1807 gelang es dem amerikanischen Erfinder Robert Fulton, mit einem Dampfschiff namens „Clermont" auf dem Hudson River von New York nach Albany zu fahren. Mit der ersten Atlantiküberquerung eines Dampfschiffes im Jahr 1838 wurde ebenfalls Verkehrsgeschichte geschrieben. Ob auf dem Meer, auf Flüssen oder Kanälen – ein neues Zeitalter in der Schifffahrt war damit angebrochen. Die Jahrhunderte alten großen Pläne für weiträumige Wasserkanäle zur Verbindung großer europäischer Ströme, wie der Donau, der Oder und der Moldau wurden wieder aus den Schubladen geholt. Daneben wurde aber auch der Einsatz von mobilen Dampfmaschinen zur Fortbewegung auf den Straßen in die Überlegungen einbezogen. Vor allem im fortschrittsgläubigen England konnte man auf den Landstraßen die neuesten Entwicklungen bei Automobilen sehen. Heute skurril anmutende Dampfautos zuckelten schwerfällig aber ohne Pferdevorspann durch die Gegend. Die Straßenverhältnisse waren aber derart schlecht, dass diese Entwicklungsschiene – bis zur Erfindung der benzinbetriebenen Verbrennungsmotoren Jahrzehnte später – bald zum Stillstand kam. Letztendlich konnte sich ab Mitte des 19. Jahrhunderts die Eisenbahn beim Fernverkehr sowohl für Personen als auch für Waren gegenüber den Konkurrenten durchsetzen. Die rasante Entwicklung immer schnellerer und leistungsfähigerer Dampflokomotiven sorgte für den Siegeszug der Eisenbahn. Das Rennen war entschieden. Ein Jahrhundert lang wurde die Bahn weltweit das dominierende Verkehrsmittel. Kanalbauprojekte, wie der 100 Kilometer lange, im Jahr 1895 eröffnete „Kaiser Wilhelm Kanal" (ab 1948 Nord-Ostsee Kanal), der die Ostsee mit der Nordsee verbindet, hat-

Sohn: Franz Anton Ritter von Gerstner (1796-1840)

Englische Dampfkutsche aus dem Jahr 1824

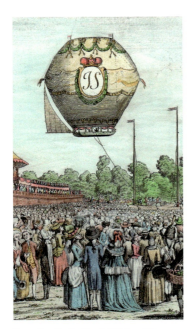

Das große Luftschiff des Herrn Stuwer im Jahre 1784

Hensons Entwurfszeichnung eines „Luftdampfwagens" über Wien

ten zwar eine gewisse wirtschaftliche Bedeutung, aber erst durch die Entwicklung benzinbetriebener Automobile im 20. Jahrhundert bekam die Eisenbahn ernst zu nehmende Konkurrenz.

Und in der Luft?

Schon gegen Ende des 18. Jahrhunderts waren Ballonfahrten waghalsiger Flugpioniere wie der Brüder Joseph und Jacques Montgolfier aufsehenerregende gesellschaftliche Spektakel ersten Ranges. Nach dem ersten bemannten Ballonflug der Geschichte am 21. November 1783 in der Nähe von Paris ließen sich auch die Wiener nicht lange bitten. Nur ein halbes Jahr später – am 6. Juli 1784 – fand im Wiener Prater die erste Wiener Ballonfahrt statt. Der für seine Feuerwerke berühmte Georg Stuwer (1732-1802) durfte seinen Heißluft-Fesselballon zwar auf 50 bis 70 Meter aufsteigen, aber nicht wegfliegen lassen. Für die 15 000 zusehenden Wiener war es dennoch eine technische Sensation. Im Unterschied zu den anderen, den pferde- oder dampfbetriebenen Fortbewegungsmitteln des 19. Jahrhunderts, hatten die Ballonfahrer aber ein großes Handikap. Sie konnten ihre Ballons nicht steuern und waren deshalb den Launen von Wind und Wetter ausgesetzt. Während die Aufstiege vor tausenden begeisterten Zusehern stattfanden, waren Stunden später die Landungen im Gegensatz dazu hart und unspektakulär. Irgendwo Kilometer weit weg bekreuzigten sich höchstens ein paar Bauern, wenn der Ballon auf einem ihrer Äcker aufschlug. Für findige Techniker war es daher schon im 19. Jahrhundert durchaus naheliegend, den Einsatz von Dampfmaschinen auch zum Antrieb und zur Steuerung von Fluggeräten in Erwägung zu ziehen.

Ein biedermeierliches Dampfflugzeug?

Dem englischen Erfinder William Samuel Henson (1812-1888) gelang es am 29. September 1842[1], seinen Luft-Dampfwagen „zur Beförderung von Briefen, Gütern und Passagieren von einem Ort zum andern durch die Luft" in England patentieren zu lassen. Sein biedermeierliches Fluggerät wirkt zwar überaus modern und seiner Zeit um Jahrzehnte voraus, es blieb aber beim Entwurf. Ein solches Dampfflugzeug wurde nie gebaut. Es wäre auch nicht flugtauglich gewesen. Zu schwer waren die damaligen Dampfmaschinen, zu wenig Strömungen und Luftwiderstand erforscht. Erst mit Entwicklung der Benzinverbrennungsmotoren Jahrzehnte später begann im Verkehrswesen auch die Luftfahrt abzuheben. Ballonfahrten sind bis heute ein reines Freizeitvergnügen und leisten durch ihre Unvorhersehbarkeit keinen Beitrag im Verkehrswesen. Die Aeronautik benötigte bis Anfang des 20. Jahrhunderts noch hundert Jahre an technischer Entwicklung, bis sie an Bedeutung gewinnen konnte und zu einem weiteren wichtigen „Massenverkehrsmittel" wurde.

---

[1] Dingler Dr. Emil Maximilian, Polytechnisches Journal, Stuttgart 1843, Seite 429

Im Biedermeier wurde die Luftfahrt mit ihren Möglichkeiten noch nicht ganz ernst genommen

Stromaufwärts mussten die Schiffe mühsam von Pferden auf Treppelwegen gezogen werden

Auf Flüssen und Kanälen

Die Donauschifffahrt

Als die Römer am Anfang unserer Zeitrechnung begannen, entlang der Donau Befestigungsanlagen und Kastelle zur Abwehr der Germanen anzulegen, entstand erstmals ein lebhafter Schiffsverkehr. Im Mittelalter entwickelten sich besonders die an der Donau gelegenen Städte wie Wien, Ulm, Regensburg und Passau zu blühenden Handelsstädten. Für Wien war die Donau sowohl für den regionalen als auch den überregionalen Verkehr von großer Bedeutung. Die Donau galt aber nicht ohne Grund als der gefährlichste Strom Europas. Waren schon die Talfahrten durch die hohe Fließgeschwindigkeit und die Untiefen der Donau halsbrecherisch und unberechenbar, so gestalteten sich erst recht die „Bergfahrten" der Donauschiffe als äußerst mühsam, zeitaufwändig und gefährlich. Das Schleppen der Schiffe stromaufwärts musste von hartgesottenen Flößern und bemitleidenswerten Zugtieren entlang der parallel zum Strom angelegten Treppelwege ausgeführt werden. Mangelnde Routine oder kleinste Unvorsichtigkeiten forderten dabei durch extreme Strömungen und unvorhersehbare Strudelbildungen so manches Opfer.

Der alte Donaukanal

Wo die Donau nach dem „Durchstich" zwischen Bisamberg und Leopoldsberg in den Bereich des Wiener Beckens tritt, ist die Topografie von

Blick von Norden auf die noch unregulierte Donau bei Wien

einem terrassenförmigen Anstieg der Landschaft am rechten Flussufer sowie einer weiten, flachen und beckenförmigen Ausdehnung links der Donau geprägt. Dies hatte zur Folge, dass sich der Strom ohne ein natürlich vorgezeichnetes Bett mäanderförmig ins Wiener Becken ergoss und dort viele Verästelungen und Inseln schuf, die laufend Veränderungen unterworfen waren. Ein Hauptstrom war für die Schifffahrt im Wiener Raum durch die weit ausholende plötzliche Verbreiterung des Stromes nicht eindeutig auszumachen. Jener Donauarm, der am nächsten an Wien vorbeifloss (der heutige Donaukanal), zweigte bei Nußdorf vom Hauptbett der Donau ab und war über Jahrhunderte für Wien der Hauptstrom der Donau. Da er aber durch seine vielen Krümmungen und die damit verbundene niedrige Fließgeschwindigkeit immer wieder zu versanden drohte, wurde er im 16. Jahrhundert zu einer Art Kanal stabilisiert und folglich auch als Donaukanal bezeichnet.

„Hatte doch das Bett des Canales in sehr heißen und trockenen Jahreszeiten eine so geringe Wassermenge, daß man von einem Ufer zum anderen waten konnte."[1]

Das Donaukanalufer im 18. Jahrhundert mit Stapelplätzen im Hintergrund

[1] Blümel Jakob, Die Geschichte der Entwicklung der Wiener Vorstädte, Wien 1884, Seite 11

AUF FLÜSSEN UND KANÄLEN

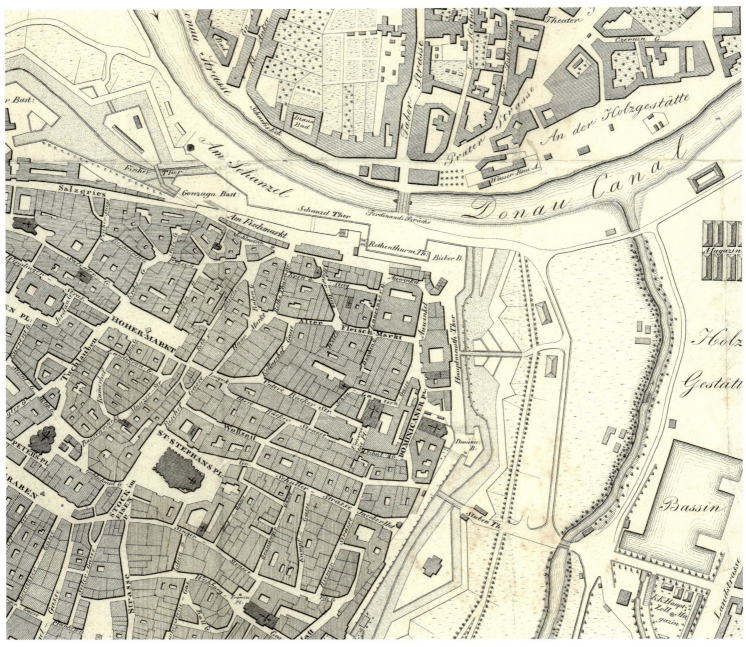

Plan von 1826 mit dem alten Wiener Hafen „am Schanzel" bei der Ferdinandsbrücke (heute Schwedenbrücke)

Dieser Wiener Arm der Donau hatte „am Schanzel" im Bereich des heutigen Schwedenplatzes seine einzige und unmittelbare Berührung mit der alten, noch von der Stadtmauer umgebenen Wiener Kernstadt. Dort war über Jahrhunderte am rechten Ufer die Hauptanlegestelle für die Schiffe, sozusagen der „Wiener Hafen", von dem man über die heutige Rotenturmstraße direkt in die Stadt gelangen konnte. Hier spielte sich unmittelbar vor den Toren Wiens der wichtigste Schifffahrts- und Warenverkehr ab. Aus dem Tullnerfeld und der Wachau kamen hauptsächlich Obst und Gemüse zu den Märkten in der Stadt. Die Salzschiffe mit dem lebensnotwendigen Salz der Halleiner Salinen lagerten ihre Säcke in der Nähe, am Salzgries. In der Rossau wurde neben dem ankommenden Holz auch der Granit aus den Mauthausener Steinbrüchen gestapelt. Nach erfolgter Entladung wurden meistens auch gleich die hölzernen Schiffe und Flöße als Bau- oder Brennholz verkauft, da eine Rückfahrt stromaufwärts durch das notwendige Ziehen mit Pferden zu zeitaufwändig und teuer gewesen wäre.

Viele Waren, wenige Personen

Von untergeordneter Bedeutung war der Personenverkehr per Schiff nach Wien. Bis zur Entwicklung der Dampfschiffe blieb nur die Muskelkraft, um die vielfältigen Gefahren einer Donaufahrt zu bewältigen. Auch wenn damals Fahrten über Land

Erstes Wiener Versuchsdampfschiff mit dem Namen „Carolina" im Jahr 1818, im Hintergrund Nußdorf, Kahlenberg und Leopoldsberg

aufgrund der schlechten Straßenverhältnisse und tatendurstiger Wegelagerer ebenfalls nicht risikolos waren, konnte man den Gefahren zumindest trockenen Fußes entgegentreten.

Donau-Dampfschiffe

Die Entwicklung der Dampfkraft im 19. Jahrhundert brachte auch für die Donauschifffahrt einschneidende Verbesserungen. Trotzdem stellte die Donau mit ihrer starken Strömung und den sich ständig ändernden Fahrrinnen auch für diese Technologie eine besondere Herausforderung dar, die spezielle technische Entwicklungen erforderte. Skepsis schien zu Beginn durchaus angebracht. Als Robert Fulton, der Erfinder der Dampfschiffe, ein Konzept für die Donauschifffahrt verfasste, war die Beurteilung der Bayerischen Akademie der Wissenschaften vom 31. Mai 1810 ablehnend negativ:

„... daß eine Anwendung irgend einer Erfindung dieser Art, wobei die Kraft des Wasserdampfes auf einem Schiffe selbst die gewöhnlichen Züge von Pferden am Ufer des Flusses ersetzen sollte, auf der Donau und überhaupt auf jedem etwas schnellen oder reißenden Strome durchaus nicht stattfinden könne, und daß diese Erfindung überhaupt nur auf sehr langsamen Flüssen oder ganz stille stehenden Canälen und in Ländern, wo die Steinkohlen sehr wohlfeil zu haben sind, zu leichten Fahrzeugen mit einigem Vortheile benützt werden könne." [2]

Erstaunlicherweise war man aber in Österreich der neuen Technologie gegenüber aufgeschlossener. Kaiser Franz I. schrieb zur Förderung des Wirtschaftsverkehrs am 7. Juli 1813 [3] ein „ausschließliches Privilegium", d. h. ein Beförderungsmonopol auf der Donau, aus, das jedem gewährt würde, dem es gelingen sollte, Schiffe ohne Verwendung von Zugtieren stromaufwärts zu befördern. Mangels geeigneter Interessenten wurde dieses staatliche Angebot im Jahr 1817 mit Erweiterung des Privilegiums auf alle Haupt- und Nebenflüsse der Monarchie ausgedehnt. Aber es waren eher technische Probleme als wirtschaftliche Überlegungen, die das mangelnde Bieterinteresse erklären. Geeignete Betreiber waren schwer zu finden. Die konstruierten Dampfantriebsmaschinen waren zu schwach und reparaturanfällig und scheiterten an den besonderen Anforderungen der Donauschifffahrt.

Die erste Dampfschifffahrt auf der Donau in Wien

In Wien fand die erste Fahrt eines dampfbetriebenen Versuchsbootes mit dem Namen „Carolina" am 21. Juli 1818 statt. Der aus Fünfkirchen, dem heutigen Pécs, stammende Erfinder Anton Bernhard fuhr damit von der Brigittenau über Nußdorf bis zur sogenannten Fuchsen-Insel bei der Kuchelau.

2 Wirth Max, Österreichs Wiedergeburt, Wien 1876, Seite 224
3 125 Jahre Erste Donaudampfschiffahrts-Gesellschaft, Wien 1954

Erzherzog Maximilian Joseph (1782-1863), mutiger Teilnehmer der ersten Dampfschifffahrt auf der Donau

„Sowohl auf- als abwärts wendete das Schiff ohne den mindesten Stillstand leicht und schnell um, hielt ohne Anker still im Strome, und nahm jede Richtung des Steuerruders an."[4]

Das machte Mut. Am Sonntag, dem 9. August 1818, wurde die Fahrt in Gegenwart zahlreicher Zuschauer zuerst mit einem angehängten Lastschiff und dann mit dem wagemutigen Ehrengast Erzherzog Maximilian Joseph erfolgreich wiederholt.

„... und fuhren eine Zeitlang mit demselben auf- und abwärts, und in schiefen Richtungen durch den Strom. Auch dieser zweite Versuch wurde mit dem erwarteten Erfolge vollendet."[5]

Weitere kommissionelle Probefahrten dürften jedoch weniger erfolgreich verlaufen sein. Die Dampfschifffahrt auf der Donau brauchte noch Jahrzehnte, bis die Technik so weit ausgereift war, dass regelmäßige Donaufahrten angeboten werden konnten. Zwar wurde bereits einige Jahre später, im Jahr 1823, eine Donau-Dampfschifffahrts-Gesellschaft gegründet, die aber drei Jahre und den Bau der beiden Dampfschiffe „Franz I." und „Erzherzog Anton"[6] später den Betrieb wieder einstellen musste. Die Gesellschaft wurde aufgelöst, da sich die in Wien konstruierten Maschinen als zu reparaturanfällig erwiesen hatten.

Die Gründung der „Ersten Donau-Dampfschifffahrts-Gesellschaft"

Erst 1828 gelang es den beiden englischen Schiffskonstrukteuren John Andrews und Joseph Prichard mit ihren vielversprechenden Entwürfen ein auf 15 Jahre beschränktes Privilegium zu erlangen. Der Auftrag zur Herstellung von Dampfmaschinen und Kesseln samt Zubehör zum Antrieb der Schaufelräder ging mangels geeigneter industrieller Einrichtungen in Österreich sicherheitshalber nach England an die Firma der Pioniere der Dampfkraft, Boulton, Watt & Co. Deren damaliger Chefkonstrukteur James Brown legte mit 17. Juli 1828 ein detailliertes Offert für zwei Side-Lever-Maschinen mit je 30 PS, die den speziellen Anforderungen der Donauschifffahrt entsprachen. Zur Finanzierung der Erbauung des ersten Schiffes wurde eine Aktiengesellschaft gegründet, an der sich vermögende Adels- und Bankhäuser beteiligten. Mit der am 13. März 1829 abgehaltenen konstituierenden Generalversammlung war die „Erste Donau-Dampfschifffahrts-Gesellschaft" (DDSG) geboren.

Eine fast missglückte Jungfernfahrt

Die Holzkonstruktion des ersten Dampfschiffes der DDSG, das ebenfalls den Namen des damaligen österreichischen Kaisers Franz I. trug, wurde in einer von englischen Schiffsbauern errichteten Zeughütte am Ufer des Mühlschüttelarmes (heute Freiligrathplatz), einer Art Floridsdorfer Werft, hergestellt.[7] Für die Jungfernfahrt sollte das Boot von der Schiffswerft am Freitag, dem 3. September 1830, abends zum Landungsplatz beim Lusthaus im Prater für die zeitig um 4:30 Uhr geplante Abfahrt am Samstag nach Pressburg und Budapest gebracht werden.

„Nach seiner Abfahrt vom Spitz bei Wien, war dasselbe durch die Unerfahrenheit des Steuermannes, welcher sich ungefähr um 100 Klafter im Wiener-Kanale, zu weit links gehalten hatte, und den Versuch machen wollte, die daselbst gebildete Insel zu umfahren, und auf einem andern Arm aufwärts zu kommen, auf den Grund gelaufen, und nachdem es sich wieder flott gemacht hatte, war durch die eingebrochene Nacht die Absicht vereitelt, noch am nemlichen Tage beim Lusthause im Prater anzulangen. Am darauf folgenden Morgen setzte es seine Reise fort, und legte selbe, von Wien bis Pesth, in 15 Stunden 23 Minuten zurück."[8]

Mit dieser letztlich doch erfolgreichen Inbetriebnahme eines regelmäßigen Dampfschiffverkehrs von Wien nach Budapest – immerhin sieben Jahre vor Inbetriebnahme der ersten Dampfeisenbahn in Österreich – begann auch in Wien und für die Donau das Zeitalter der Dampfschifffahrt. Obwohl die Rückfahrt stromaufwärts von Budapest nach Wien an reiner Fahrzeit nur 48 Stunden und 43 Minuten in Anspruch nahm, dauerte die Fahrt aufgrund der notwendigen nächtlichen Fahrstops immerhin noch fünf Tage.[9] Rund 200 Personen konnte das mit seitlich angebrachtem Schaufelrad betriebene Schiff in den Kabinen aufnehmen. Sogar für Pferde und Kutschen war Platz vorhanden. Das Schiff selbst hatte später eine bewegte Geschichte. Es wurde 1848 an Ungarn verkauft, zu einem Kanonenboot umgebaut und der Name in „Meszaros" geändert. Nach Niederschlagung des ungarischen Aufstands in der k. u. k. Donauflottille wurde es auf „General Schlick" umgetauft und weiter verwendet. In der Folge erwarb es die DDSG zurück und setzte es unter dem Namen „Remorkör" bis 1899 ein. Danach wurde es zu einem Güterkahn umgebaut, der in den Kriegswirren des Jahres 1918 in Verlust geriet.

Die Geschichte der DDSG

Mit der 1835 errichteten Werft in Althofen bei Budapest wurde die Gesellschaft von ausländischen Lieferanten weitgehend unabhängig. Schon ab 1836

4 Der Österreichische Beobachter vom 18. August 1818, Seite 1216
5 ebenda
6 Klusacek Christine/Stimmer Kurt, Die Stadt und der Strom, Wien 1995, Seite 137
7 Blätter des Museumsvereines Floridsdorf, November 1981, Seite 55
8 Der Österreichische Beobachter vom 11. September 1830, Seite 1130
9 Der Österreichische Beobachter vom 14. September 1830, Seite 1144

Ein Dampfschiff mit Schaufelradantrieb unterwegs auf der Donau zwischen Wien und Linz

konnte ein geregelter Passagier- und Warenverkehr bis ins Schwarze Meer und sogar bis ins Mittelmeer nach Smyrna (heute Izmir) eingerichtet werden.[10] Im Jahr 1840 verfügte die Gesellschaft bereits über 28 Dampfer, deren Zahl bis zum Jahr der Wiener Weltausstellung 1873 auf 162 stieg.[11] Im Jahr 1880 war die DDSG das größte Binnenschifffahrtsunternehmen der Welt. Der Anlegeplatz der Donau-Dampfschiffe befand sich in Kaisermühlen und später nach Beendigung der Donauregulierungsarbeiten im Jahr 1875 am Praterkai. Das Verwaltungsgebäude der DDSG wurde 1856 direkt am Donaukanal im Bereich hinter der heutigen Urania errichtet. Schon seit ihrer Gründung besaß die Gesellschaft ein enges Naheverhältnis zum Staat und wurde immer wieder für dessen Wirtschaftspolitik instrumentalisiert. Die Donau war durch die vielen politisch und wirtschaftlich sehr unterschiedlichen Anrainerstaaten immer schon eine problematische Verkehrsachse, die sehr sensibel auf politische Veränderungen reagierte. Der verlorene Erste Weltkrieg fügte der Gesellschaft durch die Auflösung der Donaumonarchie schweren Schaden zu, da fast die Hälfte der Schiffe an die Nachfolgestaaten abgetreten werden mussten. In den wirtschaftlich schwierigen Jahren der Zwischenkriegszeit wurde die Situation für die DDSG durch den Zusammenbruch ihrer Hausbank, der Bodenkredit-Anstalt, noch weiter verschlimmert. Der Zweite Weltkrieg vernichtete das Unternehmen fast vollständig. Die meisten Schiffe und Besitzungen gingen verloren, die Existenz der DDSG konnte nach dem Krieg nur durch ihre Verstaatlichung im Jahr 1955 gesichert werden. Eine neue, leistungsfähige Schiffsflotte wurde aufgebaut. Bis zum Jahr 1968 erfolgte die Umstellung des Schiffsparks von Dampf- auf Dieselbetrieb. Zugschiffe, Schubschiffe, Motorgüterschiffe, Tankschiffe und Passagierschiffe gehörten zum Besitztum des Unternehmens.[12] Mit Beschluss der österreichischen Bundesregierung wurde im Jahr 1991 die DDSG an Private verkauft und in einen Personenschifffahrts- und einen Frachtschifffahrtsbereich getrennt. Mit Eröffnung des Rhein-Main-Donau-Kanals ein Jahr später und der damit entstandenen 3 500 Kilometer langen Wasserstraße zwischen Nordsee und Schwarzem Meer bekam die Donauschifffahrt aber wieder Aufwind. Unzählige Fracht- und Kreuzfahrtschiffe der verschiedenen Donauanrainerstaaten befahren mittlerweile den Strom. Diese Entwicklung hat sich auch auf den Donaukanal ausgewirkt. Mit der erfolgreichen Einführung des „Twin City Liner"-Personenverkehrs zwischen Wien und Bratislava konnte ab dem Jahr 2006 für Wien ein neues touristisches Kapitel im Donauverkehr aufgeschlagen werden.

Auf künstlich angelegten Kanälen

Der Bau von künstlichen Wasserstraßen als Ergänzung zu den natürlich vorhandenen Flüssen und Wasserwegen wurde in vielen europäischen Ländern wie Frankreich, Holland und Russland über Jahrhunderte praktiziert. Österreich war aufgrund

10 Klusacek Christine/Stimmer Kurt, Die Stadt und der Strom, Wien 1995, Seite 140
11 Wirth Max, Österreichs Wiedergeburt, Wien 1876, Seite 296
12 Geschichte und Entwicklung der 1. DDSG 1829–1979, Blätter des Floridsdorfer Bezirksmuseums, Juni 1979

Maires Plan für ein Schifffahrtskanalsystem (braun) aus dem Jahr 1786. Vom „Bassin de Partage" (Bildmitte oben) führt der Kanal hinter den Hofstallungen (heute Museumsquartier) zur Lindengasse

seiner topografischen Gegebenheiten mit kaum zu überwindenden Steigungen sowie Gebirgszügen wie den Alpen und den Karpaten in einer wesentlich schwierigeren Lage. Während andere Länder bald tausende Kilometer dieser künstlichen Wasserstraßen besaßen, verhinderten in Österreich die technischen Herausforderungen aufgrund der zu überwindenden Höhenmeter diese Entwicklung.

Gerade die k. u. k. Monarchie hätte aber ein umfassendes Kanalsystem gebraucht, da keiner der österreichischen Flüsse direkt in ein Weltmeer mündete. Pläne für Kanalverbindungen gab es bereits seit Kaiser Karl IV. (1316–1378), aber eine wirtschaftliche Betriebsführung schien gegenüber dem Transport auf der Straße bei der Unzahl an notwendigen Schleusen kaum möglich.

Projektskizze des Ausbaus der Neuen Hofburg. Planung einer breiten Kaiser-Avenue anstelle der Lindengasse zu Zeiten der Monarchie

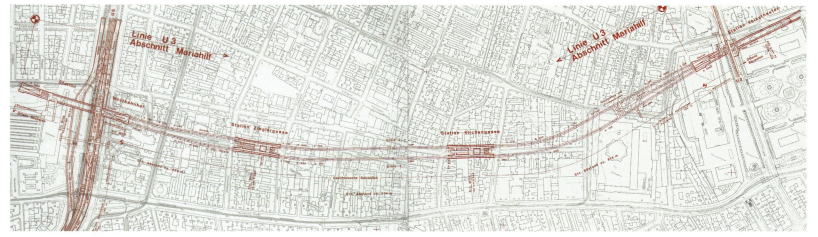

Planung der Führung der U3 in der Lindengasse (Oktober 1982)

Kanalstadt Wien?

Im Jahr 1786, unter der Regentschaft Kaiser Josefs II., präsentierte der in Österreich tätige, aus Lothringen stammende Hydrograph François Joseph Maire ein umfangreiches Kanalprojekt für Österreich, das die großen Flüsse des Landes miteinander verbinden sollte.[13] Wien wäre dabei zum Mittelpunkt dieses Wasserstraßennetzes samt einer Kanalverbindung nach Triest geworden.[14] Außerhalb der Stadtmauern wollte Maire im Bereich des Glacis einen Ringkanal um die Stadt anlegen und zwei große Häfen – „Port France" beim heutigen Schottenring und „Port Public" beim heutigen Stubenring – errichten. Über ein Verteilerbassin „Bassin de partage" im Bereich des heutigen Volkstheaters hätte eine Wasserverbindung durch die Lindengasse zum geplanten Hafen „Port de repos" beim heutigen Westbahnhof geführt.

Das Planungsschicksal der Lindengasse

Die Lindengasse hat über die Jahrhunderte ein eigenartiges planerisches Schicksal durchlebt. Im 18. Jahrhundert sollte aus ihr ein Schiffskanal mit unzähligen Schleusen werden, im 19. Jahrhundert war geplant, aus ihr einen kaiserlicher Prachtboulevard zu machen und weitere hundert Jahre später, im 20. Jahrhundert, sollte unter ihr die Trasse der U-Bahn-Linie 3 verlaufen. Die Lindengasse widerstand aber all diesen Planungen und blieb bis heute eine einfache Gasse im Bezirk Neubau.

Wien konnte kein zweites Venedig werden

Wien widerstand all den Umplanungen zu einer „Kanalstadt" mit Hafenanlagen rund um die Stadt und einer Wasserverbindung nach Triest. Die Wiener und das Wasser fanden nicht wirklich zusammen. Die von François Joseph Maire geplante enge, beinahe venezianische Verbindung Wiens mit dem Wasser blieb eine Illusion. Erst nach 200 Jahren verbesserte sich mit Schaffung der 21 Kilometer langen und 250 Meter breiten Donauinsel in den Jahren von 1972 bis 1988 sowie der gastronomischen Belebung des Donaukanals ab Mitte der 1990er Jahre der Zugang der Wiener zum Wasser wesentlich. Für die heutige hohe Lebensqualität der Stadt ist diese engere Verbindung Wiens mit der Donau von großer, nicht zu unterschätzender Bedeutung.

Der Wiener Neustädter Kanal

Dennoch war die Kanalschifffahrt Ende des 18. Jahrhunderts ein heißes Thema. Im Jahr 1797 begann eine Gesellschaft, bestehend aus dem ungarischen Grafen Anton Apponyi, dem Großhändler Bernhard von Tschoffen und dem Hofagenten Joseph Reitter, einen Kanal mit Ausgangshafen auf der Landstraße (dem heutigen Bahnhofsbereich Wien Mitte) Richtung Wiener Neustadt nicht nur zu planen, sondern unter der Planung und Bauleitung von Sebastian von Maillard auch tatsächlich zu verwirklichen.[15] Beabsichtigt war, auf diesem künstlichen Kanal mit Flößen Steinkohle von Wiener Neustadt und Ödenburg nach Wien zu transportieren. In weiterer Folge sollte der Kanal sogar bis nach Triest geführt werden. Da Napoleon im Friedensschluss von Campoformido am 17. Oktober 1798 Venedig dem Habsburgerreich angegliedert hatte, war eine funktionierende Verkehrsverbindung zu den der Selbstständigkeit beraubten und folglich „unruhigen" italienischen Provinzen an der Adria schon allein aus militärischen Gründen notwendig. 1802 übernahm daher der Staat das Eigentum an dem nur 11,4 Meter breiten[16] Kanal, der zur Überwindung des Höhenunterschiedes von 93 Metern insgesamt 52 Schleusen benötigte. Am 12. Mai 1803 ging der Kanal mangels einer größeren Anzahl an Schiffen mit einem nur aus vier Frachtkähnen bestehenden Schiffszug

13 Riebe Valerie Else, Der Wiener Neustädter Schiffahrtskanal, Wien 1936, Seite 6
14 Umlauft Friedrich, Der Wiener-Neustädter Canal, in Mittheilungen der geogr. Gesellschaft, Band XXXVII., Wien 1894, Seite 387
15 Riebe Valerie Else, Der Wiener Neustädter Schiffahrtskanal, Wien 1936, Seite 16
16 Umlauft Friedrich, Die österreichisch-ungarische Monarchie, Wien 1897, Seite 453

Der erste Hafen des Wiener Neustädter Kanals im Bereich des heutigen Bahnhofs Wien Mitte

in Betrieb. Da er in der Folge bis auf eine kurze Verlängerung bis Pöttsching im Jahr 1810 nicht weiter ausgebaut wurde, blieb es bei nur 61 Kilometern Kanallänge.[17] Der Wasserweg konnte so für den Personenverkehr keinerlei Bedeutung erlangen. Da Napoleon nach der Schlacht von Austerlitz den Österreichern am 26. Dezember 1805 im Frieden von Pressburg Venedig wieder wegnahm, dürften sich auch die Ambitionen von staatlicher Seite im Hinblick auf eine Verlängerung des Kanals bis zum Mittelmeer in Grenzen gehalten haben. Man hatte in den kriegerischen Jahren bis zum endgültigen Sturz Napoleons im Jahr 1815 sicherlich auch andere Sorgen. Selbst die den Wienern angebotenen „Lustfahrten" auf dem Kanal nach Laxenburg[18] fanden keinen besonderen Zuspruch. Die vielen Schleusen bescherten den ungeduldigen Wienern eine zu lange Fahrzeit. Zumindest für den Gütertransport und die Kohleversorgung der entstehenden Industrieanlagen im Raum südlich von Wien erlangte der Wiener Neustädter Kanal aber eine gewisse Bedeutung.

Das Ende durch die Eisenbahn

Am Horizont tauchte mit der Eisenbahn bereits ein neues Verkehrsmittel auf, das die künstlichen Wasserstraßen alt aussehen ließ. In Wien hat sich die Eisenbahn im Jahr 1849 gleich symbolstark des Kanalhafens samt der Kanaltrasse in Form der heute noch bestehenden Verbindungsbahn zwischen der Landstraße und dem Südbahnhof bemächtigt. Der Wiener Kanalhafen musste aus Wien hinaus vor den Linienwall nach St. Marx verlegt werden. Ebenso nachteilig für den Kanal war, dass die nun errichteten zahlreichen Eisenbahnbrücken, die den Kanal übersetzten, so niedrig gebaut wurden, dass viele beladene Schiffe und Zugpferde nicht mehr durchkamen.[19] Im Jahr 1879 musste die Schifffahrt deshalb ganz eingestellt werden. Der Wiener Neustädter Kanal wurde zum Werkskanal „degradiert". Südlich von Wien sind bis heute noch kilometerlange Teile dieses aus den Ideen und Transportvorstellungen des späten 18. Jahrhunderts entstandenen verkehrs- und industriehistorisch interessanten Verkehrsbauwerks zu sehen.

17 Umlauft Friedrich, Der Wiener Neustädter Canal, Seite 396, in Mittheilungen der Kais. Königl. Geographischen Gesellschaft, Nr. 6, Wien 1894
18 Wiener Zeitung vom 7. Juli 1804
19 Umlauft Friedrich, Die österreichisch-ungarische Monarchie, Wien 1897, Seite 453

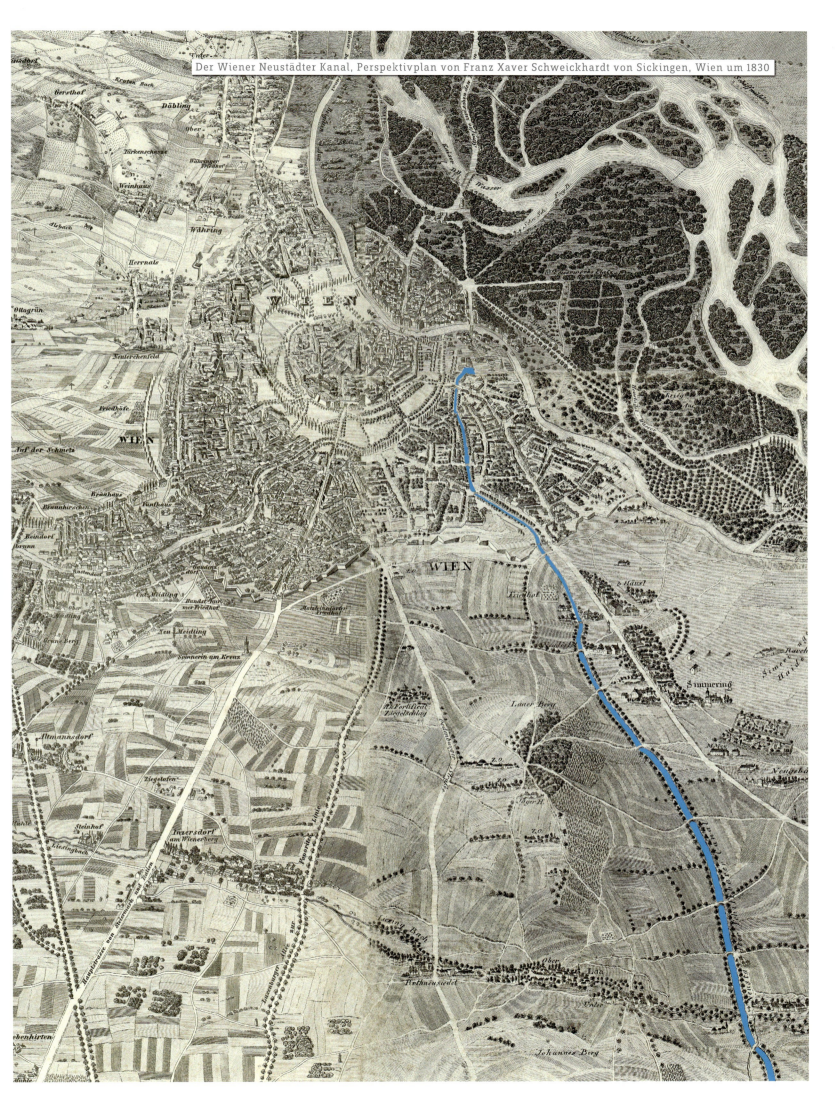
Der Wiener Neustädter Kanal, Perspektivplan von Franz Xaver Schweickhardt von Sickingen, Wien um 1830

„Satyrisches Bild" aus 1842, Originaltext: Dampfwagen und Dampfpferde im Jahr 1942 im Prater

Dampfende Automobile

Exotisch und laut

Gegen Ende des 18. Jahrhunderts leitete die Entdeckung der Dampfkraft das Industriezeitalter ein. Riesige, fest verankerte Dampfmaschinen wurden in Bergwerken zum Betrieb von Pumpenanlagen und für industrielle Zwecke eingesetzt. Bald entstanden neben diesen stationären Anlagen auch kleinere, mobile Dampfmaschinen, die nicht nur sich selbst, sondern zusätzlich auch Menschen und Material fortbewegen konnten. Dies löste eine Revolution im Verkehrs- und Transportwesen aus, da damit das Pferd als Zug-, Last- und Reittier ersetzt wurde. Parallel zu den schienengebundenen „Dampflokomotiven" des Engländers George Stephenson wurden alternativ dazu auch zahlreiche „Dampfautos" zur freien Fahrt auf den meist noch ungepflasterten Straßen entwickelt. Das erste noch dreirädrige Dampfauto war bereits im Jahr 1769 vom französischen Heeresingenieur Nicolas-Joseph Cugnot (1725–1804) gebaut worden. Die gesamte technische Entwicklung der Dampfautos geriet aber ins Stocken, als er bei einer öffentlichen Probefahrt von der Straße abkam und gegen eine Ziegelwand donnerte. Es ist daher nicht verwunderlich, dass Dampfautos von den Zeitgenossen nie ganz ernst genommen und immer wieder Gegenstand satirischer Kommentare wurden. Dennoch tauchten bis Mitte des 19. Jahrhunderts auf den damals äußerst schlechten Straßen Europas immer wieder diese heute exotisch anmutenden Dampfautos auf. Ihr großer Vorteil gegenüber der Eisenbahn war, dass sie unabhängig vom aufwändigen und zeitraubenden Bau von Gleisanlagen, auf den bereits vorhandenen Straßen unterwegs sein konnten.

Peter Wilhelm Friedrich von Voigtländer (1812–1878) organisierte Wiens erste Dampfautofahrt

Einer der ersten Dampfwagen, William Murdocks „dreirädriges Vehikel" von 1786

Ein Ungetüm auf Englands Straßen, der Chaussee-Dampfwagen von William Church aus dem Jahr 1834

Der erste Dampfwagen in Wien

In Wien sorgte im Jahr 1834 Peter Wilhelm Friedrich von Voigtländer mit der Vorführung eines Dampf-Omnibusses für Aufsehen. Als Spross eines Unternehmers für optische und feinmechanische Instrumente war er zur Ausbildung in London gewesen. Dort lernte er den Erfinder Walter Hancock kennen, dessen dampfgetriebene Omnibusse mit Namen wie „Enterprise" oder „Autopsy" bereits regelmäßig zwischen London und Stratford sowie nach Brighton verkehrten. Voigtländer kaufte den achten von Hancock hergestellten Wagen um 600 Pfund und ließ diesen „Dampfzugkarren" nach Wien transportieren.[1] Nach einer entsprechenden Werbekampagne mit Zeitungsannoncen und Plakaten für die beabsichtigte

[1] Czabaun Jutta, Die Reaktionen der Bevölkerung auf den frühen Automobilismus in Österreich, Diplomarbeit, Wien 2008, Seite 24

DAMPFENDE AUTOMOBILE 63

Thomas Rickett's Dampfwagen: Das erste Serienautomobil auf einer bestaunten Fahrt in England

Demonstrationsfahrt im Prater wollten sich die Wiener „aus allen Ständen" das Spektakel der ersten Autofahrt in ihrer Stadt nicht entgehen lassen. Der Besucherandrang war so groß, dass der Stau der anfahrenden Kutschen und Equipagen bis zur Rotenturmstraße zurück reichte. Zum Gaudium der 15 000 zahlenden Zuschauer dampften Voigtländer und sechs wagemutige Fahrgäste mit dem Ungetüm am 26. Oktober 1834 durch die Prater-Hauptallee:

„Der Dampfwagen im Prater: ... Sonntag um 4 Uhr machte der Dampfwagen, vor seiner Abreise in's Ausland eine Spazierfahrt im Prater, um zu sehen und gesehen zu werden. Die Witterung war dem Unternehmen günstig, und für die Unordnung bei der Cassa und beim Eingang war auf das Beste gesorgt worden. Der Zudrang war bedeutend, und um 4 Uhr setzte sich der Wagen wirklich in Bewegung, und legte den Weg vom Circus bis zum Rondeau und eine bedeutende Einnahme zurück. Der Wagen ist sehr schön und zweckmäßig gebaut, und die Fahrt, abwechselnd rasch und langsam, läßt eine vollkommene Idee von der Einrichtung und von dem Wesen dieser Erfindung fassen. Aber kein Mensch in der Welt ist vollkommen, auch nicht einmal ein Dampfwagen! ... es hätten einige Schleppwägen angehängt werden sollen, um zu erfahren, wie die Dampfmaschine in ihrer Kraft wirkt; denn so ein Dampfwagen ist wie eine alte Modedame, ihr größter Werth liegt in der Schleppe. Auch wäre es wünschenswerth gewesen, daß der Dampfwagen mehr als einmal die Promenade durch die Hauptallee gemacht hätte, denn es waren viele Menschen da, welche die ganze Procedur nicht angesehen haben, weil sie sich um einige Augenblicke verspäteten. Vier und zwanzig Kreuzer dafür zu bezahlen, um einen Dampfwagen zu sehen, ist schon etwas, aber vier und zwanzig Kreuzer zu bezahlen um keinen Dampfwagen zu sehen, ist etwas zu theuer." [2]

Für Voigtländer ging es aber weniger um den technischen Fortschritt im Verkehrswesen als um das einträgliche Spektakel fürs Publikum. Den Dampfwagen verkaufte er daher in der Folge nach Russland weiter.[3] Seine Vorführung blieb ohne nachhaltige Resonanz. Im Gegensatz zu den benzingetriebenen Autos des 20. Jahrhunderts konnten sich die Dampfautos somit auch in Wien nicht durchsetzen.

2 Allgemeine Theaterzeitung, vom 31. Oktober 1834
3 Geschichte der Eisenbahnen der österr.-ungarischen Monarchie, I. Band, Theil I., Wien 1898, Seite 152 und I. Band, Theil II, Seite 535

Ankündigung,
den k. k. priv. neuerfundenen mechanischen Wagen betreffend.

Dem verehrungswürdigen Publikum sind die angestrengten Bemühungen von mehreren mit den gründlichsten Erfahrungen ausgerüsteten Künstlern, um durch mechanische Wagen die Thierkraft zu ersetzen, nicht unbekannt. Man trat mit vielen solchen Erfindungen auf, doch konnten sie nur auf sehr ebenen festen, und von Steinen freyen Straßen angewendet werden. Eine Anzahl dieser Wagen sogar war nicht ohne aller Lebensgefahr zu gebrauchen, obschon sie vermög ihres Baues nur zwey Personen zu tragen im Stande waren.

Endlich ist es nach rastlosen Bemühungen und wiederholten Erfahrungen gelungen, einen mechanischen Wagen zu erbauen, auf welchen Se. k. k. Majestät ein ausschließendes Privilegium zu ertheilen allergnädigst geruht haben.

Dieser Wagen, durch seine Eigenheiten merkwürdig, vereiniget in sich alle erforderliche Mittel, um vorwärts sowohl als rückwärts, bergauf oder bergab zu fahren, und um alle Unebenheiten kothiger und steiniger Straßen überwinden zu können, welche bisher diesen Maschienen unübersteigliche Hindernisse entgegen setzten. Nebst dem ist bey diesem Wagen auch die entfernteste Gefahr beseitiget, da jede sich darauf befindende Person ihn nach Belieben und auch augenblicklich aufzuhalten vermag, und daher schmeichelt man sich, daß diese Erfindung zur öffentlichen aufmerksamen Besichtigung ausgestellt zu werden verdiene.

Dieser privilegirte mechanische Wagen ist in einem eigends dazu bestimmten Lokale, Anfangs der Prater-Allee zu sehen. Um die Zweckmäßigkeit aller dabey angewandten Vorrichtungen und den Gebrauch, der davon gemacht werden kann, augenscheinlich darzuthun, wird man mit demselben folgende Bewegungen ausführen:

1) Wird derselbe von fünf Personen bestiegen oder mit einem gleichen Gewichte belastet werden, und dann auf einem natürlichen, den gewöhnlichen Straßen ganz ähnlichen Boden, verschiedene Wendungen vornehmen.
2) Geschieht mit demselben die sehr beträchtliche Auffahrt zu einer in dem Lokale selbst angelegten Anhöhe.
3) Wird der Wagen mit eisernen Gewichten belastet, die bezeichnet sind, wovon jedermann sich überzeugen wird. Mit dieser Belastung werden dann auf den natürlichen Terain verschiedene Wendungen ausgeführt.
4) Wird der Wagen nebst den vorigen Gewichten noch mit bedeutenden neuen belastet, und sodann auf einer hölzernen, mitten im Lokale angebrachten Bahn, sich vorwärts und rückwärts ohne Wendung bewegen.

Diese mit der größten Leichtigkeit ausgeführte Bewegung, wird das verehrungswürdige Publikum vollends von der außerordentlichen Lenksamkeit, dieses Wagens in Vor- und Zurückfahren, ohne daß man ihn zu wenden brauche, überzeugen.

Alle obenbeschriebene Lenkungen werden bloß durch die Leitung eines einzigen darauf bequem sitzenden Mannes ausgeführt. Dieser Wagen hat die Gestalt eines sogenannten Steyerwagens; seine Länge ist 11 Wiener Fuß, und sein eigenes Gewicht beträgt 12 Zentner, welches mit jenen der Ladung eine äußerst beträchtliche Belastung bildet. Diese Erfindung, worauf schon lange die allgemeine Erwartung gespannt ist, indem die geschicktesten Mechaniker sich bisher immer vergebens damit beschäftiget haben, ist gewiß, in ihrer Art einzig zu nennen. Aus diesem Grunde ist der Erfinder überzeugt, bey dem hochverständigen und verehrungswürdigen Publikum eine ehrenvolle Anerkennung seiner Bemühung zu finden, um so mehr, da Vortheil und Bequemlichkeit für einen jeden damit verbunden sind.

Der Schauplatz ist in der Franzens-Brückenallee, rechts in der großen Hütte.

Zu sehen von Früh acht Uhr bis zur Abenddämmerung, an Sonn- und Feyertagen aber von 4 Uhr Nachmittags.

Die Eisenbahn veränderte die Welt, auch Wien

Auf glatten Schienen

Die ersten Eisenbahnen der Welt

In England hatte die Entwicklung von eisernen Schienen, auf denen von Pferden gezogene Wagen wesentlich schneller fahren konnten als auf gewöhnlichen Straßen, ihren Ursprung. Ebenso die Entwicklung von stationären Maschinen, die mittels Wasserdampf angetrieben wurden. So ist es nicht verwunderlich, dass die geniale Kombination beider Techniken, nämlich auf Schienen fahrende Dampfmaschinen – genannt Eisenbahnen –, ebenfalls von England aus die Welt zu erobern begann. Am 27. September 1825 ging zwischen Stockton und Darlington die erste öffentliche Eisenbahnstrecke der Welt mit Personenbeförderung in Betrieb. Die Spurweite betrug, wie heute noch üblich, 1 435 Millimeter, damit die Strecken neben den Dampflokomotiven von George Stephenson auch von Wagen, die noch von Pferden gezogen wurden, befahren

Mit der Eisenbahn kamen Zeitmessung und Pünktlichkeit in den Alltag der Menschen

Franz Anton Ritter von Gerstners Pferdeeisenbahn von Linz nach Budweis ging ab 1827 in Betrieb

werden konnten. Mit diesem Tag brach nicht nur im Verkehrswesen ein neues Zeitalter an. Die neue Technologie hatte auch massive Auswirkungen auf viele andere Lebensbereiche. Neben der Umformung ganzer Landschaften und Städte durch die Errichtung von riesigen, damals völlig neuartigen Bahnhofsgebäuden und Ingenieursbauten wie Brücken, Viadukten und Gleistrassen wurde für die Menschen in den industrialisierten Ländern vor allem die Vorstellung von Zeit und Geschwindigkeit eine völlig andere. Unaufhaltsam drangen über die Fahrpläne der Eisenbahn eine penible Zeitmessung und die Notwendigkeit von Pünktlichkeit in das Leben jedes einzelnen Menschen ein. Das Wissen um die Einhaltung der Uhrzeit, die Pünktlichkeit und der damit verbundene Termindruck wurden nicht mehr wegzudenkende Bestandteile des Lebens in der modernen Industriegesellschaft.

Österreichs erste Eisenbahn

Österreich stand in der Entwicklung des Eisenbahnwesens an vorderster Front, denn schon im Jahr 1827, zwei Jahre nach Inbetriebnahme der ersten Eisenbahn in England, fuhr auch in Österreich eine solche. Zwischen Budweis und Trojern (heute Trojany) verkehrend und später bis Linz und Gmunden verlängert, war sie die erste auf dem europäischen Kontinent und mit 129,3 Kilometern[1] die längste Pferdeeisenbahn der Welt. Die Wagen wurden ausschließlich von Pferden gezogen, da sich die ersten Dampflokomotiven in England noch im Entwicklungsstadium befanden. Erst mit dem berühmten Lokomotiven-Wettrennen von Rainhill am 6. Oktober 1829 konnte George Stephenson mit seiner „Rocket" die Vorteile und Praxistauglichkeit eines maschinellen Eisenbahnbetriebs beweisen. In Österreich waren Dampflokomotiven erst Jahre später, Ende des Jahres 1837, auf der Kaiser-Ferdinand-Nordbahn von Floridsdorf nach Deutsch-Wagram zu sehen. Der Erbauer der ersten österreichischen Bahnstrecke zwischen Linz und Budweis war der Professor der „Practischen Geometrie" am Wiener k. k. Polytechnischen Institut, Franz Anton Ritter von Gerstner. Sein Vater hatte bereits im Jahr 1813 visionär die Vorteile des Schienenverkehrs gegenüber allen anderen Transportmöglichkeiten beschrieben. So blieb es in der Familie, als Philipp Ritter von Stahl, der an der Spitze der vereinigten k. k. Hofkanzlei stand, dessen Sohn aufforderte, sich mit der väterlichen Idee einer Schienenbahn zwischen Donau und Moldau zu befassen. Aus Deutschland war von den Staaten an der Elbe immer wieder das Ansuchen an Österreich herangetragen worden, doch endlich die bestehende Wasserverbindung Nordsee – Elbe – Moldau verkehrsmäßig bis zur Donau zu verlän-

[1] Czedik Aloys Freiherr von, Der Weg von und zu den Österreichischen Staatsbahnen, 1. Band, Wien 1913, Seite 29

Gerstner baute 1824 im Wiener Prater eine über 200 Meter lange Eisenbahnversuchsstrecke

gern. Aus wirtschaftlichen Gründen sollte die bestehende Verkehrslücke zwischen Budweis und Mauthausen auf dieser wichtigen europäischen Nord-Süd-Handelsachse geschlossen werden. Studienreisen in die englischen Grafschaften Northumberland und Durham im Jahr 1822 machten Gerstner mit den neuesten Techniken im Eisenbahnwesen vertraut. Entsprechend den Usancen der Zeit konnte er sich zwar allerhöchsten Wohlwollens, aber keiner finanziellen Unterstützung durch den Staat sicher sein. So bekam er zwar mit „allerhöchster Entschließung" vom 7. September 1824 ein fünfzigjähriges Privilegium zur Erbauung einer Holz- oder Eisenbahn zwischen Moldau und Donau[2], war aber gezwungen, private Geldgeber und Aktionäre für dieses in Europa neuartige und daher finanziell riskante Projekt zu finden. Dies führte indirekt zu Wiens erster Schienenbahn.

Wiens erste Schienenanlage

Gerstner veröffentlichte eine Art Werbebroschüre über die große Zukunft des Eisenbahnwesens mit dem Titel „*Abhandlung über die Vortheile der Anlage einer Eisenbahn zwischen der Moldau und Donau*". Darüber hinaus ließ er marketingstrategisch wohlüberlegt im Oktober 1824 in Wien, der Stadt der Banker und des Geldadels, im Prater am Ende der Schwimmschul-Allee eine 227,5 Meter lange Musterbahn errichten.[3] Im ersten Drittel der Strecke waren auf die hölzernen Schwellen bzw. Tramen Holzschienen genagelt, im zweiten Drittel waren die Holzschienen mit schmiedeeisernen Schienen aus Eisenerz in der Steiermark beschlagen und im letzten Drittel bestanden die Schienen ganz aus Mariazeller Gusseisen. Zwei aneinandergehängte Wagen – einer mit Holzrädern und einer mit einer schmiedeeisernen Bereifung der Holzräder – fuhren von einem Pferd gezogen mit tonnenschwerer Ladung hin und her. Erstmals konnten die Wiener die Vorteile einer Fortbewegung auf Schienen bewundern und dies sogar unentgeltlich. „*... der Zutritt findet in den Wochentagen täglich vormittags von 10 bis 1 Uhr und Nachmittags von 3 bis 6 Uhr unentgeldlich statt. Standespersonen erhalten die Karten hiezu gegen Abgabe des Nahmens bey dem Portier des k. k. polytechnischen Instituts; später wird der Zutritt dem ganzen Publikum geöffnet werden. Die ganze Aufstellung dauert jedoch nur 8 bis 14 Tage.*"[4]

Die ganze Bahn wurde mit „*viel Interesse von dem dahinströmenden Publikum in Augenschein genommen*".[5] Bis 29. Oktober 1824 konnte man gegen Karten und am letzten Tag, dem 30. Oktober, konnte jedermann die erste Wiener Eisenbahn besichtigen. Dann wurde die Versuchsstrecke abgebrochen. Die Präsentation muss ein Erfolg gewesen sein, denn bald darauf konnte Gerstner mit kapitalstarken Aktionären wie Johann Heinrich Freiherr von Geymüller, dem Bankier Simon Georg Sina sowie Johann Mayer vom Handelshaus J. H. Stametz & Co. die „k. k. Privilegierte Erste Österreichische Eisenbahngesellschaft" gründen. Am 18. Juli 1825, noch vor Inbetriebnahme der weltweit ersten Eisenbahn in England zwischen Stockton und Darlington, wurde in Oberösterreich mit dem Bau der Pferdeeisenbahn zwischen Linz und Budweis begonnen.

Die Entwicklung verschlafen

Obwohl die neue Technologie direkt vor Augen, dachte in Wien damals noch niemand an die Möglichkeiten, die das Eisenbahnwesen bot. Die Verbindung Wiens mit anderen Städten mittels Eisenbahnen oder die Lösung der Verkehrsprobleme in der Stadt mittels Straßenbahnen waren noch Zukunftsmusik. Aber wie Gerstner im Prater bewiesen hatte, wären mit der damals bereits vorhandenen Gleisbautechnologie auch in Wien einschneidende Verbesserungen im Verkehrswesen möglich gewesen. Die Vorteile und Möglichkeiten des neuen Verkehrsmittels, wie höhere Fahrgeschwindigkeiten und Unabhängigkeit von den wechselnden Straßenverhältnissen, lagen eigentlich schon damals auf der Hand.

---

2 Der Österreichische Beobachter vom 6. Oktober 1824
3 dies hat international Schule gemacht, da etwas später – im Jahr 1825 – der Eisenbahnpionier Joseph Baader (1763-1835) im Schlosspark von Nymphenburg bei München die erste Teststrecke einer Pferdeeisenbahn für den Gütertransport in Deutschland aufstellen ließ.
4 Der Wanderer vom 13. Oktober 1824
5 Der Österreichische Beobachter vom 28. Oktober 1824

Nur private Eisenbahnen

Erst nachdem am 15. September 1830 eine Eisenbahn zwischen Liverpool und Manchester – weltweites Aufsehen erregend – in Betrieb gegangen war, begann danach auch auf dem Kontinent eine Eisenbahnlinie nach der anderen den Betrieb aufzunehmen. Immer mehr Städte wurden durch Eisenbahnen miteinander verbunden. Diese ersten Bahnlinien verdankten ihre Existenz jedoch nicht politischer Weitsicht und Fürsorge, sondern privatem Unternehmertum und risikofreudigen Investoren, die jedoch von staatlicher Seite die Konzession bzw. das Privilegium für den Bau und Betrieb brauchten. In ganz Europa wurden so verschiedenste Bankhäuser, Privatanleger und Finanzkonsortien zu Verkehrsunternehmen.

Die Angst des Despoten vor Veränderung

In Österreich herrschte politisch und industriell Friedhofsruhe. Der Schrecken der Napoleonischen Kriege war vorbei. Beim Wiener Kongress 1814/15 war es zu einer Neuaufteilung der Welt gekommen – wesentlich beeinflusst vom Österreichischen Staatskanzler Fürst Metternich. In ganz Europa war seit Jahren Frieden. Ideale Zeiten, um auf Grundlage der beginnenden Industriellen Revolution von staatlicher Seite der Wirtschaft zu helfen, Industrie und Verkehr auszubauen. Aber der Österreich mit strenger Hand absolutistisch regierende Kaiser Franz I. war mit zunehmendem Alter technischem Fortschritt immer weniger aufgeschlossen. In seinen späten Regierungsjahren sagte er zu allem Neuen, ganz gleich welcher Art, verbissen „Nein". Seinem Polizeichef hat er sogar bei einer kaisertreuen patriotischen Demonstration angeordnet:

„Dämpfen Sie jeden Enthusiasmus, sei es für oder gegen die Regierung." [6]

Freies, selbstständiges Denken war geächtet. Die Überwachung jedes einzelnen Bürgers, die lückenlose Zensur und eine radikale geistige Abschottung gegenüber dem Ausland waren zu Staatsprinzipen erhoben worden. Der einflussreiche Staatskanzler Metternich etablierte ein streng bürokratisches Überwachungssystem, das die Menschen von jeder politischen Tätigkeit, aber auch von jeder Reisetätigkeit weitestgehend ausschloss. Es blieb nur der Rückzug in die biedermeierliche Beschaulichkeit der eigenen vier Wände. Unbeweglichkeit kennzeichnete das Land.

„Das Einzige, was in Österreich Macht und Gewalt hat, ist nicht das Volk, nicht seine ausgesprochene öffentliche Meinung, nicht der Adel, auch nicht wohl die Bureaukratie, am wenigsten von allen der Kaiser – sondern die Gewohnheit, das Hergebrachte, Alltägliche, die unwiderstehliche Macht der Routine – und deswegen möchte man beinahe an Österreich verzweifeln." [7]

Clemens Lothar Wenzel Fürst Metternich (1773-1859), Förderer des Eisenbahnwesens

„Dämpfen Sie jeden Enthusiasmus ...", Kaiser Franz I. (1768-1835) an seinem Schreibtisch

6 Sassmann Hanns, Das Reich der Träumer, Berlin 1932, Seite 361
7 Adrian-Werburg Viktor, Österreich und dessen Zukunft, Hamburg 1847, in Monatsblatt des Vereins für Geschichte der Stadt Wien, Aug.-Okt. 1919, Seite 61

Nur geplant

Es wundert nicht, dass es in diesem geistigen Umfeld zehn Jahre dauerte, bis nach Gerstners Musterbahn im Prater ein erster Konzessionswerber für eine Wiener Bahnlinie an die Behörden herantrat. Der Wiener Stadtbaumeister Jakob Hainz von Korbest beantragte am 14. Februar 1834 in einem Majestätsgesuch die Bau- und Betriebskonzession für eine lokale Eisenbahnlinie, die – ausgehend von den Toren Wiens – über das Wiental, Hietzing, Atzgersdorf, Liesing bis nach Gumpoldskirchen und nach Baden führen sollte. Dies wäre ein erster Schritt zur Herstellung einer für Wien so wichtigen Handels- und Verkehrsverbindung in den Süden Richtung Adria gewesen. Das ausschließliche Privilegium wollte Hainz unter denselben Bedingungen und mit den gleichen Begünstigungen, welche Franz Anton Ritter von Gerstner für die Eisenbahn zwischen Budweis und Mauthausen erhalten hatte.[8] Die Eisenbahn sollte auf Stein gelegt, mit doppelten Gleisen und massiven, gewalzten bzw. gegossenen Eisenschienen errichtet werden. In seiner ersten Eingabe war noch Pferdebetrieb vorgesehen. In einem Nachtragsgesuch bat Hainz um Genehmigung für einen Betrieb mit Lokomotiven, sobald es die Fortschritte der Technik möglich machten. Weiters ersuchte er um zollfreie Einfuhr von Schienen aus England, da die einheimischen Eisenwerke in Scheibbs und Wolfsberg nicht in der Lage wären, die benötigte Menge an Schienen zu liefern.

Behördliche Einwände

Gegen letzteres Ansuchen verwehrte sich die Behörde. Schwerwiegender war jedoch die Verweigerung des Enteignungsrechts für die notwendigen Grundstücksankäufe. Kurzsichtigerweise war man nämlich der Ansicht, dass es sich bei der Bahn nur um eine Vergnügungsbahn bzw. eine Bahn zur Bequemlichkeit der Wiener handeln würde. Wirtschaftliche oder gar militärische Vorteile durch eine Eisenbahn wurden damals von den Behörden nicht erkannt oder ins Kalkül gezogen. Noch steckte das Eisenbahnwesen in den Kinderschuhen. Im konservativ fortschrittsängstlichen Österreich besaßen nur wenige die Weitsicht, die mannigfaltigen Vorteile durch diese neue Technologie auch für den Staatsapparat zu erkennen. Solange Kaiser Franz I. regierte, erhielt Jakob Hainz für seine „Südbahn" keine Konzession. Als Kaiser Franz I. am 2. März 1835 starb, wurde bei den Trauerfeierlichkeiten gesagt:

„Weint nicht Leute, es bleibt ja alles beim alten", aber die Antwort darauf war: *„Deswegen weinen wir ja."*[9]

Ein neuer Kaiser

Nach dem Tod des letzten Goten[10] kam sein ältester Sohn, der epileptische, aber apathisch gutmütige Ferdinand I., zu Kaiserwürden. Für den Staatskanzler und Vollblutdiplomaten Metternich war es somit ein Leichtes, auch weiterhin gro-

---

8 Mechtler Paul, Zwei Wiener Eisenbahnprojekte aus der Zeit des Vormärz, in Wiener Geschichtsblätter, 1958, Nr. 3, Seite 61
9 Mikoletzky Lorenz, Kaiser Ferdinand I. von Österreich und seine Wiener, Studien zur Wiener Geschichte, Wien 1996/97, Seite 282
10 Sassmann Hanns, Das Reich der Träumer, Berlin 1932, Seite 358

Mit dem Tod Kaiser Franz I. im Jahr 1835 ging eine Epoche zu Ende

ßen innen- und außenpolitischen Einfluss auszuüben. Dies ging so weit, dass der bevormundete Kaiser Ferdinand seinen Staatskanzler Metternich einmal beleidigt gefragt haben soll: *„Bin i Kaiser oder net?"*[11] Aufgrund seiner Erbkrankheiten – im Volksmund wurde er auch „Ferdinand der Gütige" oder boshaft „Gütinand der Fertige" genannt – war er aber kaum in der Lage, Metternichs Politik zu durchschauen. Zur Erklärung des großen Einflusses Metternichs wurde folgende „getreue" Geschichte damals typischer Entscheidungsvorgänge im Kronrat des Kaiserhauses erzählt. In Tarnow im österreichischen Galizien waren im Jahr 1846 revolutionäre Unruhen ausgebrochen:

„Erzherzog Albrecht: ,Ich habe genug Soldaten und Kanonen, dreinschießen muß man und keinen Spaß verstehen …' Erzherzog Ludwig: ,Das geht nicht, es muß alles den normalen Gang gehen und, wenn es durch die verschiedenen Behörden nach dem gesetzlichen Weg gegangen ist, kommt es erst zum Staatsrat und zur Konferenz.' Erzherzog Franz Karl (Vater Kaiser Franz Josefs)*: ,Ich bin mit beiden einverstanden, aber ich halte fest daran, daß der Pokorny (Direktor des Josefstädter und des Wiedner Theaters) endlich die Bewilligung bekommt, Direktor des Theaters beim Kärntnertor zu werden.' Kaiser Ferdinand: ,Ich habe gar nicht gewußt, daß Tarnow mein gehört.'"*[12]

Bei dieser bunten, durchaus modernen Mischung aus unüberlegten Angreifern, formalistischen Bürokraten, am eigentlichen Problem Desinteressierten und Verantwortlichen, die gar nicht wussten, dass es überhaupt ein Problem gab, war es für den gewieften Metternich nicht schwierig, der Politik des Habsburgerreiches seinen Stempel aufzudrücken.

Der politische Vater der Eisenbahn

Metternich agierte, obwohl stockkonservativ, zumindest in Bezug auf das Eisenbahnwesen unvoreingenommen und weitblickend. Durch die chronisch schlechte Lage der Staatsfinanzen hörte er auf die Ratschläge großer kreditgebender Bankhäuser, wie der Rothschilds. Diese waren unter den Ersten, die durch ihre europäische Vernetzung vor allem nach England frühzeitig den gewinnbringenden „Eisenbahn-Braten" rochen und daher versuchten, von staatlicher Stelle entsprechende Bau- und Betriebskonzessionen zu erhalten. Für das Eisenbahnwesen in Österreich, das Metternich vergeblich gegen die vorsichtige und fortschrittsfeindliche Politik Kaiser Franz' I. unterstützt hatte, brachen somit unter der neuen Regierung von Kaiser Ferdinand I. goldene Zeiten an. Die von Industriellen, privaten Bankhäusern und Konsortien gestellten Ansuchen um Erteilung von Konzessionen für den Bau und Betrieb von Eisenbahnlinien hatten nun endlich Aussicht auf Erfolg.

„Denn nun ging im Gegenteil alles noch viel leichter als unter Kaiser Franz, der in vielen Dingen, insbesondere bei neuen Errungenschaften, wie z. B. den Eisenbahnen, zuweilen selbst Metternichs Rat und Wunsch ein starres Nein entgegensetzte."[13]

Damit waren auch in Österreich politisch die Weichen für den Beginn des Eisenbahnzeitalters gestellt.

Konzession, aber kein Enteignungsrecht

Am 3. Mai 1835 erhielt somit auch Jakob Hainz das Privilegium zum Bau seiner Eisenbahnlinie. Im Juni 1835 trat er jedoch von diesem Recht mangels ausreichender Kapitalkraft zurück, *„da bei der Ausmittlung einer Trasse für diese Eisenbahn durch Geschicklichkeit, Fleiß und Geld wohl jedes Hindernis, das die Natur der Ausführung in die Wege legt, beseitigt werden könne, daß aber der Wille des Besitzers jeder einzelnen Grundparzelle, welche die Trasse berührt, zu einem unübersteiglichen Berg, zu einem undurchdringlichen Fels werden würde, an dem die ganze Unternehmung scheitern würde."*[14]

Es wurde also nichts aus einer Badnerbahn über das Wiental. Die schwierige Rechtssituation für eigentlich im öffentlichen Interesse agierende Privatunternehmer bei Grundstücksankäufen bzw. bei notwendigen Enteignungen unwilliger Grundbesitzer ist bis heute eine heikle juridische Frage und war auch ein Motiv für die spätere Gründung von Staatsbahnen. Die öffentliche Hand hatte schon damals mehr Möglichkeiten, sich in begründeten Fällen über Einzelinteressen hinwegzusetzen.

Zwei Wiener Konkurrenten

Die großen Bankhäuser taten sich etwas leichter bei ihren Projekten, da sie sich von der neuen Technologie eine hohe Rendite erwarteten und deshalb bei Grundankäufen großzügiger sein konnten. Das Bankhaus Rothschild schien dabei nur auf den Tod von Kaiser Franz I. gewartet zu haben. Es beantragte nur eineinhalb Monate später, am 15. April 1835[15], die Bewilligung zum Bau einer Nordbahnlinie von Wien quer durch die Monarchie bis nach Bochnia in der Nähe von Krakau, wo Rothschild große Industrieanlagen und Bergwerke besaß.

„Bin i Kaiser oder net?", Kaiser Ferdinand I. (1793-1875), im Volksmund der Gütige genannt

Salomon Meyer Freiherr von Rothschild (1774-1855), Bankier und Investor in Eisenbahnen

---

11 Mikoletzky Lorenz, Kaiser Ferdinand I. von Österreich und seine Wiener, in Studien zur Wiener Geschichte, Wien 1996/97, Seite 284
12 Bibl Viktor, Metternich, der Dämon Österreichs, Wien 1936, Seite 367
13 Conte Corti Egon Caesar, Das Haus Rothschild in der Zeit seiner Blüte, Leipzig 1928, Seite 97
14 Mechtler Paul, Zwei Wiener Eisenbahnprojekte aus der Zeit des Vormärz, in Wiener Geschichtsblätter, 1958, Nr. 3, Seite 62
15 Conte Corti Egon Caesar, Das Haus Rothschild in der Zeit seiner Blüte, Leipzig 1928, Seite 104

Georg Simon von Sina (1810-1876), Bankier und Konkurrent von Rothschild

[16] Kohn Ignatz, Österreichisches Eisenbahn-Jahrbuch, Wien 1868, Seite 18

Auf die Privilegiums-Urkunde zum Bau dieser ersten österreichischen Dampfeisenbahn – dank allerhöchster Unterstützung in der Folge Kaiser-Ferdinand-Nordbahn genannt – mussten die Rothschilds aber bis zum 4. März 1836[16] warten. Vom konkurrierenden Bankhaus Georg Simon von Sina wurden Konzessionen für Bahnen nach Raab (Györ) sowohl über Bruck an der Leitha als auch in südlicher Richtung über Wiener Neustadt erwirkt.

Sieben verstreute Kopfbahnhöfe

Nachteil dieser Entwicklung war, dass auch in Österreich für die privaten Bahnbetreiber öffentliche Interessen oder allgemeine Verkehrsbedürfnisse bei Trassenentscheidungen sekundär waren. Wirtschaftliche Gesichtspunkte bestimmten den Streckenverlauf und die Situierung der Bahnhöfe. Dies hatte zur Folge, dass in keiner der größeren europäischen Städte ein Zentralbahnhof entstand, in dem alle Zugsverbindungen koordiniert und gebündelt zusammenliefen. Die privaten Bahnlinien mündeten strahlenförmig aus allen Himmelsrichtungen in den Großstädten und endeten zumeist außerhalb der Zentren in Kopfbahnhöfen. So entstanden auch in Wien auf den meist billigen freien Baugründen zwischen den Vororten weit voneinander und von der Kernstadt entfernt liegende Kopfbahnhöfe: 1838 der Kaiser-Ferdinand-Nordbahnhof beim Praterstern, 1841 der Gloggnitzer Bahnhof (später Südbahnhof) im Bereich des heutigen Hauptbahnhofs, 1846 der Raaber Bahnhof (später Staatsbahnhof, dann Ostbahnhof) im selben Bereich, 1858 der Westbahnhof in Rudolfsheim-Fünfhaus, 1870 der Kaiser-Franz-Josephs-Bahnhof bei der Alserbachstraße, 1872 der Nord-Westbahnhof beim Augarten und 1881 der Aspangbahnhof beim Rennweg. Aufgrund der fehlenden Schienenverbindungen untereinander begann sich zwischen diesen Kopfbahnhöfen und dem „bahnhofsfreien" Zentrum der Stadt – wie in vielen anderen Metropolen auch – ein lebhafter Lokalverkehr zu entwickeln. Dichte Verkehrsströme, in denen sich Kutschen, Fuhrwerke, Omnibusse, Fußgänger und später Straßenbahnen den vorhandenen Raum teilen mussten. Die Weiterfahrt innerhalb der Städte dauerte für die Reisenden oft länger als die Bahnfahrt in die Stadt.

Zuwanderer und hohe Tarife

Für Wien bedeutete das neue Verkehrsmittel eine ungemeine Beschleunigung der Industrialisierung und Urbanisierung. Mit der Eisenbahn gelangten immer mehr Zuwanderer besonders aus den nördlichen und östlichen Teilen der Monar-

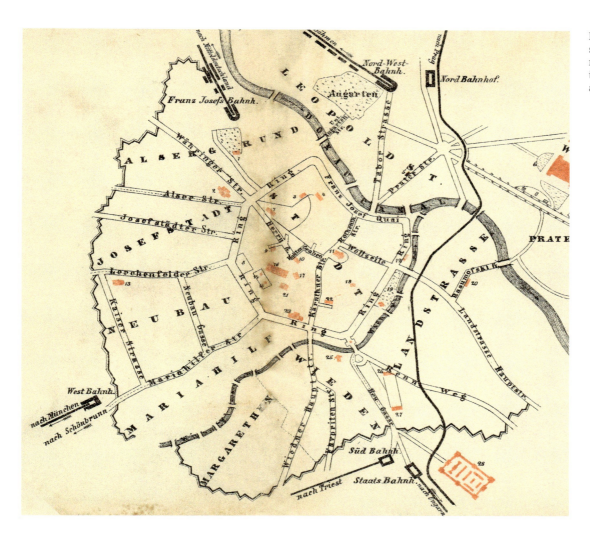

Der Plan von 1873 zeigt die strahlenförmig in Wien einmündenden Bahnlinien mit ihren Kopfbahnhöfen zumeist außerhalb des Linienwalls.

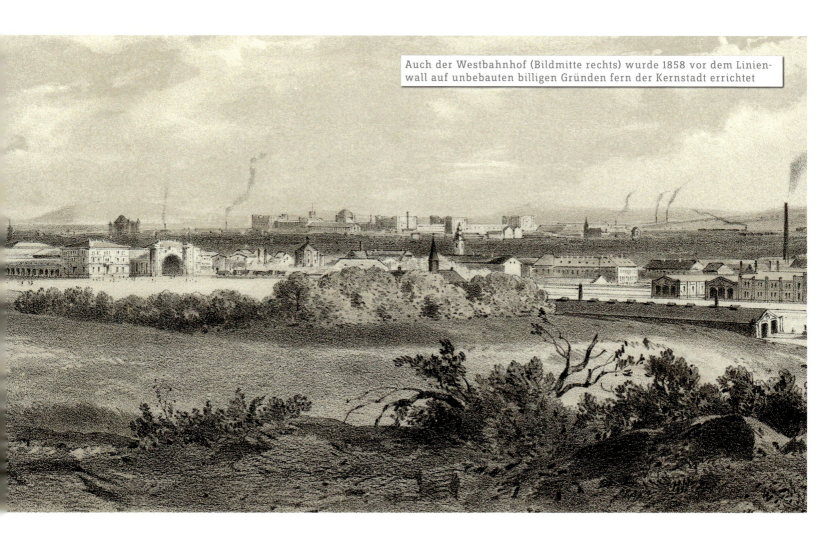

Auch der Westbahnhof (Bildmitte rechts) wurde 1858 vor dem Linienwall auf unbebauten billigen Gründen fern der Kernstadt errichtet

Der im Jahr 1838 fertiggestellte erste Nordbahnhof in der heutigen Nordbahnstraße

chie nach Wien. Eine erstaunlich hohe Mobilität prägte schon damals Europa. Dass im gesamten 19. Jahrhundert mehr als die Hälfte der Wiener nicht aus Wien stammte, ist vor allem auf das stetige Wachsen des Eisenbahnnetzes der Monarchie mit Wien als zentraler Endstelle zurückzuführen. Bis zum Jahr 1850 waren die Vorstädte das bevorzugte Ziel der Einwanderer, danach waren es die Vororte Wiens. Trotz der vielen Arbeitskräfte geriet Wien im industriellen Sektor gegenüber anderen Städten ins Hintertreffen. Da die Nordbahn beim Kohletransport eine Monopolstellung innehatte, war durch die hohen Frachttarife Kohle in Wien besonders teuer. Diese wichtige Rohstoffzufuhr lag in den Händen eines einzelnen Verkehrsunternehmens. Zögerlicher als anderswo gestaltete sich daher in Wien der Umstieg von Manufaktur auf Dampfmaschineneinsatz, vom Handwerk auf Mechanisierung und Massenproduktion.

Die erste Straßenbahn fuhr in Amerika

Die ersten österreichischen Eisenbahnlinien waren zwar durchwegs weiträumig angelegt, aber in erster Linie Transportverbindungen zwischen Bergwerken, Industrieanlagen und Großabnehmern in Städten. Wirtschaftliche Interessen standen bei deren Planung im Vordergrund. Die Personenbeförderung war für die Bahnbetreiber anfangs nur ein Nebengeschäft. Auf die Idee, Schienenverbindungen auch innerhalb der Städte zur Personenbeförderung als Massenverkehrsmittel in Form von Straßenbahnen anzulegen, kamen als Erste die US-Amerikaner. In Amerika, wo die großen Entfernungen und die schlechte Beschaffenheit der Wege ein öffentliches Massenverkehrsmittel dringend notwendig machten, verkehrte schon ab Ende 1832 eine Pferdetram zwischen New York und Harlem. Es war die erste Straßenbahn weltweit. Sie war jedoch wirtschaftlich nicht sehr erfolgreich, sodass ihr Betrieb bald eingestellt wurde.

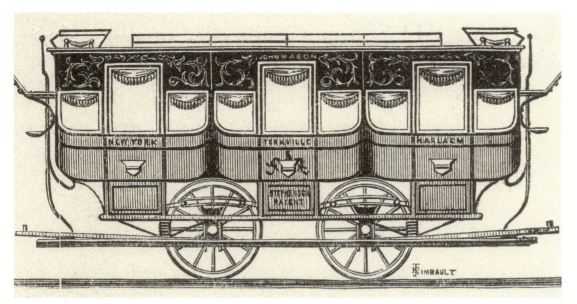

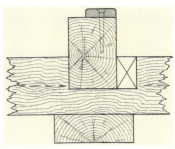

Hartholzschwellen der Straßenbahn von New York nach Harlem, 1832

Der bereits 1831 konstruierte erste New Yorker Straßenbahnwagen

Das Verlegen von Gleisen im stark benützten Straßenraum ohne Beeinträchtigung der anderen Verkehrsteilnehmer war damals eine technisch-konstruktive Herausforderung. Noch Jahrzehnte später, in den 1850er Jahren, als die Straßenbahntechnologie nach Europa kam, konnte dieses Problem nicht immer zufriedenstellend gelöst werden.

Die erste Wiener Straßenbahn

Nachdem seit Gerstners Musterbahn im Wiener Prater im Jahr 1824 schon viele Jahre vergangen waren, war es nach dem Prater eine andere Vergnügungsstätte, der Wien seine erste Straßenbahnanlage mit regelmäßigem Betrieb verdankte. Für die durch geistige Abschottung und von oben verordnete politische Inaktivität unterhaltungssüchtig gewordenen Wiener ließ der Architekt Karl Hoer Ende der 1830er Jahre in der Vorstadt Brigittenau ein Tanz- und Vergnügungsetablissement namens „Colosseum" errichten. Die Lokalität befand sich im Bereich der heutigen Zrinyigasse in der Nähe des Schauplatzes des legendären Brigittakirtags. Dort gab es Tanzmusik mit Josef Lanner, Schaukeln, Bootsfahrten, ein Riesenfass mit einem Tanzsalon im Inneren, einen Riesenelefanten mit einem Rüssel als Springbrunnen und

Das Vergnügungsetablissement „Colosseum" in der Brigittenau, um 1840

„Colosseum"-Lustbarkeiten: Das Riesenfass mit Tanzsalon im Inneren und …

… ein begehbarer Riesen-Elefant

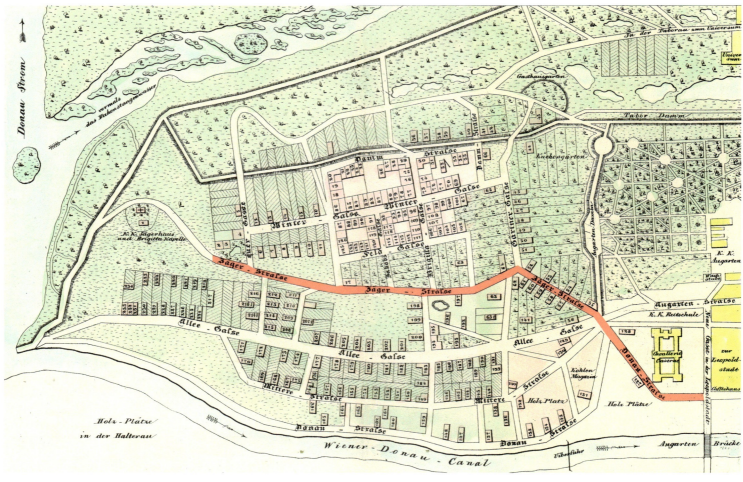

Vermutlicher Streckenverlauf von Wiens erster Straßenbahn

Die Brigittenauer Eisenbahn zum „Colosseum" in Wien, 1840

viele andere „Lustbarkeiten", die das Herz der Wiener erfreuten. Da der Fußweg von der Stadt dorthin nicht unbeträchtlich war und der Rückweg bei Nacht durch die unbeleuchtete Auenlandschaft so manch Angeheiterten Probleme bereitete, ließ der kundenfreundliche Besitzer während der Sommersaison vom „Colosseum" auf einer 800 Klafter [17] (ca. 1,5 Kilometer) langen Strecke Richtung Donaukanal bis zur Reiterkaserne beim Augarten (heute Scholzgasse) schmalspurige Holzgleise verlegen. Ab dem 2. Juli 1840 hatten die Besucher ab 6 Uhr morgens [18] Gelegenheit, in zwei Waggons, die von einem dazwischen eingespannten Pferd sowohl gezogen als auch geschoben wurden, damals spektakuläres Straßenbahn-Feeling zu genießen. Nach zwei Betriebsjahren fand die letzte Fahrt am Mittwoch, dem 29. Juni 1842, statt.[19] Für die nächsten 20 Jahre war damit in Wien aber wieder Schluss mit dem Thema Straßenbahn. Erneut kam niemand auf die Idee, diese schnelle und moderne Art der Personenbeförderung auch innerstädtisch – zumindest auf den Hauptrouten durch die Stadt oder die Vorstädte – einzusetzen. Nur für den internen Post-Frachtdienst zwischen dem Hauptzollamt und dem Hauptpostamt auf der Dominikanerbastei wurde etwas später eine Pferdebahn errichtet.[20] Für die Wiener war es eben nur eine saisonale Rummelplatzattraktion. Die Schienen zum „Colosseum" wurden abgetragen und mitsamt den Wagen verkauft. Das Vergnügungsetablissement von Karl Hoer eröffnete im Jahr darauf unter dem Namen „Universum" in der Tabor-Au im Bereich des heutigen Nord-Westbahn-Geländes. Es war dort durch die Nähe zum Kaiser-Ferdinand-Nordbahnhof von der Stadt aus leichter mit Pferdeomnibussen zu erreichen.

Mehr Staat, weniger privat

Schon mit Beginn des Eisenbahnwesens erkannte ein Mitarbeiter Metternichs, Hofkammerpräsident Karl Friedrich von Kübeck, zu dessen Agenden die Eisenbahn ab 1840 gehörte, die Nachteile, die sich ergaben, wenn Bau und Betrieb von Eisenbahnen ausschließlich Privaten überlassen wurden. Eine nach rein ökonomischen Grundsätzen ausgerichtete Eisenbahn- bzw. Verkehrsplanung konnte nicht der Weisheit letzter Schluss sein. Er sah als weitsichtiger Beamter und einer der ersten verantwortlichen Politiker in Europa die Notwendigkeit, auch von staatlicher Seite Bau und Finanzierung von Eisenbahnanlagen zu übernehmen. Nur so konnten die militärischen und verkehrspolitischen Interessen des Staates gewahrt werden.

Zeitungsinserat des Vergnügungsetablissements „Colosseum" vom 2. Juli 1841

Er war daher Initiator des kaiserlichen Beschlusses vom 19. Dezember 1841, mit dem damals – in Europa einzigartig – der Bau und Betrieb von Staatsbahnen angeordnet wurde:

„... die Bahnlinie Wien über Prag nach Dresden, jene von Wien nach Triest, die Linie durch das lombardisch-venezianische Königreich und jene in der Richtung gegen Bayern." [21]

Die darauf folgende Periode der Planung und des Baus von Eisenbahnen durch die öffentliche Hand dauerte aber nur 15 Jahre. Bei vielen Projekten blieb es auch nur bei der guten Absicht. Die politisch-wirtschaftliche Situation Österreichs unter der Regierung Ferdinands I. sowie die bald darauf folgenden revolutionären Ereignisse des Jahres 1848 ließen viele Projekte in den k. k. Schubladen verkommen. Man hoffte noch während der Aufstände und Unruhen in Wien vergeblich, mit dem Baubeginn der Südbahn über den Semmering von Gloggnitz nach Mürzzuschlag am 7. August 1848 [22] die arbeitslosen aufständischen Arbeitermassen ruhigstellen zu können. Die Ruhe und die alte Ordnung konnten aber nicht mit Schaufeln und Spitzhacken, sondern nur gewaltsam mit Kugeln und Bajonetten durch die Truppen des Fürsten Windisch-Grätz wiederhergestellt werden.

Karl Friedrich von Kübeck (1780–1855), „Erfinder" der Staatseisenbahnen

---

17 Stieböck Leopold, Alt Wien Monatsschrift für Wiener Art und Sprache, Juli 1893, Seite 147
18 Wiener Zeitung vom 4. Juli 1840, Seite 1274
19 Wiener Zeitung vom 26. Juni 1842, Seite 1310
20 Geschichte der Eisenbahnen der Österreichisch-Ungarischen Monarchie, I. Band, II. Theil, Wien 1898, Seite 526
21 Wien 1840–1848, eine amtliche Chronik, Wien 1917
22 Illustrierte Zeitung Nr. 268 vom 19. August 1848, Seite 126

Kampfgetümmel beim St. Marxer-Linienwalltor im Oktober 1848

Die Wiener Revolution

„Abscheuliche Gedankensperre"

Die in Österreich absolutistisch regierenden „Herrscher von Gottes Gnaden" unterdrückten in der ersten Hälfte des 19. Jahrhunderts in einer Art Gegenrevolution zur Französischen Revolution des Jahres 1789 jede Freiheitssuche und demokratische Willensäußerung ihrer „Untertanen". Dem Einzelnen blieb nur der Rückzug ins Privatleben, politische Betätigung war weiterhin dem privilegierten Adel vorbehalten. Aber die biedermeierliche scheinbare Idylle nach den Napoleonischen Kriegen trog. Die Menschen hatten die ursprünglichen Ziele der Französischen Revolution – Freiheit, Gleichheit, Brüderlichkeit – nicht vergessen, Zensur und Unterdrückung wurden ihnen immer unerträglicher.

„Die abscheuliche Gedankensperre, das ‚Damnatur' über die harmlosesten Bücher, die unbegreiflichen Zensorenstriche in den unschuldigsten Manuskripten, das Verschließen des Auslandes, selbst des deutschen, wo doch gleichfalls die Reaktion herrschte, das spinnenartige Paßwesen, die Tatsache, daß jeder Reisepaß wie eine Gnadenverleihung behandelt wurde, um den man sich die Füße wundlaufen mußte und mit welchem man die Stadt ohne einen Linienpassierschein der hohen Polizei doch nicht verlassen durfte, die Überwachung und Beobachtung selbst der anständigsten Menschen durch die Geheimpolizei, die geheimnisvollen Konduite-Noten auf Grund von Angaben eines Hausmeisters oder eines böswilligen Denunzianten – alles das hatte mich aufs tiefste empört."[1]

Der technische Fortschritt und die damit verbundenen wirtschaftlichen Umwälzungen verstärkten die

1   Felder Cajetan, Erinnerungen eines Wiener Bürgermeisters, Wien 1964, Seite 122

Unruhe. Zu antiquiert und anachronistisch wirkten die alten feudalen Gesellschaftssysteme mit ererbten Adelsprivilegien und tradierten Klassenunterschieden im Zeitalter der Industriellen Revolution, wo durch streng kalkulierende Banken- und Finanzsysteme jeder Einzelne zum Überleben einem immer stärkeren Leistungs- und Zeitdruck standhalten musste. Das aufstrebende und kapitalkräftige Bürgertum, das federführend bei allen produktions- und verkehrstechnischen Entwicklungen war, stellte allmählich politische Forderungen und trieb die unflexiblen Entscheidungsträger immer mehr vor sich her. Der Adel sollte aus seiner elitären Stellung eliminiert werden. Zumindest wollte man sich gleichrangig an seine Seite stellen. In ganz Europa begann es daher unter der Oberfläche zu gären. Das Rad der Zeit konnte von den Herrscherhäusern nicht angehalten, geschweige denn zurückgedreht werden. Zu den politischen Forderungen kamen in Wien noch Versorgungsprobleme, die durch betrügerische Manipulationen mit künstlicher Brotverknappung durch Großhändler und Bäcker nach einigen Jahren mit Missernten verursacht worden waren. Hohe Arbeitslosigkeit, Hunger und das Gefühl von Ungerechtigkeit ergaben eine revolutionäre und explosive Mischung. Damalige Erklärungsversuche der wirtschaftlich schwierigen Situation klingen auch heute noch sehr vertraut:

„Den Anstoß zu den Arbeiter-Entlassungen gaben nach den im Bureau des Bürgermeisters (gemeint ist der Wiener Bürgermeister Ignaz Czapka) *aufgenommenen protokollarischen Aussprüchen der Vorstände der Weber und Fabrikanten die Falliments mehrerer Fabriksbesitzer, wodurch der Credit des Wiener Platzes geschwächt wurde und die Theuerung der Lebensmittel, welche zahlreiche Familien zur Einschränkung genöthigt und dadurch eine Verringerung des Verbrauches an Waaren herbeigeführt habe."* [2]

Die Wiener Revolution

Politisch war in Österreich Staatskanzler Metternich der Garant dafür, dass die grundsätzlich konservative und absolutistische Politik, die alle liberalen, freiheitlichen Strömungen bekämpfte, konsequent fortgesetzt wurde – egal unter welchem Kaiser. Im Jahr 1848 lief jedoch das Fass über. In ganz Europa brachen bürgerliche Revolutionen aus. Wien war davon nicht ausgenommen. Breite Schichten der Bevölkerung – an der Spitze die Studenten – revoltierten gegen den Staatsapparat. Unzufriedenheit mit den herrschenden Ver-

2 Weiß Karl, Rückblicke auf die Gemeindeverwaltung der Stadt Wien in den Jahren 1838-1848, Wien 1875, Seite 74

Der Brand des k. k. Bibliotheksgebäudes und der Augustinerkirche in Wien 1848

Das aufgebrachte Volk hängt den erschlagenen Kriegsminister Graf Latour an einen Laternenpfahl Am Hof

Kampf Mann gegen Mann in der Renngasse, Wien Oktober 1848

Fürst Alfred Windisch-Grätz (1787–1862), der „Befreier Wiens"

hältnissen trieb die Massen auf die Straßen. Die politisch Verantwortlichen mussten plötzlich um ihr Leben fürchten. Kriegsminister Graf Theodor Baillet von Latour wurde von Aufständischen im Kriegsministerium erschlagen und an einem Laternenpfahl Am Hof aufgehängt. Eigenartigerweise richteten sich die Angriffe aber niemals gegen Kaiser Ferdinand I. selbst, noch wurde das Kaisertum grundsätzlich in Frage gestellt. Ganz im Gegenteil, die Menge jubelte, wenn sich der Kaiser während des Aufstands bei Ausfahrten in der Stadt sehen ließ. Vermutlich war ihm dabei aber nicht ganz wohl zumute, da er Wien bald mit seiner ganzen Familie den kaiserlichen Rücken kehrte.

Der Kanzler muss gehen

Der ganze Aufstand dauerte ein halbes Jahr, von März bis Oktober 1848, und war nur insoweit erfolgreich, als Staatskanzler Fürst Metternich als verhasste Symbolfigur des reaktionären Staatsapparates zurücktreten und – um sein Leben fürchtend – vor den Aufständischen aus Wien flüchten musste.

„In Wien hatten ein paar Hundert Tumultanten und das energische Auftreten der Liberalen hingereicht, um Metternichs Rücktritt zu erzwingen. Die folgenden Tage hatte das harmlose, leichtlebige Völkchen am Donaustrand in einen Rausch der Freude versetzt – was es forderte, ward bewilligt, je mehr bewilligt wurde, desto höher stiegen die Forderungen; Pressefreiheit und die Zusicherung einer ‚Konstitution des Vaterlandes' waren die wichtigsten der Märzerrungenschaften."[3]

Kaiserliche Flucht per Bahn

Kaiser Ferdinand I. sowie sein Neffe und Nachfolger Franz Joseph traten am 7. Oktober 1848 bei Nacht und Nebel die Flucht aus der von Revolutionären und tatendurstigen Wienern durchzogenen Residenzstadt nach Olmütz an. Dabei waren sie auf die Hilfe der modernen Eisenbahn und die große Erfahrung des ersten österreichischen Lokführers Carl Grundmann angewiesen. Kaisertreu manövrierte er in finsterer Nacht den wenig majestätischen „Fluchtzug" auf der damals nur eingleisigen Nordbahn ohne Zusammenstoß ins Exil.

Das Imperium schlägt zurück

Trotz anfänglicher Erfolge gelang es den Aufständischen in keinem europäischen Land, eine Zeitenwende mit liberaleren Bedingungen zu schaffen und den mächtigen Adel als herrschende Elite zu entmachten. Auch in Österreich war es im Zeitalter des industriell-technischen Aufbruchs und der wirtschaftlichen Veränderungen nicht möglich, ein politisch neues und sozialeres Zeitalter einzuleiten. Das Imperium schlug nämlich

---

3 Das XIX. Jahrhundert in Wort und Bild, Zweiter Band, Berlin 1900, Seite 76

unbarmherzig zurück. Nach ihrer überstürzten Flucht aus Wien kamen die Habsburger noch im Oktober 1848 mit den kaisertreuen kroatischen Truppen des Fürsten Alfred Windisch-Grätz zornig zurück. Nach rücksichtslosem Artilleriebeschuss und achttägiger Belagerung der Stadt wurden die im Schutz der Stadtmauer kämpfenden Revolutionäre am 31. Oktober im Kampf Mann gegen Mann blutig auseinandergetrieben. Für die Habsburger war der Vielvölkerstaat in diesem Fall militärisch ein Segen, da es den kroatischen Truppen leichter fiel, auf die für sie fremde Wiener Bevölkerung zu schießen.

Der Bombenfürst

Windisch-Grätz selbst war hoch motiviert, da seine Gemahlin am 12. Juni 1848 bei Unruhen in Prag am Fenster ihrer Wohnung von einer Kugel tödlich in die Stirne getroffen worden war. Die liberalen Blätter sprachen von einer „verirrten", die konservativen von einer „gezielten" Kugel. Wie auch immer – Windisch-Grätz hat den Tod seiner Gemahlin mit dem Bombardement zweier Hauptstädte beantwortet.

„Fürst W. besaß einen festen Charakter, dabei natürliche Gutmüthigkeit, war aber ein starrer Aristokrat und ohne Begabung als Politiker wie als Militär. Mit schrankenloser Gewalt bekleidet, verhing er 1848 über Wien einen Terrorismus, der sich weder militärisch noch politisch und moralisch rechtfertigen läßt. Seine Begnadigungen zu Pulver und Blei werden niemals vergessen werden." [4]

Der im Dezember 1848 gekrönte neue österreichische Kaiser Franz Joseph I. führte mit eiserner Hand die absolutistische Regierungsform in Österreich und Ungarn wieder ein. Für die Niederschlagung der aufständischen Ungarn reichten die kroatischen Truppen jedoch nicht. Kaiser Franz Joseph musste bei Zar Nikolaus I. militärische Hilfe erbitten. Mit Unterstützung der herbeigerufenen 130 000 russischen Soldaten [5] konnten die Anführer und Aufwiegler gefangen genommen und gehängt werden – bei mildernden Umständen wurden sie aber „nur" erschossen. Als Ministerpräsident Fürst Felix Schwarzenberg um Gnade für die ungarischen Insurgenten gebeten wurde, soll er im schönsten Schönbrunner-Deutsch gesagt haben: *„Milde? Gut! Aber erst wollen wir ein bißchen hängen."* [6]

Die Völker der Monarchie, durch elf Sprachen und fünf Glaubensbekenntnisse getrennt, mussten zurück unter das ungeliebte gemeinsame Joch der Habsburger. Die k. u. k. Armee blieb die nächsten 70 Jahre bis zum Ende der Monarchie Garant dafür, dass es auch dabei blieb.

„Erst wollen wir ein bisschen hängen", Fürst Felix von Schwarzenberg (1800–1852)

Kampf um die Sophienbrücke in Wien

4 Unsere Zeit, 6. Band, Leipzig 1862, Seite 502
5 Umlauft Friedrich, Die österreichisch-ungarische Monarchie, Wien 1897, Seite 13
6 Sassmann Hanns, Das Reich der Träumer, Berlin 1932, Seite 387

Wien in der 2. Hälfte des 19. Jahrhunderts

Blick von der Stadtmauer stadtauswärts Richtung 2. Bezirk, 1832

Der Abbruch der Stadtmauer – Wiens Weg zur Weltstadt

Die Angst der Stadt vor den Vororten

Nachdem in der Reichsverfassung vom 4. März 1849 Wien wieder zur Reichshauptstadt erklärt worden war, brachte der 17. März 1849[1] unter dem Ministerium Schwarzenberg das „Provisorische Gemeindegesetz" (RGBl. Nr. 170/1849)[2], welches das Prinzip der Selbstverwaltung der Gemeinden festlegte. Auf dieser Grundlage unterbreitete Innenminister Graf Stadion dem Wiener Gemeinderat einen Entwurf, der eine Erweiterung des Stadtgebietes nicht nur um die Vorstädte, sondern auch um 18 selbstständige Vororte vorsah.

„Mit staunenswerter Voraussicht hatte der in Staatsangelegenheiten äußerst talentierte Stadion bereits damals diese Notwendigkeit erkannt und die Umbildung Wiens in eine von Linienwällen und Zollschranken befreite und einheitlich geleitete Metropole des Reiches vorgeschlagen."[3]

Schwarzenbergs Nachfolger Dr. Alexander Bach ließ das Gemeindegesetz jedoch im Oktober 1849 suspendieren und beauftragte den während der revolutionären Ereignisse des Jahres 1848 gegründeten Wiener Gemeinderat mit der Ausarbeitung eines eigenen Gemeindestatuts. Bach war ein energischer, wandlungsfähiger Politiker, ein „Herold der Revolution"[4], der – als einer der Anführer der Revolution – noch am 13. März 1848 mit seinem Kalabreser am Haupt und zwei Pistolen am Gürtel den Fürsten Metternich mit den Worten: *„Noch fünf Minuten und ich stehe für nichts"*[5] zum Rücktritt gezwungen hatte. Die Festlegung einer Wahlordnung, die Organisation des politischen Verwaltungsgebiets und eine Strafprozessordnung sowie handelspolitische Reformen waren die Kernthemen. Der Wiener Gemeinderat akzeptierte die Eingliederung der Vorstädte, lehnte jedoch die Einbindung der Vororte mit ihren 119 800 Einwohnern[6] ins Stadtgebiet in kurzsichtiger Weise ab. Die Angst vor zusätzlichen finanziellen Belastungen durch notwendige infrastrukturelle Maßnahmen in diesen rückständigen, noch dörflichen Gegenden war zu groß. Da waren sich die Wiener Verantwortlichen mit den Entscheidungsträgern in den Vororten einig. Diese hatten ebenfalls kein gesteigertes Interesse an einer Eingemeindung in die Stadt, da man außerhalb des Linienwalls aus steuerlichen Gründen wesentlich billiger leben konnte als innerhalb der Stadt. Somit war gegenüber den ursprünglichen Absichten tatsächlich nur ein halber Schritt getan. Zwar gehörten nun die Vorstädte verwaltungstechnisch zum Magistrat der Stadt Wien, blieben aber baulich durch Stadtmauer und Glacis von der Kernstadt getrennt. Da die Vororte nicht ins Stadtgebiet integriert wurden, blieb der Linienwall

Innenminister Alexander Bach (1813-1893), wegen seiner revolutionären Vorgeschichte auch „Barrikadenminister" genannt

---

1. Altfahrt Margit, Mayer Wolfgang, 90 Jahre Vororte bei Wien, in Wiener Geschichtsblätter 4/1982, Seite 2
2. Mayer Wolfgang, Die städtische Entwicklung Wiens in der frazisko-josephinischen Zeit, in Wiener Geschichtsblätter 4/1974, Seite 270
3. Felder Cajetan, Erinnerungen eines Wiener Bürgermeisters, Wien 1964, Seite 130
4. Charmatz Richard, Lebensbilder aus der Geschichte Österreichs, Wien 1947, Seite 59
5. Sassmann Hanns, Das Reich der Träumer, Berlin 1932, Seite 385
6. Csendes Peter/Opll Ferdinand, Wien – Geschichte einer Stadt, Band 3, Wien 2006, Seite 18

Bis zum Jahr 1858 umgaben Stadtmauer, Stadtgraben und Glacis die Kernstadt Wien

Legte auf Prunk und Repräsentation großen Wert: der erste frei gewählte Wiener Bürgermeister, Johann Caspar Freiherr von Seiller (1802–1888)

7 provisorisch deshalb, da eine vorgesehene Bestätigung durch ein Parlament nie erfolgte
8 Bermann Moritz, Alt- und Neu-Wien, Wien 1880, Seite 1124
9 Csendes Peter/Opll Ferdinand, Wien – Geschichte einer Stadt, Band 3, Wien 2006, Seite 18
10 ebenda
11 Paul Martin, Wien unter der Regierung Kaiser Franz Josefs I., in Beiträge zur Wirtschaftskunde Österreichs, Wien 1911, Seite 513
12 Czeike Felix, Historisches Lexikon Wien, Wien 1993

baulich, steuerlich und politisch eine Barriere um die Stadt und die Vorstädte. Die Entwicklung des Großraums Wien wurde so weitere 40 Jahre lang gehemmt.

Nichts dauerhafter als ein Provisorium

Entsprechend diesen Entscheidungen erließ der Wiener Gemeinderat eine vom Kaiser sanktionierte „Provisorische Wiener Gemeindeordnung"[7], die am 20. März 1850 kundgemacht wurde.[8] Und da in Wien Provisorien bekanntlich sehr lange halten, blieb diese Gemeindeordnung bis 1890 bestehen. Damit wurde die Innere Stadt mit den bisher selbstständig verwalteten 34 Vorstädten zu einem einheitlichen Gemeindegebiet verschmolzen. Zu den 54 249 Wienern der Innenstadt[9] kamen 378 898 Bewohner der Vorstädte[10] – also siebenmal so viele neue Wiener – dazu. Wien erhob sich damit zu einer den neuen kaiserlichen Ansprüchen genügenden Großstadt mit fast einer halben Million Einwohner und autonomer Verwaltung.[11] Zum ersten frei gewählten Bürgermeister Wiens wurde im Jänner 1851 der konservative Kandidat Johann Caspar von Seiller gewählt. Mit der Eingliederung der Vorstädte wurde Wien zunächst in acht Bezirke eingeteilt, Margareten aber 1861 von Wieden als eigener Bezirk abgetrennt, sodass Wien danach neun Bezirke hatte.

Defensionskasernen aus Angst vor aufständischen Wienern

Die lokalen Probleme wie die Wohnungsnot und die Unzulänglichkeiten im Verkehrswesen blieben durch diese Vergrößerung Wiens aber ungelöst. Die Kommune versuchte immer wieder, die Regierung und die Militärs mit Planungen und Vorschlägen dazu zu bewegen, durch Verschiebung der Stadtmauern bzw. deren Öffnung Raum für Bauprojekte zu gewinnen. Man wollte die rund um die Kernstadt brachliegenden Flächen des Glacis, die „staubigen Gstätten", durch bauliche Einbeziehung in die Stadt sinnvoll nutzen. Der Kaiser und seine Militärs hatten der Stadtmauer gegenüber gemischte Gefühle, da sie im Revolutionsjahr 1848 – zweckentfremdet – den aufständischen Bürgern Schutz vor den kaiserlichen Truppen geboten hatte. Um nun die herrschenden Eliten zukünftig vor solchen „revolutionären Umtrieben" zu bewahren, wurde von den Militärs vorrangig die Errichtung von schwer befestigten Kasernen, sogenannten „Defensionskasernen"[12], im Stadtgebiet angeordnet. Die Bevölkerung sollte,

Ein mächtiges Bollwerk zum Schutz vor den Bürgern: die Franz-Josephs-Kaserne bei der Einmündung des Wienflusses in den Donaukanal

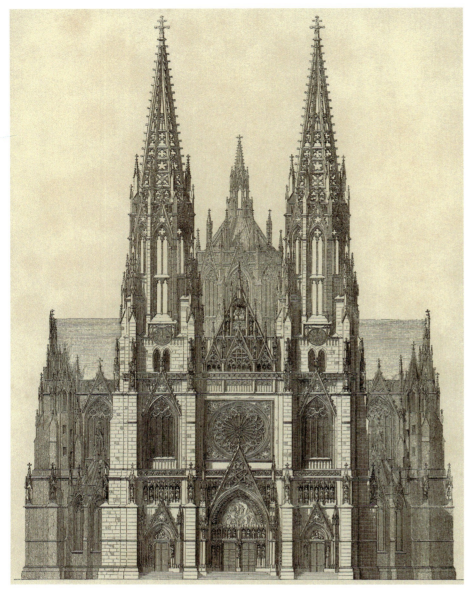

Die Votivkirche konnte nach 23 Jahren Bauzeit im Jahr 1879 fertiggestellt werden

tiges Ziel, diesen wieder „den Geist der Sitte" beizubringen:

„So wie man nach Wiederherstellung der Ordnung in jedem Wiener einen Umstürzler vermutete, erblickte man nun in jeder Wienerin eine Hetäre und es gab gegen diese infamierende Voraussetzung keinen anderen Schutz, als unverkennbar kanonisches Alter oder absolute Häßlichkeit; wer dieser Legitimation entbehrte – war jagdbares Wild für die Sittenpolizei". [13]

Eine Dankeskirche

Obwohl die Militärs daran interessiert waren, die Stadtmauer bei einigen Basteien zu erneuern und zu verstärken,[14] fing das Kaiserhaus bald selbst an, das Glacis-Bebauungsverbot aufzuweichen. Nach einem fehlgeschlagenen Messerattentat auf Kaiser Franz Joseph am 18. Februar 1853 und dem erfolgreichen Spendenaufruf seines Bruders Maximilian zur Errichtung einer „Dankeskirche" war man bei diesem Kirchenbau auf Flächen außerhalb der Kernstadt angewiesen. Ursprünglich im Bereich des Oberen Belvedere geplant, wollte man letztendlich nicht zu weit von der Stadt entfernt sein und entschied sich für das Glacis als Bauplatz für die Votivkirche. Für diesen edlen Zweck durfte 1856 mitten im Glacis zu bauen begonnen werden. Die eigenartig asymmetrische Lage, die heute noch in diesem Bereich der 2er Linie die Straßenstruktur prägt, erklärt sich daraus, dass die Militärs auf einen gewissen Abstand der Kirche zur Stadtmauer pochten. Der Widerstand der Militärs gegen die Aufhebung des Bebauungsverbotes begann damit aber zu bröckeln.

militärisch in die Zange genommen, kein weiteres Mal gewaltsam Freiheiten fordern oder die herrschenden Verhältnisse in Frage stellen können. Innerhalb der Stadtmauer war dies nur mit dem Bau der Franz-Josephs-Kaserne (im Jahr 1854 gebaut, 1901 abgebrochen) im Bereich des heutigen Hauptpostamtes möglich. Das Arsenal (von 1849 bis 1856 erbaut) und die Kronprinz-Rudolf-Kaserne (heute Rossauer Kaserne) konnten mangels zur Verfügung stehender Flächen nur außerhalb der Stadtmauern errichtet werden.

Sittenpolizei aus Angst vor den Frauen

Da bekannt war, dass sich die Frauen Wiens sehr stark an den revolutionären Vorgängen des Jahres 1848 beteiligt hatten, war es für den im Jahr 1850 als Polizeidirektor an die Spitze der Wiener Polizei gelangten Theodor Weiß von Starkenfels ein wich-

Immer weiter reichende Artillerie

Auch die in den letzten Jahrzehnten eingetretenen waffentechnischen Veränderungen leiteten, zumindest bei den moderner denkenden Militärberatern des Kaisers, langsam ein Umdenken ein. Vor allem die immer weiter reichende Artillerie machte für Städte örtlich immer ausgedehntere Verteidigungslinien notwendig. Wenige Jahre später, im Kriegsjahr 1866 gegen Preußen, war der militärische Verteidigungsring um Wien bereits vom Glacis kilometerweit in den Bereich von Korneuburg, Groß-Enzersdorf, Schwechat, Mödling und den Wienerwald vorgeschoben.

Geldnot

Letztlich waren aber finanzielle Gründe für die bald folgende radikale Demontage der Stadtmauer ausschlaggebend. Österreichs Staatsfinanzen waren

---

13 Oberhummer Hermann, Die Wiener Polizei, Band 1, Wien 1938, Seite 243
14 Mayr Karl Josef, Das Tagebuch des Polizeiministers Kempen von 1848 bis 1859, Wien 1931, Seite 219: „29. Juni 1851: FZM. Heß sprach von der Befestigung Wiens und forderte mich auf, beim Kaiser die Notwendigkeit des Beginnens der Befestigung der Stadtwälle anzuregen, was ich auch tun werde."

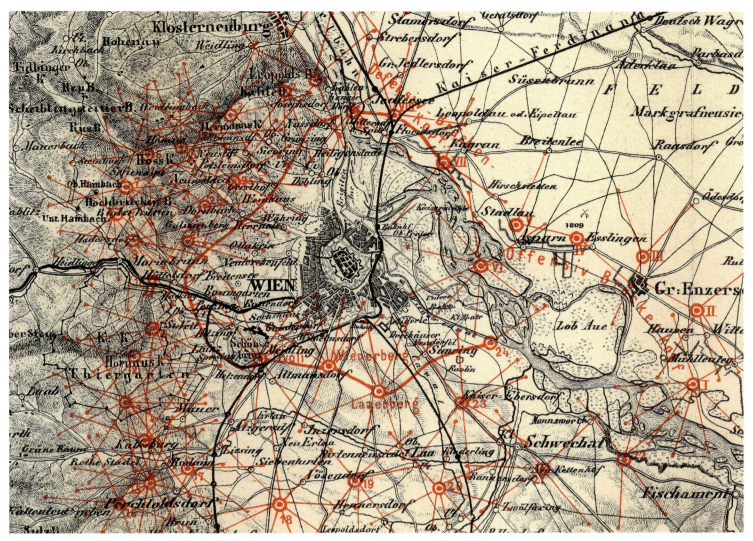

Artillerie-Verteidigungsring um Wien aus dem Jahr 1866

durch den Bau der Südbahn über den Semmering Anfang der 1850er Jahre und die Rüstungs- und Mobilisierungsmaßnahmen gegen Russland im Zuge des Krimkrieges (1853–1856) stark belastet. Obwohl es im Jahr 1849 für Kaiser Franz Joseph nur mit Hilfe der Truppen des russischen Zaren Nikolaus I. möglich gewesen war, den Aufstand in Ungarn niederzuschlagen und dadurch seinen Thron zu retten, war Dankbarkeit für den Habsburger keine politische Kategorie. Als die eroberungssüchtigen Russen im Krimkrieg begannen, die Türkei vom Bosporus zurückzudrängen, um ihr Jahrhunderte altes Ziel, den Zugang zum eisfreien Mittelmeer, in Angriff zu nehmen, schlug sich Österreich auf die Seite der russischen Gegner Frankreich und England, die um ihre Vorherrschaft im Mittelmeer fürchteten. Österreich verlegte drohend 600 000 Mann nach Galizien an seine Grenze zu Russland. Der Zar sah sich gezwungen, den Rückzug anzutreten. Die Romanows haben dies Österreich bis zum Ersten Weltkrieg nie verziehen. Die Mobilisierung gegen Russland kostete Österreich nicht nur 160 000 Mann[15], die dabei an Cholera und Ruhr zugrunde gingen, sondern auch enorme Summen Geldes für die militärischen Maßnahmen, ohne dass dies dem Land irgendeinen Vorteil gebracht hätte.

„Österreich bedrohte Rußland, ohne es wirklich anzugreifen, verbündete sich platonisch mit den Westmächten, ohne mitzutun, und verfeindete sich durch diese überdies kostspielige Politik mit beiden Parteien."[16]

Verkauf des Staatssilbers

Da Österreich im Kreise der Mächtigen mitspielte, mussten zur Finanzierung der kostspieligen Außenpolitik mit Beginn des Jahres 1855 aus Geldnot viele im Staatsbesitz befindliche Güter und Anlagen wie die Staatseisenbahnen, Forste oder Bergwerke verkauft werden. Nachdem sich das Bankhaus Rothschild als Eigentümer der Nordbahn am Erwerb weiterer Eisenbahnlinien desinteressiert gezeigt

15 Schöffel Joseph, Erinnerungen aus meinem Leben, Wien 1905, Seite 55
16 Conte Corti Egon Caesar, Das Haus Rothschild in der Zeit seiner Blüte 1830–1871, Wien 1928, Seite 383

Karl Ludwig Freiherr von Bruck (1798-1860), österreichischer Handelsminister und später Finanzminister, wurde vom Minister zum Sündenbock

Ignaz Czapka, Wiener Bürgermeister von 1838 bis 1848, überschritt seine Vollmachten

17 Die Presse vom 30. Oktober 1854
18 Österreichs Finanzen seit dem Frieden von Villafranca, in Unsere Zeit, Leipzig 1863, Seite 159
19 Sterk Harald, Industriekultur in Österreich 1750-1873, Wien 1984, Seite 20
20 Tagebücher des Carl Friedrich Freiherrn Kübeck von Kübau, II. Band, Wien 1909, Seite 76
21 ebenda, Seite 80
22 Mayr Karl Josef, Das Tagebuch des Polizeiministers Kempen von 1848 bis 1859, Wien 1931, Seiten 378 und 386
23 Unsere Zeit, Jahrbuch zum Conversations-Lexikon, 1. Band, Leipzig 1857, Seite 658

hatte[17], kam es am 1. Jänner 1855 zur Veräußerung der Staatsbahnen – hauptsächlich an ein Konsortium, geführt von der französischen Anlagebank „Société Générale de Crédit Mobilier". Fast immer können aber staatliche „Privatisierungen aus Geldnot" mit „Verscherbelung von Staatsvermögen" gleichgesetzt werden. So auch im Jahr 1855. Die Einnahmen aus dem Verkauf des „Staatssilbers" standen in keinem Verhältnis zum tatsächlichen Wert der veräußerten Anlagen:

„Die verkauften Bahnen haben bis Ende 1859 336,26 Mill. Fl. gekostet, der Kaufpreis – der noch dazu erst in längeren Jahresraten zahlbar war, also eigentlich mit einem Diskont berechnet werden müsste – belief sich nur auf 168,56 Mill. Fl., mithin genau die Hälfte jener Summe."[18]

Banken profitieren immer

Die in Frankreich gegründete „Crédit Mobilier" war die erste Investmentbank des Kontinents. Es war eine Verbindung der Bankhäuser Eskeles und Pereira, die dem Bankhaus Rothschild im Eisenbahnwesen Konkurrenz machte. Es war aber auch die Hausbank des kriegerischen und dadurch geldhungrigen französischen Kaisers Napoleon III. Das damals moderne Konzept der Crédit Mobilier bestand darin, das Geld vieler kleiner Sparer aufzunehmen, um damit Aktien von Industrieunternehmen zu erwerben. Damit stand sie im Gegensatz zu den alteingesessenen Bankhäusern wie den Rothschilds, die bei ihren Unternehmungen den Investorenkreis auf wenige betuchte Großkapitalisten beschränkten.[19] Die Crédit Mobilier gründete mit den Wiener Bankhäusern Sina und Arnstein-Eskeles eine Gesellschaft, die sich trotz ihrer durchgehend privaten kapitalistischen Struktur die „k. k. privilegierte österreichische Staatseisenbahngesellschaft" (STEG) nannte. Obwohl der Verkauf der Eisenbahnen für den Staat ein reines Verlustgeschäft war, wurden die Einfädler des „Deals" wie üblich dafür noch geehrt:

„25. Donnerstag. (Jänner 1855) Reichsratssitzung. Die finanziellen Koryphäen, welche bei dem Vertrage der Überlassung der Eisenbahnen an die französische Gesellschaft mitwirkten, Baron Sina und Eskeles sind, Ersterer mit dem Orden der Eisernen Krone II. Klasse, Letzterer mit dem Comthurkreuz des Franz Josef-Ordens decoriert worden."[20]

Dies brachte den anfangs desinteressierten und jetzt leer ausgegangenen Banker Anselm Salomon Rothschild auf die Palme:

„6. Dienstag. (Februar 1855) Ruf zu seiner Majestät. Der Besuch des Baron Anselm Rotschild mit Aufklärungen über das schmachvolle Geschäft des Eisenbahnverkaufes."[21]

Der neue Finanzminister

Im Frühjahr 1855 wurde Karl Ludwig Freiherr von Bruck zum neuen Finanzminister ernannt. Bruck war Förderer liberaler Freihandelspolitik und unterstützte den Ausbau von Eisenbahnen und Telegrafenverbindungen. Da er in Österreich als Handelsminister im Jahr 1850 die Briefmarke eingeführt hatte, genießt er noch heute unter Philatelisten großes Ansehen. Brucks Bestellung zum Finanzminister war die große Chance für den aufgebrachten Rothschild. Mit tatkräftiger Unterstützung und finanzieller Beteiligung[22] des ihm wohlgesonnenen neuen Finanzministers gründete er am 31. Oktober 1855 die „Creditanstalt für Handel und Gewerbe", an der auch französische und englische Geldgeber beteiligt waren. Diese erwarb am 14. Mai 1856 die restlichen Staatsbahnen, wie das lombardisch-venezianische Eisenbahnnetz und in weiterer Folge auch die Südbahn – so konnte auch Rothschild am schmackhaften Eisenbahnkuchen mitnaschen.

„Hauptzweck der Österreichischen Creditanstalt war – wenn auch die Statuten dies nicht ausdrücklich hervorheben – der Mittelpunkt zu sein für die Bildung von Gesellschaften zur Erbauung der großen Eisenbahnen. Die Regierung selbst hatte schon seit dem Verkaufe der Staatsbahnen an eine österreichisch-französische Gesellschaft darauf verzichtet, neue Bahnen aus Staatsmitteln herzustellen. Da man aber den Ausbau des österreichischen Eisenbahnnetzes als eine Vorbedingung zur wirtschaftlichen Gesamtentwicklung Österreichs betrachten mußte, so ward im Interesse des Landes wie der Actionäre dafür Sorge getragen, daß sich die zu bildenden Eisenbahngesellschaften an ein mit großen Kapitalien ausgestattetes Institut anlehnen könnten."[23]

Mit diesem für ihn auch persönlich lukrativen Coup hatte der weitsichtige k. u. k. Finanzminister Blut geleckt und beabsichtigte, nun auch in Wien staatliches Vermögen auf den Markt zu werfen und zu Geld zu machen. Seine begehrlichen Blicke fielen auf das nutzlose Wiener Glacis, das als brachliegendes Liegenschaftsvermögen in hochwertiges Bauland verwandelt werden konnte. Bereits im Jahr 1844 hatte Bruck – damals noch erfolgreicher Kaufmann in Triest und Mitbegründer der österreichischen Lloyd – gemeinsam mit Wiener Bauunternehmern ein neues Hofopernhaus außerhalb des Kärntnertores errichten wollen. Durch Hinausrücken der Stadtmauer Richtung Wienfluss wäre wertvolles Bauland zur Finanzierung des Opernhauses angefallen. Das Projekt wurde vom Wiener Bürgermeister Ignaz Czapka und dem Magistrat unterstützt „... *aber der Regierung war dasselbe zu großartig und sie bedeutete Czapka, daß er seine Vollmachten überschritten habe, indem sie keine Stadterweiterung, sondern die Ausmittlung des zweckmäßigsten Platzes zum Baue eines neuen Theater wünsche.*"[24]

Jetzt war aber Bruck selbst Minister und konnte unter anderen Voraussetzungen an die Realisierung seiner alten Geschäftsidee gehen. Im Dezember 1856 initiierte er eine ministerielle Kommission, deren Beratungen und Empfehlungen den Kaiser zu einer entsprechenden „Entschließung" veranlassen sollten. Am 11. Juli 1857 wurde tatsächlich in einer abschließenden Ministerkonferenz hinsichtlich der geplanten Stadterweiterung die entsprechende politische Entscheidung getroffen. Damit waren die Weichen für die Demontage der Stadtmauer und den Verkauf des Glacis gestellt. Wiens Weg zur Weltstadt stand nun kein Mauerwerk mehr im Wege.

„Es ist mein Wille"

Tatsächlich richtete Kaiser Franz Joseph am 20. Dezember 1857 ein für die bauliche Geschichte Wiens äußerst bedeutendes Handschreiben an den Minister des Inneren, Alexander Bach. Darin wurde die Schleifung der gesamten, wie eine Kette um den Hals der Stadt liegenden Stadtmauer angeordnet:

„Es ist mein Wille, daß die Erweiterung der inneren Stadt Wien mit Rücksicht auf eine entsprechende Verbindung derselben mit den Vorstädten ehemöglichst in Angriff genommen und hiebei auch auf die Regulierung und Verschönerung Meiner Residenz- und Reichshauptstadt Bedacht genommen werde. Zu diesem Ende bewillige ich die Auflassung der Umwallung und Fortifikationen der inneren Stadt, so wie der Gräben um dieselbe ... (...) Zur Erlangung eines Grundplanes ist ein Concurs auszuschreiben (...) ..."[25]

Auf den öffentlichen Verkehr vergessen?

In den beigelegten Vorgaben, auf welche die Stadtplaner Rücksicht zu nehmen hatten, war u. a. von der Errichtung von Kasernen, Museen, einem Opernhaus und Markthallen zu lesen. Die Finanzierung dieser geplanten öffentlichen Gebäude war aus den Verkaufserlösen der restlichen Grundstücke zu bestreiten. Vorschläge für die Anlage und Organisation des öffentlichen Verkehrs wurden aber nicht gefordert und auch mit keinem Wort erwähnt. Niemandem kam es anscheinend in den Sinn, mit dem Abriss der Stadtmauer auch grundsätzliche Verkehrsfragen der Innenstadt und der Vorstädte für die Zukunft der Stadt zu lösen. Getreu den kaiserlichen Vorgaben wurde der angeordnete „Concurs" zur Klärung der Frage, wie städtebaulich mit der Erweiterung der inneren Stadt und der Anlage einer Ringstraße umzugehen sei, ausgeschrieben.[26]

Es konnte nicht schnell genug gehen

Auf den Fall der Stadtmauer und die Errichtung der auch heute noch repräsentativen Ringstraßenbauten dürften die Wiener aber regelrecht gewartet haben. Ohne das Ergebnis des städtebaulichen Wettbewerbs abzuwarten, wurde bereits am 29. März 1858 mit der Demolierung der Stadtmauer auf der Seite des Donaukanals bei der Biber- und der Rotenturmbastei begonnen.[27]

„Eine große Menschenmenge hatte sich versammelt, welche Zeugen desselben waren, die Einen in gehobener Stimmung über die Erfüllung lang genährter Wünsche und Hoffnungen, die Anderen mit den Gefühlen der Wehmuth, dass die Stadt ihres historischen Charakters, des Schmuckes der Promenaden auf den Basteien und auf dem Glacis beraubt werde."[28]

Von der Stadtmauer in die U-Bahn

Die Zerstörung der Stadtmauer, die Jahrhunderte lang das Gesicht der Stadt geprägt hatte, war so vollständig, dass heute nur mehr sehr bescheidene Reste von ihr zu sehen sind. Einige wenige Teile wurden – mehr als hundert Jahre später – in die U-Bahn integriert, die als Symbol für den stetig wachsenden öffentlichen Verkehr in gewisser Weise mitverantwortlich für das Schleifen des Stadtmauerrings um die Stadt ist. Der steinerne doppelköpfige Adler, der über Jahrhunderte als Symbol der Habsburgermonarchie an der Spitze der Gonzagabastei montiert gewesen war, überlebte die Demolierung und fand am Bahnsteig der U1-Station Schwedenplatz, die 1979 eröffnet wurde, eine neue, friedlichere Heimstatt. Ebenso wurden einige in den 1980er Jahren ausgegrabene Teile der Stadtmauer beim Stubentor in die U3-Station integriert. Als Metamorphosen wanderten sie von einem martialischen Verteidigungsbauwerk in ein modernes Verkehrsbauwerk. So konnten sie der Stadt als stumme, steinerne Zeugen der wechselvollen und kriegerischen Vergangenheit Wiens erhalten bleiben.

Der Doppeladler von der Gonzagabastei thront heute in der U1-Station Schwedenplatz

24 Weiß Karl, Rückblicke auf die Gemeindeverwaltung der Stadt Wien in den Jahren 1838-1848, Wien 1875, Seite 48
25 Gemeinde Wien, Der Kaiser und Wien, Wien 1910, Seite 30
26 Prof. R. v. E., Die preisgekrönten Entwürfe zur Erweiterung der Inneren Stadt Wien, Wien 1859
27 Weiß Karl, Topographie der Stadt Wien, Wien 1876, Seite 34
28 Der Gemeinderathe der Stadt Wien, Wien 1848-1888, Wien 1888, Seite 258

Das Rotenturm-Tor vor 1858

Demolierung des Rotenturm-Tors

Eine unterirdische Pferdeeisenbahn

Unter den 85[29] bis 31. Juli 1858 eingelangten Entwürfen des Ideenwettbewerbs befanden sich auch solche der namhaftesten Wiener Architekten, wie Ludwig Förster, Eduard van der Nüll und August von Siccardsburg. Die besten Entwürfe des Wettbewerbs zur Anlage der Ringstraße wurden von Ministerialrat Moriz Ritter von Löhr zusammengefasst, vom Kaiser am 1. September 1859 genehmigt und in der Folge von den öffentlichen Stellen Zug um Zug umgesetzt. Der Einzige, der sich in seinem eingereichten Projekt über die eingeforderten Vorschläge hinaus auch mit dem Lokalverkehr auseinandergesetzt hatte, war Ludwig Zettl, ein Ingenieur aus dem Ministerium des Inneren. Seine Idee war es, den Stadtgraben nicht zuzuschütten, sondern nur zu überdecken und darin eine unterirdische Pferdeeisenbahn anzulegen, welche als öffentliches Verkehrsmittel zwischen den Markthallen und einem im Bezirk Landstraße zu errichtenden Zentralbahnhof benützt werden sollte. In diesem Tunnel hätten unter den Basteien

[29] Weiß Karl, Topographie der Stadt Wien, Wien 1876, Seite 33

Ludwig Zettls Entwurf einer Pferdeeisenbahn im Stadtgraben rund um die Innere Stadt

Der Bereich des Rotenturm-Tors nach der Demolierung 1858

auch Lagerräume und Magazine errichtet werden sollen. Die Beleuchtung der Tunnels wäre mit Gas erfolgt. Aus dem Wiener Stadtgraben hätte Wiens erster U-Bahn- bzw. Tramwaytunnel werden können. Das Projekt fand aber keine ungeteilte Zustimmung bzw. keinen finanzstarken Investor. Beim öffentlichen Verkehr herrschte offensichtlich in Wien kurzsichtiges, provinzielles Denken. Auf ein modernes, kreuzungsfreies und damit leistungsstarkes Massenverkehrsmittel, das einer Weltstadt würdig gewesen wäre, musste Wien daher noch sehr lange warten. Für den öffentlichen Verkehr wurde beim Bau der Ringstraße eine städtebauliche Jahrhundertchance vertan.

Kurzsichtig, zögerlich und zu langsam

Diese mangelnde planerische Voraussicht beim regionalen öffentlichen Verkehr zeigte sich ebenso – nur mit wesentlich schlimmeren Konsequenzen – beim überregionalen Eisenbahnverkehr. Der langsame und zögerliche Ausbau des Eisenbahnnetzes durch die privaten Bahnbetreiber hatte immer wieder massive negative Auswirkungen auf die Außenpolitik und das Heerwesen Österreichs. Im Zuge der Zusammenziehung der k. u. k. Truppen in Galizien während des Krimkriegs im Jahr 1856 berichtete Feldzeugmeister Heß an den Kaiser, dass 205 000 Mann zum Kampf vereinigt seien, während 21 000 Mann zur Besetzung der neuen Befestigungen zurückbleiben würden. Gleichzeitig sei es aber notwendig, 24 000 Soldaten für den Bau einer Eisenbahn zwischen Lemberg und Krakau abzustellen, da ein fertiges, dafür vorgesehenes Eisenbahnprojekt von Carl Ritter von Ghega bisher nur in der Schreibtischlade zu liegen geruht hatte.[30] Die Soldaten mussten sich also selbst die Gleise für den Aufmarsch verlegen! Diese Schwierigkeiten im Krimkrieg fanden drei Jahre später – 1859 – im Krieg gegen Frankreich und Sardinien ihre nahtlose Fortsetzung.

Österreichs Probleme mit den Napoleons

Dabei zeigte der französische Kaiser Napoleon III. dem österreichischen Kaiser Franz Joseph, dass auch für ihn Dankbarkeit keine politische Kategorie war. Er unterstützte militärisch Österreichs kleines Nachbarland Sardinien, das zwecks Gründung eines vereinigten Staates „Italien" begierige Blicke auf die italienischsprachigen Landesteile Österreichs geworfen hatte. Der unruhige und aggressive französische Kaiser machte seinem Onkel Napoleon I. alle Ehre, da auch er sich immer wieder an Kriegen beteiligte: gegen Russland im Krimkrieg von 1853 bis 1856, gegen Österreich im Jahr 1859 und in den Jahren 1870/71 gegen Deutschland. Der Krieg gegen die unter Bismarck und Wilhelm I. vereinigten deutschen Länder kostete Napoleon III. aber die Karriere und seinem Land Frankreich das Grenzgebiet Elsass-Lothringen. Dies saß den Franzosen wie ein Stachel im Fleisch. Jahrzehntelang hatte Frankreich in der Folge durch den Kauf russischer Anleihen mit enormen Geldmitteln das ebenfalls kriegerische

Kaiser Napoleon III. (1808-1873), ein Unruhestifter in Europa

30 Friedjung Heinrich, Der Krimkrieg und die österreichische Politik, Wien 1911, Seite 70

Häuserkampf zwischen Österreichern und Franzosen in Magenta, 1859

zaristische Russland militärisch und infrastrukturell aufgerüstet. Deutschland hatte im Jahr 1914 tatsächlich einen Zweifrontenkrieg gegen Frankreich und Russland zu führen und mit der Niederlage im Ersten Weltkrieg im Jahr 1918 den Preis für die Gebietsvergrößerungen von 1871 zu bezahlen.

Fehlende Verbindungsbahnen

Im Krieg Österreichs gegen Frankreich und Sardinien 1859 war die Verbindungsbahn zwischen dem Süd- und dem Nordbahnhof in Wien – obwohl bereits im Jahr 1850 zu bauen begonnen – noch immer nicht fertig. Dies wäre aber für rasche und direkte Truppen- und Materialtransporte der österreichischen Militärs wichtig gewesen. Ebenso fehlte die Verlängerung über Lainz nach Penzing zur Westbahn, die ebenfalls erst 1860 in Betrieb ging. Das war dann allerdings auch schon egal, da die Westbahn im Kriegsjahr 1859 ohnedies nur bis Linz führte. Das lückenhafte österreichische Eisenbahnnetz wurde – verglichen mit dem schnellen französischen Aufmarsch mit Eisenbahnen – allgemein als kriegsentscheidend beurteilt. Da somit der Aufmarsch und die Versorgung der Truppen nicht funktionierten, stolperte die erschöpfte k. u. k. Armee im Juli 1859 bei Magenta und Solferino in schwere mili-

Kapitulation Napoleons III. vor Bismarck. Darin liegt eine der Ursachen des Ersten Weltkriegs über 40 Jahre später

tärische Niederlagen.³¹ In der Folge zwang Napoleon III. Österreich, die Lombardei den Italienern abzutreten, wofür er von diesen aus Dankbarkeit das damals noch italienische Nizza bekam. Nach dem militärischen Fiasko begann in Österreich die Suche nach den Schuldigen.

Das tragische Ende des Finanzministers

So erfolgreich und weitsichtig Österreichs Finanzminister Bruck beim Lukrieren von Einnahmen gewesen war, so tragisch war seine Rolle als „Säckelwart" bei diesem Krieg gegen Frankreich und Sardinien. Er galt grundsätzlich nicht als großer Freund der Armee und deren budgetverschlingenden Forderungen. In Zeiten der Geldnot wollte er mit Einsparungen auch bei der Armee nicht haltmachen und beabsichtigte, „scharfe Schnitte"³² vorzunehmen. Noch am 26. Mai 1859, als der Krieg schon unvermeidlich schien, wollte er der Armee dafür notwendige zusätzliche Geldmittel verweigern:
„Ein Sturm entstand, als Baron Bruck die Notwendigkeit einer Armee von 700 000 Mann bestritt, welche bis zum Oktober bei 300 Millionen Gulden beköstigen, und als er sich erlaubte die Stärke des allerhöchsten Hauptquartiers zu bekritteln."³³
Diese Haltung hat ihm später schwer geschadet, als nach der vermeidbaren militärischen Niederlage Schuldige gesucht wurden. Polizeiminister Johann Freiherr von Kempen schreibt in seinem Tagebuch am 24. Mai 1859 zwar von einem allerhöchsten, aber typisch österreichischen Versagen:
„FML Hauslab, welcher als Artilleriedirektor zur Armee nach Italien abgehet, nahm Abschied von mir. Er klagte über mehrere Verzögerungen in der Ausrüstung, die er dem Erzherzog Wilhelm und dieser dem Kaiser zuschreibt, allerhöchstwelcher den betreffenden Antrag verlegt haben soll."³⁴
Da aber kaiserliche Hoheiten niemals an Niederlagen Schuld tragen können, blieben als Verursacher der schlechten Versorgung und Ausrüstung der k. u. k. Armee nur mehr einige, dem Kaiser beratend nahegestandene Hofbeamte, Armeekommandanten und Minister übrig. Darunter auch Finanzminister Bruck, der zudem vom Wiener Landesgericht als Zeuge bei Untersuchungen gegen den Direktor der Creditanstalt, Franz Richter, wegen persönlicher Bereicherungen an Armeelieferungen geladen worden war. Alle Würdenträger wurden ihrer Ämter enthoben. Bruck wurde am 22. April 1860 abends ein dürres Entlassungsschreiben des Kaisers überbracht:
„Lieber Freiherr von Bruck. Ich finde, Sie auf ihr Ansuchen in den zeitlichen Ruhestand zu versetzen."
Noch in der selben Nacht schnitt sich Bruck schwer gekränkt mit einem Rasiermesser die Kehle durch.³⁵

31 es blieb dem Schweizer Geschäftsmann Henry Dunant (1828–1910) vorbehalten, als Augenzeuge der Hilflosigkeit der verwundeten Soldaten nach der Schlacht bei Solferino durch Gründung des Roten Kreuzes und Initiierung der Genfer Konvention von 1864 die humanitären Konsequenzen aus dieser militärischen Gedankenlosigkeit und Schlamperei zu ziehen.
32 Mayr Karl Josef, Das Tagebuch des Polizeiministers Kempen von 1848 bis 1859, Wien 1931, Seite 360
33 ebenda, Seite 514
34 ebenda, Seite 513
35 Kronstädter Zeitung vom 2. Mai 1860, Seite 438

DER ABBRUCH DER STADTMAUER – WIENS WEG ZUR WELTSTADT

Die Einmündung der Verbindungsbahn in den Nordbahnhof am Praterstern im 19. Jahrhundert

Die Frage der Verbindungsbahnen

Zwischen den Bahnhöfen

Das Fehlen von Schienenverbindungen zwischen den einzelnen, von Privaten errichteten und weit voneinander getrennt liegenden Kopfbahnhöfen hatte nicht nur im Kriegsfall auf die Aufmarschpläne der Militärs negative Auswirkungen. Auch die Straßen, die zu den Bahnhöfen führten, waren durch den zunehmenden Durchzugsverkehr überlastet. Dichtes Verkehrsaufkommen war symptomatisch für die Praterstraße als Zubringer zum Nordbahnhof oder die Mariahilfer Straße, die man von der Stadt auf dem Weg zum Westbahnhof passieren musste. Die meisten Eisenbahngesellschaften hatten Zubringerdienste mit Pferdeomnibussen von ihren isoliert liegenden Kopfbahnhöfen in die Kernstadt und zu den großen Hotels organisiert. Der ohnedies beträchtliche Verkehr in der Stadt wurde so noch weiter verstärkt.

Verbindungsbahnen – die nächsten Bahnprojekte

Dieses Problem gab es auch international, da anfangs keine der großen europäischen Metropolen der Zeit wie London, Paris oder Berlin Schienenverbindungen zwischen den Bahnhöfen hatten. Die erst nachträglich errichteten Verbindungsbahnen wurden aber nicht radial direkt in die Zentren der Städte geführt, sondern waren durchgehend ringförmig um die Stadt angelegt. Meistens wie klassische Eisenbahnen im Niveau bzw. auf Böschungen geführt, fuhren sie außerhalb der dicht bebauten Gebiete und somit an den örtlichen Verkehrsströmen und -bedürfnissen der Bevölkerung vorbei. Der Personenverkehr bzw. lokale Verkehrsfragen waren für die Privatunternehmen nur zweitrangig. Die Bedeutung der Verbindungsbahnen lag hauptsächlich im Güterverkehr. In Berlin entstand auf diese Weise bis 1877 als Ringbahn die Königliche Bahnhofs-Verbindungsbahn, in Paris ebenfalls eine Ringbahn, die Ligne de Petite Ceinture bzw. später die Ligne de la Grande Ceinture (kleine und große Gürtellinie). In London errichtete man bis 1870 eine Untergrundbahn, den „Inner Circle" der Metropolitan-Bahn und der Metropolitan District-Bahn, die eine Verbindung zwischen dem Kopfbahnhof Paddington der Great Western

Verbindungsbahnviadukt beim Hauptzollamt auf der Landstraße mit Blick Richtung Stubentor (links) und Franz-Josephs-Kaserne (rechts)

Aufnahme aus dem Jahr 1898 mit der Verbindungsbahn im Bereich der Marxergasse und Invalidenstraße. Im Hintergrund rechts ist die Franz-Josephs-Kaserne erkennbar.

DIE FRAGE DER VERBINDUNGSBAHNEN

Railway Company und dem Bahnhof Kings Cross der Great Northern Railway Company herstellte.

Planungsweltmeister

Zumindest planerisch hatte Wien eine Vorreiterrolle. Im Jahr 1844, kurz nach Fertigstellung der Nord- und Südbahn, wollte der Architekt Anton Ortner eine „Lokomotiv-Reibungsbahn" zur Verbindung dieser Bahnhöfe über den Prater und Erdberg errichten.[1] Das Projekt landete in den Tiefen der k. k. Hofkammer-Präsidial-Registratur. Trotz späterer Genehmigung eines „amtlichen" Pferdeeisenbahnprojektes zwischen diesen beiden Bahnhöfen kam es zu keinen Bauarbeiten.

„Die in Antrag gestellte Eisenbahn zur Verbindung der Kaiser-Ferdinands-Nordbahn mit der Gloggnitzer und Brucker Bahn durch den Vereinigungspunkt bei dem neuen Hauptzollamtsgebäude hat, wie man vernimmt, die allerhöchste Genehmigung erhalten. Sie ist als Staatsbahn erklärt und bestimmt mit Pferden befahren zu werden, und soll vorderhand zum Waarentransport dienen. Die Entscheidung über den Bau des projektierten Flügels bis zum Stubenthore am Glacis ist aber noch nicht erfolgt, und es ist hierüber die allerhöchste Schlußfassung noch zu gewärtigen."[2]

Erst im Jahr 1850 wurde aus beschäftigungspolitischen Gründen in Folge der revolutionären Ereignisse von 1848 dieses Projekt wieder aus der Schublade geholt. Dann dürfte aber die Staatsverwaltung aufgrund der schwierigen finanziellen Situation, die 1855 zum Verkauf aller Staatsbahnen führte, ihr Interesse an dem Projekt verloren haben. Dazu gesellten sich planerische und architektonische Schwierigkeiten bei der Querung des Praters in Hochlage und technische Herausforderungen bei der neuartigen Kettenbrücke des Architekten Friedrich Schnirch über den Donaukanal. Somit dauerte es für diese Zeit untypisch lange zehn Jahre, bis die Verbindungsbahn vom Süd- zum Nordbahnhof im Jahr 1860 vollendet war.[3] Da war der Krieg von 1859 gegen Frankreich und Sardinien, wo man dringend durchgehende Bahnverbindungen für schnelle Truppen- und Nachschubbewegungen benötigt hätte, aber schon verloren und vorbei.

---

1 Hödl Johann, Das Wiener U-Bahn-Netz, 200 Jahre Planungs- und Verkehrsgeschichte, Wien 2009, Seite 124
2 Allgemeine Zeitung vom 10. Januar 1847, Seite 79
3 zum Vergleich: Die Kaiserin-Elisabeth-Westbahn wurde am 31. Juli 1856 in Rekawinkel bei Wien zu bauen begonnen und war schon am 15. Dezember 1858 bis Linz fertig

Rund um Wien

Wie in den anderen europäischen Großstädten wuchs auch in Wien das Netz der Verbindungsbahnen. Durch die spezielle Situierung der verschiedenen Bahnhöfe entstand eine kreisförmige Trassierung der Verbindungsbahnen um die Stadt. Im Jahr 1860 wurde die Verbindungsbahn von der Südbahn nach Meidling über Unter Hetzendorf und Speising zur Kaiserin-Elisabeth-Westbahn bei Penzing verlängert. Im Jahr 1872 folgte eine Abzweigung bzw. Verlängerung dieser Verbindungsbahn unter dem Namen „Donauländebahn" von Hetzendorf Richtung Donau. Daran anschließend wurde bis zum Jahr 1880 entlang der Donau die „Donauuferbahn" samt einer Gleisverbindung zur Nordbahn sowie zur Nord-Westbahn gebaut. Bei Nußdorf erfolgte auch eine Verbindung dieser Strecke zur Kaiser-Franz-Josephs-Bahn. All diese Verbindungsbahnen dienten fast ausschließlich dem Güterverkehr und wurden erst ab dem Jahr 1882 teilweise, aber mit nur untergeordneter Bedeutung, für den lokalen Personenverkehr genutzt.

Verbindungsbahn: Rechte Bahngasse, rechts die Militärreitschule (heute ein Hotel)

Verbindungsbahn vor dem Arsenal in Richtung Gloggnitzer Bahnhof (Südbahnhof)

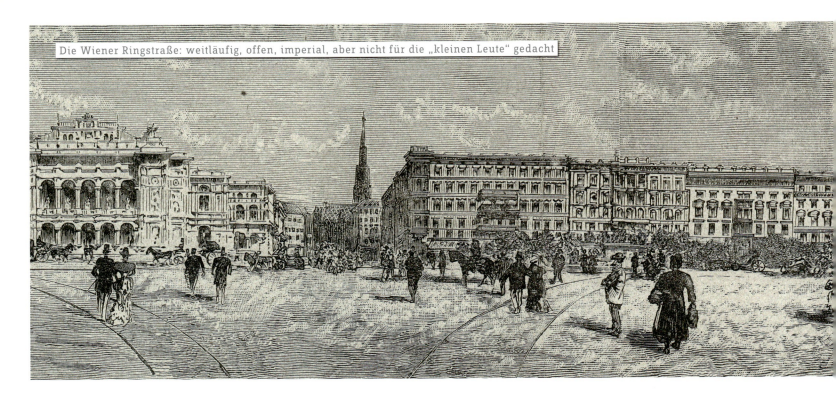

Die Wiener Ringstraße: weitläufig, offen, imperial, aber nicht für die „kleinen Leute" gedacht

Großmacht in Stein gemeißelt

Der Boulevard der Reichen und Schönen, die Ringstraße

Die Ringstraße

In den Bereichen der nun sukzessive demolierten Stadtmauer und des aufgelassenen Glacis entstanden zu Beginn der 1860er Jahre die vier Kilometer lange und 57 Meter breite Ringstraße für Repräsentationszwecke, eine parallel geführte 26,5 Meter breite Lastenstraße für den Wirtschaftsverkehr und der 38 Meter breite Franz-Josephs-Kai als „Promenade" entlang des Donaukanals. Neben den Erlösen aus dem Verkauf der Staatseisenbahnen sorgten nun auch die Glacisflächen – die immerhin dreimal der Größe der historischen Altstadt entsprachen – durch Verkauf an Private für entsprechende Einnahmen der öffentlichen Hand. Damit war die Finanzierung der aufwändigen Ringstraßenbauten dank des Konzepts des in Ungnade gefallenen Finanzministers Bruck gesichert. Trotz militärischer Niederlagen konnte die k. u. k. Monarchie mit der prunkvollen Ringstraße in der Residenzstadt ihre weiterhin bestehenden imperialen Großmachtambitionen nun auch „in Stein gemeißelt" dokumentieren. Am 1. Mai 1865 wurde die Ringstraße feierlich eröffnet, obwohl noch keiner der berühmten Ringstraßenbauten fertiggestellt war. Wien hatte damit in der zweiten Hälfte des 19. Jahrhunderts baulich einen wichtigen Schritt in Richtung Weltstadt gesetzt. Die monumentale Ringstraße war jedoch so angelegt, dass sie die Kernstadt nicht wirklich mit den Vorstädten verband, sondern strukturell eher trennte. Nicht in baulicher Hinsicht, wie zuvor durch die Stadtmauer, aber gesellschaftlich blieben die Ringstraße und die City Wiens dem Adel und der bürgerlichen Gesellschaft vorbehalten. Auch architektonisch war die Ringstraße nicht unumstritten. Der große Architekt, Secessionist und spätere Erbauer der Stadtbahn, Otto Wagner, äußerte sich den unterschiedlichen Baustilen gegenüber äußerst kritisch:

„Die Ringstraße ist eine Musterkarte von Stilkopien, eine lächerlicher als die andere. Weil im Mittelalter jedes Rathaus selbstverständlich gotisch war, muß das 1880 gebaute, das ganz andere Aufgaben hat, gotisch lügen. Die Universität, die Museen – Renaissance! Versteht sich, von wegen der humanistischen Epoche. Das Parlament, wie könnte es wagen, nicht griechisch-römisch zu protzen?" [1]

---

[1] Zuckerkandl Bertha, Österreich intim, Wien 1970, Seite 32

Die Eröffnung der Ringstraße erfolgte durch Kaiser Franz Joseph am 1. Mai 1865

Blick auf die großbürgerliche Ringstraße mit dem 1883 eröffneten Parlament

Der Linienwall als Chinesische Mauer

Trotz des Abrisses der Stadtmauer blieben die räumlichen Entwicklungsmöglichkeiten Wiens eingeschränkt. Jetzt fungierten die entlang des Gürtels weiterhin bestehenden Mauern des Linienwalls als baulich und wirtschaftlich hemmende Außengrenzen. Da das Leben außerhalb der Linie wesentlich billiger war als in der Stadt, zogen viele Bewohner hinaus in die Vororte. Deren bauliche Entwicklung ging daher mit Riesenschritten voran. Verstärkt wurde diese Entwicklung durch viele Industrieunternehmen, die auf den billigen Gründen außerhalb des Linienwalls ihre Fabriken errichteten und so für einen steten Zuzug von Arbeitern sorgten. Die

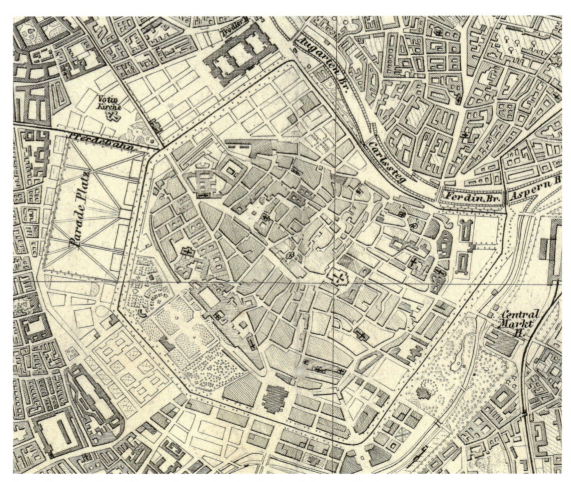

Darstellung der Parzellierung des noch weitgehend unbebauten Glacis

In den Vororten Wiens ballten sich Industrie- und Fabrikationsstätten, Umweltschutz war im 19. Jahrhundert noch ein Fremdwort

Vororte erhielten durch diese Entwicklung unterschiedlichste Strukturen, die auch heute noch erkennbar sind: einerseits Industrie und Gewerbe mit städtischem Charakter in Bezirken wie Favoriten oder Hernals und andererseits Landwirtschaft und dörfliche Strukturen wie in Dornbach, Währing oder Grinzing. Lebhafter und dichter Verkehr entstand zusätzlich durch die in Wien einmündenden Eisenbahnen. Diese hatten ihre Endstationen alle außerhalb des Linienwalls errichtet. In die Stadt gelangte man nur mit Fuhrwerken und Omnibussen, die durch die schmalen Linientore hindurch mussten. Der Linienwall schien bald wie ein archaisches Relikt aus dem vorindustriellen Zeitalter: eine unnatürliche bauliche Trennung einer in modernen Städten zusammengehörenden Struktur.

„Dazu kam auf der anderen Seite der Linienwall, welcher die alten Bezirke wie eine chinesische Mauer umgab und deren Entwicklung hemmte." [2]
Der Linienwall als Grenze zur Einhebung der Verzehrungssteuer hatte für die Steuerbehörde den Vorteil einer einfacheren Überwachung. Die politischen Vertreter Wiens fanden sich in ihrer Ablehnung der Eingliederung der Vororte immer noch in Eintracht mit den Kommunalpolitikern der Vororte, die mit ihren einkommensschwachen Kleingewerbetreibenden und Arbeitern die preislichen Vorteile außerhalb der Verzehrungssteuergrenze zu schätzen wussten. Zum Nachteil der baulichen und verkehrsorganisatorischen Gesamtentwicklung der Stadt überlebte daher der Linienwall die Stadtmauer noch um einige Jahrzehnte.

Fuhrwerke warten auf Verzollung vor einem Linienamtsgebäude beim Linienwall

[2] Die Wirkungen der zweiten Stadterweiterung, Wien 1898, Seite 8

GROSSMACHT IN STEIN GEMEISSELT

Die Wiener Ringstraße noch ohne Baumbestand, aber schon mit lebhaftem Verkehr

Die liberale Ära oder Gründerzeit

Außenpolitische Umorientierung

Die wiederholten Niederlagen der k. u. k. Armee in den 1850er Jahren hatten zumindest den Vorteil, innenpolitisch eine gewisse Schwächung der neoabsolutistischen Regierungsform Kaiser Franz Josephs zu bewirken. Bis zum Jahr 1873 setzte in Österreich aufgrund politisch liberalerer Strukturen eine rasante wirtschaftliche Entwicklung, verbunden mit großem Optimismus für die Zukunft, ein. Daran konnte auch die schwere militärische und außenpolitische Niederlage Österreichs im Jahr 1866 nichts ändern. Bei der Schlacht bei Königgrätz standen die österreichischen Truppen gegen Preußen auf verlorenem Posten. Anlass war der Kampf um die Vorherrschaft im „Deutschen Bund", einem losen politischen Verband der vielen, damals noch nicht vereinigten deutschen Staaten. Obwohl Österreich zwei Jahre zuvor Preußen im Krieg gegen Dänemark militärisch unterstützt hatte, wollte der deutsche Reichskanzler Otto von Bismarck die finale Entscheidung über die Vorherrschaft in den „deutschen Landen" mit „Blut und Eisen" herbeiführen.

„Unsere Beziehungen müssen entweder besser oder schlechter werden, als sie sind. Ich bin bereit zu einem gemeinschaftlichen Versuche, sie besser zu machen. Mißlingt derselbe durch Ihre Weigerung, so rechnen Sie nicht darauf, daß wir uns durch bundesfreundschaftliche Redensarten werden fesseln lassen. Sie werden mit uns als europäische Großmacht zu thun bekommen." [1]

Die k. u. k. Monarchie wurde durch die verlorene Schlacht nicht nur ihrer Sonderstellung im Deutschen Bund beraubt, sondern aus diesem sogar hinausbefördert. Nachdem man nun im Westen von Italien und Frankreich und im Norden von Preußen in die Schranken gewiesen worden war, begann Österreich seine politisch-wirtschaftlichen Interessen umzuorientieren und auf den Balkan sowie den Orient hin auszurichten. Das brachte der Donaumonarchie zwar wirtschaftlich sogar Vorteile, langfristig aber schwere politische Konflikte mit dem ebenfalls in diesen Winkel Europas schielenden Nachbarn Russland. Letztlich mündete die Rivalität des österreichischen Kaisers mit dem Zaren 1914 im Ersten Weltkrieg und im Ende beider Dynastien.

[1] Bismarck am 4. Dezember 1862 an Graf Alajos Karolyi, den österreichischen Botschafter in Berlin, aus Bismarck Otto, Gedanken und Erinnerungen, Band I, Stuttgart 1898, Seite 335

Aus dem Deutschen Bund hinausbefördert ... Kaiser Franz Joseph beim Fürstentag zu Frankfurt am Main im Jahr 1863

... in Richtung Osten unterwegs, Kaiser Franz Joseph auf seiner Orientreise in Konstantinopel im Jahr 1869

Die liberale Periode in Wien

Vor allem die Jahre der Planung und Vorbereitung der auf den Ost- und Orienthandel ausgerichteten Wiener Weltausstellung im Jahr 1873 bewirkten einen industriellen und wirtschaftlichen Aufschwung, der das Wachstum und die baulich-infrastrukturelle Entwicklung der gesamten Stadt immens förderte. In Wien begann die „liberale Periode" der Kommunalgeschichte, wobei die damit einhergehende höhere städtische Autonomie aber nicht allen Wienern, sondern vor allem dem aufstrebenden und besitzenden Bürgertum zugute kam.[2] Die nun folgende Machtausübung in der Stadt durch die Liberale Partei dauerte rund drei Jahrzehnte und ist besonders mit der Tätigkeit von Bürgermeister Cajetan Felder verbunden. Diese Epoche wird oft als „Periode der Stadterweiterung" oder auch als „Gründerzeit" bezeichnet, da in ihr entscheidende, auch heute noch das Stadtbild Wiens prägende bauliche Veränderungen vorgenommen wurden.

„In Straßen und Gassen, an Stellen und Plätzen, wo man kaum gestern noch alte einstöckige Häuschen gesehen mit morschem Gemäuer und windschiefem Dach, ‚wo die Fenster san verpickt mit Lahm', erheben sich heute vierstockhohe Bauten – Mezzanin, Hochparterre und Souterrain nicht mitgerechnet, – wahrhafte Paläste, mit bunten, stukkaturverzierten Mauern, breitem Portal, marmorbelegtem Flur, Candelaber, Aufzug und was alles den Luxus und Comfort moderner Großstadtarchitektur ausmacht."[3]

Außen hui, innen pfui

In den Vorstädten gehörten neben vielen großbürgerlichen Luxuswohnungen auch vierstöckige „Mietskasernen" zum typischen Bild des damaligen Wiens. Die Fassaden dieser Mietskasernen waren vielfach der neobarocken Herrschaftsarchitektur der Ringstraßenbauten abgeschaut. Hinter dieser imposanten architektonischen Schönheit lebten aber zusammengepfercht vielköpfige Arbeiterfamilien, die oft von den wohlhabenden, ohne gesetzlichen Mieterschutz despotisch agierenden Hausherren und ihren gestrengen, für Ruhe sorgenden Hausbesorgern tyrannisiert wurden. Exorbitante Mieten verursachten Überbelegung, Bettgehertum und mangelnde sanitäre Hygiene. Die tristen sozialen Verhältnisse Wiens im 19. Jahrhundert sind hauptsächlich darauf zurückzuführen, dass der Wohnhausbau mit dem Zuwandererstrom nicht mithalten konnte. Als man die Stadt mit der zweiten Stadterweiterung 1890 endlich baulich auch in die Vororte ausbreiten wollte, fehlte es wiederum an leistungsfähigen Schnellverkehrsmitteln, die Arbeitsplätze und Wohnstätten der Werktätigen miteinander verbunden hätten.

Von der Aristokratie zur Bourgeoisie

In der liberalen Ära waren Staat und Behörden auf die Funktion der Sicherung des Eigentums konzentriert. Alles andere – und dazu gehörte auch die Daseinsvorsorge mit Wohnbau, Verkehr, Gas, Strom und damals vor allem Kohle – war dem freien Spiel der Marktkräfte und der Spekulation überlassen. Dies war kennzeichnend für den historischen Wechsel vom politischen Monopol des Feudaladels samt absolutistischer Machtausübung der Aristokratie hin zum Aufstieg des Besitzbürgertums mit seiner propagierten uneingeschränkten Freiheit von Kapital und Individuum. Durch ein entsprechendes, auf Vermögende zugeschnittenes Wahlrecht musste auch in der liberalen Ära die Masse der „Kleinen" auf der Stre-

Cajetan von Felder (1814–1894), Wiener Bürgermeister von 1868 bis 1878

---

2 Ucakar Karl, Der Wiener Gemeinderat und der Strukturwandel der Kommunalpolitik, in Wiener Geschichtsblätter, 28. Jahrgang, 1973, Seite 193
3 Plöhn Robert, Vom Wiener Hof, in Alt Wien, Monatsschrift für Wiener Art und Sprache, Nr. 10, Oktober 1895, Seite 79

Die schöne Fassade der Gründerzeit. Dahinter gab es genug sozialen Sprengstoff

Typischer Alt-Wiener Innenhof in Erdberg, im Hintergrund eine vierstöckige Mietskaserne

cke bleiben. Bei der Verteilung der Belastungen war man aber wesentlich demokratischer. Große Infrastrukturmaßnahmen finanzierte man durch Ausgabe von Anleihen. Damit wurde zu Lasten aller das Gemeindebudget dauerhaft auf Jahrzehnte belastet. Zu den in der liberalen Ära realisierten wichtigsten Maßnahmen gehörte der Bau der ersten Wiener Hochquellwasserleitung, die Donauregulierung und die Anlage des Zentralfriedhofes. Diese Bauwerke waren zu Zeiten von immer wiederkehrenden Choleraepidemien und regelmäßigen Überschwemmungen der Donau vor allem sozialhygienische Maßnahmen, ohne die auch das wohlhabende liberale Bürgertum in seiner Gesundheit gefährdet gewesen wäre.

Änderungen im Verkehrswesen

In der Gründerzeit kam es auch im Verkehrswesen zu intensiven baulichen Tätigkeiten. Die einfach und funktionell gebauten Bahnhofsgebäude der Nordbahn, der Südbahn und der Staatsbahn (Ostbahn) wurden abgerissen und durch prächtige, palastartige Repräsentationsbauten ersetzt. Neue Bahnlinien wurden von Wien bis an die Landesgrenzen geführt. In dieser liberalen Ära entstanden die Westbahn Ende 1858, die Kaiser-Franz-Josephs-Bahn im Jahr 1870, die Nordwestbahn im Jahr 1872 und die Aspangbahn – ursprünglich als Verbindung nach Saloniki geplant – im Jahr 1881. Sie sind Beispiele für den Optimismus und die handels- und verkehrspolitischen Ambitionen Österreichs und Wiens zu dieser Zeit. Gleichzeitig gewann der Personenverkehr gegenüber dem Güterverkehr wesentlich an Bedeutung. Reisen wurde gesellschaftlich eine Prestigeangelegenheit, von bürokratischen Hürden befreit und auch bald für viele erschwinglicher. In den großen

Eröffnung der ersten Wiener Hochquellwasserleitung am Schwarzenbergplatz am 24. Oktober 1873

Der neue Südbahnhof sollte 1873 zur Weltausstellung fertig sein, verspätete sich aber um ein Jahr

Städten begann sich mit dem Bau der Verbindungsbahnen, die speziell für den Güterverkehr notwendig waren, eine Entwicklung abzuzeichnen, in der Orts- und Fernverkehr eigenständige Wege gingen. Kaum eine Bahnstrecke konnte beide Bedürfnisse abdecken. Der Fernverkehr wurde zwar weiterhin über die bestehenden Bahnanlagen und die Verbindungsbahnen abgewickelt, die in der Zwischenzeit entstandenen und von der Eisenbahn mitverursachten lokalen Verkehrsprobleme konnten diese in den Großstädten aber nicht lösen. Während kleinere Städte und Ortschaften durch einen Eisenbahnanschluss ausreichend versorgt waren, mussten für den Lokalverkehr in Großstädten andere Organisationen gegründet, eigene Verkehrsanlagen errichtet und spezielle Verkehrsmittel gefunden werden.

Der zwischen 1859 und 1865 neu gebaute Prunkbahnhof der Kaiser-Ferdinand-Nordbahn wurde in den 1960er Jahren abgerissen

Ein hoher Personaleinsatz war beim Betrieb der Wiener Pferdetramway erforderlich

Die Pferdetramway – eine neue Technik aus Amerika

Eine technische Herausforderung: das bündige Versenken von Schienen im Straßenraum

1 darunter fallen z. B. die weltweit erste Straßenbahn in New York oder die Wiener Vergnügungsbahn zum Tanzlokal „Colosseum"

Das bündige Versenken

Noch zu Zeiten des Biedermeier gab es verschiedene Versuche, Eisenbahnen nicht auf eigenen Trassen, sondern direkt im Straßenbereich zu führen. Diese wurden jedoch zu wenig beachtet und folglich eingestellt.[1] Erst im Jahr 1852 gelang es dem französischen Ingenieur und New Yorker Hotelier Alphonse Loubat, in New York ein neues Straßenbahnsystem zu entwickeln und versuchsweise auszuprobieren. Er ließ auf hölzernen Schwellen Schienen aus gewalztem Schmiedeeisen mit einer Rinne an der oberen Fläche montieren. Damit war die Führung der bereits mit Spurkranz versehenen Wagenräder besser gesichert. Tramways sollten so den Personenverkehr innerhalb einer Stadt oder zwischen dieser und den Vororten erledigen. Da sie keinen eigenen Bahnkörper zur Verfügung hatten, sondern den vorhandenen Straßenkörper nutzen mussten, war entscheidend, die in die Straße eingelassenen Gleise so zu verlegen, dass der übrige Verkehr durch diese nicht beeinträchtigt wurde. Das bündige Versenken der Gleise in die Straßenpflasterung ohne Behinderung der anderen Verkehrsteilnehmer stellte anfänglich ein derart großes Problem dar, dass es noch Jahre dauern sollte, bis sich dieses neue System der innerstädtischen Personenbeförderung tatsächlich durchsetzen konnte. Ein Tramwaybetrieb war dann jedoch baulich relativ rasch realisierbar, da die Pferdetramways – im Gegensatz zu den überregionalen Eisenbahnen mit ihren großzügig dimensionierten Bahnhöfen – anfänglich überhaupt keine fixen Stationen und später auch nur einfache Wartehäuschen aus Holz brauchten.

Eine schwere Geburt

Vertreter bzw. Verkäufer dieser neuen Technologie aus Amerika bereisten in der Folge Europa, wo ebenfalls Probestrecken errichtet wurden. Loubats Versuch, das System durch die Anlage einer Straßenbahn in Paris vom Place de la Concorde nach Passy in der Avenue de la Reine auch in Europa durchzusetzen, scheiterte aber aufgrund der schlechten Gleisanlagen und hat so durch seine *„verfehlte Anlage die Tramways auf dem Continente in Misscredit gebracht (1856)".*[2]

Im Jahr 1857 bemühte sich der Amerikaner George Francis Train, einem von ihm entwickelten Tramwaysystem in England zum Durchbruch zu verhelfen. 1861 wurden dazu in London drei Versuchslinien mit Rippenschienen und offener Rinne errichtet. Nach kurzer Zeit war aber das Straßenpflaster neben den Schienen von den Straßenfuhrwerken so rinnenartig ausgefahren, dass die Räder der Kutschen und Fuhrwerke von den Schienen bald beschädigt wurden bzw. in diesen gefangen nur äußerst mühsam abbiegen konnten. Chaotische Szenen in den betroffenen Straßen waren an der Tagesordnung. Dies führte zur Einstellung des Tramwayverkehrs auch in England und zur Entfernung des Oberbaus.[3] Erst neun Jahre später, im Mai 1870, ging in London wieder eine Pferdestraßenbahn in Betrieb. Der Bau der Londoner Metropolitan Untergrundbahn ist sicherlich auch auf die damaligen Schwierigkeiten mit Gleisanlagen im Straßenbereich zurückzuführen. Im Jahr 1863 ging diese weltweit erste U-Bahn-Linie in Betrieb. In Berlin dauerte es bis zum 22. Juni 1865, bis zwischen Brandenburgertor und Charlottenburg eine Pferdetram – damals auch Hipposidirbahn genannt – eröffnet wurde.

Die erste Wiener Tramway

Zu Beginn der 1860er Jahre war die Bevölkerung Wiens bereits auf 560 000 Bewohner angewachsen und damit auch die Verkehrsprobleme. Mit Pferdeomnibussen und Kutschen allein waren die europäischen Metropolen verkehrstechnisch nicht in den Griff zu bekommen. Die zuerst in Amerika aufgetauchte Technologie der Straßenbahn- bzw. Tramwaysysteme war daher auch in Wien in Diskussion, nahm aber einen Umweg über die Schweiz.

Der Vater der Wiener Tramway

Nachdem sich ein gewisser Ferdinand Stiasny aus der Leopoldstadt im Jahr 1862 aufgrund fehlender Planungs- und Finanzierungsgrundlagen vergeblich um die Konzession für eine Pferdetram bemüht hatte,[4] versuchte auch der österreichische Ingenieur Gustav von Dreyhausen die Realisierbarkeit von Straßenbahnen in Wien zu beweisen. Er kannte die Schwachstellen des Systems und entwickelte eine Straßenschiene, die für die anderen Verkehrsteilnehmer kein Hindernis darstellte, und konstruierte auch einen dafür geeigneten leichten Straßenbahnwagen. Seine Entwicklung einer „Wiener Schiene" und eines „Wiener Waggons" fand jedoch in Wien ebenfalls keine Interessenten bzw. Financiers. Dreyhausen überließ sein System dem Genfer Bauunternehmen Carl Schaeck-Jaquet & Comp., welches bereit war, entsprechende Geldmittel in die Erprobung seiner Straßenbahn in Wien zu investieren. Die Schweizer Baufirma hatte die kommerziellen Möglichkeiten einer innerstädtischen Pferdeeisenbahn (Rösslitram) erkannt, nachdem im Jahr 1862 eine Tramwaylinie zwischen Genf und der Vorstadt Carouge erfolgreich ihren Betrieb aufgenommen hatte. Die Besitzer dieses Bauunternehmens, die Österreicher Carl Schaeck-Jaquet und Adolph Schaeck, schickten Dreyhausen wieder nach Wien mit dem Auftrag, die entsprechenden Verhandlungen mit den Behörden zu führen.

Ohne Protektion geht nichts

Der spätere Wiener Bürgermeister Cajetan Felder berichtet in seinen Memoiren,[5] dass er während seiner Advokatenzeit einen amerikanischen Projektanten vertreten hätte, der Ende des Jahres 1860 ebenfalls um die Konzession für eine Pferdestraßenbahn in Wien angesucht hätte. Seine geplante Versuchsstrecke in der Mariahilfer Straße stand in Konkurrenz zu anderen Konzessionswerbern wie dem Genfer Handelshaus Carl Schaeck-Jaquet & Comp. und dessen Vertreter Dreyhausen, die im März 1863 bei der k. k. Statthalterei um Genehmigung für eine Versuchsstrecke in der Alserstraße eingereicht hatten. Den Zuschlag zum Bau einer Probelinie erhielt durch Protektion des Ministeriums des Äußeren (Adolph Martin Schaeck war auch Österreichs k. u. k. Konsul

Der Vater der Wiener Tramway, Gustav von Dreyhausen (1836-1884)

Carl Schaeck-Jaquet, der Financier der ersten Wiener Tramway

Typische Wiener Pferdetramway – billiger und daher begehrter waren die Plätze auf dem Dach

2 Ignaz Kohn, Eisenbahn-Jahrbuch der österr.-ungar. Monarchie, Wien 1869, Seite 337
3 Clark Kinnair, Die Strassenbahnen, deren Anlage und Betrieb, Leipzig 1886, Seite 5
4 Mechtler Paul, Zur Vorgeschichte der Wiener Pferdestrassenbahnen, in Wiener Geschichtsblätter 4/1965, Seite 482
5 Cajetan Felder, Erinnerungen eines Wiener Bürgermeisters, Wien 1964, Seite 64

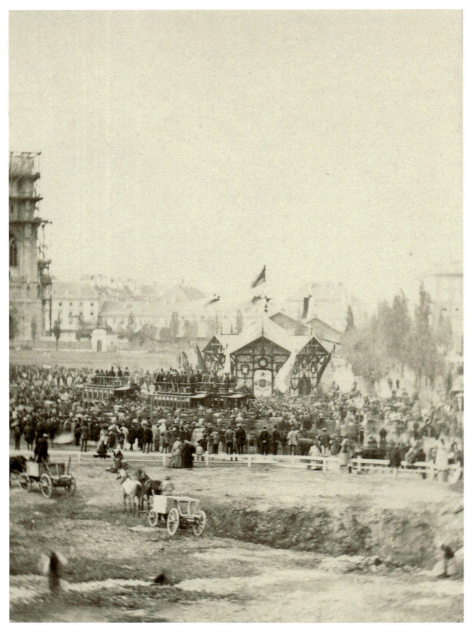

Feierliche Eröffnung der ersten Wiener Pferdetramway am 4. Oktober 1865, links im Hintergrund die Votivkirche in Bau

in Genf) am 19. März 1865 die Schweizer Firma, obwohl laut Cajetan Felder Versuchsfahrten in der im Vergleich zur Alserstraße wesentlich steileren Mariahifer Straße bessere Erkenntnisse hätten bringen können. Pferdetramways galten damals noch als Eisenbahnen und fielen daher in die Zuständigkeit des k. k. Handelsministeriums. Dies bedeutete, dass die Gemeinde Wien wenig bis gar kein Mitspracherecht bei diesbezüglichen Entscheidungen hatte. Erst fast 30 Jahre später wurden den Gemeinden mit dem „Kleinbahngesetz" vom 31. Dezember 1894 entsprechende Rechte und Möglichkeiten eingeräumt, die dann in Wien von Bürgermeister Karl Lueger auch ausgiebig genutzt wurden. Bis dahin war für ausreichend Konfliktstoff zwischen der Gemeinde Wien, den k. k. Ministerien und den Tramway-Gesellschaften gesorgt.

Die Probestrecke nach Hernals

Am 4. Oktober 1865 – über 40 Jahre nach Anton Gerstners Musterbahn im Prater und 25 Jahre nach der Brigittenauer Vergnügungsstraßenbahn ins „Colosseum" – wurde Wiens erste echte Straßenbahnlinie eröffnet. Es war eine eingleisige Probestrecke mit neun Ausweichplätzen „vom Platze vor dem ehemaligen Schottenthore" bis zur Remise Hernals in der Bahngasse (heute Wattgasse) mit einer Länge von 0,549 Meilen (4,162 Kilometern). Die Trasse verlief vom Schottentor, wo eine kreuzförmige Wartehalle errichtet worden war, über die Universitätsstraße und die Alser Straße bis zum Linienwall-Tor und von dort außerhalb Wiens entlang der Ottakringer Straße und der Dorotheergasse (heute Taubergasse) bis zur Hernalser Hauptstraße. „Die Menschenmenge, welche gestern von der achten Morgenstunde an den ‚Pferdebahnhof' vor dem Schottenthor umlagert hielt, hatte sich bis 2 Uhr, der Stunde der feierlichen Eröffnung, wenigstens verzehnfacht. Die Aufsichtsorgane hatten alle Mühe, die Passage für Wagen und Fußgänger frei zu erhalten. Einige Fiaker, welche sich als Logen etablieren wollten, wurden freilich zum großen Mißvergnügen ihrer eleganten Insassen ‚abgeschafft', dafür blieben die Galerien – fünf oder sechs Anstreichleitern, auf deren Sprossen ein schaulustiges Publikum Platz genommen hatte – unbehelligt. Etwa ein Viertel nach 2 Uhr setzte sich der erste der sechs mit Laub bekränzten Wagen, in welchem u. a. Se. Excellenz der Herr Statthalter Graf Chorinsky an der Fahrt theilnahm, in Bewegung, und nach je drei Minuten folgten die übrigen. Die prächtigen Viergespanne, an den Scheuklappen mit Blumensträußen geziert, machten ihre Sache vortrefflich; trotz der starken Krümmungen der Schienenstränge und der vielfachen Hindernisse, welche der Tagesverkehr, wohl nicht immer ganz absichtslos, bereitete, langten sämmtliche Wagen in etwa 20 Minuten an der Haltestelle jenseits Hernals an."[6]

Kaiser Franz Joseph nahm an dieser für das Verkehrswesen Wiens doch bedeutenden Eröffnungsfeier – im Gegensatz zur Ringstraßeneröffnung am 1. Mai desselben Jahres – nicht teil. Zusätzlich zur neuen Pferdetramway standen der Bevölkerung in diesem Jahr neben den Omnibuslinien insgesamt noch 824 Fiaker und 618 einspännige Lohnfuhrwerke[7] zur Verfügung.

6 Wiener Zeitung vom 5. Oktober 1865
7 Zapf Johann, Die Wirtschafts-Geschichte Wiens, Wien 1888, Seite 115

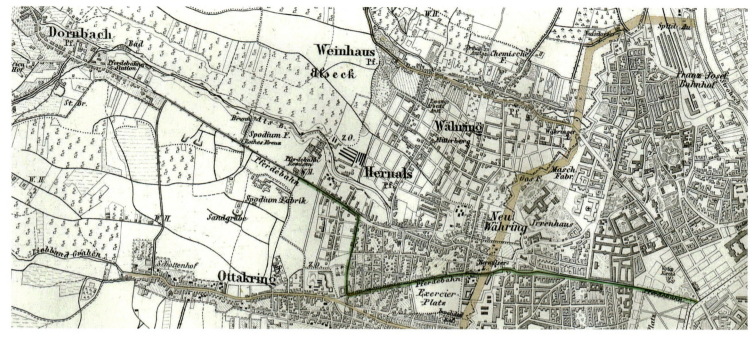

Der Trassenverlauf von Wiens erster Tramwaystrecke (in grün)

Ein fehlender Bürgermeister

Am 26. April 1866 wurde das zweite Teilstück der Tramway, die Verlängerung von Hernals nach Dornbach, in Betrieb genommen. Die Strecke verlief auf einer Länge von 582 Klaftern (1,1 Kilometern) von der Hernalser Hauptstraße ab der Wattgasse zur Dornbacher Straße bis zur Alszeile und endete, wie viele Wege in Wien, bei einem Wirtshaus, nämlich dem Gasthaus Moravek. In Dornbach war es durch die Streckenverlängerung notwendig, einen weiteren Betriebsbahnhof zu errichten. Trotz erfolgter Einladung nahmen weder der Wiener Bürgermeister noch der Vizebürgermeister daran teil.
„Dies wurde in Dornbach übel vermerkt." [8]

Dicht gedrängte Fahrgäste bei der Eröffnung der ersten Wiener Pferdetramway am 4. Oktober 1865

Gustav Ignaz Graf Chorinsky (1806-1873) eröffnete als Statthalter von Niederösterreich die erste Wiener Pferdetramway

[8] Hernals, Ein Heimatbuch f. d. XVII. Wiener Gemeindebezirk, Wien 1924, Seite 144

Bürgermeister Andreas Zelinka (1802-1868) nahm auch an der Verlängerung der Pferdetramway nach Dornbach nicht teil.

Die Pferdetramway zwischen Dornbach und Rotunde beim Donaukanal

Die Gesamtlänge der Probestrecke samt allen Nebengleisen zu den Remisen betrug über 5 Kilometer. Der Verkehr der Wagen fand in jeder Richtung alle 14 Minuten statt, und zwar von der Stadt weg von 7:35 bis 23:05 Uhr und von Dornbach von 6:00 bis 22:30 Uhr. Vom 15. Mai bis 15. Oktober jeden Jahres begannen die Fahrten um eine Stunde früher und endeten um eine Stunde später. Im Normalbetrieb waren der Tramway zwei Pferde vorgespannt, die mit Glöckchen versehen waren, um andere Verkehrsteilnehmer akkustisch zu warnen. Im Volksmund erhielt die Tramway daher bald den Namen „Glöckerlbahn". Bei stark hügeligen Straßenstellen wurde ein drittes Pferd vorgespannt, auf dem ein Tramwayer saß. 22 Wagen und 44 Pferde erledigten täglich rund 66 Fahrten.[9] Drei Jahre lang war es möglich, die Tramways an jeder beliebigen Stelle zum Ein- oder Aussteigen anzuhalten. Mit der Einrichtung von fixen Haltestellen im Jahr 1868 konnte eine beträchtliche Beschleunigung erzielt werden. Erst damit wurde die Pferdetramway zum ersten modernen Massenverkehrsmittel Wiens.

Das rollende Material

Mit Beginn des Probebetriebs verfügte das Gründungsunternehmen, das sich anfangs „Erste private Kaiser Franz Josephs Pferdeeisenbahn", aber auch „Wiener Straßen-Eisenbahn" nannte, über 22 schwere Imperialwagen, auch Decksitzwagen genannt. Diese hatten aber keine lange Lebensdauer, da sie samt Untergestell nur aus Holz waren.[10] Da sie darüber hinaus auch noch sehr schwer waren, wurden sie laufend zu sogenannten Winterwagen umgebaut.

„Die geschlossenen Winterwagen besitzen zwei Abteilungen, eine für Raucher, die andere für Nichtraucher. [...] Derselbe enthält 20 Plätze innen und 18 Decksitze, im ganzen also 38, doch befördert er häufig 50 und mehr Passagiere. Die totale Länge des Wagens beträgt 7,10 m, die innere Länge des Wagenkastens 4,44 m, die Breite des Wagens 1,94 m."[11]

Die Plätze auf dem Dach waren über eine Wendeltreppe erreichbar. Ab dem Jahr 1866 gesellten sich zu den Decksitzwagen noch einfachere, ebenfalls zweispännige offene Sommerwagen, welche Jahrzehnte lang das Wiener Stadtbild prägen sollten. Sie wiesen einen besonders leichten und luftigen Wagenkasten auf. Anstelle von Fenstern waren ursprünglich nur seitlich Plachen montiert, die bei Bedarf als Sonnen- oder Regenschutz heruntergerollt werden konnten. Im Zuge der Weltausstellungseuphorie und des erwarteten Besucheransturms kamen ab Beginn der 1870er Jahre noch zusätzlich sogenannte Salonwagen zum Einsatz, die einen geschlossenen, mit Fenstern versehenen Wagenkasten sowie drei Sitze auf der Plattform hatten.

Eine unerwünschte Konkurrenz

Der Fuhrpark war dem Ansturm der Wiener auf das neue Verkehrsmittel von Anfang an nicht gewach-

---

9 Zapf Johann, Die Wirtschafts-Geschichte Wiens, Wien 1888, Seite 253
10 Rosenkranz Alfred, Wiener Straßenbahnwagen, Wien 1983, Seite 10
11 Clark Kinnair, Die Strassenbahnen, deren Anlage und Betrieb, Leipzig 1886, Seite 121

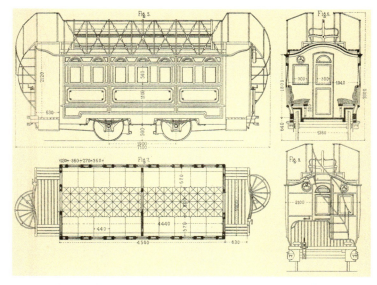
Der von Gustav Dreyhausen entworfene Winterwagen mit Dachsitzen

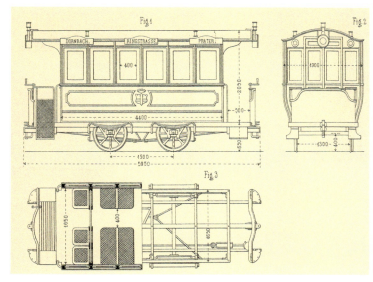
Skizze eines Wiener Salonwagens der Hernalser Waggon-Fabrik

Zweiachsiger Imperialwagen der Wiener Tramway-Gesellschaft

Ein offener Sommerwagen

sen. Die Fahrgäste mussten manchmal regelrecht um die Sitzplätze raufen. Stehplätze waren in den Wagen noch nicht zugelassen. Des Erfolgs neidig, verschärften die Fiaker und Lohnkutscher die Situation, indem sie mit ihren Fahrzeugen die Schienen blockierten und die Gleise nur langsam und umständlich freigaben. Dies war der Anlass, weshalb anfänglich jedem Wagen eine Polizeimannschaft zur Begleitung beigestellt werden musste.[12]

Überschreiten des Grenzgebietes

Da schon die erste Wiener Tramwaystrecke über das Wiener Gemeindegebiet hinausführte, musste bei der Mitnahme von Waren beim Einreisen am Linienwall auf diese eine Verzehrungssteuer entrichtet werden. Alle Passagiere, die steuerpflichtige Gegenstände mit sich führten, mussten den Wagen zwecks Durchführung der notwendigen „Amtshandlung" verlassen und konnten ihre Fahrt bestenfalls mit der nächsten Tramway fortsetzen. Die Kondukteure hafteten für etwaige gebührenpflichtige Gegenstände, die im Wagen z. B. unter den Sitzen verborgen wurden.[13] Rauchen war nur im Rauchercoupé, nicht aber im offenen Wagen und im Damencoupé erlaubt. Außerdem durften keine Hunde befördert werden.

Die Wiener Tramway-Gesellschaft

Das neue Verkehrsmittel hatte sich auf der Probelinie nach Dornbach bewährt und war von der Bevölkerung begeistert aufgenommen worden. Die Firma C. Schaeck-Jaquet & Comp. bezeichnete sich nun stolz als „Wiener Tramway-Gesellschaft" und ersuchte im Mai 1866 sowohl die Staatsverwaltung als auch die Gemeinde Wien um Erteilung der definitiven Konzession für das gesamte von ihnen projektierte Pferdebahnnetz.[14] Die Gemeinde Wien zierte sich jedoch, da sie nicht einem ein-

12 Hernals, Ein Heimatbuch f. d. XVII. Wiener Gemeindebezirk, Wien 1924, Seite 193
13 Wien Museum, Drei Jahrhunderte Straßenverkehr in Wien, Wien 1961, Seite 61
14 a) Schottenring – Dornbach
b) Ringstraße – Praterstern – Kaisermühlen
c) Praterstern – Nordbahn
d) Ringstraße – Mariahilfer Straße – Hietzing
e) Ringstraße – Favoritenstraße – Südbahn und
f) Ringstraße – Landstraße – Südbahn

Wiener Tramway-Gesellschaft.

Sitz der Gesellschaft in Wien (Heumarkt Nr. 17).

Verwaltungsrath.

Präsident: Gustav Graf Chorinsky-Ledske, Exc.
1. Vicepräsident: Eugen Graf Kinsky.
2. Vice-Präsident: Jur. Dr. Josef Ritter v. Winiwarter.

Gustav von Dreyhausen.	Josef Pochtler.
S. Hahn.	Louis Roget.
August Kaula.	Adalbert Zinner.
Eduard Kopp, Dr.	Carl Lede.
Eduard v. Hein.	

Direction.

Director: Anton Rischer.	Gesellschafts-Arzt: Dr. F. H. Heller.
Cassier: J. J. Seidl.	Veterinär-Consulenten:
Betriebs-Inspector: J. Steinebach.	Prof. Dr. Forster.
Ingenieure: Bernh. Schmid und G. Wilda.	Dr. Buchmiller.

Aufsichtsrat und Direktion der Wiener Tramway-Gesellschaft

zigen Unternehmen das Monopol auf den gesamten Tramwayverkehr zubilligen wollte. Zudem waren in Österreich durch den verlorenen Krieg gegen Preußen mit der Schlacht bei Königgrätz am 3. Juli 1866 politische Ernüchterung und kurzfristig wieder wirtschaftlicher Stillstand eingetreten. So schrieb die Gemeindeverwaltung erst für den 30. September 1867 eine öffentliche Offertverhandlung zur Erbauung von Pferdebahnen in Wien aus. Neben der „Wiener Tramway-Gesellschaft" interessierten sich in der Zwischenzeit auch das Konsortium Carl Freiherr von Suttner-Gundacker, Johann Freiherr von Mayr und Heinrich Kranichstätten sowie in der Folge auch die Anglo-Österreichische Bank für diese Konzession. Der überschaubare Bieterkreis hatte zur Folge, dass sich die drei Bieter zur Vermeidung gegenseitiger Konkurrenzierung und zur Erzielung besserer Bedingungen am 13. November 1867 zu einer Tramway-Aktiengesellschaft zusammenschlossen. Dies führte bei den Verhandlungen mit der Stadt Wien aus verständlichen Gründen zu Verstimmungen seitens der Gemeindeverwaltung. Nach schwierigen und langwierigen Verhandlungen wurde die Offertverhandlung neuerlich ausgeschrieben. Da sich aber keine neuen Bewerber meldeten, musste die Gemeinde Wien mehr oder weniger „zähneknirschend" am 7. März 1868 der verhandlungsführenden Firma Schaeck-Jaquet die Konzession für sämtliche in Wien anzulegende Pferdebahnen erteilen. Diese übertrug den Vertrag an die am 29. April 1868 gegründete „Wiener Tramway (Actien) Gesellschaft". Der Vertrag wurde auf die Dauer von 35 Jahren, d. h. bis zum Jahr 1903 abgeschlossen und enthielt eine Bau-, Betriebs- und Fahrordnung sowie Fahrpreisbestimmungen. Bis zum Ende des Jahrhunderts errichtete die Wiener Tramway-Gesellschaft ein Streckennetz von rund 80 Kilometern Länge, auf dem rund 700 Fahrzeuge verkehrten.

Die Neue Wiener Tramway-Gesellschaft als Konkurrenzunternehmen

Gustav von Dreyhausen, der „Spiritus Rector" der Wiener Tramway, war anfänglich im „Verwaltungsrath" (Aufsichtsrat) der Wiener Tramway-Gesellschaft tätig und wechselte im Jahr 1870 als Generaldirektor in den operativen Bereich des Unternehmens. Ein Jahr später schied er jedoch aus dem Direktorium der Wiener Tramway-Gesellschaft aus und gründete im Zuge der damaligen Wirtschaftseuphorie anlässlich der für 1873 geplanten Wiener Weltausstellung ein Konkurrenzunternehmen. Am 27. September 1871 suchte das Konsortium, bestehend aus der Wiener Handelsbank, der Wiener Baugesellschaft und Gustav von Dreyhausen, unter dem Titel „Vororte-Tramway-Gesellschaft" um Konzession für mehrere Tramwaylinien an – nämlich eine Tangentiallinie entlang des Linienwalls von der Donau bei Nußdorf bis zur Donau bei der Simmeringer Haide und Radiallinien in die Vororte.[15] Dies waren Gebiete am Rand bzw. außerhalb Wiens, für welche die „Wiener Tramway-Gesellschaft" noch kein Interesse gezeigt hatte bzw. kein Geld zum Ausbau der notwendigen Strecken in die Hand nehmen wollte. Mit Erhalt der Konzession am 26. Mai 1872 wurde noch im Jahr 1872 die „Neue Wiener Tramway-Gesellschaft" gegründet. Der „Tramwaykuchen" in Wien war damit auf zwei Verkehrsunternehmen aufgeteilt. Es wurde sofort mit den Gleisbauarbeiten begonnen, aber der Neuen Wiener Tramway-Gesellschaft war es vorerst verwehrt, auch lukrativere Strecken in die Innere Stadt durch das „Konzessionsgebiet" der Wiener Tramway-Gesellschaft zu errichten.[16] Am 25. Juni 1873 wurde der Betrieb auf der ersten Strecke von Neulerchenfeld nach Ottakring aufgenommen.[17] Insgesamt verfügte die Neue Wiener Tramway-Gesellschaft im Jahr 1873 über 47 zweispännige Winterwagen und zwei zweispännige Sommerwagen.[18] Ende der 1880er Jahre hatte die Gesellschaft bereits ein

---

[15] Die Gemeinde-Verwaltung der Reichshaupt- und Residenzstadt Wien, Wien 1875, Seiten 585
[16] erst im Jahr 1885 gelang der NWT der „Durchbruch" durch den Linienwall in die Stadt und zwar über die Liechtensteinstraße zum Schottenring. Im Jahr 1887 von der Sechsschimmelgasse beim Währinger Gürtel zur Herrengasse und von der Steinbauergasse in Meidling zum Opernring.
[17] Czeike Felix, 100 Jahre elektrische Tramway in Österreich, Wien 1983, Seite 2
[18] Rosenkranz Alfred, Wiener Straßenbahnwagen, Wien 1983, Seite 37

Wilhelm von Lindheim (1835-1898), Eisenbahnfachmann und Straßenbahntechniker

Zu Beginn des Tramwayverkehrs in Wien wurden bunte Symbole als Linienbezeichnungen an Stelle der heute gebräuchlichen Ziffern verwendet

Netz von 37 Kilometern Länge mit über 200 Fahrzeugen und 8 Millionen Fahrgästen.[19] Für den Bau der Linien war Wilhelm von Lindheim verantwortlich, der als Experte für das Straßenbahnwesen auch andere Lokalbahnen in Österreich errichtete.

Eine Erfolgsgeschichte

Da die Pferdestraßenbahnen meist entlang der traditionellen Hauptachsen des Wiener Verkehrs radial vom Ring über die Vorstädte und durch den Linienwall in die Vororte hinaus geführt wurden, war für die Wiener eine – zumindest schrittweise – Verbesserung der Verkehrssituation gegeben. Das damals äußerst moderne Verkehrsmittel passte zu der in Wien herrschenden Aufbruchsstimmung und der wirtschaftsliberalen Gründungseuphorie. Die Tramway wurde daher allen Widrigkeiten zum Trotz ein Liebling der Wiener und nimmt bis heute

19 auch ein durchgehender Verkehr entlang des Gürtels war der Neuen Wiener Tramway-Gesellschaft nicht möglich, da die konkurrierende Wiener Tramway-Gesellschaft sich eine Querung ihrer Strecke entlang der Mariahilfer Straße verbat

Ein Wagen der Neuen Wiener Tramway-Gesellschaft entlang des Linienwalls

Was gibt's denn Neues?

(**Der Ministerpräsident auf der Tramway.**) Fürst Adolf Auersperg fuhr gestern gegen Mittag, das Portefeuille unterm Arm, in einem Waggon der Pferdebahn nach Hietzing, stieg bei der Haltstelle am Anfange der nach Schönbrunn führenden Allee aus und verfügte sich direkte zur Audienz zum Kaiser. Da sage man noch, unsere Minister seien nicht bestrebt, sich populär zu machen!

Per Tramway zur Audienz beim Kaiser (Illustriertes Wiener Extrablatt vom 21.6.1872)

Wochenend-Tramwaynutzer. Bei der innerstädtischen Wiener Tramway-Gesellschaft wurden 26 % der Gesamteinnahmen an Sonn- und Feiertagen erwirtschaftet, bei der hauptsächlich außerhalb des Gürtels verkehrenden Neuen Wiener Tramway-Gesellschaft sogar 35 %.[21] Dazu passt auch, dass der Sommermonat Juli damals der umsatzstärkste Monat für die Tramway-Gesellschaften war. Für die Wiener war Tramwayfahren eben ein Freizeitvergnügen für die Fahrt in die Vororte zum Heurigen oder für Ausflüge in die nähere Umgebung der Stadt.

Tramway verdrängt Omnibusse

Auch nach Aufnahme des Straßenbahnbetriebs in Wien ab dem Jahr 1865 blieben die Pferdeomnibusse bestehen und versuchten die Tramwaylinien zu ergänzen und zu konkurrenzieren. Zur Konzentration der Kräfte gründeten einige der über ganz Wien verteilten privaten Omnibuslinien im Jahr 1869 die „Vienna-General-Omnibus

eine aus dem Leben der Stadt nicht mehr wegzudenkende Stellung ein.

„*Die Tramways bilden den Verdruss der Reichen, und den Luxus der Armen.*"[20]

Wie eine Statistik aus dem Jahr 1888 zeigt, waren die Wiener – ähnlich wie später bei der ab 1898 in Betrieb genommenen Stadtbahn – typische

Pferdetramways beinahe im Konvoi am Ring beim Burgtheater um 1890

20 Lindheim Wilhelm von, Strassenbahnen, Wien 1888, Seite 3
21 ebenda, Seite 11

Pferdeomnibusse auf dem Stephansplatz. Die Pferdetramway durfte nicht in den 1. Bezirk geführt werden

Company" als Aktiengesellschaft, deren Aktien hauptsächlich in englischem Besitz waren. Der Vorteil der Omnibusse lag darin, dass die Tramways nur bis zum Ring geführt werden konnten und das lukrative Geschäft für Fahrten in die Innenstadt daher den Omnibussen vorbehalten blieb. Ausgangspunkt der 17 mit Buchstaben von A bis R bezeichneten Omnibuslinien war der Stephansplatz. Die Fahrintervalle betrugen zwischen fünf und zehn Minuten. Es gab Linien nach Rudolfsheim (Linie A), Sechshaus (Linie B), Gaudenzdorf (Linie C), Matzleinsdorf (Linie D), Himberger Straße (Linie E), Südbahnhof (Linie F), Simmering (Linie G), Weißgärber (Linie H), Praterstern (Linie J), Zwischenbrücken (Linie K), Brigittenau (Linie L), Lichtenthal (Linie M), Döbling (Linie N), Währing (Linie O), Hernals (Linie P), Ottakring (Linie Q) und Westbahn (Linie R). Darüber hinaus war noch ein direkter Liniendienst eingerichtet, der von der Inneren Stadt in die entfernteren Orte wie Ober St.Veit, Grinzing oder nach Simmering führte. Hier lagen die Intervalle zwischen zehn und 30 Minuten. Auch für die Querverbindung der Vorstädte und Vororte untereinander und für den Bahnhofszubringerdienst standen bald Omnibusse zur Verfügung: insgesamt ein durchaus engmaschiges, stadtumspannendes Liniennetz. Mit der Kapitalgesellschaft waren aber laufend wechselnde Eigentümer mit all den negativen Auswirkungen auf Kontinuität und Investitionsvorsorge verbunden. Während der Weltausstellung im Jahr 1873 führte das Unternehmen einen besonders harten Konkurrenzkampf mit der Straßenbahn. Die Tramway ging jedoch als Sieger in der Gunst des Publikums hervor und degradierte die Omnibusse als Zubringer zu ihren Haltestellen. Die überspannten Erwartungen an die Weltausstellung ließen darüber hinaus viele kleine private Omnibusunternehmen zugrunde gehen.

Matte Pferde, lumpige Kutscher

Der harte Preiskampf der Omnibusse mit der Straßenbahn ging zu Lasten der Qualität. Ein Leserbrief eines Herrn J. Tulpenfeld an die Redaktion des „Neuigkeits Welt-Blattes" im September 1881 beschreibt die „Stellwagen-Misere" folgendermaßen:

„Der Wiener Omnibus-Verkehr, welcher sich seit Kurzem wie so manches andere Unternehmen der Großstadt Wien in den Händen der Engländer befindet, entspricht den gerechtfertigten Ansprüchen des Publikums in keiner Weise. Schwerfällige, unbequeme, schwierige

DIE PFERDETRAMWAY – EINE NEUE TECHNIK AUS AMERIKA

Eklatante Wohnungsnot und desolate Lebensumstände kennzeichneten die Gründerzeit in Wien

Wagen, welche der Gesellschaft als Erbstücke von den früheren Lizenz-Inhabern zugefallen sind, bespannt mit schlecht genährten, matten Pferden, alte, geflickte, schlampige Geschirre, - dazu schlecht gezahlte und deshalb in malerische Lumpen kostümierte Kutscher und Kondukteure, das alles zusammen gibt das Bild eines Wiener Stellwagens."

Im Jahr 1884 gab es in Wien noch mehr als 60 Pferdeomnibuslinien. Ihre Tage waren aber gezählt. Der letzte Pferdeomnibus drehte seine finale Runde in Wien im Jahr 1919.[22]

Millionenstadt durch ständige Zuwanderung

Trotz der starken Abwanderung in die Vororte begann die Stadt selbst aus allen Nähten zu platzen. Bis Mitte der 1870er Jahre stieg die Bevölkerung von 560 000 Einwohnern im Jahr 1864 auf 674 000 an. Der Wirtschaftsaufschwung der Reichshauptstadt wirkte wie ein Magnet auf die Bewohner der Provinzen und Erblande. Die Stadt erlebte einen enormen baulichen und industriellen Aufschwung, der durch einen starken Strom von Zuwanderern aus allen Teilen der Monarchie ermöglicht und weiter verstärkt wurde. Die Zuwanderer kamen auf der Suche nach ihrem Glück aus allen Teilen der Monarchie in den „Schmelztiegel" Wien. In den 1870er Jahren überschritt Wien mit den Vororten erstmals die Millionengrenze und hatte 1880 bereits über 1,2 Millionen Einwohner. *„Im Jahr 1880, also zu Anfang der grossen Einwanderungswelle, waren nur 37,4 % der anwesenden Bevölkerung Wiens tatsächlich in Wien geboren, ein Grossteil der Zuwanderer kam aus Niederösterreich, Böhmen, Mähren und Schlesien."*[23]

Beengte Wohnverhältnisse und gesundheitsgefährdende sanitäre Zustände waren die Folgen. In einem Wienerlied hieß es in Bezug auf die Wohnungsnot:

„Da schlafen siebzehn in drei Betten! - Um stilles Beileid wird gebeten."

Obwohl die neuen Tramwaylinien gegenüber den Stellwagen bzw. Pferdeomnibussen eine große Verbesserung darstellten, war der öffentliche Verkehr durch das Wachsen der Stadt immer noch überlastet und die Tramwaywaggons – gleich den Wohnungen der einfachen Wiener – überfüllt. Die Tramways waren trotz ihrer gleitfähigen Schienen noch immer zu langsam. Die Stadt hatte sich im Zeitalter der Industrialisierung und der Eisenbahn in eine Weltstadt mit den damit verbundenen radikalen Veränderungen aller Lebensbereiche und den Schattenseiten des schnellen Umbruchs verwandelt.

„Dort, wo sich jetzt in endlosen Straßen zwischen thurmhohen Häusern unablässiges Tramwaygeklingel, das Rollen und Rasseln der Fia-

22 Stimmer Kurt, Wien 2000, Wien 1999, Seite 175
23 Jolles H. M., Wien Stadt ohne Nachwuchs, Assen 1957, Seite 48

Das übliche Bild: Verkehrsstau vor der Oper

ker und Omnibusse, der schweren Lastfuhrwerke und der leichten Packetwagen der Fabriken ohrenbetäubend geltend machen, herrschte in den Fünfziger-Jahren noch ein stiller, wahrhaft idyllischer, ungestörter Friede. Der Wiener befand sich damals noch auf dem Lande, wo er sich jetzt im lärmenden Gewühle der Reichsmetropole befindet." [24]

Die Gründung von Favoriten

Die zunehmenden Verbauungen führten zu einer unglaublich raschen Ausdehnung der Vororte. Dies war besonders im Bereich außerhalb des Favoriten-Linienwalls als Folge der Anlage des Gloggnitzer Bahnhofs (Südbahnhof) und des Staatsbahnhofs (Ostbahnhof) erkennbar. Im Jahr der Weltausstellung 1873 führte dies mit der Gründung eines weiteren Wiener Bezirkes mit dem Namen „Favoriten" zu einer kleinen Stadterweiterung. Nach Festlegung der genauen Bezirksgrenzen wurde der neue Bezirk mit Erlass vom 27. September 1874 auch vom niederösterreichischen Statthalter genehmigt. Dieser zehnte Wiener Gemeindebezirk setzte sich aus den außerhalb der Linie gelegenen Teilen des 3., 4. und 5. Bezirkes zusammen. Damit wuchs das Stadtgebiet Wiens erstmals über den Linienwall hinaus. Für längere Zeit blieb dies aber die einzige Stadterweiterung. 15 Jahre lang wurde es still um Eingemeindungen und Vergrößerungen der Stadt.

24 Stieböck Leopold, Alt-Wien Monatsschrift für Wiener Art und Sprache, 12/1898, Seite 174

Die Rotunde war das Wahrzeichen der Weltausstellung von 1873 in Wien

Konjunkturmotor Weltausstellung 1873

Aufbruchsstimmung

Eineinhalb Jahrzehnte lang, bis zum Jahr 1873, führten der Wirtschaftsliberalismus und die Gründerzeit Wien zu ungeahnten Höhen. In diesem Zeitraum erreichten risikofreudiges Unternehmertum und Investitionsbereitschaft in allen Gesellschaftsschichten ungeahnte Ausmaße und Verbreitung. Auch an der Wiener Börse herrschte eine gewaltige Aufbruchsstimmung. Zwischen 1867 und Anfang 1873 wurden nicht weniger als 1 005 Gesellschaften gegründet, überwiegend Industriegesellschaften und Banken, aber auch zahlreiche Baufirmen und 29 Bahngesellschaften. Durch den deutsch-französischen Krieg von 1870/71 floss viel internationales Kapital in das scheinbar sichere Österreich. Aktien in der Höhe von Hunderten von Millionen wurden emittiert und deren fiktive Werte an der Börse immer weiter nach oben getrieben. Allein im Jahr 1872 wurden 15 Konzessionen für den Bau und Betrieb von Eisenbahnen erteilt und dazu noch staatliche Subventionen genehmigt. Eisenbahnaktien waren dadurch sehr attraktiv, hatten sie doch durch die hohen staatlichen Besicherungen den Ruf eines sicheren Anlagegeschäfts. Dies schlug sich auch auf den Ausbau des Tramwaynetzes nieder. Zwischen März und Juli 1873 wurden neun neue Streckenabschnitte eröffnet. Nicht nur Großbanken und Handelshäuser, auch weite Kreise von Kleinanlegern waren von einem regelrechten Spekulationsfieber mit der Hoffnung auf eine hohe Rendite erfasst und wollten ihr Geld an der Börse für sich arbeiten lassen.

„Der Adel, Offiziere, Beamte, hohe und niedere Geistlichkeit, Handels- und Gewerbsleute, sowie

Bauern tanzten wie besessen um das goldene Kalb, dessen Tempel die Börse war."[1]

Die Wiener Weltausstellung von 1873 lag im Fokus dieser Aufbruchsstimmung und trug entsprechend zur Wirtschaftseuphorie bei. Sie sollte der krönende Höhepunkt des Aufschwungs sein und der ganzen Welt die Leistungsfähigkeit und Modernität der Monarchie zeigen.

„Wie einen klingenden Goldregen erwartete die große Masse der Wiener Bevölkerung die Weltausstellung."[2]

Schnellverkehrsanlagen für Wien

Die sich schnell über das gesamte Stadtgebiet ausbreitenden Tramway- und Omnibuslinien konnten oft schon bei ihrer Inbetriebnahme den ständig wachsenden Anforderungen nicht mehr entsprechen. Für die Bevölkerung wurden die notwendigen Fahrten immer länger, zeitaufwändiger und gedrängter. Der damaligen Wohnungsnot – bedingt durch die Masse an Zuwanderern – mit unsozial überbelegten Wohnräumen und nachfragebedingt hohen Mieten konnte nur durch immer weitere Ausdehnung der Stadtflächen gegengesteuert werden. Dazu bedurfte es jedoch neuer, schnellerer und wesentlich leistungsfähigerer Massenverkehrsmittel, die trotz wachsender räumlicher Distanzen die zeitlichen Distanzen gleich halten oder sogar verkürzen konnten.

„Als einen wichtigen Hebel zur Beseitigung der Wohnungsnoth erkannte endlich der Gemeinderat als dringend nothwendig die Schaffung neuer Verkehrsmittel zwischen dem Gemeindegebiete, den Vororten und der nächsten Umgebung Wiens durch Lokal-Bahnen, damit es dem Gewerbsmann, dem Beamten und dem Arbeiter möglich sei, in größeren Entfernungen vom Zentrum zu wohnen und damit Wohngebäude auf billigen Bauplätzen aufgeführt werden."[3]

Bei der herrschenden wirtschaftlichen Euphorie war es naheliegend, dass der Bau von aufwändigen, dafür aber leistungsfähigeren Stadtbahnen, U-Bahnen oder anderen Lokalbahnen heftig diskutiert wurde. Denn auf eigenen, kreuzungsunabhängigen Trassen im Stadtgebiet war es möglich, wesentlich schneller vorwärts zu kommen.

Internationaler Trend

Wien gehörte damals neben London, Paris und Berlin zu den größten Metropolen Europas. Diese hatten alle mit rasant wachsenden Einwohnerzahlen und damit verbunden mit steigenden Verkehrs-

1 Schöffel Joseph, Erinnerungen aus meinem Leben, Wien 1905, Seite 138
2 Felder Cajetan, Erinnerungen eines Wiener Bürgermeisters, Wien 1964, Seite 209
3 Die Gemeinde-Verwaltung der Reichshaupt- und Residenzstadt Wien, Wien 1875, Seite 463

Schon im 19. Jahrhundert hatten alle großen europäischen Metropolen, wie hier Berlin, mit zunehmenden Verkehrsproblemen zu kämpfen

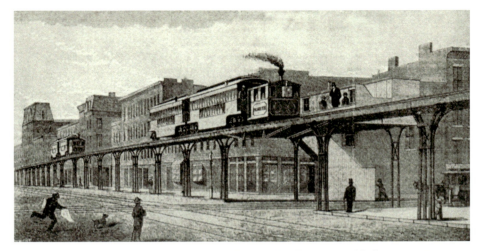
Ansicht der New Yorker Hochbahn aus 1870

problemen zu kämpfen. In der Organisation des Lokalverkehrs großer Städte begann sich durch dieses starke Anwachsen der Städte international eine entscheidende Trennung der Verkehrsträger abzuzeichnen: einerseits hochrangige Verkehrsverbindungen wie die schienengebundenen, kreuzungsunabhängigen Stadtbahnen, U-Bahnen und Schnellbahnen und andererseits sekundäre Verkehrsverbindungen wie die Pferde-, Dampf- oder bald auch elektrisch betriebenen Straßenbahnen, die ebenfalls schienengebunden waren, sich im Straßenbereich den begrenzten Raum aber mit anderen Straßenfahrzeugen und Fußgängern teilen mussten.

Schematische Darstellung der dampfbetriebenen Londoner U-Bahn aus dem Jahr 1866

„In allen Weltstädten ist durch die ausgedehntesten Erfahrungen erwiesen, daß das örtliche Schnellverkehrswesen individuelle Behandlung erfordert. In den Anfängen des örtlichen Eisenbahnverkehrs der Großstädte konnte der Verkehr ohne wesentliche Schwierigkeiten auf den Ferngleisen mit abgefertigt werden. Mit steigender Entwicklung wurde nach und nach eine Trennung des Orts- und Fernverkehrs erforderlich. Die heutige Großstadtentwicklung hat gezeigt, daß die Verkettung beider Verkehrsgruppen auf die Dauer unhaltbar ist. Überall geht man daher in den Weltstädten dazu über, sie voneinander loszulösen."[4]

Entwurf für den Hauptbahnhof einer Wiener Tunnelbahn (Projekt Springer & Aub)

Die ersten Versuche in New York, London oder Berlin, schnelle, kreuzungsfreie Bahnstrecken als Hochbahnen durch die Stadt zu führen, waren städtebaulich äußerst problematisch, in vielen historischen Stadtbereichen gar nicht möglich und zudem kaum bürgerfreundlich.[5] Für den sicheren und leistbaren Bau innerstädtischer Tunnelanlagen zum Betrieb von U-Bahnen fehlten noch ausreichende Erfahrungen, zudem waren rauchende Dampflokomotiven in Tunnelanlagen ein großes Problem. Zwar gab es in London bereits seit dem Jahr 1863 mit der Metropolitan die erste U-Bahn-Strecke der Welt, es dauerte aber noch Jahrzehnte, bis um die Jahrhundertwende auch Budapest, New York, Paris und Berlin den Bau von U-Bahn-Anlagen in Angriff nahmen.

Der Lokalbahn-Wettbewerb von 1873

In Wien war die Stadtverwaltung gefordert, neben Organisation und Strukturierung des von Privatunternehmen betriebenen Tramway- und Omnibusverkehrs auch hinsichtlich hochrangiger, kreuzungsunabhängiger Lokalbahnen initiativ zu werden. In der liberalen Ära bedeutete dies, Privatunternehmen und Investoren einzuladen, entsprechende innerstädtische Lokalbahn-Projekte zu erarbeiten und als Gesamtpaket – von der Planung

4 Kemmann Gustav, Elektrisierung und Ausbau der Wiener Stadtbahn, Wien 1911, Seite 10
5 Brunner Karl H., Städtebau und Schnellverkehr, Wien 1955, Seite 107: „In New York haben die Hochbahnen durch Lärm, Staub und Beschallung ganze Straßenzüge entwertet, denen entlang die Häuser ein entsprechend verwahrlostes Aussehen darboten."

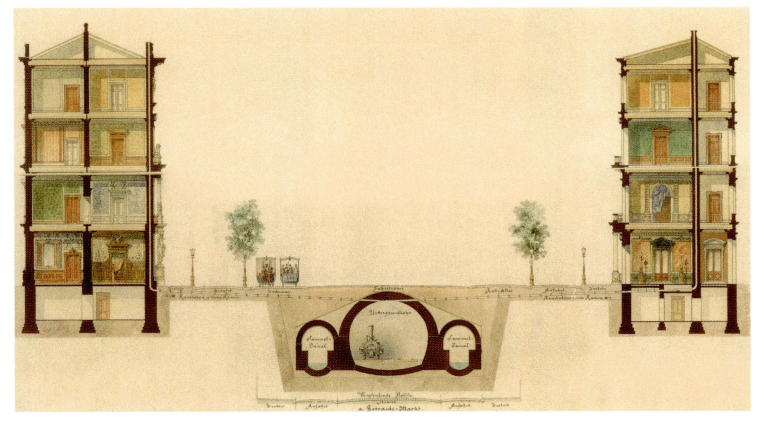

Otto Wagners Siegerentwurf für eine Wiener Untergrundbahn

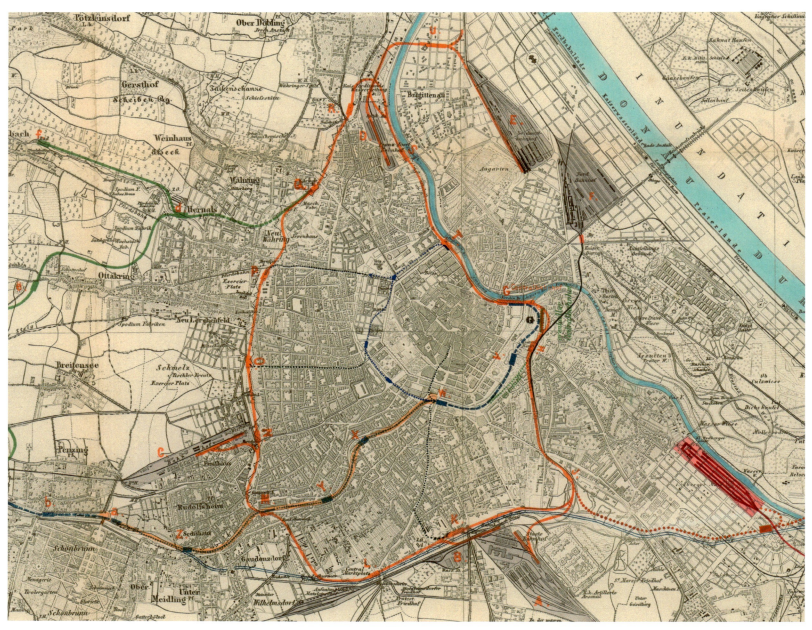

Otto Wagners Siegerprojekt von 1873 mit Ableitung des Wienflusses über den Gürtel zum Donaukanal

über den Bau und die Finanzierung bis zur Betriebsführung – der Kommune anzubieten. Sowohl von lokalen als auch von staatlichen Behörden wurden damals noch keine Projekte entwickelt, sondern nur Konzessionen erteilt. In einem öffentlich ausgeschriebenen Wettbewerb langten bis zum 1. März 1873 insgesamt 23 Lokalbahn-Projektvorschläge für Wien im k. k. Handelsministerium ein.[6] Darunter waren neben einem einfachen Gürtel-Pferdebahn-Projekt von Gustav Dreyhausen ganze U-Bahn-Netz-Entwürfe mit aufwändigen Tunnelbauten von Emil Winkler, dem Ordinarius für Eisenbahnbau am Polytechnischen Institut in Wien, der für das Bankhaus Springer & Aub tätig war. Sieger dieses Wettbewerbes wurde der junge Architekt Otto Wagner, der als Planer für ein Firmenkonsortium mit dem Bankier Karl Freiherr von Schwarz fungierte. Sein Konzept sah vor, den Wienfluss bei Sechshaus Richtung Gürtel abzuleiten und das neue Wienflussbett als „Hochwasser-Kanal" bezeichnet Richtung Arsenal und Simmering zum Donaukanal zu führen. Im trockengelegten Wienflussbett sollte eine unterirdische Eisenbahn verkehren, über die eingedeckt sich an der Oberfläche ein Boulevard von Gaudenzdorf bis zum Karlsplatz erstrecken würde.[7] Von einem Zentralbahnhof bei der Aspernbrücke wäre eine Untergrundbahn längs des Donaukanals zum Franz-Josephs-Bahnhof und von dort entlang des Gürtels zur Verbindungsbahn beim Rennweg geplant gewesen. Eine zweite U-Bahn-Strecke hätte von der Aspernbrücke nach Baumgarten zum Anschluss an die Kaiserin-Elisabeth-Westbahn geführt werden sollen. Wien war knapp davor, nach London als zweite Stadt der Welt eine Untergrundbahn zu bekommen. Der Beginn des U-Bahn-Baus in Wien schien unmittelbar bevorzustehen.

6 Die Gemeinde-Verwaltung der Reichshaupt- und Residenzstadt Wien, Wien 1875, Seiten 579 und 580
7 Hödl Johann, Das Wiener U-Bahn-Netz, Wien 2009, Seite 142

[17480] Atmosphärische Eisenbahn [1]

Der Unterzeichnete beehrt sich hiermit anzuzeigen, daß er eine atmosphärische Eisenbahn, 18 Fuß lang, mit 10 pct. Steigung, so wie auch eine Centrifugal=Eisenbahn, auf welcher man in London Kopf über fährt, in der Stadt, Seilergasse Nr. 1083, ersten Stock rechts, dem Matschackerhof gegenüber, zur Ansicht aufgestellt, und ist täglich von Vormittags 10 Uhr bis Abends 7 Uhr zu sehen.

Näheres besagen die Anschlagzettel.

C. Steiner, Mechanikus

Atmosphärische Eisenbahnen in Diskussion: Anzeige in der Wiener Zeitung vom 13. Dezember 1845

Ein Blick zurück

Immer schon hatte es in Wien genügend visionäre Verkehrsplaner gegeben, welche die damaligen technischen Schwierigkeiten eines innerstädtischen Tunnelbaus nicht fürchteten und bereit waren, Wege zu gehen, die zuvor noch niemand beschritten hatte. Das hatte in der Stadt Tradition. Schon zu Zeiten des Vormärz hatte im Jahr 1844 der Direktor der Kaiser-Ferdinand-Nordbahn, Heinrich Sichrovsky, das Projekt einer „atmosphärischen Eisenbahn" vom Bereich der Albertina durch die Stadtmauer, unter dem Glacis und entlang der Linken Wienzeile bis Hütteldorf (in etwa dem Verlauf der heutigen U4 entsprechend) entwickelt.[8] Das wäre die erste U-Bahn der Welt gewesen. Sichrovsky verlegte den Bahnhof im Bewusstsein der technischen Schwierigkeiten aber bald außerhalb der Stadtmauer und plante von der Tieflage auf Hochlage, d. h. auf den Bau einer Kollonade entlang des Glacis, um. Ursprünglich wurde das atmosphärische Antriebssystem, bei dem die Waggons geräuscharm von stationären Kraftwerken durch Erzeugung von Unterdruck angesaugt wurden, als willkommene Alternative zu den lauten und Ruß speienden Lokomotiveisenbahnen angesehen. In Wien hatte sich sogar Kaiser Ferdinand I. höchstpersönlich anhand eines

8 Hödl Johann, Das Wiener U-Bahn-Netz, Wien 2009, Seite 106

Die nicht realisierte atmosphärische Eisenbahn auf Kollonaden über das Glacis von Heinrich Sichrovsky aus dem Jahr 1844

Erst nach der Weltausstellung wurde die Zahnradbahn von Nußdorf auf den Kahlenberg fertig

rund 6 Meter großen Ausstellungsmodells ein Bild von dieser neuen Technik gemacht.

„In Folge dieser Besichtigung ist Herr Steiner auf Befehl Sr. Majestät unsers Allergnädigsten Kaisers und Herrn mit dem Allerhöchsten Auftrag beehrt worden, ein solches Modell für das technische Cabinet Sr. Majestät anzufertigen. Durch diese beglückende Auszeichnung auf das Höchste befeuert, hat der wackere Künstler diese Arbeit vollendet. Das Modell, 24 Fuß lang, ward abermals in dem k. k. Rittersaale aufgestellt, von seiner Majestät besehen, und hierauf in seinen Bestimmungsort, in das, in den Sälen des k. k. polytechnischen Institutes befindliche technische Cabinet Sr. Majestät abgegeben, und durch seine meisterhafte Ausführung unter den dortigen Modellen einer rühmliche Stellung behauptet, und dem Namen des fleißigen und geschickten Künstlers Hrn. Steiner auch bei uns Erinnerung sichert." [9]

Letztendlich scheiterte das System damals nicht an der Finanzierung, sondern an der aus England stammenden Technik der atmosphärischen Eisenbahnen, welche sich als nicht ausgereift genug und fehleranfällig erwies.

Wiener Vergnügungsbahnen

Die Planungen im Zuge des Lokalbahn-Wettbewerbes im Jahr 1873 begannen sich aber zu verzetteln. Die schnelle innerstädtische Lokalbahn gab es nur auf dem Papier. Für die Weltausstellung 1873 kam der Wettbewerb zu spät, es reichte die Zeit nicht mehr zur Realisierung. Sogar von den drei kleinen Ausflugs- bzw. Vergnügungsbahnen auf Hausberge der Wiener, die für die zahlreich erwarteten Gäste der Weltausstellung geplant waren, konnte nur eine einzige rechtzeitig fertiggestellt werden. Es war die etwas über 700 Meter lange Standseilbahn, die vom Donauufer auf die zwischen Leopoldsberg und Kahlenberg gelegene Elisabethwiese führte. Sie ging am 27. Juli 1873 in Betrieb. Die Drahtseilbahn auf die Sophienalpe sowie die Zahnradbahn von Nußdorf auf den Kahlenberg konnten beide erst im Jahr 1874, nachdem die Weltausstellung bereits ihre Pforten geschlossen und die internationalen Gäste abgereist waren, eröffnet werden.

Weltausstellung und Börsenkrach

Die Weltausstellung selbst stand unter keinem guten Stern. Die traditionelle Planungseuphorie in Wien und die hohen Zukunftserwartungen hat-

[9] Allgemeine Theaterzeitung vom 10. April 1846, Seite 342

Standseilbahn auf den Leopoldsberg: eine Pendelbahn mit zwei sich austarierenden Waggons

ten die wirtschaftliche Realität überdeckt. Kaum dass die Weltausstellung am 1. Mai 1873 ihre Pforten geöffnet hatte, platzte am „schwarzen Freitag", dem 9. Mai, die wirtschaftliche Blase. Nachdem die Kurse tagelang nachgegeben hatten, brach plötzlich auf der Börse Panik aus. Alle wollten nur mehr verkaufen, keiner kaufen. Die Werte sanken ins Bodenlose. Der Optimismus hinsichtlich Gewinnen und Renditen war zu weit von der harten Realität, vom tatsächlichen Wirtschaftswachstum der Stadt entfernt gewesen. Allein in Wien gingen über Nacht rund 200 Firmen und Gesellschaften bankrott. Von 72 Banken bestanden bald nur mehr 14. Hunderte Millionäre auf dem Papier wurden über Nacht zu Bettlern. Viele suchten in ihrer Verzweiflung den Freitod. Aber *„die Arbeiterschaft stand unter den Opfern keineswegs in der letzten Reihe".*[10] Arbeitslosigkeit und Lohnverfall trafen auch die Ärmsten der Armen. Halb Europa wurde, ausgehend von der Wiener Börse, in eine schwere Krise gestürzt.

10 Charmatz Richard, Lebensbilder aus der Geschichte Österreichs, Wien 1947, Seite 105

Tumulte vor der Wiener Börse am „schwarzen Freitag", dem 9. Mai 1873

Panorama aus dem 19. Jahrhundert vom Kreuzungsbereich Ring/Kärntnerstraße mit Pferdetramways und Pferdeomnibussen

Nach dem Schock

Der Ruf nach staatlicher Hilfe

Nach dem Börsenkrach mit den zahlreichen Firmen- und Bankenpleiten war an den Bau kostenintensiver U-Bahn-, Stadtbahn- oder Lokalbahnlinien von privater Seite nicht mehr zu denken. Der Wirtschaftsschock hatte viele Investoren und Bankhäuser zurück auf den Boden der Realität geholt. Trotz niedrigst gehaltener Ausgaben für ihr Fahrpersonal hatten sich die meisten Bahnbetreiber verspekuliert. In den Planungsbüros wurde es daher ruhig. Die staatlichen Behörden, die – bezeichnend für wirtschaftsliberale Zeiten – zuerst ihrer Aufsichtspflicht nicht nachgekommen waren, mussten sich jetzt mit dem schrillen Ruf vieler angeschlagener Banken und Unternehmen nach staatlichen Rettungsaktionen für ihre Eisenbahn- und Straßenbahnbetriebe herumschlagen. Als systemerhaltende und daher unverzichtbare Unternehmen hatte deren Wunsch nach steuerlichen Vergünstigungen und staatlichen Zinsgarantien für ihre investierten Gelder Gewicht. Sie saßen am längeren Ast und konnten jederzeit mit Betriebseinstellungen drohen. Wichtige Eisenbahn- und Straßenbahnunternehmen können schwerlich in Konkurs geschickt werden. Mit dieser Situation trat nicht nur bei der Frage einer Lokalbahn für Wien, sondern im gesamten Eisenbahnwesen der Monarchie eine Stagnation ein. Eine neuerliche verkehrspolitische Wende war unausweichlich.

Zurück zu Mutter Staat – die Geburt der k. k. Staatsbahnen

Im überregionalen Eisenbahnwesen trat tatsächlich bald nach dem Börsenkrach des Jahres 1873 eine wesentliche Änderung ein. Die Zeiten privat geführter Eisenbahnunternehmen waren vorbei. Von

staatlicher Stelle sah man in der Gewährung immer umfassenderer Unterstützungen durch Zuschüsse und Steuerbefreiungen bald keinen Vorteil mehr. Wenn man schon zur Aufrechterhaltung des Eisenbahnbetriebes alle finanziellen Risiken und Lasten übernehmen musste, wollte man sich auch wieder Einfluss und Entscheidungshoheit zurückholen. Dies ging aber nur über den Weg einer mehr oder weniger zwangsweisen Verstaatlichung der Eisenbahnlinien. Tatsächlich wurde der im Jahr 1855 eingeschlagene Weg der Privatisierung aller Staatsbahnen mit dem Sequestrations(Zwangsverwaltungs)-Gesetz vom 14. Dezember 1877 radikal rückgängig gemacht. Schwächelnde Eisenbahnunternehmen wurden von der Staatsverwaltung übernommen. So konnte in den Jahren zwischen 1880 und 1884 die gesamte „kaiserliche Bahnfamilie" (Kronprinz-Rudolf-Bahn, Kaiserin-Elisabeth-Westbahn und Kaiser-Franz-Josephs-Bahn) den privaten Eigentümern abgelöst und ins Staatseigentum überführt werden. Zur Übernahme des Betriebes wurden am 1. August 1884 die „k. k. Staatsbahnen" als Vorläufer der heutigen ÖBB gegründet.[1] Damit hatten die Staatsverantwortlichen und Behörden der österreichisch-ungarischen Monarchie bis auf wenige Ausnahmen einen Schlussstrich unter den Betrieb von Bahnen durch Private gezogen und ihre umfassende Verantwortung für den öffentlichen Verkehr bzw. die Bahn endlich wieder erkannt. Mit dem Expropriations(Enteignungs)-Recht der öffentlichen Hand waren den Bahnbehörden bei Neubauprojekten gegenüber Grundbesitzern nun auch ungleich mehr Möglichkeiten als Privaten gegeben. Zum Vorteil der Kunden konnte jetzt schneller und auch wirtschaftlicher gebaut werden.

Wien war anders

Nachdem zu Beginn des Jahres 1855 die wichtigsten Eisenbahnlinien der Monarchie aus staatlicher Geldnot hauptsächlich an die französische Anlagebank „Société Genérale de Crédit Mobilier" veräußert worden waren, hatte diese wirtschaftsliberale Vorgangsweise im überregionalen Verkehr auch auf den Lokalverkehr entsprechende Auswirkungen gehabt. So wurde es als selbstverständlich angesehen, dass die öffentlichen Ver-

[1] Artl Gerhard, Gürtlich Gerhard H., Zenz Hubert, Sisi auf Schienen, Wien 2008, Seite 65

Wiener Tramway-Gesellschaft.

Jahr	Eingezahltes Actien-capital Mill. Guld.	Streckenlänge in Kilometern	Betriebs-Einnahmen Mill. Guld.	Gesammt-Personen-Frequenz Millionen	Anmerkung
1868	1·8	11·6	0·35	3·3	In Betrieb waren die Linien: Dornbach—Ringstrasse und Prater.
1869	3·6	19·3	0·77	7·3	In Betrieb kamen die Linien: Franz Josefs-Quai, Penzing—Hotel Kummer, Schottenring—Nussdorfer Linie.
1870	5·0	21·8	1·31	12·5	In Betrieb kamen die Linien: Nussdorfer-Linie—Döbling, Hotel Kummer—Bellaria.
1871	5·3	21·8	1·58	15·1	
1872	5·6	21·8	1·94	18·8	
1873	5·5	37·2	3·30	31·1	In Betrieb kamen die Linien: Aspernbrücke—Sophienbrücke—Weltausstellung, Schwimmschulallee—Weltausstellung, Wallensteinstrasse, Südbahn—Matzleinsdorf und Rennweg.
1874	5·5	42·4	2·26	22·6	In Betrieb kamen die Linien: St. Marxer-Linie - Centralfriedhof, Wollzeile—Landstrasse - St. Marxer-Linie.
1875	7·8	41·9	2·20	20·9	
1876	7·8	42·6	2·09	18·7	In Betrieb kam die Linie: Praterstern—Communalbäder.
1877	7·8	45·1	2·05	18·7	In Betrieb kam die Linie: Kärntnerring—Hundsthurm.
1878	7·8	45·1	2·24	20·9	
1879	7·8	45·3	2·40	22·5	
1880	7·8	45·2	2·52	23·8	
1881	7·8	45·2	2·60	24·7	
1882	7·8	48·3	2·82	26·9	In Betrieb kamen die Linien: Porzellangasse—Franz Josef-Bahnhof, Taborstrasse—Nordwestbahnhof.
1883	7·7	55·0	3·14	29·8	In Betrieb kamen die Linien: Augartenstrasse, Praterstern—Rotunde, Währing—Lerchenfelderstrasse.
1884	7·7	56·0	3·39	36·2	In Betrieb kam die Linie: Währing-Hauptstrasse.
1885	7·6	60·3	3·39	40·0	In Betrieb kamen die Linien: Babenbergerstrasse, Kaiser Josefstrasse, Hundsthurm - Schönbrunn—Penzing.
1886	7·5	60·3	3·42	40·1	
1887	9·8	62·0	3·38	39·7	In Betrieb kam die Linie: Josefstädterstrasse.
1888	10·9	62·7	3·60	41·9	In Betrieb kam die Linie: Spittelauergasse.
1889	12·0	65·5	3·49	40·0	In Betrieb kamen die Linien: Erdbergstrasse, Himbergerstr.—Altes Landgut.
1890	12·0	72·5	3·78	42·8	In Betrieb kamen die Linien: Spitalgasse—Kaiserstrasse - Wallgasse, Kinderspitalgasse—Alsbachstrasse und Ungargasse.
1891	13·0	80·0	3·76	42·7	In Betrieb kamen die Linien: Reinprechtsdorferstrasse, Fasangasse—Südbahnhof, Gumpendorferstrasse und Burggasse.
1892	12·8	80·1	4·30	47·5	
1893	12·6	80·1	4·46	49·6	
1894	12·5	80·1	4·81	53·7	
1895	12·3	80·4	5·07	56·8	
1896	13·3	80·7	5·36	60·1	
1897	13·0	80·7	5·71	64·1	28. Januar elektrischer Betrieb auf der Transversallinie eingeführt.

Neue Wiener Tramway-Gesellschaft [inclusive Strecken mit Dampfbetrieb].

Jahr	Eingezahltes Actien-Capital Mill. Guld.	Kilometer Streckenlänge	Betriebs-Einnahmen Mill. Guld.	Gesammt-Personen-Frequenz Millionen	Anmerkung
1873	4·00	5·2	0·043	0·41	In Betrieb waren die Linien: Westbahnlinie—Breitensee, Lerchenfelderlinie—Ottakring.
1874	2·80	6·4	0·113	1·20	In Betrieb kam die Linie: Lerchenfelderlinie—Mariahilferlinie.
1875	2·00	7·085	0·147	1·55	In Betrieb kam die Linie: Lerchenfelderlinie - Hernalserlinie.
1876	1·75	7·085	0·133	1·42	
1877	1·69	7·085	0·115	1·25	
1878	1·69	7·085	0·118	1·30	
1879	1·69	7·085	0·124	1·36	
1880	1·69	7·085	0·128	1·42	
1881	1·69	7·085	0·143	1·58	
1882	1·69	7·846	0·165	1·88	In Betrieb kam die Linie: Hernalserlinie—Währingerlinie.
1883	1·81	9·761	0·268	3·14	In Betrieb kamen die Linien: Währingerlinie-Nussdorferlinie, Sternwartestrasse—Döbling [Hirschengasse], Mariahilferlinie—Gumpendorferlinie.
1884	2·46	12·9	0·384	4·40	In Betrieb kam die Linie: Gumpendorferlinie—Meidlinger Bahnhof.
1885	2·76	17·392	0·482	5·58	In Betrieb kamen die Linien: Breitensee—Baumgarten, Nussdorferl, Schottenring—Linienwalldurchbruch.
1886	4·10	23·050	0·637	7·41	
1887	4·10	24·105	0·686	8·10	In Betrieb kamen die Linien: Währing—[Wendl] Döbling—Theresienplatz, Sechsschimmelgasse, Opernring—Steinbauergasse.
1888	4·56	26·832	0·728	9·07	
1889	4·56	26·832	0·761	9·59	In Betrieb kam die Linie: Matzleinsdorferstrasse.
1890	4·56	27·411	0·787	9·96	In Betrieb kam die Péage-Strecke: Steinbauergasse—Matzleinsdorferstrasse.
1891	4·56	28·374	0·783	9·87	In Betrieb kam die Linie: Grinzingerstrasse-Heiligenstadt.
1892	4·09	29·090	0·776	9·71	In Betrieb kam die Linie: Baumgarten-Hüttendorf.
1893	4·06	30·130	0·835	10·24	Am 15. Januar 1893 wurde die Linie: Steinbauergasse-Meidlinger Bahnhof von der Actien-Gesellschaft der Wiener Localbahnen übernommen.
1894	4·03	30·137	0·855	10·50	Am 16. October 1894: Beginn des Péage-Verkehres in der Alserbachstrasse.
1895	4·01	30·089	0·903	11·08	
1896	3·96	30·089	0·939	11·55	
1897	3·96	30·089	0·966	11·82	

Bilanz der „Wiener Tramway-Gesellschaft" und der „Neuen Wiener Tramway-Gesellschaft" nach 30 Jahren Betrieb

kehrsträger in Wien wie Omnibusse und Pferdestraßenbahnen von Privatunternehmen und nicht von der öffentlichen Hand gebaut und betrieben wurden. Im 19. Jahrhundert waren daher alle drei Wiener Straßenbahnbetriebe und die im Jahr 1869 gegründete „Vienna-General-Omnibus Company Ltd." private Aktiengesellschaften, die sich oft in ausländischem Besitz befanden. Innerstädtisch spiegelte sich im Verkehrswesen somit eine ähnliche Eigentümersituation wider wie im überregionalen Eisenbahnwesen. Die Unternehmen waren naturgemäß auf Maximierung ihrer Gewinne orientiert. Sie fuhren in möglichst langen Intervallen und mit gemächlichen Geschwindigkeiten, ließen weite, weniger dicht bebaute Stadtbereiche unerschlossen und waren arbeits- und sozialrechtlich gegenüber ihren Bediensteten mehr als zurückhaltend. Im Gegensatz zum überregionalen Verkehrswesen war der öffentliche Verkehr in der Großstadt Wien ein gutes Geschäft und die Aktien der ab 1867 gegründeten Tramway-Gesellschaften begehrt. Der wirtschaftliche Erfolg der Tramways wurde aber auf dem Rücken der Bediensteten ausgetragen, die unter unsozialen und ausbeuterischen Bedingungen zu arbeiten hatten.[2] Diese gewinnbringenden Unternehmen in Wien zu kommunalisieren, war in der wirtschaftsliberalen Ära nicht denkbar.

Keine Schnellverkehrsmittel

Die Auswirkungen des Börsenkrachs von 1873 waren besonders in Wien massiv zu spüren. Die baulich aufwändigen Projekte des Lokalbahnwettbewerbs verschwanden völlig von der Bildfläche, obwohl der Bedarf an einem leistungsfähigen Massenverkehrsmittel in der Stadt von Jahr zu Jahr anstieg. Potenzielle Investoren überlegten sich ihr Engagement in teure Lokalbahnprojekte aufgrund der Wirtschaftskrise dreimal. In ökonomisch schwierigen Zeiten werden dann - wie auch heute noch - bei Verkehrsfragen „Vogel-Strauß-Stimmen" laut, die einen Handlungsbedarf überhaupt nicht erkennen wollen, oder Besserwisser, die immer ein Haar in der Suppe finden und scheinbar billigere Lösungen anzubieten haben. Letztlich stehen diese „gut

2 als Bürgermeister Lueger im Jahr 1903 - zwanzig Jahre nach der Verstaatlichung der meisten Eisenbahnen der Monarchie - auch die Wiener Verkehrsunternehmen zu kommunalisieren begann und damit wesentlich sozialere Bedingungen für das Personal schuf, war mit dem öffentlichen Verkehr in Wien noch immer gutes Geld zu verdienen. Die „Städtischen Straßenbahnen" wurden für das Stadtbudget eine „Cashcow". Dies änderte sich erst nach dem Ersten Weltkrieg und vor allem nach den Zerstörungen des Zweiten Weltkriegs, welche die Städtischen Straßenbahnen vom Gewinnbringer zum Sorgenkind der Stadtverwaltung mutieren ließen

Abgemagerte Zugpferde und unsoziale Arbeitsbedingungen kennzeichneten den Tramwaybetrieb

meinenden" Experten einer Lösung der Probleme nur im Wege. So meldeten sich aufgrund der Erfahrungen bei der Abwicklung der Wiener Weltausstellung Stimmen, die der Ansicht waren *„dass Tramway, Omnibusse und Lohnfuhrwerke vollkommen ausreichten, um dem aussergewöhnlichen Verkehr dieses Ausnahmejahres zu genügen, die Dringlichkeit der Anlage einer Wiener Localbahn nicht vorliege",[3]* oder das Comité des Österreichischen Ingenieurs- und Architektenvereins, das speziell zur Beurteilung der aktuell vorliegenden Stadtbahn-Projekte eingesetzt war und diese mehr oder weniger endgültig zu Fall brachte, da die „Experten" letztendlich zur Ansicht kamen, *„dass keine der Vorlagen eine derartig vollständige Lösung der Localbahn-Frage für Wien enthalte, dass sie zur Annahme empfohlen werden könnte".[4]*

Nichts ging mehr

Die Stadtbahn-Diskussionen gingen folglich nur in gebremster Form weiter. Der Bevölkerung wurde Sand in die Augen gestreut, indem die Politiker zur Lösung der Verkehrsprobleme den weiteren Ausbau des Pferdetramwaynetzes forderten. Trotz massiven Drucks durch den Gemeinderat auf die Privatbetreiber der Tramways misslang auch dies. Von 1877 bis 1882 stagnierte das Liniennetz der Wiener Tramway-Gesellschaft bei 45 Kilometern Länge und jenes der Neuen Wiener Tramway-Gesellschaft bei sieben Kilometern. Kein einziger Gleismeter Tramway wurde in diesen fünf Jahren dazugebaut. Überfüllte Waggons, schlecht bezahltes Fahrpersonal, abgemagerte Zugpferde, dazu vereinbarte, aber nicht ausgeführte Netzerweiterungen und Diskussionen über die Angemessenheit der Beförderungstarife waren die Auswirkungen des Wirtschaftsliberalismus. Im kulturellen „Schmelztiegel" Wien mit der ständig steigenden Zahl an Arbeit suchenden Zuwanderern und rasantem Bevölkerungswachstum blieben somit nicht nur die vielen sozialen und arbeitsrechtlichen Fragen ungelöst, sondern auch die großen Verkehrsfragen. Es dauerte noch Jahrzehnte, bis die Wiener Stadtregierung beim öffentlichen Verkehr in der Stadt die gleichen Schritte zur Kommunalisierung bzw. Verstadtlichung setzte wie die Reichsregierung im überregionalen Eisenbahnwesen der Monarchie.

Im Kreise der Mächtigen

Das große Programm der Verstaatlichung der Eisenbahnen der k. u. k. Monarchie, das mit dem Zwangsverwaltungs-Gesetz vom 14. Dezember 1877 begann, spiegelte den wirtschaftlichen und politischen Aufstieg, den Österreich nach Überwindung der Wirtschaftskrise von 1873 nahm, wider. In Europa erlebte das im Jahr 1871 von Otto von Bismarck gegründete Deutsche Reich einen ungeheuren wirtschaftlichen und technisch-militärischen

Karikaturisten hatten bald interessante, aber technisch unter Umständen schwer zu lösende Vorschläge anzubieten

[3] Wochenschrift ÖIAZ (Zeitschrift des Österreichischen Ingenieurs- und Architektenvereins), VI. Jahrgang, Nr. 47, Wien 1881, Seite 267
[4] ebenda, Seite 269

Der deutsche Außenamtsdiplomat Fritz von Holstein: geheimnisumwitterter Schmied des Bündnisses mit Österreich

Aufschwung. Auch Österreich profitierte außenpolitisch davon, da Bismarck auf der Suche nach einem politischen Bündnispartner begann, seine schwere Hand freundschaftlich immer enger um Österreich zu legen. Er gab den Habsburgern trotz deren schwerer militärischer Niederlage gegen Preußen bei Königgrätz im Jahr 1866 das Gefühl, im Weltgeschehen noch immer eine wichtige Rolle zu spielen. Aus dieser mächtigen mitteleuropäischen Allianz, auch als Achse der Mittelmächte bezeichnet, erwuchsen beiden Ländern militärische, wirtschaftliche und politische Vorteile. Für Kaiser Franz Joseph, die ehemalige Nr. 1 unter den deutschen Fürsten, war die Beziehung zum Deutschen Reich aber eher eine Hassliebe. Für Bismarck und Kaiser Wilhelm I. war es in Ermangelung einer Alternative eine Vernunftehe.

„Liebe Deutsche – böse Russen"

Beide Partner brachten als Mitgift aber politische Giftschlangen ins gemeinsame Bett: Deutschland das seit dem Verlust von Elsass-Lothringen unversöhnliche Frankreich und Österreich das Russische Reich, mit dem es am Balkan um Macht und Einfluss konkurrierte. Nachdem das Zarenreich im Krimkrieg in den 1850er Jahren den Plan der Eroberung türkischer Gebiete am Balkan und am Bosporus – auch aufgrund des Vetos Österreichs – aufgeben hatte müssen, startete es 1877 den nächsten Versuch, Einfluss am Balkan und Zugang zum Mittelmeer zu gewinnen. Im russisch-türkischen Krieg der Jahre 1877/1878 konnte das Zarenreich das Osmanische Reich zwar besiegen, die europäischen Mächte, die eine Vormachtstellung der Russen am Balkan und am Bosporus befürchteten, brachten die Russen jedoch auf diplomatischer Ebene wiederum um den Erfolg ihrer forschen Eroberungspolitik. Dafür war die politische Achse Deutschland-Österreich im Berliner Frieden von 1878 hauptverantwortlich. Österreich erhielt in der Folge die Ermächtigung, die noch recht rückständigen türkischen Provinzen Bosnien und Herzegowina militärisch zu besetzen und zu verwalten. Für dieses politische Abenteuer war in der Monarchie genug Großmachtstreben und Geld vorhanden. Aber die Okkupation erwies sich – wie der Ausbruch des Ersten Weltkriegs im Jahr 1914 zeigen sollte – als ein „Trojanisches Pferd". Die Konkurrenz und Feindschaft mit Russland auf dem Balkan lief immer mehr auf eine finale und direkte kriegerische Auseinandersetzung zwischen den Habsburgern und dem Zarenreich der Romanovs hinaus.

Wien wird anders

In Wien bedeutete der Börsenkrach von 1873 auch eine politische Wende, indem er das langsame Ende der bisher regierenden Liberalen Partei samt ihrem uneingeschränkten und programmatischen Wirtschaftsliberalismus einleitete. Politisch bekam die seit 1849 herrschende Partei der „Liberalen" in Wien erstmals Risse, die bis zum Jahr 1895 langsam zum Übergang der Mehrheit im Gemeinderat an Karl Luegers Christlichsoziale Partei führten. Mit dem Erstarken dieser deutsch-nationalen und wertkonservativen Partei wurden auch antisemitische Äußerungen gesellschaftsfähig, denn Sündenböcke für wirtschaftliche Schwierigkeiten und die offensichtlichen Unzulänglichkeiten in der liberalen Kommunalverwaltung mussten gefunden werden. Luegers Angriffe richteten sich besonders gegen den liberalen Bürgermeister dieser Zeit, gegen Cajetan

Felder, der dieses Amt von 1868 bis 1878 innehatte und gleichzeitig auch die Funktion eines Direktors der privaten Kaiser-Ferdinand-Nordbahn ausübte. Heute würde man dies als klassische Unvereinbarkeit bezeichnen. Solche Unstimmigkeiten machten Lueger und seiner Partei, die sich aus unzufriedenen Liberalen, Demokraten, Deutschnationalen und Konservativ-Klerikalen zusammensetzte, das politische Poltern und Aufrühren leicht.

Der symptomatische Makart-Festzug

Nichts erscheint charakteristischer und für die Stimmung in Wien damals typischer als der anlässlich des 25jährigen Hochzeitstages von Kaiser Franz Joseph und Kaiserin Elisabeth am 27. April 1879 vom Historienmaler Hans Makart ausgestattete Maskenfestzug über die Ringstraße. In keiner anderen Stadt der Welt wäre in Zeiten tiefen gesellschaftlichen Wandels aufgrund umfassender Industrialisierung und explosionsartiger Modernisierungsschübe ein solcher „Retroaufmarsch" möglich gewesen. Die Welt und die Wissenschaften schritten in Richtung Moderne und suchten Lösungen für Zukunftsfragen. Selbst die k. u. k. Monarchie nahm damals in der Außenpolitik durch militärische Übernahme der Verwaltung von Bosnien und der Herzegowina aggressive imperialistische Züge an, die im 19. Jahrhundert als zukunftsweisend galten. Nur in Wien trafen sich kleinbürgerliche und gewerbliche Schichten, um ihren Anti-Modernismus und ihre Nostalgiesehnsucht ganz offen in Renaissancekostümen zu feiern. Die von der Geschichte schon längst zu Grabe getragene vorindustrielle Epoche des Handwerks mit ihren tradierten Zünften, Gilden und Ständen wurde in falscher Verherrlichung des Handwerktums von den über 10 000 Teilnehmern des Festzuges und ihren Zusehern gefeiert. Eine

Der wertkonservative Makart-Festzug hieß offiziell Festzug zur 25jährigen Vermählungsfeier des Allerhöchsten Kaiserpaares. Veranstaltet wurde dieser Huldigungsfestzug von der Haupt- und Residenzstadt Wien

nie existierende klassenübergreifende Harmonie wurde verklärend zelebriert. Das Industriezeitalter und der Börsenkrach von 1873 hatten unter den Kleingewerbetreibenden und dem bürgerlichen Mittelstand viele Verlierer hervorgebracht. Aus diesem Reservoir der „von der Zeit Überrollten" konnte Lueger seinen kommenden christlichsozialen Siegeszug speisen. Die von den kapitalistischen Modernisierungen und den Strukturveränderungen des Wirtschaftsliberalismus ins Abseits gedrängten Kleinbürger und Handwerker waren dabei, die in Wien noch herrschende liberale Bewegung zu marginalisieren. Lueger wurde zu ihrem Wortführer:

„Er bestätigt die Wiener Unterschicht in all ihren Eigenschaften, in ihrer geistigen Bedürfnislosigkeit, in ihrem Mißtrauen gegen die Bildung, in ihrem Weindusel, in ihrer Liebe zu Gassenhauern, in diesem Festhalten am Altmodischen, in ihrer übermütigen Selbstgefälligkeit; und sie rasen, sie rasen vor Wonne, wenn er zu ihnen spricht." [5]

Erschreckend, wie sich ein halbes Jahrhundert später in Wien mit ungleich schlimmeren Konsequenzen die Geschichte wiederholte. Wieder war es die Berufung auf die alten „Stände", als 1934 die Demokratie in Österreich zu Grabe getragen wurde und der Austrofaschismus – als „Ständestaat" bagatellisiert – den Nationalsozialisten indirekt die Tore öffnete.

Luegers Kampf gegen die Missstände im Tramwayverkehr

Ab dem Jahr 1880 begann Karl Lueger – damals noch einfacher Gemeinderat der „Vereinigten Linken" – in den Gemeinderatssitzungen die Missstände im Tramwayverkehr anzugreifen. Naturgemäß herrschten große Meinungsverschiedenheiten zwischen den Wiener Tramway-Aktiengesellschaften, die in wirtschaftlicher Weise auf Ertragsmaximierung orientiert waren und der Stadt Wien, die das Allgemeinwohl im Auge zu behalten hatte. Lueger wurde in den folgenden Jahren zum Wortführer in den Auseinandersetzungen zwischen der Gemeinde und den privaten Verkehrsunternehmen. Hauptproblem – neben der immerzu aktuellen Frage der Tarifhöhe – waren die überfüllten Waggons.

Bestechungsversuche

Lueger war als lautstarker und einflussreicher Demagoge für die Wiener Tramway-Gesellschaft so unangenehm, dass er mit finanziellen Zuwendungen mundtot gemacht werden sollte. So wurde ihm am 9. Oktober 1881 von einem befreundeten Arzt namens Singer im Auftrag der Wiener Tram-

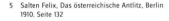
5 Salten Felix, Das österreichische Antlitz, Berlin 1910, Seite 132

Auf den Straßen Wiens wurde es immer enger und gefährlicher

way-Gesellschaft nahegelegt, er solle den Kampf gegen die Missstände bei derselben aufgeben und doch zugunsten derselben wirken.[6]

„Derselbe Arzt habe ihm 30.000 Gulden angeboten und ihm außerdem noch glänzende Versprechungen für die Zukunft gemacht."[7]

Dieser Versuch wurde drei bis vier Mal wiederholt, jedoch angeblich jedes Mal von Lueger abgewiesen.

Kalkulierter Antisemitismus

Luegers Fehde gegen die Tramwaybesitzer sowie gegen die „Gas-Engländer", eine britische Gesellschaft, die in Wien das Gasversorgungsmonopol innehatte, bestimmte einen Großteil seines öffentlichen Wirkens in der Opposition. Hier ist auch die Wurzel seines Antisemitismus zu sehen, der – politisch wohlkalkuliert – dem kleinbürgerlichen Mittelstand die „böse" Welt des jüdischen Großkapitals erklärte. Aber erst als Lueger 1897 Bürgermeister wurde, konnte er im Kampf gegen seine erklärten Feindbilder Oberhand gewinnen.

Wechsel der Eigentümer

Noch war es aber nicht so weit und wie in freien, liberalen Marktwirtschaften üblich, wechselten laufend zwischen privaten Investoren, Großaktionären und Bankhäusern die Aktien der Verkehrsunternehmen. Damit änderten sich, je nach Eigentümervorgaben, regelmäßig auch die Organisation und Betriebsführung der Unternehmen. Nur der Streit der jeweiligen Tramwaybesitzer mit der Kommune um das Geld blieb immer gleich. Mit der Wiener Tramway-Gesellschaft war ursprünglich vereinbart, dass sie der Gemeinde jährlich 5 % der Bruttoerträge als Benützungsentgelt zu überweisen hätte. Auf Ansuchen der Gesellschaft wurde dieser Betrag in eine Pauschalabgabe umgeformt, die jedoch immer wieder herabgemindert wurde, wenn sich die wirtschaftliche Situation verschlechterte.

„Die Gemeinde war seit langen Jahren mit der Tramway in Konflikt gewesen. Das war eine schlimme Gesellschaft, immer in der Hand bald dieses, bald jenes Großaktionärs, regelmäßig eines Ausbeuters; dementsprechend herrschte in der Verwaltung die Tradition, sich, wo immer möglich, den Verpflichtungen gegen die Kommune zu entziehen."[8]

Kein Enteignungsrecht

Nach der Stagnation in den 1870er Jahren wurde in den 1880er Jahren das bestehende Wiener Tramwaynetz aber wieder ausgebaut. Dies, obwohl die Betreibergesellschaften aufgrund eines fehlenden Expropriations(Enteignungs)rechtes oft marktunüblich hohe Summen für Grundstücksablösen an die betroffenen Eigentümer zu zahlen hatten. Die Errichtung der Pferdetramway in der Mariahilfer Straße erwies sich – auf den Kilometer bezogen – als genauso teuer wie der technisch wesentlich aufwändigere Eisenbahnbau der Südbahn über den Semmering.[9]

Der Tramwaybetrieb war ein gutes Geschäft

Trotzdem konnte die Wiener Tramway-Gesellschaft die verkehrsreichsten und damit einträglichsten Straßen der Stadt erschließen. Bald führten 13 radiale Straßenbahnstrecken vom Linienwall zur Ringstraße. Innerhalb des Ringes in die Innere Stadt durften aufgrund der beengten Verhältnisse keine Gleise verlegt werden. Die Innere Stadt blieb eine Domäne der Pferdeomnibusse. Der sukzessive Ausbau von vereinzelten Linien zu einem umfassenden Streckennetz sicherte der Tramway eine lebhafte Frequenz, sodass die Bruttoerträge der Wiener Tramway-Gesellschaft bald zu den besten der Welt gehörten.[10] Trotzdem, oder gerade deswegen, wechselten die Aktien der Gesellschaft laufend ihre Besitzer. Die instabilen Besitzverhältnisse waren nachteilig für die Kunden, vor allem aber für die Straßenbahner selbst, die unter unsozialen arbeitsrechtlichen Bedingungen zu leiden hatten.

Die immer wiederkehrende Suche nach billigeren Alternativen

Das wachsende Tramwaynetz verstärkte in der stetig wachsenden Stadt das Verkehrsgeschehen, das immer enger, dichter und gefährlicher wurde. Ohne ein leistungsfähiges Schnellverkehrsmittel war die gesamte Verkehrssituation in Wien – vor allem aber der öffentliche Verkehr – nicht zu verbessern. Aus Geldmangel wurde aber nach schneller realisierbaren und billigeren Lösungen gesucht. Gegenüber dem teuren und zeitaufwändigen Bau von Stadtbahnen und U-Bahnen auf eigenen, vom übrigen Verkehr unabhängigen Gleistrassen, schien z. B. der simple Tausch der tierischen Kraft der Zugpferde gegen die Dampfkraft von Zuglokomotiven eine moderne und wirtschaftliche Alternative. Also setzte man große Hoffnungen in maschinell von Dampflokomotiven gezogene Straßenbahnen, für die man weder Tunnelanlagen noch Brücken errichten musste.

Karl Lueger (1844-1910) war von 1897 bis 1910 Wiener Bürgermeister

6 Kunze Margot, Dr. Karl Lueger als Gemeinderat von 1875-1896, Dissertation, Wien 1968, Seite 114
7 Kuppe Rudolf, Karl Lueger und seine Zeit, Wien 1933, Seite 68
8 Mayer Sigmund, Ein jüdischer Kaufmann, Leipzig 1911, Seite 265
9 Geschichte der Eisenbahnen der österr.-ungarischen Monarchie, I. Band, II. Theil, Wien 1898, Seite 529
10 Lindheim Wilhelm von, Strassenbahnen, Wien 1888, Seite 25

Projekt der Wiener Tramway-Gesellschaft aus dem Jahr 1872: mit Dampfantrieb nach Dornbach

Dampfend durch die Straßen Wiens

Dampftramways oder die „Rollenden Maroniöfen"

Dieser heute weitgehend vergessene und eher skurril anmutende Versuch zur Verbesserung und Modernisierung der Pferdestraßenbahnen führte in der Folge in Wien zu einem beachtlichen Streckennetz. Da die dampfbetriebenen Tramways statt von Pferden eben von speziellen Dampflokomotiven gezogen wurden, waren sie baulich sehr einfach und schnell zu realisieren. Die vorhandenen Gleise im Straßenbereich mussten nicht umgebaut werden. Obwohl auf den überregionalen k. k. Eisenbahnstrecken schon seit Jahrzehnten Dampflokomotiven im Einsatz waren, hatten im regionalen Ortsverkehr noch die Pferde die ganze Last des Verkehrswesens zu tragen bzw. zu ziehen. Die Wiener Tramway-Gesellschaft, die 1865 die erste Pferdebahn in Wien in Betrieb genommen hatte, war auch das erste Verkehrsunternehmen, das die Einführung eines Dampfbetriebes plante, und zwar auf der stark befahrenen allerersten Wiener Tramwaystrecke vom Schottentor nach Dornbach. Die ersten Versuche fanden bereits im Jahr 1872 mit kleinen, in Wien hergestellten Lokomotiven statt, führten aber zu keinem brauchbaren Ergebnis.

Pferde und ihre dampfenden Kollegen

Diesen Versuchsfahrten mit Dampflokomotiven auf stark befahrenen Straßen mitten in der Stadt schlug verständlicherweise große Skepsis entgegen. Hauptgrund war weniger die Luftverschmutzung durch Rauch und Ruß, sondern der mit den Dampftramways verbundene Lärm und die Sorge um die zahlreichen geräuschempfindlichen und zu Panikattacken neigenden Pferde im Wiener Stadtbild. Fantasievolle Lösungen entstanden:

„Nachdem so oft die Befürchtung ausgesprochen wird, daß die verschiedenen Systeme der Tramway-Lokomotiven dadurch einen störenden Einfluß auf den allgemeinen Verkehr ausüben dürften, als die Pferde anderer Fahrzeuge durch den ungewohnten Anblick leicht erschreckt und scheu gemacht werden, so ist S. R. Mathewson in Gilroy (Col. Amerika) auf den glücklichen Gedanken gekommen, seiner neuen Tramway-Lokomotive das äußere Ansehen eines Pferdes zu geben, damit die übrigen Zugtiere in demselben gleichfalls einen Collegen zu begrüßen glauben. Dasselbe trägt in seinem Bauch – wie das Trojaner Pferd streitbare Männer – so hier einen kompletten Röhrenkessel, und enthält im Hintertheile einen Sitz für den Lokomotivführer, der auch gleichzeitig die Functionen des Conducteurs in dem anzuhängenden Waggon versehen soll."[1]

Anfang August 1876 fanden wieder Versuchsfahrten der Wiener Tramway-Gesellschaft statt, diesmal mit zwei englischen Dampflokomotiven von Merryweather & Sons und aus der Fabrik von Starbuck & Comp. Die Fahrten wurden aus Sicherheitsgründen nachts auf der Ringstraße über die Bellaria bis zur Mariahilfer Straße vorgenommen und untertags in der damals menschenleeren Gegend zwischen der Haupt-Remise der Tramway-Gesellschaft in Simmering und dem Zentralfriedhof. Für die lärmempfindlichen Pferde stellten die schmauchenden und ratternden Dampflokomotiven überraschenderweise kein allzu großes Problem dar:

„Das Verhalten der Pferde beim Passieren der Lokomotive war ein sehr gutes zu nennen; die Thiere stutzten wohl oft, manche sprangen auch plötzlich seitwärts oder wollten nicht weiter gehen; in allen Fällen jedoch konnten sie leicht beruhigt werden; ein Scheuwerden fand nicht statt."[2]

Zu eng, zu steil, zu hoch, zu schwach

Schwerwiegender waren dagegen die auftretenden technischen Probleme. Der Merryweather Lokomotive war die Steigung bei der Bellaria zu groß und der dortige Gleisradius zu eng. Auch die Straßenlokomotive der Firma Starbuck kam mit der schwierigen Berg- und Tal-Topografie Wiens nicht zurecht. An einen regelmäßigen Betrieb war daher auch mit englischen Maschinen nicht zu denken. Einige Jahre später, im Jahr 1879, erfolgte der nächste Anlauf. Vorerst ohne Erfolg wurde eine von der deutschen Firma Krauss & Comp. aus München gelieferte kleine Tramwaylokomotive mit Kondensation und seitlicher Feuerung erprobt.[3] Trotz dieser vielen Bemühungen kam die Wiener Tramway-Gesellschaft über das Versuchsstadium nie hinaus. Auch in späteren Jahren konnte sie keine funktionierende und wirtschaftlich zu betreibende Straßenlokomotive erwerben und einen regelmäßigen Dampfbetrieb auf ihren Strecken einführen.

Die Erfinder der ersten erfolgreichen Dampftramway

Die Münchner Lokomotivfabrik Krauss & Comp., die eigene Lokomotiven für die jeweiligen Anforderungen entwickelte, dürfte von der Probephase in Wien profitiert haben. Der Firma gelang es praxistaugliche Lokomotiven zu bauen, die den besonderen Herausforderungen im Wiener Straßenbereich gerecht wurden. Dazu gehörten auch Vorrichtungen zur Vermeidung des Rauches und der Geräusche, die üblicherweise beim Ausströmen des Dampf-

1 Neue Illustrierte Zeitung, Nr. 33 aus 1876
2 Organ für die Fortschritte des Eisenbahnwesens, 1876, 6. Heft, Seite 261
3 Benesch Viktor, Direktor der Wiener Straßenbahn, im Amtsblatt der Stadt Wien vom 1. Februar 1947, Seite 1

Satirische Zeichnung über das Aufsehen, das die erste Dampftramway in Wien erregte

Die Dampftramway als Vorläufer der U4 bei der Lobkowitzbrücke

fes entstehen, sowie vor allem Techniken zur Vermeidung des Funkenflugs. Damit konnte sich die Firma als drittes großes Straßenbahn-Unternehmen, neben der Wiener Tramway-Gesellschaft und der Neuen Wiener Tramway-Gesellschaft, in Wien etablieren. Ihre Strecken befuhr sie in der Folge ausschließlich mit Straßenlokomotiven. Die Einführung von Dampftramways in Wien ist daher eng mit dieser Firma und ihrem Chef Georg Krauss verknüpft. Anfänglich als „Dampftramway Krauss & Comp.", ab dem Jahr 1888 als Aktiengesellschaft „Dampftramway-Gesellschaft vorm. Krauss & Comp." bezeichnet, errichtete das Unternehmen von Wien ausgehend eine südliche und eine nördliche Linie nach Niederösterreich, die jedoch nicht miteinander verbunden waren. Für die tatsächliche Einführung von Dampftramways in Wien war – neben der Lösung der besonderen technischen Anforderungen durch die Entwicklung spezieller kleiner, aber kräftiger Lokomotiven – das im Jahr 1880 beschlossene „Localbahngesetz" entscheidend. Darin wurde die Benützung der Straßen für Dampfbetrieb grundsätzlich als zulässig erklärt. Die Geschwindigkeit der Dampftramways war in der Stadt auf 10 km/h und außerhalb der Ortschaften auf 20 km/h beschränkt. Für die Konzessionen mussten die Firmen durch die Benützung öffentlicher Flächen jährlich Abgaben an die Kommune entrichten.

Als Erstes – ab in den Süden

Die Dampftramway Gesellschaft Krauss & Comp. erhielt ihre erste Konzession am 30. Juli 1882 für eine 10,3 Kilometer lange südliche Strecke von Hietzing über Lainz, Mauer und Rodaun bis nach Perchtoldsdorf. Die Strecke wurde in Normalspur, aber nur eingleisig mit Ausweichen gebaut.

„Die Anfangsstation der Dampf-Tramway befindet sich vorläufig in Hietzing, an dem Kettenstege, der von hier über die Wien nach Penzing führt. Stationsgebäude und Bahnhofsanlage liegen unmittelbar an dem Ufer des Wienflusses, welcher bereits an dieser Stelle, namentlich an heißen Sommertagen, einen eigenthümlichen, aber nicht erfreulichen Geruch besitzt." [4]

4 Führer auf der Dampf-Tramway Hietzing-Perchtoldsdorf, Wien 1885, Seite 2

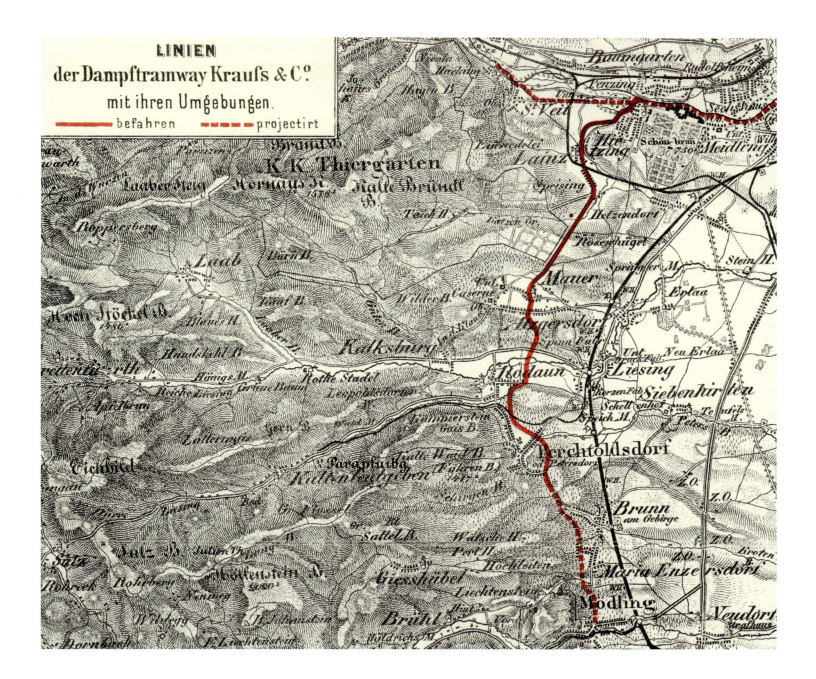

Der Betrieb dieser ersten Dampftramway Österreichs wurde am 27. Oktober 1883 aufgenommen und die Strecke drei Jahre später im Jahr 1886 Richtung Stadt entlang des Wienflusses von Hietzing bis zum Linienwall – nahe der heutigen U-Bahn-Station Margaretengürtel – verlängert. Diese Verlängerungsstrecke war 3,3 Kilometer lang. Entlang des Wienflusses musste eine 2,2 Kilometer lange Stützmauer samt einer 340 Meter langen, gedeckten Galerie entlang des Schlosses Schönbrunn errichtet werden. Im Zuge des späteren Baus der Wientallinie der Stadtbahn wurde dieser Streckenteil aber mit 1. Jänner 1895 an den Bauträger der Stadtbahn, die Kommission für Verkehrsanlagen, abgegeben, der Betrieb eingestellt und die Gleise entfernt.[5] In südlicher Richtung wurde die Dampfstraßenbahn am 12. Mai 1887 um 3,3 Kilometer nach Mödling verlängert. Eine Abzweigung von Hietzing, nahe der Dommayergasse, nach Ober St. Veit zum Wolfrathplatz nahm am 19. September 1887 mit 2,4 Kilometern Länge ihren Betrieb auf und lief mit Inbetriebnahme der Wientallinie der Stadtbahn ab 30. Juni 1899 mit dieser parallel. Die südliche Strecke der Dampftramway hatte insgesamt eine Länge von 19,3 Kilometern. Von Hietzing bis nach Mödling dauerte die Fahrt über eine Stunde. Mit 1. Jänner 1907 wurde diese Strecke im Zuge der Kommunalisierung der öffentlichen Verkehrsmittel unter Bürgermeister Lueger ins Eigentum der Städtischen Straßenbahnen übertragen. Sukzessive wurden die Strecken in der Folge modernisiert, d. h. elektrifiziert: der Abschnitt Hietzing–Lainz im Jahr 1908, die Strecke

5 Die Gemeinde-Verwaltung der Stadt Wien in den Jahren 1894–1896, Wien 1898, Seite 169

Museumsstück: Dampftramway im Bahnhof Brigittenau

von Lainz nach Mauer im Jahr 1912 und die Verlängerung nach Mödling im Jahr 1921.

Der nördliche Teil des Streckennetzes der Dampftramway Gesellschaft Krauss & Comp. (DTKC)

Neben dieser südlichen Linie errichtete die DTKC nach Erteilung der Konzession am 3. April 1884 auch eine nördliche Richtung Stammersdorf und Groß-Enzersdorf, die jedoch ohne Netzverbindung zur südlichen Linie betrieben wurde. Von der Stefaniebrücke (heute Salztorbrücke) fuhren die Dampfloks ab 7. Juni 1886 entlang des Donaukanals zur Maria-Theresien-Brücke (heute Augartenbrücke), von wo sie zum Mathildenplatz (heute Gaußplatz) abbogen. Der Bereich zwischen den Stationen Stefaniebrücke und Maria-Theresien-Brücke musste ab 1901 infolge der Regulierung des Donaukanals eingestellt werden. Nach Querung des Mathildenplatzes fuhr die Dampftram über die Jägerstraße, Stromstraße und Marchfeldstraße zur Kaiser-Franz-Josephs-Brücke (heute Floridsdorfer Brücke). Die Brücke war eine Engstelle und das Vorwärtskommen schwierig, da deren Fahrbahn nur sieben Meter breit war. Trotzdem hatte sie täglich 66 Tramwayzüge und rund 1 200 Fuhrwerke zu bewältigen. Durch den dichten Pferdefuhrwerksverkehr waren die Gleise oft von „Rossknödeln" verstopft und mussten vom Tramwaypersonal fluchend ausgeputzt werden.[6] Nach dem mühsamen Passieren der Brücke fuhr die Dampftramway über den Floridsdorfer Spitz weiter bis nach Stammersdorf. Von Wien nach Floridsdorf betrug die Fahrzeit 30 Minuten und bis Stammersdorf 48 Minuten. Von dieser insgesamt 10,7 Kilometer langen Strecke wurde ebenfalls am 7. Juni 1886 eine 14,9 Kilometer lange Abzweigung von Floridsdorf über die Schloßhofer Straße bis Kagran und weiter nach Hirschstetten, Aspern und Essling bis nach Groß-Enzersdorf in Betrieb genommen.[7] Hinsichtlich Frequenz der Fahrgäste konnte die nördliche Linie jedoch nie mit der südlichen konkurrieren. Ebenso wie die südliche wurde mit 1. Jänner 1907 auch die nördliche Dampfstrecke von der Stadt Wien im Zuge der Kommunalisierung der Verkehrsanlagen übernommen und elektrifiziert. Im Jänner 1910 wurde der elektrische Verkehr auf der Linie 31 von der Augartenbrücke nach Floridsdorf zur Lokomotiv-Fabrik (Schnellbahn-Haltestelle Brünner Straße) aufgenommen. Ab 17. Oktober 1911 konnte man bereits bis Groß-Jedlersdorf elektrisch fahren und im selben Jahr,

[6] Floridsdorfer Verkehrsverhältnisse im Wandel der Zeit, Blätter des Floridsdorfer Bezirksmuseums, Juni-Sept. 1976, Seite 27
[7] Laula Alfred, Sternhart Hans, Dampftramway Krauss & Comp. in Wien, Wien 1974, Seite 63

Dampftramway, Elektrische und Pferdeomnibus am Mathildenplatz (heute Gaußplatz)

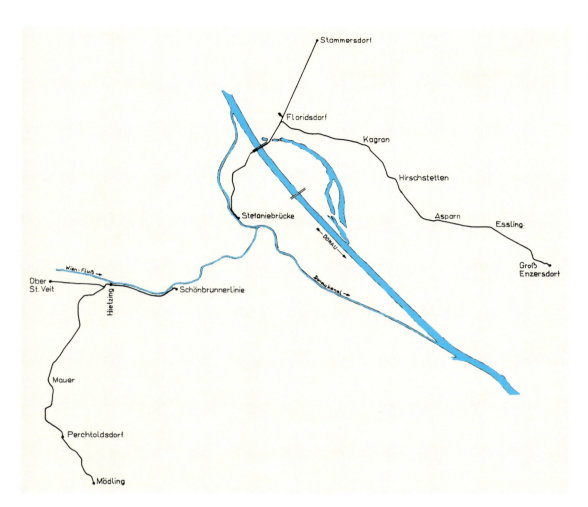

Das Netz der Dampftramway-Gesellschaft ehem. Krauss & Comp., mit einer nördlichen und einer südlichen Linie

Endstation der nördlichen Dampftramway in Groß-Enzersdorf

am 30. Dezember, war auch die Strecke bis Stammersdorf elektrifiziert. Bald darauf, am 23. Jänner 1912, musste die Dampftramway der „Elektrischen" auch auf der Abzweigungsstrecke von Floridsdorf nach Kagran weichen. Das letzte Teilstück von Kagran nach Groß-Enzersdorf überdauerte den Ersten Weltkrieg und wurde erst im Jänner 1922 auf elektrischen Betrieb umgestellt. Es war damit die letzte Straßenbahnstrecke in Wien, die mit Dampflokomotiven betrieben wurde.[8]

Die „Bauernbahn"

Um es vor allem der bäuerlichen Bevölkerung des Marchfelds zu ermöglichen, ihre Erzeugnisse an Milch, Obst, Feldfrüchten und anderen landwirtschaftlichen Produkten nach Wien zu bringen, plante das Land Niederösterreich von Stammersdorf weg eine Art Anschluss-Bahnlinie nach Auersthal. Am 17. Mai 1898 wurde vom k. k. Eisenbahnministerium die Bewilligung zu Vorarbeiten für eine normalspurige Lokalbahn von Stammersdorf (von der bestehenden Dampftramwaystation) über Eibesbrunn, Pillichsdorf, Groß-Engersdorf und Bockfließ nach Auersthal erteilt. Diese niederösterreichische Lokalbahn war 21,9 Kilometer lang und wurde am 26. April 1903 eröffnet.[9] Da sie keine Verbindung zu anderen niederösterreichischen Eisenbahnen hatte, übertrugen die Niederösterreichischen Landesbahnen die Betriebsführung an die Dampftramway-Gesellschaft vormals Krauss & Comp. Nach der Kommunalisierung der Wiener Dampftramwaystrecken ab dem Jahr 1907 wurde die Bahn nach Auersthal als Lokalbahn weiterbetrieben und am 9. August 1909 bis nach Groß Schweinbarth verlängert. Erst am 30. April 1913 erfolgte die Rückgabe der Strecke an die Niederösterreichischen Landesbahnen.

Die Dampftramwaystrecken der Neuen Wiener Tramway-Gesellschaft

Für die Neue Wiener Tramway-Gesellschaft, die vor allem die Pferdestraßenbahn entlang des Gürtels bediente, war der Einsatz von Dampflokomotiven anstelle der Pferdevorspanne auf ihren Strecken

8 Wien Museum, Drei Jahrhunderte Straßenverkehr in Wien, Wien 1961, Seite 67
9 Geschichte der Eisenbahnen der österr.-ungarischen Monarchie, I. Band, II. Theil, Wien 1898, Seite 550

Eine Dampftramway im Bereich der Endstelle am Donaukanal

ebenfalls ein Thema. Die weiträumigen Bereiche entlang des Gürtels schienen für einen Dampfbetrieb besser geeignet als die dicht bevölkerten und verkehrsreichen Straßen in den Vorstädten. Trotzdem ging die Gesellschaft abwartend vor. Erst nachdem die Wiener Tramway-Gesellschaft mit ihren Versuchen gescheitert war und die Dampftramway Krauss & Comp. mit ihren Lokomotiven bewiesen hatte, dass auch im Wiener Raum Dampfstraßenbahnen wirtschaftlich betrieben werden konnten, führte sie im Jahr 1883 Versuchsfahrten auf der Gürtelstrecke durch. Der Einsatz einer Lokomotive der deutschen Firma Henschel aus Kassel verlief positiv, sodass sich auch die Neue Wiener Tramway-Gesellschaft um entsprechende Konzessionen bemühte.

Die Gürtelstrecke

Als die Neue Wiener Tramway-Gesellschaft am 25. Mai 1884 die Konzession für einen Dampfbetrieb am Gürtel von der Mariahilfer Linie bis nach Döbling bekam, beauftragte sie die Wiener Neustädter Lokomotivenfabrik von Georg Sigl (1811–1887) mit der Lieferung der dazu nötigen Lokomotiven. Sinnigerweise erhielten die Lokomotiven Namen wie „Hernals", „Rudolfsheim" oder „Döbling". Trotzdem setzte die Neue Wiener Tramway-Gesellschaft Dampflokomotiven nur sporadisch während der Sonn- und Feiertage im Sommer ein. Beim Bau der Wiener Stadtbahn Mitte der 1890er Jahre kamen zum Abtransport des anfallenden Aushubmaterials aber verstärkt Güterzüge mit Dampfantrieb zum Einsatz.

Die Breitenseer Strecke

Eine vollkommene Umstellung auf Dampfbetrieb nahm die Neue Wiener Tramway-Gesellschaft am 28. Februar 1885 auf ihrer seit 1873 betriebenen Pferdebahnlinie parallel zur Westbahnstrecke vom Gürtel entlang der Märzstraße, der Huglgasse und der Hütteldorfer Straße bis zur Grassigasse vor. Am 4. Juli 1885 wurde der Betrieb bis Baumgarten verlängert und in weiterer Folge ab 1. Mai 1892 bis Hütteldorf zur Bahnhofstraße geführt. Nach zehn Jahren Betrieb war aber Schluss, da mit dem Siegeszug der neuen Technik der Elektrizität auch eine neue Ära im innerstädtischen Verkehr angebrochen war. Mit der Kommunalisierung der Straßenbahn im Jahr 1903 erfolgte auch die Umstellung dieser Strecke auf elektrische Züge.

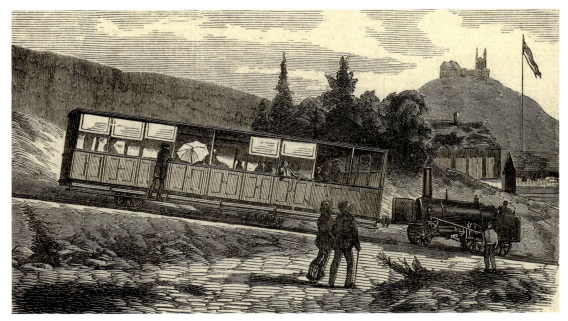

Die Vergnügungsbahn von Nußdorf auf den Kahlenberg brauchte einen Straßenbahnzubringer

Die Nußdorfer Strecke

Seit 7. März 1874 betrieb die Kahlenberg-Eisenbahn-Gesellschaft eine Zahnradbahn von Nußdorf auf den Kahlenberg. Mangels eines geeigneten öffentlichen Verkehrsmittels als Zubringer für Kunden aus der Stadt beantragte die Gesellschaft im Jahr 1885 selbst die Konzession für entsprechende Straßenbahn-Anschlusslinien. Mit Bau und Betrieb dieser Strecken wurde in der Folge die damit erfahrene Neue Wiener Tramway-Gesellschaft betraut. Eine Zubringerlinie – der Außenast vom Währinger Gürtel bei der Sternwartestraße über die Heiligenstädter Straße nach Nußdorf – konnte nach nur zweimonatiger Bauzeit am 29. Juli 1885 mit Dampfzügen in Betrieb gehen. Eine weitere Linie sollte vom Schottenring – bei der Hohenstaufengasse – nach Nußdorf geführt werden. Da deren innerer Streckenteil bis zum Liechtenwerder Platz nur mit Pferdetramways befahren werden durfte, führte die Neue Wiener Tramway-Gesellschaft am Liechtenwerder Platz einen sogenannten „Mixtebetrieb" ein. Durch schnellen Wechsel von Pferde- auf Dampfantrieb ersparten sich die Kunden das Umsteigen.[10] Am 29. Dezember 1885 konnte auch diese Strecke eröffnet werden. Vom Außenast der Neue Wiener Tramway-Gesellschaft in der Heiligenstädter Straße führte ab 26. Mai 1891 auch eine Flügellinie durch die Grinzinger Straße bis zur Hohen Warte im Bereich der Armbrustergasse. Diese 800 Meter lange Abzweigung wurde aber wegen mangelnder Nachfrage bald eingestellt bzw. nur in den Sommermonaten befahren. Im Jahr 1903 wurde die gesamte Nußdorfer Strecke elektrifiziert, die schlecht ausgelastete Abzweigung zur Hohen Warte aber demontiert.

Die Schattenseiten einer „gesunden Konkurrenz"

Wegen der harten Konkurrenz der Verkehrsunternehmen untereinander durfte die Neue Wiener Tramway-Gesellschaft zum Leidwesen der Kunden keine Gleisverbindung zu den Gleisen der am Ring verkehrenden Wiener Tramway-Gesellschaft herstellen. Es war zwischen den rivalisierenden Verkehrsunternehmen nicht möglich, ein Abkommen zum gegenseitigen Benützen ihrer Gleisstrecken abzuschließen. Dies war in wirtschaftsliberalen Zeiten eben der Preis, den die Kunden zu zahlen hatten, wenn verkehrspolitisch der Wunsch nach freiem Wettbewerb und gesundem Konkurrenzdruck bestand. Es führte auch dazu, dass die Neue Wiener Tramway-Gesellschaft auf der Alserbachstraße zwischen der Liechtensteinstraße und der Sechsschimmelgasse ein eigenes Gleis zu den zwei Gleisen der Wiener Tramway-Gesellschaft dazulegen musste. Zum Glück wollte die Dampftramway Gesellschaft Krauss & Comp. nicht ebenfalls in diesem Bereich fahren, sonst wäre die komplette Straße bald von den Gleisen der drei konkurrierenden Straßenbahnen okkupiert gewesen.

Die Wiener Neudorfer Strecke – der Vorläufer der Badner Bahn

Am 29. September 1886 nahm die Neue Wiener Tramway-Gesellschaft eine 12,8 Kilometer lange

---

10 dabei wurden die Wagen der von der Stadt kommenden Pferdetram abgekuppelt und an die von der Sternwartestraße kommenden Dampfzüge angehängt

Eine Dampftramway im Bereich der Endstelle am Donaukanal

ebenfalls ein Thema. Die weiträumigen Bereiche entlang des Gürtels schienen für einen Dampfbetrieb besser geeignet als die dicht bevölkerten und verkehrsreichen Straßen in den Vorstädten. Trotzdem ging die Gesellschaft abwartend vor. Erst nachdem die Wiener Tramway-Gesellschaft mit ihren Versuchen gescheitert war und die Dampftramway Krauss & Comp. mit ihren Lokomotiven bewiesen hatte, dass auch im Wiener Raum Dampfstraßenbahnen wirtschaftlich betrieben werden konnten, führte sie im Jahr 1883 Versuchsfahrten auf der Gürtelstrecke durch. Der Einsatz einer Lokomotive der deutschen Firma Henschel aus Kassel verlief positiv, sodass sich auch die Neue Wiener Tramway-Gesellschaft um entsprechende Konzessionen bemühte.

Die Gürtelstrecke

Als die Neue Wiener Tramway-Gesellschaft am 25. Mai 1884 die Konzession für einen Dampfbetrieb am Gürtel von der Mariahilfer Linie bis nach Döbling bekam, beauftragte sie die Wiener Neustädter Lokomotivenfabrik von Georg Sigl (1811–1887) mit der Lieferung der dazu nötigen Lokomotiven. Sinnigerweise erhielten die Lokomotiven Namen wie „Hernals", „Rudolfsheim" oder „Döbling". Trotzdem setzte die Neue Wiener Tramway-Gesellschaft Dampflokomotiven nur sporadisch während der Sonn- und Feiertage im Sommer ein. Beim Bau der Wiener Stadtbahn Mitte der 1890er Jahre kamen zum Abtransport des anfallenden Aushubmaterials aber verstärkt Güterzüge mit Dampfantrieb zum Einsatz.

Die Breitenseer Strecke

Eine vollkommene Umstellung auf Dampfbetrieb nahm die Neue Wiener Tramway-Gesellschaft am 28. Februar 1885 auf ihrer seit 1873 betriebenen Pferdebahnlinie parallel zur Westbahnstrecke vom Gürtel entlang der Märzstraße, der Huglgasse und der Hütteldorfer Straße bis zur Grassigasse vor. Am 4. Juli 1885 wurde der Betrieb bis Baumgarten verlängert und in weiterer Folge ab 1. Mai 1892 bis Hütteldorf zur Bahnhofstraße geführt. Nach zehn Jahren Betrieb war aber Schluss, da mit dem Siegeszug der neuen Technik der Elektrizität auch eine neue Ära im innerstädtischen Verkehr angebrochen war. Mit der Kommunalisierung der Straßenbahn im Jahr 1903 erfolgte auch die Umstellung dieser Strecke auf elektrische Züge.

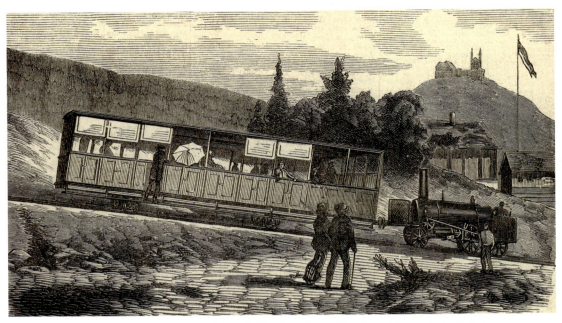

Die Vergnügungsbahn von Nußdorf auf den Kahlenberg brauchte einen Straßenbahnzubringer

Die Nußdorfer Strecke

Seit 7. März 1874 betrieb die Kahlenberg-Eisenbahn-Gesellschaft eine Zahnradbahn von Nußdorf auf den Kahlenberg. Mangels eines geeigneten öffentlichen Verkehrsmittels als Zubringer für Kunden aus der Stadt beantragte die Gesellschaft im Jahr 1885 selbst die Konzession für entsprechende Straßenbahn-Anschlusslinien. Mit Bau und Betrieb dieser Strecken wurde in der Folge die damit erfahrene Neue Wiener Tramway-Gesellschaft betraut. Eine Zubringerlinie – der Außenast vom Währinger Gürtel bei der Sternwartestraße über die Heiligenstädter Straße nach Nußdorf – konnte nach nur zweimonatiger Bauzeit am 29. Juli 1885 mit Dampfzügen in Betrieb gehen. Eine weitere Linie sollte vom Schottenring – bei der Hohenstaufengasse – nach Nußdorf geführt werden. Da deren innerer Streckenteil bis zum Liechtenwerder Platz nur mit Pferdetramways befahren werden durfte, führte die Neue Wiener Tramway-Gesellschaft am Liechtenwerder Platz einen sogenannten „Mixtebetrieb" ein. Durch schnellen Wechsel von Pferde- auf Dampfantrieb ersparten sich die Kunden das Umsteigen.[10] Am 29. Dezember 1885 konnte auch diese Strecke eröffnet werden. Vom Außenast der Neue Wiener Tramway-Gesellschaft in der Heiligenstädter Straße führte ab 26. Mai 1891 auch eine Flügellinie durch die Grinzinger Straße bis zur Hohen Warte im Bereich der Armbrustergasse. Diese 800 Meter lange Abzweigung wurde aber wegen mangelnder Nachfrage bald eingestellt bzw. nur in den Sommermonaten befahren. Im Jahr 1903 wurde die gesamte Nußdorfer Strecke elektrifiziert, die schlecht ausgelastete Abzweigung zur Hohen Warte aber demontiert.

Die Schattenseiten einer „gesunden Konkurrenz"

Wegen der harten Konkurrenz der Verkehrsunternehmen untereinander durfte die Neue Wiener Tramway-Gesellschaft zum Leidwesen der Kunden keine Gleisverbindung zu den Gleisen der am Ring verkehrenden Wiener Tramway-Gesellschaft herstellen. Es war zwischen den rivalisierenden Verkehrsunternehmen nicht möglich, ein Abkommen zum gegenseitigen Benützen ihrer Gleisstrecken abzuschließen. Dies war in wirtschaftsliberalen Zeiten eben der Preis, den die Kunden zu zahlen hatten, wenn verkehrspolitisch der Wunsch nach freiem Wettbewerb und gesundem Konkurrenzdruck bestand. Es führte auch dazu, dass die Neue Wiener Tramway-Gesellschaft auf der Alserbachstraße zwischen der Liechtensteinstraße und der Sechsschimmelgasse ein eigenes Gleis zu den zwei Gleisen der Wiener Tramway-Gesellschaft dazulegen musste. Zum Glück wollte die Dampftramway Gesellschaft Krauss & Comp. nicht ebenfalls in diesem Bereich fahren, sonst wäre die komplette Straße bald von den Gleisen der drei konkurrierenden Straßenbahnen okkupiert gewesen.

Die Wiener Neudorfer Strecke – der Vorläufer der Badner Bahn

Am 29. September 1886 nahm die Neue Wiener Tramway-Gesellschaft eine 12,8 Kilometer lange

---

10 dabei wurden die Wagen der von der Stadt kommenden Pferdetram abgekuppelt und an die von der Sternwartestraße kommenden Dampfzüge angehängt

ausschließlich mit Dampflokomotiven betriebene Strecke vom Margaretengürtel bzw. von Gaudenzdorf nach Wiener Neudorf in Betrieb. Diese Linie war vor allem für den Güterverkehr gedacht.[11] Die Strecke begann am Margaretengürtel in etwa auf Höhe der heutigen Emil-Kralik-Gasse und verlief durch die Steinbauergasse und die Rudolfsgasse (heute Aßmayergasse) zur Eichenstraße, um nach Übersetzung der Südbahn entlang der Pottendorfer Bahn über Inzersdorf entlang der Triester Straße nach Neu-Erlaa und Vösendorf bis nach Wiener Neudorf zu gelangen. Die Strecke ist als Vorgängerlinie der heutigen Badner Bahn zu sehen, diente damals aber hauptsächlich dem Transport von Ziegeln aus den in diesem Bereich angesiedelten Ziegelfabriken. In Richtung Ring zur Operngasse wurde die Strecke am 12. November 1887 über die Arbeitergasse, Ramperstorffergasse, Rechte Wienzeile, Kettenbrücke und Linke Wienzeile verlängert, aber nur mit Pferden betrieben. Im selben Jahr beschloss die Neue Wiener Tramway-Gesellschaft, die Dampftramwaystrecke auszugliedern und in eine neu gegründete und am 22. März 1888 konzessionierte Gesellschaft „AG der Wiener Lokalbahnen" einzubringen. Diese Gesellschaft betreibt auch heute noch die bereits 1895 bis Guntramsdorf und im Jahr 1899 bis Baden verlängerte, 1906 durchgehend elektrifizierte sowie mit einem zweiten Gleis versehene Strecke. Die vom 1. Bezirk ausgehende Badner Bahn, die auch die Gleise der Wiener Straßenbahn nutzt, wurde jedoch nicht als ein lokales Wiener Verkehrsmittel betrachtet.

Bilanz der Dampftramways in Wien

Die Einführung der Dampftramways in Wien erfolgte seitens der Verkehrsunternehmen in erster Linie aus wirtschaftlichen Gründen und nicht, um den Fahrgästen Komfortverbesserungen anbieten zu können. Auch waren sie keine schnellen Verbindungen, um sie als Vorläufer der später errichteten und ebenfalls dampfenden Stadtbahn ansehen zu können. Insgesamt ging die Rechnung der beabsichtigten technischen Modernisierung des Lokalverkehrs nicht ganz auf. Die Dampftramways konnten im Vergleich zur Kilometerleistung des Pferdebetriebs trotz modernen maschinellen Antriebs tatsächlich nur rund ein Viertel der Gesamtkilometerleistung erbringen. Die Bevölkerung stand den zischenden und dampfenden Ungetümen durchaus kritisch gegenüber. Als am 29. Oktober 1891 eine Dampftramway der Firma Krauss in der Jägerstraße mit einem sandgefüllten Pferdewagen kollidierte und diesen zum Umstürzen brachte, wurde der Dampfzug von der aufgebrachten Bevölkerung mit Steinen beworfen. Angeblich hatte der Zugführer kein Glockensignal gegeben. Viele Menschen fühlten sich in den oft engen Wiener Straßen von den Dampflokomotiven irritiert und bedroht. Durch die kritische Haltung der Bevölkerung und diverse

[11] Kaiser Wolfgang, Die Wiener Straßenbahnen, Wien 2005, Seite 19

Der Volkszorn richtete sich gegen die Dampflok

(Zusammenstoß auf der Dampftramway) Der nach der Leopoldstadt verkehrende Dampf-Tramway-Zug Nr. 47 stieß gestern Abends um 8 1/2 mit einem in den Hof des Hauses Jägerstraße Nr. 61 einfahrenden Sandwagen, Eigenthum des Fuhrmanns Wondrak, gelenkt vom Kutscher Joseph Bubka, zusammen, so daß das Fuhrwerk zertrümmert wurde und der Sand sich auf das Geleise entlud. Der Zug hielt, und der Vorfall hatte bald eine größere Menschenansammlung zur Folge. Da sich unter den Leuten die Meinung verbreitete, daß der Unfall geschehen sei, weil der Maschinführer kein Glockensignal gegeben habe, begannen mehrere Individuen den Train mit Steinen zu bewerfen, wobei der Heizer Franz Hutia verletzt wurde. Sicherheitswachmänner zerstreuten die Menge und arretirten einen der Thäter, worauf der Zug, der bis zur Freimachung der Passage zurückgeschoben worden war, die Fahrt fortsetzen konnte.

Wr. Zeitung vom 30.10.1891, S 5

Vor allem die von den Wienern so geliebten Heurigen und Gaststätten der Vororte wurden von den Dampftramways erschlossen

Proteste von Anrainern blieb die Dampftramway ein Verkehrsmittel für die Vororte. Sie diente vor allem zur Erschließung der von den Wienern so geschätzten Heurigen in Nußdorf, Perchtoldsdorf und Stammersdorf. Für den späteren Bau der Stadtbahn erwies sich die Dampftramway aber insofern als hilfreich, als sie den qualmenden und rußenden Dampfbetrieb in der Stadt bekannt und damit mehr oder weniger salonfähig machte.

Und wieder das leidige Stadtbahnthema

Als Folge des Börsenkrachs von 1873 waren die vielen Lokalbahnprojekte desselben Jahres in den Schubladen der Verkehrsgeschichte Wiens verschwunden. Geblieben waren nur die Verkehrsprobleme der Stadt. Pferdetramway und Omnibus sowie die Dampftramway konnten ein leistungsfähiges, kreuzungsfreies lokales Schnellverkehrsmittel wie eine U-Bahn nicht ersetzen. Noch immer fehlten auch direkte schienenmäßige Verbindungen zwischen den Wiener Bahnhöfen. Mit der Aspangbahn kam im Jahr 1881 zu den bestehenden sechs weit voneinander entfernt liegenden Kopfbahnhöfen der siebente Bahnhof dazu. Die Frage des Baus einer Verbindungsbahn bzw. einer Stadtbahn war in der stetig wachsenden Metropole dringender als je zuvor und noch immer ungelöst.

Hilfe aus England

Als sich im Juni 1881 der irische Zivilingenieur und Architekt Joseph Fogerty, der für die Londoner Metropolitan U-Bahn tätig gewesen war, überraschend um die Konzession für Bau und Betrieb eines kilometerlangen Stadtbahn-Ringes in Wien bewarb, lag die Stadtbahnfrage wieder auf dem Tisch. Gemeinsam mit James Clarke Bunten (1838–1901), einem schottischen Eisenbahningenieur der Caledonian Railway Company und mit Unterstützung englischer Geldgeber wollte er in Wien in Hochlage auf Eisenträgern eine Stadteisenbahn mit gewöhnlichem Dampfantrieb quer durch die Stadt führen. Was auf den ersten Blick wie ein Geschenk des Himmels für Wien aussah, führte zu hitzigen Diskussionen, bei denen sich Karl Lueger zum Wortführer der Projektgegner aufspielte. Neben den privaten Tramwayunternehmen und den in den Händen von internationalen Aktiengesellschaften befindlichen Strom- und Gasversorgern Wiens hätte ihm eine in Privatbesitz befindliche Wiener Stadtbahn gerade noch gefehlt. Durch seine schlechten Erfahrungen mit privaten Aktionären, seien es nun Engländer oder Österreicher, war Lueger an vorderster Front bemüht, dieses Stadtbahnprojekt abzudrehen. Da das Projekt für Wien und die Staats- bzw. Eisenbahnverwal-

Die mit Eisenkonstruktionen geplante Hochstrecke des Fogerty-Projekts entlang des Donaukanals

tung aber finanziell äußerst günstig war, wurde den Engländern von staatlicher Seite bald die Konzession dafür erteilt.

Das Fogerty-Projekt

Die Gesamtlänge des Projektes betrug rund 25 Kilometer, wovon 13 Kilometer auf eine zentrale, das Stadtbild dominierende Ringbahn als Hochstrecke entlang von Gürtel, Donaukanal und Wienfluss (heute in etwa U6 und U4) entfielen. Diese sollte aus gusseisernen Säulen mit aufgesetzten schmiedeeisernen Brückenkonstruktionen, wie sie in New York gebaut worden waren, bestehen. Die lichte Höhe der Bahn hätte meist über fünf Meter betragen. Nur im Bereich Michelbeuern wäre auch ein 446 Meter langer Tunnel geplant gewesen. Der Zentralbahnhof am Franz-Josephs-Quai wäre sechs Meter hoch gelegen und hätte sechs Gleise und vier Perrons gehabt. Vorerst waren 17 Stationen vorgesehen,[12] auf späteren Plänen sogar 22. Von dieser Ringbahn sollten fünf Abzweigungen zur Verbindung mit allen in Wien einlaufenden Bahnlinien führen.[13]

„Die Ringbahn beginnt bei der Brigitten-Brücke am rechten Ufer des Donaukanales, läuft bis zur Aspern-Brücke demselben entlang, dann längs des Wienflusses bis zum Gumpendorfer Schlachthause (bis daher durchaus als Hochbahn auf Eisenkonstruktion), von da bis zur Währinger Linie innerhalb und unterhalb der Gürtelstrasse und kehrt sodann wieder als Hochbahn zur Ausgangsstelle bei der Brigitten-Brücke zurück. Die Abzweigungen sind zu führen:
- *zur Kaiser Franz Joseph-Bahn,*
- *zur österreichischen Nordwestbahn,*
- *zur Kaiser Ferdinand-Nordbahn,*
- *zur Donau-Uferbahn,*
- *zur Wiener Verbindungsbahn,*
- *zur Südbahn und*
- *zur Kaiserin Elisabeth-Westbahn.*

Diese Linien alle vorläufig eingleisig! Und nur der Theil von der Brigitten-Brücke bis zur Ausästung zur Wiener Verbindungsbahn ist zweigleisig herzustellen. Letzterer Theil nach Vollendung der ganzen Stadtbahn viergleisig."[14]

Stadt gegen Stadtbahn

Auf Verlangen des Wiener Gemeinderates wurde zur Besserung des Vorstellungsvermögens der Entscheidungsträger sogar eine hölzerne Schablone der Hochbahn im Maßstab 1 : 1 als Muster aufgestellt. Dies führte aber nur zu einer abfälligen Beurteilung des Projekts. Die Haupteinwände der Stadt gegen die Stadtbahn von Joseph Fogerty waren: „Eine Hochbahn à la Fogerty in den schönsten

Der Engländer Joseph Fogerty (1831-1899) wollte in Wien eine Stadtbahn bauen

12 Wochenschrift ÖIAZ, VI Jahrgang, Nr. 49, Wien 1881, Seite 286
13 siehe auch: Die Linie U1, Wien 2006, Seite 33
14 Förster's Allgemeine Bauzeitung, Wien 1883, Seite 34

Schock in Wien: Konzessionserteilung für eine Wiener Stadtbahn an Joseph Fogerty

Theilen des innerstädtischen Gebietes ist als eine Verunstaltung des erst jüngst unter den Auspicien Sr. Majestät des Kaisers Franz Josef I. in so herrlicher Schönheit entstandenen Neu-Wien zu verwerfen. Um nicht dem Einen mit dem Anderen vorzugreifen, ist die Stadtbahnfrage nur gleichzeitig und im Zusammenhange mit der Wienflussregulierungsfrage zu lösen."[15]

Vaterländischer Samen

Andere „gewichtige" Gründe gegen das Projekt waren nicht nur sachlicher Natur, sondern nationalistisch motiviert und gegen das *„imperialistische und protektionistische"* England – obwohl es die Baukosten übernommen hätte – gerichtet:

„Von den Studien und der Mühe, von dem Aufwande an geistiger Arbeit, von dem Bekunden von Wissen und Können gar nicht zu reden, so kann doch gesagt werden, dass die faux frais (Nebenkosten) für Studienreisen, Terrain-Aufnahmen, sonstige Erhebungen und die Projektausschreibungen, welche von österreichischen Gesellschaften, von österreichischen Privat-Ingenieuren, vom österreichischen Staate und von der Kommune Wien seit den zehn Jahren von der ersten ernsten Anregung der Stadtbahnfrage angefangen bis heutigen Tages aufgewendet worden sind und mit deren Hülfe die Stadtbahnfrage zu ihrer heutigen, leider in der Konzession zu wenig gewürdigten Klärung gebracht wurde, mehrere hunderttausend Gulden betragen! Die Frucht aus diesem kostbaren vaterländischen Samen ist nun zweien Engländern zugedacht, den Söhnen einer Nation, die uns stets fort das Gebiet unseres Handels einengt, die uns erst jüngst durch ihren dermaligen Premier-Minister jenes brutale Hands off! zugerufen hat, welches heisst: Weg da Österreich!"[16]

Trotz all dieser Einwände wurde am 25. Jänner 1883 von der k. k. österreichischen Regierung – auf Basis des im Jahre 1882 erlassenen Lokalbahn-Gesetzes – an die Engländer Fogerty und Bunten die Konzession für Bau und Betrieb ihrer Stadtbahn in Wien erteilt. Die Vertreter Wiens wurden davon regelrecht überrascht, da sich auch der Wiener Gemeinderat zuvor gegen das Projekt ausgesprochen hatte. Doch wurden durch zu lange Diskussionen und Überlegungen – z. B. ob man selbst als Konzessionswerber auftreten sollte – die gewährten „Erklärungsfristen" überschritten. Der Widerstand der Stadt formierte sich allerdings immer entschiedener. Vor allem die Querung der Ringstraße in Hochlage stieß auf eine breite Ablehnungsfront. Gleichzeitig wurde die Stadtbahnfrage mit der ebenfalls ungelösten Frage der Regulierung des Wienflusses verknüpft – eine kommunale Aufgabe, der ein internationaler Investor für Verkehrsanlagen kaum Interesse entgegenbringen konnte und dem daher auch keine Geldmittel dafür zu entlocken waren.

„Nicht besser erging es mir mit einer zweiten Angelegenheit, für die ich mich außerordentlich interessierte, nämlich mit der Stadtbahn. Der Unsinn, der in dieser Frage zu jener Zeit speziell von Mandl und Lueger betrieben wurde, war kaum mehr zu überbieten. Die Herren hatten die Überweisung der Stadtbahnfrage an die Wienfluß-Regulierungskommission durchgesetzt und in dieser famosen kombinierten Kommission galt der von Mandl als unumstößliches Prinzip aufgestellte Satz, daß nur derjenige Unternehmer auch von der Gemeinde die Konzession der Stadtbahn erhalten dürfe, welcher sich verpflichtete, gleichsam als Draufgabe die Wien zu regulieren. Ich bemühte mich vergeblich, diesen Leuten die Unmöglichkeit ihres Verlangens klar zu machen. Schließlich stellte ich direkt im Plenum den Antrag, diese Wienfluß-Regulierungskommission aufzulösen, die Stadtbahnfrage einer eigenen Kommission zuzuweisen und bezüglich der Wienflußregulierung mit der Regierung und dem Lande in Unterhandlung zu treten. Ich fand wohl die nötige Anzahl von harmlosen Kollegen, welche mir den Antrag mitunterschrieben: nach dessen Verlesung war ich aber geradezu in Gefahr, moralisch gelyncht zu werden. Auf Antrag Mandls geschah meinem Antrage das ärgste, was einem solchen passieren kann: es wurde

---

15 Förster's Allgemeine Bauzeitung, 1883, Seite 33
16 Köstlin August (1825–1894) in Förster's Allgemeine Bauzeitung, 1883, Seite 34

sofort im Plenum über ihn zur Tagesordnung übergegangen. Der Verlauf der Ereignisse hat mich sehr gerechtfertigt. Hätte die Kommune, wie ich vorgeschlagen, die ganze Stadtbahnunternehmung selbst in die Hand genommen, wir wären nicht zu einer Stadtbahn gelangt, welche in Plan und Konstruktion alle Verkehrsinteressen den militärischen Zwecken geopfert hat. Als dann Fogerty mit seinem Projekte kam, waren es nicht mehr als vierzehn Gemeinderäte, welche bei dem von Mandl und Lueger ausgeübten Terrorismus für eine Unterhandlung mit ihm zu stimmen wagten." [17]

Fogerty gibt auf

Die nicht enden wollenden Einwände und Kritiken von Politikern und Fachleuten an seinem Projekt sowie wachsende Zurückhaltung seiner englischen Geldgeber führten dazu, dass Fogerty Mitte der 1880er Jahre die Undurchführbarkeit seines Projekts erkannte. Er legte, trotz Verfalls einer hinterlegten Millionenkaution, die Konzession zurück und gab sein Lokalbahnprojekt in Wien auf. Am 14. März 1886 wurde die Konzession für erloschen erklärt. Damit fiel Wien – aus ästhetischen und nationalistischen Gründen – um eine äußerst billige, da privat finanzierte Stadtbahn um.

Eine Konkurrenz zum Dampfantrieb

Die Diskussionen über das Fogerty-Projekt wurden im Laufe der 1880er Jahre auch von einem neuen, wissenschaftlich-technischen Thema überlagert. Die aktuelle Frage war, ob nicht der elektrische Antrieb, der sich noch in den Kinderschuhen befand, für ein innerstädtisches Massenverkehrsmittel besser und wirtschaftlicher wäre als der rauchende, stinkende und bei dichter Bebauung äußerst problematische Dampfantrieb. Zwar fehlten noch erprobte praktische Beispiele, langsam aber sicher begann sich jedoch ein neues technologisches Zeitalter in der Antriebstechnik am Horizont abzuzeichnen. Die Vorteile eines elektrischen Betriebes waren zu offenkundig, um sie ignorieren zu können.

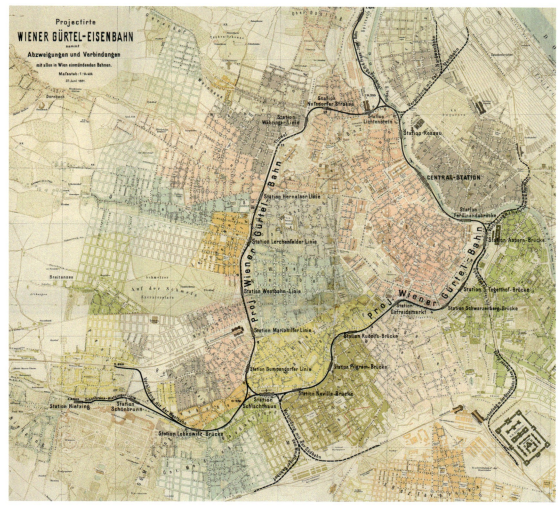

Lageplan des Fogerty-Projekts von 1881, dem später realisierten Stadtbahnprojekt sehr ähnlich

17 Mayer Sigmund, Ein jüdischer Kaufmann, Leipzig 1911, Seite 272

Die Geburtsstunde der elektrischen Straßenbahn war im Jahr 1879 auf der Berliner Gewerbeausstellung

Unter Strom – das elektrische Zeitalter

Von Deutschland aus

Fünfzig Jahre nachdem in England die ersten Dampflokomotiven von George Stephenson das Licht der Welt erblickt hatten, gelang es der Elektrotechnik von Deutschland aus, der Dampfkraft in der Antriebstechnik den führenden Rang abzuringen. Ein neues technisches Zeitalter wurde mit der Entwicklung der Dynamomaschinen eingeleitet. Zwar gab es schon in der ersten Hälfte des 19. Jahrhunderts verschiedene Versuche, elektrischen Strom auch zum Antrieb von Fahrzeugen zu nutzen, die Bemühungen führten aber zu keinen brauchbaren Ergebnissen. Erst auf der Berliner Gewerbeausstellung von 1879 konnte Werner von Siemens über seine Firma Siemens & Halske dem staunenden Publikum auf einer 270 Meter langen Rundstrecke bei einer Spurweite von 49 Zentimetern[1] eine Bahnfahrt mit elektrischem Antrieb vorführen. Die „Liliputlokomotive" hatte einen zweipoligen Gleichstrommotor mit Trommelanker, der 3 PS hatte und mit 600 bis 700 Umdrehungen in der Minute lief. Die Anspeisung erfolgte mit 150 Volt Gleichstrom, der über eine zwischen den Fahrschienen montierte und isolierte Mittelschiene zugeführt wurde. Die Stromrückleitung erfolgte über die Fahrschiene. Am 31. Mai 1879 setzte sich diese weltweit erste elektrisch angetriebene Eisenbahn mit wagemutigen Passagieren in Bewegung. Bis zum 30. September 1879 konnten damit 86 398 Personen[2] befördert werden.

„Unsere elektrische Eisenbahn macht jetzt hier viel Spektakel. Sie geht in der Tat über Erwartung gut. Es werden in einigen Stunden täglich

[1] Matschoß Conrad, Werner Siemens, Lebensbild und Briefe, Band 1, Berlin 1916, Seite 106
[2] Glasers Annalen für Gewerbe und Bauwesen, Nr. 721, vom 1. 7. 1907

gegen 1000 Personen à 20 Pfennig für wohltätige Zwecke befördert. 20 bis 25 Personen mit jedem Zug. Geschwindigkeit etwa Pferdebahngeschwindigkeit. Es läßt sich darauf in der Tat jetzt was bauen!" [3]

In rund 50 Sekunden wurde die Kreisbahn durchlaufen, also fünf Meter in der Sekunde bzw. mit fast 20 km/h. *„Die kronprinzlichen Kinder wurden gestern ganz bange",* [4] schrieb Werner Siemens am 28. Juni 1879 anlässlich deren Besuches der Ausstellung an seinen Bruder Karl nach London.

Putzige Dinger mit der Geschwindigkeit eines Heuwagens

Bereits ein Jahr nach dieser legendären Berliner Gewerbeausstellung hatten auch die Wiener erstmals die Möglichkeiten, die neue Antriebstechnologie zu bestaunen. Im Rahmen der Niederösterreichischen Gewerbeausstellung in der Rotunde im Wiener Prater von Ende Juli bis Oktober 1880 konnte auch mit dieser kleinen „Liliput-Elektrischen" probeweise gefahren werden. Längs der Ostgalerie der Rotunde war von der Firma Siemens & Halske und der Wiener Telegraphenbauanstalt Béla Egger [5] eine rund 300 Meter lange elektrisch betriebene Straßenbahn-Musterstrecke errichtet worden. Sie fuhr *„mit der Geschwindigkeit eines Heuwagens"* [6] entlang der Ostgalerie der Rotunde hin und her. Eine externe Dampfmaschine trieb einen Dynamo an, der die Lokomotive über die Schienen mit Strom versorgte. Die kleine Lokomotive, auf der ein Lokführer wie auf einem Pferd saß, zog drei Anhänger, auf denen wagemutige Fahrgäste Platz nehmen konnten.

„Die kleinen drahtumwundenen putzigen Dinger, die Sie hier gewiß zum ersten Male sehen werden, die dürfen Sie nicht für Dampfmaschinen halten; das sind - bitte nicht zu erschrecken - dynamoelektrische Maschinen." [7]

Diese Musterbahn war die erste elektrisch betriebene Bahn in Österreich und gleichzeitig auch die erste, die von einer österreichischen Firma errichtet worden war.

Die weltweite erste elektrische Straßenbahn

Auch wenn diese „putzigen Dinger" damals eher als Unterhaltung und Spektakel empfunden wurden, so waren damit doch langfristig vor allem im innerstädtischen Verkehr die Tage von Dampflokomotiven und Pferdetrams gezählt. Die echte Geburtsstunde des elektrischen Bahnbetriebes erfolgte zwei Jahre später, als in Groß-Lichterfelde in Berlin die weltweit erste elektrische Straßenbahn für den öffentlichen Verkehr mit 2,5 Kilometern Länge in Betrieb ging. Sie war eine Schmalspurbahn mit einer Spurweite von einem Meter. Die Personenwagen fassten 20 Personen. Der Motor hatte fünf PS und erlaubte eine Durchschnittsgeschwindigkeit von 15 km/h. [8] Am 13. Mai 1881 schrieb Werner Siemens an seinen Bruder Wilhelm in Paris:

„Gestern ist unsere elektrische Bahn in Lichterfelde mit großem Glanze eröffnet. Vorher war schon der Eisenbahnminister mit seinen Räten, Stephan mit

Werner von Siemens (1816-1892), der Erfinder der elektrisch angetriebenen Eisenbahn

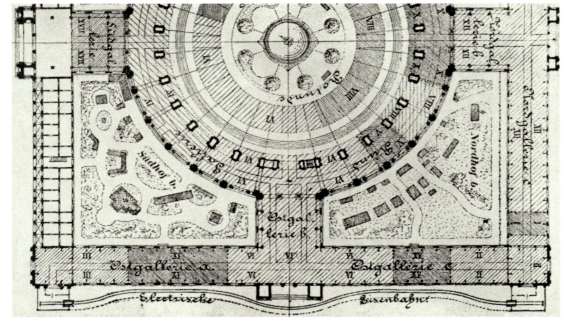

Lageplan der ersten elektrischen Bahnstrecke in Wien aus dem Jahr 1880

3 Matschoß Conrad, Werner Siemens, Lebensbild und Briefe, Band 2, Berlin 1916, Seite 620
4 ebenda, Seite 624
5 Die elektrische Eisenbahn, in Elekto-technische Bibliothek, XVII. Band, Wien 1883, Seite 3
6 Niel Alfred, Wiener Eisenbahnvergnügen, Wien 1982, Seite 22
7 ebenda, Seite 23
8 Matschoß Conrad, Werner Siemens, Lebensbild und Briefe, Band 1, Berlin 1916, Seite 111

Die erste öffentliche elektrische Eisenbahn in Groß-Lichterfelde in Berlin 1881

dito da. Die ersteren waren sehr überrascht und erstaunt, als sie einen gewöhnlichen Eisenbahnwaggon sahen anstatt der erwarteten Wägelchen und kleinen Lokomotivchen, und noch mehr, als der Wagen sich sofort mit ca. 30 km Geschwindigkeit in Bewegung setzte und auch bei der Steigung 1 : 100 nicht viel Geschwindigkeit verlor."[9]

Trotz dieser anfänglichen Erfolge und des großen Staunens dauerte es noch Jahre, bis sich die neue Technologie zuerst im lokalen Straßenbahnverkehr und später auch im überregionalen Eisenbahnverkehr endgültig durchsetzen konnte. Selbst der Erfinder des elektrischen Straßenbahnantriebes Werner von Siemens musste in einem Brief aus dem Jahr 1881 noch die Unzulänglichkeiten und Kinderkrankheiten der neuen Technologie eingestehen: *„Die elektrische Bahn anlangend, so ist das noch ein in den Windeln liegendes Ding und noch kein kommerzieller Gegenstand! In Städten sind elektrische Bahnen bisher nur als Hochbahnen (Eisenbahnen auf Säulen ruhend) ohne weiteres anwendbar. Die sind aber teuer, und die Hausbesitzer widersetzen sich ihrer Anlage in den Straßen. Auf dem Straßendamme kann man elektrische Bahnen in frequenten Städten bisher nicht verwenden, da die Pferde beim Passieren der Geleise elektrische Schläge erhalten. Die Leitung auf Stangen zu legen, die neben den Geleisen aufgestellt sind, wird in der Regel in Städten auch beanstandet. Es ist bisher das elektrische System daher nur in besonders geeigneten Fällen anwendbar und muß auch für den besonderen Fall veranschlagt werden. Die Unterhaltungskosten sind stets viel geringer, in der Regel unter der Hälfte der Erhaltungskosten (inkl. Betrieb) der Pferdebahnen, die Anlage selbst aber etwas teurer. Das ist so ziemlich alles, was sich generell über die Sache sagen läßt."*[10]

Wien als Experimentierfeld des Weltverkehrs

Trotzdem legte Siemens & Halske zu Beginn der 1880er Jahre der Gemeindeverwaltung ein schmalspuriges Stadtbahnprojekt für Wien vor. Der Entwurf war weltweit eines der ersten innerstädtischen Projekte für eine elektrische Bahn.[11] Wien wäre damit die erste Stadt der Welt gewesen, die eine elektrisch gespeiste Bahnlinie erhalten hätte. Die Londoner U-Bahn beispielsweise wurde erst ab dem Jahr 1890 elektrifiziert. Die Reichshauptstadt Wien schien mit ihrer hügeligen Topografie für den elektrischen Betrieb geradezu prädestiniert. Das Projekt war aber bautechnisch vor allem wegen der notwendigen Tunnelbauten recht kühn und seiner Zeit weit voraus. Das gleichzeitig diskutierte Stadtbahnprojekt in reiner Hochlage von Fogerty erregte jedoch mehr Aufmerksamkeit, weil das Antriebssystem durch Dampflokomotiven erprobter und daher viel realistischer erschien. Eine Schmalspurbahn à la Siemens & Halske hätte darüber hinaus für die Eisenbahnverwaltung nicht als Verbindungsbahn zwischen den Bahnhöfen dienen können, sondern wäre ein reines Lokalbahnprojekt gewesen.

Das Schwiegerprojekt

Das Siemens-Projekt war von Ing. Heinrich Schwieger ausgearbeitet worden. Es handelte sich um ein Netz bestehend aus elektrischen Hoch- und Untergrundbahnen. Eine schmalspurige, neun Kilometer lange Untergrundstrecke sollte dabei vom Praterstern über den Karlsplatz zur Westbahn führen: *„Kernpunkt des Siemens-Projektes war die Untertunnelung der Inneren Stadt von der Leopoldstadt kommend über die Achse vom Hohen Markt, Petersplatz, Michaelerplatz über den Lobkowitzplatz zur Kärntnerstraße und zum Karlsplatz."*[12]

Werner von Siemens kannte die Wiener Verhältnisse nicht so genau und war optimistisch, dass die Wiener, fortschrittsgläubig und optimistisch, tatsächlich die weltweit erste elektrische U-Bahn quer durch die Innere Stadt bauen würden.

„Wie Du weißt, hatte ich nach Wien einen jungen Eisenbahntechniker namens Schwieger geschickt, um zu sehen, ob sich dort noch nicht eine elektrische Bahn mitten durch die Altstadt hindurch

---

9 Matschoß Conrad, Werner Siemens, Lebensbild und Briefe, Band 1, Berlin 1916, Seite 691
10 ebenda, Seite 702
11 Schiemann Max, Elektrische Bahnen, II. Band, Leipzig 1899, Seite 89
12 Wochenschrift ÖIAZ, Nr.18, Wien 1883, Seite 153

machen ließe. Der Mann hat mit fabelhaftem Eifer und Geschwindigkeit in ca. 3 Monaten ein ganzes System von elektrischen Bahnen projektiert, welche die Altstadt in mehreren Richtungen durchschneidet und sie mit den Vorstädten verbindet. Dies System kann im Anschluß an das verfehlte Fogertysche Projekt (welches die Altstadt vermeidet) und auch ohne dasselbe existieren. In der Hauptsache unterkellert er die Straßen (mit Wellblechdecke). Die Doppelbahn kostet pro Kilometer durchschnittlich nur 600 000 M. Das Projekt macht jetzt großes Aufsehen in Wien und hat gute Chancen!"[13]

Da Wien an einer elektrischen U-Bahn sehr interessiert war, nur damals – wie gewöhnlich – kein Geld hatte, war Siemens & Halske gezwungen, auch eine Bank als Finanzier aufzutreiben. Schulden zu machen und spätere Rückzahlungen zu versprechen, fällt Kommunen eben viel leichter, als neue Einnahmen zu lukrieren. Am 30. April 1883 schrieb Werner Siemens an seinen Bruder:

„Ich werde wohl in nächster Woche nach Wien müssen. Unser Baumeister Schwieger hat große Triumphe mit seinem Projekt eines elektrischen Bahnnetzes, welches die Altstadt Wien mit den Vorstädten direkt verbindet, erzielt. Es ist wie eine Bombe eingeschlagen und selbst der Handelsminister Pino ist dafür so ziemlich gewonnen. Es muß nun eine Konzession nachgesucht werden und dazu muß ich selbst hin. Ich habe Unterhandlungen mit der Deutschen Bank, um eine große deutsch-österreichische Gesellschaft für Anlage elektrischer Bahnen zu gründen, auf ähnlicher Basis wie die

Heinrich Schwieger (1846–1911), Eisenbahningenieur bei Siemens & Halske

13 Matschoß Conrad, Werner Siemens, Lebensbild und Briefe, Band 2, Berlin 1916, Seite 779

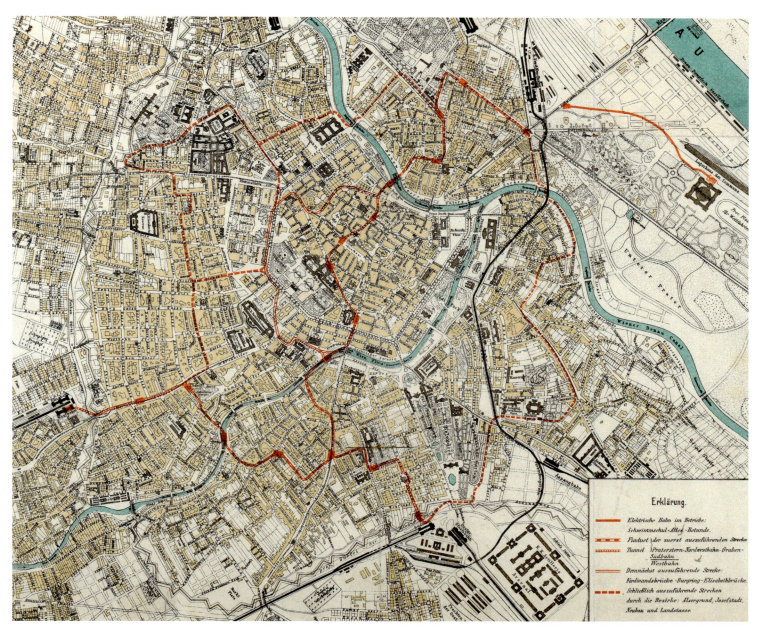

Projekt eines Netzes von Stadtbahnen für Wien von Siemens & Halske

Die elektrische Bahn auf der Elektrischen Ausstellung in Wien im Jahr 1883

Edison-Gesellschaften. Der würde dann die Wiener Konzession als Angebinde übergeben werden. Ich habe 10 % Freiaktien gefordert, werde mich aber auf die Hälfte handeln lassen. Außerdem Übertragung der elektrischen Einrichtungen an unsere Firma." [14]

Die zweite Demonstrationsfahrt in Wien

Um auch die Wiener Bevölkerung für die doch sehr neuartige und moderne Technik zu begeistern, nutzte Werner von Siemens jede Gelegenheit, die sich bot, um dieser die Praxistauglichkeit und Sicherheit des elektrischen Zugantriebes vor Augen zu führen:

„Es wird sich in Wien diesen Sommer die elektrische Bahnfrage für die nächste Zeit entscheiden. Wir bauen zur Ausstellung eine Praterbahn, ganz à la Lichterfelde, aber für große Geschwindigkeit. Ferner wird gegenwärtig die Bahn bis Mödling mit besonderer Leitung (eiserne Röhren) gebaut, mit starken Steigungen und Kurven und für großen Verkehr. Diese Bahnen sollen die Wiener für die projektierte Wiener Stadtbahn begeistern! Die Vorkonzession ist erteilt, und es soll nun die definitive Konzession nachgesucht werden. Das Projekt ist vom eigentlichen Erbauer der Berliner Stadtbahn, Regierungsbaumeister Schwieger, ausgearbeitet und hat in Sachverständigenkreisen allgemein gefallen." [15]

Die legendäre „Elektrische Ausstellung"

Im Rahmen der Internationalen Elektrischen Ausstellung vom 16. August bis zum 31. Oktober 1883 – wiederum in der Rotunde im Prater – betrieb daher Siemens & Halske zu Demonstrationszwecken eine 1,5 Kilometer lange elektrische Bahn vom Pratersternviadukt bei der Jaroschauer Bierhalle über die Feuerwerkswiese zum Nordportal der Rotunde. Es war dasselbe System, das von der Firma bereits in Berlin auf der Lichterfelderbahn in der Praxis zum Einsatz gekommen war. Die Stromzuleitung erfolgte wiederum über die Schienen, nicht über eine Oberleitung. Nachdem Kronprinz Rudolf die Ausstellung mit den Worten: *„... und ein Meer von Licht erstrahle aus dieser Stadt, und neuer Fortschritt gehe aus ihr hervor"* eröffnet hatte, konnten im Laufe der Ausstellung 270 000 interessierte Fahrgäste die Fahrt in den Vorführwagen, die späteren Straßenbahnwagen bereits sehr ähnlich waren, genießen.

Ein unerbittlicher Portier

Die Fahrt dauerte drei Minuten, was einer Geschwindigkeit von 30 km/h entsprach, und kostete ausnahmslos jeden Passagier 10 Kreuzer:

„... besonders der König von Spanien machte viel Aufsehen, den der Kronprinz Rudolf in ‚seine' Ausstellung führte. Er fuhr sogar auf der elektrischen Bahn von Siemens u. Halske. Von den hohen Herren hatte aber niemand das Zehnkreuzerstück für die einmalige Fahrt bei sich, und der unvergeßliche Dr. Fellinger [16]*, der die großen Erfolge seines Hauses nicht nur seiner großen Tüchtigkeit, sondern seiner seltenen Liebenswürdigkeit verdankte, mußte bei dem unerbittlichen Portier persönlich für die Fahrgäste garantieren."* [17]

Wer weiß, wie die österreichische Geschichte verlaufen wäre, hätte es schon damals die heutigen strengen „Compliance-Regeln" gegeben und Kronprinz Rudolf und der König von Spanien Alfons XII., der zwei Jahre später 28-jährig an Tuberkulose verstarb, wären wegen Geschenkannahme bzw. Anfütterung durch ein Industrieunternehmen angezeigt und verurteilt worden.

Verdrießliche Pferde

Für die alteingesessenen Pferdefuhrwerker und Fiaker hielt sich die Freude über das neue Verkehrsmittel durch die absehbare Konkurrenz sehr in Grenzen. Dies wurde noch durch anfängliche

---

14 Matschoß Conrad, Werner Siemens, Lebensbild und Briefe, Band 2, Berlin 1916, Seite 784
15 ebenda, Seite 798
16 Richard Albert Fellinger (1848-1903) war Leiter der Wiener Geschäftsstelle von Siemens & Halske
17 Hoffmann Eduard im Neuen Wiener Tagblatt vom 12. August 1923, Seite 17

Die Vorführstrecke der "Elektrischen" im Prater vor der Rotunde im Jahr 1883

technische Unzulänglichkeiten der „Elektrischen" verstärkt. Da die elektrische Bahn nicht kreuzungsfrei fuhr und zudem die stromführenden Schienen an den kreuzenden Straßenübergängen auf der Versuchsstrecke nicht isoliert waren, erhielten Pferde, die mit den Hufen beide Schienen gleichzeitig berührten, wie vorhersehbar einen elektrischen Schlag. Dies führte zu unschönen Szenen, da die leicht schreckbaren Pferde daraufhin meist panikartig beschleunigten und dann mühsam beruhigt werden mussten – ebenso die darüber erbosten, auf die neue Technik schlecht zu sprechenden Kutscher. Ein Problem, das Werner von Siemens bereits in einem Brief an seinen Bruder Wilhelm in London am 23. Mai 1881 angesprochen hatte:

„Ein Übelstand ist aber vorhanden, der darin besteht, daß die Pferde 4 Beine haben und daher beim Passieren der Geleise oft gleichzeitig auf beide Schienen kommen. Sie erhalten dann eine elektrische Erschütterung, die sie verdrießlich macht!" [18]

Trotz verdrießlicher Pferde, grimmiger Fiaker und aufgebrachter Kutscher blieb Werner von Siemens optimistisch:

„Unsere Praterbahn, die täglich über 8 000 Personen befördert, hat die Wiener ganz toll gemacht, so daß Aussicht ist, daß die Konzession glatt durchgeht, der Husarenstreich also gelingt! Ein Wiener Witzblatt meinte, Pino[19] *müßte ‚nolens Siemens'*[20] *die Konzession erteilen!"* [21]

„Sie erhalten dann eine elektrische Erschütterung, die sie verdrießlich macht."

18 Matschoß Conrad, Werner Siemens, Lebensbild und Briefe, Band 2, Berlin 1916, Seite 695
19 gemeint ist Felix Pino von Friedenthal, österr. Handelsminister von 1881 bis 1886
20 Ableitung von „nolens volens" – „wohl oder übel".
21 Matschoß Conrad, Werner Siemens, Lebensbild und Briefe, Band 2, Berlin 1916, Seite 803

Wien blieb lange die Stadt der Rossknödl

Verdrießliche Politiker

Nun kam aber der elektrischen Bahn von Siemens & Halske das von staatlicher Seite bereits konzessionierte Stadtbahnprojekt von Fogerty in die Quere. Die Vorschläge von Siemens & Halske waren von Anfang an zum Scheitern verurteilt, da die teuren Untergrundstrecken in „stadtbildschonender Tieflage" gegenüber den billigeren „eisernen Hochstrecken" von Fogerty noch schwerer zu finanzieren gewesen wären. In Expertenkreisen wurde die leidige Diskussion „Hochbahn versus Tunnelbahn" oder „billig, aber stadtbildverändernd, gegen teuer, dafür kaum sichtbar" geführt. Für die neue, moderne Antriebstechnik von Siemens & Halske war in Wien die Zeit einfach noch nicht reif. Viele Gemeinderäte wie der spätere Bürgermeister Karl Lueger bezeichneten das Projekt nur als „Spielerei", da ihnen damals die neuartige elektrische Antriebstechnik noch zu modern, zu geisterhaft und fremdartig erschien.

„Es ist jetzt wirklich zum Verzweifeln in unserem Geschäfte! Lauter Mißverständnisse und ärgerliche Geschichten! Dazu die sonstigen Störungen und Aufregungen. Es wird auch für meine sonst passablen Nerven zuviel ... In Wien ist nämlich eine schwere Bombe geplatzt, indem der Magistrat unser Projekt verworfen hat, ohne es an den Gemeinderat gehen zu lassen, in dem allein Gefahr zu drohen schien. Das Schlimme ist dabei, daß die Leute recht haben, da sie sagen, es kann das elektrische Projekt nicht genehmigt werden, ohne gleichzeitig über die Stadtbahn (Verbindungsbahn) zu entscheiden."[22]

Siemens & Halske reagierten darauf rasch, schoben die elektrische Untergrundbahn beiseite und legten ein normalspuriges einfaches Lokomotivenbahnprojekt als direkte Konkurrenz zum Stadtbahn-Verbindungsbahnprojekt von Fogerty vor. Diese einfache Verbindungsbahn sollte vom Kaiser-Franz-Josephs-Bahnhof entlang des Donaukanals bis zur Ferdinand-Brücke (heute Schwedenbrücke) geführt werden und nach Unterfahrung der Dominikanerbastei, der Ringstraße und des Stadtparks einen Anschluss an die Verbindungsbahn Richtung Südbahn und Richtung Nordbahn erhalten.[23] Der Gemeinderat verlangte bei den folgenden Vertragsverhandlungen darüber hinaus, wie schon beim Projekt von Joseph Fogerty, dass dieser Strecke auch eine Strecke durch das Wiental angeschlossen werde, ohne Zusagen für entsprechende Beitragsleistungen der Stadt für den Bau erbringen zu können. Da Fogerty bereits für sein Dampfeisenbahnprojekt von staatlicher Seite die Konzession bekommen hatte, war es für Siemens & Halske nicht möglich, ihr Projekt zu Ende zu führen.[24] Zu unklar war der Stadt selbst, was sie eigentlich wollte und wie und wo ein neues Schnellverkehrsmittel überhaupt fahren sollte. Man begann sich bei der Stadtbahnfrage wieder im Kreis zu drehen.

Spektakel ja, praktische Nutzung nein

Damit reihten sich die elektrischen Probefahrten nahtlos in die vielen Versuchs- und Demonstrationsfahrten mit neuen Antriebstechnologien in Wien ein, die alle einen schnellen Tod starben und gar nicht oder erst sehr viel später in der Stadt realisiert wurden. Wenn es um ein Spektakel und eine Vergnügungsfahrt ging, war man in Wien immer an vorderster Stelle und präsentierte der Bevölkerung stolz – oft Jahre vor anderen Ländern – das Neueste auf dem Gebiet der Fortbewegung. Ob es im Jahr 1818 das Dampfschiff „Caroline" auf der Donau, 1824 Gerstners Mustereisenbahn im Prater, 1834 ebenfalls im Prater Voigtländers Dampfauto, 1840 die Pferdestraßenbahn in der Brigittenau, 1845 das Modell einer atmosphärischen Eisenbahn, 1872 die Versuchsfahrten mit einer Dampfstraßenbahn oder 1880 und 1883 eben die ersten elektrischen Bahnen von Siemens & Halske waren, alle Anlagen wurden nach kurzer Zeit wieder abgebaut und eingepackt und gerieten mehr oder weniger in Vergessenheit.

Österreichs erste „Elektrische" – eine Niederösterreicherin!

Werner von Siemens Bemühungen um einen elektrischen Bahnbetrieb fielen anfangs daher nicht bei den Wienern, sondern in Niederösterreich auf fruchtbaren Boden. Zwischen Mödling, Klausen, Vorderbrühl und später nach Hinterbrühl, einem beliebten Ausflugsgebiet, wurde im Jahr 1883 die erste für den Dauerbetrieb eingerichtete elektrische Straßenbahn in Österreich errichtet. Auf der Elektrischen Ausstellung war bereits ein Triebwagen zu sehen gewesen, der für die gerade in Bau befindliche Schmalspurbahn in die Hinterbrühl bestimmt war. Am 22. Oktober 1883 nahm die Südbahngesellschaft den elektrischen Betrieb bis Klausen auf. Am 14. Juli 1885 wurde die gesamte eingleisige Strecke mit Ausweichen auf einer Länge von 4,5 Kilometern dem Betrieb übergeben. Diese Bahn wurde aufgrund der Probleme mit Stromzuführungen im Gleisbett von der Firma Siemens & Halske sicherheitshalber mit Oberleitungen, d. h. einer Stromzuführung über oberirdische geschlitzte Röhren, errichtet.[25]

---

22 Matschoß Conrad, Werner Siemens, Lebensbild und Briefe, Band 2, Berlin 1916, Seite 830
23 siehe auch: Hödl Johann, Das Wiener U-Bahn-Netz, Wien 2009, Seite 158
24 Wochenschrift ÖIAZ, Wien 1911, Nr. 41, Seite 651
25 Lindheim Wilhelm von, Strassenbahnen, Wien 1888, Seite 20

Triebwagen und Beiwagen der elektrischen Kleinbahn zwischen Mödling und Hinterbrühl

Auch die nächste österreichische „Elektrische" war eine Niederösterreicherin. Zehn Jahre später, am 16. Juli 1894, wurde eine normalspurige elektrische Straßenbahn von Baden ins Helenental mit einer Länge von 3174 Metern eröffnet. Auch hier wurde der Strom mittels Oberleitung, diesmal aber mit Rollenstromabnehmern, dem sogenannten „Trolley-System", zugeführt.[26]

Wien, die Stadt des Dampfes und der Rossknödl

Bis in Wien die erste „Elektrische" fuhr, dauerte es noch bis zum Jahre 1897. Pferdetramways, Pferdeomnibusse und an der Peripherie die Dampfstraßenbahnen sorgten in den 1890er Jahren für den öffentlichen Verkehr. Technische und ästhetische Fragen verzögerten die Einführung dieser zukunftsweisenden Technologie. Im innerstädtischen Bereich waren elektrische Straßenbahnen mit einer Stromzuführung über im Boden verankerte Fahrschienen sicherheitstechnisch äußerst problematisch. Andererseits war eine Stromanspeisung über Oberleitungen, die quer über die Straße gespannt werden mussten, unschön und gewöhnungsbedürftig. Eine Alternative bildeten Akkumulatorenwagen, d. h. batteriebetriebene Straßenbahnen, die aber wiederum andere Probleme wie geringe Speicherkapazitäten und niedrigere Leistungspotenziale hatten. Der öffentliche Verkehr der Stadt, hauptsächlich getragen von den „antiken" und überforderten Pferdestraßenbahnen, war jedoch dringend zu reformieren. Wien brauchte ein leistungsfähigeres Verkehrsmittel. Die Stadt wuchs rasant und die privaten Verkehrsunternehmen agierten träge und meistens auch nur, wenn ein gutes Geschäft zu erwarten war. Mit den Initiativen der deutschen Firma Siemens & Halske und des Engländers Joseph Fogerty war wieder Bewegung in die bereits eingeschlafene Stadtbahnfrage gekommen. Neue Projekte der Wiener Baugesellschaft oder der Dampftramway-Gesellschaft vormals Krauss & Comp. wurden alternativ diskutiert.

Kommunalisierte Verkehrsplanung

Ein Umdenken setzte aber ein. Wenn schon ausländische Finanziers mit ihren Projekten à la Fogerty oder zukunftsorientierte Firmen mit ihren modernen, „hochtechnologischen" Entwicklungen wie Siemens & Halske keine Chancen auf Umsetzung hatten und man gleichzeitig der andauernden Auseinandersetzungen mit privaten gewinnorientierten Verkehrsunternehmen müde war, musste schließlich die öffentliche Hand selbst Planung, Bau und Finanzierung einer leistungsfähigen Verkehrsanlage in der Stadt übernehmen. Konsequenterweise wurde daher in der Folge das Stadtbauamt vom Gemeinderat zur Entwicklung eines „behördlichen" Stadtbahnprojekts aufgefordert. Damit war ein erster wesentlicher Schritt in Richtung einer eigenständigen hoheitlichen Planung von Verkehrsanlagen in Wien gesetzt. Die Zeiten waren ideal für Kommunalisierungen, da zur selben Zeit in der gesamten Monarchie das große politische Programm zur Verstaatlichung aller privaten Eisenbahnlinien lief, welches 1884 auch zur Gründung der k. k. Staatsbahnen führte.

26 Benesch Viktor, Direktor der Wiener Straßenbahn, im Amtsblatt der Stadt Wien vom 1. Februar 1947, Seite 1

Wegen übermüdeter und ausgehungerter Pferde mussten die Passagiere manchmal selbst Hand anlegen

Die Wiener Straßen wurden mit steigendem Verkehr immer überfüllter und gedrängter

Prolongierter Ärger

Bei diesem Stand der Planungen und Diskussionen in Fragen einer Wiener Stadtbahn oder U-Bahn war man in der Praxis aber noch keinen Schritt weitergekommen. Ein Wiener Schnellverkehrsmittel war Zukunftsmusik. Die Hauptlast des öffentlichen Verkehrs in der Stadt ruhte weiterhin auf den Pferdestraßenbahnen, die durch Überfüllung, Gemächlichkeit und eine nur langsame Netzerweiterung für Ärger sorgten. Die Pferdeomnibusse und die Dampfstraßenbahnen spielten im Wiener Verkehrsgeschehen nur eine untergeordnete bzw. periphere Rolle. Verkehrsfragen blieben somit ein tägliches Dauerthema, da das dichte Gedränge in den Straßen Wiens und in den Omnibussen und Tramways durch behördliche Übernahme von Stadtbahnplanungen allein nicht gelockert werden konnte. Aber nicht nur Planungen, auch gesetzliche Maßnahmen brauchen ihre Zeit. Als seitens der Kommune den Tramwayunternehmen ein „Überfüllungsverbot" der überlasteten Wagen auferlegt wurde, musste diese Frage aufgrund fehlender Judikatur bis zum Verwaltungsgerichtshof durchprozessiert werden.[27]

Kompetenzstreitereien

Zu diesen Schwierigkeiten kamen noch Reibungspunkte bei verwaltungsrechtlichen Zuständigkeitsfragen zwischen der konzessionsverleihenden obersten Wegebehörde im k. k. Handelsministerium und der Gemeinde Wien als Eigentümerin des Straßengrundes. Diese Kompetenzstreitigkeiten wurden zusätzlich noch dadurch verstärkt, dass in Tramwayfragen auch die niederösterreichische Statthalterei involviert war und es zwischen dieser und der Gemeinde Wien zu Meinungsverschiedenheiten hinsichtlich der Baubewilligungen kam. „*Unter der Unbestimmtheit elementarer Rechtsverhältnisse hatte die bedeutendste Gruppe der Bahnen niederster Ordnung, die Strassenbahnen (Tramways), seit deren Bestande zu leiden, und die Geschichte fast jeder einzelnen der älteren Strassenbahnen ist ausgefüllt mit Rechts- und Competenzstreitigkeiten.*"[28]

Erst eine Entscheidung des Verwaltungsgerichtshofes am 12. Juni 1885[29] zugunsten der Stadt machte diesen unklaren Verhältnissen ein Ende. Die Gemeinde war nun berechtigt, die Bedingungen der Straßenbenützung allein festzulegen. Aber da Straßenbahnen und auch Lokalbahnen noch in die Kompetenz des Handels- bzw. Eisenbahnministeriums fielen, war damit noch immer kein Ende der Streitigkeiten gegeben. Erst mit dem „Kleinbahngesetz" vom 31. Dezember 1894 (RGBl. Nr. 2) über Bahnen niederer Ordnung wurden die Zuständigkeiten allein in die Hände der Stadtverwaltungen gelegt und damit klare und schnelle Entscheidungen möglich.[30]

---

27 Geschichte der Eisenbahnen der österr.-ungarischen Monarchie, I. Band, II. Theil, Wien 1898, Seite 535
28 ebenda, Seite 523
29 Die städtischen Elektrizitäts-Werke und Strassenbahnen in Wien, Wien 1904, Seite 87
30 Die Gemeinde-Verwaltung der k. k. Reichshaupt- und Residenzstadt Wien in den Jahren 1894–1896, Wien 1898, Seite 159

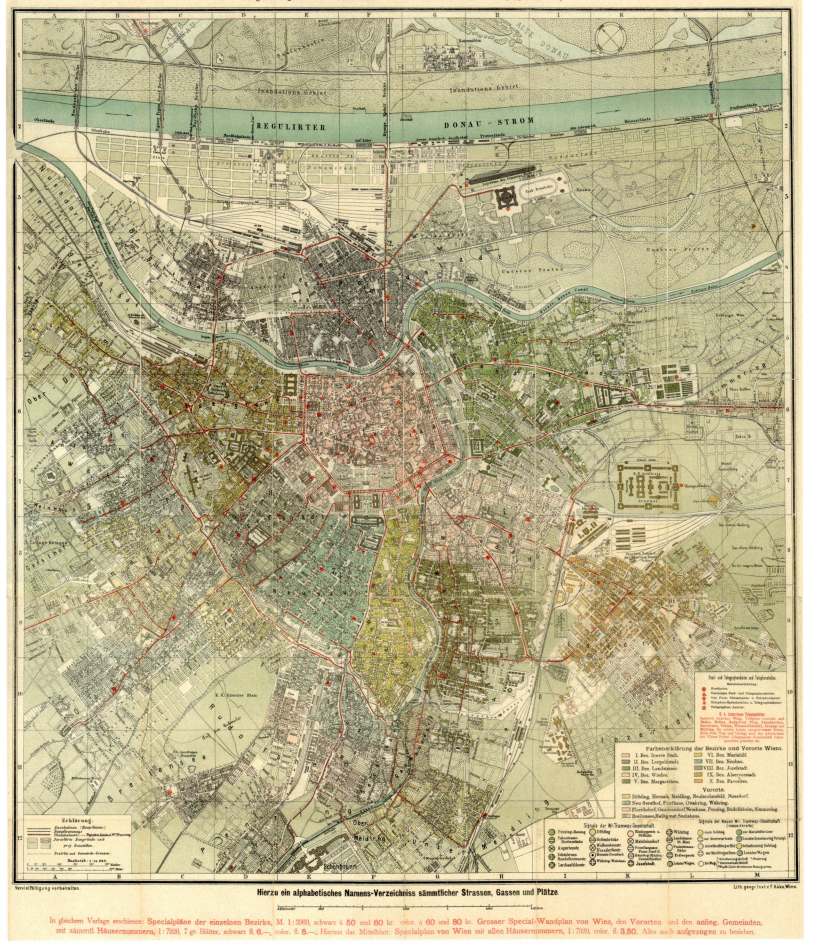

Die Geduld der Tramwaykutscher fand in einem Aufstand ihr Ende

Der Aufstand der „Tramwaysklaven"

Hunger war im 19. Jahrhundert für viele Menschen ein ständiger Lebensbegleiter

1 Csendes Peter/Opll Ferdinand, Wien Geschichte einer Stadt, Band 3, Wien 2006, Seite 290

Das Elend der Arbeiter

Wien war in der zweiten Hälfte des 19. Jahrhunderts eine dynamisch wachsende Stadt. Da ein unaufhörlicher Zuwandererstrom in Wien für ein beständiges Überangebot an Arbeitskräften sorgte, konnten in den 1880er Jahren die Löhne in allen Branchen problemlos niedrig gehalten werden. Arbeitszeitbegrenzung, Freizeitanspruch oder Krankenversicherung waren Fremdworte. In den Industriestandorten der Wiener Vororte gab es massenhaftes Elend. Symptomatisch entstand der Begriff der sogenannten „Ziegelbehm" für Zuwanderer aus Böhmen, die unter miserablen Arbeits- und Lebensbedingungen in Baracken in Favoriten dahinvegetierten.

„In jedem einzelnen Raum der für die Ziegelschlager eingerichteten Arbeiterhäuser lebten drei, vier, ja bis zu zehn Familien, Männer, Weiber, Kinder alle durcheinander, untereinander, übereinander."[1]

In den Gesichtern der Menschen spiegelte sich das ewige Gefühl von Hunger und Hoffnungslosigkeit. Arbeitslose, Bettler, verwahrloste Kinder und Kriminalität prägten in den Vororten das Straßenbild. Es war die dunkle, unschöne und in den durchwegs kaisertreuen und loyalen Medien gerne verschwiegene Seite der „goldenen Kaiserjahre".

Die „Tramwaysklaven"

Mit kaltem Blick auf die Maximierung ihrer Gewinne fixiert, agierten in Wien die Unternehmen im Schutze einer durchgehend liberalen Wirtschaftspolitik ohne Einschränkungen oder Kontrollen durch die Behörden. Dies sorgte besonders bei den Verkehrsunternehmen für heute kaum vorstellbare unsoziale Arbeitsverhältnisse. Hauptaktionär der Wiener Tramway-Gesellschaft war ab Beginn des Jahres 1886 die Bankiersfamilie Reitzes, die das Unternehmen mit strenger, hart kalkulierender Hand führte. Bald galt der Name Reitzes als Reizwort in Wien, nicht nur für Antisemiten.[2] Die Arbeitsbedingungen, unter denen das Personal zu leiden hatte, spotteten jeder Beschreibung. Ein 16stündiger Arbeitstag (11stündige Arbeitstage waren in den Fabriken üblich) und geringer Lohn ließen die Unzufriedenheit unter den Tramwaybediensteten wachsen. Bei Beschädigung der Fahrzeuge wurden den Kutschern die Reparaturkosten vom Lohn abgezogen. Der Fahrplan war auf die Minute genau einzuhalten. Wem dies – aus welchen Gründen immer – nicht gelang, musste unbezahlte Strafarbeit leisten.

„Die Tramway-Gesellschaft hat bekanntlich zwei Gattungen von Bediensteten. Die einen haben eine Arbeitszeit von 16 bis 21 Stunden und ganz ungenügende Nahrung; die anderen arbeiten täglich 4 Stunden und werden reichlich genährt. Die ersten sind die menschlichen Bediensteten, die anderen sind die Pferde. Denn Menschenfleisch ist spottbillig in unserer Gesellschaft, Pferde aber kosten schweres Geld."[3]

Im Jahr 1885 veröffentlichte der Augustiner-Chorherr aus Floridsdorf und spätere Abgeordnete Rudolf Eichhorn eine Broschüre, in welcher er detailliert auf diese untragbaren Verhältnisse aufmerksam machte. Dennoch drehten sich die folgenden Tramwaydebatten im Gemeinderat und in den Zeitungen nur um Fragen des Tarifs und des Netzausbaus. Das Schicksal der „kleinen" Straßenbahner interessierte und berührte weniger als das Schicksal des Geldes der großen Tramwayunternehmen. Diese hatten trotz ihrer menschenunwürdigen Arbeitsbedingungen keine Schwierigkeiten, Bewerber für die offenen Stellen zu finden, da *„hunderte von Arbeitslosen die Aufnahmsbüros der Tramwaygesellschaft umlagern ... Es beweist, daß Tramwaysklave zu sein noch immer um ein Weniges besser ist als der blanke Hungertod."*[4]

Der Wiener Tramway-Gesellschaft gelang am 30. April 1887 sogar der große Wurf, als ihr von der Gemeinde Wien das Straßenbenützungsrecht (konform dem staatlichen Konzessionsrecht) über das vereinbarte Jahr 1903 hinaus bis zum 31. Dezember 1925 vertraglich verlängert wurde. Dafür konnte die Gemeinde für die Wiener zumindest eine kleine Verbesserung aushandeln, indem der Gemeinderat

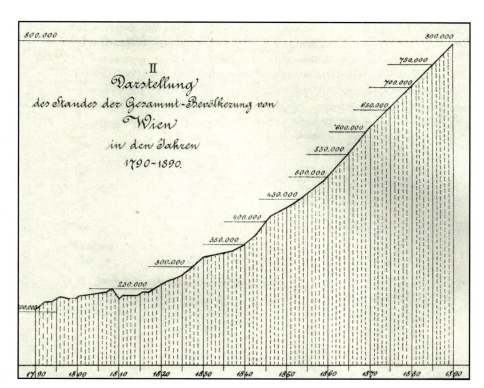

Massives Wachstum der Bevölkerung in der zweiten Hälfte des 19. Jahrhunderts

am 30. Oktober 1888 einen Zonen- und Staffeltarif beschloss, der für viele Benützer der Tramway eine Verbilligung der Fahrkosten bedeutete.

Der Tramwaykutscherstreik von 1889

Von keiner staatlichen Institution in die Schranken gewiesen, legte die Direktion der Wiener Tramway-Gesellschaft noch einmal nach:

„Die Teilstrecke Schottentor - Augartenbrücke zum Beispiel soll genau in fünf Minuten zurückgelegt werden; kostet sie sechs Minuten oder nur vier Minuten, so wird eine Straftour verhängt. Das Mittel war recht gut. Auf einer einzigen Strecke konnte man in einer einzigen Woche 22 Kutschern zusammen 43 Straftouren diktieren."[5]

Diese Straftouren, nun auch für Verspätungen oder zu frühes Eintreffen nicht nur auf der gesamten Strecke, sondern auch auf Teilstrecken, brachten das Fass zum Überlaufen. Die Arbeitsbedingungen der „Weißen Sklaven"[6] der Firma Reitzes waren unhaltbar geworden. Die Straßenbahner begannen ihr Schicksal selbst in die Hand zu nehmen. Am Sonntag, dem 7. April 1889, kam es zu ersten Arbeitsniederlegungen. Ein Streik war in der Monarchie aber kein Kavaliersdelikt. Die k. u. k. Behörden gingen mit der gesamten staatlichen Gewalt von Polizei und Militär gegen die Kutscher vor. Für die Staatsverwaltung ging die Aufrechterhaltung der öffentlichen Ruhe und Ordnung vor den berechtigten Forderungen der unterdrückten Straßenbahner.

Armut und Kriminalität herrschten in den Vororten Wiens

2 Andics Hellmut, Luegerzeit, Wien 1984, Seite 75
3 Victor Adlers Aufsätze, Reden und Briefe, 4. Heft, Wien 1925, Seite 37
4 ebenda, Seite 44
5 ebenda, Seite 37
6 die damals verwendete Bezeichnung „Weiße Sklaven" für die Tramwaybediensteten ist als Anspielung auf die schwarzen Sklaven in Amerika zu verstehen

„Dreinhaun" war die kaiserliche Devise

„Vom 21. bis 28. April 1889 Streik der Tramwaykutscher mit großen Unruhen in Favoriten, Ottakring, Hernals. Schließlich mußte Militär einschreiten. Zwei Wachleute waren im Verlaufe dieser Ausschreitungen schwer verwundet worden."[7]

Die Unternehmensleitung setzte daraufhin unerfahrene Streikbrecher als Kutscher ein. Die Bevölkerung stand aber trotz Störung des öffentlichen Verkehrs solidarisch hinter den streikenden Tramwayern und entlud ihren Zorn an den Streikbrechern: *„Nun machte das Publikum eine energische Demonstration zugunsten des Streiks, die ersten Steine flogen, die Wachmannschaft wurde vermehrt; die Leute wichen nicht. Hundertmal trieben berittene Wachleute die Haufen auseinander, ebenso oft sammelten sie sich wieder und jeder ausfahrende Wagen wurde mit Geschrei und einem Steinhagel begrüßt."*[8]

Das war zu viel für den nervösen Staatsapparat. Die Stadt wurde speziell in den Arbeiterbezirken der Vorstadt in ein regelrechtes Schlachtfeld verwandelt. Dragoner zückten ihre Säbel in Favoriten, Husaren in Hernals. Es war das erste gewaltsame Aufeinanderprallen der Bevölkerung Wiens mit den k. u. k. Militärs seit 40 Jahren, seit der Revolution von 1848.

„Nun erfolgten regelrechte Kavallerieattacken gegen das wehrlose Publikum, besonders bei Nacht recht wirksam. Hierauf Besetzung der Plätze mit Kavallerie. Endlich wurde das Ziel erreicht! Unter polizeilichem und militärischem Schutz verkehrten die Tramwaywaggons, gelenkt von Leuten, die nie die Zügel in der Hand gehabt. Dragoner und Husaren begleiteten die Wagen, den sogenannten ‚Kutscher' schützten vier Wachleute."[9]

Kaiser Franz Joseph dürfte seine Flucht aus der aufgebrachten Residenzstadt im Jahr 1848 aus der Erinnerung hochgestiegen sein. Er ließ beunruhigt Bürgermeister Eduard Uhl zur Berichterstattung bei sich antreten. Mit harter Hand war die Ruhe wiederherzustellen! Victor Adler, der erst wenige Monate zuvor im Jänner die Sozialdemokratische Partei in Hainfeld gegründet hatte, war das politische Sprachrohr der Streikenden. Als er sich in der Parteizeitung „Gleichheit" massiv für die Stra-

[7] Ehrenfreund Edmund Otto, Fünfzig Jahre Wiener Sicherheitswache, Wien 1919, Seite 79
[8] Victor Adlers Aufsätze, Reden und Briefe, 4. Heft, Wien 1925, Seite 51
[9] ebenda, Seite 52

Die Antwort der Regierung auf den Tramwaystreik: Mit dem Säbel dreinhaun!

ßenbahner einsetzte, wurde er „wegen Schmähung und Verspottung der Behörden" zu vier Monaten Arrest verurteilt.[10]

Geburtshelfer der Arbeiter Zeitung

Der Streik der Straßenbahner und vor allem seine solidarische Unterstützung durch die Wiener Bevölkerung erregten auch international großes Aufsehen. Der deutsche Sozialist Karl Kautsky schrieb in seinen Erläuterungen zu seinem Brief an Friedrich Engels, einem der Begründer des Marxismus, nach London:

„Es war die erste Massenaktion seit der Verhängung des Ausnahmezustandes. Sie wurde mit solcher Energie und Zähigkeit durchgeführt (April 1889), daß sie weit über die Grenzen der Monarchie hinaus staunend Beachtung fand. Adler war das geistige Zentrum der Aktion. Gegen ihn und sein Organ, die ‚Gleichheit', richteten sich dann auch sofort Polizei und Gerichte. Die ‚Gleichheit' wurde auf Grund des damals noch bestehenden Ausnahmezustandes verboten (21. Juni), Adler vor Gericht gestellt und zu vier Monaten Gefängnis verurteilt (27. Juni). Die Antwort bildete das Erscheinen der ‚Arbeiter-Zeitung' seit 12. Juli, zunächst zweimal im Monat."[11]

Für den „Aufwiegler" und „Rädelsführer" endete das Eintreten für menschenwürdige Arbeitsbedingungen also im Gefängnis. Den ersten Maiaufmarsch der Sozialdemokraten in Österreich, den er mitorganisierte, konnte Victor Adler, der *„urwienerische Hofrat der Revolution"*[12] nur hinter Gittern feiern.

„Die erste Maifeier 1890 habe ich nicht im Prater miterlebt, sondern im Wiener Landesgericht, Zelle 32, im ersten Stock. Es war ein einsamer Tag, einsamer als jeder andere in den vier Monaten, die ich damals abzusitzen hatte, aber ein Tag der tiefsten Aufregung, die ich auch heute noch in mir zittern fühle, wenn ich an ihn denke."[13]

Um eine weitere Eskalation zu verhindern und der Stimmung im Volk Rechnung zu tragen, mussten die Behörden nach entsprechendem Gemeinderatsbeschluss die Tramway-Gesellschaft auffordern, den ordentlichen Betrieb wiederherzustellen. Anderenfalls wären Pönalzahlungen für jede Betriebsstörung zu leisten. Der monetäre Druck zeigte Wirkung. Die Unternehmensleitung war gezwungen, sich mit den Forderungen der Streikenden auseinanderzusetzen und gewisse Maßnahmen rückgängig zu machen.

„Mit dem Augenblick, als die Forderungen der Kutscher durchgesetzt waren, hatten die ‚Krawalle' ein Ende, das ganze Aufgebot von Militär konnte denselben Abend zurückgezogen werden."[14]

Das Ende einer Ära

Der damals noch einfache Gemeinderat Karl Lueger konnte sich während dieser Zeit als „Anwalt des kleinen Mannes" profilieren. Da er bei den folgenden Prozessen und rechtlichen Auseinandersetzungen die Fahrer und Schaffner gegenüber der Tramway-Gesellschaft vertrat, machte er sich in ganz Wien einen guten Namen. Politisch war mit dem Streik der Tramwaykutscher das faktische Ende der Ära des uneingeschränkten Wirtschaftsliberalismus abzusehen. So wie bisher war die Stadt nicht mehr von Großkapitalisten, Aktionären und den „Hausherren und Seidenfabrikanten" zu regieren. Die Kluft zwischen Besitzbürgertum, Kleinbürgern und Arbeitern wurde immer größer. Um den starken Politiker Lueger sammelten sich nun massiv die Antiliberalen, Antisemiten und Christlichsozialen, die bald darauf die politische Macht in Wien übernahmen. Lueger wurde zur Galionsfigur der Übergangenen und Frustrierten, all jener, die vom *„Glanz der Ringstraße und den Segnungen des Kapitalismus ausgeschlossen waren"*.[15]

Ausgeschlossene Arbeitervertreter

Politisch ausgeschlossen blieben aber vor allem die Arbeiter. Für die Sozialdemokraten war trotz ihres großen Engagements für die vielen ausgebeuteten Wiener – von den Ziegelarbeitern in den Favoritner Ziegelbrennereien bis zu den Tramwaykutschern – der Weg an die Macht noch weit. Sie konnten in Wien aufgrund des auf Männer eingeschränkten und von einer gewissen Steuerleistung abhängigen Wahlrechts politisch keine Rolle spielen. Von den 800 000 Wienern waren damals nur rund 50 000 Vermögende, d. h. nur ca. 6 %, wahlberechtigt.[16] Dies erklärt, warum nach der Gemeinderatswahl vom 28. November 1889 nicht ein einziger Sozialdemokrat im Gemeinderat saß. Die Arbeiterschaft war durch das undemokratische, auf Vermögende eingeschränkte Wahlrecht auf Strukturen und Organisationen außerhalb des Parlaments und des Gemeinderats angewiesen. Erst nach den Gemeinderatswahlen vom 31. Mai 1900 konnten erstmals zwei Sozialdemokraten in das Rathaus einziehen: Jakob Reumann für Favoriten und Franz Schuhmeier für Ottakring.[17] Eine sozialdemokratische Gemeindeverwaltung war somit zur Kaiserzeit unmöglich und wäre unter den Habsburgern auch undenkbar gewesen.

Der Arbeiterführer Victor Adler (1852–1918) musste für seine Unterstützung der Tramwaykutscher ins Gefängnis

Bürgermeister Eduard Uhl (1813–1892) wurde wegen des Streiks zum Rapport beim Kaiser befohlen

10 Czeike Felix, Historisches Lexikon Wien, Wien 1997
11 Adler Victor, Briefwechsel mit August Bebel und Karl Kautsky, Wien 1954, Seite 46
12 Czendes Peter/Opll Ferdinand, Wien Geschichte einer Stadt, Band 3, Wien 2006, Seite 252
13 Adler Victor, Mein erster Mai, Wien 1909
14 Victor Adlers Aufsätze, Reden und Briefe, 4. Heft, Wien 1925, Seite 56
15 Czendes Peter/Opll Ferdinand, Wien Geschichte einer Stadt, Band 3, Wien 2006, Seite 205
16 Andics Hellmut, Luegerzeit, Wien 1984, Seite 88
17 Czendes Peter/Opll Ferdinand, Wien Geschichte einer Stadt, Band 3, Wien 2006, Seite 240

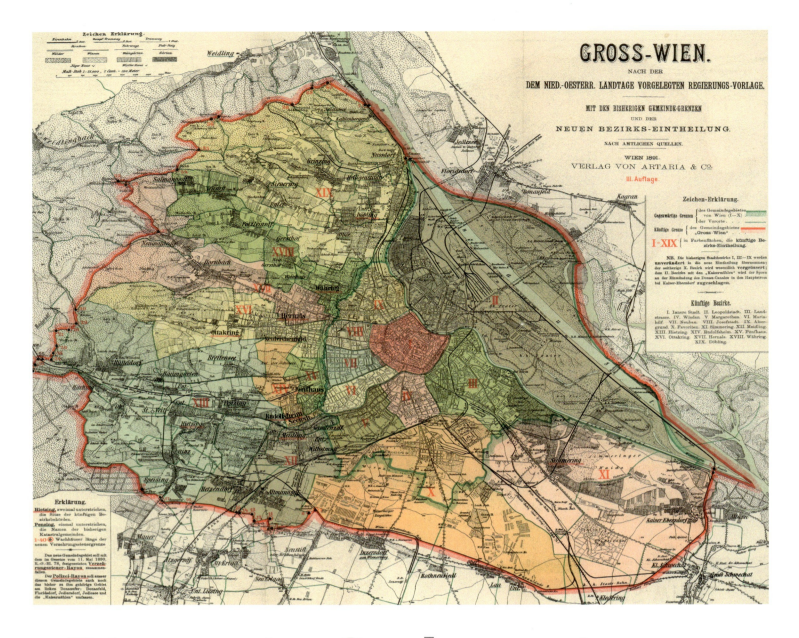

Die zweite Stadterweiterung

Die Eingemeindung der Vororte

Da der Großstadtverkehr nicht nur immer dichter wurde, sondern sich bereits über die ehemaligen Vorstädte zu den Vororten ausgedehnt hatte, begann gegen Ende der 1880er Jahre wieder die Diskussion über eine Eingliederung der Vororte in die Stadt. Vor allem, da dies mit der Frage der Entfernung des hemmenden Linienwalls rund um die Stadt verbunden war. Baulich waren die Vororte bereits zu einem geschlossenen Häusermeer zusammengewachsen. Die Bautätigkeit hatte sich aber isoliert, ohne Gesamtplan und ohne Rücksicht auf die Bedürfnisse der Nachbarorte, vollzogen. Der selbstständige Fortbestand der einzelnen Vororte verhinderte die „gedeihliche Entwicklung des Ganzen". Dies betraf sowohl die Anlage von Kanalisation, Wasserversorgung und Straßen als auch den Ausbau der öffentlichen Verkehrsmittel. Durch die von Fogerty oder Siemens & Halske vorgelegten Lokalbahnprojekte war in den 1880er Jahren auch die Stadtbahnfrage wieder aktuell geworden. Diese konnte aber nur bei einer Gesamtbetrachtung unter Einbeziehung der Vororte gelöst werden. Die meisten Projekte sahen eine Linienführung entlang des Gürtels – genau an der Schnittstelle zwischen den Vorstädten und den Vororten – vor. Ohne vorherige Vereinigung der Stadt mit den betroffenen Vororten wäre dort der Bau einer Stadtbahn aufgrund der vielen Zuständigkeiten und Kompetenzen kaum zu realisieren gewesen. Auch andere dringend notwendige Infrastrukturmaßnahmen, wie die anstehenden Sanierungen bzw. Regulierungen von Wienfluss und Donaukanal, machten eine Aufnahme der Vororte ins Stadtgebiet sinnvoll.

„Wenn vom Wiener Gemeindegebiete die Rede ist, wird unser Blick unwillkürlich auf die Frage der Vereinigung der Vororte mit Wien gelenkt, welche seit mehr als einem Decennium sowohl in der Wiener Gemeindevertretung, wie auch außerhalb derselben den Gegenstand eingehender Erörterungen bildet."[1]

Die Nachteile eines „zweigeteilten" Wiens nahmen auch aufgrund der unterschiedlichen Höhe der Steuern überhand. Zollschranken unmittelbar vor der Nase, quer durch den Großraum Wien, mussten zwangsläufig ein urbanes Spannungsfeld erzeugen. Steigende Mieten in der Stadt, Abwanderung der Bevölkerung in die Vororte, Geldabflüsse und ein starkes Sozialgefälle ab dem Gürtel ließen die politisch Verantwortlichen die Entscheidung gegen die Eingemeindung der Vororte aus dem Jahr 1849 bald bereuen. Selbst die politischen Vertreter der Vororte standen nun, trotz absehbaren Verlusts ihrer Selbstständigkeit, aufgrund der Aussicht auf infrastrukturelle Verbesserungen einer Eingemeindung positiv gegenüber.

Schutz des Wienerwaldes

Ein wichtiges Argument der Befürworter einer Eingemeindung war auch, dass damit diejenigen Teile des Wienerwaldes, die zu den Vororten gehörten, zu Wien kämen. Damit könnte die Stadt diese besser vor Verkauf und Abholzung schützen. Noch saß der Schrecken tief in den Knochen, als das Finanzministerium im Jahr 1870 – zur Zeit der Hochblüte des Wirtschaftsliberalismus – beabsichtigt hatte, den Wienerwald an Spekulanten zu verkaufen, um Bauland zu gewinnen. Damals war es nur dem unermüdlichen Einsatz von Josef Schöffel in der einflussreichen Zeitung „Neues Wiener Tagblatt" zu verdanken, dass es nicht dazu kam und der Wienerwald – bis auf einige Umwidmungs- und Bausünden – bis heute in seiner ursprünglichen Form der Stadt und ihrer Bevölkerung erhalten blieb.

Kielmansegg versus Lueger

Hinter der Eingemeindung der Vororte stand als treibende politische Kraft, als „Spiritus Rector", Graf Erich von Kielmansegg, der Statthalter des Landes Niederösterreich, eine äußerst einflussreiche Persönlichkeit, da Wien damals noch zu Niederösterreich gehörte. Doch der Führer der Opposition im Wiener Gemeinderat, der spätere Bürgermeister Karl Lueger, war aufgrund der unabsehbaren Kosten ein offener Gegner dieser Maßnahme und konnte die Eingliederung der Vororte lange Jahre erfolgreich verhindern.[2]

Der Kaiser im Park

Im Zuge der Eröffnung des Türkenschanzparks im Vorort Währing am 30. September 1888 stellte Kaiser Franz Joseph dann doch überraschend die Einbeziehung der Vororte ins Stadtgebiet in Aussicht: *„Ich wünsche herzlichst, daß mit dem Blühen und Gedeihen dieses jungen Gartens auch der erfreuliche Aufschwung der Vororte, welche, so bald dieß möglich sein wird, auch keine physische Grenze von der alten Mutterstadt scheiden soll,*

Graf Erich von Kielmansegg, einflussreicher niederösterreichischer Statthalter

1 Verwaltungsbericht der Stadt Wien für das Jahr 1884, Wien 1885, Seite 1
2 Schöffel Joseph, Erinnerungen aus meinem Leben, Wien 1905, Seite 288

Der Türkenschanzpark: eine schöne Kulisse für die kaiserliche Ankündigung der zweiten Stadterweiterung

DIE ZWEITE STADTERWEITERUNG

Im Bereich des Linienwalls wurde die Gürtelstraße und in der Folge die Wiener Stadtbahn angelegt

Der Linienwall hatte seine Funktion als Steuerwall verloren und wurde abgetragen

stets zunehme und daß der Anblick Wiens und der Vororte, welcher sich von hieraus bietet, den echten Bürgersinn, den wahren Patriotismus und die Liebe zur Heimat unter dem Schutze des Allmächtigen stets neu beleben möge."[3]

Kielmansegg bestreitet in seinen Memoiren, daß der Kaiser damit wirklich die Einverleibung der Vororte ins Stadtgebiet Wiens gemeint hätte:

„Es ist recht auffällig, wie seit Jahren alle Zeitungen, wenn sie von der seinerzeit erfolgten Einverleibung der Vororte reden, diese stets mit der Eröffnung des Türkenschanzparkes in enge Verbindung bringen oder gar als eine Folge der damals gesprochenen Kaiserworte darzustellen belieben. Das ist aber durchaus unrichtig, denn diese Worte bezogen sich ausschließlich und allein auf den sowohl von Wien als auch von den Vertretern der Vororte in zwei verschiedenen Bittschriften deputativ vorgetragenen Wunsch auf Auflassung der alten Befestigungswerke, der ‚Linienwälle', welche in der Folge als Zollschranke der Stadt Wien bei Einhebung der besonderen, für sie geltenden Verzehrungssteuer dienten; in ihrem Fortbestand bildeten sie aber ein eminentes und beiderseits immer mehr empfundenes Hindernis für den Verkehr und die Entwicklung sowohl Wiens als auch der Vororte. Bei diesem Wunsch war an eine Einverleibung der Vororte nie gedacht worden – wenigstens nicht aller Vororte oder mehrerer derselben."[4]

Erst das folgende Einwirken Kielmanseggs auf Politiker und Journalisten hätte aus der bloßen Absicht der Demontage des Linienwalls auch die darüber hinausgehende Eingliederung der Vororte ins Stadtgebiet bewirkt. Dies erklärt vielleicht, warum es noch zwei Jahre dauerte, bis durch ein niederösterreichisches Landesgesetz am 19. Dezember 1890 die Einbeziehung von 34 Vororten sowie Teilen von 18 anderen Vororten ins Stadtgebiet mit Wirksamkeit ab 1. Jänner 1892 beschlossen wurde.[5] Der Linienwall entlang des Gürtels hatte damit als bauliche und steuerliche Barriere ausgedient. Eine neue Steuergrenze wurde in einem weitaus größeren Radius außerhalb der Vororte ungefähr dem heutigen Stadtrand entsprechend angelegt. Vierzig neue Wachhäuser mussten dazu an der neuen Verzehrungssteuerlinie entlang des Wienerwaldes, der Donauländebahn und des 2. Bezirkes rund um Wien angelegt werden. An der Stelle des Linienwalls wurde in Folge die Gürtelstraße und etwas später die Wiener Stadtbahn errichtet.

3 Der Kaiser und Wien, Ansprachen und Handschreiben Sr. Majestät Kaiser Franz Josef I., Wien 1910, Seite 127
4 Kielmansegg Erich, Kaiserhaus, Staatsmänner und Politiker, Wien 1966, Seite 230
5 Umlauft Friedrich, Die räumliche Entwicklung der Stadt Wien, Wien 1893, Seiten 1 und 7

Blick vom Rathaus Richtung Votivkirche auf die flächenmäßig zweitgrößte Stadt Europas

Unter Bürgermeister Johann Nepomuk Prix (1836-1894) wurde Wien flächenmäßig zur zweitgrößten Stadt Europas

Zweitgrößte Stadt Europas

Bei dieser zweiten Stadterweiterung wurden aus den ehemaligen Vororten die Wiener Gemeindebezirke XI bis XIX mit über 500 000 Einwohnern gebildet. Wien war dadurch erstmals eine Millionenstadt, da die Bevölkerung schlagartig von 800 000 auf 1,3 Millionen Einwohner gewachsen war.[6] Nur London, Paris und Berlin hatten damals mehr Einwohner. Im Jahr 1900 kam noch ein XX. Wiener Gemeindebezirk dazu, da die Brigittenau vom II. Wiener Gemeindebezirk abgetrennt und nun als eigener Bezirk geführt wurde. Bei der Bildung der Bezirke wurde darauf geachtet, Einheiten mit etwa gleich großer Einwohnerzahl zu bilden. Da die Besiedlungsdichte damals unterschiedlich war, kam es zu den auch heute noch erkennbaren verschieden großen Wiener Gemeindebezirken. Die bisherige Stadtfläche von 56,4 km² vergrößerte sich mit der Stadterweiterung auf 232,9 km².[7] Flächenmäßig war Wien damit hinter London zur zweitgrößten Stadt Europas geworden.

[6] Die Wirkungen der zweiten Stadterweiterung, Wien 1898, Seite 15
[7] Umlauft Friedrich, Die räumliche Entwicklung der Stadt Wien, Wien 1893, Seite 8

Plan aus 1902, die Wiener Stadtbahnstrecken sind rot eingezeichnet

Der Bau der Stadtbahn

Durch Stadterweiterung – Stadtbahnbau

Die Erweiterung Wiens um die Vororte war der entscheidende Impulsgeber für den Bau des Stadtbahnnetzes. Nach Jahrzehnten, in denen die Stadtbahnfrage wie ein Phantom immer wieder aufgetaucht war, um dann einmal mehr in irgendwelchen Schreibtischladen zu verschwinden, kam die Entscheidung zum Bau überraschend. Denn auch die von der Stadtbaudirektion ab 1883 präsentierten „hoheitlichen" Entwürfe für eine Stadtbahn bzw. U-Bahn waren den Weg alles Irdischen ohne Aussicht auf tatsächliche Realisierung gegangen. Wien wollte bei der Stadtbahn mitreden und mitplanen, hatte aber kein Geld zur Umsetzung. In den 1880er Jahren war die Stadtbahnfrage regelrecht zerredet worden. Enqueten des Handelsministeriums, Vereinsabende des Österreichischen Ingenieurs- und Architektenvereins, Diskussionsrunden hier, Planungsgespräche dort, immer fanden sich Experten, die an den vorliegenden Projekten kein gutes Haar ließen. „Hochbahn oder Untergrundbahn", „Schmalspur oder Normalspur", „Strom- oder Dampfantrieb", „Personenverkehr mit oder ohne Güterverkehr", „Verbindungsbahn zwischen den Fernbahnhöfen oder reine Lokalbahn nur zur Lösung der örtlichen Verkehrsprobleme?" Einigung war Jahrzehnte lang nicht in Sicht. Auch sprachlich herrschte ein regelrechter Begriffswirrwarr: „Stadtbahn", „Lokalbahn", „Metropolitan-Bahn", „Stadt-Schnellbahn", „Untergrundbahn", „Verbindungsbahn", „elektrische Schmalspurbahn", „elektrische Radiallinie", „Stadteisenbahn", „Unterpflasterstraßenbahn" …, bald wusste keiner mehr, was tatsächlich gemeint war. Mit der zweiten Stadterweiterung war aber endgültig Handlungsbedarf gegeben, Entscheidungen mussten getroffen werden.

„Der Statthalter hat im Laufe der seinerzeitigen Verhandlungen über die Vereinigung der Vororte mit Wien zum Ausdruck gebracht, dass der Bau der Stadtbahn der Preis der Vereinigung sein werde, dass die Schaffung großer Verkehrsanlagen (die Wiener Stadtbahn, die Umwandlung des Donaucanales in einen Handels- und Winterhafen, die Anlage von Haupt- und Sammelcanälen an beiden Seiten des Donaucanales, die Regulierung des Wienflusses unter gleichzeitiger Anlage beiderseitiger Sammelcanäle) in engster Beziehung mit dem Vereinigungswerk stehe und als dessen nothwendige Ergänzung Verhältnisse zeitigen werde, welche erst den vollen Erfolg der Vereinigung und den Aufschwung der vergrößerten Reichshauptstadt anbahnen werde."[1]

Ein kaiserliches Machtwort

Trotzdem bedurfte es noch eines kaiserlichen Machtwortes, um den Stein tatsächlich ins Rollen zu bringen. In einer am 12. April 1891 gehaltenen Thronrede Kaiser Franz Josephs anlässlich der Eröffnung der Reichsratssession bezeichnete *„Allerhöchst Derselbe"*[2] die Frage der Stadtbahn als einen Gegenstand der besonderen Fürsorge seiner Regierung und rief damit in Wien *„allseitig Gefühle aufrichtigen Dankes für die der Reichshaupt- und Residenzstadt entgegengebrachte Huld und Gnade wach"*.[3]

Nach diesem kaiserlichen „Gnadenimpuls" übernahm die Reichsregierung die Initiative in den Stadtbahnplanungen, da nun die Staatskasse in „hervorragender Weise" für dieses Projekt aufkommen musste.

Der Beschluss zum Stadtbahnbau

Im Rahmen einer Enquete im November 1891 im Eisenbahnministerium einigten sich in der Folge die Vertreter der Staatsverwaltung, des Landes Österreich unter der Enns (Niederösterreich) und der Stadt Wien darauf, den Bau der Wiener Stadtbahn gemeinsam vorzunehmen. Dabei wurden auch finanzielle Beteiligungen – allerdings nur mit geringen Anteilen von höchstens 5 % für das Land und 10 % für die Stadt – vereinbart. Vom 18. Juli 1892 datiert die kaiserliche Genehmigung betreffend Ausführung öffentlicher Verkehrsanlagen in Wien. Neben dem Bau einer Stadtbahn waren darin auch die Projekte der Regulierung des Wienflusses samt Anlage von Sammelkanälen zu beiden Seiten sowie der Bau von Sammelkanälen entlang des Donaukanals und dessen Umwandlung in einen hochwassersicheren Handels- und Winterhafen enthalten. Hinsichtlich der Stadtbahn wurden mehrere Linien festgelegt, die sich von den dann tatsächlich realisierten Stadtbahnlinien noch in vielerlei Hinsicht unterschieden. Mit den späteren Gesetzen vom 9. April 1894 und 23. Mai 1896 wurden nachträglich noch verschiedene Änderungen im Ausbauprogramm und in der Ausbaureihenfolge der Stadtbahn vorgenommen.

Organisation

Zur Abwicklung der Finanzierung sowie der Durchführung der Detailplanung wurde eine hochkarätige übergeordnete behördliche Zentralstelle, die „Commission für Verkehrsanlagen in Wien" bestellt, welcher der k. k. Handelsminister und nach Gründung eines eigenen Eisenbahnministeriums am 15. Jänner 1896 der Eisenbahnminister vorstanden. In der Kommission waren Staat, Land und Gemeinde mit gleichem Stimmrecht durch mindestens zwei, höchstens fünf Abgeordnete vertreten.

„In dieser Commission hatten die Vertreter des Staates, des Landes und der Stadt je eine Stimme. Lueger gehörte der Kommission an und dominierte insoferne in derselben, als die Vertreter des Landes Niederösterreichs und Wiens seiner Partei angehörten und nur nach seinem Kommando stimmten."[4]

Zur konkreten Bauausführung wurde eine dem Eisenbahnministerium unterstehende „k. k. Baudirection für die Wiener Stadtbahn" gegründet. An deren Spitze wurde 1895 Friedrich Bischoff Edler von Klammstein als Baudirektor bestellt, der bereits beim Bau der Semmeringbahn in den 1850er Jahren einschlägige Erfahrungen gesammelt hatte. Als Bauleiter für die Gürtellinie fungierte Oberbaurat Anton Millemoth, für die Wiental- und Donaukanallinie Artur Oelwein und für die Vorortelinie Adalbert Gatnar.[5] Ihnen standen insgesamt 70 Beamte zur Verfügung.

Das erste Stadtbahnnetz von 1892

Als „sofort herzustellende Bahnlinien" waren im Reichsgesetzblatt als „Hauptbahnen" eine Linie entlang des Gürtels mit 15,3 Kilometern Länge, eine Linie durch das neu erschlossene, als Donaustadt bezeichnete Areal in der Brigittenau mit 5,6 Kilometern Länge und eine Vorortelinie mit 9,3 Kilometern geplant. Als ebenfalls „sofort zu realisierende Lokalbahnen" waren eine Linie entlang des Wientales mit 7,2 Kilometern und eine Linie entlang des Donaukanals bis zum Franz-Josephs-Bahnhof mit 3,8 Kilometern samt einer eventuellen Verlängerung um 2,2 Kilometer bis Heiligenstadt

Der Leiter der Arbeiten an der Stadtbahn: Friedrich Bischoff Edler von Klammstein (1832-1903)

---

1   Die Wirkungen der zweiten Stadterweiterung, Wien 1898, Seite 41
2   Stadtbauamt, Die Wasserversorgung sowie die Anlage der städtischen Electricitätswerke, die Wienflussregulierung, die Hauptsammelcanäle, die Stadtbahn und die Regulierung des Donaucanales in Wien. Wien 1901, Seite 227
3   ebenda, Seite 228
4   Kielmansegg Erich, Kaiserhaus, Staatsmänner und Politiker, Wien 1966, Seite 339
5   Wien, am Anfang des XX. Jahrhunderts, 1. Band, Wien 1905, Seite 116

angedacht. Dazu kam noch eine geplante „Innere Ringlinie" (entlang der heutigen 2er Linie) mit 4 Kilometern. Die Hauptbahnen sollten von der Kommission für Verkehrsanlagen, die Lokalbahnen[6] durch private Verkehrsunternehmen finanziert werden. Als Fertigstellungstermin für die Vororte-, Wiental-, Gürtel- und Donaukanallinie war ursprünglich Ende 1897 in Aussicht genommen.[7] Um die Konzession für die Lokalbahnen bewarb sich die Dampftramway-Gesellschaft, vormals Krauss & Comp. Sie konnte jedoch die erforderlichen Geldmittel nicht aufbringen.[8] Die Lokalbahnen wurden daraufhin Anfang 1894 von der Kommission für Verkehrsanlagen übernommen und im Charakter von Hauptbahnen gebaut, was wiederum umfangreiche Umplanungen – vor allem wegen des nun größeren Lichtraumprofils der Anlagen – notwendig machte.

Phantomprojekt U-Bahn

Einem späteren Zeitpunkt war der Bau von „elektrischen Radiallinien", die als Untergrundbahnen durch die Innere Stadt geführt werden sollten, vorbehalten:

„Behufs Erleichterung des Verkehres zwischen dem Inneren der Stadt und den vorstehend bezeichneten Localbahnen wird die Realisierung von die innere Stadt durchquerenden Radialbahnen mit elektrischem Betriebe in Aussicht genommen, welche einerseits von der Elisabethbrücke unter dem Stefansplatze zur Station Ferdinandsbrücke, andererseits von der Station Schottenring unter der Freyung, dem Hofe, Graben und Stefansplatz zur Station Hauptzollamt zu führen wären."[9]

Dieses Projekt sollte ebenfalls von privaten Investoren finanziert und gebaut werden. Wenig überraschend ließ sich auch dafür kein kapitalstarkes und risikofreudiges Privatunternehmen finden. Im Unterschied zu den Lokalbahnen übernahm – zum Leidwesen des öffentlichen Verkehrs in der Stadt – die Kommission für Verkehrsanlagen bei den elektrischen U-Bahnen nicht die Verantwortung. Im Gegensatz zu den meisten anderen europäischen Großstädten konnte man sich in Wien nicht zum Bau einer klassischen, von der öffentlichen Hand finanzierten U-Bahn durchringen. Das Thema „Braucht Wien eine U-Bahn?" blieb der Stadt damit weitere Jahrzehnte erhalten.

Der Generalregulierungsplan

Parallel zu Stadtbahnbau und Eingliederung der Vororte ins Stadtgebiet schritt Wien auch zur Durchführung eines Wettbewerbs für einen Generalregulierungsplan für die vergrößerte Stadt. Dieser umfasste wichtige Zukunftsfragen – von Bebauungslinien, Straßennetzen, Wasserwegen über Gartengestaltungen bis hin zu Verkehrsfragen. Der entsprechende Gemeinderatsbeschluss erfolgte am 3. November 1892. Grundlage war die im Zeitalter der Industrialisierung entstandene Idee, Städte in verschiedene Bereiche des urbanen Lebens wie Wohn-, Arbeits-, Industrie-

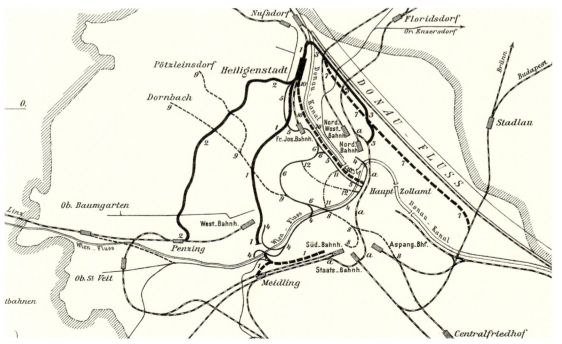

Entwurf des Stadtbahnnetzes mit zukünftigen innerstädtischen U-Bahn-Ergänzungslinien (strichliert)

[6] engere Gleisbögen, kürzere Bahnsteige, niedrigeres Lichtraumprofil
[7] Wiener Bauindustriezeitung vom 20. Jänner 1898, Seite 185
[8] Wien, am Anfang des XX. Jahrhunderts, 1. Band, Wien 1905, Seite 115
[9] Gesetz vom 18. Juli 1892, RGBl. Nr. 109, Pkt. B, II., I

und Erholungsviertel zu trennen. Im ausgehenden 19. Jahrhundert war man sich bei der Raumplanung noch nicht bewusst, dass große Nachteile mit dem Entstehen von reinen Schlafstätten und davon getrennten Arbeitsstätten bzw. Industriegebieten verbunden sind. Vor allem sorgt ein solches städtebauliches Grundkonzept für immer längere Wege beim Personen- und Warentransport, verbunden mit notwendigen Investitionen in hochwertige Verkehrsinfrastruktur. Ist dieses Geld nicht vorhanden, bedeutet steigendes Verkehrsaufkommen fast immer hohe Umweltbelastungen und den Verlust von Freizeit für jeden Einzelnen.

Doppelplanung

So logisch und vernünftig der Architekturwettbewerb Wiens für einen Generalregulierungsplan war, so konsequent kam man damit der eben erst gegründeten Kommission für Verkehrsanlagen ins Gehege. Diese hatte den Bau der Stadtbahn samt der Regulierung von Wienfluss und Donaukanal auszuführen und griff mit diesen Projekten bereits massiv in die Raumplanung der Stadt ein. In den Ausschreibungsunterlagen wurde folglich das offizielle Bauprogramm der Kommission für Verkehrsanlagen von 1892 den interessierten Architekten zur Kenntnis gebracht, aber ausgeführt, dass *„Modificationen und Ergänzungen der in Antrag gebrachten Arbeiten, welche innerhalb der genehmigten Kosten ausführbar erscheinen, zulässig sind, während Abänderungen und Ergänzungen, welche einen Mehraufwand erfordern, vorerst der Zustimmung aller Curien bedürfen werden, so daß deren Ausführung daher nur in zwingendsten Fällen zu erwarten ist"*.[10]

Am 3. November 1893 endete die Einreichfrist. Am 22. Februar 1894 hatte das Preisgericht seine Arbeit beendet und sowohl Oberbaurat Otto Wagner, der damals in Wien gerade Professor an der Akademie der bildenden Künste wurde, als auch den in Köln und Aachen wirkenden Architekten Josef Stübben mit dem 1. Preis bedacht. Zur Umsetzung der Pläne wurde in der Baudirektion der Stadt Wien ein eigenes Büro eingerichtet.

Kein Freund der U-Bahn

Otto Wagner übernahm in seinen Überlegungen betreffend Stadtbahn die Linienführungen der Kommission für Verkehrsanlagen, lehnte aber die beiden projektierten Radial-Untergrundlinien durch die City ab:[11]

„Bezüglich des Bahnnetzes schliesst sich Wagner vorwiegend dem officiellen Projekte an, ergänzt jedoch dasselbe durch die Linie am äusseren Gürtel und die Fortsetzung der Donaukanalstrecke von der Aspernbrücke bis zum Gaswerk, wogegen er für die innere Stadt anstatt einer unterirdischen Bahn eine elektrische Strassenbahn als Fahrmittel der Zukunft empfiehlt, ebenso wie er auch an Stelle des Pferdebetriebsmittels der Trambahn die Elektricität angewendet wissen will. Dass auch bei diesem Capitel der Künstler das Wort ergreift und einem künstlerisch durchgebildeten Ausbau der Stadtbahn das Wort redet, ist selbstredend."[12]

Damit brachte sich Otto Wagner als siegreicher Architekt des Wettbewerbs für einen Generalregulierungsplan auch für die Planungen der Stadtbahnbauten in Stellung, bewies aber keinen großen Weitblick, was die weiter steigende Verkehrsbelastung der City und deren Erschließung durch öffentliche Verkehrsmittel betraf. Große Architekten müssen eben nicht immer auch große Verkehrsplaner sein.

Biedere gotische Entwürfe

Währenddessen lagen die ersten Entwürfe zur architektonischen Gestaltung der Stadtbahnanlagen vor, die jedoch unbefriedigend waren.[13] Der Vorsitzende der Kommission für Verkehrsanlagen, Handelsminister Graf Gundaker Wurmbrand-Stuppach, ersuchte daraufhin die Genossenschaft der bildenden Künstler Wiens, ein Mitglied als künstlerischen Beirat in die Kommission zu entsenden. Diese Aufgabe wurde Otto Wagner übertragen, da er sich durch seine Beteiligung am Wettbewerb zum Generalregulierungsplan mit Erringung des 1. Preises entsprechende Kenntnisse der Wiener Verkehrsverhältnisse erworben hatte.

„Durch das Eingreifen des Handelsministers Grafen Wurmbrand Anfang 1894 als Vorsitzender der Kommission für Verkehrsanlagen wurde das Vorprojekt der Stadtbahn, das in gotischen Formen mit durchlaufendem Zinnenkranz gehalten war, zu Fall gebracht und Wagner mit der Projektierung betraut."[14]

Schon in der Vollversammlung der Kommission für Verkehrsanlagen vom 30. April 1894 kamen seine gemeinsam mit dem Baudirektor der k. k. Staatsbahnen vorgelegten Entwürfe für die architektonische Ausgestaltung der Viadukte, Brücken und Bahnhofsgebäude der Stadtbahn-Gürtellinie zur Beratung und Beschlussfassung.

„Die Vorschläge Baurath Wagner's fanden den einhelligen Beifall der Commission."[15]

Damit waren die Würfel gefallen und für die Stadt eine äußerst nachhaltige Entscheidung getroffen worden. Noch heute – 120 Jahre später –

Otto Wagner (1841-1918), der Architekt der Wiener Stadtbahn

Handelsminister Graf Gundaker Wurmbrand-Stuppach (1838-1901) protegierte Otto Wagner

10 Wochenschrift ÖIAZ, Nr. 43 vom 26. Okt. 1894, Wien, Seite 501
11 Wochenschrift ÖIAZ, Nr. 9 vom 2. März 1894, Wien, Seite 128
12 Der Bautechniker, XIV. Jahrgang, Nr. 15 vom 13. April 1894, Wien, Seite 266
13 der Architekt Franz Ritter von Neumann hatte Viadukte und Brücken mit Zinnendekor und gotische Spitzbogen in seinen Stationsentwürfen vorgesehen
14 Neue österreichische Biografie 1815-1918, Otto Wagner, Wien 1923, Seite 181
15 Der Bautechniker, XIV. Jahrgang, Nr. 18 vom 4. Mai 1894, Wien, Seite 335

Joseph Maria Olbrich (1867-1908), Mitarbeiter Otto Wagners bei der Planung der Stadtbahn

Gustav Klimt (3) und Otto Wagner (1) waren beide Mitglieder der Wiener Secession und der Gesellschaft Österreichischer Architekten - hier bei einem Besuch in Budapest im Jahr 1911

Blick vom Künstlerhaus in Richtung Wiener Secession

prägt Otto Wagners Stadtbahnarchitektur in wichtigen Verkehrsachsen das architektonische Erscheinungsbild Wiens. Otto Wagner war damals noch Mitglied der renommierten, aber konservativen Künstlerhausgesellschaft. Als im Jahr 1897 moderner denkende Künstler und Architekten aus dieser Vereinigung auszogen und die Secession gründeten, schloss Otto Wagner sich ihnen an. Schräg vis-à-vis des Künstlerhauses positionierten sie ihr markant modernes Vereinsgebäude den alteingesessenen Künstlern vor die Nase. Den Stadtbahnauftrag hatte Otto Wagner damals schon in der Tasche, aber naturgemäß verschlechterte sich damit für ihn im konservativen, geschmacksbefangenen Alt-Österreich die Auftragslage.

„,An der blauen Donau' sagt mir Wagner, geht es wieder einmal schön zu. Die Kunstanalphabeten, die unumschränkt in Wien herrschen, sind fuchsteufelswild. Unser Austritt aus dem Künstlerhaus zieht bereits die erwarteten Folgen nach sich. Gestern hat das Unterrichtsministerium den Staatsauftrag annulliert, den es mir gegeben hatte. Und auch die Privataufträge habe ich verloren'..."[16]

Noch war es aber nicht so weit und Otto Wagner baute sein Atelier mit seinem Chefzeichner Joseph Maria Olbrich, dem Architekten des Secessionsgebäudes, aus, um den umfangreichen Stadtbahnauftrag architektonisch erledigen zu können.

Ein rascher Baubeginn

Bereits eineinhalb Jahre vor Einbindung des Architekten Otto Wagner hatten am Montag, den 7. November 1892, unter Bürgermeister Dr. Prix die Bauarbeiten am Stadtbahnnetz begonnen. Ein Wasserreservoir der Kaiser-Ferdinand-Wasserleitung in der Nähe der Westbahn mitten in der Gürtelstraße stand den Bauarbeiten im Wege und musste demoliert werden. Die Arbeiten begannen rasch, um diese noch vor dem herannahenden Winter zu erledigen.[17] Die eigentlichen Errichtungsarbeiten begannen am 16. Februar 1893 in Michelbeuern.[18] Für den Stadtbahnbau und die Donaukanal- und Wienflussregulierung wurden - zum Unmut heimischer Arbeitskräfte - vor allem billige Arbeiter aus Italien geholt. Allein für den Stadtbahnbau waren pro Jahr rund 10 000 Arbeiter eingesetzt, die nur notdürftig in Baracken untergebracht waren.[19] Für den Materialtransport kamen hunderte Fuhrwerke, motorgetriebene Maschinen und Straßenbahn-Dampflokomotiven zum Einsatz. Wien erlebte zu Beginn der 1890er Jahre mit dem Bau der Stadtbahn eine stürmische städtebauliche Entwicklung, da beispielsweise auch die beiden Hofmuseen damals fertiggestellt wurden.

Laufende Änderungen

Während bereits an der Stadtbahn gearbeitet wurde, erfolgten immer noch laufend Änderun-

16 Zuckerkandl Bertha, Österreich intim, Wien 1970, Seite 32
17 Wiener Zeitung vom 8. November 1892, Seite 9
18 Geschichte der Eisenbahnen der österreichisch-ungarischen Monarchie, I. Band, II. Theil, Wien 1898, Seite 436
19 Stimmer Kurt, Wien 2000, Wien 1999, Seite 119

gen – sowohl in der geplanten Ausbaureihenfolge der Linien als auch in Details des Streckenverlaufs. Grundsätzlich waren der Kommission für Verkehrsanlagen aber vier Linien zur Ausführung und zum Betrieb genehmigt: die Vorortelinie, eine Stadtbahn entlang des Gürtels sowie eine Wiental- und eine Donaukanallinie. Mit Gesetz vom 23. Mai 1896 waren zwar insgesamt fünf Linien (inkl. Donaustadtlinie) mit 46,7 Kilometern Länge beschlossen worden[20], der Bau der Donaustadtlinie und der Verbindungsbogen von der Gumpendorfer Straße Richtung Südbahn zum Matzleinsdorfer Platz wurden aber auf einen späteren Zeitpunkt verschoben. Sie wurden Opfer der Einsprüche gegen die Hochbahnführung der Donaukanallinie bei der Rossauer Lände, da mit den Forderungen nach einer Tieflage in diesem Bereich die weitere Entwicklung der Gesamtkosten der Stadtbahn unabsehbar wurde. Niemand konnte damals wissen, dass damit diese Linien immer unrealisierbarer wurden. Die Linie U6 fährt heute unter der Vivenotgasse zum Bahnhof Meidling der Südbahn.

Von der Stadtbahn zur U-Bahn

Die tatsächlich ausgeführten Stadtbahnlinien sind bis heute für das Verkehrsgeschehen Wiens von großer Bedeutung geblieben, da sie in den 1970er und 1980er Jahren zu den U-Bahn-Linien U4 und U6 sowie zur Schnellbahn-Vorortelinie S 45 der ÖBB umgebaut bzw. adaptiert wurden. Geändert hat sich lediglich die Zahl der Stationen. Zu den ursprünglich 33 Otto-Wagner-Stationen kamen die Stationen Spittelau, Michelbeuern, Thaliastraße und Längenfeldgasse dazu, während auf der Vorortelinie die Stationen Unter-Döbling und Baumgarten demoliert und nicht ersetzt wurden, dafür eine neue Station Krottenbachstraße errichtet wurde.

Die Stadtbahn war eine Staatsbahn

Die Befriedigung lokaler Verkehrsbedürfnisse war damals sekundär und interessierte Staat und Land Niederösterreich nur peripher. Die Wiener Stadtbahn wurde vor allem für militärische Zwecke als Verbindungsbahn zwischen den in Wien einmündenden Eisenbahnlinien konzipiert, da die Kopf-

20 Pelser-Berensberg Von in Centralblatt der Bauverwaltung vom 16. April 1898, Berlin 1898, Seite 182

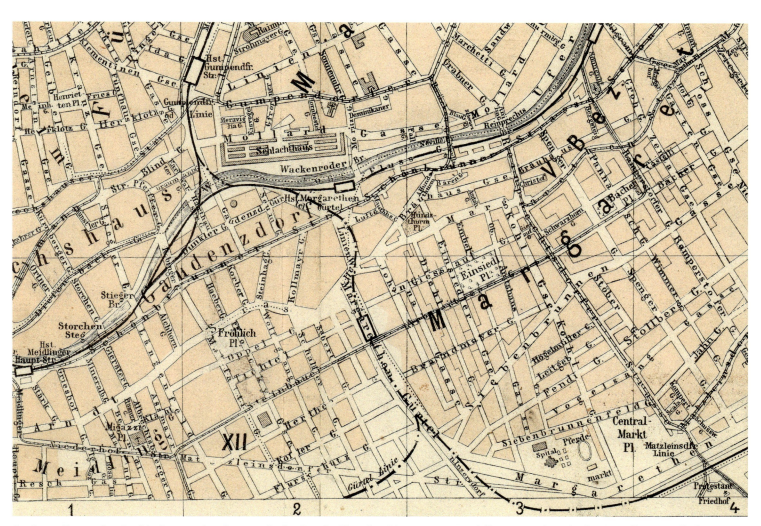

Geplante Trasse der Stadtbahn von der Gumpendorfer Straße über den Margaretengürtel (heute Gaudenzdorfer Gürtel) zur Südbahn

bahnhöfe der überregionalen Eisenbahnlinien in Wien weit voneinander entfernt lagen. Somit wurde die gesamte Stadtbahn wie eine Eisenbahn als doppelgleisige normalspurige Vollbahn ausgeführt.

Verbindungsgleise

Im neu geschaffenen Bahnhof Heiligenstadt wurden Übergangsgleise auf die Kaiser-Franz-Josephs-Bahn, in der um 5,6 Meter[21] tiefer gelegten und erweiterten Station Hauptzollamt (heute Landstraße) wurden Gleisverbindungen zur bestehenden Verbindungsbahn und im erweiterten Bahnhof Hütteldorf Anschlüsse an die Kaiserin-Elisabeth-Westbahn eingerichtet. Diese Maßnahmen waren notwendig, um im Kriegsfall rasch Militärtransporte durch Wien führen zu können. Wie dann wenige Jahre später die Ereignisse im Ersten Weltkrieg gezeigt haben, war die militärische Bedeutung der Stadtbahn aber gering, da sie bald wegen Mangels an Kohle eingestellt werden musste. Dafür wurde die Stadtbahn noch in Friedenszeiten als Wochenend-Ausflugsbahn sehr beliebt, da die Wiener gerne die Gelegenheit nützten, mit der Stadtbahn – ohne umzusteigen – von der Stadt in die ländliche Umgebung entlang der Westbahn oder der Kaiser-Franz-Josephs-Bahn fahren zu können.

Finanzierung

Die Finanzierung der geschätzten Kosten von 73 Millionen Gulden erfolgte durch Fremdmittelaufnahme mittels Anleihen. Verzinsung und Tilgung der Anleihen wurden von den drei Körperschaften zu unterschiedlichen Prozentsätzen übernommen. Im Stadtbahngesetz war festgelegt, dass bei den zu errichtenden Hauptbahnen der Stadtbahn (Vollbahnen mit vollständiger Übergangsfähigkeit der Fahrbetriebsmittel) der Staat 87,5 %, das Land Niederösterreich 5 % und Wien 7,5 % zu zahlen hatten. Bei Lokalbahnen (ohne direkten Anschluss ans bestehende Bahnnetz) zahlte der Staat nur 85 %, dafür musste Wien die Differenz übernehmen, indem es 10 % der Kosten zu begleichen hatte.

Die Vorortelinie

Die Vorortelinie zwischen Heiligenstadt und Hütteldorf (heute Teil der S 45) hatte eine Betriebslänge von 13 Kilometern. Sie verbindet noch heute die Westbahn in Hütteldorf mit der Franz-Josephs-Bahn in Heiligenstadt. Auf der Linie wurden zehn Haltestellen eingerichtet. Neben den Erweiterungen der bestehenden Westbahnstationen Hütteldorf-Hacking, Baumgarten und Penzing durch Anbau von Perrons für die Stadtbahn wurden die Stationen Breitensee, Ottakring, Hernals, Gersthof, Ober-Döbling, Unter-Döbling und Heiligenstadt neu gebaut. Die Grundrisse der Hochbauten wurden noch von der Baudirektion angefertigt. Diese wurden als gesonderte Bauwerke dem Bahnkörper vorgelagert. Die Strecke hat drei Tunnelanlagen, wobei die längste mit 746 Metern zwischen Ottakring und Breitensee liegt und zwei kurz hintereinander folgende Tunnels mit 212 bzw. 688 Metern[22] unter dem Türkenschanzpark verlaufen. Jede Station hatte für jede Zugsrichtung einen eigenen Perron (Seitenbahnsteig). In Heiligenstadt mussten aufgrund der dortigen Verbindung der Franz-Josephs-Bahn mit den drei Stadtbahnlinien Gürtel-, Donaukanal- und Vorortellinie fünf Bahnsteige errichtet werden, in Hütteldorf-Hacking aufgrund der Verknüpfung der Westbahn mit der Vororte- und der Wientallinie der

21 Geschichte der Eisenbahnen der österreichisch-ungarischen Monarchie, I. Band, II. Theil, Wien 1898, Seite 455
22 ebenda, Seite 450

Die alte Stadtbahnstation Ober-Döbling (rechts) in der Billrothstraße

Die heute nicht mehr existierende Station Unter-Döbling, die nach dem Zweiten Weltkrieg abgerissen wurde

Stadtbahn vier Inselperrons. Zur Verbindung dieser Bahnsteige mit den Aufnahmegebäuden war die Errichtung unterirdischer Personentunnels notwendig. Im Zuge des Stadtbahnbaus erhielt der Bahnhof Hütteldorf zwei getrennte Aufnahmegebäude – eines beim Wienfluss und eines in Richtung Linzer Straße. Die Perrons hatten eine Ausdehnung von 120 bis 180 Metern, sodass normal lange Eisenbahnzüge (Lokomotive mit zehn Personenwagen) einfahren konnten.

Die Bauarbeiten an der Vorortelinie

Die Vergabe der Arbeiten erfolgte meist im Wege einer öffentlichen Ausschreibung an den Billigstbieter. Bei der Unterteilung in Baulose wurde darauf geachtet, kleinere Einheiten zu bilden, um auch weniger großen Bauunternehmen die Möglichkeit zur Abgabe eines Anbotes zu geben. Nachdem zu Ende des Jahres 1892 die Arbeiten an der Stadtbahn im Bereich der Gürtellinie begonnen hatten, wurden parallel dazu auch die Erd- und Mauerungsar-

Der Tunnelausgang der Vorortelinie zwischen Breitensee und Ottakring

DER BAU DER STADTBAHN

Die abgetragene Station der Vorortelinie in Breitensee. Heute durch ein postmodernes Gebäude ersetzt

beiten an der Vorortelinie im ersten Teilstück zwischen Heiligenstadt und Döbling in Angriff genommen. Bis zu Beginn des Jahres 1898 war der Bau der Teilstrecke von Heiligenstadt nach Ottakring nahezu beendet. Der Bau der anschließenden Teilstrecke von Ottakring nach Penzing war ursprünglich erst für die zweite Bauperiode von 1898 bis 1900 geplant, durch das neue Stadtbahngesetz vom 23. Mai 1896 aber sofort in Angriff genommen worden. Bei der Ausführung des Tunnels in Ottakring kam es dabei zu unvorhergesehenen Schwierigkeiten aufgrund der äußerst ungünstigen Beschaffenheit des dortigen Bodens.

Fertigstellung und Eröffnung

Die Vorortelinie wurde am 9. Mai 1898 durch Kaiser Franz Joseph eröffnet und am 11. Mai 1898 für den öffentlichen Verkehr freigegeben. Es war die erste Strecke der Stadtbahn, die einen planmäßigen Betrieb aufnahm, war aber nur eingleisig ausgebaut. Die Fahrzeit für die Strecke von Hütteldorf nach Heiligenstadt betrug 28–35 Minuten.[23] Heute benötigt die S 45 ca. 20 Minuten für diese Strecke.

Doch ein zweites Gleis

Bereits kurz nach der Eröffnung wurde von der Kommission für Verkehrsanlagen am 26. Juli 1898 darauf hingewiesen, dass durch den lebhaften Verkehr auf der Vorortelinie in naher Zukunft die Verlegung eines zweiten Gleises notwendig sein werde. Am 24. Oktober erfolgte der Beschluss zur zweigleisigen Ausrüstung. Die Nachrüstungsarbeiten konnten aufgrund der bereits vorgenommenen größeren Dimensionierung der Anlagen innerhalb eines Jahres bis Mitte 1899 ausgeführt werden.

Die Gürtelstrecke

Die Gürtellinie zwischen Meidling und Heiligenstadt hatte eine Betriebslänge von 8,2 Kilometern und umfasste ursprünglich acht Haltestellen: Gumpendorfer Straße, Westbahnhof, Burg-

23 Illustrierter Führer auf den Linien der Wiener Stadtbahn, Wien ca. 1902, Seite 19

Kassenraum der Station Heiligenstadt

gasse, Josefstädter Straße, Alser Straße, Währinger Straße, Nußdorfer Straße und Heiligenstadt.[24] Gleichzeitig mit der Gürtelstrecke wurde von Heiligenstadt aus in die andere Richtung eine zwei Kilometer lange eingleisige Verlängerung der Stadtbahn über den Donaukanal zur Station Brigittenau-Floridsdorf der Donauuferbahn errichtet. Mit dieser Fortsetzung der Gürtellinie ab Heiligenstadt konnte durch die Anlage eines besonderen Gleises längs der dem Frachtverkehr vorbehaltenen Donauuferbahn eine Verbindung zum Prater auch für den Personenverkehr geschaffen werden. Die Gürtelstrecke selbst verläuft noch heute als U6 entlang des 75 Meter breiten Gürtels im gleichen Bereich wie der ehemalige Linienwall. Von Heiligenstadt weg als Gürtelhochstrecke geführt, mussten die querenden Radialstraßen von mehreren architektonisch beachtenswerten Eisenbrücken überspannt werden. Ab Höhe der Hasnerstraße geht die Hochbahnstrecke in eine Tiefbahnstrecke über. Diese ist rund zwei Kilometer lang und wurde teils im offenen, teils im gedeckten Einschnitt mit den Tiefstationen Burggasse und Westbahnhof errichtet. Nach der Station Gumpendorfer Straße, die mit baulichen Vorkehrungen für die später geplante Abzweigung Richtung Margaretengürtel zur Südbahn beim

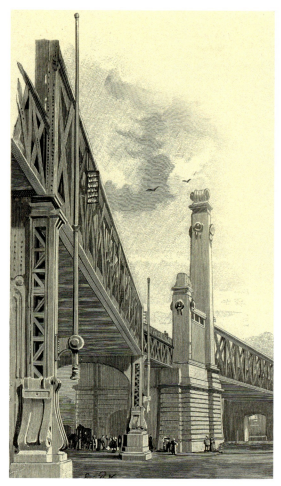

Brückenensemble der Stadtbahn in Gaudenzdorf

24 der Wiener Magistrat hatte bei der Frachtenstation Michelbeuern auch die Errichtung einer Personenhaltestelle angeregt. Die Kommission für Verkehrsanlagen lehnte dies aber wegen zu schwachen Verkehrs in diesem Bereich und der Nähe zu den Stationen Alser Straße und Währinger Straße sowie des bedeutenden baulichen Aufwands ab

Brücke und Station Währinger Straße, Aufnahme um das Jahr 1898

Wiener Stadtbahn, Gürtellinie mit Brücken und Viadukten

Matzleinsdorfer Platz ausgestattet wurde, musste der Bereich beim Wienfluss durch Anordnung von drei Brücken mit einer Gesamtlänge von 127,5 Metern übersetzt werden, um im scharfen Bogen beim Bahnhof Meidling Hauptstraße in die Wientallinie der Stadtbahn einzumünden.

Die Bauarbeiten an der Gürtellinie

Zu Beginn konzentrierten sich die Arbeiten auf die Herstellung des Stations- und Bahnhofsniveaus des Frachtenbahnhofs Michelbeuern sowie auf die Fundierungsarbeiten für die Viaduktpfeiler der Gürtellinie zwischen Michelbeuern und Heiligenstadt. Der Unterbau der Hochbahnstrecken wurde in Backstein, die Grundmauern in Sandbruchstein aus Steinbrüchen im Wienerwald ausgeführt. Die mit Verblendern verkleideten Ansichtsflächen waren durch einzelne Verzierungen in Haustein vor allem aus mittelhartem Kalksandstein vom Leithagebirge strukturiert. Die Stadt hatte mit Rücksicht auf die Höhe ihrer Verkehrsmittel für die kreuzenden Hauptstraßen eine lichte Höhe der Stadtbahnbrücken von 5,1 Metern (Berlin z. B. hatte nur 4,4 Meter) durchgesetzt. Dadurch wurde der Stadtbahnbau teurer und vom Straßenniveau zu den Bahnsteigen wurden Treppen mit bis zu 80 Stufen notwendig. Die freiere Durchsicht war für das Stadtbild jedoch wesentlich harmonischer und angenehmer. Die Teilstrecke von Heiligenstadt zur Hasnerstraße war Ende 1897 im Unter- und Oberbau fertig.

Verbrüche im Stollen

Die zweite Teilstrecke von der Hasnerstraße zur Wientallinie, die teilweise in Tieflage gebaut wurde, verzögerte sich aufgrund von schweren Unwettern am 1. und 15. August 1896. An verschiedenen Stellen des Einschnitts und des Tunnels war es zu Verbrüchen des Förderstollens gekommen, was die Räumung der Stollen von dem massenhaft hineingeschwemmten Material notwendig machte. Zeitverzögerungen von mehreren Monaten waren die Folge. Die Wände der offenen Einschnitte erhielten Futtermauern aus Bruchstein, die Untergrundstrecken wurden teils in Bruchstein, teils in Beton

Überbrückung der Schulgasse und der Währinger Straße mit über fünf Metern hoher freier Durchsicht

Mariahilfer Gürtel mit der Haltestelle Gumpendorfer Straße, dahinter die Kirche Maria vom Siege

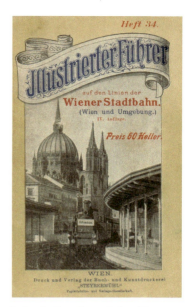

Informationsbroschüre für Stadtbahnnutzer

hergestellt. Die Überdeckung erfolgte mittels eiserner Träger, wobei die Zwischenfelder durch Betongewölbe ausgefüllt wurden.

Fertigstellung und Eröffnung

Die Gürtelstrecke wurde einschließlich der Verlängerung von Heiligenstadt in die Brigittenau zur Donauuferbahn am 1. Juni 1898 dem Verkehr übergeben. Die Fahrzeit zwischen Meidling und Heiligenstadt betrug 23 Minuten.[25] Um ein 3 Minuten-Intervall einführen zu können, wurde für die Stadtbahn in diesem Bereich 50 km/h Höchstgeschwindigkeit zugelassen.

Die Wientallinie

Die Wientallinie zwischen Hütteldorf und Hauptzollamt (heute Landstraße) hatte eine Betriebslänge von 10,9 Kilometern. Sie setzt sich noch

Das stadtauswärtige Gebäude der Station Josefstädter Straße, dahinter die Breitenfelder Kirche (1898)

25 Illustrierter Führer auf den Linien der Wiener Stadtbahn, Wien, ca. 1902, Seite 32

Gemeinsame Bauarbeiten an der Stadtbahn und der Regulierung des Wienflusses

heute als U4 aus der oberen Wientallinie mit 5,4 Kilometern Länge und sieben Stationen (Hütteldorf, Ober St. Veit, Unter St. Veit, Braunschweiggasse, Hietzing, Schönbrunn und Meidling) und der unteren Wientallinie mit 5,5 Kilometern Länge und sechs Stationen (Margaretengürtel, Pilgramgasse, Kettenbrückengasse, Karlsplatz, Stadtpark, Landstraße) zusammen. Die Strecke beginnt beim Wienerwald in der Station Hütteldorf der Westbahn, setzt mit einer 21 Meter weiten Eisengitterbrücke auf das rechte Wienufer, verläuft bis zur Auhofstraße auf gemauertem Unterbau und folgt in Tieflage übergehend in teils offenem, teils gedecktem Einschnitt dem damals neu regulierten Wienfluss bis zum Bereich der Station Stadtpark, um danach in den „Untergrundbahnhof" Hauptzollamt (Landstraße) einzulaufen.

Verzögerungen durch Tieflegung

Auf dieser Teilstrecke der Stadtbahn gab es aufgrund der nachträglich beschlossenen Tieferlegung und der gänzlichen Umgestaltung des Ver-

Der Wienfluss wurde im Zuge des Stadtbahnbaus am Karlsplatz eingedeckt und unterirdisch geführt

Die Station Pilgramgasse neben dem regulierten Wienflussbett

knüpfungsbahnhofs zwischen Stadtbahn und Verbindungsbahn beim Hauptzollamt (Landstraße) größere Schwierigkeiten. Der bestehende Bahnhof bzw. die Strecke der Verbindungsbahn war bis zu der Zeit noch in Hochlage geführt. Die untere Wientallinie konnte durch diese Umplanungen nicht gleichzeitig mit der oberen Wientallinie eröffnet werden.

Der Kaiserpavillon

Im Bereich der Station Hietzing wurde – selbst für monarchistische Länder ungewöhnlich – ein eigenes Aufnahmegebäude der Stadtbahn mit Wartesalon und Nebenräumen für Zwecke des kaiserlichen Hofes gebaut. Der Bau wurde als Kuppelbau errichtet, der – nur in kleinerer Dimension – jenem über dem Michaeler-Burgtor der Hofburg ähneln sollte. Die Handschrift von Otto Wagners Chefzeichner Joseph Maria Olbrich ist aufgrund der Ähnlichkeit der Anlage mit dessen etwas später entworfenem Gebäude der Secession am Karlsplatz gut erkennbar. Der Pavillon liegt wie alle tiefer liegenden Stationen über der Trasse der Stadtbahn. Heute dient

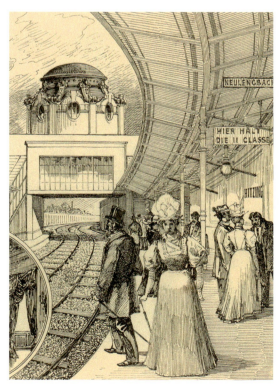
Des Kaisers Prachtbahnhof in der Station Hietzing

Die überdachte Zufahrt zum Hofpavillon

DER BAU DER STADTBAHN

Aufnahmegebäude der Stadtbahnstation Karlsplatz, im Hintergrund die Silhouette der Karlskirche

der originalgetreu restaurierte Kaiserpavillon aufgrund seiner baulich künstlerischen Geschlossenheit als Museum.

Die Otto-Wagner-Pavillons am Karlsplatz

Während die Haltestellen der Wientallinie mehr oder weniger einheitlich nach den Plänen Otto Wagners für tief gelegene Haltestellen gebaut wurden, wich die Station Karlsplatz von dieser Grundkonzeption etwas ab, um der Symmetrie des Karlsplatzes Rechnung zu tragen. Die Haltestelle erhielt von Otto Wagner zwei Aufnahmegebäude, wobei man über das flussabwärts gelegene zu den Zügen in Richtung Hauptzollamt kam und das andere als Zugang zur Stadtbahn Richtung Hütteldorf diente. Dadurch waren die beidseitigen gedeckten Perrons gegeneinander versetzt und lagen einander nicht wie in anderen Stationen gegenüber. Im Zuge des U-Bahn-Baus in den 1970er Jahren mussten die Aufnahmegebäude abgebaut und verlegt werden und erhielten als Museum und Kaffeehaus andere Funktionen. Heute stellen sie mit ihrer zart detaillierten Ausführung neben dem Kaiserpavillon in Hietzing für Wienbesucher ein optisches Highlight nicht nur für den Karlsplatz, sondern für die ganze Stadt und ihre Geschichte um das Jahr 1900 dar.

Fertigstellung und Eröffnung

Die obere Wientallinie zwischen Hütteldorf und Meidling wurde am 1. Juni 1898 eröffnet, die untere Wientallinie von Meidling zum Hauptzollamt am 30. Juni 1899. Die Gesamtfahrzeit von Hütteldorf zum Hauptzollamt betrug 30 Minuten. Die U4 benötigt für diese Strecke heute 20 Minuten.

Haltestelle Kettenbrückengasse der Wientallinie

Station Brigittabrücke (heute Friedensbrücke) mit Blick auf das noch unverbaute linke Donaukanalufer

Die Donaukanallinie

Die Donaukanallinie hatte eine Betriebslänge von 5,6 Kilometern und die vier Haltestellen Ferdinandsbrücke (heute Schwedenplatz), Schottenring, Rossauer Lände und Brigittabrücke (heute Friedensbrücke). Dazu kam noch der 1,4 Kilometer lange Verbindungsbogen nach der Station Brigittabrücke der Donaukanallinie zur Station Nußdorfer Straße der Gürtellinie. Vom Hauptzollamt (Landstraße) verläuft die Trasse noch heute als U4 längs des Donaukanals im gedeckten Einschnitt mit galerieartigen Öffnungen zur Wasserseite bis in die Nähe des Franz-Josephs-Bahnhofs und dann parallel zur Franz-Josephs-Bahn bis Heiligenstadt. Die ursprünglich projektierte Hochbahn im Bereich der Rossauer Lände wurde vom IX. Bezirk massiv beeinsprucht, sodass ein Alternativprojekt für eine Tiefbahnführung ausgearbeitet werden musste. Am 27. Juni 1898 fasste die Kommission für Verkehrsanlagen den Beschluss, die Donaukanallinie längs der Rossauer Lände tatsächlich als Tiefbahn auszuführen. Die Mehrkosten der Tieflegung ab der Rossauer Lände sowie die Kosten der ebenfalls nachträglich beschlossenen Verbindungskurve mussten aber durch die Zurückstellung der geplanten Verbindung von der Station Gumpendorfer Straße über den Margaretengürtel Richtung Matzleinsdorf hereingebracht werden.

Der Verbindungsbogen zur Gürtelstrecke

Die Station Brigittabrücke (heute Friedensbrücke) erhielt nun wie alle Tiefstationen der Stadtbahn ein über die Trasse gebautes Stationsgebäude, an welches ein kleiner Rangierbahnhof mit vier Gleisen anschloss. Die zwei mittleren Gleise waren für die Züge Richtung Verbindungsbogen zur Gürtellinie bestimmt, die beiden äußeren für die Hauptstrecke der Donaukanallinie von bzw. nach Heiligenstadt. Die beiden mittleren Gleise stiegen von der Donaukanallinie steil empor und führten in einem scharfen Bogen auf gewölbten Viadukten zur Gürtellinie. Dabei wurde schon nach einigen hundert Metern das linksseitige Gleis der Donaukanallinie mittels einer eisernen Brücke übersetzt. Die Züge auf dem Verbindungsbogen gelangten in der Folge auf einer großen eisernen Brücke über die Gleisanlagen der Franz-Josef-Bahn. Die Übersetzung der Heiligenstädter Straße erfolgte gleichfalls auf einer großen eisernen Brücke. Auf 14 weiteren Viadukten wurde dann der Anschluss an die Gürtellinie in der Station Nußdorfer Straße hergestellt.

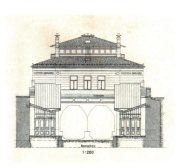

Station Kettenbrückengasse, Vorder- und Rückansicht

Blick Richtung Stadt auf den Franz-Josephs-Kai mit der unterirdischen Stadtbahntrasse samt galerieartigen Öffnungen zum Donaukanal

Mit der Verbindungsbahn ging's in den Prater

Fertigstellung und Eröffnung

Die Donaukanallinie von Heiligenstadt zum Hauptzollamt samt der Verbindungskurve zur Nußdorfer Straße der Gürtellinie wurde am 6. August 1901 fertiggestellt. Die Fahrzeit vom Hauptzollamt nach Heiligenstadt betrug 16 Minuten.[26] Die U4 benötigt von der Landstraße nach Heiligenstadt heute 9 Minuten.

26 Illustrierter Führer auf den Linien der Wiener Stadtbahn, Wien, ca. 1902, Seite 36

Die Verbindungsbahnlinie

Die seit 1860 bestehende Verbindungsbahn zwischen der Südbahn und der Nordbahn wurde ebenfalls in das Stadtbahnnetz einbezogen. Die Strecke sollte vermehrt für den Personenverkehr genutzt und der Bevölkerung der Besuch des Praters erleichtert werden. Dazu wurde eine neue Station Radetzkyplatz errichtet und für die Besucher von Ausstellungen in der Rotunde die bestehende provisorische Haltestelle Praterstern ausgebaut. Die Station Praterstern wurde erweitert, sodass ein 3-Minuten-Intervall auf der Strecke möglich wurde. Die Haltestelle war die einzige der Hochstationen der Stadtbahn, die mit einem Mittelbahnsteig versehen wurde. Durch Anlage eines dritten Gleises und Neubau der Eisenbahnbrücke über den Donaukanal wurde auch die Strecke der Verbindungsbahn für den Stadtbahnbetrieb umgestaltet.

Die Architektur der Stadtbahn

Otto Wagner hat die unzähligen Stationen, Brücken, Viadukte und Galerien der Stadtbahn nach einem

einheitlichen architektonischen Konzept mit hohem Wiedererkennungswert geschaffen. Als „Gesamtkünstler" gestaltete er die Stadtbahn von der Stationsgeometrie über Geländer und Brückenkonstruktionen bis zu Details wie Türschnallen, Beleuchtungskörper und Schriftzügen. Deren Auffälligkeit und Lesbarkeit auf den Wänden der Haltestellen kam besondere Bedeutung zu, da die Stationen beim Stadtbahnbetrieb nicht ausgerufen wurden.

„Die gewählte Architektur folgt im allgemeinen dem Geschmacke der Pariser Ecole des beaux arts, manche Einzelheiten erinnern an das Empire, andere lassen japanische Einflüsse erkennen. Der Architekt greift also hier im großen und ganzen auf bestehende Geschmacksrichtungen zurück." [27]

Otto Wagner entwarf für die Aufnahmegebäude je nach Stationstypus mehr oder weniger einheitliche architektonische Konzepte, je nachdem, ob es sich um Tief- oder Hochstationen handelte. Dennoch sind die Aufnahmegebäude aufgrund lokaler und baulicher Gründe nicht schablonenhaft standardisiert, sondern im Detail unterschiedlich.

Otto Wagner an seinem Zeichentisch

Der spezielle Stadtbahnputz

Infolge des Kalkreichtums der Umgebung Wiens wurde für das Äußere der Gebäude Verputz angewendet. Zur Gewinnung möglichst scharfer Ausprägung der Formen gelangte ein besonders sorgfältig hergestellter Außenputz zur Anwendung. Man trug diesen in drei Lagen mit je acht Tagen Arbeitspausen dazwischen auf. Der Mörtel

27 Pelser-Berensberg Von in Centralblatt der Bauverwaltung vom 16. April 1898, Berlin 1898, Seite 194

Der Bau der Wiener Stadtbahn musste mittels Anleihen durch die „Commission für Verkehrsanlagen in Wien" fremdfinanziert werden

Anlehen der Commission für Verkehrsanlagen in Wien.

Emission vom Jahre 1900: Anlehensbetrag 40,648.600 Kronen.

2000 Kronen.   (4%)   **Serie 1,668**   **№ 071—080**

Schuldverschreibung

über

ZWEITAUSEND **2000** KRONEN

    Die Commission für Verkehrsanlagen in Wien hat in ihrer Vollversammlung vom 25. September 1899 den Beschluss gefasst, von dem ihrerseits auf Grund des Punktes IX des durch das Gesetz vom 18. Juli 1892, R. G. Bl. Nr. 109, das Landesgesetz für das Erzherzogthum Österreich unter der Enns vom 18. Juli 1892, L. G. und V. Bl. Nr. 42, und die Beschlüsse des Gemeinderathes der k. k. Reichshaupt- und Residenzstadt Wien vom 27. Jänner und vom 8. Juli 1892 genehmigten, durch die Gesetze vom 9. April 1894, R. G. Bl. Nr. 73, und vom 23. Mai 1896, R. G. Bl. Nr. 83, die niederösterreichischen Landesgesetze vom 9. April 1894, L. G. und V. Bl. Nr. 18 und vom 23. Mai 1896, L. G. und V. Bl. Nr. 43 und den Beschluss des Wiener Gemeinderathes vom 26. Jänner 1894, beziehungsweise die Entschliessungen des zur einstweiligen Besorgung der Geschäfte der Reichshaupt- und Residenzstadt Wien bestellten k. k. Bezirkshauptmannes vom 22. Jänner 1896, Z. 527 und vom 25. Februar 1896, Z. 1358, abgeänderten Programmes für die finanzielle Sicherstellung und die Ausführung von öffentlichen Verkehrsanlagen in Wien aufzunehmenden Anlehen, welches für die Herstellung der nach dem vorhin bezeichneten Programme auszuführenden Anlagen bestimmt ist, auf Grund der vom k. k. Eisenbahnministerium im Einvernehmen mit dem k. k. Finanzministerium mit den Erlässen vom 6. December 1899, Z. 47.604 und vom 5. März 1900, Z. 11056/1, ertheilten Genehmigung den restlichen Theilbetrag von **40,648.600 Kronen** als Emission vom Jahre 1900 auszugeben, von welcher Emission die gegenwärtige Schuldverschreibung einen Theil bildet.

    Die Verzinsung und Tilgung des in dieser Emission begriffenen Anlehensbetrages erfolgt unter nachstehenden Bedingungen:

    1. Jede Schuldverschreibung wird mit jährlich **vier vom Hundert** vom Tage der Ausgabe bis zum Tage der Rückzahlung in nachhinein fälligen halbjährigen Raten verzinst und werden sohin die jeweilig am **1. April** und **1. October** verfallenen Coupons dieser Schuldverschreibung mit jedesmal **vierzig Kronen** bei der Cassa der Commission für Verkehrsanlagen in Wien oder bei den jeweilig von derselben bekanntzugebenden inländischen Zahlstellen eingelöst.

    2. Sämmtliche Schuldverschreibungen dieser Emission werden im Wege der Verlosung innerhalb 82 Jahren, vom 1. Jänner 1901 an gerechnet, nach Maßgabe des beigedruckten Tilgungsplanes zurückgezahlt.

    Die Commission für Verkehrsanlagen in Wien behält sich jedoch das Recht vor, in dem einen oder anderen Jahre, wann immer, auch eine größere Anzahl von Obligationen, als nach dem Tilgungsplane entfallen würde, zu verlosen, oder auch sämmtliche noch im Umlaufe befindlichen Obligationen für verlost zu erklären und einzuziehen.

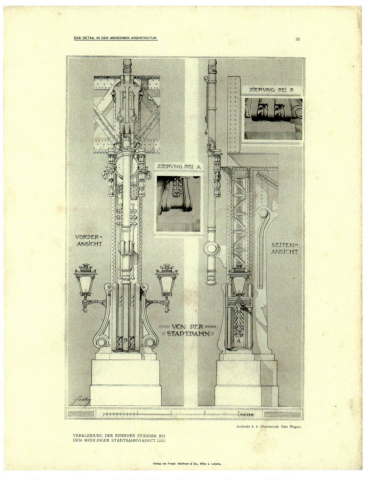
Otto Wagner, Entwurf, Meidling Viaduct, Eiserne Ständer

Entwurf für die Stadtbahnstation Meidling, Brückenpfeiler

Detail der Stadtbahnstation Hütteldorf

Dekorentwurf für die Stadtbahnstation Karlsplatz

DER BAU DER STADTBAHN

der beiden unteren Schichten bestand aus Kalk und Donausand, jener der obersten Schicht aus Kalk und einem Pulver aus stark kristallinischem Sterzinger Marmor bester Sorte. Letzterer hatte die Kornfeinheit von Streusand und wurde dem Kalk in dreifacher Menge zugesetzt. Dieser gipsweiße Brei gab die feinsten, in der zweiten Putzschicht bereits vorgearbeiteten Zeichnungen nicht nur scharf wieder, sondern erhärtete auch wie Zement. Da die Farbe Weiß für Bahnbauten, vor allem mit Dampfbetrieb, nicht gerade ideal war, dunkelten die Stadtbahnstationen bald zu einem lichten Sandsteingrau nach.

„Leider hat der Rauch der Bahn viele Bauten in ihrer architektonischen Erscheinung beinahe unkenntlich gemacht." [28]

Harter Stein, viel Luft und wenig Zierrat

Im Inneren der Aufnahmegebäude vermied Otto Wagner Überladung und kostspielige Ausschmückungen, wie sie damals bei Bahnhofsbauten üblich waren. Er betonte Zurückhaltung und Einfachheit. Figürlicher Schmuck ist kaum vorhanden. Anstelle von Wandpfeilern treten gering vortretende Streifen, die am Kopf als Ersatz für ein Kapitell als Schmuck herabhängende Stabreihen zeigen. Auch das ägyptische Schilfblatt oder die Feder fanden dezent dekorative Anwendung. Das Deckengesims wurde von Wagner durch eine an pompejanische Wandmalereien erinnernde Frieswand mit Lorbeergehängen besetzt. Diese wechselt meist mit lotrecht gestäbten Streifen ab. Als Ornament verwendete Wagner fast ausschließlich den naturalistischen Lorbeer in typischen Kränzen, Gewinden und Gehängen mit durchkräuseltem Band. Alle Verkehrsräume wurden in Gips verputzt. Die Treppenstufen der großen Haltestellen bestanden aus härtestem Karststein, die der kleineren aus böhmischem und schlesischem Granit. Die Fußböden der Bahnsteige bestanden aus stark gerillt gebrannten Tonplatten auf Betonbettung in lichtgrauer oder schwarzer und weißer schachbrettartig wechselnder Farbe. Der Einschnitt der Stadtbahnstrecke, egal ob Hoch- oder Tieflage, blieb auf Bahnsteiglänge ungedeckt, um trotz des Dampfbetriebes ausreichend frische Luft und genügend Lichteinfall zu sichern.

Die Hochbau-Stationsgebäude

Die eher massig gehaltenen Stationsgebäude der Gürtelstrecke und der Vorortelinie zeigen zwei dem Bahnkörper jeweils vorgelagerte, lang gestreckte, zweigeschoßige Bauwerke von zehn Metern Tiefe, 15 Metern Höhe und Fronten bis zu 90 Metern Länge. Sie sind in einen Mittelbau und je nach Größe in einen oder zwei Seitenflügel gegliedert. Abgeschlossen wird die Front durch etwas höher geführte Pylone, deren sich verjüngende Oberteile schlank aus einem Sockel herauswachsen. Ein einfacher Viaduktbogen in Blendsteinverklei-

[28] Leixner Othmar, Otto Wagner. Ein Versuch seiner künstlerischen Würdigung, in Zeitschrift des Österr. Ingenieur- und Architekten-Vereins, Heft 2, 1919, Seite 21

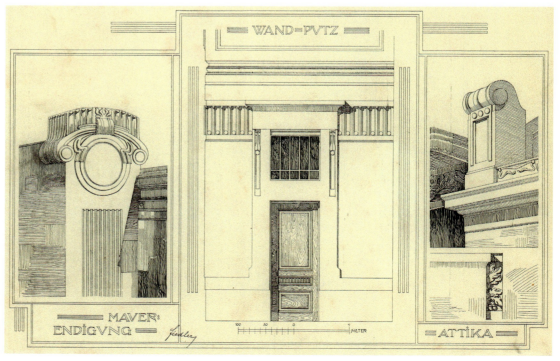

Otto Wagners Wandputzdetails verschiedener Stadtbahnbauten

Die Hochstation Währinger Straße kurz vor der Eröffnung im Jahr 1898

dung bildet zwischen beiden Gebäudehälften eine gemeinsame Mittelhalle mit den Fahrkartenschaltern. Der Haupteingang wird durch zwei glatte toskanische Säulen, eine Weiterentwicklung der dorischen Pilaster- und Säulenarchitektur, betont. Die Stationen mit der typischen Anordnung pylonenartiger Baukörper in ägyptisch-griechischer Tradition sind von beiden Straßenseiten zugänglich. Von der Mittelhalle führen zwei Treppen in U-Form zu den oberen seitlichen Bahnsteigen. Das Obergeschoß der Flügelbauten besteht aus einer verglasten Pfeilerwand, durch deren große Fenster man von der Straße aus in die dahinter gelegenen Bahnsteigbereiche blicken kann. Die Beleuchtung der Wartesäle erfolgte mit Gasglühlicht, jene der Bahnsteige und sonstigen öffentlichen Bereiche mit elektrischem Licht. Große Stationsvorplätze wurden durch Bogenlampen beleuchtet, die an 12 Meter hohen Masten angebracht waren. Dafür musste neben dem Bahnhof Heiligenstadt eine eigene elektrische Zentrale zur Anspeisung der Anlagen errichtet werden. In den Hauptbahnhöfen Heiligenstadt, Hütteldorf und Hauptzollamt gab es Gepäckabfertigungs- und Fahrkartenverkaufsschalter für den Fernverkehr der Staatsbahnen.

Eine verdrehte Aufgangssituation

Die Stationen der Stadtbahngürtellinie hatten durchgehend Seitenbahnsteige. Aus diesem Grund konnte man sich Gleise überspannende Stationskonstruktionen bzw. Hallen ersparen. Die Bahnsteige innerhalb der Stadtbahn-Haltestellen lagen 50 Zentimeter über Schienenniveau (damals gab es in Berlin 23, in England 70 und in Amerika 100 Zentimeter hohe Bahnsteige). Dies deshalb, da die Ebene der Bahnsteige mit der untersten Wagenstufe übereinstimmen musste. Da damals in Österreich links gefahren wurde, ergibt sich heute nach Umstellung auf Rechtsbetrieb die verwirrende Situation, dass man im Aufnahme-

In der Verknüpfungsstation Meidling konnte man von der Gürtellinie auf die Wientallinie umsteigen

gebäude für die Fahrt Richtung Süden den Richtung Norden weisenden Stiegenaufgang nehmen muss und umgekehrt.

Die Tiefbaustationen

Die Eingänge der pavillonartig gestalteten Tiefstationen mit ihren zierlichen Vorhallen haben ein Pultdach, das bei manchen Stationen nach japanischer Art kokett aufgeklappt ist. Zur lichten Farbe des Mauerwerks steht die schwarze Beizung der reich modellierten Dachtraufen im Kontrast. Die kleinen Tiefbaustationen liegen quer über der Gleistrasse und besitzen eine über Dach geführte Mittelhalle, in denen sich stirnseitig die Personenkassen sowie rechts und links die Treppenläufe hinunter zu den beiden gedeckten Seitenbahnsteigen befinden. Überbaut sind die Stiegen der Tiefstationen mit niedrigen Hallen. Die Abstiege sind seitlich durch Glasfenster geschlossen. Die Bahnsteige waren über 70 Meter – in etwa die Länge eines damals normalen Zuges – überdacht, während die restlichen 50 Meter unbedeckt blieben.

Strom oder Kohle – das rollende Material der Stadtbahn

Zum Zeitpunkt des Baus der Stadtbahn in Wien wurden in der gesamten Monarchie die Eisenbahnzüge der k. k. Staatsbahnen noch ausschließlich von Dampflokomotiven gezogen. Um nun die Zugsgarnituren von der Stadtbahn auf die Staatsbahnen überstellen zu können, kam daher vorerst auch für die Stadtbahn nur ein Dampfbetrieb in Frage. Die Entscheidung für einen Dampfbetrieb im städtischen Bereich hatte aber schwerwiegende Nachteile. Ein stufenloser Einstieg – wie bei modernen U-Bahnen für einen raschen Fahrgastwechsel üblich – war bei der Wiener Stadtbahn damit nicht möglich. Die Passagiere mussten – wie noch heute bei klassischen Eisenbahnen – beim Zutritt zu den Waggons drei Stufen überwinden: ein großer, zeitraubender Nachteil für ein innerstädtisches Verkehrsmittel. Darüber hinaus hatte man sich mit der Rauchproblematik von Dampflokomotiven in den dicht verbauten Bereichen der Stadt und in den Tunnels absehbar ein Dauerthema eingehandelt.

Die Tiefstation Schottenring in Blickrichtung stadtauswärts, im Hintergrund die Rossauer Kaserne und die alte Augartenbrücke

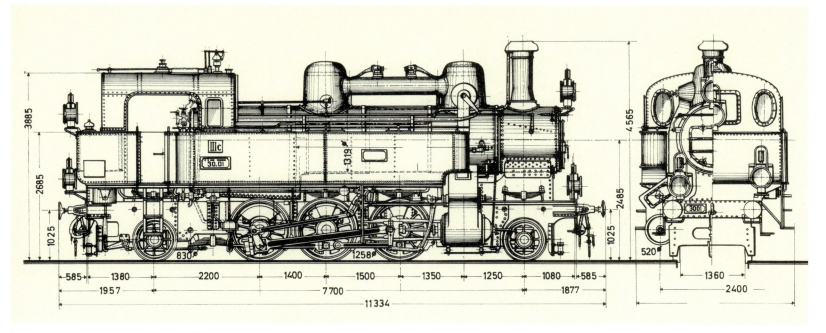

Planzeichnung der Wiener Stadtbahnlokomotive „Serie 30"

Die ersten Stadtbahnlokomotiven

Die Geländeverhältnisse der Stadtbahntrasse waren durch die wechselnde Topografie Wiens für Dampflokomotiven sehr schwierig. Diese hatten Steigungen von bis zu 25 Promille zu überwinden, was in etwa den Steigungen einer Gebirgsbahn wie der Südbahn über den Semmering entsprach. Manche Stationsentfernungen betrugen überdies nur 600 Meter, was entsprechende Anforderungen an die Lokomotiven hinsichtlich schnelles Anfahren, Beschleunigung und Abbremsen stellte. Alles in allem keine einfachen, leisen und raucharmen Aufgaben für eine Lokomotive. Da diese neben Personenzügen auch lange und schwere Güterzüge zu ziehen hatten, wurden von Karl Gölsdorf (1861–1916) eigene, speziell auf diese Wiener Gegebenheiten ausgerichtete Dampflokomotiven entwickelt. Rund 200 Stück dieser als „Serie 30" bezeichneten Lokomotiven wurden bei der Maschinenfabrik der Staats-Eisenbahn-Gesellschaft in Favoriten, der Lokomotivenfabrik in Floridsdorf und bei der Lokomotivenfabrik vormals Georg Sigl in Wiener Neustadt bestellt. Diese Lokomotiven der 30er-Serien-Loks blieben nach Ende des Ersten Weltkrieges und dem Zusammenbruch der Monarchie in Österreich, da die anderen Nachfolgestaaten kein Interesse an ihnen zeigten.

Die Personenwagen

Bei der Wahl der Konstruktionsart der Personenwagen wurde nach eingehenden internationalen Vergleichen der Konstruktion von Durchgangswa-

Die Wiener Stadtbahnlokomotive „Serie 30"

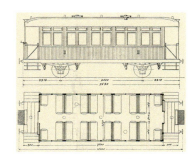

Personenwagen der Stadtbahn, II. Klasse

gen gegenüber dem Bau von Coupéwagen mit Seitentüren der Vorzug gegeben. Das Beispiel der Hochbahn in New York hatte gezeigt, dass bei dieser Konstruktion der Fahrgastwechsel rascher vor sich ging. Die 10 Meter langen und rund 10 Tonnen schweren Durchgangswagen waren ohne innere Unterteilung mit Mittelgang versehen und entleerten sich an der Stirnwand über eine 1 Meter breite Plattform. Das untere der drei Trittbretter der Wagen stand in den Haltestellen auf gleicher Höhe wie der 50 Zentimeter hohe Perron, was die Bequemlichkeit des Ein- und Ausstiegs verbesserte, aber dennoch gegenüber dem niveaugleichen Einstieg einer U-Bahn mühsamer und zeitaufwändiger war. Während der Fahrt konnte der Reisende von einem Wagen in den anderen gehen und so einen Sitzplatz in einem anderen Waggon suchen. Der erste und der letzte Wagen enthielten sogar ein Klosett, das allgemein zugänglich war. Die Wagen hatten eine Dampfbeheizung sowie Gasbeleuchtung. Es gab nur II. und III. Klasse und keine Frauenabteile, dafür Raucher- und Nichtraucherwagen. Auf I. Klasse-Waggons wurde verzichtet, weil solche bei Stadtbahnen nach internationalen Erfahrungen wenig benutzt wurden. Die zweiachsigen Personenwagen für die II. und III. Klasse sowie eine III. Klasse mit Gepäckabteil boten Platz für 40, 48 bzw. 28 Fahrgäste. Gepäckaufgabe war aber nur in den Stationen Hütteldorf, Heiligenstadt, Hauptzollamt, Gersthof, Hernals und Ottakring möglich.[29] Ein Stadtbahnzug bestand aus je acht Wagen III. Klasse und zwei Wagen II. Klasse. Auf der Vorortelinie kamen überhaupt nur Wagen der III. Klasse zum Einsatz.

Statt Wien – Budapest

Parallel zum Bau der dampfbetriebenen Stadtbahn in Wien gelangte in der „Schwesternstadt" Budapest bereits eine moderne elektrische Untergrundbahn zur Ausführung. Es war erst die dritte U-Bahn der Welt und die erste auf dem europäischen Kontinent. 1863 war in London die weltweit erste U-Bahn in Betrieb genommen worden, jedoch entsprechend dem Stand der Technik der damaligen Zeit noch mit Dampf betrieben. Erst 1890 war der elektrische Antrieb so weit entwickelt, dass die Londoner U-Bahn elektrifiziert werden konnte. 1892 wurde in Chicago eine dampfbetriebene U-Bahn eröffnet, die bald darauf – im Jahr 1895 – ebenfalls elektrifiziert wurde. Der Bau der Budapester U-Bahn wurde am 13. August 1894 begonnen. Bereits am 2. Mai 1896 war die 3,75 Kilometer lange elektrisch betriebene Strecke anlässlich der Tausendjahrfeier des Bestehens von Ungarn fertiggestellt. Kaiser Franz Joseph höchstpersönlich eröffnete die Linie. Zu seinen Ehren wurde die Bahn „Franz Josefs Elektrische Untergrundbahn"

29 Pawlik Hans P./Slezak Josef O., Wagners Werk für Wien, Wien 1999, Seite 147

Die erste U-Bahn auf dem Europäischen Kontinent wurde in Budapest in einfacher Tieflage gebaut

genannt. Die Budapester Untergrundbahn wurde in Seichtlage, d. h. unmittelbar unter dem Straßenpflaster von der Firma Siemens & Halske errichtet.[30] Das Projekt war unter der Oberleitung von Ing. Heinrich Schwieger geplant und gebaut worden, der bereits 1880 für die Firma Siemens & Halske elektrische U-Bahn-Projekte für Wien ausgearbeitet hatte. Diese waren aber anscheinend ihrer Zeit zu weit voraus gewesen.

Elektrischer Versuchsbetrieb Nr. 1

Das zukunftsträchtige Beispiel Budapests unmittelbar vor Augen, organisierte das k. k. Eisenbahnministerium noch während des Baus der Wiener Stadtbahn eine Ausschreibung für eine elektrische Versuchsstrecke auf der Stadtbahn. Die Frage war, ob ein elektrischer Betrieb für den Personenverkehr bei unbedingter Beibehaltung des Dampfbetriebs für den Güter- und Militärverkehr eingeführt werden könnte. Von den vorgelegten Entwürfen gelangte jener von Siemens & Halske – wiederum von Heinrich Schwieger ausgearbeitet – tatsächlich zur Ausführung. Am 19. März 1898 beschloss die Kommission für Verkehrsanlagen die Finanzierung der Einrichtung dieses elektrischen Probebetriebs durch Siemens & Halske auf der 3,8 Kilometer langen Teilstrecke der Stadtbahn zwischen Heiligenstadt und Michelbeuern. Personenzüge mit elektrischen Motoren wurden zu einem Zug verbunden und die Motoren aller Wagen vom Standplatz des Zugführers aus, der in einem umgebauten Gepäckwagen der Stadtbahn situiert war, betätigt. Die Leistung der Motoren betrug 80 PS. Die Höchstgeschwindigkeit lag bei 45 km/h. Der notwendige Strom wurde durch eine zwischen den Fahrschienen befindliche, frei liegende Kontaktschiene zugeführt[31], was vor allem in den Stationsbereichen nicht ungefährlich war. Als Betriebsstrom wurde Gleichstrom mit einer Spannung von 500 Volt verwendet, der im Kraftwerk Leopoldau der Allgemeinen Österreichischen Elektrizitätsgesellschaft erzeugt und über Speisepunkte in den Haltestellen Währinger und Nußdorfer Straße zugeführt wurde. Für die erforderlichen Installationsarbeiten wurden sechs Monate benötigt. Der Probezug fuhr während der sich zwischen den normalen Stadtbahnzügen ergebenden Zeitintervallen zunächst leer und später auch mit Personenbesetzung, aber ohne Fahrgäste. Die Versuchsfahrten liefen in den Jahren 1901 bis 1902. Trotz technisch erfolgreicher Fahrten erwies sich der elektrische Betrieb als ebenso teuer wie der Dampfbetrieb, sodass die Versuchsfahrten wieder eingestellt wurden.

Budapest, Elektrische U-Bahn, Station Franz-Deka-Platz

Die Eröffnung der Wiener Stadtbahn

Am 9. Mai 1898 fand die lang ersehnte feierliche Eröffnung der ersten Wiener Stadtbahnstrecken, nämlich der Vororte-, der oberen Wiental- und der Gürtellinie, durch den Kaiser statt.[32] Die Eröffnungszeremonie wurde im Bereich der Station Michelbeuern abgehalten. Dem Eisenbahnminister Heinrich Ritter von Wittek, der als Präsident der Kommission für Verkehrsanlagen bei diesem Anlass dem Monarchen seinen *„ehrfurchtsvollsten Dank"* aussprach, erwiderte der Kaiser – die Bedeutung des großen Unternehmens würdigend – mit folgenden Worten:

„Gern bin Ich der Einladung der Commission für Verkehrsanlagen gefolgt, an der feierlichen Eröffnung der ersten vollendeten Strecke der Wiener Stadtbahn theilzunehmen. Durch das einträchtige Zusammenwirken der autonomen Curien und des Staates geschaffen, wird dieser Bahnbau – wie ich zuversichtlich hoffe – der Bevölkerung mannigfache Vortheile bringen und die Mir am Herzen liegende gedeihliche Entwicklung wirksam fördern. Ich danke den Herren für die kundgegebenen loyalen und patriotischen Gesinnungen und spreche den bauführenden Organen für ihre der österreichischen Technik zur Ehre gereichenden Leistungen, deren künstlerische Ausgestaltung wohlthuend hervortritt, Meine volle Anerkennung aus."[33]

---

30 Schiemann Max, Elektrische Bahnen, II. Band, Leipzig 1899, Seite 72
31 baugleich wie bei der weltweit ersten elektrischen U-Bahn in London zwischen Stockwell und King William Street, die am 18. Dezember 1890 ihren Betrieb aufgenommen hatte
32 Wiener Kommunal-Kalender und Städtisches Jahrbuch für das Jahr 1899, Wien 1899, Seite 494
33 Der Kaiser und Wien, Ansprachen und Handschreiben Sr. Majestät Kaiser Franz Josef I., Wien 1910, Seite 142

Kaiser Franz Joseph eröffnete am 9. Mai 1898 die erste Teilstrecke der Stadtbahn

Jubelnde Menge bei der ersten Fahrt der Wiener Stadtbahn

Anschließend unternahm Kaiser Franz Joseph in seinem Hofzug eine Rundfahrt auf der Stadtbahn von Michelbeuern nach Heiligenstadt und von dort über die Vorortelinie nach Hütteldorf. Dann ging es über die obere Wiental- und die Gürtellinie bis zur Station Alser Straße, wo der Kaiser den Hofzug verließ.

Unter den Erwartungen

Die Entscheidung für einen Dampfbetrieb auf der sukzessive in den Jahren zwischen 1898 und 1901 unter Wiens Bürgermeister Lueger eröffneten Stadtbahn erwies sich sehr bald als nachteilig und kostspielig. Die Erhaltung der Bauwerke, die durch die

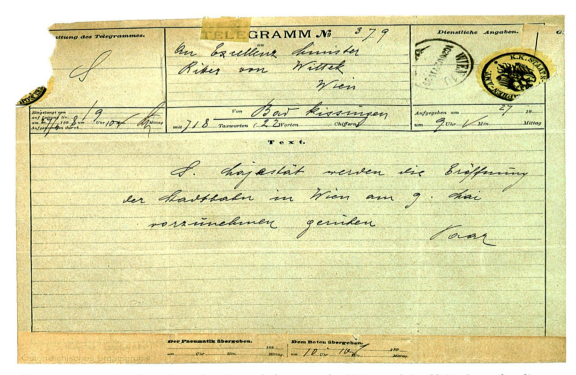

Telegramm von Eduard von Paar, dem Generaladjutanten des Kaisers: „Seine Majestät werden die Eröffnung der Stadtbahn in Wien am 9. Mai vorzunehmen geruhen"

Ruß- und Rauchentwicklung sehr zu leiden hatten, sowie der hohe Personalstand für die Stationen, Signalanlagen und Lokomotiven verursachten hohe Betriebsausgaben der Bahnverwaltung. Auch blieb die Fahrgastfrequenz weit hinter den Erwartungen zurück, da es für die Stadtbahn als Staatseisenbahn keinen Tarifverbund mit den Straßenbahnen in Wien gab und sie somit ein Fremdkörper im öffentlichen Verkehrsgefüge der Stadt blieb. Nachdem man Jahrzehnte lang von einer Stadtschnellbahn oder U-Bahn für Wien geträumt hatte, waren die Erwartungen, die man in die nun endlich realisierte Stadtbahn gesetzt hatte, einfach zu hoch. Die Stadtbahn arbeitete schon von Beginn an mit Verlust. Lediglich an Sonn- und Feiertagen machte sich die Übergangsfähigkeit der Stadtbahn auf die Kaiserin-Elisabeth-Westbahn und die Kaiser-Franz-Josephs-Bahn positiv bemerkbar, da bei schönem Wetter die Stadtbahn gestürmt wurde, was aber wiederum wegen der dann eintretenden Überfüllung der Züge zu Missmut führte.

Durch Rauch und Ruß

Vor allem die Anrainer in den dichter bebauten Gebieten entlang der Trasse litten durch den Zugsverkehr unter Lärm, Rauch und Ruß. Ebenso die Fahrgäste der Stadtbahn, die vor allem in den Tunnelpassagen einiges auszuhalten hatten, obwohl man im Hinblick auf Schadstoffe im 19. Jahrhundert so manches gewohnt war. Das Problem der Dampflokomotiven in innerstädtischen Bereichen, die in kurzen Intervallen und oft auch des Nachts mit rumpelnden Güterzügen unterwegs sein mussten, schien bei der Entscheidungsfindung offensichtlich unterschätzt worden zu sein.

„Die Lokomotiven der Stadtbahn dünken sich Vesuve zu sein und stoßen Rauchwolken aus, daß die Sonne konstant erfolgreich verdunkelt ist. Infolge dieses unablässigen Aschenregens sind die Waggons innen und außen derartig dick mit einer Rußschicht überzogen, daß man sich fürchten muß, was anzugreifen oder sich niederzusetzen. Nach einer Fahrt von 5 Minuten gliche man einem Aschanti!" [34]

Das Rauchproblem der Wiener Stadtbahn war auch international nicht unbemerkt geblieben:

„Wer kennt nicht die Rauchplage der Dampflokomotive, unter welcher Reisende als auch Anwohner zu leiden haben? Welcher Eisenbahnreisende hätte es nicht empfunden, wie lästig der Rauch, der Aschenflug u.s.w. der Dampflokomotive ist, wenn man der Hitze wegen sich veranlasst findet, die Wagenfenster zu öffnen? Alsbald sind Sitzbänke und Kleider mit Asche und unver-

Dampf- und rußspeiende Lokomotiven waren in der dicht verbauten Stadt ein Problem

[34] Lumbe A. Rudolf, Wiener Stilwidrigkeiten, Wien 1913, Seite 68

Rußschäden in einem Stadtbahntunnel

Zeitgenössische Karikatur über die Rußplage in der Stadtbahn

brannten Kohlentheilchen bedeckt. Gesicht und Hände werden geschwärzt. Wie oft wird der Anblick auf die schönsten Landschaften durch die der Lokomotive entströmenden qualmenden Rauch-und Dampfwolken verhindert. Auf der längs hohen Mauern und in Tunnels sich hinziehenden Wiener Stadtbahn bildet die Rauchbelästigung und der Aschenflug der Dampflokomotiven eine grosse Plage; es ist bei geöffneten Fenstern unbedingt geboten, den Sitzplatz vor dem Niedersetzen zu reinigen oder ein Tuch unterzulegen, wenn man nicht Gefahr laufen will, die Kleider zu verderben. Bei feuchter Witterung, infolge deren der Dampf aus den Tunnels nur äusserst langsam entweicht, sind die zwischen zwei Tunnelstrecken liegenden Haltestellen vollständig in dichten Nebel eingehüllt, so dass die Fahrenden nicht einmal die Namen derselben erkennen können und die Wartenden in arger Weise belästigt werden." [35]

Die „Um-die-Stadt-Bahn"

Auch die Trassierung der Stadtbahn, die den natürlich vorgegebenen Flussläufen von Wienfluss und Donaukanal folgen musste, da deren Regulierungen von der Stadt Wien fatalerweise mit der Stadtbahnfrage in Zusammenhang gebracht worden waren, erwies sich letztlich als falsch. Als Gesamtnetz betrachtet, stellte die Stadtbahn damit nur eine dreimalige ringförmige bzw. tangentiale Verbindung um die Stadt zwischen Hütteldorf und Heiligenstadt dar – einmal durch die Vororte, einmal über den Gürtel und einmal über Wienfluss und Donaukanal –, ohne eine radiale Verbindung mit der City anzubieten. Spöttisch wurde sie daher von der Bevölkerung bald als „Um-die-Stadt-Bahn" bezeichnet. Die in Wien aus historischen Gründen radial auf das Zentrum der Stadt hin ausgerichteten Hauptverkehrsströme wurden von ihr nicht ausreichend bedient. Nur architektonisch konnte die Stadtbahn dank der rechtzeitigen Einbindung des damaligen Doyens der Wiener Architekten, Otto Wagner, überzeugen. Auch heute noch bilden die erhalten gebliebenen Stationen und Brücken der Stadtbahn beeindruckende visuelle „landmarks" der Wiener Stadtarchitektur. Aber kaum jemand fährt nur wegen einer schönen Architektur um die Stadt im Kreis herum.

„Besonders lehrreich ist Wien als Musterbeispiel dafür, wie man eine Stadtbahn nicht anlegen soll.

---

35 Die Reform, Internationales Organ für alle Verkehrszweige, 1. Heft 1902/3, Seite 32

Ein dampfender Stadtbahnzug bei der Ausfahrt aus der Station Nußdorfer Straße Richtung Heiligenstadt

soll. Die Ursache dieses betrübenden Ergebnisses ist die gänzlich verfehlte Linienführung. Alle möglichen Rücksichten sind dafür maßgebend gewesen, u. a. militärische, nur nicht eine klare Erkenntnis der Bedürfnisse des Großstadtverkehrs. Es wird keinem Menschen einfallen, aus dem nordwestlichen Vorortgelände mit der Wiener Stadtbahn nach der Innenstadt zu fahren, wenn er mit der Straßenbahn schneller und billiger hinkommt, ein Gesichtspunkt, der, so selbstverständlich er ist, doch nicht überall die gebührende Würdigung erfahren hat." [36]

Im Nachhinein wusste es ein Jeder besser. Rauchplage, falsche Trassierung, fehlende Netzverbindungen und Tarife, die der Masse der Werktätigen zu hoch waren und letztlich geringe militärische Bedeutung ließen die Wiener Stadtbahn vom Vorzeigeprojekt der k. k. Staatsbahnen, welches der Bevölkerung „mannigfache Vortheile bringt", sehr bald zum Sorgenkind der Bahnverwaltung mutieren.

Elektrischer Versuchsbetrieb Nr. 2

Nachdem die Rauchplage durch die Stadtbahn zum Dauerthema geworden war, trat im Jahr 1906 die Firma von František Křižík aus Prag, die sich in Wien durch die elektrische Beleuchtung der „Internationalen Elektrischen Ausstellung" von 1883 einen guten Namen gemacht hatte, mit einem Elektrifizierungsprojekt an die Staatsbahnverwaltung heran. Als Versuchstrecke wurde vom Eisenbahnministerium die Strecke der Verbindungsbahn vom Hauptzollamt (heute Landstraße) zum Praterstern bestimmt. Hierbei kam Gleichstrom mit einer Spannung von zwei mal 1 500 Volt zur Anwendung. Zugeführt wurde der Strom aber diesmal über zwei Oberleitungsdrähte. Die Lokomotive war zweiachsig. Der mechanische Teil der Lokomotive kam aus Wien, der elektrische Teil kam von der Firma selbst. Trotz klaglosen Betriebs führte auch dieser Versuch mit elektrischem Antrieb der Stadtbahn zu keiner Änderung des Antriebssystems. Den Wienern blieben Dampf und Qualm erhalten.

Versuchslokomotive für einen elektrischen Betrieb auf der Stadtbahn aus dem Jahr 1906

36 Glasers Annalen für Gewerbe und Bauwesen, Nr. 817 vom 1. Juli 1911, Berlin, Seite 13

Kurze Intervalle fuhren hier bei der Südbahnunterführung in Hetzendorf drei Triebwagen der Type „D"

Die „Elektrische"

Öffentliche Unzulänglichkeiten

Während in den 1890er Jahren noch an der Wiener Stadtbahn, auf die man so viele Hoffnungen setzte, gearbeitet wurde, nahm der Ärger mit den bestehenden Verkehrsverhältnissen – vor allem mit der Pferdetramway – weiter zu. Da die privaten Tramway-Aktiengesellschaften naturgemäß auf Gewinnmaximierung ausgerichtet waren und nur nach massivem politischen Druck verbessernde Maßnahmen setzten, verstärkten sich in der wachsenden Stadt die Unzulänglichkeiten im öffentlichen Verkehr von Tag zu Tag. Der seit Jahren bestehende Ärger war damit prolongiert und konnte auch durch die Aussicht auf baldige Fertigstellung der Stadtbahn nicht gemildert werden. Von den Spar- und Rationalisierungsmaßnahmen der Verkehrsunternehmen waren trotz des Tramwaykutscherstreiks von 1889 nun nicht nur das Fahrpersonal und die Kunden, sondern anscheinend auch die Zugpferde der Tramwaywagen betroffen:

„Es sei der Erhaltung des Pferdemateriales größere Obsorge zuzuwenden, da das Aussehen der von der Gesellschaft verwendeten Pferde ein derartiges sei, daß auf eine im Vergleiche mit der den Thieren auferlegten Leistung ungenügende Fütterung geschlossen werden müsse."[1]

In Anbetracht der Übelstände mit ständiger Überfüllung der Straßenbahnen, niedriger Reisegeschwindigkeit und bemitleidenswertem Fahr- und Zugspersonal wurde in der Stadtratssitzung vom 11. Juli 1893 über die Einführung eines elektrischen Betriebes beraten und die Wiener Tramway-Gesellschaft zur Vorlage eines entsprechenden Projektes aufgefordert.[2]

Streit der Systeme

Hinsichtlich der Art der Stromzuführung bei einem elektrischen Betrieb der Straßenbahnen waren die grundsätzlichen Fragen noch immer nicht gelöst und noch verschiedene Systeme in Erprobung und

1 Die Gemeinde-Verwaltung der Stadt Wien in den Jahren 1894–1896, Wien 1898, Seite 179
2 Benesch Viktor, Direktor der Wiener Straßenbahn, im Amtsblatt der Stadt Wien vom 1. Februar 1947, Seite 1

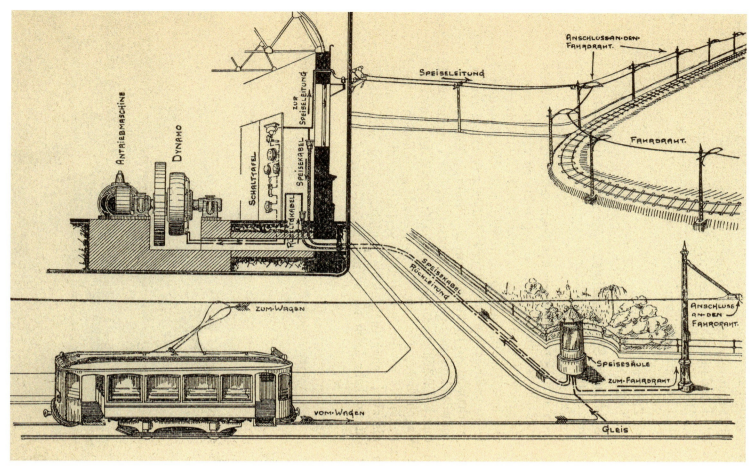

Schematische Darstellung des Systems einer elektrischen Straßenbahnanspeisung über Oberleitungen

Diskussion. Sowohl die Anspeisung über Oberleitungen, die eher unschön mit Masten oder Drähten zwischen den Häusern erfolgen musste, als auch die mit höherem Gefährdungspotenzial behafteten Unterleitungen, die im Schienenbereich geführt wurden, aber auch Akkumulatorenwagen, deren mitgeführten Batterien nur eine begrenzte Leistungsdauer hatten – alle Systeme hatten gewichtige Vor- und Nachteile.

Erste Versuche mit Batterieantrieb

Da die Einführung eines Akkumulatorenbetriebes durch den Entfall von Ober- bzw. Unterleitungen mit dem geringsten baulichen Aufwand verbunden war, begann die Wiener Tramway-Gesellschaft im Jahr 1894 mit diesem kostenschonenden System Probefahrten auf der Strecke zwischen der Burggasse und der Bellariastraße. Der Akkumulatorenwagen war aus Amerika gekommen.[3] Die Versuche blieben jedoch erfolglos. Auch die Neue Wiener Tramway-Gesellschaft unternahm zu Beginn des Jahres 1895 auf ihrer Pferdetramwaystrecke entlang der Westbahn nach Hütteldorf Versuchsfahrten mit zwei Akkumulatorenwagen des Systems "Waddel-Entz". Diese Tests wurden im Sommer aber ebenfalls ohne zählbares Resultat eingestellt und im Herbst 1895 Versuche mit Akkumulatorenbetrieb nach dem System „Tudor" aufgenommen. Erneut ohne einen verwertbaren Durchbruch zu erzielen. Bis heute – über 100 Jahre technischer Entwicklung später – hat der batteriebetriebene Antrieb seine Kinderkrankheiten und systembedingten Unzulänglichkeiten nicht wirklich ablegen können. Versuche der Tramwaygesellschaften mit Oberleitungen erfolgten damals aus Kostengründen noch nicht.

Politische Veränderungen

Für den christlichsozialen Gemeinderat Karl Lueger standen die Jahre bis 1896 ganz im Zeichen des Kampfes um den Bürgermeistersessel und um die Macht in Wien. Die Tramwayfrage rückte damit vorerst in den Hintergrund. Mit den am 1. April 1895 abgehaltenen Wahlen zum 2. Wahlkörper sowie anderen Ergänzungswahlen war die liberale Ära in Wien endgültig zu Ende gegangen und die christlichsoziale Vormachtstellung im Gemeinderat eingeleitet. Lueger wurde zum Bürgermeister gewählt, aber von Kaiser Franz Joseph, der das monarchische Recht dazu besaß, abgelehnt. Ob es

3 Wien Museum, Drei Jahrhunderte Straßenverkehr in Wien, Wien 1961, Seite 70

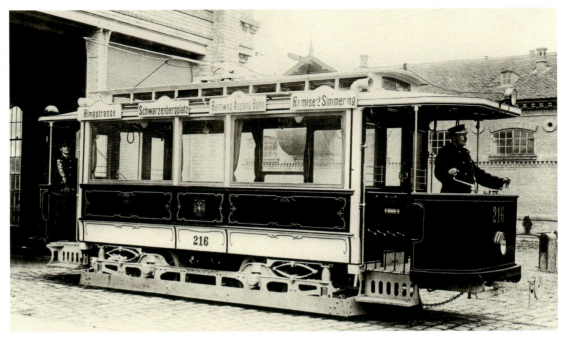

Früher Straßenbahntriebwagen der Type „D" mit offenem Fahrerstand, der zwischen Ring und dem Bahnhof der Aspangbahn im Einsatz war

Luegers Antisemitismus oder seine gegen Ungarn gerichteten Polemiken waren, die den Kaiser dazu bewogen, ist nicht ganz klar. Erst als Lueger im Winter 1897 zum fünften Mal zum Bürgermeister gewählt wurde, stimmte der Kaiser seiner Ernennung seufzend zu.

Schärfere Tonart

Nach den Gemeinderatswahlen des Jahres 1895 und der Ablöse der Jahrzehnte lang in Wien herrschenden Liberalen Partei durch die Christlichsozialen unter Karl Lueger begann die Hoheitsverwaltung wesentlich schärfer und nachdrücklicher gegenüber den Tramwayunternehmen aufzutreten. Die Gemeinde drohte mit Konzessionsentzug, falls eine Vermehrung der Fahrten und eine Verlängerung der täglichen Betriebsdauer nicht durchgeführt werden sollten. Dazu wurde ein Überfüllungsverbot erlassen. Erst ein neuerlicher Besitzerwechsel der Tramwayaktien bewirkte, dass die Frage eines elektrischen Betriebes vom neuen Eigentümer ernsthafter in Erwägung gezogen wurde.

Eine sinnlose Ausschreibung

Mit Kundmachung vom 8. Juli 1895 unternahm die Gemeinde durch ein Konkurrenzausschreiben einen massiven Anlauf zur Herstellung eines umfassenden elektrischen Tramwaynetzes für Wien.[4] Elf Projekte wurden in der Folge abgegeben und von einer fünfköpfigen Kommission begutachtet.[5] Zwar wurden mit vier Projektwerbern[6] Verhandlungen geführt, praktischen Nutzen hatte dies aber keinen, da keine Entscheidungen getroffen wurden. Zu absurd war letztlich die Vorstellung, parallel zum zersplitterten Netz aus Pferde- und Dampftramways auch ein konkurrierendes Straßenbahnnetz mit elektrischem Antrieb aufzubauen.

Eine Versuchsstrecke mit Oberleitung

Dafür wurde am 2. Jänner 1896[7] der Wiener Tramway-Gesellschaft vom Gemeinderat versuchsweise für zwei Jahre die Genehmigung für den Umbau einer einzelnen, aus verschiedenen Pferdebahnlinien bestehenden Strecke auf elektrischen Betrieb erteilt. Diese rund 9,4 Kilometer lange sogenannte nördliche Transversalstrecke hatte ihren Ausgangspunkt in der Vorgartenstraße bei einem neu erbauten Betriebsbahnhof. Von dort führte die Trasse über die Kronprinz-Rudolf-Straße (später Reichsbrückenstraße, heute Lassallestraße) zum Praterstern und über den Nord-Westbahnhof und den Kaiser-Franz-Josephs-Bahnhof parallel zum Gürtel über Spitalgasse, Skodagasse und Kaiserstraße zum Westbahnhof und in der Folge bis zum Raimundtheater in der Wallgasse (in etwa der Verlauf der heutigen Straßenbahnlinie 5). Die elektrifizierte Strecke entsprach rund 10 % des gesamten Netzes der Wiener Tramway-Gesellschaft. Neben der Stromzuführung mit Oberleitung war versuchsweise auch eine 600 Meter lange Strecke mit Unterleitung von der Stadt gefordert. Ebenso sollten

---

4 Die Gemeinde-Verwaltung der Stadt Wien in den Jahren 1894–1896, Wien 1898, Seite 171
5 Benesch Viktor, Direktor der Wiener Straßenbahn, im Amtsblatt der Stadt Wien vom 1. Februar 1947, Seite 1
6 Wiener Bankverein gemeinsam mit der Wiener Tramway-Gesellschaft, Anglo-Bank mit der Neuen Wiener Tramway-Gesellschaft samt Siemens & Halske, Union-Elektricitäts-Gesellschaft (Berlin) mit der Firma Ritschl & Comp. sowie Berliner Allgemeine Elektricitäts-Gesellschaft
7 Die Gemeinde-Verwaltung der Stadt Wien in den Jahren 1894–1896, Wien 1898, Seite 173

Leitungsmaste „thunlichst" vermieden und dafür Spanndrähte zwischen den Häusern angebracht werden. Im Sommer des Jahres 1896[8] begann die Wiener Tramway-Gesellschaft mit den Umbau- bzw. Elektrifizierungsarbeiten. Die Arbeiten für die Oberleitung führte die Berliner „Union-Elektricitäts-Gesellschaft" aus.

„Endlich konzessionierte ich der Tramway-Gesellschaft, trotz der Fortdauer gewisser Einwendungen der Gemeinde, die ‚Transversallinie' mit ausschließlich elektrischem Betrieb. Diese lange Linie wurde nun auch sofort ausgebaut und am 28. Jänner 1897 in Betrieb gesetzt. Bei dem bedeutend schnelleren Fahrtempo ergaben sich anfangs allerdings einige Unfälle, aber nach Verlauf von nicht gar langer Zeit verlangte die öffentliche Meinung Wiens die Elektrifizierung des gesamten Tramway-Netzes."[9]

Wiens erste „Elektrische"

Am 17. Dezember 1896 konnten die ersten Fahrten aufgenommen werden. Nach erfolgreichem Probebetrieb wurde am 28. Jänner 1897 auf dieser Linie der durchgehende fahrplanmäßige elektrische Betrieb eingeführt. Ein historisches Datum für die Wiener „Elektrische". Der Strom wurde noch von privaten Elektrizitätsgesellschaften bezogen. Die Stromabnahme erfolgte nicht mit dem späteren Gleitbügelsystem, sondern noch mittels Rollenstromabnehmer nach dem Hamburger (Trolley-) System „Thomson-Houston". Dabei wurde der elektrische Strom mit 500 Volt Spannung durch eine mit Federkraft an die Oberleitung angedrückte Rolle, die am Ende einer schräg vom Fahrzeugdach ausgehenden Stange befestigt war, zu den zwei je 20 PS starken Motoren geleitet. Die Rückleitung des Stromes erfolgte durch die Schienen. Die Fahrt von der Remise in der Vorgartenstraße bis zum Raimundtheater dauerte 47 Minuten, während für diese Strecke mit Pferdetrams bisher 61 Minuten erforderlich waren. Immerhin eine Verkürzung der Fahrzeit um fast ein Viertel. Die Höchstgeschwindigkeit war mit 15 km/h festgelegt. Für den Betrieb standen 40 Motorwagen und 30 Beiwagen zur Verfügung.

8 Die Gemeinde-Verwaltung der Stadt Wien in den Jahren 1894–1896, Wien 1898, Seite 173
9 Kielmansegg Erich Graf, Kaiserhaus, Staatsmänner und Politiker, Wien 1966, Seite 405

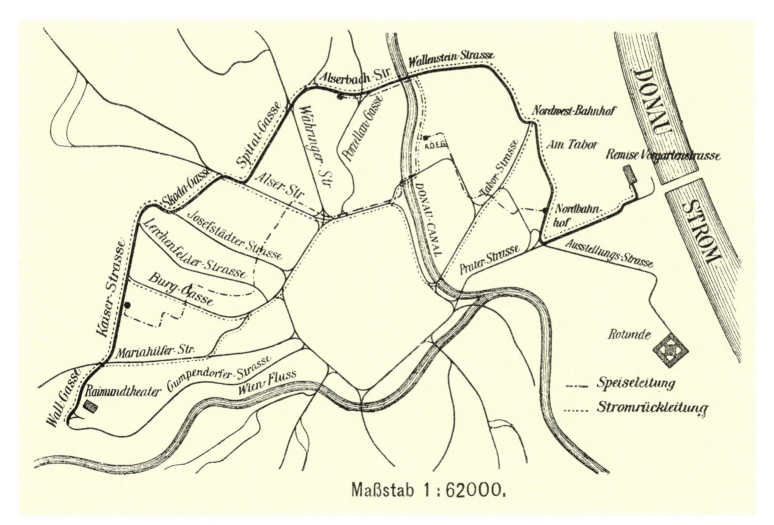

Lageplan der ersten elektrifizierten Tramwaystrecke in Wien

Nr. 6.   Wien, Sonntag, 7. Februar 1897.   II. Jahrgang.

Die neue elektrische Tramway in Wien.
In der Wallgasse nach der Vorstellung im Raimund-Theater. (Siehe Seite 2.)

„Die gestrige Probefahrt hat den Wienern gezeigt, welchen Fortschritt der elektrische Betrieb gegenüber dem Pferdebetrieb bedeutet, und wenn das Publikum das neue Verkehrsmittel erst kennengelernt haben wird, mag es wohl fragen, warum wir so lange auf die ‚elektrische Bahn' warten mußten und warum nur ein kleiner Bruchteil des bestehenden Tramwaynetzes, und auch dieser nur probeweise, elektrisch betrieben werden darf." [10]

Wieder kein Bürgermeister

Der damalige Wiener Bürgermeister Josef Strobach, der von der Christlichsozialen Partei im Jahr 1896 bis April 1897 als „Platzhalter" für den gewählten, aber von Kaiser Franz Joseph abgelehnten Karl Lueger fungierte, ließ sich, wenig motiviert, bei der Eröffnung entschuldigen. Ihn vertrat bei diesem stadthistorischen Ereignis Vizebürgermeister Josef Neumayer. Die elegante Ausstattung der Wagen, die abends auch elektrisch beleuchtet waren, und der ruhige Gang der, von ehemaligen Kutschern und Kondukteuren ohne „Hü und Hott" gesteuerten Wagen, fand allgemein Anerkennung. Mit dieser Eröffnung erlebte die bis heute anhaltende Liebe vieler Wiener zur Tramway ihren historischen Ausgangspunkt.

Angst vor des Kaisers kritischem Auge

Die positive Resonanz bei der Eröffnung der ersten Wiener „Elektrischen" veranlasste den Gemeinderat schon am nächsten Tag, am 29. Jänner 1897, eine Kommission zur Elektrifizierung des gesamten Straßenbahnnetzes einzusetzen - eine in Wien gerne geübte Praxis. In der Folge empfahlen alle Experten ein Tramwaynetz mit Oberleitungen zu errichten, da sowohl Unterleitungen als auch Akkumulatorenbetrieb nicht dieselbe Betriebssicherheit aufweisen konnten. Oberleitungen wiederum hatten das Problem, dass sie aus ästhetischen Gründen als störend empfunden wurden. Was heute im Stadtbild als selbstverständlich angesehen wird, nämlich die komplette beinahe netzartige Verspannung ganzer Straßenzüge mit Strom-, Licht- und Straßenbahnoberleitungen auf Höhe des ersten Stockes, war im 19. Jahrhundert ein noch völlig ungewohnter Anblick. Vor allem dem gestrengen Auge Kaiser Franz Josephs wollte man auf der Strecke zwischen Ring, Mariahilfer Straße und Schönbrunn, die er täglich auf seinem Weg zwischen der Hofburg und Schloss Schönbrunn zurücklegen musste, den Anblick von Oberleitungen ersparen.[11]

Neue Technologie - alte Probleme

Am 6. Juni 1897, dem Pfingstsonntag des Jahres, waren die Bediensteten der Wiener Tramway-Gesellschaft wegen der anhaltend schlechten Bedingungen für das Fahrpersonal wieder in den Streik getreten. Mit Bürgermeister Luegers Unterstützung konnten die Streikenden ihre Forderungen beim alten Eigentümer, dem Bankhaus der Brüder Sigmund und Max Reitzes, durchsetzen. Die Gemeinde hatte der Gesellschaft gedroht, den Betrieb selbst weiterzuführen - jedoch auf Rechnung der Gesellschaft. Dabei scheint sich die Stadt Wien erstmals mit dem Gedanken einer Übernahme des öffentlichen Verkehrs durch die öffentliche Hand auseinandergesetzt zu haben. Noch blieb es aber bei der Drohung, denn bald konnte eine Einigung mit der Firmenleitung erzielt werden und am Mittwoch nach Pfingsten fuhren die Tramways wieder in der Stadt. Aber die Tage der Wiener Tramway-Gesellschaft waren gezählt. Wien war nun bereit und gewillt, Geld in die Hand zu nehmen und neue Wege in der Organisation des Verkehrswesens zu gehen.

Zwei „Ausstellungslinien" in den Prater

Das folgende Jahr 1898 wurde in der österreichisch-ungarischen Monarchie als das große Kaiser-Jubiläumsjahr gefeiert. 50 Jahre zuvor, im Revolutionsjahr 1848, hatte Kaiser Franz Joseph die Krone übernommen und mit seinem geliebten Heer in Österreich und mit Hilfe des russischen Heeres in

Der abwesende „Ersatz-Bürgermeister" Josef Strobach (1852-1905)

Der spätere Wiener Bürgermeister Josef Neumayer (1844-1923) durfte als Vizebürgermeister die erste Wiener „Elektrische" eröffnen.

Kaiserliche Übelkeit beim Anblick von Straßenbahn-Oberleitungen

---

10 Wiener Tagblatt vom 28. Jänner 1897
11 Czeike Felix, Dr. Hillischers Probestrecke und die Elektrifizierung der Wiener Straßenbahn, Wiener Geschichtsblätter 1957, Nr. 4, Seite 87

Titelblatt eines Gedenkalbums

Endstelle der „Elektrischen" im Prater bei der Rotunde

Ungarn blutig für innere Ruhe gesorgt. Nun war er zu einem der wenigen, wenn nicht zum einzigen Bindeglied des auseinanderstrebenden Vielvölkerstaates Österreich geworden. Dafür wurde dem Kaiser – besonders in Wien – entsprechend gehuldigt. Unter anderem fand ihm zu Ehren vom 7. Mai bis 18. Oktober in der Rotunde eine große „Jubiläums-Ausstellung 1848–1898" statt. In Erwartung eines großen Besucherandrangs errichtete die Wiener Tramway-Gesellschaft zwei elektrische Zubringerlinien zum Ausstellungsgelände.

Die Verlängerungsstrecken

In direktem Anschluss an die seit Jänner 1897 verkehrende Elektrische auf der Transversallinie wurde am 7. Mai 1898 vom Praterstern eine Linie zum Südportal der Rotunde über die Ausstellungsstraße und die Perspektivstraße eröffnet. Diese Strecke blieb aber nur während der Austellung in Betrieb. Eine weitere elektrifizierte Linie wurde im Anschluss an Ring und Kai zur Prater Hauptallee vom Aspernplatz (heute Julius-Raab-Platz) durch die Löwengasse und über die Sophienbrücke (heute Rotundenbrücke) errichtet. Auf beiden Zubringerstrecken erfolgte die Stromzuführung über Oberleitungen. Auf der Strecke von der Prater Hauptallee zum Ring wurden während der Fahrt mitgeführte Akkumulatoren an drei Stellen aus der Oberleitung aufgeladen, um die Züge auch um den Ring und den Quai, wo es keine Oberleitungen gab, führen zu können. Die Gesellschaft ersuchte in Folge praktischerweise um Bewilligung der Fortsetzung der elektrischen Oberleitung am Ring und am Franz-Josephs-Quai.[12] Dies wurde aber aus den bekannten stadtästhetischen Gründen und der allgemein üblichen vorauseilenden Demut gegenüber dem kaiserlichen Auge nicht genehmigt. Da der Akkumulatorenbetrieb schwierig zu führen war, wurde diese Strecke später für eine unterirdische Stromzuführung der Tramway eingerichtet. Während die Elektrische zum Südportal der Rotunde nur während der Ausstellung in Betrieb war, blieb die Linie zur Prater Hauptallee auch danach bestehen.

Kaiserlicher Eröffnungsstress

Zwei Tage vor Eröffnung der Stadtbahn beglückte der Kaiser am 7. Mai 1898 die Veranstalter der Jubiläumsausstellung bei der feierlichen Eröffnung mit seiner Anwesenheit. Die Wiener bekamen dabei einen Vorgeschmack auf die schon betriebsbereite Stadtbahn. Die Stadterweiterungskommission, die Donauregulierungskommission und die Verkehrskommission hatten einen eigenen Pavillon mit Plänen und Exponaten ihrer Projekte errichten lassen. Einen Gesamteindruck der Stadtbahn vermittelte das jetzt im Kaiserpavillon der Stadtbahn in Hietzing befindliche Gemälde von Karl Moll, auf dem perspektivisch die Gürtel-, die Vororte- und die Wientallinie zu sehen sind. Ausgestellt waren weiters das Modell einer Strecke der Gürtellinie mit der Bogenübersetzung der Heiligenstädter Straße, das Modell der neuen Lokomotiven, das Modell der Personenwagen und vieles andere mehr.

Gewöhnlicher Baustress

Der Kaiserhuldigungen nicht genug, wurde zum 50-jährigen Regierungsjubiläum am 25. Juni auch ein Festschießen in Kagran in der k. u. k. Militärischen Schießstätte abgehalten. Nachdem die Stadt Wien selbst die grundsätzliche Konzession für eine elektrische Bahn vom Praterstern nach Kagran[13] erworben hatte, erteilte der Wiener Gemeinderat spät, aber doch, am 7. Juni 1898 der Firma Ritschl & Co

---

12 Wiener Kommunal-Kalender und Städtisches Jahrbuch für das Jahr 1899, Wien 1899, Seite 473
13 ebenda, Seite 477

Wie so oft waren die Wiener gegenüber einer neuen Technologie anfangs noch etwas skeptisch

die Bewilligung für deren Bau. Nach nur 17 Tagen Bauzeit sollte schon am 25. Juni 1898 zumindest die Teilstrecke vom Praterstern zum Schützenfestplatz eröffnet werden. Der Betrieb wurde für 60 Jahre an das Unternehmen vergeben. Vor Ablauf von zehn Jahren stand der Gemeinde aber das Recht zum Erwerb der Bahn zu. Die Ausgangshaltestelle dieser Linie war unmittelbar hinter dem Verbindungsbahnviadukt in der Nähe der Station Praterstern situiert. Von dort führte die Elektrische durch die Kronprinz-Rudolf-Straße (heute Lassallestraße) über den Erzherzog-Karl-Platz (heute Mexikoplatz) und die Kronprinz-Rudolf-Brücke (heute Reichsbrücke) zur Kagraner Reichsstraße (heute Wagramer Straße) bis nach Kagran – samt einer späteren Abzweigung bei der Schüttaustraße zum Schüttauplatz in Kaisermühlen.

Schneller Bau, langsame Bürokratie

Da die zuständigen Behörden anscheinend vom hohen Bautempo überrascht worden waren, konnte die fertige Strecke am Schützentag infolge verspäteter amtlicher Inspektion nicht wie geplant vom Praterstern weg in Betrieb gesetzt werden. Die Festgäste, unter ihnen der Eisenbahnminister Heinrich von Wittek, der niederösterreichische Statthalter Graf Erich von Kielmansegg und Wiens Bürgermeister Karl Lueger, waren daher gezwungen ihre elektrische Fahrt erst von der Kronprinz-Rudolf-Brücke aus zu beginnen. Wenig später gingen aber nach erfolgter Genehmigung auch die restliche Strecke und am 18. Februar 1899 die Abzweigung nach Kaisermühlen in Betrieb. Die gesamte Linie war mit elektrischer Oberleitung ausgerüstet.

Heiteres / Skurriles

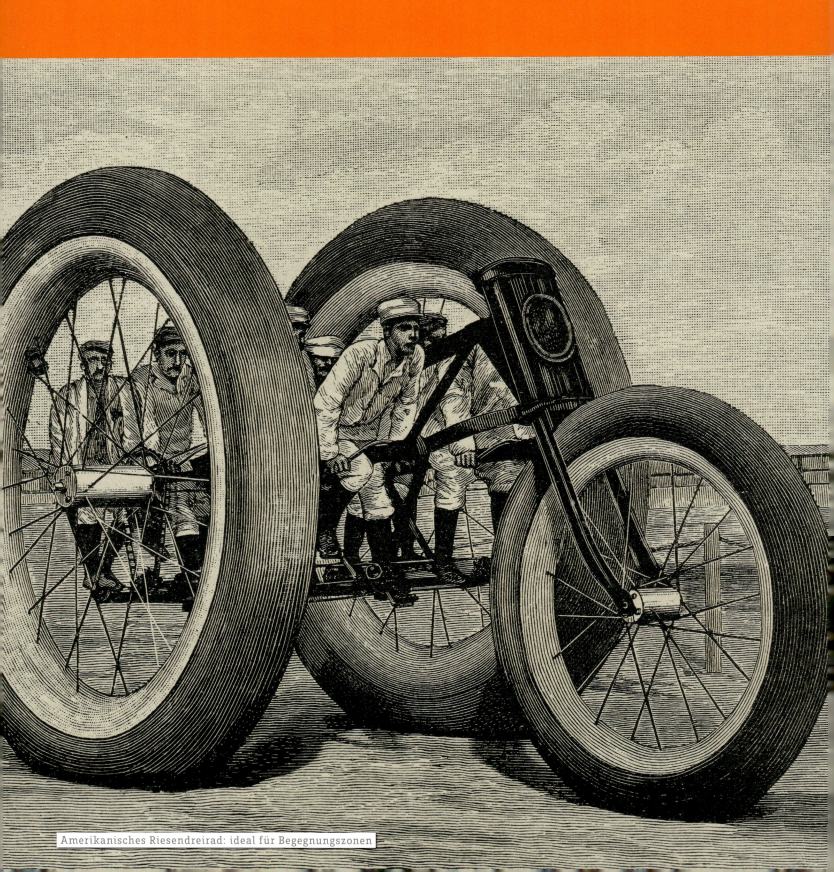

Amerikanisches Riesendreirad: ideal für Begegnungszonen

Eisenbahnfahrrad: bei nachkommenden Zügen waren gute Nerven und Kraftreserven für Temposteigerungen erforderlich

Kusssäule: auch alleinstehende Nutzer der Eisenbahn haben das Recht auf ein Begrüßungsbusserl

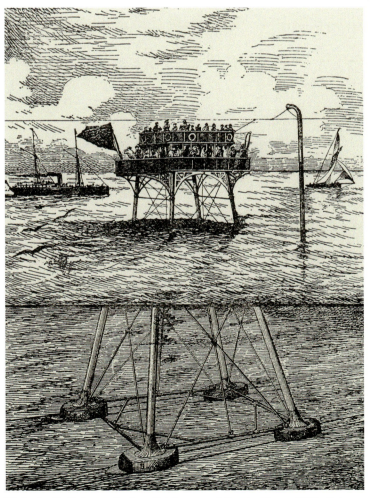

Elektrische Bahn zwischen Brighton und Rottingdean, 1896. Bei Sturm und Rostbefall nur für gute Schwimmer geeignet

GENIALE ERFINDUNGEN, DIE UNS ERSPART BLIEBEN

Bei so viel Beistand von Oben haben selbst öffentliche Verkehrsmittel das Nachsehen

Eine scheinbar vernünftige Gegenverkehrslösung bei Eisenbahnen, die sich jedoch nicht durchsetzen konnte

Empfehlenswert: die Passagiere der Pueblo Vallez Electric Eisenbahn zahlten im Jahr 1903 nach Körpergewicht und mussten deshalb vor der Kasse gewogen werden

Eisenbahnpropellerantrieb: nur bei voller Belegung konnte ein Abheben des Zuges verhindert werden

Übersiedlung leicht gemacht. Aus dem Land der unbegrenzten Möglichkeiten um 1900

Nichts für Verliebte: Händchenhalten war bei diesem Zweirad nicht empfehlenswert

Adelige Streikbrecher: beim Streik der Angestellten der Untergrundbahn in Paris im Jahr 1918 versuchten die Damen und Herren der besseren Gesellschaft (hier die Gräfin Mould als Billettknipserin) die Streikenden zu ersetzen

GENIALE ERFINDUNGEN, DIE UNS ERSPART BLIEBEN

Wien in der 1. Hälfte des 20. Jahrhunderts

Tramway- und Omnibusverkehr vor der Oper am Kärntner Ring

Ein neues Zeitalter – Wien kommunalisiert

Die Stadt übernimmt Verantwortung

Politisch brachte das zu Ende gehende 19. Jahrhundert auch das Ende der Jahrzehnte langen liberalen Ära in Wien. Damit verbunden war der kometenhafte Aufstieg des neuen christlichsozialen Bürgermeisters Karl Lueger. Die Liberalen hatten privates Großunternehmertum und uneingeschränkte Industrialisierung gefördert, dabei staatliche Eingriffe und Regulierungen weitgehend vermieden. Das Schicksal der „kleinen Leute", der Zuwanderer und Arbeiter, aber auch der Kleinbürger und Handwerker, der unteren Mittelschicht, war ihnen mehr oder weniger egal gewesen. Diese Schichten zählten zu den Verlierern des dynamischen Industriezeitalters. Deren Unterstützung durch soziale Fürsorge und die Schaffung akzeptabler Lebensbedingungen für alle waren keine liberalen Programmpunkte. Aus diesem stetig wachsenden Biotop

Arbeiter und Zuwanderer waren vom Wahlrecht ausgeschlossen und daher im Gemeinderat nicht vertreten

Der Stephansplatz war schon Anfang des 20. Jahrhunderts ein Verkehrsmagnet

aus Unzufriedenen und in ihren Hoffnungen Enttäuschten konnte Lueger für sich und die christlichsoziale Bewegung virtuos Stimmen fischen. Die Sozialdemokraten hatten keine Chance, politisch mit Lueger im Gemeinderat mitzuhalten, da das Wahlrecht damals noch auf der Steuerleistung des Einzelnen aufgebaut war und somit die Ärmsten davon ausschloss. Die relativ lange, von 1895 bis 1918 dauernde christlichsoziale Periode in Wien ist vor allem durch eine konsequente Kommunalisierung, d. h. „Verstadtlichung" von Betrieben der Daseinsvorsorge – die alle als Aktiengesellschaften in Privatbesitz waren – gekennzeichnet. Luegers Wähler, vor allem Hausbesitzer, selbstständige Handwerker und kleine Geschäftsleute brauchten Strom, Wasser, billiges Gas und verlässliche öffentliche Verkehrsmittel. Der Verelendung in den Arbeitervierteln und der eklatanten Wohnungsnot in der stetig wachsenden Metropole des Kaiserreiches konnte oder wollte auch Lueger nicht Einhalt gebieten.

Vorbild Eisenbahn

Bei den Kommunalisierungen Luegers stand die staatliche Eisenbahn Österreichs Pate. Nachdem in den 1880er Jahren fast alle Eisenbahnlinien der k. u. k. Monarchie von privaten Besitzern in staatliche Hand und „beamtete" Betriebsführung übergegangen waren, hatte sich gezeigt, dass Verstaatlichung möglich war, ohne dass dabei das Eisenbahnwesen Schaden genommen hätte. Nun standen auch in Wien die Zeichen der Zeit in Richtung direkter Einflussnahme der Politik auf Fragen des öffentlichen Verkehrs sowie der Energieversorgung. Im Wechsel vom 19. zum 20. Jahrhundert wurden in Wien fast Jahr für Jahr stadteigene Betriebe gegründet. Für das Funktionieren der Stadt wichtige Tätigkeiten gingen in den Verantwortungsbereich der Stadt Wien über.[1] Diese Betriebe der Stadt Wien hatten mit privatwirtschaftlicher Organisation die Geschäfte nach kaufmännischen Grundsätzen zu leiten.[2] Noch heute bilden sie den Kernbereich der Wiener Stadtwerke. Seit ihrer Gründung mussten sie aber einen oft schwierigen Spagat zwischen erfolgreichem Unternehmertum und kommunaler Fürsorge vollziehen.

Ein Vorzeigeprojekt

International gesehen hatte die Stadt mit diesem zügig und konsequent realisierten Kommunalisierungsprogramm eine Vorreiterrolle inne. Auch heute – im Zeitalter massiver neoliberaler Strömungen in Europa – gilt Wien mit dieser Organisationsform immer noch als Musterbeispiel für eine sehr gut verwaltete Metropole. Verstadtlichung von Unternehmen bedeutet nicht unbedingt das Einfahren von Verlusten. Die Straßenbahnen und Automobilstellwagen konnten anfangs durch einen enormen Fahrgastzuwachs und eine entsprechende – mehr als kostendeckende – Tarifpolitik sogar hohe Gewinne erzielen.

Der „Tramway-Deal" Luegers

Schon seit der Inbetriebnahme der ersten Tramwaystrecke in Wien im Jahr 1865 gab es Auseinandersetzungen zwischen der Gemeinde und den Tramway-Gesellschaften. Die Wünsche und Forderungen der Fahrgäste waren mit den Vorstellungen der Verkehrsunternehmen, welche die Interessen ihrer meist dem Großkapital zuzuordnenden Aktionäre wahren mussten, nicht in Einklang zu bringen. Vor dem großen Kommunalisierungsprogramm Luegers gab es in Wien drei private Tramway-Gesellschaften, die den schienengebundenen öffentlichen Verkehr in der Stadt besorgten:

- die Wiener Tramway-Gesellschaft, die im Jahr 1894 mit Pferdebetrieb (der elektrische Betrieb war versuchsweise erst 1897 eingeführt worden) auf ihren rund 80 Kilometer langen Linien mit 650 Pferdewagen 54 Millionen Personen beförderte,
- die Neue Wiener Tramway-Gesellschaft, die im Pferde- und teilweise mit Dampfbetrieb auf ihrem rund 30 Kilometer langen Netz mit 207 Wagen 10,5 Millionen Kunden hatte,
- und die Dampftramway Krauss & Co., die über das Wiener Stadtgebiet hinausgehend von 2 Millionen Personen genutzt wurde.[3]

Wien hatte mit diesen Unternehmungen und deren Betriebsführung aber ein Dauerproblem, da es immer wieder zu Streiks der Bediensteten und Unmutsäußerungen der Wiener Bevölkerung kam. Mit Ende der wirtschaftsliberalen Ära Mitte der 1890er Jahre war die Stadt daher bereit, neue Wege zu gehen, wenn diese Verbesserungen versprachen. Im August 1897[4] legte die Firma Siemens & Halske unter Federführung ihres verantwortlichen Verkehrstechnikers Heinrich Schwieger der Gemeinde Wien ein Angebot vor, das die Stadt – noch im Bewusstsein des Streiks der Straßenbahner vom Juni des Jahres – nicht ablehnen konnte. Siemens & Halske wollte die Aktien der ungeliebten und heftig kritisierten Wiener Tramway-Gesellschaft erwerben, um daraufhin die Firma zu liquidieren und eine neue Bau- und Betriebsgesellschaft zu gründen. Das gesamte bestehende Pferdetramwaynetz würde dann von dieser Gesellschaft auf elektrischen Betrieb umgestellt und wesentlich erweitert werden. Die Gemeinde Wien sollte parallel dazu von der Verkehrsbehörde die staatliche Konzession für ein einheitliches „elektrisches Straßenbahnnetz", das die bisherigen Linien der „Wiener Tramway-Gesellschaft" und der „Neuen Wiener Tramway-Gesellschaft" samt Ergänzungslinien umfasste, erwerben. Auf Basis dieser Konzession müsste die Stadt in der Folge aber Bau und Betrieb – ohne Ausschreibung – der neuen Betreibergesellschaft direkt übertragen.

Oberleitungen statt Hufeisen

Insgesamt würden nach dieser Vereinbarung über 80 Kilometer bestehende Pferdebahnlinien auf elektrischen Betrieb umgebaut und 118 Kilometer neue Linien errichtet werden. Die Gesamtlänge der elektrisch betriebenen Strecken in Wien sollte nach Beendigung des umfangreichen Bauprogramms rund 200 Kilometer betragen. Die Stadt war damit auf dem Weg zu einem der weltweit dichtesten und modernsten Straßenbahnnetze. Die Entwicklung von Elektrotechnik und Automobil läutete um 1900 in allen europäischen Metropolen das Ende von Pferdehufegeklapper, Peitschen schwingenden Kutschern, stinkenden Rossknödeln und striegelnden Stallburschen ein. Vor allem die „geheimnisvolle" und leise elektrische Kraft begann im Verkehrswesen der traditionellen Pferde- und der lärmenden Dampfkraft den Rang abzulaufen.

„Die fortschreitende Umwandlung der Pferdebahnlinien in solche mit elektrischem Betriebe ermöglichte es, daß die Gesellschaft mit den vorhandenen Pferden das Auslangen fand und keine neuen Pferdeankäufe machen musste. Der Pferde-

Aussterbende Spezies: zeitgenössische Karikatur der verschiedenen Typen von Kutschern

---

1 Das städtische Lagerhaus (1876), das Fourage-(Pferdefutter)geschäft auf dem Zentralviehmarkt (1885), das städtische Gaswerk (1899), der Rathauskeller (1899), die städtischen Elektrizitätswerke (1902), die städtischen Straßenbahnen (1902), das Brauhaus der Stadt Wien (1905), die städtische Leichenbestattung (1907), die städtischen Stellwagenunternehmungen (1908) – Weiß Max, Die industriellen Unternehmungen der Stadt Wien, in Beiträge zur Wirtschaftskunde Österreichs, Wien 1911, Seite 204,
2 Weiß Max, Die industriellen Unternehmungen der Stadt Wien, in Beiträge zur Wirtschaftskunde Österreichs, Wien 1911, Seite 204
3 Umlauft Friedrich, Die Österreichisch-Ungarische Monarchie, Wien 1897, Seite 874
4 Die städtischen Elektrizitäts-Werke und Strassenbahnen in Wien, Wien 1904, Seite 89

bestand, welcher am Beginne des Berichtsjahres 4184 Stück betrug, verminderte sich durch Ausmusterung unbrauchbarer Pferde sowie Abgang gefallener und vertilgter Pferde bis zum Ende des Berichtsjahres auf 3 853 Stücke."[5]

Luegers Trick

Der Wert der Aktien der Wiener Tramway-Gesellschaft war seit dem Tramwaystreik von 1897 in die Höhe geschossen. Denn nicht ohne Grund wurde damals vermutet, dass die stadtregierenden Christlichsozialen unter Lueger beabsichtigen, die privaten Verkehrsunternehmen aufzukaufen. Um zu verhindern, dass der „Deal" mit Siemens & Halske durch einen zu hohen Preis letztendlich doch nicht zustande kam, griff Lueger zu einem Trick.[6] Er ließ sich im Gemeinderat von Parteigenossen fragen, ob er tatsächlich gedenke, namens der Gemeinde Wien Tramwayaktien zu kaufen. Als er dies strikt verneinte, erreichte er, was er beabsichtigt hatte. Die Aktien der Tramway-Gesellschaften „fielen in den Keller", auch wenn es dafür noch andere Gründe gab:

„Die Aktien der Neuen Wiener Tramway-Gesellschaft sind seit zwei Tagen erheblich zurückgegangen, weil sich nun tatsächlich zeigt, daß die Stadtbahn den Linien dieser Gesellschaft sehr wesentliche Konkurrenz bereitet. Das Ausmaß derselben überrascht selbst Diejenigen, welche mit dieser Konkurrenz gerechnet haben."[7]

Das war die Gelegenheit für Siemens & Halske, mit finanzieller Hilfe der Deutschen Bank – deren Vorstandssprecher Georg von Siemens mit der Firma verwandtschaftlich verbunden war – die Mehrheit der Tramwayaktien zu erwerben und die vereinbarte „Bau- und Betriebsgesellschaft für städtische Straßenbahnen" zu gründen.

„Inzwischen hatte Lueger die Herrschaft im Wiener Rathaus angetreten. Dem obigen Wunsch (der Elektrifizierung des gesamten Tramwaynetzes) Wiens ehestens zu entsprechen, paßte ihm sehr in den Kram, nur sollte nicht die jüdische Firma Reitzes den Dank dafür ernten. Er ließ also zunächst mit Hilfe der Deutschen Bank in Berlin der Firma Reitzes den ganzen Besitz ihrer Tramway-Aktien abkaufen und verwandelte diese Aktiengesellschaft in ein städtisches Unternehmen. Und nun ließ er sich in allen Tonarten als derjenige feiern, der den elektrischen Straßenbahnbetrieb in Wien eingeführt habe."[8]

Der Gemeinderat fasste am 4. und 8. November 1898 die Beschlüsse über die Zusammenarbeit mit Siemens & Halske. Am 28. November 1898 konnte der Vertrag mit der Firma abgeschlossen werden.[9] Die Gemeinde Wien erhielt nach langwierigen Verhandlungen mit den staatlichen Verkehrsbehörden mit Kundmachung vom 24. März 1899 des k. k. Eisenbahnministeriums auch wie geplant die Konzession für ein Netz „normalspuriger, mit elektrischer Kraft zu betreibender Kleinbahnlinien". Mit dieser neuen Konstellation brach mit dem Jahrhundertwechsel ein neues Zeitalter im öffentlichen Verkehr Wiens an.

„So sehr er (Lueger) während der Jahre der Opposition die Tarife der Wiener Tramway-Gesellschaft bekämpft hatte, versuchte er nun selbst, aus dem Straßenbahnbetrieb möglichst hohen Gewinn zu schöpfen und ließ sich dabei von keiner öffentlichen Kritik beeinflussen. Bereits 1898 hatte er einer Verteuerung der Fahrpreise seine Zustimmung gegeben."[10]

Hillischer gegen Siemens & Halske

Was die technische Seite betrifft, war die elektrische Anspeisung der Straßenbahnen mittels Oberleitungen erprobt; schwieriger zu handhaben war die geforderte Anspeisung von 29 Kilometern[11] Gleislänge mit Unterleitungen. Diese sollten – um das Stadtbild nicht zu stören – im Bereich des Rings samt Abzweigungen sowie in der Mariahilfer Straße und in Teilen der Lastenstraße unterirdisch verlegt werden.

„Das Problem wurde besonders deshalb in den Mittelpunkt gerückt, weil in Wien die Oberleitung als störend empfunden wurde und man sie wenigstens am Ring und in der Mariahilfer Straße (durch die der Kaiser nach Schönbrunn fuhr) vermieden wissen wollte."[12]

Neben dem Budapester Schlitzcanalsystem des Siemens & Halske-Technikers Heinrich Schwieger, das schon seit 1889 in Betrieb war[13], standen noch andere technische Systeme in Diskussion. Der Wiener Zahnarzt Hermann Theodor Hillischer (1850–1926) hatte 1899 eine spezielle Konstruktion entwickelt, bei der an der Oberfläche zwischen den Schienen in Abständen von vier Metern Kästen mit Kontaktknöpfen montiert waren. Von diesen wurde der Strom auf eine Magnetschiene übertragen, die auf der Unterseite des darüber laufenden Wagens montiert war. Der Rückfluss des Stromes erfolgte über die Schienen. Die Gefahr einer zufälligen Berührung der stromführenden Kontaktknöpfe durch Fußgeher war somit ausgeschaltet. Hillischer wollte zwischen dem Rathaus und dem Börseplatz eine Probestrecke einrichten. Im technischen Bericht seiner Eingabe „Dr. Hillischer's Elec-

---

5 Die Gemeinde-Verwaltung der Stadt Wien im Jahre 1900, Wien 1903, Seite 121
6 Kuppe Rudolf, Karl Lueger und seine Zeit, Wien 1933, Seite 394
7 Wiener Tagblatt vom 11. Juni 1898, Seite 10
8 Kielmansegg Erich Graf, Kaiserhaus, Staatsmänner und Politiker, Wien 1966, Seite 405.
9 Die Gemeinde-Verwaltung der Stadt Wien im Jahre 1898, Wien 1901, Seite 104
10 Czeike Felix, 100 Jahre elektrische Tramway in Österreich, 80 Jahre Wiener Städtische Straßenbahn, Wien 1983, Seite 7
11 Wien am Anfang des XX. Jahrhunderts, 1. Band, Wien 1905, Seite 125
12 Czeike Felix, Dr. Hillischers Probestrecke und die Elektrifizierung der Wiener Straßenbahn, Wiener Geschichtsblätter 1957, Nr. 4, Seite 87
13 Enzyklopädie des Eisenbahnwesens, Band 4, 2. Auflage, Wien 1913, Seite 210

Entwurf für die Remise der geplanten schmalspurigen City-Straßenbahn mit Unterleitung von Hillischer

trische Schmalspurbahn Magistratsstraße-Börse-Freyung-Burgtheater-Rathaus" ist die Trasse folgendermaßen beschrieben:

„Die Anfangsstation ist auf den noch unverbauten Parzellen an der Ecke der Magistrats- und Ebendorfer-Strasse situirt, und umfasst die für den Betrieb erforderlichen Anlagen. Von hier ausgehend /:km 0.00:/ durchzieht die Linie die Ebendorfer-Strasse wendet sich in die Grillparzer-Gasse – übersetzt nächst der Universität die Ringstrasse und führt beim Liebenberg-Denkmal vorüber zur Mölker-Bastei. Nach Überschreitung der Schotten-Gasse gelangt dieselbe in die Schottenbastei-Gasse und unter Anwendung von scharfen Curven durch einen kleinen Theil der Hess-Gasse in die Helferstorfer-Strasse und in weiterem Zuge zur Börse. Von hier biegt die Linie stadtwärts in die Wipplinger-Strasse sodann die schmale Renn-Gasse passirend auf die Freiung – übersetzt die Herren- beziehungsweise Schotten-Gasse und durchzieht die Teinfalt-Strasse um zum Burgtheater zu gelangen. Letzteres wird umfahren, die Comunication zu denselben thunlichst aufrecht haltend, sodann abermals die Ringstrasse übersetzend, erreicht die Trasse die zum Rathhaus führende Strasse, durchquert den Vorplatz desselben und biegt in die Lichtenfels-Gasse, zieht sodann längs des rückwärtigen Tractes des Rathhauses durch die Rathhaus-

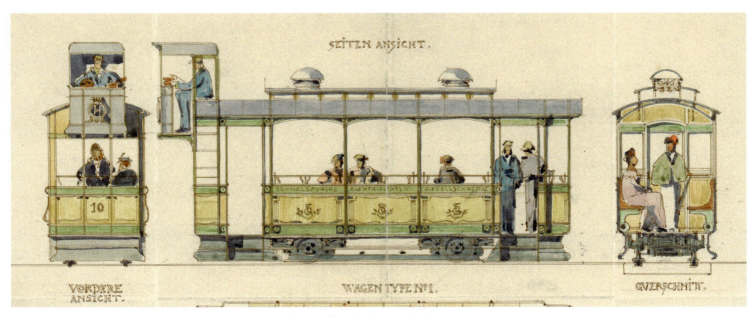

Ansicht der geplanten Schmalspurgarnituren von Hillischer für die Innere Stadt

EIN NEUES ZEITALTER – WIEN KOMMUNALISIERT

Verlegung von Unterleitungen für die „Elektrische", um des Kaisers Auge nicht zu beleidigen

Strasse, und erreicht wieder die Anfangs-Station." Hillischer wollte seine Schmalspurbahn mit nur einem Meter Spurweite im Gegensatz zur üblichen von 1,435 Metern errichten, da er glaubte, damit leichter durch die engen Gassen der Inneren Stadt fahren zu können.[14] Die dafür benötigten schmalen Fahrzeuge sollten 24 Sitz- und sechs bis acht Stehplätze haben. Geplant waren neun Stationen. Auf dem freien Bauplatz im Bereich Ebendorferstraße/Felderstraße baute er vorerst eine Halle mit einer kurzen Fahrstrecke, um seine Erfindung anschaulich präsentieren zu können. Während einer Fachtagung mit ausländischen Elektrotechnikexperten am 13. Februar 1900 verwies der Wie-

14 Wien Museum, Drei Jahrhunderte Straßenverkehr in Wien, Seite 74

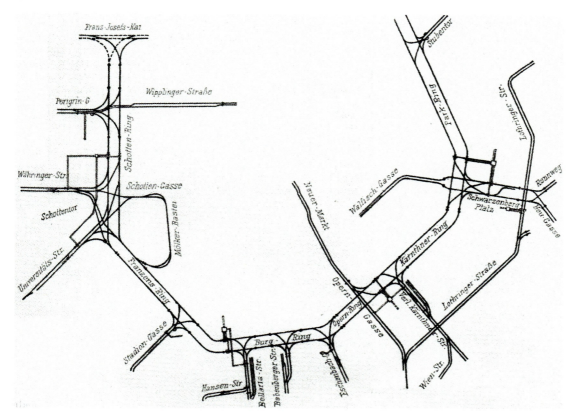

Plan der Tramwaystrecken mit Unterleitung. Vor allem entlang des Rings und in der Mariahilfer Straße durften keine Oberleitungen das Stadtbild verunzieren

Schema der unterirdischen Stromzuführung für die elektrische Tramway von Siemens & Halske

ner Vizebürgermeister Josef Strobach die Teilnehmer der Tagung nicht ohne Stolz auf das Wiener Experiment:

„Wir hätten natürlich wohl auch gerne ein Urteil darüber gehört, aber die Sache ist eben vorläufig nur ein Versuch. Im kleinen Raum funktioniert das System ganz gut."[15]

Es blieb aber bei dem Versuch. In einem Brief vom 17. April 1900 an Bürgermeister Lueger beklagte sich Hillischer über mangelnde Unterstützung seitens der Stadtverwaltung.[16] Am 21. Juni 1900 wurden eine Trassenrevision und eine politische Begehung vorgenommen und im Juli ein Vertrag zwischen der Gemeinde Wien und Hillischer betreffend den Bau einer Probestrecke abgeschlossen. Tatsächlich konnten aber keine Arbeiten ausgeführt werden, da sich plötzlich von unvermuteter Seite Widerstand regte:

„In der Folge erhob der akademische Senat der k. k. Universität einen Protest gegen die in diesem Projekte beantragte Trassenführung längs des Universitätsgebäudes in der Grillparzerstraße, weil er eine Störung der in dem Gebäudetrakte an der Grillparzerstraße untergebrachten wissenschaftlichen Apparate durch Erschütterungen und elektrische Einflüsse infolge des Bahnbetriebes befürchtete."[17]

Sieger Siemens

Die Entscheidung fiel daher letztendlich zugunsten des sicherer erscheinenden unterirdischen Systems von Siemens & Halske in Normalspur. Dabei bestand das außenliegende Gleis aus einem Schienenpaar, das einen 32 Millimeter breiten Schlitz bildete, unter dem sich ein Kanal befand. Der Schlitz diente zur Einführung des unterirdischen Stromabnehmers vom Fahrzeug sowie gleichzeitig als Spurrille für die Spurkränze der außenliegenden Wagenräder. Zwei bewegliche Zungen des Stromabnehmers der Tramway legten sich nach Durchführung durch den Schlitz auf die Stromschiene und glitten zur konstanten Stromzufuhr während der Fahrt auf dieser entlang. Im Kanal waren die zwei Profileisen für die Hin- und Rückleitung des Stromes verlegt.

Geburtshelfer der E-Werke

In der von Siemens & Halske gegründeten „Bau- und Betriebsgesellschaft für städtische Straßenbahnen" sicherte sich die Gemeinde entsprechenden Einfluss. Neben einer sozialen Dienst- und Arbeitsordnung für die Tramwayer wurden zur Hauptverkehrszeit ein 5-Minuten-Intervall sowie neue Tarife festgelegt. Vor allem die Einführung des besonders günstigen Einheitspreises von 10 Heller für jede an Werktagen vor ½ 8 Uhr ange-

15 Czeike Felix, Dr. Hillischers Probestrecke und die Elektrifizierung der Wiener Straßenbahn, in Wiener Geschichtsblätter, 1957, Nr. 4, Seite 37
16 Krobot/Slezak/Sternhart, Straßenbahn in Wien, Wien 1972, Seite 33
17 Die Gemeinde-Verwaltung der Stadt Wien im Jahre 1900, Wien 1903, Seite 125

Planzeichnung der Stromerzeugungszentrale für die Straßenbahn in Simmering

tretene Fahrt – ohne Rücksicht auf deren Länge und Dauer – war eine radikale Tarifreform. Eine wesentliche Vorgabe war auch, dass die Bau- und Betriebsgesellschaft verpflichtet wurde, den für die elektrifizierten Strecken benötigten Traktionsstrom vom geplanten städtischen Elektrizitätswerk zu beziehen. Dieses sollte aus einer Zentrale in Simmering und fünf über die Stadt verteilten Unterwerken bestehen. Der für den Straßenbahnbetrieb zentral erzeugte Drehstrom von 5 500 Volt sollte in den Unterwerken auf Gleichstrom von 550 Volt umgeformt werden und zu den Einspeisepunkten gelangen. Die Stadt Wien hatte in Anbetracht des Ärgers mit den drei in Wien agierenden privaten Stromversorgergesellschaften beschlossen, den absehbar hohen Strombedarf nach Elektrifizierung des Tramwaynetzes durch den Bau eines eigenen städtischen Kraftwerks bei der Simmeringer Donaukanal-Lände unterhalb der Staatsbahnbrücke selbst zu decken.

Kampf ums Strom-Monopol

Die Stadt errichtete neben dem Kraftwerk für die Straßenbahn auch ein Lichtwerk für die städtische Beleuchtung und den benötigten Haushalts- und Industriestrom.[18] Am 5. Juni 1900 wurde mit dem Bau des Kraftwerks für die Stromversorgung der Straßenbahn und im Dezember 1900 mit dem Kraftwerk für die öffentliche Beleuchtung begonnen. Damit erklärte die Stadtregierung unter Karl Lueger auch den privaten Stromanbietern den Krieg. Mit diesen modernen Anlagen konnte man den bestehenden privaten Stromversorgungsunternehmen massiv zusetzen und ihnen die Kunden abspenstig machen. Tatsächlich konnte als Folge am 1. Mai 1907 die private „Wiener Elektrizitätsgesellschaft" aufgekauft werden und am 1. Mai 1908 auch die „Internationale Elektrizitätsgesellschaft". Bis zur Übernahme der dritten privaten Stromerzeugerfirma, der „Allgemeinen Österreichischen Elektrizitätsgesellschaft", dauerte es noch bis zum 1. August 1914. Mit Beginn des Ersten Weltkriegs hatte Wien somit das Monopol über die Stromversorgung der Stadt inne.

Der erste elektrische Wagenpark

Mit Einführung des elektrischen Betriebs der Straßenbahn in Wien gab es drei Gattungen von Motorwagen: zweiachsige mit festen Achsen, vierachsige mit zwei Drehgestellen und solche mit freien Lenkachsen; insgesamt 945 Fahrzeuge. Die höchste zulässige Fahrgeschwindigkeit betrug 15 km/h auf Strecken innerhalb der Stadt, 18 km/h für Strecken außerhalb und 30 km/h bei Strecken auf eigenem Bahnkörper. Gegenüber der tatsächlichen Durchschnittsgeschwindigkeit der Pferdetram von rund

18 Die städtischen Elektrizitäts-Werke und Strassenbahnen in Wien, Wien 1904, Seite 3

8 km/h konnte die Elektrische immerhin 10 km/h erzielen.[19] Die Motorwagen waren so ausgerüstet, dass sie sowohl auf Oberleitungs- als auch Unterleitungsstrecken fahren konnten. Die Stromabnahme bei Oberleitungen erfolgte mittels eines gefederten Bügels nach dem System von Siemens & Halske. Auf den Strecken, die über Unterleitungen angespeist wurden, kamen sogenannte Kontaktschiffe zur Anwendung. Vom Fahrerstand aus konnte das Kontaktschiff in den Schlitzkanal gesenkt bzw. aus diesem herausgehoben werden. Damit war an den Übergangsstellen ein rasches Umschalten der Motorwagen zwischen Ober- und Unterleitung möglich. Von den Ende 1903 in Betrieb befindlichen 700 Wagen waren 200 für den elektrischen Betrieb neu gebaut und 500 vom Wagenpark der Pferdetramway übernommen und umgebaut worden.

Die Type „G"

Am weitesten verbreitet war die Type „G" mit einer Wagenlänge von 10 Metern und Längsbänken im Inneren, die sich geringfügig von der Vorgänger-Type „A" unterschied. 24 Personen fanden in diesem Fahrzeug Platz. Sie haben damals das Erscheinungsbild der Straßenbahn in Wien entscheidend geprägt. Da die Wagen offene Plattformen hatten, stellten sie aber im Winter für die Fahrer der Tramways eine enorme körperliche Herausforderung und ein hohes gesundheitliches Risiko dar. Ab dem Jahr 1910 wurden daher die Motor- bzw.

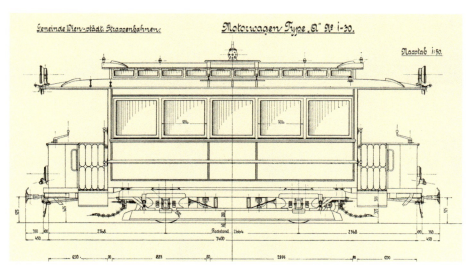

Plan des Triebwagens der Type „A"

Triebwagen nur mehr mit geschlossenen Plattformen gebaut. Diese Fahrzeuge fuhren mit kleineren Umbauten bis in die 1960er Jahre.

Zur ebenen Erde und im ersten Stock

Darüber hinaus wurde von der Hauptwerkstätte der städtischen Straßenbahnen im Jahr 1912 ein stockhoher Triebwagen der Type „E" mit einem geschlossenen Oberdeck gebaut. Gegenüber dem englischen Vorbild war aber statt zweier Stiegen eine dreiarmige Stiege mit geteiltem Auf- und Abstieg im Wageninneren angebracht. Der Stockwagen war fast fünf Meter hoch und hatte 52 Sitz-

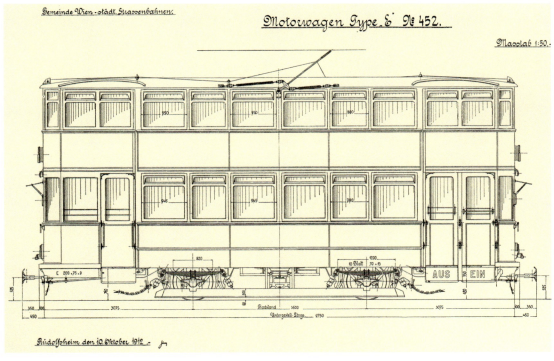

Die kurzzeitig im Einsatz gewesene Stocktramway der Type „E"

19 ÖIAZ (Zeitschrift des Österr. Ingenieur- und Architekten-Vereins), Nr. 47 von 1905, Seite 649

Eine „moderne" Variante der Wiener Stocktramway, die Type „F" mit stufenlosem Einstieg in der Mitte

Innenraum der Stocktramway Type „F" mit Niederflureinstieg und Stufen im Inneren

„A schene Leich": Einstellungen von Pferdetramways wurden in Wien gerne nostalgisch gefeiert

und 20 Stehplätze. Er blieb ein Einzelwagen und ging 1913 in Betrieb. Ein Jahr später wurden noch zwei modifizierte Stockwagen der Bezeichnung „F" in Betrieb genommen. Deren besonderes Merkmal war, dass sie in der Mitte einen barrierefreien, stufenlosen Zugang hatten. Durch ihre Höhe blieben sie aber beschränkt einsetzbar und konnten sich im Wiener Stadtbild nicht durchsetzen.

Wie der Gigl, so der Gogl

Von der Stadt Wien war der Wechsel von einem privaten Verkehrsunternehmen zu einem anderen etwas blauäugig durchgeführt worden. Da die Gewinnspannen Siemens & Halske durch den vorgegebenen Tarif und höhere Sozialleistungen für die Bediensteten zu gering waren, kam es erst recht zu Spannungen zwischen der Stadt und dem neuen Verkehrsdienstleister. Dazu gesellten sich Streitereien über unterschiedliche Vertragsauslegungen bei technischen Details, wie den Zuständigkeiten bei den Hochspannungszuleitungen zu den Unterwerken, und anderes mehr.

„*Auf der Wiener Straßenbahn herrscht immer Hochspannung, nicht nur im Leitungsdraht, sondern auch bei den Fahrgästen.*"[20]

Auch sicherheitstechnisch war an den neuen elektrischen Straßenbahnen noch einiges zu bemängeln. Die Wiener brachten der neuen Antriebstechnik daher eine gesunde Portion Skepsis entgegen. Dies war durch die vielen Unfälle, in welche Tramways verwickelt waren, durchaus verständlich.

„*Einen erfreulichen Einblick gewährt die Sterblichkeitsstatistik des abgelaufenen Jahres. Dieselbe weist die geringste Anzahl der Verstorbenen aus seit der im Jahr 1892 erfolgten Einverleibung der Vororte und überhaupt während der ganzen Periode, seit welcher bezüglich der alten Bezirke statistische Aufzeichnungen gemacht wurden ... Wenn aber die ‚Elektrische' so fortfahrt wie bisher, so werden wir wohl bald wieder eine Sterblichkeitszunahme zu verzeichnen haben. Die Unglücksfälle durch die ‚Elektrische' bilden bereits eine stehende Rubrik in den Tagesjournalen. Der 27. Februar 1902 war gar ein Unglückstag. An demselben wurden zwei Personen getötet, eine Person so schwer verletzt, daß sie bald darauf starb, und zwei Personen leicht verletzt. Als unmittelbare Ursache dieser Unglücksfälle wird wiederum die sogenannte ‚Schutzvorrichtung' sowie die mangelhafte Functionierung der Bremse bezeichnet. Diese unsäglich traurigen Vorkommnisse haben endlich auch wieder einmal der Staatsanwaltschaft Anlaß gegeben einzuschreiten und auch Bürgermeister Dr. Lueger sah sich veranlaßt, dem Magistrat neuerdings die größtmögliche Sorgfalt*

20 Wiest Hans, Auf der Wiener Straßenbahn, in Das Ringelspiel, Wien 1940, Seite 395

Schutzvorrichtung mit gesenktem Fangkorb zur Erhöhung der Überlebenschancen „unter die Räder Gekommener"

Ein großer Schritt für Wien

Die fortgesetzten Schwierigkeiten mit der neuen Bau- und Betriebsgesellschaft führten dazu, dass die Gemeinde nun endgültig „Nägel mit Köpfen" machen und den Betrieb selbst in die Hand nehmen wollte. Dazu mussten alle Straßenbahnunternehmen aufgekauft und in die eigene Verwaltung eingegliedert werden. Zur Finanzierung dieses Vorhabens hatte Wien mit Gemeinderatsbeschluss vom 27. Dezember 1901 die Zeichnung einer Anleihe von 285 Millionen Kronen beschlossen. 116 Millionen sollten davon für Straßenbahnzwecke, die Restsumme für andere kommunale Projekte wie den Bau der 2. Wiener Hochquellen-Wasserleitung verwendet werden.[22] Das Geld kam von der Deutschen Bank, die an der Bau- und Betriebsgesellschaft beteiligt war und von der Länderbank, der die Neue Wiener Tramway-Gesellschaft gehörte.

„Für die Verstadtlichung des elektrischen Netzes der Bau- und Betriebsgesellschaft, für die Erweiterung dieses Netzes und ferner für den Ankauf anderer elektrischer Linien wurde der Betrag von 116 Millionen Kronen in das Investitionsanleihen der Stadt Wien eingestellt. In erster Reihe war dabei an die Verstadtlichung der Neuen Wiener Tramway-Gesellschaft gedacht. Die Verhandlungen wegen Verstadtlichung der Neuen Tramway sind nun dem Abschlusse nahe. Durch die Erwerbung gelangt die Gemeinde in den Besitz eines Netzes, das eine Bahnlänge von 30,646 Kilometern und eine Geleiselänge von 57 Kilometern hat. Das Aktienkapital der Gesellschaft beträgt rund 8 Millionen Kronen. Die Konzessionsdauer endet mit dem Jahr 1934; für die innerhalb des alten Gemeindegebietes liegenden Linien war die Konzessionsdauer bis zum Jahr 1925 bestimmt. Mit der Verstadtlichung der Neuen Tramway wird die Umwandlung des Pferdebetriebes in den elektrischen Betrieb verbunden sein. Bezüglich des Baues und Betriebes wird mit den Schuckertwerken ein Vertrag, nach Muster des mit der Firma Siemens & Halske geschlossenen Vertrages, vereinbart werden. Auch die elektrische Linie Wien-Kagran wird in die Verstadtlichung einbezogen werden. Durch die Verstadtlichung dieser Linie ist auch die Möglichkeit einer weiteren Ausdehnung derselben gegeben."[23]

Dies passte alles zusammen. Das Geld lief im Kreis. Die Gemeinde wollte im Sinne eines Programmpunktes der regierenden christlichsozialen Partei den Tramwaybetrieb auf eigene Regie führen und Siemens & Halske bzw. die Deutsche Bank einerseits sowie die Neue Wiener Tramway-Gesellschaft mit ihrem Hauptaktionär der Länderbank andererseits trachteten danach, ihre unwirtschaftlichen Unternehmen abzustoßen. Wegen des von der Stadt vorgegebenen Tarifs, nicht erlangter Steu-

21 Hans Jörgl von Gumpoldskirchen, Wien, 5. März 1902, Seite 2
22 Die städtischen Elektrizitäts-Werke und Strassenbahnen in Wien, Wien 1904, Seite 91
23 Hans Jörgl von Gumpoldskirchen, Wien, 15 März 1902, Seite 2

Charakteristisches architektonisches Erscheinungsbild der damaligen Tramway-Remisen wie hier in der Vorgartenstraße

erbefreiung und der selbstbewussten Forderungen der Bediensteten war kein großer finanzieller Erfolg zu erwarten. Indem man der Stadt für den Ankauf Darlehen zur Verfügung stellte, konnte man sogar aus der Not eine Tugend, d. h. ein gutes Kreditgeschäft, machen. Tatsächlich hat die Gemeinde Wien am 1. Jänner 1902 mit dem geliehenen Geld das Straßenbahnnetz der Bau- und Betriebsgesellschaft sowie deren gesamten Wagenpark angekauft. Am 28. Jänner 1902 wurde die Bau- und Betriebsgesellschaft aufgelöst und am 4. April 1902 ein neues Unternehmen „Gemeinde Wien – städtische Straßenbahnen" ins Handelsregister eingetragen. Das war aber alles vorläufig nur auf dem Papier, denn die Betriebsführung und der weitere Ausbau des Netzes sollten noch bis längstens 31. Dezember 1903[24] bei Siemens & Halske bleiben.

„Ankauf" der braven Arbeiter

Am 25. Juli 1902[25] erhielt die Gemeinde die Konzession für das rund 30 Kilometer lange Netz der seit 1873 verkehrenden „Neuen Wiener Tramway-Gesellschaft". Bürgermeister Lueger war gewillt, auch dieses Unternehmen zu kommunalisieren:

„Ich bin jedoch sehr gerne bereit, die meisten Bediensteten der neuen Wiener Tramway in den Dienst der Gemeinde zu übernehmen, da die Bediensteten der neuen Wiener Tramway durchschnittlich sehr brave Leute sind und die Gemeinde einen Vorteil haben wird, wenn sie diese braven Arbeiter in ihren Dienst übernimmt."[26]

In der Folge wurden deren Anlagen am 5. August 1902 um 15,6 Millionen Kronen von der k. k. priv. Österreichische Länderbank, die mit einen Großteil der Aktien an der Firma beteiligt gewesen war, erworben.[27] Deren sukzessiver Umbau auf elektrischen Betrieb wurde wiederum mit Anleihen bei der Länderbank und Ausführung durch die österreichischen Schuckert-Werke abgewickelt. Mit dieser Zusammenführung der beiden großen konkurrierenden Tramway-Unternehmen Wiens konnten endlich die bisher unterschiedlichen Tarifsysteme vereinheitlicht und der unnötige Umsteigeverkehr vermieden werden.

Das Ende einer Epoche

Im Zuge der sukzessiven Elektrifizierung des Wiener Tramwaynetzes auf vielen Strecken nahmen

24 Verträge vom 14. April und 5. August 1902
25 Das neue Wien, 4. Band, Wien 1928, Seite 73
26 aus Amtsblatt der Stadt Wien Nr. 75 vom 19. September 1953, Seite 4
27 Direktion der städt. Straßenbahnen, Die Entwicklung der städtischen Straßenbahnen im zehnjährigen Eigenbetrieb der Gemeinde Wien, 1913, Seite 17

Ein „braver" Weichensteller in der Bellariastraße   Organigramm der Städtischen Straßenbahn

die Wiener wehmütig Abschied vom Pferdebetrieb. Als am 26. Juni 1903 die letzte Pferdetramway vom Schottenring zum Lichtenwerder Platz fuhr, bedeutete dies das Ende der fast 40-jährigen Epoche des schienengebundenen öffentlichen Verkehrs mit Pferdeantrieb in Wien. Im schienenlosen Omnibusverkehr dauerte die Umstellung von Pferdekraft auf Motorkraft wesentlich länger. Mit den Fiakern blieben Pferdegespanne jedoch bis heute dem Stadtbild erhalten. Während des 1914 ausbrechenden Ersten Weltkriegs spielten Pferde eine wichtige Rolle bei Aufmarsch, Transport und Versorgung der Truppen. Sie waren in vielen Bereichen unverzichtbar und gingen im Zuge der Kampfhandlungen auch zu Tausenden mit ihren „Herren" elend zugrunde.

Die Gründung der „Gemeinde Wien – städtische Straßenbahnen"

Am 12. Mai 1903 war es endlich soweit: der Gemeinderat übernahm den Betrieb auf allen Straßenbahnen mit Stichtag 1. Juli. Dies war der Beginn der Betriebsführung und Organisation des öffentlichen Verkehrs in der Stadt durch die öffentliche Hand: eine Entscheidung und strategische Ausrichtung, welche Wien bis heute - trotz der europaweiten neoliberalen Tendenzen zur Reprivatisierung der öffentlichen Verkehrsmittel - konsequent beibehalten hat. Das am 4. April 1902 neu gegründete Unternehmen „Gemeinde Wien – städtische Straßenbahnen" hatte das operative Geschäft zu führen. Für die Spitze des Unternehmens griff Bürgermeister Lueger mit dem Betriebsleiter der Siemens & Halske A. G. für städtische Straßenbahnen, Ingenieur Ludwig Spängler (1865-1938), auf einen erfahrenen Mann zurück. Sitz der Direktion der städtischen Straßenbahnen war im 4. Bezirk in der Favoritenstraße Nr. 9, ein weiteres Verwaltungsgebäude befand sich im 6. Bezirk in der Rahlgasse 1-3.

Ein Eid auf die Kaisertreue

Mit der Kommunalisierung waren für das Personal umfassende Verbesserungen verbunden. Lohnerhöhungen, Wohnungsbeiträge, Fahrzulagen, Aufbesserung der Pensionsbezüge und eine Reihe anderer Zuwendungen für die Bediensteten machten aus der ehemaligen „Sklavenarbeit" einen durchaus attraktiven und sozial abgesicherten Beruf. Aber auch dafür mussten die Straßenbahner kämpfen.

„Es erwies sich jedenfalls, daß das Personal auch gegenüber der christlichsozialen Stadtverwaltung um seine Rechte kämpfen musste." [28]

Mit 1. Juli 1903 wurden insgesamt 6 275 Straßenbahner in dem neuen Unternehmen „Gemeinde Wien – städtische Straßenbahnen" beschäftigt. [29]

---

28 Czeike Felix, 100 Jahre elektrische Tramway in Österreich, 80 Jahre Wiener Städtische Straßenbahn, Wien 1983, Seite 8
29 Die Entwicklung der städtischen Strassenbahnen im zehnjährigen Eigenbetriebe der Gemeinde Wien, Wien 1913, Seite 119

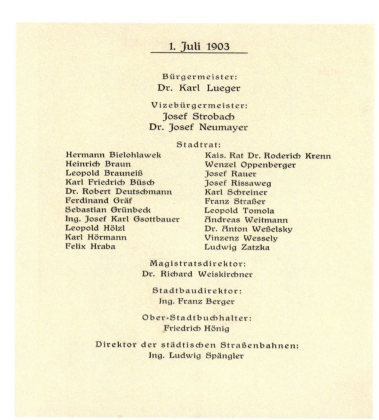

Der organisatorische Überbau der „Gemeinde Wien - städtische Straßenbahnen" bei ihrer Gründung

Auch wenn ein Großteil des Personals der bisherigen privaten Gesellschaften vom städtischen Unternehmen übernommen worden war, blieb vielen ein hartes Schicksal nicht erspart. Für die Beschäftigten in der Stallwirtschaft war eine Umschulung schwierig und oft keine adäquate Arbeit im neuen Unternehmen mehr zu finden. Trotzdem verdoppelte sich die Zahl der Bediensteten bis zum Ausbruch des Ersten Weltkriegs im Jahr 1914 auf fast 13 000. Diese hatten beim Dienstantritt einen politischen Eid zu schwören, nämlich kaisertreu zu sein und keine republikanischen Tendenzen zu verfolgen:

„Ich gelobe mit meinem Ehrenworte, Seiner kaiserlichen und königlichen Apostolischen Majestät Franz Josef I. und Allerhöchstdessen Nachfolgern aus dem durchlauchtigsten Hause Habsburg-Lothringen getreu und gehorsam zu sein, der Stadt Wien Ehre und Vorteil nach allen meinen Kräften zu befördern und jeden Nachteil davon abzuwenden. Ich erkläre weiters mit meinem Ehrenworte, daß ich einer Partei, welche republikanische oder sonst österreichfeindliche Tendenzen verfolgt, weder angehöre noch angehören werde." [30]

Stetes Wachstum

Mit Übernahme des Straßenbahnbetriebes durch die öffentliche Hand am 1. Juli 1903 hatte das Straßenbahnnetz 163 Kilometer Bahnlänge, zu dem im Laufe der nächsten zehn Jahre weitere 99 Kilometer hinzukamen.[31] Ebenfalls stieg die Anzahl der Betriebsbahnhöfe. Zu den bestehenden in Hernals (gebaut 1865), Rudolfsheim (1872), Breitensee und Favoriten (1873), Simmering (1874), Gürtel (1882), Währing und Perchtoldsdorf (1883) sowie Floridsdorf (1886) kamen im Zuge der Elektrifizierung der Tramway die Betriebsbahnhöfe Vorgarten (1897), Erdberg (1901) sowie Grinzing und Ottakring (1902) dazu. Im Jahr 1907 folgte der Bahnhof Brigittenau, 1912 der in Kagran und im Jahr 1914 die Bahnhöfe Speising und Koppreiter.

Ein Haltestellenhüttl am Donaukanal

[30] Die Gemeinde-Verwaltung der Stadt Wien im Jahr 1903, Wien 1905, Seite 116
[31] Die Entwicklung der städtischen Strassenbahnen im zehnjährigen Eigenbetriebe der Gemeinde Wien, Wien 1913, Seite 59

Mit der Kommunalisierung der Tramway übernahm Wien international eine Vorreiterrolle

Eine weitere Übernahme

Ende des Jahres 1904 wurde die etwa 6 Kilometer lange elektrische Straßenbahnlinie vom Praterstern nach Kagran in den Betrieb der „Gemeinde Wien – städtische Straßenbahnen" übernommen. Diese Bahn der Firma Ritschl & Co hatte von Anfang an mit wirtschaftlichen Schwierigkeiten zu kämpfen. Nachdem sie von der Berliner Firma von Koenen & Co. erworben worden war, kaufte sie die Gemeinde Wien dieser am 1. Juli 1904 um 1,2 Millionen Kronen ab und gliederte sie am 28. Dezember 1904 in ihr Netz ein.[32]

Die Badner Bahn

Eine gewisse Eigenständigkeit konnte sich bis heute nur die Aktiengesellschaft der Wiener Lokalbahnen, zu der die Lokalbahn von Wien nach Guntramsdorf gehörte, bewahren. Als sie beabsichtigte, ihre Strecken zu elektrifizieren und sowohl in Wien vom Matzleinsdorfer Platz bis zur Inneren Stadt in die Giselastraße (heute Bösendorferstraße) als auch in Niederösterreich von Guntramsdorf bis nach Baden zu verlängern, wurde am 2. Dezember 1905 mit der Gemeinde Wien ein Vertrag über die Mitbenützung der Gleise in der Wiedner Hauptstraße abgeschlossen. Der Vertrag hat dem Grundsatz nach bis heute Gültigkeit. Immer noch ist die AG der Wiener Lokalbahnen „länderübergreifend" unterwegs. Ohne Umsteigen kann man vom Zentrum Wiens bis nach Baden fahren. Organisatorisch ist sie heute ein Tochterunternehmen der Wiener Stadtwerke-Holding AG.

Alles schon dagewesen – Kupferdiebe

Die konsequente und rasche Umstellung auf elektrischen Betrieb brachte zwar für die öffentlichen Verkehrsmittel Vorteile, dafür begann damals im Zeitalter der Armut, des Hungers und der Alteisensammler das finstere, noch heute ausgeübte Gewerbe des Kupferdiebstahls in der Stadt Fuß zu fassen.

„Seit drei Wochen wurde in der Trasse der städt. Straßenbahnen in der Freudenau wahrgenom-

32 Die Gemeinde-Verwaltung der Stadt Wien im Jahr 1904, Wien 1906, Seite 138

men, daß von den Geleisen die Kupferbügel ausgemeißelt und fortgetragen wurden. Der Schaden war wohl klein – bloß 80 K – doch die Störungen wurden unangenehm und erforderten mühselige Arbeiten. Am 12. d. M. hat der Sicherheitswachmann Matthias Hartl den 17jährigen Buchbinderlehrling Ferdinand J., Erdbergstraße wohnhaft, dabei überrascht, als er wieder solche Bügel entwenden wollte. Er wurde festgenommen."* [33]

Das leidige Auf- und Abspringen

Im Zuge der Elektrifizierung mussten sich die eiligen Wiener erst an die gegenüber gemütlichem Pferdetrab oder schnaufender Dampftramways erhöhten Geschwindigkeiten gewöhnen. Das Auf- und Abspringen auf fahrende Tramways wurde dabei zum regelrechten Volkssport, der – trotz Einbaus von Sicherheitseinrichtungen – viele Verletzte und Tote forderte.

„Unfälle mit Verletzungen der Betroffenen ereigneten sich 1261 (im Vorjahr 936); hievon entfallen auf leichte Verletzungen 1178 (853), auf schwere Verletzungen 83 (83). Mit tödlichem Ausgange verliefen 20 Unfälle (1905: 12, 1904: 19). Wie bisher ereigneten sich viele Unfälle beim Auf- bzw. Abspringen während der Fahrt; auf diese Weise trugen 3 Fahrgäste tödliche und 22 schwere Verletzungen davon (1905: 4 tödliche, 29 schwere Verletzungen)."* [34]

Für Wien-Touristen gab es ab 1907 eigene Rundfahrten mit der Tramway

Neue Linienbezeichnungen

Die Übernahme der Straßenbahnen durch die Gemeinde hatte nach kurzer Zeit auch Auswirkungen auf das gewohnte Linienbezeichnungssystem. Das aus dem Pferdetramwayzeitalter übernommene alte System der einzelnen Linien mit vielen bunten, geometrischen Symbolen, sogenannten Farbsignalen, das eher für Analphabeten gedacht war, wurde ab 1907 auf ein Buchstaben- und Ziffernsystem geändert, das teilweise noch heute Gültigkeit hat. Die zunehmende Zahl an neuen Linien und Symbolen hatte eine Unterscheidung dieser bald unmöglich gemacht und zu fragenden „betriebsverzögernden" Fahrgästen geführt. Im neuen System wurden daher fünf Gruppen von Tramwaylinien unterschieden:

- Rundlinien, deren Streckenführung kreisförmig um die Stadt angelegt war, erhielten Nummern von 1 bis 20.
- Radiallinien, die direkt stadtein- oder stadtauswärts fuhren, erhielten Nummern zwischen 21 und 82, gegen den Uhrzeigersinn gereiht.
- Bei Verlängerungen dieser Radiallinien wurde der entsprechenden Linie eine Hunderterstelle vorgesetzt.
- Durchgangslinien, die sowohl Radial- als auch Rundlinien waren, wurden mit Buchstaben bezeichnet.
- Wenn diese Durchgangslinien nicht über den Ring fuhren, sondern über die Lastenstraße, bekamen die Buchstaben die Ziffer „2" angehängt. Daher wird die Lastenstraße im Volksmund noch heute als 2er Linie bezeichnet. In den 1980er Jahren war es dann selbstverständlich, dass die U-Bahn in der Lastenstraße als U2 bezeichnet wurde.

Touristenrundfahrten

Neben den klassischen Tramwaylinien in der Stadt wurden 1907 im Interesse des Fremdenverkehrs erstmals Rundfahrten für Touristen mit eigenem Salonwagen der Straßenbahn eingeführt. Die vom 26. August bis 15. Oktober vorgenommenen Fahrten „fanden allgemein Beifall".[35]
Der finanzielle Erfolg ließ aber zu wünschen übrig.[36]

[33] Neuigkeits-Welt-Blatt vom 16. März 1910, Seite 10
[34] Die Gemeinde-Verwaltung der Stadt Wien im Jahre 1906, Wien 1908, Seite 450
[35] ebenda, Seite 460
[36] ebenda, Seite 438

Blick auf Wien, im Vordergrund rechts die Akademie der Bildenden Künste

Die dritte Stadterweiterung – Floridsdorf kommt zu Wien

Floridsdorf, die Hauptstadt von Niederösterreich?

Mit der Vergrößerung Wiens um die Vororte im Jahr 1892 und den sich beim Bau der Stadtbahn herauskristallisierenden unterschiedlichen Interessen von Reichsregierung, Land Niederösterreich und Gemeinde Wien bei Verkehrsfragen wurde in Wien auch die Frage einer anzustrebenden „Reichsunmittelbarkeit" der Stadt diskutiert.[1] Damit waren die Loslösung Wiens von Niederösterreich und die Anerkennung als eigenes, selbstständiges Land gemeint. Für den Fall, dass Wien den Niederösterreichern somit als Landeshauptstadt abhanden kommen sollte, hegte der damalige niederösterreichische Statthalter Erich Graf Kielmansegg die Absicht, Floridsdorf zur neuen niederösterreichischen Hauptstadt zu küren. Dazu war vorweg die Zusammenlegung einzelner links der Donau liegender Gemeinden mit Floridsdorf notwendig. Mit Gesetz vom 8. Mai 1894 wurden daher verschiedene Dörfer und Gemeinden, wie Donaufeld und Jedlesee sowie Teile von Groß-Jedlersdorf und Groß-Enzersdorf, zur Großgemeinde Floridsdorf zusammengeschlossen.

Zwei Hauptstädte vis-à-vis

Gleichzeitig sollte eine massive wirtschaftliche Aufwertung und Industrialisierung des linksseitigen Donaubereiches durch die Anlage eines weitläufigen Donauhafens samt Anschluss an den geplanten Donau-Oder-Kanal in diesem Bereich erfolgen.[2] Damit war für Wien Feuer am Dach. Mit der Abspaltung von Niederösterreich stand drohend die Gefahr vor Augen, auf der anderen Seite der Donau mit Floridsdorf bald eine wirtschaftlich-industriell mächtige „Konkurrenzhauptstadt" vor die Nase gesetzt zu bekommen, die zudem noch einen direkten Anschluss an das geplante europä-

---

[1] tatsächlich wurde Wien erst mit der am 1. Oktober 1920 im Parlament beschlossenen Verfassung ein eigenes Bundesland samt Steuerhoheit, womit die Durchführung eigenständiger politischer Programme möglich wurde

[2] Wasserstraßengesetz vom 11. Juni 1901

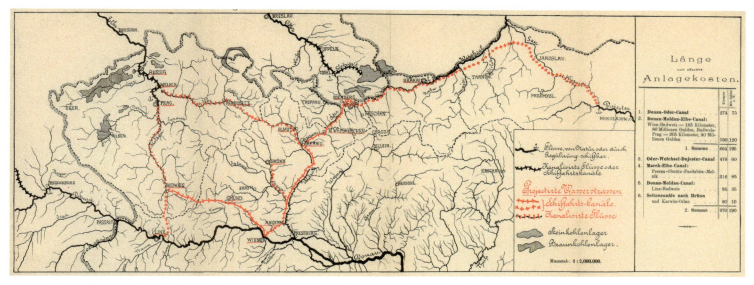

Zu Beginn des 20. Jahrhunderts herrschte noch Optimismus hinsichtlich Europas zukünftigem Wasserstraßennetz

ische Wasserstraßennetz bekommen sollte. Wohl oder übel blieb den Wienern als Gegenmaßnahme nichts anderes übrig, als sich darum zu bemühen, das infrastrukturell etwas rückständige Floridsdorf ins Wiener Stadtgebiet einzugliedern und die Reichshauptstadt nochmals zu vergrößern.

Die Zwei-Millionen-Grenze

Nach langen Verhandlungen kamen am 28. Dezember 1904 mit kaiserlicher Sanktion die links der Donau liegenden Gemeinden (fünf Gemeinden komplett und acht Gemeinden teilweise) als XXI. Bezirk „Floridsdorf" tatsächlich zu Wien. Damit hatte die Stadt über 1,8 Millionen Einwohner und 273,1 km² Gebietsumfang. Da der Stein nun einmal ins Rollen gekommen war, wurde Wien um weitere interessierte Umlandgemeinden erweitert. Im Jahr 1910 waren dies die restlichen Teile der Gemeinde Strebersdorf sowie Bereiche bei Hadersdorf-Weidlingau und Mauer. Damit hatte Wien zu Beginn des 20. Jahrhunderts mit 2 Millionen Einwohnern erstmals eine magische Bevöl-

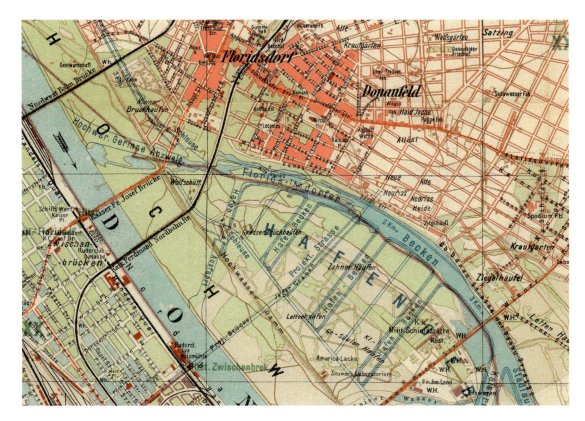

Luegers Albtraum: eine mächtige Industrie- und Hafenstadt Floridsdorf als Hauptstadt von Niederösterreich auf der anderen Seite der Donau

Keine dicken Freunde: der Wiener Bürgermeister Karl Lueger (1) und der Niederösterreichische Statthalter Erich Graf Kielmansegg (2), Aufnahme aus dem Jahr 1905

kerungszahl überschritten und ein Stadtgebiet von 275,9 km². Die Haupt- und Residenzstadt der Habsburger blieb damit weiterhin im Kreise der großen und schnell wachsenden europäischen Metropolen wie London, Paris und Berlin. Doch den dicht gedrängt wohnenden und arbeitenden Einwohnern stand damals pro Kopf wesentlich weniger Wohn- und Lebensraum zur Verfügung als der heutigen – noch um einiges geringeren – Bevölkerung Wiens.

3 Die Gemeinde-Verwaltung der Stadt Wien im Jahr 1907, Wien 1909, Seite 108

Kauf der Dampftramways

Mit der Erweiterung Wiens um Floridsdorf war es naheliegend, die 26 Kilometer langen nördlichen Strecken der Dampftramway nach Stammersdorf und Groß-Enzersdorf ebenfalls zu kommunalisieren und in die Verwaltung der Stadt einzugliedern. Tatsächlich wurden mit 1. Jänner 1907 der Dampftramway-Gesellschaft Krauss & Co. um 4,688 Millionen Kronen[3] sowohl diese Strecken als auch die südlichen Linien nach Ober St. Veit und Mödling

Das Ende einer Ära: Mit dem Elektrifizierungsprogramm der Straßenbahnen mussten auch die Dampftramways ihre letzte Fahrt antreten

abgekauft. Ohne viel Zeit zu verlieren, wurde deren Umbau auf elektrischen Betrieb im Zuge des Elektrifizierungsprogrammes der Stadt in Angriff genommen. Zu ungeliebt und problematisch waren die Dampfstraßenbahnen in der Stadt.

„Zahllos und allgemein waren die Klagen wegen unaufhörlicher Entgleisungen, mangelhaften Verkehrs und steter Stockungen."[4]

In Anwesenheit von Bürgermeister Lueger konnte Anfang 1910 die ehemalige Strecke der Dampfstraßenbahn von der Augartenbrücke nach Floridsdorf – mit elektrischem Betrieb – wiedereröffnet werden.[5] Trotzdem dauerte es – bedingt durch den Ersten Weltkrieg – noch bis zum 19. Jänner 1922, bis auch die letzte Strecke der Dampfstraßenbahn von Kagran nach Groß-Enzersdorf auf elektrischen Betrieb umgestellt war.[6] Damit endete ein kurzes und interessantes Kapitel der Wiener Verkehrsgeschichte.

Anfang des 20. Jahrhunderts begann die Elektrische das Straßenbild Wiens zu prägen

Die positive Bilanz der Tramway

Als Lueger im Jahr 1910 starb, besaß Wien das ausgedehnteste Straßenbahnnetz der Welt.[7] Knapp vor Ausbruch des Ersten Weltkriegs Ende des Jahres 1913 umfasste dieses schon 244 Betriebskilometer, auf denen 1 451 Motorwagen und 1 550 Anhängerwagen im Einsatz waren. Die Zahl der verfügbaren Plätze lag bei 120 000. Im Jahr 1913 wurden 325 Millionen Fahrgäste befördert. Der Gebarungsüberschuss betrug damals erstaunliche 3,76 Millionen Kronen. Wien und das gesellschaftliche Leben der Stadt waren aufs Engste mit der städtischen Straßenbahn, der „Elektrischen", verbunden. Im Gegensatz zu anderen Städten war die Straßenbahn in Wien damals noch nicht durch andere Verkehrsträger wie z. B. eine U-Bahn entlastet. Der Stadtbahnverkehr und die Omnibusse waren ein Minderheitenprogramm. Einspänner, Fiaker und die wenigen Autos galten als Luxusfahrzeuge. Die Straßenbahn hatte damals in Wien die volle Last des öffentlichen Verkehrs zu bewältigen.

Bürgermeister Luegers Wirken – eine zwiespältige Bilanz

Bürgermeister Luegers größter Verdienst ist sicherlich sein umfassendes Kommunalisierungsprogramm. Vor allem mit der Verstadtlichung von Gas, Strom und öffentlichem Verkehr hatte er auch international eine Vorreiterrolle übernommen. Noch heute prägt diese damals neuartige und aufsehenerregende Verwaltungsstruktur die Stadt. Solche kostenintensiven Maßnahmen konnte Wien aber nicht selbst finanzieren. Die Stadt war auf die Aufnahme von Fremdmitteln angewiesen. Dafür gebührt Lueger auch die zweifelhafte historische Ehre, als Bürgermeister der größte Schuldenmacher gewesen zu sein. Als er 1897 sein Amt übernahm, hatte die Stadt 149,9 Millionen Kronen Schulden – bei Jahreseinnahmen von 157,4 Millionen Kronen. Als Lueger am 10. März 1910 nach 13-jähriger Amtstätigkeit starb, waren die Schulden der Stadt auf 751 Millionen Kronen bei Jahreseinnahmen von 253,4 Millionen angewachsen. Aber es war gut angelegtes Geld, da es die Lebensqualität der Wiener stark verbesserte. Es diente dem Bau des E-Werkes und des Gaswerkes, dem Bau der 2. Hochquellwasserleitung, der Elektrifizierung der Straßenbahn, dem Kauf der Omnibusse, der städtischen Brauerei, dem Schlachthof St. Marx, der Feuerwehr, dem Marktwesen und der Straßenpflasterung. Nur mit Anleihen und Krediten, vor allem bei der Deutschen Bank, war die Stadtverwaltung in der Lage gewesen, diese wichtigen und nachhaltigen kommunalen Vorhaben auch tatsächlich zu realisieren. Nach Luegers Tod war die Stadt aber bereits in die fatale finanzielle Situation geraten, Geld allein zur Tilgung der Zinsen aufnehmen zu müssen.[8] Mit Beginn des Ersten Weltkriegs im Jahr 1914 war Wien eigentlich bankrott. 813 Millionen Kronen offene Inlandsschulden und 285 Millionen Kronen Auslandsanleihen aus dem Jahr 1902 waren von der Stadt allein kaum mehr zu bedienen. Die Inflation zu Beginn des Krieges reduzierte zwar die Inlandsschulden auf rund ein Fünftel, dafür mussten im Laufe des Krieges für Sozialaufwendungen wiederum neue Kredite aufgenommen werden. Wien war zu Beginn des 20. Jahrhunderts in eine Schuldenspirale geraten.

4 Die Entwicklung der städtischen Strassenbahnen im zehnjährigen Eigenbetriebe der Gemeinde Wien, Wien 1913, Seite 24
5 Wiener Kommunal-Kalender und Städtisches Jahrbuch für das Jahr 1911, Wien 1911, Seite 516
6 Czeike Felix, Dr. Hillischers Probestrecke und die Elektrifizierung der Wiener Straßenbahn, in Wiener Geschichtsblätter, Wien 1957, Nr. 3
7 Mikoletzky Hanns Leo, Wien wird Wien, in Wiener Geschichtsblätter, Wien 1973, Sonderheft, Seite 164
8 Stimmer Kurt, Wien 2000, Wien 1999, Seite 35

Ein frühes Modell eines Autobusses neben einem Fiaker vor der Pestsäule am Graben

Autobusse mit Batterie-, Benzin-, Strom- und Dieselantrieb

Der Beginn des Siegeszuges von Autos und Autobussen

Anfang des 20. Jahrhunderts begann sich der benzinbetriebene Autoverkehr in den Großstädten weltweit – und auch in Wien – immer mehr zu etablieren. Der Siegeszug des Automobils hatte naturgemäß auch Auswirkungen auf die technische Entwicklung von benzin-, diesel- oder batteriebetriebenen Autobussen für den öffentlichen Verkehr. Das Kommunalisierungsprogramm der Stadt beim öffentlichen Verkehr umfasste daher nicht nur die Straßenbahn, sondern auch die Autobusse, obwohl in Wien der Busbetrieb durch die Dominanz der Straßenbahn immer ein eher stiefmütterliches Dasein fristen musste. Bereits im Jahr 1907 begann Wien, Automobil-Omnibuslinien an der Peripherie der Stadt zur Verbindung mit entfernteren Gemeindegebieten einzurichten.

Wiens erste Konzessionen für Autobuslinien

Die ersten Konzessionen für gemeindeeigene Autobuslinien wurden von der Stadt für die Strecken von der Simmeringer Hauptstraße (Müchgasse) nach Kaiserebersdorf (Münnichplatz) mit 4,2 Kilometern Länge sowie von Floridsdorf über Leopoldau nach Kagran mit 5,8 Kilometern Länge erworben. Die Buslinien nahmen ihren Betrieb am 23. März sowie am 16. Oktober 1907 auf.[1] Die Fahrzeuge waren von der Firma Büssing aus Braunschweig, der Nesselsdorfer Wagenbaufabrik und der Firma Neue Automobil-Gesellschaft aus Berlin gekommen. Im Unterschied zu den Straßenbahnen war bei den Autobussen der Wagenlenker gleichzeitig auch für das Einkassieren zuständig. Die Wartung der Busse erfolgte durch den nächstgelegenen Betriebsbahnhof der Straßenbahn.

1 Die Gemeinde-Verwaltung der Stadt Wien im Jahr 1907, Wien 1909, Seite 460

Kommunalisierung der Pferdestellwagen

Mit der Einführung des modernen Busbetriebs bekamen die antiquierten Pferdestellwagenunternehmen große wirtschaftliche Schwierigkeiten. Im Jahr 1907 geriet die private „Vienna General Omnibus Company", die auf 32 Routen einen Großteil des Pferdeomnibusnetzes befuhr, in Konkurs. Als Rettungsakt für deren Kutscher und Angestellte wurde der Betrieb der Pferdestellwagen aufrechterhalten und unter der Firmenbezeichnung „Gemeinde Wien – städtische Stellwagenunternehmung" im Juli 1908 in die öffentliche Verwaltung übernommen. Die Gemeinde Wien übernahm von der „Vienna General Omnibus Company" insgesamt 111 Stellwagen und damit einen Großteil des Inventars.[2] Der städtische Betrieb wurde am 1. Jänner 1909 auf sechs Linien vor allem im Innenstadtverkehr und zur wichtigen Verbindung zwischen den einzelnen Bahnhöfen eröffnet.

„Der inneren Stadt fehlen Elektrische und Untergrundbahn. Trotzdem ist die ‚Vienna General Omnibus Company', eine englische Gründung, Ende vorigen Jahres zusammengebrochen. An ihre Stelle ist die Bezirksvertretung der inneren Stadt getreten, die zum Anschluß an die Straßenbahn zunächst vier Autobuslinien durch die Stadt leitet."[3]

Zum Leiter der gemeindeeigenen Stellwagenunternehmung mit einem Pferdestand von immerhin 1 214 Tieren wurde Viktor Lisska von den städtischen Straßenbahnen berufen. Das Unternehmen war anfangs organisatorisch von der Straßenbahn getrennt und unmittelbar der Magistratsdirektion unterstellt.

Laufende Modernisierung des Fuhrparks

Wie bei der Straßenbahn zehn Jahre zuvor begann nun auch bei den Omnibussen sukzessive die Reduzierung des Pferdebetriebes zugunsten einer modernen Antriebstechnik. Der Name des eigenen Unternehmens wurde entsprechend auf „Gemeinde Wien – städtische Automobil-Stellwagenunternehmung" geän-

Einer der ersten Benzinautobusse in Wien, circa 1905

---

2 Die Gemeinde-Verwaltung der Stadt Wien im Jahr 1907, Wien 1909, Seite 140
3 Die Woche vom 27. Juni 1908, Seite 1143

Auch Stockautobusse kamen mit dem Siegeszug des Automobils in Wien bald zum Einsatz

Ab 1. März 1912 verkehrten Akkumulatorbusse zwischen Stephansplatz und Volksoper

Vor dem Nordbahnhof wartet ein Taxi neben einem Autobus auf Kundschaft

dert. Innerstädtisch wurde probeweise am 1. März 1912 eine Autobuslinie vom Stephansplatz zur Volksoper anstelle der Pferdestellwagen in Betrieb genommen. Auf dieser Strecke waren anfangs ausschließlich batteriebetriebene Akkumulatorenwagen unterwegs, von denen man sich eine höhere Wirtschaftlichkeit erwartete. Im Mai 1913 wurde anlässlich der Adria-Ausstellung im Prater vom Nordbahnhof über den Stephansplatz zum Südbahnhof ein Probebetrieb mit benzinbetriebenen Autobussen eingeführt, der sich bewährte und zum Entschluss führte, diesen auszubauen. Technisch gesehen war der Autobusbetrieb damals noch in einem Versuchsstadium. Autobustypen verschiedener Firmen wurden mit unterschiedlichen, teilweise auch doppelstöckigen Wagenaufbauten versehen und im Betrieb getestet.

Busse unter Strom

Ein Jahr nach Inbetriebnahme der ersten „stinkenden" Benzinautobusse in Wien wurde im Jahr 1908

Der Oberleitungsbus kann in Wien nur auf eine kurze Geschichte zurückblicken, hier stehen zwei Fahrzeuge in Salmannsdorf

als technische Alternative ein elektrisch gespeister Busbetrieb, der sogenannte O-Bus-Verkehr, nach dem System Stoll zwischen Pötzleinsdorf und Salmannsdorf eingerichtet. In Wien konnte sich dieses Verkehrsmittel jedoch nicht flächendeckend durchsetzen und blieb ein Sonderfall im öffentlichen Verkehr der Stadt. Der O-Bus verkehrte von 1908 bis 1938 zwischen Pötzleinsdorf und Salmannsdorf, weil die Straßenbahn die dortige Steigung des Geländes nicht bewältigen konnte. Vier Oberleitungsdrähte mussten dazu in den Straßen verspannt werden, um das Auswechseln der Kontaktvorrichtungen bei Begegnung zweier Automobilwagen zu vermeiden. Die 1,9 Kilometer lange „gleislose Bahn" wurde mit drei Automobilstellwagen betrieben. Die Autobusse wurden von den österreichischen Daimler-Werken bestellt. Die Eröffnung erfolgte am 16. Oktober 1908. Auch während des Ersten Weltkriegs blieben die O-Busse in Betrieb. Im Jahr 1938 wurden sie aber wegen Überalterung der Fahrzeuge durch Benzinbusse ersetzt.

Im 20. Jahrhundert war die Schaffung zusätzlicher Verkehrsebenen für moderne Metropolen unabdingbar

In die Wiener City durfte die Straßenbahn nur auf wenigen Strecken – wie hier am Neuen Markt – geführt werden

Das große Versäumnis – Wien ohne U-Bahn

An der Zukunft vorbei

Mit dem Wechsel vom 19. zum 20. Jahrhundert – während der „Luegerzeit" in Wien – rotierten die Bagger und Baumaschinen. Dabei wurden mit dem Stadtbahnbau und der Elektrifizierung der Straßenbahn Millionen in die Verkehrsinfrastruktur der Stadt gesteckt. Während im übrigen Europa – von London über Paris, Berlin bis Budapest und Athen – in den Bau von innerstädtischen U-Bahn-Anlagen investiert wurde, konnte oder wollte man in Wien diesen wichtigen Schritt in die Zukunft nicht setzen. Wien wurde die Stadt der Straßenbahnen. Mit deren Netzausbau und Elektrifizierung wurde der öffentliche Verkehr zwar wesentlich verbessert, die Stadtbahn war jedoch nicht in der Lage, für den öffentlichen Schnellverkehr jene Leistungen zu erbringen, die andere Städte von ihren U-Bahn-Anlagen erhielten. Die dampfenden und rauchenden Lokomotiven fuhren in der Stadt an den tatsächlichen Verkehrsbedürfnissen der Wiener regelrecht vorbei. Auch wirkten sie gegenüber den leisen, sauberen und elektrisch angetriebenen Straßenbahnen reichlich antiquiert. Aufgrund der organisatorischen Trennung der Stadtbahn als Staatseisenbahn von der Tramway, die ab 1902 im Eigentum der Stadt Wien stand, gab es auch keinen Tarifverbund. Das trug trotz hoher Investitionen zu der noch immer unbefriedigenden Verkehrssituation für die Bevölkerung in der Stadt bei.

„Dennoch konnte Wien auf diesem Gebiet eigentlich nie an die Entwicklung anderer europäischer

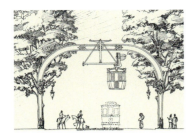

Entwurfszeichnung einer Schwebebahn im innerstädtischen Bereich

Mit einer Schwebebahn auf Portalstützen und Dreieckträgern sollte die City in Wien umrundet werden

Großstädte Anschluss finden. Zu einem Zeitpunkt, da es nicht nur in Paris, London oder Hamburg, sondern schon innerhalb der Monarchie, im stark konkurrierenden Budapest, eine Untergrundbahn gab, bemühte man sich in Wien, den Fortschritt durch die Umstellung der Pferdebahn auf elektrischen Betrieb zu dokumentieren. Der innerstädtische Verkehr hatte schon bei der Einführung der Pferdebahn in Wien mit gleichartigen viel früher betriebenen ausländischen Unternehmungen nicht Schritt gehalten."[1]

Die offene Frage der Querung der Inneren Stadt

Für Gleisanlagen und Tramwaylinien war der 1. Bezirk durch seine enge und verwinkelte bauliche Struktur bis auf kleine „Grenzüberschreitungen" wie beim Neuen Markt[2] Tabu. Die Erschließung der Inneren Stadt mit öffentlichen Verkehrsmitteln blieb daher den Omnibussen vorbehalten. Diese hatten aber – egal ob von Pferden gezogen oder später als Motorwagen – mit wirtschaftlichen Schwierigkeiten zu kämpfen, obwohl die Verkehrsströme in Wien immer stark in Richtung City ausgerichtet waren. Die Wiener steigen aber nicht gerne um. Mit der starken Verkehrszunahme um die Jahrhundertwende wurde die Situation immer „verfahrener". Es gab zwar den Bedarf, aber das entsprechend hochwertige Angebot fehlte.

„Eine ähnliche Type ist der Wiener, der in der Elektrischen, dem Autobus, dem Stellwagen, kurz in einem der kommunalen Verkehrsmittel fährt. Am harmlosesten spielen sich die Vorgänge noch im Pferdestellwagen ab, der uns langsam ins bessere Jenseits zu kutschieren scheint, dorthin, wo ihn seine Beschaffenheit, die Qualität und das Aussehen seines Rossematerials schon längst gewiesen haben. Mit der Elektrischen, der Stadtbahn oder insbesondere mit dem Autobus aber wird der geradezu typisch: Niemals kommt ein Wagen, wenn man ihn braucht, taucht er endlich auf, so ist er überfüllt, ist er aber zufällig nicht überfüllt und erobert man sich sogar einen Platz, so bleibt die Herrlichkeit mitten auf der Straße aus für einen Nichttechniker unverständlichen Gründen stehen. Bald ist so ein Wagen überheizt, bald glaubt man sich wieder auf den Nordpol versetzt. Hat man Montag noch zwölf Heller Fahrgeld entrichtet, so muß man am Dienstag gewiß schon sechzehn und am Mittwoch zwanzig Heller bezahlen."[3]

Die international bewährte Problemlösung durch den Bau von zusätzlichen unterirdischen Verkehrsebenen in Form innerstädtischer U-Bahn-Anlagen war zwar auch in Wien vorgesehen und in Diskussion, kam aber – wie schon während der Jahrzehnte zuvor – nicht recht vom Fleck. Die Kommission für Verkehrsanlagen, die in Wien die Stadtbahn geplant und errichtet hatte, wartete vergebens auf kapitalstarke private Investoren für ein innerstädtisches U-Bahn-Linienkreuz unter der City (wie z. B. das heutige U1/U3-Linienkreuz).

Die Suche nach Alternativen

Als Alternative zum Bau einer U-Bahn wurde von der „Continentalen Gesellschaft für elektrische Unternehmungen in Nürnberg" für Wien eine

---

1 Czeike Felix, Liberale, christlichsoziale und sozialdemokratische Kommunalpolitik (1861-1934), Wien 1962, Seite 75
2 am 2. Februar 1902 wurde diese Strecke in Betrieb genommen und bis zum Oktober 1942 von den Linien 58 und 59 befahren
3 Salkind Alexander, Mandlbogen, Typen und Bilder aus Wien 1912-1918, Wien, Seite 37

Die im Jahr 1900 zwischen Barnem und Elberfeld realisierte Schwebebahn. So hätte es auch in Wien am Donaukanal aussehen können

Im März 1908 besichtigte der spätere Wiener Bürgermeister Richard Weiskirchner (1861-1926) die Berliner U-Bahn

Schwebebahn vorgeschlagen, wie sie später in Deutschland zwischen Barnem und Elberfeld realisiert wurde.[4] Eine echte Durchquerung der City war bei diesem Projekt nicht geplant; die elektrisch angetriebene Schwebebahn wäre in Hochlage am Naturhistorischen und Kunsthistorischen Museum vorbei durch die Seilerstätte, Dominikanerbastei, den Schwedenplatz und das Salzgries, bis zur Börse am Ring peripher um die City verlaufen. Das war aber den immer auf das Erscheinungsbild der City bedachten Wienern architektonisch zu gewagt. Schon in den 1880er Jahren waren die Engländer James Clarke Bunten und Joseph Fogerty mit einem Hochbahnprojekt trotz bereits erhaltener Konzession am Widerstand der Wiener gescheitert. An einer U-Bahn führt daher kein Weg vorbei, dürfte sich der Wiener Magistratsdirektor und spätere Bürgermeister Richard Weiskirchner gedacht haben und besichtigte im Jahr 1908 zu Studienzwecken die Berliner Untergrundbahn – allerdings blieb die Reise ebenfalls ohne konkretes Ergebnis.

Eine Tram durch die City?

Die kapitalschwache öffentliche Hand suchte daher weiter nach billigeren Lösungen zur Erschließung der Inneren Stadt und legte immer wieder alternative Planungen zum U-Bahn-Bau vor.[5] Einschneidende bauliche Maßnahmen – auch wenn sie dem öffentlichen Verkehr dienen – waren in der Inneren Stadt aber immer schon problematisch. Die öffentliche Meinung reagierte schon damals sehr sensibel und wachsam auf geplante bauliche Eingriffe in das historische Stadtbild, sodass heftige Diskussionen die Folge waren. Im Mittelpunkt der neuen Auseinandersetzungen stand der *„ungeheuerliche Plan"*[6], eine Trasse für eine „Elektrische" oberirdisch von der Akademiestraße durch den historischen Stadtkern bis zum Laurenzerberg bzw. zur Ferdinandsbrücke (heute Schwedenbrücke) mehr oder weniger durchzubrechen. Dabei wären diesem öffentlichen Verkehrsvorhaben sogar der Heiligenkreuzerhof und der Franziskanerplatz zum Opfer gefallen. *„Man will auf die Durchquerung der Inneren Stadt hinweisen können, die nun einmal zu einer Art Leidenschaft gewisser Verkehrsgenies geworden ist. In keiner Großstadt Europas ist diese Frage mit einer Oberpflasterbahn gelöst worden, nicht in London, Paris, Berlin, Rom. Nur in Wien, wo noch dazu ein schöner, reicher Besitz an seltenen altertümlichen Stadtveduten und an liebenswürdigem Stimmungsreiz vorhanden ist, vermißt man sich, eine so lieblose, banale Lösung wirklich durchzuführen. Was soll diese eine Linie? Wohin führt sie? Wieder hinaus auf den Ring, und zwar selbstverständlich in einem so langsamen Tempo, daß der*

---

4 Hödl Johann, Das Wiener U-Bahn-Netz, Wien 2009, Seite 167
5 Gröger Hans Roman, Diese Stadtbahn ist eine Schnellbahn, Wien 2011, Seite 58
6 Lux Julius August, Neues Wiener Tagblatt vom 28. März 1909

Wagen vom Kai im Halbkreise auf dem gleichen Punkt wahrscheinlich schneller angelangt sein wird, als der direkte. Und dafür solche Verwüstungen edlen, von den Vorfahren ererbten Gutes?"[7]

Aber nicht nur dem Magistratsdirektor war damals bewusst, dass Wien mittelfristig um den Bau einer U-Bahn nicht herumkommen würde. Für ein kurzfristiges „Provisorium" historische Bausubstanz zu opfern, war für viele erst recht nicht akzeptabel.

„Die Untergrundbahn durch die Stadt wird gebaut werden müssen, wenn nicht jetzt, so in zehn bis zwanzig Jahren. Wir danken aber für eine Errichtung, die wie die Straßenbahn uns als Provisorium für diese Zeit unser jahrhundertaltes, künstlerisches und historisches Stadtbild unwiederbringlich zerstört."[8]

Noch immer bedauerten manche Wiener den kompletten Abriss der alten Wiener Stadtmauer 50 Jahre zuvor. Zum Glück war daher das Projekt einer Durchschneidung der City mit einer Straßenbahn aufgrund der damals gemachten Erfahrungen sowie eines breiten Verständnisses für eine der Geschichte verpflichtete Altstadterhaltung nicht durchsetzbar.

Das erste Wiener USTRAB-Projekt

Als Folge entwickelte Carl Hochenegg, ein ehemaliger Mitarbeiter bei Siemens & Halske und Professor an der Technischen Hochschule Wien, das Projekt einer Unterpflasterstraßenbahn (USTRAB) von der Secession bis zum Hohen Markt. Solche unterirdischen Durchquerungen der City mit einer Straßenbahn waren in ähnlicher Form schon von Pollacsek und Lindheim im Jahr 1885 vorgeschlagen worden. Damit geriet man aber naturgemäß mit den bestehenden U-Bahn-Planungen in Konflikt. Auch nach dem Ende des Ersten Weltkriegs wurden solche Ideen immer wieder her-

[7] Pötzl Eduard, Neues Wiener Tagblatt vom 20. Februar 1909
[8] Hassinger Dr. Hugo, Die Zeit vom 21. Februar 1909

Ein USTRAB-Projekt der Firmen Ritschl & Comp und der Berliner Union-Electricitäts-Gesellschaft von 1895 unter dem Stephansplatz

vorgekramt. USTRAB-Planungen nahmen in der Geschichte des Wiener Verkehrs im 20. Jahrhundert leider einen Dauerplatz ein. Tatsächlich wurden USTRAB-Strecken mit all ihren Nachteilen in den 1960er Jahren – noch vor dem Bau der Wiener U-Bahn – auf der 2er Linie und im Bereich Wiedner Hauptstraße/Gürtel realisiert .

Ein neuer Bürgermeister

Bürgermeister Lueger wird nachgesagt, ein Gegner der Planungen einer Wiener U-Bahn gewesen zu sein. Er fürchtete die Konkurrenz für „seine" elektrische Straßenbahn. Auch die Geschäftsleute der Inneren Stadt – politisch Luegers Klientel – sahen ihren Vorteil, wenn die Straßenbahn die Kunden direkt vor ihren Geschäften absetzen würde. Mit Luegers Tod am 10. März 1910 war ein mächtiger U-Bahn-Gegner ausgeschieden und U-Bahn-Planungen gelangten wieder aus dem Untergrund ins Licht der öffentlichen Diskussion. Doch auch Luegers Nachfolger Dr. Neumayer hatte – wahrscheinlich angesichts der finanziell schwierigen Situation der Stadt – bezüglich U-Bahn-Bau anfänglich keinerlei Ambitionen. In seiner Antrittsrede kam das Wort U-Bahn daher nicht vor:

„Wegen Elektrifizierung der Stadtbahn sind bereits seit längerer Zeit Vorerhebungen im Zuge. Desgleichen wird die Frage der Umgestaltung der Dampftramwaylinie von Lainz nach Mödling zum elektrischen Betriebe und die Frage der Erbauung einer Straßenbahnlinie über Liesing nach Rodaun Studien unterzogen. Jedenfalls kann die Gemeinde Wien diesen Projekten nur allmählich und nur insoweit nahetreten, als sie durch die Baukosten nicht zu sehr belastet wird." [9]

Ein ambitioniertes Zukunftsprogramm des öffentlichen Verkehrs liest sich anders.

Die Verkehrs-Enquete von 1910

Somit stand ein „Herumdoktern" an der problembelasteten Wiener Stadtbahn im Mittelpunkt der verkehrspolitischen Aktivitäten. Vom 12. bis 15. Dezember 1910 fand eine Enquete der Kommission für Verkehrsanlagen betreffend die „Elektrisierung der Wiener Stadtbahn" mit Verkehrsexperten wie Carl Hochenegg, Arthur Oelwein, Anton Waldvogel und dem Berliner Verkehrsplaner Gustav Kemmann statt.

„Die Übelstände, welche die leider so ungünstigen Betriebsergebnisse der Wiener Stadtbahn verursachen, scheinen wohl zu bekannt, um näher darauf einzugehen. Das an und für sich unzureichende Netz, die großen und ungleichmäßigen Intervalle in der Zugsfolge, die geringe Reisegeschwindigkeit, die mangelnde Anpassungsfähigkeit des Betriebes an die Verkehrsbedingungen, die dem Erreichen und Verlassen der Wagen entgegenstehenden Hindernisse, das unerquickliche Geräusch, der Schmutz, die große Hitze im Sommer und die schlechte Luft, endlich die starke Abnützung der Bahn und der Betriebsmittel sowie die hohen Betriebskosten infolge unproduktiver Wagen- und Lokomotivkilometerleistungen wurden als solche übereinstimmend angegeben." [10]

Die Enquete führte zur Erkenntnis, dass aufgrund der Verkehrsentwicklungen der Fernverkehr grundsätzlich vom Lokalverkehr zu trennen und Übergänge bzw. Vermischungen, wie bei der Wiener Stadtbahn geschehen, zu vermeiden seien. Zu unterschiedlich sind die Anforderungen, die an ein modernes Lokalverkehrsmittel oder an eine Fernverkehrsbahn gestellt werden. Die Meinung, dass neben der Elektrifizierung der Stadtbahn auch die Anlage neuer Schnellverkehrsmittel wie U-Bahnen oder Unterpflasterstraßenbahnen notwendig sei, begann sich durchzusetzen. Durch Erschließung noch unbebauter Gebiete mit schnellen, attraktiven Verkehrsmitteln wollte man auch der eklatanten Wohnungsnot zu Beginn des 20. Jahrhunderts Einhalt gebieten. Die Frage nach der Art des leistungsfähigen Verkehrsmittels wurde aber kontrovers diskutiert. Hochenegg und Oelwein waren gegen eine Schnell- bzw. U-Bahn-Durchquerungslinie, Kemmann war dafür und kritisierte vor allem Hocheneggs Plan einer Tunnelstraßenbahn (USTRAB) durch die City. Im Rahmen der Stadtbahnenquete wurde diese strittige Frage der „elektrischen Stadtschnellbahnen" einem Subkomitee zugewiesen, in welchem sich letztendlich die Befürworter einer U-Bahn durchsetzen konnten. Verbittert schrieb Hochenegg Jahre später nach Ende des Ersten Weltkrieges rückblickend:

„Obwohl sich sämtliche zur ehrenamtlichen Mitwirkung an der Enquete eingeladenen Experten und Körperschaften, deren 24 sich beteiligten und wohl alle an der Stadtbahn Interesse nehmenden außeramtlichen Stellen vertraten, für die möglichst rasche Elektrisierung der Stadtbahn aussprachen und fast ausnahmslos die Beibehaltung und sogar die Ausgestaltung des Anschlußverkehrs mit den Nahstrecken der Vollbahnen befürworteten, hat sich das Bureau der Verkehrskommission nach Abschluß der Enquete trotz dringender Gegenvorstellungen seitens des Verfassers der Schaffung von Konkurrenzlinien eines Untergrundschnellbahnnetzes gewidmet und

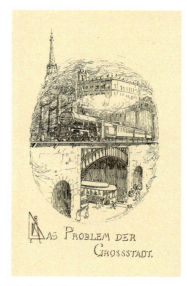

Verkehrs-Enqueten allein konnten die Probleme der Großstadt nicht lösen

---

9 Wiener Kommunal-Kalender und Städtisches Jahrbuch für das Jahr 1911, Wien 1911, Seite 535
10 Zeitschrift des Österr. Ingenieur- und Architekten-Vereines, Nr. 8, Wien 1911, Seite 119

hierbei den so wichtigen Anschlußverkehr ganz außeracht gelassen."[11]

Franz Musil, der Vater der U-Bahn-Planungen

Einer der wichtigsten Befürworter von U-Bahnen und der „Mastermind" hinter den Wiener U-Bahn-Netzplanungen zu Beginn des 20. Jahrhunderts war der spätere Baudirektor von Wien, Franz Musil.[12] 1884 in Wien geboren, war er Angestellter der Firma Siemens & Halske beim Bau der Berliner U-Bahn gewesen. Im Jahr 1910 wurde Musil der Kommission für Verkehrsanlagen als U-Bahn-Experte zugewiesen. In der Folge arbeitete er im Stadtbauamt, in dessen Fachabteilung für Verkehrswesen ein eigenes Büro für Untergrundbahnen eingerichtet war.[13] Schon im Jahr 1910 wurde seine Broschüre „Die künftigen Wiener elektrischen Untergrundschnellbahnen" im Ingenieur- und Architektenverein vorgestellt. Darin schlug er den Bau von drei U-Bahn-Linien vor:

- eine Linie vom Westbahnhof über die Mariahilfer Straße und die City zur Praterstraße mit 5 Kilometern Länge,

---

[11] Hochenegg Ing. Carl, Beiträge zur Verbesserung der Wiener Verkehrsverhältnisse, Wien 1923, Seite 17
[12] Musil wurde 1925 Stadtbaudirektor und war bis 1934 technischer Verantwortlicher für den sozialen Wohnungsbau. Bis 1941, als diese Funktion und der Titel von den Nationalsozialisten abgeschafft wurden, blieb er Stadtbaudirektor. In der Folge beschäftigte sich Musil wieder mit U-Bahn-Planungen, erlebte aufgrund seines Todes im Jahr 1966 den kurz danach beginnenden U-Bahn-Bau in Wien aber nicht mehr
[13] Wiener Kommunal-Kalender und städtisches Jahrbuch für 1918, Seite 106

So hätte das erste Wiener U-Bahn-Netz ausgesehen, wäre nicht der Erste Weltkrieg ausgebrochen

Mit Erfindungen wie den Rolltreppen wurden U-Bahn-Anlagen immer attraktiver

Franz Musil (1884–1966), der Vater der Wiener U-Bahn-Planungen

- eine Linie von Gersthof (Vorortelinie) über die Währinger Straße zum Stephansplatz mit 4,1 Kilometern Länge und
- eine Linie von Hernals (Vorortelinie) über die Alserstraße und die Wollzeile zum St. Marxer Brauhaus mit 7,75 Kilometern Länge.

„Der Vortragende schließt mit der Bemerkung, die Elektrifizierung der Stadtbahn ändert nichts an dem Umstand, daß dieselbe fern von den Hauptverkehrsadern verläuft. Nur durch Anlage neuer Linien direkt in den Schlagadern des Stadtverkehrs kann der Verkehrswert des Stadtbahnnetzes vervollständigt und gesteigert werden."[14]

Das bereits detailliert geplante U-Bahn-Netz von 1911

In den Besprechungen nach der Stadtbahnenquete wurde, aufbauend auf den drei U-Bahn-Linien Musils, ein vorläufiges Liniennetz, bestehend aus fünf Linien, festgesetzt:[15]

- eine elektrische Unterpflasterschnellbahn von der Vorortelinie in Ottakring entlang der Schmelz, unter der Mariahilfer-, Kärntner-, Rotenturm-, Prater-, Kaiser-Joseph- und Taborstraße zum Nordwestbahnhof,
- eine Unterpflasterschnellbahn von der Haltestelle Gersthof der Vorortelinie entlang der Währinger Straße, Schottengasse, Graben, Singerstraße bis Hauptzollamt mit einer Fortsetzung unter der Landstraßer Hauptstraße,
- eine Linie von Hernals unter der Alserstraße, Schottengasse, Freyung, Brandstätte, der neuen Akademiestraße, dem Karlsplatz und der Favoritenstraße bis in den X. Bezirk,
- eine Linie zu den Stadtgebieten am linken Donauufer in Fortsetzung der erstgenannten Unterpflasterschnellbahn und
- eine solche von der Haltestelle Währinger Straße der Gürtellinie im Verlauf der Alserbach-, Wallenstein- und Jägerstraße nach Floridsdorf.

Jahrelanges Verhandeln

Auf Grundlage dieses Netzentwurfes wurden im Jahr 1911 Vorschläge privater Unternehmungen hinsichtlich des Baus und Betriebes, vor allem aber der offenen Finanzierungsfragen eingeholt. Der Generaldirektor der österreichischen Länderbank, Ludwig August Lohnstein, eilte nach Paris, um auch französische Geldgeber für die Mitfinanzierung der Wiener U-Bahn zu interessieren.[16] Lohnstein war ein enger Freund des verstorbenen Bürgermeisters Karl Lueger gewesen und hatte bei der Finanzierung der Kommunalbetriebe eine gewichtige Rolle gespielt.[17] Interessiert zeigten sich letztendlich zwei Finanzgruppen: einerseits sechs österreichische Bankinstitute gemeinsam mit zwei österreichischen und zwei Berliner Elektrizitätsfirmen sowie andererseits eine Pariser Bank gemeinsam mit einer Lyoner Eisenbahnbaugesellschaft. Da die öffentliche Hand – wie schon in den Stadtbahngesetzen der 1890er Jahre festgelegt – nicht an eine Mitfinanzierung dieser innerstädtischen elektrischen Lokalbahnlinien dachte, gestalteten sich die Verhandlungen aufgrund der Vielzahl der Beteiligten mühsam und zeitaufwändig.

„Die Verhandlungen über die Elektrifizierung der Wiener Stadtbahn stocken, wie das Eisenbahnministerium mitteilt, nun schon seit mehreren Wochen. Die Wiener Bankengruppe hat bekanntlich mehrere Bauunternehmungen zur Ausarbeitung von Kostenvoranschlägen aufgefordert, und diese Arbeiten dürften kaum vor Jahresschluß beendigt sein."[18]

14 Zeitschrift des Österr. Ingenieur- und Architekten-Vereines, Nr. 16, Wien 1911, Seite 253
15 Zeitschrift des Österr. Ingenieur- und Architekten-Vereines, Nr. 38, Wien 1912, Seite 603
16 Illustriertes Wiener Extrablatt vom 22. Oktober 1911, Seite 2
17 Jelinek Gerhard, Schöne Tage 1914, Wien 2013, Seite 34
18 Die Zeit vom 8. November 1912, Seite 8

Eisenbahnminister Zdenko von Forster (1860–1922): „Die neuen U-Bahnen sollen von der Kommune betrieben werden"

Im Jahr 1913 wurde Franz Musil im Auftrag der Kommission für Verkehrsanlagen nach New York und Boston zum Studium der dortigen neuen U-Bahnen geschickt. Durch die besonderen Herausforderungen beim Bau innerstädtischer Tunnelanlagen war man vor allem an den unterschiedlichen Baumethoden, die international zur Anwendung gelangten, interessiert. Der damalige Stand der Technik und die praktischen Erfahrungen zeigten, dass auch absehbar schwierige Unterfahrungen, wie z. B. des Donaukanals in Wien, durchaus lösbar waren. Auch die technische Entwicklung von Aufstiegshilfen wie Aufzügen und Fahrtreppen, damals „Eskalatoren" genannt, war bereits so weit fortgeschritten, dass auch betagte und gehbehinderte Fahrgäste problemlos die U-Bahnen nutzen konnten. Am 15. Jänner 1914 trafen sich Vertreter der Pariser Großbank Société Centrale des Banques de Province, der Omnium-Lyonnaise, der Siemens & Halske AG und der Union-Elektrizitätsgesellschaft beim Generaldirektor der Wiener Länderbank. Vom Bankenkonsortium und der französischen Gruppe wurde ein gemeinsames Offert für die Elektrifizierung der Stadtbahn sowie den Bau eines Netzes von Untergrundbahnen in Wien vorgelegt. Die Kosten für die Untergrundbahnen wurden auf 200 bis 250 Millionen Kronen geschätzt.[19] Drei Viertel davon sollten die französischen Financiers auftreiben und dafür 25 % der Bauaufträge zugesichert bekommen. Organisatorisch wurde am 24. Februar 1914 im Eisenbahnministerium unter dem Vorsitz von Eisenbahnminister Dr. Freiherr Zdenko von Forster, dem Wiener Bürgermeister Dr. Weiskirchner sowie dem Stadtbaudirektor Ing. Heinrich Goldemund festgelegt, dass die Stadtbahn auch nach Elektrifizierung im Besitz der k. k. Staatsbahnen bleibt, die neuen Untergrundbahnen aber – so wie die Straßenbahnen – von der Kommune betrieben werden sollten.[20] Die Stadt Wien beabsichtigte daher, um die Konzession für diese U-Bahn-Linien anzusuchen und in der Folge den U-Bahn-Betrieb für das internationale Bau- und Finanzkonsortium zu führen.

Immer wieder Querschüsse

Wie böse Geister tauchen aber bei U-Bahn-Planungen in Wien – auch heute noch – immer wieder Besserwisser auf, die – von den hohen Anlagekosten einer U-Bahn geschockt – gefühlsmäßig deren Notwendigkeit und Nutzen bestreiten und alternative, scheinbar billigere Verkehrsmittel propagieren. Im Jahr 1914 fiel diese Rolle dem Verkehrsexperten Carl Hochenegg zu, der immer wieder versuchte, sein USTRAB-Projekt von der Secession Richtung Hoher Markt ins Gespräch zu bringen. In diversen Versammlungen und Diskussionsrunden lautete damals das Match Hochenegg versus Musil oder Unterpflasterstraßenbahn gegen U-Bahn.[21] Musil hatte aber den längeren Atem und die besseren Argumente. Noch konnte er die Kleingeister und Kassandra-Rufer mit Hilfe seiner detaillierten Berechnungen, ausgereiften U-Bahn-Planungen und auch durch die Unterstützung einer interessierten und investitionsfreudigen Bauwirtschaft und Industrie beiseite drängen.

Unsichere französische Finanzierung

Im März 1914 fanden weitere Konferenzen zwischen den österreichischen Banken und der französischen Bank statt, bei denen es um Details der Finanzierung ging. Noch war nicht klar, ob die Franzosen zu den geplanten Investitionen von ihrer nicht besonders österreichfreundlichen französischen Regierung die Zustimmung bekommen würden. Bei der Höhe der geplanten Summen hatte die gesamte Transaktion natürlich auch eine starke politische Komponente. Frankreich hatte in den letzten Jahren mit massivem Kapitaleinsatz vor allem das russische Eisenbahnnetz finanziert. Motiv dabei war, es den Russen – vor allem durch den Ausbau der Transsibirischen Eisenbahn – zu ermöglichen, rasch Truppen an die deutsche Grenze verlegen zu können. Besonders für den französischen Präsidenten Raymond Poincaré war es nur eine Frage der Zeit, bis sich Frankreich mithilfe des verbündeten Zarenreiches von Deutschland die Provinzen Elsass und Lothringen gewaltsam zurückholen würde. Österreich wiederum war militärisch mit Deutschland verbündet und damit ein potenzieller Kriegsgegner. Da überlegt man es sich schon, hohe Summen in einem solchen Land zu investieren.

„... die Verhandlungen, die 1913 bereits unter den Vorahnungen einer Weltkrise standen, kamen mit dem Kriegsausbruch zum Erliegen."[22]

Im Wissen um diese politischen Begleitumstände war von den österreichischen und deutschen Elektrizitätsfirmen und Banken vorgesehen, gegebenenfalls die Finanzierung und Durchführung der Arbeiten auch ohne französisches Kapital in Angriff zu nehmen.

Knapp vor U-Bahn-Baubeginn

Am 8. April 1914 kam es zu einer weiteren – wie sich allerdings erweisen sollte, letzten – Verhandlungsrunde hinsichtlich des U-Bahn-Projekts. Unter Vorsitz des Wiener Bürgermeisters Weiskirchner fand diese Besprechung zwischen

---

19 Zeitschrift des Österr. Ingenieurs- und Architektenvereins, Nr. 13 vom 27. März 1914, Seite 250 (der Bau der Wiener Stadtbahn hatte zum Vergleich 136 Millionen Kronen gekostet)
20 Zeitschrift des Österr. Ingenieurs- und Architektenvereins, Nr. 19 vom 8. Mai 1914, Seite 36
21 Zeitschrift des Österr. Ingenieurs- und Architektenvereins, Nr. 42/43 vom 16. Oktober 1914, Seite 682
22 Musil Franz in der Zeitschrift des Österr. Ingenieurs- und Architektenvereins vom 3. Juni 1951, Heft 11/12, Seite 92

Sarajevo, die Hauptstadt von Bosnien-Herzogovina, war Schauplatz des Mordes an dem österreichischen Thronfolger Franz Ferdinand. Nach diesem Attentat war auch der damals geplante U-Bahn-Bau in Wien nicht mehr realisierbar

Beamten des Magistrats, dem Generaldirektor der Länderbank, Lohnstein, dem Generaldirektor der Pariser Métropolitain, Poschmann, Vertretern der AEG Union Elektrizitätsgesellschaft und von Siemens & Halske aus Berlin statt. Die Vertreter der Gesellschaften nahmen die aktuellen Forderungen und Wünsche der Gemeinde zur Kenntnis und erklärten sich bereit, dazu eingehende Studien zu erstellen. Im Herbst 1914 sollten die Ergebnisse präsentiert werden.

„... es bestehen noch selbständige Studien einer Pariser Gruppe aus der Zeit 1912 bis 1913, die von deren Büro in Wien bearbeitet wurden. Die Entwürfe wurden der Stadt aber nicht ausgefolgt und es mag sein, daß die Interessenten noch einmal darauf zurückkommen. Die Pläne, die, in Fühlung mit dem Unterzeichneten, der damals der Kommission für Verkehrsanlagen als technisches Organ zugeteilt war, wurden hier ausgearbeitet und folgen ganz dem bewährten Vorbild der Pariser Metropolitain." [23]

Statt U-Bahn-Bau – Krieg!

Wieder – wie schon im Jahr 1873 vor dem großen Börsenkrach – schien ein U-Bahn-Baubeginn in Wien unmittelbar bevorzustehen. Die Planungen waren im Groben abgeschlossen, die Organisation von Bau und Finanzierung mehr oder weniger auf den Beinen und die Stimmung für eine U-Bahn. Viele andere europäische Städte waren schon mit gutem Beispiel vorangegangen und hatten bereits das Potenzial eines U-Bahn-Betriebes gezeigt. Dann kam es aber am 28. Juni des Jahres 1914 zu den Schüssen von Sarajevo, die mit dem Tod des österreichischen Thronfolgers Franz Ferdinand nicht nur eine Jahrhunderte alte politische Epoche beendeten, sondern auch die Jahrzehnte alten U-Bahn-Träume weitsichtiger Verkehrsplaner.

23 Musil Franz in der Zeitschrift des Österr. Ingenieurs- und Architektenvereins vom 3. Juni 1951, Heft 11/12, Seite 93

Eine Garnitur der Pressburgerbahn verläßt Wien Richtung Grenze

Eine „Elektrische" von Wien nach Pressburg

Eine schnelle Verkehrsverbindung

Erfolgreicher als mit U-Bahn-Projekten war man zu Beginn des 20. Jahrhunderts mit dem Bau überregionaler elektrischer Lokalbahnen. Diese sollten außerhalb der bestehenden weiträumigen Eisenbahntrassen – den sogenannten Vollbahnen – als Lokalbahnen eine Zwischenfunktion erfüllen und nahe beieinander liegende Städte der Monarchie verbinden. Um die Jahrhundertwende umfassten diese Überlegungen Schienenverbindungen zwischen Wien und seinen Nachbarstädten Pressburg (Bratislava) und Brünn (Brno). Die Strecke von Wien rechts der Donau über Schwechat und Hainburg Richtung Pressburg war eine uralte Handelsstrecke aus der Zeit der Römer. Diese hatten zur Verteidigung gegen Einfälle der Germanen entlang des rechten Donauufers ihre Kastelle angelegt und untereinander mit einer befestigten Straße verbunden. Dieser Verkehrsweg blieb auch in späteren Zeiten für den Handel von Wien mit Ungarn äußerst wichtig. Im 19. Jahrhundert war den Bewohnern entlang dieser Achse eine schnelle öffentliche Verkehrsverbindung mit der k. u. k. Reichshaupt- und Residenzstadt ein großes Anliegen. 1898 bewarb sich der private Investor Josef Tauber um die Konzession für ein Eisenbahnprojekt, das von Wien als elektrische Bahn bis zur Landesgrenze – zur damals ungarischen Reichshälfte nach Neuhof – geführt werden sollte. In der Gemeinderatssitzung vom 6. April 1900 wurde dem Projekt von der Sophienbrücke bis Kaiserebersdorf zwar grundsätzlich zugestimmt, die Stadt musste aber vereinbarungsgemäß mit dem damaligen „Platzhirschen" in Wien, der Bau- und Betriebsgesellschaft für städtische Straßenbahnen, in Verhandlung treten.[1] Schwierigkeiten waren damit vorprogrammiert. Letztendlich musste das Projekt wegen Einsprüchen der Staatseisenbahngesellschaft, die ebenfalls eine Konkurrenz fürchtete, fallen gelassen werden.

Und wieder die Militärs

Mit der zunehmenden Militarisierung Europas zu Beginn des 20. Jahrhunderts begann sich aber immer mehr das militärische Interesse an schnellen Verkehrsverbindungen zwischen den größeren Städten der Monarchie durchzusetzen. Da Hauptbahnen im Kriegsfall schnell überlastet sind, können Überland-Straßenbahnen wertvolle Entlastung bringen. Ende des Jahres 1904 erwarb daher das Land Niederösterreich die Konzession für eine solche Lokalbahn. Dazu wurde eine Gesellschaft mit dem Namen „AG Elektrische Lokalbahn Wien – Landesgrenze nächst Hainburg" gegründet, die dem Land Niederösterreich und der Staatsverwaltung gehörte. Kompliziert war ein solches Unternehmen bei der damaligen Reichsverfassung Österreich-Ungarns allemal, denn für die Teilstrecke auf ungarischem Reichsgebiet nach Pressburg musste eine eigene Gesellschaft gegründet werden. Der Spatenstich erfolgte daher erst Jahre später, am 4. Juni 1911. Gebaut wurde eine normalspurige Bahnlinie von 70,5 Kilometern Länge[2], wovon 7,5 Kilometer auf ungarischem Staatsgebiet lagen und rund elf Kilometer auf Wiener Stadtgebiet.

Die Eröffnung

Dafür war die Bahnlinie bereits zweieinhalb Jahre später fertig. Anlässlich einer Besichtigungsfahrt am 28. Jänner 1914 mit Bürgermeister Richard Weiskirchner und Straßenbahndirektor Ludwig Spängler sagte der Wiener Bürgermeister in Pressburg euphorisch:

„Wir sind gekommen mit all der Herzlichkeit, deren wir Wiener fähig sind, weil wir der Meinung sind, daß auch das Blühen der Stadt Preßburg mit dem Blühen der Stadt Wien vereint sein muß."[3]

Der regelmäßige öffentliche Betrieb wurde ab 5. Februar 1914 aufgenommen. Die Gestaltung der Personenwaggons war dem großen Architekten der Wiener Stadtbahn Otto Wagner übertragen worden.

Die Strecke

Die Linie nahm ihren Ausgangspunkt in der Gigergasse bei der Großmarkthalle auf der Landstraße in der Nähe der Stadtbahnstation „Hauptzollamt". Von dort fuhr die Bahn entlang des Donaukanals stadtauswärts unter der Franzensbrücke und den Gleisen der Verbindungsbahn hindurch parallel zum Donaukanal. Sie kreuzte im Niveau die Rasumofskygasse und Rotundenbrücke, um entlang der Erdberger Lände die Schlachthausbrücke wieder zu unterfahren. Dann führte die Trasse vorbei an den städtischen Gas- und Elektrizitätswerken zum Zentralfriedhof und weiter nach Kaiserebersdorf. Über Schwechat, Hainburg und Berg gelangte die Bahn zur Landesgrenze und dann über Ligetfalu nach Pressburg. Dort setzte sie auf der großen Donaubrücke über den Strom und erreichte am Krönungshügel ihre Endstelle.

Die Bahn für Hamsterfahrten

An ihren beiden Endstrecken in Wien und Pressburg hatte die Bahn Straßenbahncharakter, dazwischen aber Vollbahncharakter. Die Fahrgeschwindigkeit betrug auf den Lokalstrecken 30 km/h und auf der Außenstrecke 60-70 km/h. Die Fahrzeit betrug rund 2 $\frac{1}{4}$ Stunden. Im ersten Betriebsjahr nahmen über 3 Millionen Fahrgäste die Bahn in Anspruch.[4] Während der Fernverkehr die Erwartungen übertraf, blieb der Lokalverkehr in Wien hinter den gesteckten Zielen zurück. In der Zeit des Ersten Weltkrieges nutzten vor allem hungrige Städter die Bahn für Hamsterfahrten zu den Landgemeinden zwischen Wien und Pressburg. Das Ende des Krieges mit dem Zerfall der Donaumonarchie war naturgemäß der Anfang vom Ende dieser Straßenbahn, die nun eine echte Grenze zu überschreiten hatte.

Mit der Bahn ins Kino

Im Jahr 1930 erfuhr die Bahnverbindung kurzzeitig eine unerwartete Belebung. Da in Wien der Antikriegsfilm „Im Westen nichts Neues" nach dem Roman von Erich Maria Remarque Aufführungsverbot erhielt, organisierte die Sozialdemokratische Partei sieben Wochen lang Sonderfahrten nach Pressburg in die Tschechoslowakei. In den dortigen Kinos durfte der Film nämlich gezeigt werden.

Das Ende

Am 3. April 1945 musste der Betrieb kriegsbedingt auf der gesamten Strecke eingestellt werden. Auf der Wiener Stadtstrecke der Pressburgerbahn wurde der Betrieb sogar komplett aufgelassen.

---

1 Die Gemeinde-Verwaltung der Stadt Wien im Jahre 1900, Wien 1903, Seite 106
2 Enzyklopädie des Eisenbahnwesens, Band 10, 2. Auflage, Wien 1923, Seite 401
3 Wiener Kommunal-Kalender und städt. Jahrbuch für 1915, Seite 902
4 Horn Alfred, Die Preßburger Bahn 1914-1974, Wien 1974, Seite 108

Die Landkarte Europas vor Ausbruch des Ersten Weltkrieges im Sommer 1914

Die Ursachen des großen Krieges

Die Fratze des Nationalismus

Betrachtet man die Geschichte des 19. und des beginnenden 20. Jahrhunderts, zeigen sich zwei völlig unterschiedliche Gesichter. Einerseits war mit dem Ende der Napoleonischen Kriege im Jahr 1815 und dem darauf folgenden Wiener Kongress die politische Lage in Europa derart stabilisiert, dass eine enorme wissenschaftlich-technische Revolution einsetzen konnte, die in der Geschichte kaum Vergleichbares kennt. Eine stetig wachsende Industrie, ein boomender Handel und ein weltumspannender Verkehr verkleinerten und beschleunigten die Welt und stellten sie regelrecht auf den Kopf. Bis heute wirkt diese damals einsetzende Dynamik des permanenten Fortschrittes in allen Lebensbereichen nach. Andererseits löste dies in den Köpfen der Menschen nicht globales Denken und offenes, tolerantes Weltbürgertum aus, sondern es begann sich – zumindest in Europa – die Fratze des Nationalismus und das Bedürfnis nach enger völkisch-rassischer und sprachlich-religiöser Abgrenzung durchzusetzen. Historisch gewachsene multikulturelle Vielvölkerstaaten wie Österreich-Ungarn in der Mitte Europas und auch die damalige Türkei standen zeitgeistig dazu im krassen Widerspruch. Sie galten mit ihren Staatsgefügen, die mehrsprachig waren und unterschiedlichste Kultur- und Religionsgemeinschaften umfassten, für viele Mächte als nicht überlebensfähig. Ideologisch stand diesem national und patriotisch geprägten Zeitgeist der Internationalismus der kommunistischen und sozialistischen Ideen diametral gegenüber. Dieser konnte aber die Herzen der Menschen – wie die Ereignisse von 1914 dann zeigten – nicht wirklich

Bismarck einigte die deutsche Nation mit „Blut und Eisen". Es war für Wilhelm I. „nicht leicht, unter einem solchen Kanzler Kaiser zu sein"

Der französische Kaiser Napoleon III., der durch seine Kriegserklärung an Deutschland im Jahr 1870 Elsass-Lothringen verlor

erreichen. Der klassenbewusste übernationale Ruf „Proletarier aller Länder vereinigt euch" erwies sich als unrealistisch und weltfremd.

Neue Nationalstaaten

Dementsprechend wurden die immer blutiger werdenden Kriege des 19. Jahrhunderts überwiegend mit der Absicht begonnen, die noch in verschiedenen Staaten getrennt lebenden aber ethnisch und sprachlich zusammengehörigen Völker in neuen Nationalstaaten auch politisch zu vereinen. Der Krieg Frankreichs und Sardiniens 1859 gegen Österreich führte zur Gründung Italiens im Jahr 1861 und die Kriege Preußens gegen Österreich 1866 und gegen Frankreich 1870/71 ermöglichten die Gründung Deutschlands. Das Gespenst des Nationalismus und des „Hurra"-Patriotismus begann – gefördert von rassistischen Intellektuellen – in Europa umzugehen, zum Teil noch mit Auswirkungen bis heute. Der Kontinent wurde dadurch sowohl geistig wie in seinen bestehenden Grenzgefügen destabilisiert. Die Karten mussten anscheinend – ein halbes Jahrhundert nach Metternich und dem Wiener Kongress – mit hohem Blutzoll neu gemischt werden. Zudem war in Europa mit dem 1871 unter Reichskanzler Otto von Bismarck gegründeten Deutschen Reich ein neuer wirtschaftlicher und politischer Machtfaktor entstanden, der die bestehenden Großmächte England, Frankreich, Russland und Österreich-Ungarn nervös und damit unberechenbar und gefährlich machte. Neue Allianzen entstanden, aus Feinden wurden Freunde, aus guten Nachbarn unversöhnliche Rivalen. Im Zeitalter einer imperialistischen Kolonialpolitik der Großmächte konnten Grenz- und Interessenskonflikte überall in der Welt entstehen und schnell zu schweren Konflikten innerhalb Europas führen.

Eine eigenartige Allianz

Im Krieg von 1870/1871 wurde Frankreich von Deutschland militärisch gedemütigt und musste in Folge die Provinzen Elsass und Lothringen an Deutschland abtreten. Ein Verlust, den Frankreich bis zu deren Rückeroberung im Jahr 1918 nicht verwinden konnte. Die Regierung in Paris wusste aber, dass sie starke Verbündete brauchte, wenn sie Deutschland wieder militärisch entgegentreten wollte. Nach den schmerzvollen Erfahrungen des Krieges von 1870/71, den die Franzosen ohne Verbündete begonnen hatten, war man überzeugt, das disziplinert aufstrebende und militärisch starke Deutschland nur in einem Zweifrontenkrieg in die Knie zwingen zu können. Das von den Deutschen annektierte Elsass-Lothringen konnte nur nach einer siegreichen militärischen Auseinandersetzung zurück nach Frankreich geholt werden. So schrieb am 19. 2. 1914 der deutsche Botschafter in London Karl Max von Lichnowsky an den deutschen Reichskanzler Bethmann Hollweg:

„Andererseits weiß man hier auch zu genau, daß die Franzosen eine ihnen günstige Gelegenheit zur Wiedereroberung Elsaß-Lothringens mit oder ohne schriftlichen Vertrag benutzen, sich aber

Der französische Präsident Raymond Poincaré (rechts) wollte sich mit Hilfe des russischen Außenministers Sasonow (links), der für Russland einen Zugang zum Mittelmeer wollte, das verloren gegangene Elsass-Lothringen zurückholen.

ohne Unterstützung Rußlands in keinen Krieg mit uns einlassen werden."[1]

Wie die späteren Ereignisse dann zeigten, eine erfolgreiche Strategie. Mit dem Bündnisvertrag vom 4. Jänner 1894 war es den Franzosen mit viel Geld sowie französischer Lebensart und Kultur endlich gelungen, sich an die dafür anfällige russische Aristokratie zu schmiegen. Politisch und ideologisch war dies eine eigenartige Allianz zwischen einem republikanisch bourgeoisen Land wie Frankreich und einem reaktionären feudalen Regime wie dem Zarenreich in Russland, wo Arbeiter- und Bauernaufstände blutig niedergeschossen wurden. Der Vertrag war umso bemerkenswerter, da sich Frankreich und Russland in den Napoleonischen Kriegen und auch im Krimkrieg von 1853 bis 1856 immer als Gegner gegenüber gestanden waren. Die Franzosen brauchten aber im Rücken des neuen Erzfeindes Deutschland einen militärisch starken und aggressiven Partner. Obwohl Russland unmittelbar kein Motiv hatte, Deutschland militärisch anzugreifen – immerhin waren der deutsche Kaiser Wilhelm II. und der russische Zar Nikolaus II. Cousins –, so verfehlten französisches Geld für den Ausbau militär-strategisch wichtiger Eisenbahnlinien wie der „Transsibirischen Eisenbahn" sowie französische Kultur und Charme nicht ihre Wirkung. Der politischen Elite Russlands war aber klar, dass der Weg zur Erreichung ihres großen außenpolitischen Ziels, nämlich die Eroberung Istanbuls, um Zugang zum eisfreien Mittelmeer zu erlangen, nur über das imperialistisch denkende Berlin führen konnte.

Der Panslawismus wird auch Deutschlands Problem

Für Deutschland wurde damit das schon seit Bismarcks Zeiten existierende Bündnis seiner „Waffenbrüderschaft" mit Österreich-Ungarn immer gefährlicher. Denn die Russen sahen in den Habsburgern sowie im Osmanischen Reich ihre eigentlichen direkten Gegenspieler. Beide Länder waren von zentrifugalen Nationalitätenkonflikten gebeutelte „kranke Männer" am Bosporus und an der Donau, die ohne deutschen Schutz als leichte Beute gesehen wurden. Auf Kosten der Türkei wollte Russland seinen Jahrhunderte alten Traum von der Herrschaft über den Bosporus und Istanbul verwirklichen und mit Österreich-Ungarn hatte das Zarenreich sich gefährlich überschneidende Machtinteressen auf dem Balkan. Die von Russland und Serbien getragene panslawistische Bewegung wollte Österreich und die Türkei filetieren, deren unterjochte slawische Bevölkerungsteile befreien und in einem Jugoslawien – einem neuen Slawenstaat unter Führung der Serben – vereinen. Italien und Deutschland hatten ja bereits gezeigt, dass im 19. Jahrhundert die staatliche Zusammenführung ethnisch homogener, aber noch in Nachbarländern lebender Bevölkerungsgruppen nach erfolgreichen Kriegen möglich war. Von Russland geschürt, nagte das kleine Serbien als südlicher Nachbar der k. u. k. Monarchie an dessen Selbstverständnis als Vielvölkerstaat und Großmacht. Der Traum von einem Großserbien zu Lasten der k. u. k. Monarchie war für viele in Belgrad programmatisch.

David gegen Goliath

Der absehbare kriegerische Konflikt wäre wahrscheinlich nur zu verhindern gewesen, wenn Österreich freiwillig dem Zeitgeist des Nationalismus nachgegeben und sich die Antiquiertheit des eigenen Jahrhunderte alten multinationalen

---

[1] Lichnowsky Karl Max, Auf dem Wege zum Abgrund, Dresden 1927, Seite 204

Die europäische Familie, die den Kontinent in den Abgrund führte: Die englische Königin Victoria (1), ihre Tochter, die Gattin des deutschen Kaisers Friedrich III (2), Zar Nikolaus II, Großneffe Königin Victorias (3), Herzog Alfred von Koburg-Gotha, zweiter Sohn Königin Victorias (4), Kaiser Wilhelm II, Enkelsohn Königin Victorias (5) und der spätere englische König Eduard VII, ältester Sohn Königin Victorias

Der serbische Ministerpräsident Nikola Pašić (1845–1926) konnte sich auf russische Hilfe verlassen

Staatsgefüges zu Beginn des 20. Jahrhunderts mit allen Konsequenzen eingestanden hätte. Doch die Donaumonarchie glaubte mit noch vorhandenem Stolz und militärischen Gewaltmitteln, das Rad der Zeit anhalten und bei passender Gelegenheit den kleinen Nachbarn mit einem lokalen Militärschlag zum Verstummen bringen zu können. Ein kurzer Krieg David gegen Goliath und Ruhe sollte wieder einkehren. Doch immer mehr spielte sich Russland zum Schutzpatron des kleinen Serbiens auf, ohne dass beide Länder ein offizielles militärisches Bündnis miteinander eingegangen wären. Für Russland war Serbien der Hebel, das Mittel zum Zweck, mit dem am Balkan und am Bosporus die Karten in Europa zum Vorteil Russlands neu gemischt werden konnten, ohne dabei als Aggressor und Kriegstreiber dazustehen.

„Wie Sir Edward Grey meinte: In dem Augenblick, wo der Streit nicht auf Österreich-Ungarn und Serbien beschränkt bleibt, sondern eine andere Großmacht hineinreißt, kann er nur mit der größten Katastrophe enden, die jemals mit einem großen Schlage über den Kontinent hereingebrochen ist." [2]

Englands Aufgabe seiner Neutralität

Noch bestand aber ein kontinentales Gleichgewicht der Mächte, das vor übereilten kriegerischen Handlungen zurückschrecken ließ. Als aber England begann, seine Neutralität aufzugeben und sich aus Angst vor Deutschlands forschem politischen und wirtschaftlichen Geltungsdrang für Frankreichs und Russlands territoriale Ziele einspannen ließ, bekam das sensible Gleichgewicht des Schreckens eine gefährliche Schlagseite. Nun war bald jedem in Europa klar, dass sich das so zusammenbrauende Gewitter auch irgendwann einmal entladen müsse. Deutschland hatte in der Euphorie seiner Staatsgründung und des folgenden wirtschaftlich-industriellen Aufschwunges eine Selbstherrlichkeit und politische Lebendigkeit entwickelt, die für das argwöhnische Ausland im forschen militärischen Auftreten und reiselustigen unruhigen Wesen des deutschen Kaisers Wilhelm II. personifiziert war. Trotz der welthistorisch im Vergleich zu Frankreich und England viel zu späten Gründung des Deutschen Reiches wollte Wilhelm II. in imperialistischer Manier für Deutschland auch „einen Platz an der Sonne". Damit waren nicht nur Welthandel („Made in Germany") und Wissenschaft (Patentrechte etc.) gemeint, sondern auch das Streben nach wirtschaftlicher Dominanz in Europa sowie die Absicht ebenso wie England Weltgeltung auf allen Meeren zu erringen. In England, das im 19. Jahrhundert zur wirtschaftlich, politisch und

Der österreichische Kaiser Franz Joseph I. (1830–1916) wollte mit einem Militärschlag die Serben zum Verstummen bringen

[2] Asquith Herbert Henry, Der Ursprung des Krieges, München 1924, Seite 208

Eine „unheilige" Allianz gegen Deutschland. Von links: der englische Botschafter in Russland George Buchanan, der russische Handelsminister Timoschew, der russische Innenminister Alexander Makarow, der ehem. russische Außenminister und russische Botschafter in Frankreich Alexander Iswolski, der russische Ministerpräsident Wladimir Kokowzew, der französische Ministerpräsident Raymond Poincaré und der neue russische Außenminister Sergei Sasonow

militärisch dominierenden Weltmacht Nr. 1 aufgestiegen war, läuteten die Alarmglocken.

„Ich fürchte, daß doch der Deutschenhaß ein großes Hindernis bilden wird, und je mehr Kraft und Macht wir entwickeln, desto mehr werden sich alle Franzosen und Engländer zusammenschließen, um uns Knüppel zwischen die Beine zu werfen!" [3]

Somit kam Deutschland mit dem weltweiten „Platzhirschen" England laufend in Interessenskonflikte. Noch blieb aber England neutral, immerhin war die englische Königin Queen Victoria (1837-1901) die Großmutter Kaiser Wilhelms II. Das massive Flottenbauprogramm Wilhelms II. und seines Flottenadmirals Alfred von Tirpitz zum Schutz deutscher Handelsrouten war aber mit Beginn des 20. Jahrhunderts ein steter Stachel in der Haut der Seemacht Nr. 1 England und sorgte für eine gefährliche Entfremdung der beiden Nationen.

Das Zünglein an der Waage

Frankreich und Russland waren sich unzweifelhaft im Klaren, dass in einem rein kontinentalen Krieg der Ausgang höchst ungewiss und für beide Länder ein nicht zu vertretendes Risiko bedeuten würde. Folglich begann ihr Werben um die Gunst Englands, das damit zum Zünglein an der Waage wurde. Nach der Faschoda-Krise des Jahres 1898, bei der sich die wirtschaftlichen Machtinteressen Frankreichs und Englands in Afrika noch gefährlich gekreuzt hatten, überließ Frankreich freiwillig seinen Einfluss in Ägypten den Engländern. Trotz dieses Verlustes war damit für Frankreich ein großer Schritt zur Erreichung eines anderen, wichtigeren Zieles getan. Zwischen einem so unterwürfigen Frankreich und einem selbstsicher fordernden Deutschland fiel den Engländern, deren neuer König Eduard VII. seinem Neffen Wilhelm II. weniger wohl gesonnen war, die Wahl nicht schwer. Als es im Jahr 1904 zwischen England und Frankreich tatsächlich zu einem treffend „Entente cordiale" genannten Bündnis, also zu einem „herzlichen Einverständnis" (in der Front gegen Deutschland) kam, begannen sich über Europa die bereits vorhandenen Gewitterwolken dunkel zusammenzuziehen.

Russland leckt noch an seinen Wunden

Mit dieser Rückendeckung Englands wurde Frankreichs und Russlands Politik gegenüber Deutschland und Österreich sogleich etwas forscher. Die folgenden „Marokkokrisen" in den Jahren 1905 und 1911, die Krise nach der Annexion Bosnien-Herzogowinas durch Österreich im Jahr 1908 sowie die Balkankriege der Jahre 1912 und 1913, bei denen die Balkanländer Serbien, Bulgarien und Rumänien die Türkei militärisch angriffen, belegen dies. Bei jedem einzelnen Konflikt stand Europa knapp vor Ausbruch eines großen Krieges. Noch war aber Russland trotz massiver französischer Hilfe nicht genügend aufgerüstet und kampfbereit. Das Zarenreich hatte in seinem Krieg gegen Japan in den Jahren 1904 und 1905 empfindliche militärische Niederlagen – samt Verlust seiner Flotte – erlitten. Als Folge stellte Russland seine asiatischen Ambitionen zurück und konzentrierte sich wieder auf Europa und besonders auf den Balkan, brauchte aber für diese strategische Neuorientierung Zeit und Geld. Europa bekam dadurch aber keine wirkliche Atempause. Die Apokalypse war nur vertagt.

---

[3] Werner Siemens an seinen Bruder Karl am 18. Februar 1879 in Matschoß Conrad, Werner Siemens, Lebensbild und Briefe, Berlin 1916, Seite 606

Japanische Karikatur auf die russische Eroberungssucht aus dem Jahr 1904

Deutschland allein zu Hause?

Auf Bismarcks „schlaflose Nächte" – aufgrund Deutschlands diplomatischer Isolation nach seinem phönixhaften Aufstieg – folgte eine „Einkreisungspolitik" gegen Deutschland, die von Kaiser Wilhelm II. immer beklagt wurde. Der neue englische König Eduard VII. versuchte zu Beginn des 20. Jahrhunderts, Deutschland in Europa völlig zu isolieren. Um dies zu erreichen, ging er sogar mit Wilhelms II. engstem Bündnispartner, dem greisen Kaiser Franz Joseph, in die Lobau jagen und demonstrierte dem technologiefeindlichen österreichischen Monarchen so nebenbei auch die Vorzüge seines modernen englischen Benzinautos. Es half jedoch nichts, der Kaiser von Österreich blieb weiterhin seinen antiquierten Pferdekutschen treu, ebenso wie er Deutschlands treuester und engster Bündnispartner blieb. Gegen die aggressive Politik Russlands und dessen Vasallen Serbien konnte ihm Deutschland besser helfen als England. Eduard VII. musste unverrichteter Dinge aus Wien abreisen.

1908 im Benziner – vergebliche Versuche des englischen Königs, den österreichischen Kaiser für eine Allianz gegen Deutschland zu gewinnen

Zwei, wie sie unterschiedlicher nicht sein konnten: Onkel Eduard VII., der englische König, und sein Neffe Wilhelm II. hatten sich nicht viel zu sagen

DIE URSACHEN DES GROSSEN KRIEGES 253

Der russische Außenminister Alexander Petrowitsch Iswolski (1856-1919) wurde abgesetzt, da er sich von Graf Aehrentahl über den Tisch ziehen ließ. Arbeitete in Folge als Botschafter in Frankreich auf einen Krieg gegen die Habsburger hin

Jagdfanatiker und Brüder im Geiste: der österreichische Thronfolger Franz Ferdinand (links) und der deutsche Kaiser Wilhelm II.

Eine Welt voll bunter Uniformen

Als logische Konsequenz dieser sich verhärtenden Fronten entstand in Europa ein enormer Rüstungswettlauf, der mit einem noch nie dagewesenen, offen präsentierten Militarismus verbunden war. Durch die Schaffung riesiger Volksarmeen mit mehrjährigen Wehrdienstzeiten waren alle Bevölkerungsschichten davon durchdrungen. Uniformen, Orden, Standarten, Fahnen, Aufmärsche und Nationalgesänge begannen die Straßenbilder des alten Kontinents zu prägen. Waffenstarrend und hochgerüstet standen sich im Europa des Jahres 1914 zwei Machtblöcke unversöhnlich gegenüber. Auf der einen Seite die „Mittelmächte" Deutschland und Österreich (sowie auf dem Papier auch Italien) und auf der Gegenseite die „Entente" mit Frankreich, Russland und England. Die kleinste Unstimmigkeit und jede Konfliktsituation, egal wo auf der Welt, konnte die Spannungen zur Entladung bringen. Und das in einem Zeitalter, wo die agierenden allmächtigen Staatsoberhäupter und Außenpolitiker schon aus rein technischen Gründen kaum direkt miteinander kommunizieren konnten. Die damals entscheidenden Politiker waren auf mühsames Telegrafieren samt zeitaufwändiger Chiffrierung und Dechiffrierung sowie den Vortrag der diplomatischen Vertretungen angewiesen. Dass dabei Missverständnisse, Übertragungsfehler und fatale zeitliche Überschneidungen nicht auszuschließen waren, wird niemanden verwundern. Es gab keinen diplomatischen Mechanismus, keine wirksamen internationalen Gremien, in denen Konflikte friedlich diskutiert und abgearbeitet hätten werden können. Europa saß im beginnenden 20. Jahrhundert mit seinen Nationalismen und diplomatisch fast nicht mehr lösbaren Interessensgegensätzen wie ein Autist auf einem Pulverfass. Der festgefahrene kalte Krieg musste so fast zwangsläufig irgendwann zu einem heißen werden. Die erzielten Fortschritte der Menschheit durch Globalisierung von Wissenschaft und Technik hatten sich vor allem auf militärische Aufrüstung und die Entwicklung immer besserer Waffen ausgewirkt. Moral, Humanität und das Verständnis für die Interessen und Sorgen der Gegenseite waren offensichtlich irgendwo auf der Strecke geblieben.

Das Finale

Als Österreich im Jahr 1908 seine schon seit Jahrzehnten verwalteten türkischen Provinzen Bosnien und Herzogowina, in denen viele Serben lebten, auch formell annektierte und in sein Staatsgefüge eingliederte, war Feuer am Dach. Österreichs forsche Vorgangsweise, die vor allem vom damaligen Außenminister Alois Lexa von Aehrenthal vorgegeben war, fußte nicht auf der eigenen militärischen Stärke, sondern war getragen vom Vertrauen in die Hilfe des großen Bruders Deutschland und dessen legendärer – 1866 am eigenen Leib verspürten – militärischen Kampfkraft. Die von Aehrenthal mit dem russischen Außenminister Iswolski als Kompensation für die Annexion vereinbarte Unterstützung Österreichs bei Russlands Griff nach dem Bosporus erwies sich durch Englands strikte Ablehnung als nichts wert. Russland war leer ausgegangen, fühlte sich daher von Österreich hintergangen. Iswolski musste als Außenminister zurücktreten. Serbien tobte. Europa stand knapp vor Ausbruch eines Krieges. Da aber Russland mit seinen von Frankreich finanzierten Aufrüstungen noch nicht so weit war, musste es vor dem sich schützend vor Österreich stellenden Deutschland klein beigeben und das aufgebrachte Serbien beruhigen und auf später vertrösten. Das machte wiederum Österreich Mut. Jetzt wollte man nicht mehr so recht glauben, dass Russland für Serbien, mit dem es nicht einmal eine gemeinsame Grenze teilte, zu den Waffen greifen und letztlich wegen „ein paar serbischer Zwetschkenbäume" aus einem lokalen Konflikt einen Weltkrieg machen würde. Aber man hatte die Rechnung ohne den Wirt Russland gemacht. Obwohl nach den schweren militärischen Niederlagen im Krieg gegen die Japaner auch im Inneren von revolutionären Unruhen und Attentaten verunsichert, blickte das Zarenreich noch immer begehrlich und tatendurstig nach Südeuropa, den Balkan und das Mittelmeer. In den folgenden von Russland geschürten Balkankriegen der Jahre 1912 und 1913 wurde das Osmanische Reich – die Türkei – erfolgreich aus Europa verdrängt und Russlands Vasall Serbien zur Großmacht – zumindest auf dem Balkan.

„Nach dem von den Bolschewiki veröffentlichten Protokoll einer am 21. Februar 1914 abgehaltenen Beratung sprach Sassonow unumwunden aus, es sei nicht vorauszusetzen, daß eine Aktion gegen die Meerengen außerhalb eines europäischen Krieges unternommen werden könne. Auch der Generalstabschef bestätigte, daß der Kampf um Konstantinopel nur in einem europäischen Kriege möglich sei."[4]

Nun blieb auf dem Weg nach Istanbul nur noch das immer mehr von Nationalitätenkonflikten zersetzte Österreich, dessen einziges Atout sein Bündnis mit dem mächtigen Deutschland war.

Rutschfahrt in den Abgrund

Mit dem Mord am österreichischen Thronfolger Franz Ferdinand und seiner Gattin Sophie am 28. Juni 1914 war für Österreich der Anlass gegeben, mit Rückendeckung Deutschlands endgültig mit dem für den Mord verantwortlich gemachten Serbien abzurechnen. Man hoffte, Russland würde wiederum – wie schon 1908 – zurückstecken. Österreich hätte das moralische Recht auf eine militärische Genugtuung und könnte sich mit Serbien den lokalen Konflikt alleine ausmachen. Wien schickte ein Ultimatum mit harschen, für den Staat Serbien demütigenden Forderungen nach Belgrad, welche diese aber durchaus zu akzeptieren bereit waren. Aber die Zeiten hatten sich geändert. Seit 1908 lagen sechs Jahre militärischer Aufrüstung dazwischen. Russland könne bei diesem Konflikt *„nicht abseits stehen und desinteressiert bleiben"*, sagte selbstbewusst der neue russische Außenminister Sergei Dmitrijewitsch Sasonow. Trotzdem wären Öster-

Alois Lexa Freiherr von Aehrenthal (1854–1912), k. u. k. Außenminister von 1906 bis 1912

Im Fadenkreuz der Attentäter: Sophie Chotek (1868–1914) und Franz Ferdinand (1863–1914) wurden am 28. Juni 1914 in Sarajevo erschossen

---

[4] Bethmann Hollweg Theobald von, Betrachtungen zum Weltkriege, 1. Teil, Berlin 1919, Seite 90

Der englische Außenminister Sir Edward Grey verschaffte den Russen mit diplomatischer Hinhaltetaktik Zeit zur Mobilmachung gegen Österreich und Deutschland

Juli 1914: Der französische Präsident Poincaré in St. Petersburg – bedingungslose Unterstützung der russischen Mobilisierung gegen Österreich und Deutschland

reich und Deutschland zusammen auch für einen zum Äußersten entschlossenen Zaren des Guten zu viel gewesen. Als aber der auf Staatsbesuch in Petersburg weilende französische Präsident Raymond Poincaré und sein Außenminister René Viviani den noch etwas unsicheren und ängstlichen Zaren drängten und ihm ihre bedingungslose Waffenbrüderschaft versicherten, waren die Würfel um Europa gefallen.

„Österreich bereitet uns irgendeinen Streich vor. Sasonow muß sehr fest bleiben, und wir werden ihn darin unterstützen..." [5]

Sasonow, derart munitioniert, garantierte nun den Serben Russlands und Frankreichs vorbehaltlose Unterstützung. Daraufhin wurde die Antwort auf das Ultimatum geändert und von Österreichs Botschafter in Belgrad sehr schnell als unbefriedigend erklärt. Ab diesem Zeitpunkt begann mit beinahe dämonischer Logik Schritt für Schritt die offensichtlich von niemandem mehr aufzuhaltende Rutschfahrt des Kontinents direkt in den Abgrund.

England hatte es in der Hand

Mit Aufgabe der Neutralität Englands hatte das politisch-militärische Gleichgewicht des Schreckens in Europa schon eine schwere Schlagseite erlitten. Nun aber beging England, bewusst oder nicht, einen fatalen und für den Ausbruch des Weltkrieges letztlich entscheidenden Fehler. Es ließ hinsichtlich seiner engen Verbrüderung und unbedingten militärischen Unterstützung Frankreichs und Russlands die Deutschen völlig im Unklaren. Warum auch immer glaubten daher der deutsche Reichskanzler Theobald von Bethman Hollweg und der deutsche Kaiser fest an Englands Neutralität im serbischen Konfliktfall. So schrieb am 27. Juli 1914 Aimé Joseph de Fleuriau, der französische Geschäftsträger in London, an den stellvertretenden Minister des Auswärtigen Frankreichs, Jean Baptiste Bienvenu-Martin: *„Der deutsche und der österreichisch-ungarische Botschafter lassen merken, daß sie sicher sind, England würde die Neutralität bewahren, wenn ein Konflikt ausbrechen sollte. Mir hat indessen Sir Arthur Nicolson gesagt, Fürst Lichnowsky könne nach der Unterhaltung, die er heute mit ihm gehabt hat, in keinem Zweifel darüber sein, daß die britische Regierung sich die Freiheit vorbehalte, in dem Falle, wo sie es für angezeigt hielte, einzugreifen."* [6]

Vor allem der englische Außenminister Sir Edward Grey geriet bei dem nervenaufreibenden diplomatischen Hin und Her im Juli 1914 in eine zentrale Rolle als Vermittler und Friedenstaube. Er konnte oder wollte aber diese hohen Erwartungen nicht erfüllen. Ob er durch seine Hinhaltetaktik nur den Russen einen Vorsprung in der Mobilisierung ihrer Truppen verschaffen wollte, oder ob andere Motive für seine unbestimmte Haltung maßgebend waren, wird wohl schwer zu klären sein. Faktum ist, dass bis wenige Stunden vor Ausbruch des Ers-

---

[5] der französische Präsident Raymond Poincaré am 21. Juli 1914 aus: Paleologue Maurice, Am Zarenhof während des Weltkrieges, Band 1, München 1926, Seite 10

[6] Bernstein Eduard, Dokumente zum Weltkrieg 1914, das Gelbbuch Frankreichs, Berlin 1915, Seite 32

ten Weltkrieges es Kaiser Wilhelm II. und die deutschen politischen Entscheidungsträger in einer Art Selbstverblendung nicht wahrhaben wollten, dass England ganz offensichtlich und mit Begeisterung in den Reihen der Feinde stand. Sicherlich hätte Deutschland den Österreichern die Zusicherung einer militärischen Unterstützung nicht so leichtfertig gegeben, wäre von Anfang an klar zu erkennen gewesen, wer aller bereit war, Millionen von Soldaten in den Krieg zu schicken, um ein kleines nach Erweiterung seiner Grenzen strebendes Land wie Serbien vor Österreichs Rache wegen des Mordes an seinem Thronfolger zu schützen.

Anständig zugrunde gehen

Und plötzlich war es zu spät. Verzweifelt flehende Telegramme Wilhelm II. an seinen Vetter, Zar Nikolaus II., die russische Generalmobilmachung an Österreichs und Deutschlands Grenzen rückgängig zu machen, bewiesen letztendlich nur, dass die Monarchen nichts mehr zu sagen hatten. Nun gaben die Militärs für die nächsten Jahre den Ton an. Europa schlitterte mit seinen Bündnisstrukturen unaufhaltsam in ein politisches und humanitäres Debakel. Der als erstes erfolgten Kriegserklärung Österreichs-Ungarns an Serbien folgten entsprechend der Bündnisstruktur Kriegserklärung auf Kriegserklärung und Kriegsbegeisterung auf Kriegsbegeisterung von Wien über Berlin bis nach Paris, Petersburg und London. Es schien, als hätten alle nur auf das Kommen dieser „großen Zeit" gewartet. Millionen marschierten mit Hurra-Rufen in den sicheren Tod, starben meist schon, bevor sie einen einzigen Feind zu Gesicht bekommen hatten, im Kugelhagel einer modernen, industriell tötenden Kriegsmaschinerie. Der Weltkrieg war „wie ein reinigendes Gewitter" über Europa hereingebrochen, brachte aber nur Schmutz, Hunger und Tod. In der Folge blieb von den Kaiserreichen Österreich, Deutschland und Russland nichts mehr über, nur dass die Dynastien mit ihrem Untergang auch Millionen von Soldaten und unzählige Zivilisten mit in den Abgrund gerissen hatten. Kaiser Franz Joseph wollte einen lokalen Krieg gegen Serbien, verursachte damit aber einen Weltkrieg.

„Serbien hat sehr warme Anhänger im russischen Volke. Und Rußland hat einen Bundesgenossen, Frankreich. Was können sich da für Verwicklungen ergeben!" [7]

Im Erkennen der Tatsache, einen Weltkrieg ausgelöst zu haben, soll Kaiser Franz Joseph trocken gesagt haben:

„Wenn die Monarchie schon zu Grunde gehen soll, so soll sie wenigstens anständig zu Grunde gehen!" [8]

Wer soll an seine Stelle treten?

Solche vom eigenen Gottesgnadentum abgeleiteten fatalistischen Einstellungen und Handlungen von Despoten sind in der Geschichte davor und danach immer wieder vorgekommen. Auch die von Kaiser Franz Joseph nach außen zur Schau getragene Kühle und Distanz seinen Untergebenen gegenüber, die der Würde und Abgehobenheit des kaiserlichen Amtes entsprechen sollten, erklärt vielleicht die vielen falschen Entscheidungen, die 1914 allerhöchst getroffen wurden. Typisch für den österreichischen Kaiser scheint auch seine Reaktion, als während des Krieges der österreichische Ministerpräsident Graf Karl Stürgkh von Friedrich Adler, dem Sohn des Gründers der österreichischen Sozialdemokratie, Victor Adler, im Speisesaal des Hotels Meissl & Schadn beim Mittagstisch erschossen wurde. Die teilnahmslose erste Frage des Kaisers war: *„Wer soll an seine Stelle treten?"* [9]

Kaiser Franz Joseph schreibt den Kriegsaufruf „An meine Völker", der zum Untergang seines Reiches führte

Mit dieser Idylle in Schönbrunn war es vorbei

[7] der französische Präsident Raymond Poincaré an den österreichischen Botschafter in St. Petersburg Frigyes Szapary am 21. Juli 1914 aus: Paleologue Maurice, Am Zarenhof während des Weltkrieges, Band 1, München 1926, Seite 9
[8] Redlich Josef, Kaiser Franz Joseph von Österreich, Berlin 1928, Seite 458
[9] Sassmann Hanns, Das Reich der Träumer, Berlin 1932, Seite 410

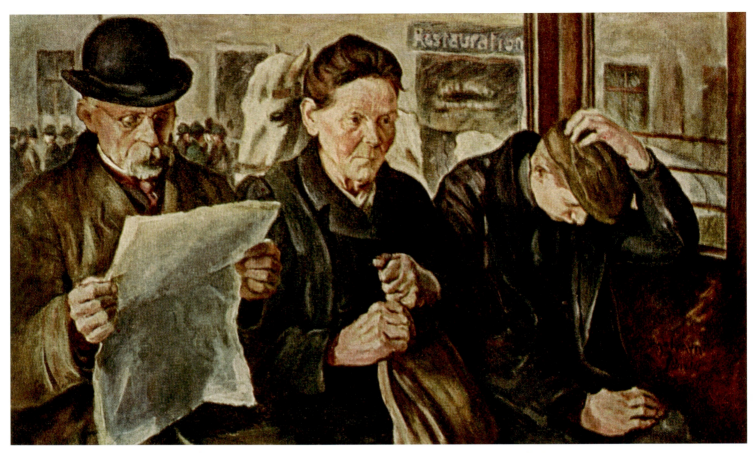

Die frohen Zeiten sind vorbei: auf eine kurze Kriegseuphorie folgten schwere Hungerjahre

Die Straßenbahn in den Kriegsjahren 1914–1918

Kriegsbegeisterung in Wien

Auch die Wiener Straßenbahner wurden nach der Kriegserklärung Österreichs an Serbien von der schwer erklärlichen Kriegsbegeisterung erfasst, die in ganz Europa ausbrach. Am Abend des 26. Juli 1914 veranstalteten 2 000 Angestellte der städtischen Straßenbahnen unter Führung des Gemeinderates Heinrich Mataja einen patriotischen Zug über den Ring zum Rathaus, wo sie im Freien Bürgermeister Weiskirchner mit den Worten empfing: *„Unsere heißesten Wünsche folgen unseren Söhnen und Brüdern auf die Schlachtfelder Serbiens. Wir vertrauen auf unsere Armee, daß sie Österreichs alte Fahnen zu neuem Siege, zu neuem Ruhm führen wird. In unentwegter Treue huldigen wir unserem geliebten alten Kaiser. (brausende Hochrufe) Wir dürfen aber in dieser ernsten Stunde nicht nur unseres erhabenen Monarchen gedenken, wir gedenken auch des Bundesgenossen in schimmernder Wehr (stürmische Heilrufe) und heute war der italienische Botschafter bei unserem Minister, um die feierliche Erklärung abzugeben, daß Italien in Treue Österreich zur Seite stehe."* [1]

Hinsichtlich der Bündnistreue Italiens gab man sich einer Illusion hin. Italien war ein Verbündeter von Serbien und Russland. Zwar nicht auf dem Papier, aber von seiner Interessenslage her, da es ebenso wie diese Länder begehrlich auf Landesteile Österreichs schielte. Bald nach Ausbruch des Krieges forderte Italien daher als Kompensation für militärische Neutralität vom Bündnispartner Österreich-Ungarn die Abtretung dessen italienischsprachiger Gebiete. Als Österreich dies ablehnte, da man damit schon zu Kriegsbeginn Landesteile verloren hätte, erklärte Italien im Mai 1915 Österreich

[1] Wiener Kommunal-Kalender und Städtisches Jahrbuch 1915, Seite 954

Auf nach Serbien: Verwandte verabschieden ihre begeistert in den Krieg ziehenden Angehörigen

den Krieg. Zuvor hatten England, Frankreich und Russland den Italienern vertraglich alles versprochen, was sie sich von Österreich holen wollten. Italien musste nur seinem „Bündnispartner" in den Rücken fallen. Noch marschierten aber die Straßenbahner, und viele von ihnen werden ein Jahr später bei den blutigen Abwehrschlachten gegen die italienische Armee am Isonzo die Hurra-Rufe für Italien zu Beginn des Krieges bitter bereut haben.

Die wahre Seite des Krieges

Schon wenige Tage nach Kriegsbeginn war von der anfänglichen Begeisterung nur mehr wenig zu spüren. Auf fast allen Wiener Märkten wurden Wucherpreise für Lebensmittel verlangt. Diese Preistreibereien der Händler führten zu heftigen Krawallen und erregten Szenen. Besonders heftig gerieten die Demonstrationen auf dem Naschmarkt, da auch dort die Bauern für ihre Kartoffeln übertriebene Forderungen stellten. Dies war aber erst der Beginn der schweren Zeiten. An Entwertung des Geldes, Mangel an Allem und nagenden Hunger würden sich die Wiener gewöhnen müssen.

Kriegsparanoia

Durch die ununterbrochenen Truppentransporte im Zuge des Aufmarsches zu Beginn des Krieges kam es zur gänzlichen Einstellung des Zivil-Reiseverkehrs auf den Haupt- und den bedeutenden Nebenlinien der österreichischen Staatsbahnen. Von diesem Schicksal war anfangs auch die Wiener Stadtbahn betroffen. Am 26. August 1914 wurde der Stadtbahnverkehr zwar teilweise wieder aufgenommen, die Kriegsparanoia führte aber dazu, dass die Stadtbahnstationen durch Reservisten und Landsturmmänner zum Schutze vor befürchteten Sabotageakten bewacht werden mussten.

„*In den letzten Tagen waren Angehörige fremder Nationen auf der Straße und in Straßenbahnwagen vielfach Belästigungen, Beschimpfungen, ja sogar tätlichen Angriffen ausgesetzt, weil sie irrtümlich für Angehörige feindlicher Staaten gehalten wurden. So wurden Chinesen mit Japanern, Nordamerikaner mit Engländern, Polen mit Russen verwechselt und ganz grundlos attackiert.*"[2]

Betriebseinschränkungen

Mit Kriegsbeginn im August 1914 war bald nicht nur die Stadtbahn, sondern der gesamte öffentliche Verkehr von Einschränkungen betroffen. Auch der Straßenbahnbetrieb musste auf gewissen Strecken reduziert werden:

„*Wie wir erfahren, soll der Straßenbahnverkehr in Wien in den nächsten Tagen insoferne eine Einschränkung erfahren, als einige im Sommer ohnedies nicht stark in Anspruch genommene Linien, wie H2, J2, 13, 15 usw. vorübergehend aufgelassen werden sollen. Die Maßregel soll einerseits*

[2] Wiener Kommunal-Kalender und Städtisches Jahrbuch 1915, Seite 984

Stundenlanges Anstellen um Alles und Jedes kennzeichnete das Gesicht des Krieges im Hinterland

mit Rücksicht auf das voraussichtlich geringe Verkehrsbedürfnis, anderseits zur Entlastung des zum Teil von den Urlauben zurückberufenen Personals erfolgen." [3]

Nach Beendigung des Aufmarsches der k. u. k. Armeen blieben die Betriebseinschränkungen aber bestehen. Je länger der Krieg dauerte, desto mehr Abstriche musste die Bevölkerung im öffentlichen Verkehr in Kauf nehmen. Immer mehr Stationen wurden aufgelöst, bis zum Jahr 1917 fast ein Drittel der Haltestellen. Zur Bewältigung des starken Transitverkehrs zwischen den Wiener Kopfbahnhöfen wurde aber 1917 eine eigene „Bahnhofsrundlinie", die alle Wiener Bahnhöfe verband, eingeführt. Diese verkehrte auch während der Nachtstunden.

Statt Revisionsgraben – Schützengraben

Die ersten Betriebseinschränkungen bei der Straßenbahn waren auch durch die Personalnot bedingt, da viele Straßenbahner gleich zu Kriegsbeginn einrücken mussten. So erfolgte schon am 3. August in Rudolfsheim die Verabschiedung von 450 Arbeitern der Hauptwerkstätte. Insgesamt wurden von den rund 12 700 Bediensteten der städtischen Straßenbahn zu Kriegsbeginn 56 % der Belegschaft, d. h. mehr als die Hälfte, für den Kriegsdienst rekrutiert. Die Personalstände wurden zwar immer wieder durch neue, schnell eingeschulte Ersatzkräfte aufgebessert, die hohen Verluste der k. u. k. Armeen an der serbischen und russischen Front sowie die Kriegserklärung Italiens forderten aber ein stetiges Einrücken auch von körperlich weniger geeigneten Männern. Die Straßenbahn war daher während des Krieges von einem laufenden personellen „Aderlass" betroffen. Vor allem in den Werkstätten und bei der Bahnerhaltung, wo besondere körperliche Kraft erforderlich war, machte sich dies stark bemerkbar. Dazu kam, dass die ebenfalls Personal suchenden Munitionsbetriebe eine bessere Entlohnung bieten konnten. Bald wurde es daher notwendig, den öffentlichen Verkehr durch größere Intervalle sowie Einschränkung des Nachtverkehrs noch weiter zurückzufahren. Bis Mitte 1915 wurden nur Männer als Ersatzkräfte in den Dienst aufgenommen.

Requirierungen von Bussen und Pferden

Besonders schwer betroffen war der Busbetrieb, da mit Ausbruch des Erster Weltkrieges alle benzinbetriebenen Busse für militärische Zwecke eingezogen wurden. Schon am 4. August 1914 musste daher der Autobusverkehr zwischen dem Nordbahnhof und dem Südbahnhof eingestellt werden.

[3] Kleine Österr. Volks-Zeitung vom 28. Juli 1914, Seite 9

Industrielles Töten: Maschinen- und Chemieeinsatz führten zu einer in dieser Höhe bisher unbekannten Anzahl menschlicher Opfer

Bald waren auch die Busse mit Akkumulatorenantrieb wegen Bleimangels von den Auswirkungen des Krieges betroffen. Im Jahr 1917 kam dann der gesamte städtische Autobusbetrieb zum Erliegen. Nicht viel länger konnte sich der Omnibusbetrieb mit Pferden halten. Am 4. Februar 1917 wurde auch dieser infolge Pferde- und Futtermangels eingestellt.[4]

Das Elend des Krieges

Bald schon kamen viele der kurz zuvor mit Begeisterung in den Krieg Gezogenen „wenn sie Glück hatten" nur verletzt oder verkrüppelt nach Wien zurück. Der Verlust an Toten und Verwundeten in den ersten Kriegsmonaten war für die k. u. k. Armeen enorm. Bald nach Beginn der Kampfhandlungen war fast die Hälfte der österreichischen Offiziere gefallen. Gegen Russland, das im damals zu Österreich gehörigen Galizien mit einem Millionenheer eingefallen war, suchte man anfangs, da zahlenmäßig weit unterlegen, lehrbuchhaft das Heil in der Offensive. Eine taktische Entscheidung des Armeechefs Conrad von Hötzendorf, die mit einem enorm hohen Blutzoll gegen die mit modernster französischer Artillerie ausgerüsteten Russen bezahlt werden musste. Erst als die deutsche Armee von ihrer Westfront im Kampf gegen England und Frankreich Truppen an die Ostfront abzog, konnten die einbrechenden Frontlinien gegen Russland stabilisiert werden. Dafür fehlten dem deutschen Bündnispartner dann die Truppen im Westen. Viel zu lange brauchten die Generäle, bis sie die Folgen einer modernen Kriegsführung mit dem ungleichen Kampf Mensch gegen Maschine erkannten. Erst spät wurde mit Stahlhelm und Schützengraben versucht, das Leben der Soldaten zumindest eine kurze Zeit lang zu schützen.

4 Wiener Kommunal-Kalender und städtisches Jahrbuch für 1918, Seite 645

Auch die Wiener Secession musste zum Lazarett für verwundete Soldaten umgebaut werden

Wien als Lazarett

In dem folgenden blutigen Hin und Her des Krieges wurde Wien zum zentralen Sammelpunkt für die Kranken- und Verwundetentransporte der k. u. k. Armeen. Überall mussten öffentliche Gebäude wie Museen, Theater und Universitäten zweckentfremdet zu Spitälern und Heilanstalten umfunktioniert werden. Von dieser Umwandlung Wiens in ein Riesenlazarett waren auch die öffentlichen Verkehrsmittel betroffen. Aus dem Wagenpark der Wiener Stadtbahn wurden vom Eisenbahnministerium am 18. September 1914 die ersten eingerichteten heizbaren Krankenzüge an die Heeresverwaltung übergeben. Schon vom 13. August 1914 datiert der Stadtratsbeschluss, 60 Sommerwagen der Straßenbahn für Krankentransporte als „Straßenbahnsanitätswagen" in einen „liegenden Zustand" umzubauen. Am selben Tag traf schon der erste Verwundetentransport am Nordbahnhof ein. Dort warteten bereits Krankenwagen und Automobile, aber auch Straßenbahnwagen für die leichter Verletzten. Bis zum Kriegsende wurden insgesamt über eine Million verwundete und kranke Soldaten unentgeltlich in Sonderzügen der Straßenbahn transportiert.

Das Feld der Ehre

Lange dauerte es aber nicht, bis folgende Meldungen mehr und mehr die Zeitungen zu füllen begannen:

„In der letzten Zeit wurde der Tod nachstehender Angestellter der Gemeinde Wien auf dem Felde der Ehre gemeldet: ...der Schaffner der städtischen Straßenbahnen Georg Floch (Korporal des Infanterieregiments Nr. 84), ... des Wagenführers der städtischen Straßenbahnen Emmerich Knihar (Ersatzreservist des Infanterieregiments Nr. 99), der Hilfsarbeiter der städtischen Straßenbahnen Josef Klein (Korporal des Infanterieregiments Nr. 1), ... des Tischlers der städtischen Straßenbahnen Richard Kropik (Infanterist des Infanterieregiments Nr. 49) ..."[5]

Wegen ihrer enormen Zunahme und demoralisierenden Wirkung wurden solche Anzeigen aber bald nicht mehr gedruckt und veröffentlicht. Das Sterben ging davon unbeeindruckt unvermindert weiter.

Versorgungsfahrten und Fahrgastrekorde

Neben den Verwundetentransporten war die städtische Straßenbahn auch angehalten, die Zufuhr von Lebensmitteln aller Art, von Kohle, Munition und sonstigem Kriegsbedarf für das Militär zu besorgen. Auch für die Zivilbevölkerung sorgten die Straßenbahnen durch Transport und Ausgabe von Kartoffeln, Kohle und anderen wichtigen Verbrauchsgütern. Darüber hinaus wurde auch ein ständiger Postdienst der Straßenbahn eingeführt. Diese Nutz-

[5] Neues Wiener Tagblatt vom 17. Jänner 1915, Seite 6

Die Straßenbahn wurde während des Ersten Weltkrieges auch für Transportaufgaben des Militärs und Versorgungsfahrten herangezogen

wagenfahrten betrugen – im Vergleich zu den jährlichen Wagenkilometern für Personenfahrten von etwas über 100 Millionen – immerhin 5 Millionen. Das Verkehrsnetz der Straßenbahn konnte trotz aller Kriegsschwierigkeiten und Einschränkungen im Laufe der Kriegsjahre sogar um mehrere Kilometer vergrößert werden. Dies waren vor allem Anschlussgleise an Postämter, Spitäler, Lagerhäuser und andere Einrichtungen, deren Transportaufgaben von der Tramway übernommen werden mussten. Die Wagenkilometerleistungen stiegen um rund 8 % und die Anzahl der beförderten Personen von 324 Millionen auf 557 Millionen im Jahr, d. h. um 72 %.[6]

Hungernde Architekten

Mit Ausbruch des Krieges kamen naturgemäß viele außerhalb der „Kriegsdienlichkeit" liegende Planungs- und Bauleistungen zum Erliegen.
„Die Aufmerksamkeit öffentlicher und privater Kreise war naturgemäss auf andere Gebiete gelenkt und die Baukünstler mussten zusehen, wie ihre Arbeitsstätten veröteten, ihre Tätigkeit nach und nach lahmgelegt wurde und ihre Einnahmsquellen demzufolge vollständig zu versiegen drohten."[7]
Um dem entgegenzusteuern, beschloss der Wiener Stadtrat am 8. Jänner 1915 Architektenplanungen

Arbeitsbeschaffung für hungernde Architekten

in Form von Wettbewerben vorzeitig auszuschreiben. Bearbeitet sollten Projekte werden, deren Realisierung sinnvoll, aber einem späteren Zeitpunkt vorbehalten bleiben musste. Neben dem Design von Parkbänken und – in die Zeit passend – der Gestaltung von Grabkreuzen, gehörten auch Entwürfe für eine „Untergrundbahn-Haltestelle" – die zukünftige U-Bahn-Station Alserstraße – dazu. Zum Wettbewerb zugelassen waren nur in Wien ansässige Architekten „deutscher Volkszugehörigkeit". Für die U-Bahn-Station wurden zwölf Projekte eingereicht, wovon fünf als Preisträger ausgezeichnet wurden. Dass letztendlich der Krieg solange dauern würde und dass der tatsächliche Beschluss zum Bau einer U-Bahn für Wien noch ein halbes Jahrhundert auf sich warten lassen würde, hatte damals keiner gedacht.

6 Illustrierte Rundschau, 6. Jahrgang, Nr. 34, vom 17. Mai 1919, Seite 552
7 Wettbewerbs-Ausschreibungen der k. k. Reichshaupt- und Residenzstadt Wien im Jahr 1915, Wien 1916, Seite 1

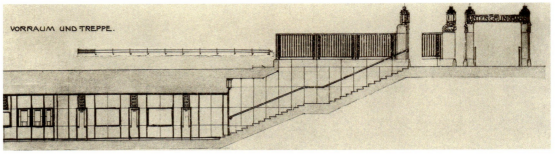

Preisgekrönter Entwurf einer U-Bahn-Station von Architekt Josef Hackhofer (1863-1917), der vor allem für seine Wienflussverbauung beim Stadtpark bekannt ist

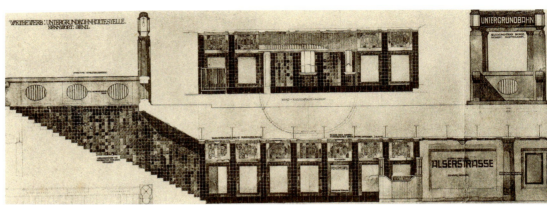

Erstgereihter Entwurf der Architekten Hermann Aichinger (1885-1962) und Heinrich Schmid (1885-1949), beide Schüler von Otto Wagner und Erbauer zahlreicher Gemeindebauten des „Roten Wiens"

Mängel durch Handelsblockade

Der Kriegseintritt Englands war für die Entente weniger wegen der in Frankreich kämpfenden englischen Landungsarmee wichtig und kriegsentscheidend, sondern wegen der „Hungerblockade", die von der englischen Flotte gegen die Mittelmächte verhängt wurde. Deutschlands Handelsschiffe waren dadurch nicht mehr in der Lage, von der Nordsee in den Atlantik zu gelangen. Auch alle internationalen und neutralen Schiffe, die in die Nord- oder Ostsee fahren wollten, wurden von der englischen Flotte abgefangen. Damit waren die Mittelmächte vom Welthandel, wichtigen Rohstoffquellen und Nachschublieferungen abgeschnitten. Sehr schnell setzte daher vor allem für die Zivilbevölkerung ein spürbarer Mangel an verschiedenen Nahrungsmitteln und lebenswichtigen Produkten ein. Deutschlands militärische Antwort war ab 1917 ein uneingeschränkter U-Boot-Krieg mit dem Ziel, alle Schiffe zu versenken, die versuchten, englische oder französische Häfen anzulaufen. Auf tragische Weise waren davon bald auch die neutralen amerikanischen Handelsschiffe betroffen, die nicht nur von England bestellte Waffen und Waren, sondern oft auch Zivilisten an Bord hatten. Damit führte der deutsche U-Boot-Krieg zu moralischer Entrüstung der amerikanischen Öffentlichkeit. Die Folge war im April 1917 der Eintritt Amerikas in den Ersten Weltkrieg auf Seiten der Entente. Damit war der Krieg für die Mittelmächte – trotz der russischen Revolution mit Abdankung des Zaren und dem Friedensschluss mit Russland in Brest-Litowsk zu Beginn des Jahres 1918 – nicht mehr zu gewinnen. Für Wien kam erschwerend hinzu, dass schon zu Friedenszeiten die Lebensmittelversorgung der Stadt stark von Ungarn und die Kohleversorgung von Böhmen abhängig waren. Da sich in der Not jeder selbst der Nächste ist, war die Bevölkerung Wiens bald überproportional stark von Hunger, Kälte und Mangel an Rohstoffen jeder Art betroffen. Der öffentliche Verkehr in Wien war davon nicht ausgenommen. Eine übergreifende strenge Kriegswirtschaftsführung samt gerechter Ressourcenverteilung hat es im Vielvölkerstaat Österreich-Ungarn während des Ersten Weltkrieges nie gegeben.

Auf der Suche nach Kupfer und Kohle

Schon im zweiten Halbjahr 1915 wurden die rund 23 Kilometer langen elektrischen Unterleitungsstrecken der Straßenbahn entlang des Ringes und der Mariahilfer Straße auf Oberleitung umgestellt. Eine Maßnahme, die half, Kupfer einzusparen, das zur Produktion von Granaten dringend benötigt wurde. Im weiteren Verlauf des Krieges musste deswegen auch das Kupfer in den Oberleitungsfahrdrähten durch Eisenfahrdraht ersetzt werden. Der Mangel an geschulten Werkstättenarbeitern sowie an wichtigen Materialien und Isolierstoffen wie Baumwolle, Leinwände u.a.m. hatte den Zustand des Wagenparks während des Krieges so verschlechtert, dass

Symbolisch für den Materialmangel im Krieg: das Einsammeln und Einschmelzen von Kirchenglocken

er die ansteigende Frequenz an Fahrgästen nicht mehr bewältigen konnte. Waren vor Kriegsausbruch jährlich von jedem Wagen noch 220 000 Personen befördert worden, mussten im Jahr 1918 fast doppelt so viele, nämlich 402 000 pro Wagen, befördert werden. Enorme Schwierigkeiten in der Betriebsabwicklung sowie notwendige Betriebseinschränkungen waren die Folge. Wegen des allgemeinen Materialmangels und der Kohlenknappheit in den städtischen Elektrizitätswerken musste der Straßenbahnbetrieb generell am Abend früher eingestellt werden. Auch die Intervalle wurden immer weiter gestreckt und über 900 Straßenbahnstationen aufgelassen. Bei einer Besprechung am 15. Jänner 1917 mit dem Wiener Bürgermeister Dr. Weiskirchner und den Bezirksvorstehern berichtete der Direktor der Verkehrsbetriebe Spängler über die schwierige Situation:

„Die unverhältnismäßige Zunahme des Verkehrsbedürfnisses und die Verminderung des Fahrpersonals infolge der militärischen Einberufungen, noch mehr aber jene des Werkstättenpersonals, das nicht zu ersetzen sei, dazu die starke Abnützung der Wagen durch die ungewöhnliche und andauernde Überlastung, dann die zunehmenden Schwierigkeiten in der Beschaffung des Materials und dessen mindere Qualität, wodurch seit geraumer Zeit täglich mehr Wagen dienstuntauglich wurden als überhaupt instand gesetzt werden konnten, machten Vorsichtsmaßregeln unerläßlich, um der Gefahr vorzubeugen, daß der Verkehr ganz eingestellt werden müßte. Es sei zunächst ins Auge gefasst worden: die Verminderung der Haltestellen; die frühere Verkehrseinstellung in der Nacht um eine halbe Stunde; die Herabsetzung der Verkehrsdichte von 8 Uhr abends an; die Fühlungnahme mit den großen Fabriks- und Gewerbebetrieben wegen einer gleichmäßigen Verschiebung des bisherigen Arbeitsbeginnes von 7 auf $^1\!/_2$7, 7 und $^1\!/_2$8 Uhr früh, sowie die entsprechende Verschiebung des Arbeitsschlusses; die Auflassung, Abkürzung oder Veränderung einiger Linien." [8]

Kein Rodeln und kein Rauchen

Trotz notwendiger Reduktion der Betriebsleistungen wurden während des Krieges die Tarife dreimal erhöht. Wien wurde schön langsam wieder zu einer Fußgängerstadt. Sogar zum Rodeln oder zum Schifahren musste man zu Fuß gehen. In der Stadtchronik vom 11. Februar 1917 ist Folgendes zu lesen: *„Infolge des außerordentlichen Kohlenmangels im Elektrizitätswerke wurde der Straßenbahnverkehr an diesem Sonntage auf die Hälfte herabgesetzt und die besonderen Sonntags-Zusatzlinien eingestellt. Die Beförderung von Wintersportgeräten aller Art wurde bis auf weiteres verboten und dem Publikum empfohlen, die Straßenbahn nur in dringenden Fällen zu benützen."* [9]

Mit 13. Februar 1917 waren auch die Raucher in den überfüllten, da nur in großen Intervallen verkehrenden Straßenbahnen von für sie radikalen Einschränkungen betroffen:

„Mit Rücksicht auf die zu erwartende Überfüllung der Straßenbahnwagen infolge des verminderten Verkehrs wurde von diesem Tage an das Rauchen auf den Straßenbahnwagen ausnahmslos verboten; ferner blieb von nun an die vordere Plattform der Anhängerwagen auf der Einsteigseite geöffnet." [10]

[8] Wiener Kommunal-Kalender und Städt. Jahrbuch für 1918, Seite 738
[9] Wiener Kommunal-Kalender und Städt. Jahrbuch für 1918, Seite 759
[10] Wiener Kommunal-Kalender und Städt. Jahrbuch für 1918, Seite 762

Sieben frisch eingekleidete Schaffnerinnen in ihrer neuen Rolle – vor der Kamera posierend

Die Schaffnerin

Die Geburtsstunde der Schaffnerin

Als Italien im Mai 1915 aus dem Bündnis der Mittelmächte austrat und Österreich-Ungarn den Krieg erklärte, wurde der Rekrutierungsbedarf der Militärbehörden zur Eröffnung einer dritten Front enorm groß. Mangels männlicher Bewerber mussten von nun ab von den städtischen Straßenbahnen auch Frauen als Schaffnerinnen, Weichenstellerinnen und später auch als „Motorführerinnen" (Fahrerinnen) aufgenommen werden. Bis zu 8 500 Frauen waren in Folge bei der Tramway beschäftigt. Das war mehr als die Hälfte des Personalstandes des Unternehmens.[1] Das Mindestalter betrug 20 Jahre, das Höchstalter 40 Jahre. „Selbstverständlich" war ihre Entlohnung niedriger angesetzt als bei ihren männlichen Kollegen. Keine andere Personengruppe wie die Schaffnerinnen wurde so markant zum Symbol für die Änderungen und Umwälzungen des „Großen Krieges" – wie der Erste Weltkrieg im angloamerikanischen Raum noch heute genannt wird.

„Unsere Schaffnerin ist nach der Ansicht einer stattlichen Majorität im allgemeinen eine sehr nette Person, die ihrem Kollegen unzweifelhaft vorzuziehen ist. Dabei behaupten sogar ‚patentierte Lebemänner', soweit Krieg und Musterung noch ein Reservoir an solchen zurückgelassen haben, daß diese Sympathien durchaus nicht auf äußere Vorteile in der Erscheinung der Schaffnerin zurückzuführen seien, denn die versprochene Transferierung der Venus vom Himmel in die Straßenbahn habe sich nur innerhalb höchst bescheidener Grenzen vollzogen. Jedenfalls! Die Schaffnerin tut ihre Pflicht, und die Fahrgäste, die gegenwärtig etwas schwer zu behandeln sind – sagt die Leitung der Straßenbahn – kommen mit ihr

[1] Penz Adelheid, Die Wiener Straßenbahnerinnen während des Ersten Weltkrieges, in Wiener Geschichtsblätter Heft 4/2004, Wien 2004, Seite 273

meist vortrefflich aus. Die Fahrgäste sind allerdings der gegenteiligen Meinung hinsichtlich der Straßenbahnen und meinen, daß diese schwer zu behandeln seien, weil sie sich im Laufe des Tages nur ungemein selten blicken lassen und des Nachts überhaupt den Verkehr mit der profanen Menge meide, aber immerhin, in der Auffassung über die Schaffnerin sind sich Direktion und Publikum einig. Man ist zufrieden mit ihr und als amtsehrenbeleidigt macht sie sich auch nicht allzu häufig bemerkbar. Die Habitués der ‚Elektrischen' versichern, daß die Karten niemals mit solcher Vorsicht durchlocht worden seien wie jetzt von weiblicher Hand. Mit einem Worte: wollte jemand dem Typ der Schaffnerin feindlich zu begegnen suchen, er hätte wahrlich nichts zu lachen."[2]

Da die Schaffnerinnen im öffentlichen Raum tätig waren, konnte jeder unmittelbar erkennen, dass Frauen in allen Bereichen das Gleiche zu leisten im Stande waren wie Männer. Dass dies für die Frauen sogleich mit einer Doppel- und Dreifachbelastung verbunden war, da sie sich gleichzeitig auch um die Versorgung der Kinder, der Alten und der Kranken kümmern mussten, machte die Situation im Hinterland der Front umso dramatischer. Auch war die Tätigkeit als Schaffnerin damals keineswegs als leicht zu bezeichnen:

„Die Straßenbahn als quasi einziges Massentransportmittel war ständig überfüllt. Der Dienst der Schaffnerinnen war dadurch sehr beschwerlich. Einerseits waren sie dem Druck ausgesetzt, Fahrscheine auszugeben und Geld einzukassieren, auf der anderen Seite war es kaum möglich, alle Fahrgäste abzukassieren. Den städtischen Straßenbahnen beziehungsweise der Gemeinde entgingen riesige Summen an Fahrgeld."[3]

Mit Ende des Krieges konnten radikale politische und gesellschaftliche Änderungen auch bei den Rechten der Frauen nicht mehr in Frage gestellt werden. Einschneidende Reformen im Sinne einer geschlechtlichen Gleichberechtigung waren unumgänglich. Dafür wurden dann die Schaffnerinnen zurück an den heimischen Herd gedrängt, um den vom Kriegsdienst heimkehrenden Männern den Arbeitsplatz frei zu machen. Nur Witwen gefallener Straßenbahner hatten aus sozialen Erwägungen die Möglichkeit, länger im Dienst zu bleiben, als eigentlich geplant war.

Die historische Frauenbewegung

Bis zum Ende des Ersten Weltkrieges waren Frauen politisch rechtlos gewesen, ohne Stimme in Staat und Gesellschaft, ohne Wahlrecht und ohne das Recht, einer politischen Partei anzugehören. Der §30 des Vereinsgesetzes besagte, dass „Ausländer, Frauenpersonen und Minderjährige" nicht als Mitglieder politischer Parteien geführt werden durften. Diesem Gesetz zum Trotz hatten Sozialdemokratinnen

Propagandafoto mit einem „Fräulein Schaffner"

[2] Salkind Alexander, Mandlbogen, Typen und Bilder aus Wien 1912–1918, Wien, Seite 72
[3] Penz Adelheid, Die Wiener Straßenbahnerinnen während des Ersten Weltkrieges, in Wiener Geschichtsblätter Heft 4/2004, Wien 2004, Seite 279

Rollenklischee der Frau im 19. Jahrhundert: Im Rosengarten mit Kindern schmachtenden Blickes lustwandelnd

Erstaunt unsicherer Blick eines Soldaten auf Fronturlaub auf die neuen Arbeitsverhältnisse in der Heimat

Doppelbelastung: die neue harte Realität für Frauen als Schaffnerinnen

Der Krieg machte aus so mancher „Gnädigen" eine in beruflicher Verantwortung stehende Schaffnerin

bereits im Jahr 1890 den „Arbeiterinnen Bildungsverein" gegründet und marschierten bei der Maifeier 1891 erstmals in einem eigenen Zug. Ein Jahr später erschien die „Arbeiterinnen Zeitung", um für Wahlrecht und Chancengleichheit zu kämpfen. Zu dieser Zeit gab es auch für Männer noch kein allgemeines, gleiches, geheimes und direktes Wahlrecht. Der im Jahr 1911 auf der internationalen Frauenkonferenz in Kopenhagen beschlossene jährliche „Frauentag" scheint symbolisch dafür, dass die Bemühungen der Frauen um Anerkennung und Gleichstellung zu Zeiten der Monarchie an Oberflächlichkeiten hängen bleiben mussten. Zwar zogen am ersten Frauentag, dem 19. März 1911, bereits tausende Frauen über die Ringstraße, aber Chancen auf handfeste politische Ergebnisse bestanden nicht. Bei konkreten Forderungen der Frauen dürften sich die politisch verantwortlichen männ-

Winston Churchill, im Hintergrund im Auto, musste vor den redegewaltigen Suffragetten resignieren

Die ersten Wiener Gemeinderätinnen im Jahr 1919

lichen Eliten – in ihren tradierten Wertvorstellungen gefangen – nur ratlos mit milde herablassendem Schmunzeln angesehen haben. Bestimmte herausragende Leistungen von Frauen wie Marie von Ebner-Eschenbach, Bertha von Suttner oder Marie Curie wurden zwar als „Ausnahmeerscheinungen" anerkannt, änderten aber nichts an der allgemeinen Einstellung Frauen gegenüber. Erst 1897 wurden Frauen zum Studium an der Philosophischen und im Jahr 1900 an der Medizinischen Fakultät zugelassen. Zur Teilnahme an Vorlesungen musste aber noch die Genehmigung des vortragenden Professors eingeholt werden. Ein Jus-Studium war Frauen überhaupt erst ab dem Jahr 1919 möglich. Von wenigen Ausnahmen abgesehen, standen den Frauen zu Beginn des 20. Jahrhunderts traditionell nur minderwertige und schlecht bezahlte Tätigkeiten als Wäscherinnen, Köchinnen, Kindermädchen oder Reinigungskräfte offen. Erst nach dem Ersten Weltkrieg setzten sich Frauen auch in den Büroberufen durch.

Die Suffragetten

In England war zu Beginn des 20. Jahrhunderts die Frauenbewegung der Suffragetten entstanden, die sich nach dem französischen Wort „suffrage" – das übersetzt „Wahl" bedeutet – benannten. In ihrem kämpferischen Feminismus ging es ihnen vor allem um das Frauenwahlrecht und die Gleichberechtigung. Ihre Anführerin war die Britin Emmeline Pankhurst, eine Mutter von fünf Kindern. Ihr militanter Aktionismus brachte ihr einige Gefängnisstrafen ein. Dies löste in England eine Welle von Sachbeschädigungen aus, die von eingeschlagenen Schaufenstern bis zu zerstörten Autobussen reichte. Selbst der wortgewaltige Winston Churchill musste sich wieder resignierend in sein Auto setzen, als englische Feministinnen seine Wahlrede durch „Gegenreden" störten. Trotzdem gelang es der Frauenbewegung in Großbritannien erst 1928 – zehn Jahre nach Österreich – das Frauenwahlrecht durchzusetzen.

Gerechtigkeit erst durch einen verlorenen Krieg

Erst ein barbarischer Krieg musste über Europa hereinbrechen, um Allen die Ungerechtigkeit der Geschlechtertrennung vor Augen zu führen. Mit Vertreibung der Habsburger und Ausrufung der Republik am 12. November 1918 erhielten Frauen in Österreich endlich das aktive und passive Wahlrecht, das sie am 16. Februar 1919 bei der Parlamentswahl ausüben durften. Bei der ersten allgemeinen Wahl des Wiener Gemeinderates am 4. Mai 1919 waren von den 165 Abgeordneten aber nur 12 Frauen. Erste Wiener Stadträtin wurde Dr. Alma Motzko von den Christlich-Sozialen, die ihr Amt von 1920 bis zur Auflösung des Gemeinderates im Jahr 1934 ausüben konnte, ohne aber ein eigenes Ressort zu führen. Bis zur ersten amtsführenden Stadträtin in Wien, der Sozialistin Maria Jacobi, die von 1959 bis 1973 das Ressort Wohlfahrtswesen leitete, dauerte es noch ganze 40 Jahre.

DIE SCHAFFNERIN

Imperiales Wien, zwischen Natur- und Kunsthistorischem Museum, mit Blick auf die Innenstadt

Von der Residenzstadt zum „Wasserkopf"

Am Ende

Nach vier Jahren Gemetzel, Millionen von Toten und Invaliden, traumatisierten gewaltbereiten Überlebenden und bei Nacht und Nebel fliehenden Monarchen siegte die Erschöpfung. Europa war geistig und materiell ausgeblutet. Amerika hatte den Krieg entschieden. Jahrhunderte alte Kaiserreiche wie Deutschland, Russland und Österreich hatten 1918 zu existieren aufgehört. Eine neue Weltordnung musste aber erst gefunden werden. In den letzten Tagen des Krieges waren es wieder die Straßenbahner gewesen, die mit ihren Streiks an vorderster Front standen, als es galt, das schon über Jahre andauernde Hungern und Sterben zu beenden. Die Verhältnisse waren für alle unerträglich geworden.

Keine Kohle

Aber nicht allein die Streiks sorgten dafür, dass in Wien der öffentliche Verkehr immer wieder zum Erliegen kam. Durch unzureichende Versorgung der städtischen Elektrizitätswerke mit Kohle musste die Stromproduktion zurückgefahren werden – und ohne Energie stand die Elektrische. Auf der Stadtbahn wurde der Betrieb im Jahr 1918 wegen Kohlemangels sogar komplett stillgelegt. Von den Kohlerevieren in Schlesien waren Güterzüge auf tschechischem Gebiet immer wieder abgefangen worden. Erst nach Ende des Krieges konnte die interalliierte Friedenskommission die Situation für Wien etwas verbessern.[1] In den Wintermonaten traf der eklatante Kohlemangel mit voller Härte die gesamte Wiener Bevölkerung.

1 Bauer Otto, Die österreichische Revolution, Wien 1923, Seite 118

Selbst verkrüppelt mussten viele Heimkehrer noch für ein bisschen Brot marschieren

Zum Hunger gesellte sich nun auch noch die beißende Kälte in den Wohnungen. Den Wienern blieb nichts anderes übrig, als ihren Wienerwald radikal zur Holzgewinnung heranzuziehen. Ganze Bergkuppen wurden abgeholzt. Waren früher die Wiener in den Wienerwald zur Erholung gegangen, kam jetzt der Wienerwald zu den Wienern – in ihre Öfen.

Nichts zu essen

Um nicht zu verhungern, war auch noch stundenlanges Anstellen vor den wenigen belieferten Lebensmittelgeschäften notwendig. Zu Zeiten der Monarchie war Wien hauptsächlich mit ungarischem Getreide und Vieh sowie böhmischen und galizischen Kartoffeln beliefert worden. Diese Quellen versiegten während des Krieges immer mehr.

Damit die Wiener nicht erfrieren, musste der Wienerwald zu ihnen in die Öfen kommen

Keine Aufnahme des Schlachtfeldes von Verdun, sondern ein Panorama des abgeholzten Wienerwaldes

Die Ausrufung der Republik Deutschösterreich vor dem Parlament am 12. November 1918

Mit Ende des Krieges und dem Verlust der „Versorgungsländer" war Österreich weniger denn je im Stande, sich selbst zu versorgen. Die Wiener mussten sich in den ersten Monaten nach dem Krieg mühsam von den Restbeständen aus den Militärverpflegungsmagazinen und Hilfslieferungen, die das verbündete Deutsche Reich trotz eigener Not schickte, ernähren.

Die Geburtsstunde des neuen Österreichs

Die alte Habsburger-Monarchie war nach vier Jahren Krieg an drei Fronten im eigenen Blut erstickt und hatte dabei Millionen mit in den Untergang gerissen. Vom riesigen mitteleuropäischen Reich Österreich-Ungarn mit rund 50 Millionen Einwohnern blieb 1918 das heutige Österreich mit damals etwa 6 Millionen Einwohnern als deutschsprachiges Volk der k. u. k. Monarchie übrig. Wien war von einer imperialen Reichshaupt- und Residenzstadt, in der 4 % der Staatsangehörigen lebten, zur hungernden und frierenden Hauptstadt eines mitteleuropäischen Kleinstaates geschrumpft. Da die Einwohnerzahl Wiens mit über 2 Millionen gleich blieb, war die Stadt zum „Wasserkopf" Österreichs mutiert, in dem ein Drittel der Bewohner des Landes lebten. Der Bruch mit der Jahrhunderte alten Monarchie am 12. November 1918 um 16 Uhr durch Ausrufung der Republik vor dem Parlament vor 150 000 Menschen gehört zu den wichtigsten historischen Momenten in der Geschichte Österreichs – einer fast 1 000jährigen Geschichte, die im Jahr 996 mit einer Urkunde

Kundgebung mit dem sozialdemokratischen Außenminister Otto Bauer für den Anschluss Österreichs an Deutschland

des römisch-deutschen Kaisers Otto III. begonnen hatte, in der das Land „Ostarrichi" erstmals Erwähnung fand.

„Dienstag, 12. November. In Wien findet nachmittags die feierliche Erklärung Deutschösterreichs zur Republik und des Anschlusses Deutschösterreichs an Deutschland statt. Hiebei kommt es zu blutigen Exzessen vor und um das Parlamentsgebäude." [2]

Das neue politische System musste seine Überlebensfähigkeit aber erst in der Praxis beweisen. Österreich war durch seine radikale Schrumpfung erstmals seit Jahrhunderten in weltpolitischer Bedeutungslosigkeit versunken. Die gewachsenen Wirtschaftsstrukturen der Monarchie waren zerrissen, Rohstoffbereiche von Produktions- und Absatzbereichen durch Grenzen getrennt. Echte demokratische Regierungsformen waren unbekannt, unerprobte politische Alternativen wie das Räte- oder Sowjetsystem der Kommunisten wurden heftig diskutiert. Nicht wenige deutschsprachige Österreicher – darunter auch viele sozialdemokratische Politiker – glaubten, nur der Anschluss Österreichs an Deutschland garantiere die wirtschaftliche Überlebensfähigkeit des Landes. Dies, obwohl auch das neue Deutschland auf der Suche nach einer postwilhelminischen politischen Ordnung noch in blutige Auseinandersetzungen zwischen linken und rechten Kräften verstrickt war. Ein solcher Anschluss mit entsprechender Vergrößerung Deutschlands wurde aber von den Siegermächten verboten. Das vom amerikanischen Präsidenten Woodrow Wilson propagierte „Selbstbestimmungsrecht der Völker" galt eben nicht für alle Völker.

Friedensdiktate

Für die neue Republik waren die äußeren und inneren Verhältnisse somit extrem schwierig und gaben wenig Anlass, für die Zukunft optimistisch zu sein. Amerika, der große Sieger, hatte aber – wie das 14-Punkte-Programm seines Präsidenten Wilson bewies – keine Ahnung von den komplizierten Verhältnissen in Europa und im Nahen Osten. Wilsons Programm diente als Grundlage der Friedensverträge von Versailles und Saint Germain im Jahr 1919, die aber in ihrer Rücksichtslosigkeit und Härte Ausgangspunkte eines weiteren noch wesentlich brutaleren und blutigeren Weltkrieges werden

2 Österr. Illustrierte Rundschau, 6. Jahrgang, Nr.9 vom 23. Nov. 1918

sollten. Zu den streng ritualisierten Friedensverhandlungen, bei denen die Vertreter der Verlierermächte nicht einmal reden, sondern nur unterschreiben durften, hätte besser der Name „Friedensdiktate" gepasst.

„Die Methode, auf der die französischen Staatsmänner bestanden, war die, daß man auf dem Konferenzamboß Forderungen zurechthämmerte und sie dann in der Form eines Ultimatums den Nationen zusandte, die trotz der Friedensverträge noch als Feinde behandelt wurden."[3]

Damit war für Europa keine dauerhafte politische Lösung gefunden, die finale militärische Entscheidung nur vertagt. Die handelnden Staatsmänner hatten nicht die Größe ihrer Vorgänger, die rund 100 Jahre zuvor im Wiener Kongress von 1814/1815 nach dem Ende Napoleons als Sieger und Besiegte gleichberechtigt an einer neuen europäischen Ordnung gefeilt hatten. Rachesüchtige Siegermächte auf der einen Seite und gedemütigte Verlierer auf der anderen Seite, die sich „im Felde unbesiegt" wähnten, ergaben eine explosive Mischung. Gepaart mit nationalistischem Gedankengut waren unruhige Zeiten garantiert, in denen auch für einfache radikalisierte Gefreite mit aufhetzenden rechten Parolen ein politischer Aufstieg möglich wurde.

Nur Verlierer

England hatte mit Ende des Krieges seine Stellung als Weltmacht Nr. 1 für immer an Amerika abgegeben. Frankreich konnte zwar Elsass-Lothringen zurückerobern, war durch den hohen Blutzoll aber verbittert und wollte unversöhnlich mit harten Reparationsforderungen Deutschland ausbluten, was sich bald fürchterlich rächen sollte. Deutschland wurde als der alleinig Schuldige an der Katastrophe des Ersten Weltkriegs bezeichnet, obwohl es überzeugt war, nur einen „Verteidigungskampf" geführt zu haben. Es verlor neben Elsass-Lothringen auch Teile Ostpreußens und seine gesamten Kolonien an die Siegermächte. Das verkleinerte, nur mehr deutschsprachige Österreich rang wie die vielen neu gegründeten europäischen Kleinstaaten um sein Selbstverständnis und seine neue Rolle in Europa. Das im Wilson-Programm festgelegte „Selbstbestimmungsrecht der Völker" war im ethnisch nationalen „Fleckerlteppich Europa" kaum konfliktfrei umzusetzen und galt auch nicht für die Verlierer des Krieges. Die Serben hatten zwar mit der Gründung des Königreiches Jugoslawien nach dem Ersten Weltkrieg ihr großes politisches Ziel erreicht, sich damit aber jene Nationalitätenkonflikte und ethnischen Spannungen aufgehalst, an denen bis 1914 die Monarchie zu würgen hatte. Russland versuchte mit dem Bolschewismus ein neues Staatsmodell aufzubauen und auch global zu verbreiten. Der Sowjetunion gelang es damit zwar, in der Welt weiterhin als Machtfaktor zu gelten, es bleibt aber fraglich, ob der Preis, den die dort lebenden Menschen dafür zu zahlen hatten, dies wert war.

Eine böse Saat gesät

Als Frankreich und Belgien im Jahr 1923 wegen ausbleibender deutscher Reparationszahlungen auch noch das ressourcenreiche deutsche Ruhrgebiet besetzten, schuf man sich in Deutschland endgültig unversöhnliche Feinde. Jetzt war es in der Weimarer Republik Deutschlands auch für „Friedenstauben" beinahe unmöglich, sich innenpolitisch gegen den aufstrebenden Faschismus und die wachsenden Rachegedanken gedemütigter ehe-

[3] Lloyd George David, Ist wirklich Friede?, Leipzig 1924, Seite 2

Rache statt Versöhnung: Die Sieger Raymond Poincaré und Georges Clemenceau

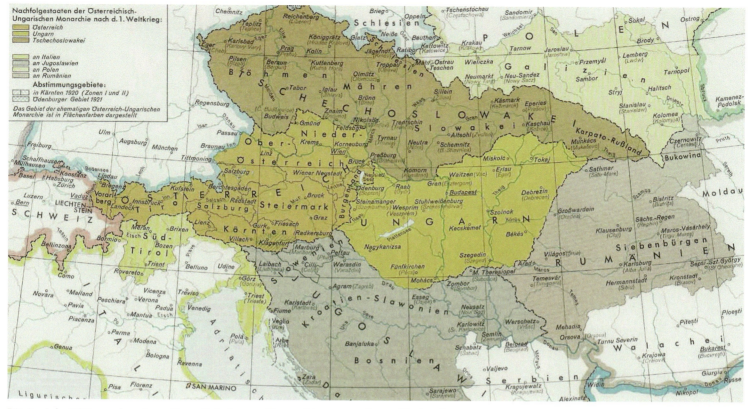

Die im Jahr 1918 aus der ehemaligen Habsburger Monarchie entstandenen Nationalstaaten

maliger Frontkämpfer zu behaupten. Die französischen Staatsmänner und „Friedensverhandler" Raymond Poincaré und Georges Clemenceau haben mit ihrer selbstgerechten Härte und Unversöhnlichkeit dazu beigetragen, dass die Nationalsozialisten in Deutschland groß werden konnten. Als Hitler dann 1940 in Frankreich mordend und plündernd einmarschieren ließ, wollte er das Rad der Zeit zurückdrehen und sich als Führer des deutschen Reiches das holen, was ihm als einfachem Gefreiten im Ersten Weltkrieg versagt geblieben war.

Länder und Gemälde

In Europa konnte anscheinend nur Italien politisch Vorteile aus dem Wahnsinn des Ersten Weltkrieges ziehen, nachdem es rechtzeitig aus guten und weniger guten Gründen im Krieg die Seiten gewechselt hatte. Dafür gewann es unter hohem Blutzoll die Bereiche um die österreichische Hafenstadt Triest sowie Südtirol und konnte diese Provinzen bis heute behalten. Aber auch auf österreichische Kulturschätze war das begehrliche Siegerauge Italiens gefallen. Gleich zu Beginn des Jahres 1919 wur-

Abtransport italienischer Meistergemälde aus Wiener Museen nach Italien unter militärischem Schutz italienischer Soldaten

Wiener Stadtsenatssitzung unter Vorsitz des Bürgermeisters Karl Seitz

Karl Seitz, Wiens Bürgermeister von 1923 bis 1934

den das Kunsthistorische Museum und die Akademie der Bildenden Künste von italienischen Soldaten gewaltsam um zahlreiche Gemälde von Tintoretto, Veronese und vieler anderer italienischer Renaissancemaler erleichtert. Politische Flexibilität zahlt sich eben aus.

Zwei verfeindete Gewinner

Im weltweiten Maßstab gesehen, waren Amerika und Japan die großen Gewinner aus dem europäischen Gemetzel. Die alleinige Vorherrschaft im Pazifik mussten sich die beiden dann untereinander im Zweiten Weltkrieg auf menschenverachtende Weise – unter skrupellosem Einsatz von Atombomben durch die Amerikaner – ausmachen. Zum Glück für Europa war zu diesem Zeitpunkt, als Amerika alles auf eine Karte setzte, der Zweite Weltkrieg auf dem alten Kontinent schon zu Ende.

Ein weltpolitisches Experiment

Mit Ausrufung der Republik Deutschösterreich und dem damit verbundenen allgemeinen und gleichen Wahlrecht wurde Wien mehrheitlich sozialdemokratisch. Bei den Gemeinderatswahlen am 4. Mai 1919 eroberten die Sozialdemokraten mit 100 von 165 Mandaten die Mehrheit im Wiener Gemeinderat.[4] Der Sozialdemokrat Jakob Reumann wurde Bürgermeister. Wien war damit weltweit die einzige Millionenstadt mit einer sozialdemokratischen Verwaltung: eine völlig neue politische Situation, die in der Monarchie undenkbar gewesen wäre und als weltpolitisches Experiment bezeichnet werden kann. Von den Sozialdemokraten in Wien wurde sogleich eine neue Gemeindeverfassung erarbeitet. Dabei wurden die einzelnen Magistratsabteilungen entmachtet und den vom Gemeinderat gewählten „Amtsführenden Stadträten" unterstellt. Mit Dezember 1921 wurde durch ein Bundesverfassungsgesetz die Trennung Wiens von Niederösterreich und die Konstituierung der Stadt als selbstständiges Bundesland durchgeführt.[5] Die Unterwerfung Wiens unter die niederösterreichische Landesregierung war damit Geschichte.

Der politische Riss in Österreich

Der radikale politische Schwenk nach links blieb aber auf Wien beschränkt. Dies führte in der Folge zu großen Spannungen mit den mehrheitlich christlich-sozial geführten Bundesländern und der

---

[4] Czeike Felix, Liberale, Christlichsoziale und Sozialdemokratische Kommunalpolitik (1861-1934), Wien 1962, Seite 25

[5] Gesetz vom 29. Dezember 1921, LGBL. Nr. 153

Demonstrationen auf der Ringstraße gehörten nach dem Krieg zum gewohnten Bild des Alltags

konservativen Bundesregierung. Die 1920er und 1930er Jahre waren in Österreich und besonders in Wien die Zeit der Entscheidung zwischen den damaligen politischen Antagonismen „Rechts" und „Links". Während in Wien die Roten dominierten, waren die Bundesländer christlich und national geprägt. Im ländlich konservativen Österreich wirkte Wien wie ein Fremdkörper, der nicht in die politische Landschaft passte.

„Es ist kein analoger Fall der Isolierung einer Großstadt in ihrem eigenen Land in unserer Zeit und wahrscheinlich überhaupt nicht in der Geschichte bekannt." [6]

Das Land war somit ideologisch und politisch gespalten. Die von den Westösterreichern als „Wasserkopf" beschimpfte Stadt Wien geriet immer mehr in die Isolation. Die Ressentiments der Provinz gegenüber der Hauptstadt gewannen immer mehr an Boden. Der „Marsch auf Wien" wurde zu einer latenten Drohung der reaktionären Kräfte.

„So ging denn das aufregende Schauspiel der einander bedrohenden, einander kompensierenden und überbietenden militärischen Aufmärsche der Heimwehren und des Schutzbundes fort. Dr. Pfrimer (Leiter der steirischen Heimwehrbewegung) *verkündete immer wieder den Marsch auf Wien."* [7]

Die politischen Spannungen entluden sich im Jahr 1934 in einem blutigen Bürgerkrieg, der Österreich durch das gleichzeitige Verbot der Sozialdemokratie seiner letzten Widerstandskraft gegen das immer näher rückende faschistische Deutschland beraubte.

Kein Weg aus der Dauerkrise

Die ökonomischen Wunden, die der Erste Weltkrieg geschlagen hatte, waren in Österreich in den 1920er Jahren noch lange nicht verheilt. Streiks waren an der Tagesordnung. Zur Ankurbelung der Wirtschaft wurde notgedrungen die staatliche Notenpresse angeworfen. Leider ein nur kurzfristig wirksames „Allheilmittel", zu dem auch noch heute gerne gegriffen wird. Eine wirtschaftlich und politisch stabile Ordnung war damit nicht gefunden.

„ ... das Defizit mußte durch Inflationsgeld gedeckt werden, das trieb wieder die Preise in die Höhe, Beamte, Angestellte und Arbeiter, öffentliche wie private, erzwangen dann durch Streikdrohung oder wirklichen Streik höhere Löhne, die mit neuem Inflationsgeld bezahlt wurden, und so ging das Rad weiter, Wirtschaft und Staat rollten einem Abgrund entgegen. In meinen Aufzeichnungen aus den Jahren 1920 bis 1922 finde ich kaum einen Monat ohne großen Streik; Streik in allen Gewerben, Streik der Eisenbahner, Straßenbahner, der Chauffeure, der Lagerhausarbeiter, der Post-, Telephon- und Telegraphenbeamten, der Finanzbeamten, der Landesbeamten, der Kellner, der Friseure usw." [8]

[6] Salter Arthur, The Financial Reconstruction of Austria, Genf 1926 aus Wiener Geschichtsblätter, 1974, Sonderheft 2, Seite 51
[7] Renner Karl, Österreich von der ersten zur zweiten Republik, Wien 1953, Seite 81
[8] Brandl Franz, Kaiser, Politiker und Menschen, Wien 1936, Seite 366

Typischer Wiener Gemeindebau-Innenhof der 1920er Jahre

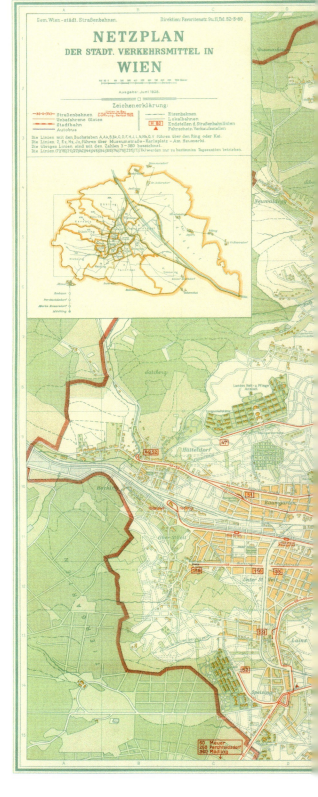

Stündliche Geldentwertung
Die laufende Geldentwertung machte immer wieder Tarifanpassungen der Tramway notwendig. Da aber die Geldentwertung schneller vor sich ging als der Druck der Fahrscheine, wurde anstelle eines Preises nur ein Symbol gedruckt, zu dem ein Gegenwert verlautbart wurde. Durch den auch nach Kriegsende andauernden Kohlemangel waren auch die Verkehrseinschränkungen prolongiert. Kürzungen der täglichen Betriebsdauer, Verlängerungen der Zugsfolgen, Auflassung von Haltestellen u. a. m. mussten die leidgeprüften Wiener noch bis in die 1920er Jahre über sich ergehen lassen. Infolge des Mangels an motorisierten Transportfahrzeugen wurde die Tramway nach dem Krieg weiterhin auch für Lastentransporte herangezogen.

Von der Cash Cow zur Selbstkostendeckung
Bis zum Jahr 1919 hatten die Verkehrsbetriebe mit dem städtischen Massenverkehr noch erhebliche Gewinne für die Gemeindekassen erzielt. Im „Roten Wien" galt aber nur mehr das Prinzip der Selbstkostendeckung. Die Fahrpreise wurden daher so gering wie nur möglich gehalten. Im Jahr 1919 wurde auch an Stelle des Zonentarifes ein Einheitsfahrpreis eingeführt, der auch den weit von den Arbeitsstätten Wohnenden eine billige Fahrt mit den öffentlichen Verkehrsmitteln ermöglichte. Darüber hinaus wurden noch Wochenkarten und Vorverkaufsscheine angeboten.

Schrumpfstadt
Nachdem die Bevölkerung der Stadt unmittelbar nach dem Krieg vor allem durch Heimkehrer und Vertriebene zugenommen hatte, entspannte sich im Laufe der Jahre die Situation. Wien wurde nach Jahrzehnten des ununterbrochenen Wachstums zu einer schrumpfenden Metropole. Die Zahl der Bewohner Wiens sank bald auf unter 2 Millionen.

Rote Politik
Die den schwierigen äußeren und inneren Verhältnissen angepasste Politik der Sozialdemokraten im Rathaus kann unter dem Begriff „Fürsorge-

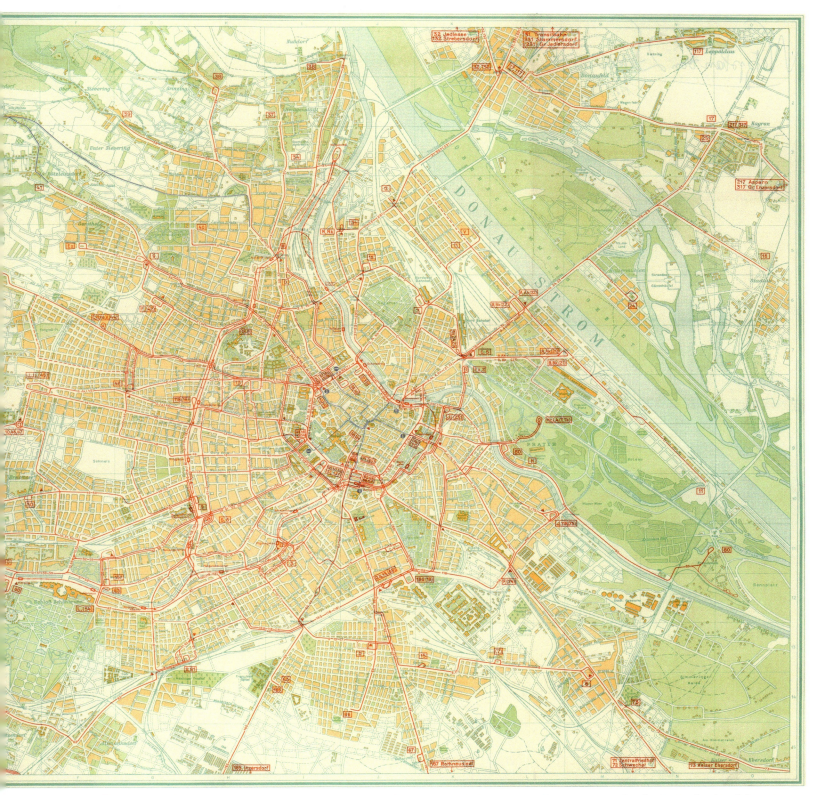

Plan aus 1928: zu dieser Zeit hatte das Wiener Straßenbahnnetz mit mehr als 300 Kilometern Netzlänge seine bis heute größte Ausdehnung

politik" zusammengefasst werden. Bevor die roten Arbeiterführer und Politiker später – nach 15 Jahren sozialdemokratischer Wienpolitik – im Bürgerkrieg von 1934 regelrecht aus ihren Gemeindebauten herausgeschossen wurden, konnte das „Rote Wien" vor allem eine neue Wohnungspolitik vorweisen, die in ganz Europa große Beachtung fand. Dem zu Zeiten der Monarchie gehuldigten unkontrollierten liberalen Wohnungswesen mit Mietwucher, unsozialen Überbelegungen und katastrophalen sanitären Verhältnissen wurde das Modell des Gemeindebaus und der Gemeindewohnungen gegenübergestellt. Innerhalb eines Jahrzehntes wurden mehr als 60 000 Wohnungen gebaut, deren Mieten nicht höher als 6-8 % eines durchschnittlichen Arbeitereinkommens waren.[9] Damit konnten nicht nur die größte Wohnungsnot gelindert, sondern auch positive Rückwirkungen auf

9 Czeike Felix, Liberale, Christlichsoziale und Sozialdemokratische Kommunalpolitik (1861-1934), Wien 1962, Seite 104

Die alte Hauptwerkstätte der Straßenbahn in der Siebeneichengasse in den 1930er Jahren

Die Wiener Straßenbahn: oft bis an die Grenze ihrer Leistungsfähigkeit beansprucht

das Gesundheits- und Fürsorgewesen erzielt werden. Noch war es möglich, die Gemeindebauten in bestehende Baulücken und freie innerstädtische Flächen zu pressen und somit Stadtrandsiedlungen zu vermeiden. Für solche wären teure Aufschließungen mit einem schnellen Verkehrsmittel wie einer U-Bahn notwendig gewesen. Für große Investitionen in den öffentlichen Verkehr reichten die Geldmittel jedoch nicht, vor allem nachdem die konservative Bundesregierung begonnen hatte, das sozialdemokratische Wien finanziell auszuhungern, indem es dessen Anteil an den gemeinschaftlichen Bundesabgaben mit der Abgabenteilungsnovelle vom 28. Jänner 1931[10] reduzierte. Mit dieser gegen das „Rote Wien" gerichteten Regierungsmaßnahme kam auch der kommunale Wohnbau in Wien praktisch zum Erliegen.

Rote Verkehrspolitik

Unter diesen Umständen war an den teuren Bau einer Wiener U-Bahn, wie es noch vor Ausbruch des Ersten Weltkrieges geplant gewesen war, nicht zu denken. In der Verkehrspolitik standen daher die Übernahme und Elektrifizierung der Stadtbahn von den ehemaligen k. k. Staatsbahnen und der Ausbau des Straßenbahnnetzes im Mittelpunkt. Unmittelbar nach dem Kriege war die Bautätigkeit im Rahmen der Straßenbahn auf kleinere Umbau- und Gleisumlegungsarbeiten beschränkt. Hauptsächlich waren dies sogenannte „Notstandsmaßnahmen", deren eigentlicher Zweck es war, der bestehenden Arbeitslosigkeit entgegenzuwirken. Die Hauptarbeiten konzentrierten sich auf die Umstellung der Dampfstraßenbahnen von Mauer nach Mödling und von Kagran nach Groß-Enzersdorf auf elektrischen Betrieb in den Jahren 1920 und 1921. Letztendlich wuchs das Straßenbahnnetz trotz der schwierigen Bedingungen um einige Kilometer von 274 im Jahr 1918 auf 284 Kilometer im Jahr 1926. Mit der Einbeziehung des 27 Kilometer langen Stadtbahnnetzes waren es dann immerhin 311 Kilometer Gesamtstreckenlänge, die den Wienern zur Verfügung standen. Rund 16 Kilometer der Straßenbahn führten über die Stadtgrenze hinaus in niederösterreichische Nachbargemeinden wie Mauer, Mödling, Groß-Enzersdorf, Schwechat und Stammersdorf. Die Tramway hatte damals 700 Haltestellenpaare, die voneinander durchschnittlich 343 Meter entfernt lagen.[11] Die durchschnittliche Reisegeschwindigkeit betrug rund 14 km/h. Da als Massenverkehrsmittel nur die städtischen Straßenbahnen den Wienern zur Verfügung standen, waren diese bis zur Grenze ihrer Leistungsfähigkeit beansprucht. Die

---

10 Csendes Peter/Opll Ferdinand, Wien Geschichte einer Stadt, Band 3, Seite 445
11 Wien im Aufbau, Wirtschaftliche Unternehmungen, Wien 1937, Seite 47

Der besonders robuste Straßenbahnwagen der Type „M"

Wiener Fahrzeuglogos

Zahl der Fahrgäste, welche vor dem Krieg rund 324 Millionen betrug und während des Krieges auf 557 Millionen anstieg, verminderte sich zwar bis zum Jahr 1922 auf 441 Millionen, stieg in den nächsten Jahren aber auf 650 Millionen an. Auf Linien mit starkem Verkehr waren Dreiwagenzüge im Einsatz. Insgesamt standen Ende der 1930er Jahre 3 370 Wagen zur Verfügung, die in 18 Bahnhöfen in 53 Wagenhallen abgestellt waren.

Die neue Wagengeneration

Der neue Wagenpark nach dem Krieg setzte sich zusammen aus 90 Straßenbahntriebwagen der Bauart „L" mit vierflügeligen Türen, die schon während des Krieges bestellt worden waren und 30 modernen Triebwagen der Type „M" mit einem vergrößerten Fassungsraum und einer Doppelschiebetür sowie 130 modernen Anhängerwagen. Die ab dem Jahr 1927 in Dienst gestellten Triebwagen der Type „M" und der Beiwagen Type „m" gehörten mit ihrer elektrischen Nutzstromheizung lange zu den beliebtesten Fahrzeugen im Fuhrpark der städtischen Straßenbahnen.

„Der Bau neuer und die Vergrößerung bestehender Betriebsbahnhöfe und Wagenhallen, die Vervollkommnung der Werkstättenanlagen, insbesondere der Hauptwerkstätte für die regelmäßige Untersuchung der Wagen und für Wagenreparaturen sowie der Oberbauwerkstätte, ferner die Vermehrung des Wagenparkes durch Anschaffung moderner Personenwagen, welche allen Erfordernissen der Betriebssicherheit und der Bequemlichkeit der Fahrgäste in hohem Maße entsprechen, geben ein beredtes Zeugnis von dem Streben der Gemeinde, das Unternehmen einerseits den Fortschritten der Technik auf dem Gebiete des Verkehrswesens, andererseits dem Verkehrsbedürfnisse der Großstadt ständig anzupassen."[12]

Die größte Ausdehnung des Straßenbahnnetzes

Ende der 1920er Jahre erreichte das Wiener Straßenbahnnetz mit fast 300 Kilometern Netzlänge bis heute seine größte Ausdehnung. Über 3 500 Trieb- und Beiwagen waren in diesem dichten, die ganze Stadt umfassenden Straßenbahnnetz unterwegs. Verbunden mit diesem Rekord an Straßenbahnwagen war im Jahr 1927 auch die Umstellung des Logos an den Fahrzeugen von einem Wappen mit Doppeladler auf das Kreuzwappen der Stadt Wien. Mit Landesgesetz vom 13. Februar 1925 hat die Stadt Wien auf Antrag des damaligen Archivdirektors auf ihr ältestes Symbol zurückgegriffen. Dies zeigte lediglich ein schlichtes weißes Kreuz auf rotem Feld. Der Adler blieb auf seine ursprüngliche Rolle als Siegelbild beschränkt.[13] Kaum erklärlich ist, warum man 16 Jahre später, in den Jahren von 1943 bis 1946, wieder den Doppeladler einführte. Anscheinend hatte man während des Zweiten Weltkrieges keine anderen Sorgen als das Erscheinungsbild der Straßenbahnen. Nach dem Krieg wurde wieder alles überklebt und das Stadt-Wien-Kreuz erlebte als Logo seine Renaissance.

12 Spängler Ludwig, Die städtischen Straßenbahnen, aus Das Neue Wien, Band IV, Wien 1928, Seite 74
13 Jäger-Sunstenau Hanns, 500 Jahre Wappenbrief für die Stadt Wien, im Amtsblatt der Stadt Wien vom 12. 7. 1961, Seite 3

Aus den Stra[ßenbahn]

Montieren der Räder auf einen Stadtbahnwaggon.

Ölung und genaue Prüfung

Das Radlager.

Eigenes Fachpersonal ist mit der Pflege und Instandhaltung der Schienen betraut. Bild zeigt: Auswechseln einer schadhaften Stelle.

Rechts: Lackieren der Waggons mittels Spritzverfahrens.

Aufstellen eines Abspann-Anklammermastes im Zuge der Elektrifizierung der Stadtbahn

Die Elektrifizierung der Wiener Stadtbahn

Eine alte Idee Luegers

Nach dem Ende des Ersten Weltkrieges wurde der kriegsbedingt eingestellte Stadtbahnverkehr von den Bundesbahnen nicht wieder aufgenommen. Gleichzeitig kämpften aber die wieder in Betrieb genommenen Straßenbahnen mit Überlastungen. Daher wurde in Wien immer öfter die Frage nach einer Nutzung des mehr oder weniger brach liegenden stadtumspannenden Stadtbahnnetzes gestellt.

Im August 1923[1] griff die Gemeinde unter Wiens erstem, nach allgemeinem und gleichem Wahlrecht gewählten Bürgermeister Jakob Reumann eine alte Idee Luegers auf und trat an die Bundesregierung um Überlassung der Stadtbahnanlagen entlang Wiental, Donaukanal und Gürtel heran. Diese sollten für einen elektrischen Betrieb umgebaut werden. Eine Wiederaufnahme des Dampfbetriebes kam allein schon wegen der Schäden an den

1 Frank Ferdinand, in wien um die mitte des XX. jahrhunderts, Wien 1958, Seite 694

Betoneisenkonstruktionen der Tunnelbereiche als Folge der Einwirkung der Heizgase aus den Lokomotiven nicht mehr in Frage. Der damalige Direktor der städtischen Straßenbahnen, Ludwig Spängler, hatte die Absicht, über die Stadtbahntrasse der Gürtelstrecke eine „Schnellstraßenbahn"[2] zu führen und damit die Stadtbahnstrecke ins Straßenbahnnetz einzubeziehen. Der Betrieb mit leichten Straßenbahngarnituren würde zudem weniger Strom benötigen als der Einsatz schwerer elektrischer Schnellbahn- bzw. Eisenbahnzüge.

Umstellung auf U-Bahn

Soweit es die baulichen Maßnahmen bei der Elektrifizierung der Stadtbahn betraf, wurde so geplant, dass eine spätere Verbindung bzw. Einbindung der Stadtbahn in ein bald zu schaffendes U-Bahn-Netz nicht unmöglich gemacht wurde:

„*Die Elektrifizierung der Stadtbahn mit Straßenbahnwagen, welche jederzeit auf der Straßenbahn wieder verwendet werden können, gibt alle Zukunftsmöglichkeiten frei, sei es für den von den Bundesbahnen vorbehaltenen elektrischen Vollbahnverkehr, sei es für einen engen Zusammenschluß der Stadtbahn mit späteren Untergrundschnellbahnen.*"[3]

Sonst kein Interesse

An der innerstädtischen Verbindungsbahn zwischen Nordbahnhof und Südbahnhof und deren Verlängerung über Meidling nach Hütteldorf bestand seitens Wiens kein Interesse, ebenso nicht an der Vorortelinie zwischen Hütteldorf und Heiligenstadt und den über Hütteldorf und Heiligenstadt hinausgehenden Strecken entlang der Westbahn und der Franz-Josephs-Bahn. Von den 40 Millionen Fahrgästen der Stadtbahn im Jahr 1913 waren nur 6 Millionen oder 15 % auf diesen Lokalstrecken weitergefahren, obwohl dies direkt ohne Umsteigen möglich gewesen war.[4]

Zustimmung mit Kündigungsrecht

Nachdem die Bundesbahnen mit den Strecken der Wiener Stadtbahn entlang von Gürtel, Wiental und Donaukanal ohnedies nicht viel anzufangen wussten[5], waren sie bereit, mit der Stadt in Verhandlungen einzutreten. Nach langen Diskussionen konnte letztendlich unter dem neuen sozialdemokratischen Bürgermeister Karl Seitz ein Pachtvertrag – aber nur für 30 Jahre – für die rund 27 Kilometer[6] lange Stadtbahn mit 25 Haltestellen abgeschlossen werden. Der Bund behielt sich zudem das Recht vor, diesen Vertrag schon nach zehn Jahren zu kündigen, falls die Bahn selbst einen elektrischen Vollbetrieb auf der Stadtbahn führen wollte. Die entsprechenden Gesetze traten am 21. Dezember 1923 in Kraft.[7]

Getrennte Aufnahmegebäude in den Verknüpfungsstationen

Durch die nun getrennte Betriebsführung der Stadtbahn von den Vollbahnlinien der Bundesbahn waren in den Verknüpfungsstationen Hütteldorf, Heiligenstadt und Hauptzollamt (heute Landstraße) bauliche Umbaumaßnahmen bzw. Teilungen notwendig. Da diese Bahnhöfe im Eigentum der BBÖ (Vorgängerorganisation der ÖBB) verblieben, musste die Stadt eigene Aufnahmegebäude für die Stadtbahn dazu bauen. In Hütteldorf wurde für die Stadtbahn eine neue Gleisschleife mit Ankunfts- und Abfahrtsbahnsteigen an den beiden Längsseiten der Schleife angelegt. Diese waren überdeckt und mit den Bahnsteigen der Bundesbahnen verbunden. Für die Fahrgäste, die nur die Stadtbahn benützten, wurde neben dem Hackinger Stationsgebäude der Bundesbahnen ein eigenes Stadtbahnaufnahmegebäude errichtet. Ebenso wie in Hütteldorf wurde auch in Heiligenstadt eine Gleisschleife für die Stadtbahn gebaut, an deren Längsseiten ebenfalls die Bahnsteige angelegt wurden, über die man auch zu den Bahnsteigen der Bundesbahn gelangen konnte. Um in Richtung des Bahnhofvorplatzes Heiligenstadt gelangen zu können, wurde unter den Gleisen der Franz-Josephs-Bahn ein fünf Meter breiter und drei Meter hoher Tunnel errichtet, der in ein kleines Aufnahmegebäude am Vorplatz Heiligenstadt mündete. Auch in der Station Hauptzollamt waren durch die getrennte Betriebsführung mit den Bundesbahnen entsprechende Umbauten notwendig.

Hietzinger Verbreiterungen

Da auf der oberen Wientallinie Richtung Hütteldorf ab der Station Hietzing von einem stark abnehmenden Stadtbahnverkehr auszugehen war, wurde zur besseren Anpassung des Zugsverkehrs an die tatsächlichen betrieblichen Erfordernisse am Hietzinger Kai zwischen der Hietzinger Brücke und der Dommayergasse der Einschnitt der Stadtbahn verbreitert, um ein drittes Gleis zum Umkehren der Züge verlegen zu können.

Ein neuer Betriebsbahnhof

Da mit den beiden Betriebsbahnhöfen in Hütteldorf und Heiligenstadt nicht mehr das Auslangen gefunden werden konnte, musste im Bereich des ehe-

Titelblatt der Informationsbroschüre der Stadt Wien anlässlich der Eröffnung der elektrifizierten Stadtbahn

---

2 Spängler Ludwig, Die Wiener Elektrische Stadtbahn, in Elektrotechnische Zeitschrift, Heft 39, Wien 1927, Seite 2
3 Elektrisierung der Wiener Stadtbahn, Wien, 1925, Seite 7
4 Spängler Ludwig, Die städtischen Straßenbahnen, aus Das Neue Wien, Band IV, Wien 1928, Seite 98
5 nachdem Anfang Dezember 1918 der Stadtbahnverkehr aufgrund des Kohlemangels gänzlich eingestellt worden war, wurde ab 1922 zur Entlastung des Westbahnhofes nur ein für den innerstädtischen Verkehr bedeutungsloser Übergangsverkehr von Hütteldorf über Meidling zur Gürtelstrecke bis Michelbeuern aufgenommen
6 Wien im Aufbau, Wirtschaftliche Unternehmungen, Wien 1937, Seite 51
7 Czeike Felix, Liberale, Christlichsoziale und Sozialdemokratische Kommunalpolitik (1861-1934), Wien 1962, Seite 85

Verbreiterung der Stadtbahntrasse für ein drittes Gleis in Hietzing

maligen Frachtenbahnhofes Michelbeuern ein dritter Betriebsbahnhof für die elektrische Stadtbahn gebaut werden. Neben Werkstättengebäuden und einer Stellwerksanlage wurde eine Abstellhalle für 72 Wagen errichtet. 50 Wagen konnten auch im Freien abgestellt werden.

Der „Saft"

Die Stromzuführung erfolgte über Fahrdraht-Oberleitungen. Die Fahrdrahthöhe betrug 4,8 Meter in den offenen und 4,35 Meter in den geschlossenen Streckenteilen. Die städtischen Elektrizitätswerke lieferten einen Drehstrom von 5000 Volt, der in den Unterwerken Hauptzollamt, Meidling, Unter-St. Veit und Währingerstraße in 750 Volt Gleichstrom umgeformt wurde. Die Rückleitung des Stromes erfolgte über die Schienen. Dazu gab es noch mobile fahrbare Umformer-Wagen, die zur Verstärkung herangezogen werden konnten.

Die Stadtbahn wurde durch moderne Signalanlagen fast eine Schnellbahn

Gegenüber den früher gebräuchlichen Armsignalen kamen nun ausschließlich Lichtsignale zur Verwendung. Die selbsttätigen Signalanlagen ermöglichten auf der elektrischen Stadtbahn ein Zugsintervall von eineinhalb Minuten trotz relativ hoher Fahrgeschwindigkeit. Damit wurde aus der alten Stadtbahn fast eine moderne Schnellbahn. Gegenüber den alten von Hand zu bedienenden Blocksignalanlagen war damit auf der elektrischen Stadtbahn auch die Sicherheit wesentlich erhöht. Die Signalanlagen wurden von Stellwerken in Hietzing, Meidling, Friedensbrücke, Heiligenstadt, Nußdorfer Straße und Michelbeuern gesteuert. Im Stellwerksraum ermöglichte eine Fahrschautafel den Stellwerkswärter durch Aufleuchten bzw. Verdunkeln der einzelnen Gleisbereiche einen Überblick über die aktuellen Zugsfahrten zu bekommen.

Ein Hybrid-Fahrzeug für Stadtbahn und Straßenbahn

Die nun gemeinsame Organisation von Stadtbahn und Straßenbahn führte zur kundenfreundlichen Abstimmung beider Verkehrsmittel mit einem einheitlichen Tarif. Nachteilig blieb, dass auf der Stadtbahn kein niveaugleicher Zustieg zu den Fahrzeugen wie bei einer U-Bahn eingeführt werden konnte, da der Fuhrpark von der Stadt so ausgelegt werden musste, dass die Fahrzeuge sowohl auf der Stadtbahn wie auch im Straßenbahnnetz fahren konnten. Dies war durch die Befristung und frühzeitige Kündigungsmöglichkeit des Übernahmevertrages notwendig. Im Falle einer Rückgabe der Stadtbahn an die Staatsbahnen konnte zumindest das selbst angeschaffte rollende Material behalten und im Straßenbahnnetz weiterverwendet werden. Der gemeinsame Fuhrpark hatte auch den Vorteil, die bei der Stadtbahn an schönen Sonn- und Feiertagen auftretenden Verkehrsspitzen mit Garnituren aus dem Straßenbahnnetz abfangen zu können. Da aber nach zehn Jahren, im Jahr 1934, die Kommission für Verkehrsanlagen in Wien aufgelöst wurde und damit eine Rückgabe der Anlagen nicht mehr zur Diskussion stand, war die ganze Aktion eines gemeinsamen Fuhrparkes für Straßenbahn und Stadtbahn eigentlich sinnlos gewesen. Die Stadtbahn wurde dann aber endgültig ins Eigentum der Stadt Wien überführt.

Der erste elektrische Stadtbahnwagen, die Type „N"

Die ersten Stadtbahnwagen waren leichte zweiachsige Fahrzeuge, bei denen Trieb- und Beiwagen mechanisch gleichartig hergestellt wurden. Die Wagenkästen bestanden aus Holz. Das Wageninnere war von den beiden äußeren Plattformen durch Doppeltüren getrennt. Die Triebwagen waren mit Gleichstrommotoren für 750 Volt Spannung ausgelegt, die eine Höchstgeschwindigkeit von 38 km/h schafften.[8] Für den Mischbetrieb der Straßenbahn mit der Stadtbahn wurden 180 Triebwagen der Type „N" und 270 Anhängerwagen der Type „n" bzw. „n1" angekauft, die ähnlich der Type „M" der Straßenbahn konstruiert waren. Die Zahl der Anhängerwagen wurde außerdem durch Umbau von 52 Personenwagen aus dem ehemaligen Stadtbahnbetrieb erweitert. Die einzelnen Stadtbahnzüge bestanden aus drei bis neun Wagen, darunter bis zu drei Triebwagen. Wegen der geringeren Fahrzeugbreite von 2,26 Metern gegenüber den früher im Dampfbetrieb eingesetzten Garnituren, die drei Meter breit waren, und wegen des Übergangs der Wagen von der Straßenbahn auf die Stadtbahn mussten die Gleislagen bei allen Bahnsteigen der Stadtbahn geändert, d. h. näher an den Bahnsteig herangerückt und gehoben werden. Niveaugleicher Zustieg war aber trotzdem nicht möglich. Anstelle von drei Stufen wie beim Dampfbetrieb musste aber nur mehr eine Stufe überwunden werden. Im Gegensatz zur Straßenbahn, die mit 600 Volt Gleichstrom betrieben wurde, betrug die Betriebsspannung der Stadtbahn 750 Volt.

8 Spängler Ludwig, Die städtischen Straßenbahnen, aus Das Neue Wien, Band IV, Wien 1928, Seite 111

Neben dem Wagenführer war in der Stadtbahn ein zweiter Mann für die Zugabfertigung zuständig

Die Linie 18G vor der Station Gumpendorfer Straße beim Übergang von der Stadtbahnstrecke auf die Straßenbahnstrecke

Mit der Stadtbahn auf die Straße

Vom Bereich des Bahnhofes Michelbeuern, am Währinger Gürtel bei der Hofmanngasse und am Mariahilfer Gürtel bei der Station Gumpendorfer Straße war es von der Geländetopografie möglich, die notwendigen Gleisverbindungen zwischen der Stadtbahntrasse und den auf Straßenniveau befindlichen Gleisen der Straßenbahn herzustellen. Über die 70 Meter vor der Station Gumpendorfer Straße in Richtung Westbahnhof gelegene Gleisverbindung konnten Straßenbahnzüge auf die Stadtbahn übergehen und umgekehrt. Die dazu notwendigen Weichenanlagen wurden von einem in die Station Gumpendorfer Straße eingebauten Stellwerk gesteuert.

Der zweite Mann

Das Personal eines Stadtbahnzuges bestand aus einem Wagenführer, der die Garnitur steuerte, und einem zweiten Mann, dem Zugführer bzw. Zugbegleiter, der seinen Platz neben dem Wagenführer hatte und für die Zugabfertigung zuständig war. Die übrigen Wagen waren nicht mit Personal der Verkehrsbetriebe besetzt, sodass die Fahrgäste selbst Hand anlegen mussten, um die Türen zu öffnen. Davon machten sie vor allem im Sommer zur Zufuhr frischer Luft Gebrauch. Dies war aber oft Ursache tödlicher Unfälle durch verfrühtes oder verspätetes Abspringen von den Zügen. Im Gegensatz zur heutigen Wiener U-Bahn konnten die Bahnsteige der Stadtbahn nur nach Passieren von Sperren im Aufnahmegebäude betreten werden. Bei den dort tätigen Sperrenschaffnern und bei besonderen Kassen konnten gültige Fahrscheine erworben werden.

Die Hybridlinie 18G

Die Straßenbahnlinie, deren Streckenverlauf über die Stadtbahntrasse am Gürtel führte, hieß 18G. Die Linie fuhr als Straßenbahn auf den Gleisen der Straßenbahnlinie 118 vom Südbahnhof über den Wiedner Gürtel und den Margaretengürtel bis zur Stadtbahnhaltestelle Gumpendorfer Straße, wo sie auf den Bahnkörper der Stadtbahn überging. Als Stadtbahn verkehrte sie weiter bis nach Heiligenstadt. Die Linie 18G wurde mit Dreiwagenzügen betrieben. In jedem Zug war neben dem Fahrer auch ein Schaffner im Einsatz. Die Hybridlinie 18G war rund 20 Jahre im Einsatz. Der Betrieb wurde kriegsbedingt während des Zweiten Weltkrieges am 18. Februar 1945 eingestellt und nicht wieder aufgenommen.

Der dritte Mann

Mit dem Einschleifen der Linie 18G auf die Stadtbahn war auch der Zustieg eines Zugbegleiters erforderlich. Bis zur Haltestelle Burggasse ging es dann zu dritt im Zug weiter, dort durfte dann der Schaffner den Zug verlassen. In der anderen Richtung von Heiligenstadt kommend stieg der Schaffner ebenfalls in der Station Burggasse zu, während der Zugbegleiter erst nach Ausfahrt aus der Stadtbahnstrecke den nun wieder zu einer Straßenbahn mutierten Zug verlassen durfte.

Eröffnungsstress

Entsprechend dem Umstellungsfortschritt wurde der elektrische Betrieb auf der Stadtbahn etappenweise in vier Teileröffnungen aufgenommen:

- am 3. Juni 1925 zwischen Hütteldorf-Hacking und der Alserstraße,
- am 22. Juli 1925 zwischen Alserstraße und Heiligenstadt,
- am 7. September 1925 zwischen Meidling und Hauptzollamt (heute Landstraße) und
- am 20. Oktober 1925 zwischen Hauptzollamt und Heiligenstadt samt Verbindungsbogen Friedensbrücke-Nußdorfer Straße.

Ebenfalls am 20. Oktober 1925 nahm die Straßenbahn/Stadtbahn-Linie 18G zwischen dem Süd-Ostbahnhof und Heiligenstadt ihren Betrieb auf. Die erste Eröffnung am 3. Juni 1925 nahmen der parteilose österreichische Bundespräsident Michael Hainisch und der sozialdemokratische Wiener Bürgermeister Karl Seitz vor.

Insgesamt wurden vier Linien betrieben:

- die Linie WD (Hütteldorf-Wiental-Donaukanal-Heiligenstadt),
- die Linie DG (Hietzing-Wiental-Donaukanal-Verbindungsbogen-Gürtel-Meidling),
- die Linie GD (Meidling-Gürtel-Verbindungsbogen-Donaukanal-Wiental-Hietzing) und
- die Linie 18G (als Straßenbahn vom Süd-Ostbahnhof bis zur Gumpendorfer Straße und als Stadtbahn von der Gumpendorfer Straße bis Heiligenstadt.

Die Züge fuhren in einem 4-5 Minuten-Intervall mit einer Höchstgeschwindigkeit von rund 40 km/h und einer Reisegeschwindigkeit von rund 25 km/h. Die 29 Stadtbahnhaltestellen hatten einen durchschnittlichen Stationsabstand von 900 Metern.

Erfolgreich unter Strom

Die Umbaumaßnahmen an der Stadtbahn erwiesen sich als äußerst erfolgreich. Hatten im Jahr 1913 rund 40 Millionen Fahrgäste pro Jahr die Stadtbahn benützt, so konnte mit der Elektrifizierung die Fahrgastfrequenz auf 90 Millionen Kundenfahrten mehr als verdoppelt werden.

Die Vorortelinie

Anders erging es der bei den Bundesbahnen verbliebenen Vorortelinie. Auf dieser wurde der Dampfbetrieb notdürftig aufrecht erhalten, ehe im Jahr 1936 der Personenverkehr ganz eingestellt wurde. Nach den Beschädigungen im Zweiten Weltkrieg wurden die Stationen nur oberflächlich instandgesetzt, aber für den Personenverkehr nicht wieder in Betrieb genommen. Erst in den 1980er Jahren wurde die Vorortelinie mit 20 %iger Kostenbeteiligung der Stadt Wien als Schnellbahn reaktiviert und ergänzt heute erfolgreich das Nahverkehrsangebot der Wiener Linien.

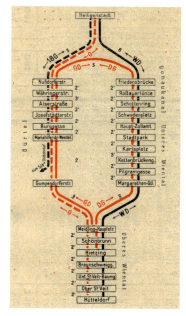

Linienführung und Fahrtdauer der elektrifizierten Stadtbahn

Ein Stadtbahnzug bestehend aus Triebwagen der Type „N" und Beiwagen der Type „n"

Heimwehr und Kirche in gemeinsamer Prozession

Der große Riss in der österreichischen Gesellschaft

Eine blinde und provozierende Justiz

Die politischen und geistigen Wunden, die der Erste Weltkrieg in Österreich geschlagen hatte, waren Ende der 1920er Jahre trotz langsamer wirtschaftlicher Stabilisierung der Verhältnisse noch nicht verheilt. Die innenpolitischen Spannungen und Meinungsverschiedenheiten bekamen durch das Vorhandensein bewaffneter paramilitärischer Schutzverbände wie der bürgerlichen „Heimwehr" und des sozialdemokratischen „Schutzbundes" einen latent gefährlich-aggressiven und konfliktbereiten Anstrich. Als am 30. Jänner 1927 im burgenländischen Schattendorf während einer friedlichen Arbeiterdemonstration zwei Teilnehmer von Heckenschützen erschossen wurden, zeigte sich blutig der tiefe und unüberbrückbare ideologische Graben, der das Land bereits spaltete. Nachdem aber die Mörder von parteiischen, auf einem Auge blinden Geschworenen und der Justiz zur Überraschung Aller freigesprochen wurden, brachte dies für die linke Reichshälfte das Fass zum Überlaufen. Die Arbeiterzeitung titelte am 15. Juli 1927 wegen dieser Ungerechtigkeit fassungslos:

„Die Mörder von Schattendorf freigesprochen"

Aufmarsch des sozialdemokratischen Schutzbundes

Protest auf der Straße

In ihrem Gerechtigkeitsgefühl verletzt, wollten daraufhin weite Kreise der Wiener Bevölkerung auf der Straße ihrem Ärger über diese nicht nachvollziehbare staatliche Provokation Luft machen. Die städtischen Arbeiter der Elektrizitätswerke waren die Ersten, die sich von ihren Arbeitsstätten zu Demonstrationsmärschen aufmachten. Die Bediensteten der städtischen Straßenbahnen schlossen sich ihnen an. Ab 8 Uhr früh wurde der Straßenbahnverkehr eingestellt und bald darauf auch der Telefon- und Telegraphenbetrieb vorübergehend lahmgelegt. Aus allen Bezirken marschierten die Demonstranten Richtung Stadt. Wie so oft in der Geschichte Wiens waren die Straßenbahner wieder an vorderster Front, als es galt, rasch und geschlossen gegen diese Ungerechtigkeit und Verhöhnung der Rechtsstaatlichkeit auf die Straße zu gehen und lautstark dagegen zu protestieren.

„Meldung des Ray.-Insp. J. H. der SW.-Abt. XVII: Am 15. Juli 1927 um 10 Uhr vormittags wurde ich in den I. Bezirk in das Wachzimmer Lichtenfelsgasse zur Bereitschaft einberufen. Ich traf auf Umwegen mittels Straßenbahn, Linie C, da die Linie J bereits eingestellt war, um 1/2 11 Uhr vormittags in der Alserstraße, Ecke Lastenstraße, ein. Da die noch verkehrenden Straßenbahnzüge in der Landesgerichtsstraße stockten, ging ich rasch zu Fuß durch den Friedrich Schmidtplatz-Rathaus zur Lichtenfelsgasse. Es fiel mir auf, daß mir sehr viele Gemeindeangestellte begegneten, welche ich durch ihre Kleidung als Straßenbahner (die Mehrzahl davon aus der Werkstätte), Straßenkehrer, Arbeiter von den Kolonialzügen und als Chauffeure und Angestellte der Gas- und Elektrizitätswerke erkannte." [1]

Der Brand des Justizpalastes

Vor allem der Justizpalast auf der 2er Linie beim Schmerlingplatz, der nach Ansicht der Demonstran-

[1] Ausschreitungen in Wien am 15. und 16. Juli 1927, Weissbuch der Polizeidirektion Wien, Wien 1927, Seite 78

Johann Schober, Polizeipräsident von Wien von 1918 bis 1932, ließ auf Demonstranten schießen

Brennender Justizpalast am 15. Juli 1927

ten das Wort „Justiz", also „Recht" oder „Gerechtigkeit", nicht mehr verdiente, wurde zum Angriffsziel auserkoren.

„Meldung des Rev.-Insp. F. E. der SW.-Abt. XXVI: Hiebei bemerkte ich, wie die Werkstättenarbeiter der städtischen Straßenbahnen in Arbeitsuniform (Straßenbahnerkappe) sowie Arbeiter der städtischen Elektrizitätswerke teils zum Justizpalaste, teils über den Ring des 12. November gegen das Rathaus zogen. Unmittelbar hinter den Zügen fuhren zirka 5-6 Rüstwagen der eingangs erwähnten Unternehmungen. ... Kurze Zeit darauf sah ich, wie mit mehreren brennenden Fackeln Aktenbündel, die von den Stockwerken des Justizpalastes herabgeworfen worden waren, angezündet wurden. Die Pechfackeln und die zum Erbrechen der eisernen Tore verwendeten Krampen sind offenbar den Rüstwagen entnommen worden." [2]

Bald nachdem es Akten und Ordner aus den Fenstern regnete, stand der Justizpalast in Flammen. Die Angst vor dienstlichen Sanktionen dürfte sich bei den städtischen Bediensteten in Grenzen gehalten haben, da die Straßenbahner ihre Uniformen und damit ihre Unternehmenszugehörigkeit nicht zu verstecken trachteten. Die Polizei, verwirrt von der Masse der aufgebrachten Demonstranten, sah überall Uniformen städtischer Bediensteter und Schutzbundadjustierungen, auch dort, wo keine waren. Anscheinend wurden unter jeder Uniform Straßenbahner vermutet.

„Nach 12 Uhr mittags stiegen Straßenbahnbedienstete in Schutzbundadjustierung durch die erbrochenen Gittertüren der Vorhalle in den Justizpalast ein und forderten, daß dieses Gebäude der Masse übergeben werde." [3]

Staatlich angeordneter Schießbefehl

Der Justizpalast drohte ein Raub der Flammen zu werden. Als die Feuerwehr am Löscheinsatz gehindert wurde, gab der Polizeipräsident und spätere Bundeskanzler Johann Schober – dem anscheinend Gerichtsakten wichtiger waren als Menschenleben – der Polizei erbarmungslos den Befehl, direkt in die aufgebrachte, aber unbewaffnete Menschenmenge zu schießen.

„Die in Schwarmlinie vorgehenden Schulmannschaften [4] *feuern Salve um Salve gegen die Demonstranten, teils blind, teils über die Köpfe hinweg, teils gezielt: schreiende Massen in wilder Panik und regelloser Flucht, förmliche Treibjagden, Polizeiabteilungen, die aus nächster Nähe in die flüchtende, wehrlose, waffenlose Menge feuern."* [5]

Über 80 wegen des ungerechten Freispruches der Mörder empörte Menschen wurden so von ihren eigenen Landsleuten im Dienste der Polizei auf offener Straße erschossen. Die Feuerwehr hatte nun für ihren Löscheinsatz freien Zugang zum brennenden Justizpalast, da die Demonstranten entweder tot waren oder panikartig in Richtung Außenbezirke flohen.

---

2 Ausschreitungen in Wien am 15. und 16. Juli 1927, Weissbuch der Polizeidirektion Wien, Wien 1927, Seite 106,
3 ebenda, Seite 21
4 die Polizeieinheiten bestanden in ihrer Mehrzahl aus noch in Ausbildung befindlichen Schulmannschaften
5 Csendes Peter/Opll Ferdinand, Wien Geschichte einer Stadt, Band 3, Wien 2000, Seite 415

Ein Polizeireiter kommt durch Demonstranten in Bedrängnis

„Prälat ohne Gnad" Ignaz Seipel (1876-1932) war österreichischer Bundeskanzler in den 1920er Jahren

„Als ich beim Rathaus vorbeiging, hörte ich die ersten Salven. Einige Sekunden später sah man überall laufende Menschen, es sah aus wie ein Ameisenhaufen, in den man mit einem Stock herumstochert. Die Leute schrieen: ‚Man schießt, man schießt!' Ich lief nicht mit, denn ich dachte mir, die Polizei räume nur den Schmerlingplatz, aber am Rathausplatz wäre ich schon außer Gefahr. Doch dann hörte man Schüsse aus allen Richtungen. Die Menschen liefen in panischem Schrecken ohne jeden Plan und Sinn herum. Dann stürzten sie in die Häuser, soweit diese nicht versperrt waren."[6]

„Prälat ohne Gnad"

Die für das Massaker politisch verantwortliche christlich-soziale Bundesregierung unter dem Bundeskanzler und Priester Ignaz Seipel hatte mit diesen tödlichen Kugeln unmissverständlich klar gemacht, wer auch in Wien das Sagen hatte und dass mit ihr nicht zu spaßen war. Die Sozialdemokraten bezeichneten Ignaz Seipel verbittert aber treffend als „Prälat ohne Gnad". Heute wird seine Tätigkeit aber anscheinend anders gesehen und insofern gewürdigt, als in Wien sogar ein Platz in der Inneren Stadt nach ihm benannt ist.

Der erste Schritt in den Abgrund

Unüberbrückbare Gräben wurden an diesem Tag in Österreich aufgerissen. Am 17. Juli trat allmählich Beruhigung ein, vor allem da der Straßenbahnverkehr wieder aufgenommen worden war und dadurch die Fußgängerströme in den Straßen abnahmen. Für die Sozialdemokratie waren die Ereignisse eine bittere Niederlage. Justiz und Polizei hatten sich als willfährige Instrumente des politischen Gegners erwiesen. Schwach aber doch blühte noch die Hoffnung auf die große Masse der Arbeiter, auf außerparlamentarische Aktionen auf der Straße und auf Streiks. Der Parteivorstand der deutschösterreichischen Sozialdemokraten und der Gewerkschaftskommission Österreichs erließ einen Aufruf, der – auf die Einheit und Entschlossenheit der Straßenbahner bauend – mit den Worten schloss:

„Die Macht der Arbeiterschaft liegt in ihren wirtschaftlichen Kampfmitteln. Sie liegt darin, daß alle Räder stillstehen, wenn unser starker Arm es will. Das wuchtigste Kampfmittel der Arbeiterschaft ist die Stilllegung der Verkehrsbetriebe. Dieses Kampfmittel werden wir zunächst anwenden."[7]

Aber der Kampf um Österreich war für die Sozialdemokratie bereits verloren. Die Regierung driftete mehr und mehr nach rechts. Die sozialdemokratischen Parteiführer wussten kein adäquates Mittel, um diesem zunehmenden Druck des Austrofaschismus politisch etwas entgegenzusetzen. Einen Bürgerkrieg und bewaffnete Auseinandersetzungen wollte man unbedingt vermeiden. Wie die späteren Ereignisse zeigen würden, hatte der politische Gegner da viel weniger Skrupel.

6 Simon Joseph, Augenzeuge, Wien 1979, Seite 49
7 aus Kurt Schuschnigg, Dreimal Österreich, Wien 1937, Seite 132,

Dazu noch eine Wirtschaftskrise

Als ob die immer stärker zu Tage tretende ideologische Teilung des Landes nicht genug wäre, verschärfte eine weltweite Finanzkrise im Jahr 1929 die politische Situation noch weiter. Die globale Wirtschaftsdepression traf ganz Österreich und begann in Wien mit dem Zusammenbruch der Creditanstalt im Jahr 1931, der verheerende Folgen hatte.

„Die CA war die größte mitteleuropäische Bank, seit der Übernahme der ´Bodenkredit´ kontrollierte sie 70 Prozent der Industrie- und Großhandelsunternehmungen. Ihre Sanierung machte die Beteiligung von Staat und Nationalbank erforderlich, die Verlustsumme belief sich auf mehr als 10 Prozent des Bruttonationalproduktes von 1931."[8]

Ein Großteil der Bevölkerung wurde arbeitslos und dieser Zustand blieb – trotz aller möglichen Versuche, dagegen zu steuern – bis zur „Beschäftigungspolitik", d. h. militärischen Aufrüstung, des „Dritten Reiches" unverändert. Die gesellschaftspolitischen Gegensätze verstärkten sich in Österreich immer weiter. Zur weltanschaulich-ideologischen Krise gesellte sich eine unmittelbar am eigenen Leib spürbare materielle. Alles steuerte auf eine finale Auseinandersetzung hin, wobei sich ideologisch im rechten Lager die nationalistischen Entwicklungen im Nachbarland Deutschland immer mehr auf Österreich auszuwirken begannen.

Das 34er Jahr

Mit Beginn des Jahres 1934 hatten sich in Österreich die innenpolitischen Konflikte bereits stark zugespitzt. Die konservative Bundesregierung samt der konfliktfreudigen und waffenstarrenden Heimwehr unter ihrem Anführer Rüdiger von Starhemberg begann gegen das „bolschewistische" Wien immer mehr mobil zu machen. Der seit 1932 amtierende christlich-soziale Bundeskanzler Engelbert Dollfuß putschte von oben. Am 5. März 1933 löste er das Parlament und den republikanischen Schutzbund auf. Die Kommunistische Partei wurde am 26. Mai 1933 verboten und schließlich, nach den Ereignissen vom 12. Februar 1934, auch die Sozialdemokratische Partei für illegal erklärt.[9] Hitler hatte ein Jahr zuvor in Deutschland vorgezeigt, wie schnell und radikal man innerhalb weniger Monate ein demokratisches Land in eine Diktatur verwandeln, alles geistige Leben einsperren und Terror zur Staatsmaxime machen konnte. In punkto Tempo stand ihm Dollfuß um nichts nach. Die Sozialisten wurden von diesem Rechtsputsch regelrecht überrascht. Sie hatten den Ernst der Lage nicht wirklich erkannt. Trotz Aufbaus des Republikanischen Schutzbundes, der als Arbeiterheer den „Marsch auf Wien" verhindern sollte, war der linke Widerstand, da chaotisch und durch den Gegensatz zwischen Sozialisten und Kommunisten zerstritten, von vornherein chancenlos und zum Scheitern verurteilt.

Der 12. Februar

Hausdurchsuchungen, Verhaftungen und Schikanen gegen Arbeiterfunktionäre durch den Anführer der Wiener Heimwehr, Emil Fey, gehörten in Wien bereits zur Tagesordnung. Als dem sozialdemokratischen Wiener Bürgermeister Karl Seitz die in seiner Hand befindlichen Sicherheitsagenden entzogen und dem Polizeipräsidenten der Stadt übertragen wurden, regte sich offener Widerstand. Am Montag, dem 12. Februar 1934 war es soweit:

„Noch bevor ein offizieller Generalstreik ausgerufen worden war, hatten Arbeiter in einigen Fabriken die Arbeit niedergelegt. Zwischen elf und zwölf Uhr stellte die Wiener Straßenbahn ihren Betrieb ein. In der Regierungsproklamation heißt es, daß Teile der sozialdemokratischen Arbeiterschaft in den städtischen Gas- und E-Werken die Arbeit eingestellt hatten und daher in Wien das Standrecht verhängt worden sei."[10]

Der Sozialdemokratische Parteivorstand unter Otto Bauer und Julius Deutsch rief den Generalstreik aus. Gegen fünf Uhr nachmittags fielen die ersten Schüsse. Die mit Waffen ausgerüsteten Sozialdemokraten verschanzten sich in verschiedenen Gemeindebauten. Gegen die geballte Staatsgewalt hatten sie jedoch keine Chance. Die Zusammenstöße waren von kurzer Dauer. Nur in Floridsdorf dauerten die bewaffneten Auseinandersetzungen drei Tage. 182 Tote und 460 Verletzte[11] waren zu beklagen.

„Die rote Bastille ist erstürmt, das Vorwerk des Bolschewismus in Mitteleuropa ist aus der Bundeshauptstadt verschwunden" schrieb triumphierend die der Regierung nahestehende Reichspost.

Keine Gnade

Julius Deutsch und Otto Bauer mussten in die Tschechoslowakei fliehen. Der Wiener Gemeinderat und der Stadtsenat wurden aufgelöst, Bürgermeister Seitz und die sozialdemokratischen Gemeinderäte verhaftet.

„Seitz wurde, wie er selbst in einer Aktennotitz festgehalten hat, gegen 3 Uhr des 13. Februar unter gröblicher Beschimpfung durch Heimwehrleute die Treppen des Rathauses hinuntergeschleift, in ein Polizeiauto gehoben und in das

---

8 Csendes Peter/Opll Ferdinand, Wien Geschichte einer Stadt, Band 3, Wien 2006, Seite 432
9 Baltzarek Franz, Wien 1934-1938, in Wiener Geschichtsblätter, 1974, Sonderheft 2, Seite 53
10 ebenda, Seite 62
11 Gulick Charles, Österreich von Habsburg zu Hitler, Wien 1949, Seite 327

Standrechtliche Erschießung von Schutzbündlern durch das Bundesheer

Engelbert Dollfuß, österreichischer Bundeskanzler von 1932 bis 1934

Gefangenenhaus an der Elisabethpromenade geschafft."[12]

Der christlich-soziale Vizekanzler Richard Schmitz übernahm als neuer Bürgermeister die Verwaltung der Bundeshauptstadt. Mehrere Schutzbündler wurden standrechtlich erschossen. Als angeblicher „Rädelsführer" wurde der Schuhmacher und dreifache Vater Karl Münichreiter, der im Zuge der Schießereien angeschossen worden war, noch verwundet auf der Bahre zum Galgen geschleppt und erhängt. Sozialdemokraten und Gewerkschafter sowie verschiedene sozialdemokratische Einrichtungen wurden in den Untergrund gedrängt. Eine nicht mehr feststellbare Zahl von Mitarbeitern der städtischen Unternehmungen Verkehrsbetriebe, E-Werk, Gaswerk, Gewista, Brauhaus, Bestattung usw., vermutlich mehr als 2 000 Personen,[13] wurden von ihren Dienstposten entfernt und durch Anhänger des austrofaschistischen Regimes ersetzt.[14] Nur 16 Jahre nach dem Ende der Monarchie war somit durch Zerschlagung der Sozialdemokratischen Partei und der Kommunisten – aber auch der NSDAP – wieder ein radikaler Umbruch in der politischen Ordnung in Österreich und Wien eingetreten.

Die Systemzeit oder der Ständestaat

Mit dieser innenpolitischen Selbstzerfleischung wurde Adolf Hitler die Tür nach Österreich weit aufgemacht. Den ideologisch rechts Stehenden war nicht zu erklären, warum der faschistische Ständestaat unter Dollfuß und Schuschnigg besser sein sollte als der erfolgreichere deutsche Faschismus Hitlers. Der Austrofaschismus zeigte im Unterschied zum eher kirchenfeindlichen deutschen Faschismus eine eigenartige und gefährliche Bindung ans Klerikal-Sittliche. Seine Verflechtung von Geistig-Religiösem mit Weltlich-Politischem demonstrierte er in unzähligen Kundgebungen mit Glocken- und Kruzifixweihen, pittoresken Feiertags-Prozessionen, provinziellen Aufmärschen und theatralischen Gedenkfestzügen, bei welchen immer wieder der Habsburgermonarchie und den „im Felde unbesiegten" Kriegsveteranen gehuldigt wurde.

Der braune Gegenputsch

Am 25. Juli 1934 starteten die Nationalsozialisten einen Gegenputschversuch, indem sie das Amtsgebäude der Radio-Verkehrs-A.G. (Ravag) in der Johannesgasse sowie das Bundeskanzleramt stürmten. Die Staatsgewalt reagierte jedoch rasch und die Putschisten waren, nachdem sie Bundeskanzler Engelbert Dollfuß in seinem Amtszimmer erschossen hatten, bald zur Aufgabe gezwungen. Dieser Umsturzversuch von einer Spielart des Faschismus zu einer anderen noch radikaleren Version konnte noch einmal vereitelt werden. Trotzdem war

---

12 Csendes Peter/Opll Ferdinand, Wien Geschichte einer Stadt, Band 3, Seite 452
13 Stimmer Kurt, Wien 2000, Wien 1999, Seite 95
14 siehe auch Farthofer Walter, Tramway Geschichte(n), Wien 2012

KARL MÜNICHREITER, erhängt am 14. Februar 1934

Die österreichische Bundesregierung bei der Fronleichnamsprozession 1936, vorne Bundespräsident Wilhelm Miklas (1872-1956), hinten ganz links knieend Bundeskanzler Kurt Schuschnigg (1897-1977)

der Sieg nur von kurzer Dauer. Österreichs Erste Republik war durch Eliminierung der Linken so geschwächt, dass sie langfristig dem Dritten Reich Deutschlands weder ideologisch noch militärisch etwas entgegensetzen konnte. Es war nur mehr eine Frage der Zeit, bis der Druck aus Deutschland auf den klerikalen anachronistischen Ständestaat unter Führung des neuen Bundeskanzlers Kurt Schuschnigg zu groß und er von den Nationalsozialisten hinweggefegt wurde. Die politische Linke war schon lange verboten und konnte nur mehr punktuell aus der Illegalität heraus agieren und im Untergrund tätig sein. Damit war sie aber dazu verurteilt, dem Ende Österreichs machtlos zusehen zu müssen.

Teufel oder Beelzebub

Außenpolitisch und ideologisch versuchte sich das offizielle christlich-soziale Österreich an das faschistische Italien Mussolinis anzuschmiegen. Dahinter stand die Absicht, einen Verbündeten gegen Hitler-Deutschland zu gewinnen, das die selbstständige Existenz Österreichs grundsätzlich in Frage stellte. Österreich konnte vielleicht politisch überleben, wenn es gelang, zwischen diesen beiden rechten Nachbarn zu lavieren. Als sich Hitler und Mussolini – immer schon Brüder im Geiste – auch offiziell zu umarmen begannen, war es aber um Österreich geschehen. Das Land hatte

sich in seiner Widerstandskraft selber geschwächt, da es nicht in der Lage gewesen war, die innenpolitischen Gräben zwischen der sozialdemokratischen und kommunistischen Bewegung und der christlich-sozialen Ideologie zu überbrücken und gemeinsam für Österreich zu marschieren.

Feierliche Fahnenweihe der Straßenbahnerwehr des christlich-sozialen Wiener Heimatschutzes vor der Votivkirche im Oktober 1935

In den 1930er Jahren begannen die Autos die Innenstadt wie hier in der Kärntner Straße zu erobern

Der beginnende Siegeszug des Automobils

Von der Kutsche zum Auto

Während der politisch unruhigen Nachkriegszeit der 1920er und 1930er Jahre hatte sich im Verkehrsgeschehen der Stadt ein stetiger Wandel vollzogen. Pferde und Pferdefuhrwerke verschwanden mehr und mehr aus dem Stadtbild. Sie wurden von Automobilen, Autobussen und Kraftfahrzeugen verdrängt, deren Zahl an Zulassungen Jahr für Jahr stieg. Der bis heute fortdauernde Siegeszug dieses Verkehrsmittels zwang vor allem die großen Städte und Metropolen, sich in „autogerechte" Städte zu verwandeln. So wurde z. B. im Jahr 1926 bei der Oper Wiens erste Verkehrsampel eingeschaltet. 1929 mussten aus Gründen der Verkehrssicherheit erstmals gekennzeichnete Fußgängerübergänge auf mehreren Kreuzungen auf der Ringstraße und entlang der stark belasteten Verkehrsachse Kärntner Straße-Rotenturmstraße aufgetragen werden.

„Bei meinen Spaziergängen merkte ich, daß wir in Wien schon sehr viele Automobilisten, aber noch viel mehr Fußgänger hatten, daß sie jedoch einander nicht verstanden. Jeder fuhr oder ging über die Straße, wann und wo er wollte, und der arme Verkehrsposten auf der Kärntnerstraße kam aus dem Turnen nicht heraus."[1]

Zu Beginn des 20. Jahrhunderts war für Kraftfahrzeuge die Geschwindigkeit im verbauten Stadtge-

1 Brandl Franz, Kaiser, Politiker und Menschen, Wien 1936, Seite 392

Im Ständestaat wurden Kraftfahrzeuge durch Bau von Autostraßen (hier die Höhenstraße) bevorzugt

biet noch auf 15 km/h beschränkt gewesen, im Jahr 1935 durfte man bereits mit 40 km/h dahinsausen und ab 1938 sogar mit 50 km/h. Allerdings waren Autos für den „kleinen Mann" noch unerschwinglich. Für die reiche Oberschicht gehörte der Besitz eines Autos aber bald zum guten Ton. Die Massenverkehrsmittel wurden nach dem Putsch des Jahres 1934 von der neuen konservativen Rathausregierung in den Hintergrund gedrängt, der Individualverkehr mit den privaten Kraftfahrzeugen bevorzugt. Der Bau der Höhenstraße, der Wiental-Autostraße oder der neuen Reichsbrücke stehen symbolisch für die Verkehrspolitik des Ständestaates in Wien.

Die städtischen Kraftstellwagen

Nach dem Ersten Weltkrieg war der öffentliche Autobusbetrieb zur Erschließung der Inneren Stadt wieder reaktiviert worden. Am 16. August 1919 hat die Firma Gemeinde Wien - städtische Kraftstellwagenunternehmung, nachdem sie wiederum eine Änderung bzw. Anpassung des Firmennamens vorgenommen hatte[2], dafür vom Magistrat die Betriebskonzession erhalten. Am 7. September 1919 wurde dann in Wien auf der Strecke Praterstern-Stephansplatz-Schottenring der Busbetrieb aufgenommen und sukzessive ausgedehnt.[3] Der Einsatz von Pferdeomnibussen kam aber nicht mehr in Frage. Es wurden nur mehr Benzin- und Elektrokraftwagen mit Speicherbatterien eingesetzt. Diese Akkumulatorenwagen wurden jedoch infolge technischer Unzulänglichkeiten im Jahr 1921 wieder ausgeschieden.

Straßenbahnen und Autobusse in einem Unternehmen

Wirtschaftliche Schwierigkeiten führten allerdings nach nur zwei Jahren Betrieb im März 1922 zur Einstellung des Tagesverkehrs. Die Autobusse fuhren nur mehr als Nachtlinien. Am 3. November 1922 wurde die Firma Gemeinde Wien - städtische Kraftstellwagenunternehmung gänzlich aufgelöst und der Autobusbetrieb bzw. die städtischen Stellwagen mit 29 Autobussen der Direktion der städtischen Straßenbahnen übertragen. Ein historisches Datum. Erstmals waren in Wien der öffentliche Autobusverkehr und die Straßenbahnen in einem Unternehmen vereinigt.[4] Für den Berufsverkehr in die Innere Stadt, die von der Straßenbahn nicht befahren wurde, bestand aber weiterhin das Bedürfnis nach einer öffentlichen Verkehrsverbindung auch während des Tages. Ab Ende des Jahres 1923 musste daher von den städtischen Straßenbahnen der Busbetrieb auch im Tagesverkehr wieder aufgenommen und sogar ausgebaut werden. Im Laufe der Jahre wurden insgesamt zehn neue Linien eingerichtet, die alle vom Stephansplatz ausgingen. Auch eine ähnlich hohe Zahl an Nachtautobuslinien fuhr den Stephansplatz an. Für den gesamten Wagenpark wurden jetzt nur mehr benzinbetriebene Busse angeschafft. Zu diesem Zwecke kaufte die Gemeinde 150 Kraftstellwagen der damals

---

2 die Gesellschaft für den öffentlichen Autobusbetrieb in Wien hieß zuerst „Vienna General Omnibus Company Limited", dann „Gemeinde Wien - städtische Stellwagenunternehmung" und später „Wien - Städtische Automobil-Stellwagenunternehmung".

3 50 Jahre Stadteigene Verkehrsbetriebe Wiens, Wien 1953, Seite 33

4 Czeike Felix, 100 Jahre elektrische Tramway in Österreich, 80 Jahre Wiener Städtische Straßenbahn, Wien 1983, Seite 10

Zentrale Anlaufstelle der meisten Buslinien war in Wien der Stephansplatz

Autobusnetz der Zwischenkriegszeit

5 Spängler Ludwig, Die städtischen Straßenbahnen, in Das Neue Wien, Band IV, Wien 1928, Seite 75
6 ebenda
7 im Jahr 1934 wurde Resch zwangspensioniert, nach dem Zweiten Weltkrieg 1945 wieder an die Spitze der Verkehrsbetriebe berufen und 1946 mit der Gründung der Wiener Stadtwerke beauftragt, deren Generaldirektor er in der Folge wurde. 1947 wurde er Finanzstadtrat in Wien

modernsten Bauart (Type "W IV O") von Fross-Büssing mit offenem Mitteleinstieg und Wagenkästen aus Holz, die ab 1928 ausgeliefert wurden.[5] Sie waren charakteristischerweise mit rund umlaufenden Reklametafeln am Dach versehen. Für diese Busse mussten auch neue Garagen gebaut werden. Jetzt wurden nicht nur Linien geplant, auf denen bislang keine Straßenbahnlinien verkehrten und neue Stadtbereiche erschlossen werden sollten, sondern auch solche, die bestehende Straßenbahnstrecken entlasten konnten. Die Buslinien waren fast alle Durchmesserlinien, die sich am Stephansplatz schnitten oder als Radiallinien endeten.

Ohne U-Bahn wird es nicht gehen

Auch dem damaligen Direktor der städtischen Straßenbahnen war klar, dass all diese Maßnahmen zur Verbesserung des öffentlichen Verkehrs nicht wirklich reichen würden. Stadtbahn-, Straßenbahn- und Busnetzerweiterungen waren für eine moderne Metropole zwar wichtig, letztlich aber für eine Millionenstadt wie Wien zu wenig:

„Die Elektrifizierung der Wiener Stadtbahn sowie der Ausbau des Kraftstellwagennetzes bedeutet wohl eine wesentliche Verbesserung der Wiener Verkehrsverhältnisse; eine völlige Gesundung dieser Verkehrsverhältnisse wird jedoch erst die Erbauung neuer, von der Straßenoberfläche unabhängiger Verkehrsmittel durch die Hauptverkehrsadern der Stadt bringen, welcher Aufgabe nunmehr das Augenmerk der Gemeinde Wien zugewendet ist."[6]

Renaissance des Busbetriebs

Im Jahr 1930 wurde Johann Resch[7] als technischer Magistratsbeamter neuer Direktor der Wiener Verkehrsbetriebe. Unter seiner Ägide Anfang der 1930er Jahre gab es bereits jährlich 30 Millionen Fahrgäste in den Bussen. Die Gesamtlänge des Busnetzes betrug vor dem Zweiten Weltkrieg über 100 Kilometer, wobei der mittlere Haltestellenabstand der einzelnen Buslinien bei 311 Metern lag. Vier Busgaragen waren bereits zur Unterbringung der Busflotte notwendig.

Bus und Lenkplatz eines damals modernen Busses „W IV O" mit offenem „türlosen" Mitteleinstieg

Von Benzin auf Diesel, von Ein- auf Zweimannbetrieb

Im Jahr 1936 wurde mit der Umstellung der Benzinbusse auf die effizienteren dieselbetriebenen Busse begonnen. Diese Betriebsführung bewährte sich so gut, dass nach und nach alle Autobusse auf Diesel umgerüstet wurden. Der Einmannbetrieb, der mit den Benzinbussen eingeführt worden war, wurde nun aber größtenteils vom Zweimannbetrieb abgelöst, indem die Busse auch mit Schaffnern besetzt wurden.

Von O-Bus auf Autobus, von Links- auf Rechtsverkehr

Am 31. Oktober 1938 wurde wegen Überalterung des Fuhrparks die O-Buslinie zwischen Pötzleinsdorf und Salmannsdorf, welche den Ersten Weltkrieg unbeschadet überstanden hatte, auf Autobusbetrieb Linie 23 umgestellt. Mit dem Einmarsch der Truppen Hitlerdeutschlands im selben Jahr war auch eine bedeutende organisatorische Änderung im Verkehrsgeschehen der Stadt verbunden. Die schon länger geplante Umstellung von Links- auf Rechtsverkehr, die in den westlichen Bundesländern bereits vor Jahren vorgenommen worden war, wurde nun auch in Wien eingeführt. Am 18. September 1938 um 21 Uhr endete auch für die Straßenbahn der Linksverkehr[8], eine Umstellung, die mit zahlreichen Umbauarbeiten verbunden war. Mit Betriebsbeginn am 19. September hatten alle Verkehrsteilnehmer die Spuren zu wechseln.

Alternative: Rad fahren

Seit den 1920er Jahren war auch eine steigende Anzahl von Radfahrern im Stadtbild bemerkbar, sodass 1924 bereits die Anlage des ersten Wiener Radfahrweges notwendig wurde. Aufgrund der schwierigen Topografie der Stadt mit vielen nicht zu unterschätzenden Steigungen blieb das Radfahren in Wien aber immer eine sportliche Tätigkeit und keine massentaugliche Alternative zum überlasteten öffentlichen Verkehr. Um den ausgeprägten Individualismus mancher Radfahrer etwas einzubremsen, wurden 1936 vernünftigerweise Nummerntafeln für Fahrräder sowie eine Haftpflichtversicherung von 7 Schilling pro Jahr eingeführt.[9] Vor Ausbruch des Zweiten Weltkrieges waren im Jahr 1937 trotz dieser Maßnahme bereits 115 000 Fahrräder in Wien angemeldet. Im Zweiten Weltkrieg wurde diese Vorschrift für Fahrradfahrer abgeschafft und nach dem Krieg nicht mehr eingeführt. Mit der Motorisierungswelle in der zweiten Hälfte des 20. Jahrhunderts konnte Fahrradfahren in der Stadt nicht mehr die gleiche Bedeutung erlangen wie vor dem Krieg. Das ungehinderte, kostenlose und vor allem anonyme Fahren auf öffentlichem Gut hat mit Beginn des 21. Jahrhunderts jedoch erneut einen Radfahrboom ausgelöst, dem mit der Errichtung von 1300 Kilometern Radwegen in der Stadt in den letzten Jahrzehnten Rechnung getragen wurde. Die neuesten technischen Entwicklungen mit Leichtbauweise und E-Bike dürften auch in der windigen „Gebirgsstadt" Wien diesem Verkehrsmittel einen Aufschwung bescheren.

8 Marincig Harald, Auf Schienen durch Wien, Wien 1995, Seite 71
9 Stimmer Kurt, Wien 2000, Wien 1999, Seite 193,

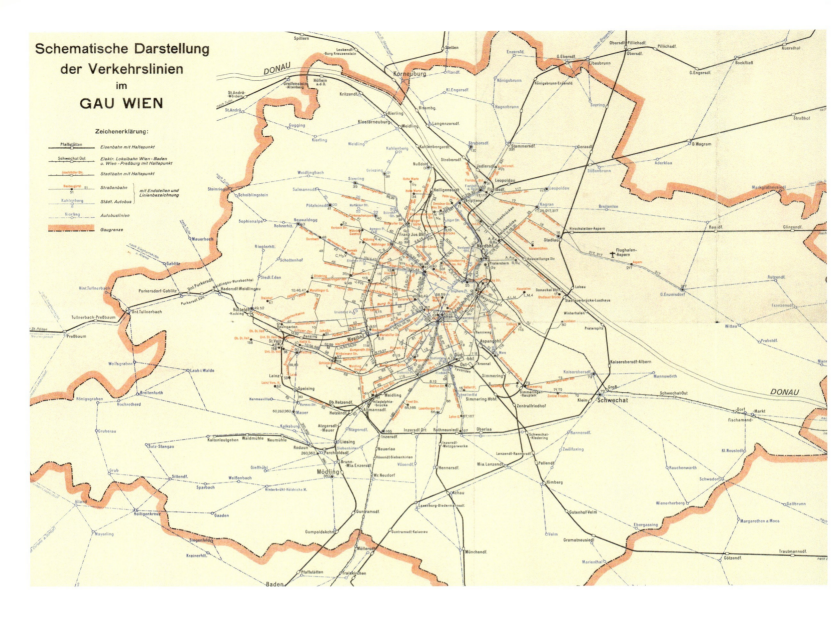

Groß-Wien zur Nazizeit

Österreich allein zu Hause!

Mit der Verbrüderung Hitlers mit Mussolini war nun in Europa von niemandem mehr Hilfe zu erwarten. Weder Frankreich noch England waren gewillt, für Österreich – den ehemaligen Kriegsgegner – gegen Deutschland militärisch die Hand zu erheben. Nach Bundeskanzler Schuschniggs Vorladung bei Adolf Hitler am Obersalzberg in Berchtesgaden am 12. Februar 1938 sprach der französische Botschafter in Deutschland, André François-Poncet, davon irritiert beim deutschen Reichsaußenminister Ribbentrop vor. Dessen zynische Erklärung, die wie eine Blaupause in ähnlicher Form auch heute noch gerne von aggressiven Ländern verwendet wird, wenn sie einen Vorwand für einen militärischen Einmarsch in einem kleinen Nachbarland suchen, ließ diesen jedoch schnell verstummen:

„Man müsse sich in Frankreich und in der Welt ein für allemal klar sein, daß es für eine Großmacht wie Deutschland auf die Dauer unerträglich sei, der unerhörten Behandlung, die die an seinen Grenzen wohnenden Deutschen in den letzten Jahren teilweise erfahren hätten, ruhig mit anzusehen. Deutschland hätte in der Vergangenheit alles getan, um eine Verbesserung ihres Loses mit friedlichen Mitteln auf dem Wege freundschaftlicher Vereinbarungen zu erreichen und würde dies auch in Zukunft tun. Sollte aber hier nicht Remedur geschafft werden, so müsste man sich darüber klar sein, daß Deutschland in der Beschützung der Interessen und des Lebens seiner Stam-

Wien in faschistischer Hand. Adolf Hitler im Festsaal des Rathauses

Die braune Flut überrollte ab 1938 den Europäischen Kontinent

mesgenossen auch nicht vor den äußersten Konsequenzen, also gar vor einem europäischen Krieg zurückschrecken würde."[1]

Dem österreichischen Bundeskanzler blieb also zum Schluss nichts anderes übrig, als die Verantwortung ganz nach oben zu delegieren. „Gott schütze Österreich" waren die letzten Worte, die ihm einfielen. Am 12. März 1938 fielen deutsche Truppen in Österreich ein und trafen zu ihrem eigenen großen Erstaunen auf keinerlei Widerstand.

Braune Stadterweiterung

Im Jahr 1938 hatte das unabhängige und selbstständige Österreich – nicht einmal 20 Jahre nach seiner Gründung – zu existieren aufgehört und war zur Ostmark bzw. zu einem südlichen deutschen Gau mutiert. Nachdem der austrofaschistische Wiener Bürgermeister Richard Schmitz von den Nazis ins Konzentrationslager nach Dachau deportiert worden war, folgte ihm der Nationalsozialist Hermann Neubacher (1893–1960) im Amt nach und hatte dieses bis Ende 1940 inne. Zu Hitlers großimperialen Vorstellungen von der „deutschen Zukunft" Europas gehörte auch die Idee eines vier Millionen Einwohner umfassenden Groß-Wiens. Es dauerte daher nicht lange, bis Hitler am 1. Oktober 1938 das „Gesetz über Gebietsveränderungen im Lande Österreich" unterzeichnete. Dieses trat am 15. Oktober in Kraft und erweiterte Wien um insgesamt 97 Gemeinden des Wiener Umlandes. Die ins Stadtgebiet einbezogenen Gebiete wurden in den Bezirken XIV (Penzing), XXI (Floridsdorf), XXII (Groß-Enzersdorf), XXIII (Schwechat), XXIV (Mödling), XXV (Liesing) und XXVI (Klosterneuburg) zusammengefasst. Wien hatte damit zur Zeit des Dritten Reiches insgesamt 26 Bezirke, wobei es auch zu Gebietsverschiebungen zwischen einzelnen Bezirken kam.[2]

Die sechstgrößte Stadt der Welt

Damit hatte sich die Stadt von 276 auf 1 215 km^2, d. h. auf mehr als das Vierfache, vergrößert. Die Bevölkerung war wieder auf rund zwei Millionen Einwohner angewachsen. Wien war dadurch zur flächenmäßig größten Stadt des Deutschen Reiches und zur sechstgrößten Stadt der Welt geworden. Für eine solche „faschistische Perle" an der Donau waren in typisch nationalsozialistischer Großmannssucht monumentale städtebauliche Umplanungen vorgesehen. Neben einer fast kompletten Zerstörung und Neugestaltung der Leopoldstadt sollten auch weiträumig ausgestaltete Verkehrseinrichtungen dazugehören. Großspurig wurde imperial und ohne Kompromisse geplant. Neben umfangreichen Eisenbahn- und Autostraßennetzen von und nach Wien stand ein entsprechend weiträumig dimensioniertes U-Bahn-Netz knapp vor Baubeginn.

1 Akten zur Deutschen Auswärtigen Politik 1918–1945, Serie D, Band I, Baden-Baden 1950, Seite 435
2 Botz Gerhard, Von der Bundeshauptstadt zum Reichsgau, in Wiener Geschichtsblätter 1975, 30. Jahrgang, Sonderheft 2

Auch die Wiener Straßenbahnfahrzeuge wurden für Propagandazwecke missbraucht, hier bei einer Fahrt Ecke Mariahilfer Straße – Gürtel

„Unseren Rückblick wieder aufnehmend, müssen wir der kurzen Amtszeit des Bürgermeisters Doktor Ing. H. Neubacher gedenken, der die Zuversicht der damaligen Zeit auf einen großen Aufschwung teilte und den Auftrag gab, die Pläne für den Bau von U-Bahnen vorzubereiten. Es wurden ab 1940 nicht nur übersichtliche Entwürfe für ein U-Bahn-Netz 1:1000 vorbereitet, sondern in der Folge Detailpläne im Maßstab 1:200, auf genauen Geometeraufnahmen und 150 Bohrungen beruhend. Diese genauen Pläne liegen für 17 km U-Bahn-Strecken vor. Sie würden es dem Stadtbauamte ermöglichen, gegebenenfalls ohne Verzug Bauausschreibungen vorzunehmen, weil selbst die Leistungsverzeichnisse vorhanden sind."³

Der Wiener Baudirektor Franz Musil, der sich schon seit Jahrzehnten für eine Wiener U-Bahn egagiert hatte, ließ in den 1940er Jahren aufbauend auf seinen U-Bahn-Planungen aus der Zeit vor dem Ersten Weltkrieg zur Ermittlung der Grundwasserstände und der Bodenstruktur Probebohrungen durchführen. Mit Kriegsausbruch und der bald eintretenden Wende im Kriegsglück, verbunden mit dem alliierten Dauerbombardement der Stadt ab 1944, wurden diese grundsätzlich richtigen aber abgehobenen Pläne schnell obsolet.

Straßenbahner im Widerstand

Mit den Ereignissen des Februar 1934 war die österreichische Arbeiterbewegung nach einem dreitägigen erfolglosen Widerstandskampf von der Regierung Dollfuß in den Untergrund gedrängt worden. Bis zur Machtübernahme durch die Nationalsozialisten führte sie von dort einen aufopferungsvollen Kampf gegen die autoritären Regimes von Engelbert Dollfuß und Kurt Schuschnigg. Bedeutende Widerstandsgruppen gab es nicht nur in den Reihen der verbotenen sozialistischen und kommunistischen Parteiorganisationen, sondern auch in den Betrieben. Dort wurde oft der gesinnungsmäßige Zusammenhalt gewahrt, wurden Gelder für die Familien von Inhaftierten gesammelt sowie gelegentlich Flugzettelaktionen vorbereitet.

„Hochburgen des Widerstandes waren Betriebe in den Arbeiterbezirken Simmering und Floridsdorf, ferner die städtischen Betriebe Wiens, allen voran Straßenbahn und Feuerwehr, sowie die Eisenbahn, wo es überall noch aus der Zeit der Ersten Republik eine ungebrochene sozialistische Tradition gab."⁴

Übergangslos folgte für den geschundenen antifaschistischen Widerstand in Österreich nun die lebensbedrohende Illegalität in der Nazizeit.

---

3 Musil Franz in der Zeitschrift des Österr. Ingenieurs- und Architektenvereins vom 3. Juni 1951 (Heft 11/12), Seite 93
4 Neugebauer Walter, Widerstand und Verfolgung in Wien 1934-1945, in Wiener Geschichtsblätter 1975, Sonderheft 2, Seite 192

Die Hakenkreuzfahne wehte mehr als sieben Jahre lang über dem österreichischen Parlament

„*Als im März 1938 deutsche Truppen Österreich besetzten, konnte sich die Gestapo bei den sofort eingeleiteten Verhaftungswellen bereits auf gründliche Aufzeichnungen der österreichischen Polizei stützen. Wurden vor 1938 beim Widerstand Freiheit und Lebensunterhalt riskiert, so nun das Leben selbst.*"[5]

Spendenleistungen und auch bloße Unterstützungen aus karitativen Motiven oder betrieblicher Solidarität wurden nun als Hochverrat interpretiert. Bei Aufdeckung durch die Geheime Staatspolizei (Gestapo) konnte man sich des Lebens nicht mehr sicher sein. Gegen Kriegsende wurden die verhängten Strafen immer drakonischer. Wegen bloßer Spendenleistungen, die vorher zu Zuchthaus- bzw. Konzentrationslager geführt hatten, wurden nun Todesurteile gefällt und die Erschießungen oft sofort vollzogen. Trotzdem gab es in den städtischen Betrieben auch während der Nazizeit fast überall Widerstandsgruppen. Allein bei den Verkehrsbetrieben verloren 42 Bedienstete im Einsatz für Freiheit und Recht ihr Leben.[6] Dutzende Bedienstete landeten im KZ oder im Zuchthaus.[7] Auch wer sich nicht politisch betätigte, aber seiner ethnischen Herkunft nach nicht ins Bild der „Herrenrasse" passte, konnte sich seines Lebens

Bürgermeister Karl Seitz wurde sowohl Opfer des Austrofaschismus als auch der Hitler-Diktatur

nicht mehr sicher sein. Systematisch wurde vor allem das jüdische Leben im wahrsten Sinne des Wortes „ausgelöscht". Wer nicht rechtzeitig fliehen konnte, wurde schon allein wegen seiner Abstammung enteignet, mitsamt seiner Familie in einen Eisenbahn-Viehwaggon gepfercht und in ein Konzentrationslager deportiert. Dort musste er froh sein, als halb verhungerter Arbeitssklave ein menschenunwürdiges Dasein fristen zu dürfen und von den Nazis nicht gleich vergast und verbrannt zu werden.

5 Wiener Straßenbahner im Widerstand 1934–1945, Wien 1984, Seite 10
6 ebenda, Seite 7
7 siehe auch Farthofer Walter, Tramway Geschichte(n), Wien 2012

Zerbombte Straßenbahn in der Jheringgasse

Die Straßenbahn im Zweiten Weltkrieg

Wie sich die Geschichte wiederholt

Bald nach Kriegsbeginn am 1. September 1939 kam es bei den städtischen Straßenbahnen zu ersten Betriebseinschränkungen mit Auflassung einzelner Straßenbahn- und Buslinien. Den meisten Wienern waren solche Maßnahmen noch in lebendiger Erinnerung. 25 Jahre waren seit Ausbruch des Ersten Weltkrieges vergangen und schon gab es wieder einen Krieg. Diesmal war von Kriegsbegeisterung und Masseneuphorie wenig zu spüren. Sehr schnell waren wiederum alle Bevölkerungsschichten und alle Lebensbereiche von den Kriegsmaßnahmen erfasst. Es sollte eben ein „totaler Krieg" werden. Von den einschneidenden Veränderungen war auch der öffentliche Verkehr in der Stadt nicht ausgenommen. Die militärischen Requirierungen trafen vor allem die Autobusse. Sehr bald führten Gummi- und Benzinmangel zur völligen Einstellung des Busbetriebes. Die Straßenbahn wurde wieder in großem Umfang zum Transport von Verwundeten sowie zum Ziehen von Last- und Gütertransporten herangezogen. Im Gegensatz zum Ersten Weltkrieg war diesmal die Zivilbevölkerung in Wien durch den Luftkrieg vom Kriegsgeschehen unmittelbar betroffen. Zivile Ziele zu bombardieren, war in diesem totalen Krieg zu einer Selbstverständlichkeit geworden. Über 50 Bombenangriffe der Alliierten ab März 1944 sorgten dafür, dass die Menschen in Wien ebenso wie die bauliche Substanz der Stadt schwer in Mitleidenschaft gezogen wurden.

Namensänderung im Krieg

Trotz schwerer Bombenschäden, herumliegender Trümmer und Massen von Schutt konnte der Betrieb der Straßenbahn bis Kriegsende aufrechterhalten werden. Durch den kompletten Ausfall des Individualverkehrs mussten sogar Höchstwerte in der Beförderungsleistung der Tramway erbracht werden. Im Jahr 1943 wurde die Rekordzahl von 743 Millionen Fahrgästen erreicht. Auch der Personalstand lag mit 18 000 Bediensteten so hoch wie während des Ersten Weltkrieges. Fast ein Viertel davon waren wieder Frauen. Ab 1942 wurden auch Schüler als Aushilfsschaffner herangezogen. Da in diesen beinahe apokalyptischen Zeiten im wahrsten Sinne des Wortes kein Stein mehr auf dem anderen blieb, wurde im selben Jahr am 29. November auch das Unternehmen „Gemeinde Wien – städtische Straßenbahnen" in „Wiener Verkehrsbetriebe" umbenannt.

Die Räder stehen still

Im Laufe des Frühjahrs 1945 kamen die Front und die Sowjetarmee der Stadt immer näher. Dazu mehrten sich die Bombenangriffe der Amerikaner. Als nach über fünf Jahren Krieg im Zuge der Rückzugsgefechte der deutschen Armee auch noch ein „Kampf um Wien" ausgerufen wurde, war die Stadt in vielen Bereichen sehr schnell in ein Trümmerfeld verwandelt. Die Kampfhandlungen zwischen der deutschen Wehrmacht und der Roten Armee im Zuge des Kampfes um Wien dauerten vom 6. bis zum 13. April 1945. Dabei wurden Teile des Wagenparks der Verkehrsbetriebe zur Errichtung von Barrikaden verwendet, Fahrleitungen vieler Straßenbahnen von durchfahrenden schweren Tanks heruntergerissen und viele Maste zerstört. Letztendlich waren von 660 Kilometer Fahrleitung 250 Kilometer bald vollkommen zerstört und rund 500 Masten umgelegt. Von den 650 Kilometern Gleisen der Verkehrsbetriebe blieben aber – trotz mehr als 500 Bombentrichtern in der Nähe – die meisten unversehrt. Nur 12 Kilometer Gleise waren durch Bombentreffer völlig zerstört. Viele Bahnhöfe und Stationsgebäude, die noch von den alliierten Bombenangriffen verschont geblieben waren, wurden während der letzten Kampfhandlungen von Granaten getroffen. Von den 19 Betriebsbahnhöfen waren zu Kriegsende zwölf zerstört, von den 14 Werkstättengebäuden drei komplett devastiert und acht schwer beschädigt. Als Anfang April 1945 die Kampfhandlungen immer mehr ins Stadtinnere drangen, musste der Straßenbahnbetrieb eingeschränkt geführt werden. Am 7. April wurde auch die letzte noch fahrende Straßenbahn, die Linie O, eingestellt. Nun ging nichts mehr. Nach 80 Jahren durchgehenden Straßenbahnbetriebes in Wien standen alle Räder still. Nach den letzten Kampfhandlungen und den Fliegerangriffen im April 1945 lag Wien in Trümmern. An einen öffentlichen Verkehr war durch die ungeheuren Massen an Bauschutt und Müll in den verstopften Straßen der Stadt nicht zu denken. Am 8. Mai 1945 war der Zweite Weltkrieg mit der Kapitulation Deutschlands beendet.

Die komplett zerstörte Stadtbahnstation Braunschweiggasse

Die Wiener Stadtbahn wurde von Bombentreffern schwer in Mitleidenschaft gezogen

Folgen der Nazi-Herrschaft: Zerstörung, Stillstand und Leid. Blick von der Brünner Straße stadteinwärts

"Trümmerfrauen" vor Schuttbergen in Wien im Mai 1946

Aus Schutt und Asche

Auf ein Viertel reduziert

Der Fahrzeugpark von Straßenbahn und Stadtbahn hatte vor dem Krieg aus 1540 Triebwagen und 1830 Beiwagen bestanden. Durch den Bombenkrieg der Alliierten und die letzten Kriegshandlungen zur Befreiung der Stadt hatten der Fahrzeugpark und die Anlagen der Verkehrsbetriebe aber stark gelitten. Mit Ende des Krieges war der Bestand an Straßenbahnfahrzeugen auf 288 Triebwagen und 460 Beiwagen, d. h. auf weniger als ein Viertel, gesunken.

Phönix aus der Asche

Aber schon am 29. April 1945 – nur drei Wochen nach der kriegsbedingten Einstellung des Straßenbahnverkehrs – konnte auf vereinzelten Strecken (Linien 10, 46, 47, 49, 60) im Westen der Stadt der Betrieb wieder aufgenommen werden. Schon einen Tag später folgten die Linien 41, 41a, 43 und 48. Auf vielen anderen Routen war das nicht sogleich möglich, da sich die Bevölkerung nicht anders zu helfen wusste, als den Bauschutt, den Müll und die Asche auf die freien Plätze in der Stadt zu schütten. Der völlige Zusammenbruch des Transportwesens machte eine rasche Entfernung des Unrats sogar auf den Hauptverkehrsstraßen unmöglich. Erst mit Einführung einer achtwöchigen allgemeinen Arbeitspflicht – die für ehemalige Nationalsozialisten doppelt so hoch war wie für andere Personen – konnten die Straßen größtenteils vom Schutt befreit werden.[1]

Von den Schaffnerinnen zu den Trümmerfrauen

Wiederum wurden die Frauen massiv für körperlich anstrengende Tätigkeiten herangezogen,

1   1945–1965, Ein Rechenschaftsbericht der Bundeshauptstadt, Wien 1965

Chaos und Zerstörung nach dem Krieg

die vor einigen Jahren für weibliche Arbeitskräfte undenkbar gewesen wären. Als „Trümmerfrauen", die in den meisten Fällen völlig auf sich allein gestellt waren, hatten sie besonders unter den Folgen des Krieges zu leiden. Wie schon nach dem Ersten Weltkrieg wurden auch mit Ende des Zweiten Weltkrieges viele Frauen „zurück an den Herd" gedrängt. Noch zu Beginn des Jahres 1952 wurde eine Anfrage, warum Schaffnerinnen nicht zum Kassendienst zugelassen werden, damit beantwortet:

„Für den Dienst in den Kartenvorverkaufsstellen der Straßenbahn, den Schalterdienst in den Kassen der Stadtbahn und in den Stadtbahnhaltestellen werden ausschließlich männliche Bedienstete eingeteilt, weil diese Verwendung jenen Bediensteten vorbehalten bleiben muß, die durch viele Jahre Betriebsdienst geleistet haben und aus gesundheitlichen Gründen nunmehr diesen Dienst nicht mehr versehen können. Ebenso sind diese Dienstposten jenen Bediensteten vorbehalten, die schwerkriegsbeschädigt sind und einen anderen Dienst nicht mehr leisten können." [2]

Ohne öffentlichen Verkehr geht nichts

Für das Funktionieren der Stadt war neben den Aufräumarbeiten vor allem die Herstellung eines regelmäßigen öffentlichen Verkehrs wichtig. Dazu bedurfte es der besonderen Einsatzbereitschaft und Motivation der Schaffner, Fahrer und Werkstättenbediensteten. Nur so waren nach den chaotischen Kriegsereignissen die Voraussetzungen für einen schnellen Übergang zur Normalität eines geregelten Alltags gegeben. Hinsichtlich des Einsatzes von Straßenbahnbediensteten verfügte der neue Wiener Bürgermeister Theodor Körner daher am 7. Mai 1945:

„In diesem Zusammenhang muß ich nochmals darauf verweisen, daß in einer Reihe von Wiener Bezirken durch die Bezirksvorsteher Straßenbahnbedienstete zu Ortspolizeidiensten herangezogen und deren Freistellung vom Dienst gefordert wird. Solche Anforderungen sind geeignet, die Betriebsführung der städtischen Straßenbahn empfindlich zu stören. Sie werde sich auch durch die oben besprochene Organisation des Arbeitseinsatzes zum großen Teil vermeiden lassen." [3]

Theodor Körner, Bürgermeister von Wien von 1945 bis 1951

2 Amtsblatt der Stadt Wien, Nr. 16 vom 23. Februar 1952, Seite 11
3 Czeike Felix, April und Mai 1945 in Wien, in Wiener Geschichtsblätter 1975, Heft 3, Seite 232

Wiens Stadtplaner, Architekt Karl Heinrich Brunner im Jahr 1950

Brunners Entwurf für einen Zugang zu der geplanten U-Bahn-Station Stephansplatz

Wiederaufbau-Enquete

Bereits am 9. Juli 1945 begann auf Initiative des Bürgermeisters im ausgebombten, fensterglaslosen Wiener Rathaus eine Wiederaufbau-Enquete, deren 200 Teilnehmern aus Wirtschaft und Verwaltung nicht einmal Papier zur Verfügung gestellt werden konnte.[4] Im Vordergrund standen Fragen des Wiederaufbaus, aber auch die Herausforderung, wie man die Chance nützen und städteplanerische Fehler der Vergangenheit beheben könnte. Am 23. Jänner 1946 wurde ein 400 Seiten umfassender Abschlussbericht vorgelegt. Nur bestand das Dilemma, dass die Absicht, dicht verbaute Stadtteile für die Herstellung besserer Verkehrswege zu nutzen, an den privaten Eigentümern der dafür benötigten Gebäude scheiterte. Auch viele Bausünden der Nachkriegsjahre, wie der Neubau des zerstörten Heinrichshofes vis-à-vis der Oper als moderner, gesichtsloser Zweckbau anstelle einer Rekonstruktion oder Adaption des von Theophil Hansen erbauten Prachtbaus, lagen an den privaten Besitzverhältnissen und nicht an falschen politischen Entscheidungen. Auch hinsichtlich eines etwaigen U-Bahn-Baus war man sehr zurückhaltend. Unter Pkt. 12.2.b Hauptgesichtspunkte der Fachkomitees der Enquete für Ingenieurbauten und Verkehrsfragen – Verkehr – Eisenbahnen und Straßenbahnen hieß es nur:

„Ausbau und Betrieb der Stadtbahn als Vollbahn ist unmöglich. U-Bahnbau in nächster Zukunft ist wahrscheinlich wirtschaftlich nicht tragbar."[5]

Ein weitsichtiger Planungsdirektor

Somit blieb die städtebauliche Jahrhundertchance, eine stark zerstörte Stadt neu zu strukturieren, ungenutzt. Man war auch bei der Wiederaufbau-Enquete an allgemeinen, durchaus fragwürdigen Grundsätzen hängen geblieben – wie dem noch aus dem 19. Jahrhundert stammenden Wunsch, in der Stadt Wohnen, Arbeit und Freizeiteinrichtungen räumlich voneinander zu trennen. Die Stadtverwaltung war sich der unbefriedigenden Situation jedoch bewusst und engagierte im November 1948 für 30 Monate den Raumplanungsexperten und Professor an der Wiener Technischen Hochschule, Karl Heinrich Brunner, als Planungsdirektor.[6] In dieser neu geschaffenen Funktion sollte er einen „Generalstadtplan" samt Flächenwidmungs- und Bebauungsplan für Wien ausarbeiten.

„Wien hat sich in den letzten hundert Jahren baulich so stark entwickelt, daß bereits zweimal neue Generalstadtpläne aufgestellt werden mussten. Das erste Mal war es, als im Jahre 1857 die Niederlegung der Stadtmauern und die Verbauung der Glacisgründe beschlossen und die Vorstädte mit der Inneren Stadt verschmolzen wurden. Das zweite Mal mußte ein neuer Generalstadtplan nach

---

4 Stimmer Kurt, Wien 2000, Wien 1999, Seite 15
5 Riemer Hans, Wien baut auf, Wien 1947, Seite 127
6 Amtsblatt der Stadt Wien, Nr. 96 vom 29. November 1952, Seite 1

Brunners (im Vordergrund rechts) Versuch, Wiener Gemeinderäte von seinen Ideen zu überzeugen

der Eingemeindung im Jahre 1892 aufgestellt werden. Diese Arbeit wurde zum größten Teil von dem bekannten Architekten Professor Karl Mayreder ausgeführt. Jetzt, nach den großen Zerstörungen im zweiten Weltkrieg und wegen der tiefgehenden Veränderungen der Struktur der Stadt in den letzten zwanzig Jahren, besonders am Stadtrand, ist es notwendig, die neuen Erfahrungen des Städtebaues in den Stadtplan einzubauen. Die bauliche Zukunft Wiens muß durch die Neuaufstellung eines Generalstadtplanes gesichert werden."[7]

Für Brunner stand in Bezug auf den öffentlichen Verkehr die Notwendigkeit einer U-Bahn für Wien außer Frage. Er bezeichnete sie als unerlässlich. Obwohl ein solches Projekt in einer noch von den Folgen des Krieges ausgezehrten Stadt kurzfristig unrealistisch war, wusste er, dass letztendlich kein Weg an diesem für Millionenstädte unentbehrlichen Verkehrsmittel vorbeiführen konnte:

„Alle Planungen von Verkehrsstraßen und -kreuzungen wie auch die Baulinienbestimmungen an den entsprechenden Punkten nehmen auf die Trassen der projektierten U-Bahn Rücksicht. Denn wir wollen trotz ungewisser Perspektiven in internationaler Hinsicht, trotz Wirtschaftsnot, mit Optimismus planen und den wenn auch fernen so doch zuverlässig eintretenden Zeitpunkt im Auge behalten, in dem die U-Bahn trotz allem gebaut werden wird."[8]

Ein weitsichtiger kommunistischer Gemeinderat

Brunner stand mit seiner Meinung nicht allein. Schon kurz nach Kriegsende hatte in der Gemeinderatssitzung vom 11. Juni 1946 der kommunistische Gemeinderat Karl Altmann folgenden Antrag gestellt:

„Der Stadtsenat wird beauftragt, unverzüglich die Arbeiten über die Planung einer Wiener Untergrundbahn einzuleiten. Hiebei hat er sich von dem Gesichtspunkte leiten zu lassen, daß der arbeitenden Bevölkerung der Stadt von ihren jetzigen Wohnvierteln und von den bei einer weiteren Entwicklung Wiens neu hinzukommenden Wohngebieten eine rasche Verbindung zu den Arbeitsstätten gesichert wird. Auch die Verbindung mit den Wiener Stadtgebieten über der Donau darf hiebei nicht außer Betracht gelassen werden. Es ist Vorsorge zu treffen, daß in naher Zukunft mit dem Bau solcher Untergrundbahnlinien in Wien begonnen werden kann, mit dem Ziele, der Wiener Bevölkerung ein dichtes Netz solcher Linien zu schaffen. Organisatorisch wird die Wiener Untergrundbahn in die Wiener Verkehrsbetriebe einzugliedern sein."

Als kurzfristige Verkehrsmaßnahme drängte Brunner auf die schon zu Beginn des Stadtbahnbaus geplante Verlängerung der Stadtbahn von der Gumpendorfer Straße über den Margaretengürtel zur

[7] Amtsblatt der Stadt Wien, Nr. 94 vom 24. November 1948, Seite 5
[8] Amtsblatt der Stadt Wien, Nr. 7 vom 25. Jänner 1950, Seite 2

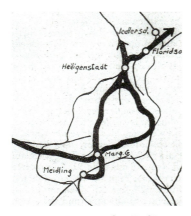

Brunners Konzept der Verlängerungen der Gürtelstadtbahn nach Norden und Süden

Bürgermeister Franz Jonas bei der Eröffnung der Stadtbahnstrecke nach Heiligenstadt im Jahr 1954

Südbahn. Dazu sollte die Station Margaretengürtel in eine moderne Umsteigestation umgewandelt werden. Auch eine Verlängerung der Stadtbahn in den Norden von Heiligenstadt nach Floridsdorf war von ihm eingeplant.[9] Dieses verlängerte Stadtbahnnetz sollte mit dem zukünftigen U-Bahn-Netz ein ausgewogenes, engmaschiges Schnellverkehrsnetz bilden. Eine einzelne U-Bahn-Kreuzungsstation am Stephansplatz (wie heute U1 und U3) wollte er jedoch vermeiden. Stattdessen sollte die Innere Stadt durch drei U-Bahn-Stationen, nämlich den Stationen Stephansplatz, Karlsplatz und Schottentor, erschlossen werden. Dies war aber alles noch Zukunftsmusik. Vordringlich galt es, die Kriegsschäden an den Verkehrseinrichtungen der Stadt einigermaßen zu beseitigen.

Luxus Zimmerwärme

Die Bevölkerung hatte noch andere Sorgen als die bauliche Zukunft der Stadt. Viele Jahre lang wirkten die Nachbeben des Krieges fort. Die Not der Bevölkerung und der Mangel an lebenswichtigen Dingen waren in der ganzen Stadt zu spüren. Hier Abhilfe zu schaffen, war vordringlichstes Ziel der Stadtverwaltung.

„Um während der kalten Jahreszeit der notleidenden Bevölkerung Wiens die Möglichkeit des Aufenthaltes in einem warmen Raume zu geben, hat die Stadt Wien auch heuer wieder Wärmestuben eingerichtet. Obwohl die Hausbrandversorgung diesmal besser ist, wird es vielen Familien dennoch nicht möglich sein, ihre Wohnung zu heizen."[10]

Stadtbahnschäden

Wiens einziges kreuzungsfreies Nahverkehrsmittel war die elektrische Stadtbahn. Von den 25 Bahnhöfen und Haltestellen der Stadtbahn waren nur sechs von den Kriegsereignissen gänzlich verschont geblieben. Der Betriebsbahnhof Heiligenstadt und die Aufnahmegebäude der zwei Stationen Braunschweiggasse und Unter St. Veit waren komplett zerstört, die Stationen Josefstädter Straße und Alser Straße zum größten Teil.[11] Dazu waren auf der Hochbahnstrecke der Stadtbahn mehrere Brücken und Gewölbe sowie zahlreiche Eindeckungs- und Stützmauern beschädigt. Insgesamt war der Bahnkörper an 24 Stellen unbefahrbar, wobei im Gesamten eine Gleislänge von 750 Metern zu ersetzen war. Trotzdem konnte die Stadtbahn schon am 27. Mai 1945 zwischen Hietzing und Hauptzollamt

---

9 nach Umstellung der Gürtelstadtbahn auf U-Bahn-Linie U6 wurden bis Mitte der 1990er Jahre diese Verlängerungen Richtung Süden (Siebenhirten) und Norden (Floridsdorf) tatsächlich realisiert
10 Amtsblatt der Stadt Wien, Nr. 95 vom 27. November 1948, Seite 8
11 Havlicek Karl, im Amtsblatt der Stadt Wien, Nr. 75 vom 18. September 1954, Seite 3

Eine neue Stadtbahngarnitur der Type „N1" in der Station Friedensbrücke

wieder ihren Verkehr aufnehmen. Am 27. Juli 1945 wurde der Stadtbahnverkehr von Hietzing nach Hütteldorf verlängert. Zu Jahresende 1945 waren bereits 22 Kilometer oder 83 % der Betriebslänge vom Jahr 1938 wiederhergestellt. Nur die Teilstrecke von der Nußdorfer Straße nach Heiligenstadt und der Verbindungsbogen zur Friedensbrücke konnten wegen der Zerstörung der Brückenteile nicht in Betrieb genommen werden. Die beschädigten Stadtbahnstationen Josefstädter Straße und Alser Straße wurden in den Jahren 1945 und 1946 wieder hergestellt, die Stationen Unter St. Veit und Braunschweiggasse in den Jahren 1947 und 1948, jedoch in architektonisch neuer Form. Der Bahnhof Heiligenstadt konnte erst in den Jahren 1953 und 1954 wiedererrichtet werden, ebenso die Stadtbahntrasse in diesem Bereich. Letztlich fielen auch die Otto-Wagner-Stationen Westbahnhof und Schwedenplatz in den 1950ern der Spitzhacke zum Opfer und wurden durch moderne Tiefstationen ersetzt. Der Wiederaufbau des Netzes war am 18. September 1954 mit Fertigstellung der Stadtbahnbögen von der Station Nußdorfer Straße nach Heiligenstadt und zur Friedensbrücke offiziell abgeschlossen.

Stadtbahnwagen

Vom Wagenpark der Stadtbahn, der vor dem Krieg aus 154 Trieb- und 225 Beiwagen bestanden hatte, waren 65 Triebwagen und 108 Beiwagen so sehr beschädigt, dass anfangs nur etwa die Hälfte des Fuhrparks der Stadtbahn einsatzfähig war. Von 1954 bis 1961 wurde der Wagenpark der Stadtbahn durch Umbau von 130 Trieb- und 200 Anhängerwagen dadurch modernisiert, dass sie u. a. in Ganzstahlbauweise hergestellt und mit Türen ausgestattet wurden, die vom Fahrerstand aus betätigt werden konnten. Da viele technische Details der bestehenden elektrischen Stadtbahnwagen der Typen „N" (Triebwagen) und „n" (Beiwagen) aus Kostengründen übernommen wurden, bezeichnete man die neuen Stadtbahngarnituren als „N1" und „n2". Trotzdem hatten die neuen Fahrzeuge einige Verbesserungen gegenüber den alten Fahrzeugen, wie die elektropneumatischen Bremsen und Falttüren. *„Als besondere Attraktion in den neuen Zügen wird der Zugführer durch eine Lautsprecheranlage die Stationen in allen Waggons durchsagen."*[12]

Auch die Sitze waren neu. Sie bestanden aus dem Material Durofol, das der Körperform angepasst

12 Amtsblatt der Stadt Wien, Nr. 31 vom 18. April 1953, Seite 1

Endschleife der Stadtbahnlinie WD in Heiligenstadt, im Hintergrund der Karl-Marx-Hof

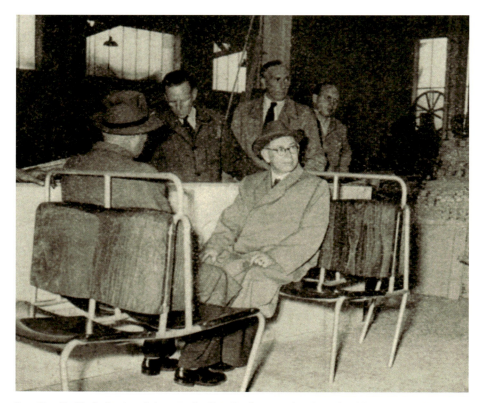

Der für die Verkehrsbetriebe zuständige Stadtrat Richard Nathschläger beim Testen der neuen Stadtbahnsitze in der Simmeringer Waggonfabrik

war. Im Inneren wiesen die Wagen keine Zwischentüren mehr auf und konnten geheizt werden. Die Züge bestanden weiterhin aus maximal neun aneinandergekoppelten Fahrzeugen, ebenso blieb die Höchstgeschwindigkeit der neuen Fahrzeuge von 40 km/h durch Einbau der alten Motoren gleich. Der erste N1/n2-Zug verkehrte auf der Stadtbahn am 12. Juli 1954.

Personaleinsparungen durch technischen Fortschritt

Weiterhin musste in der Stadtbahn – wie vor dem Krieg – neben dem Fahrer auch ein Zugführer mitfahren, der für die sichere Führung und Abfertigung der Stadtbahn in der Station verantwortlich war. Erst als am 16. August 1965 auf der Stadtbahn die „Totmanneinrichtung" eingeführt wurde, konnte der Zugbegleiter eingespart werden. Die Totmanneinrichtung diente zur Überwachung der Dienstfähigkeit des Fahrers, da sie selbsttätig eine Schnellbremsung auslöste, wenn ein auf Halt stehendes Signal überfahren wurde oder der Fahrer die periodische Betätigung des Totmannpedals unterlassen hatte.

Recyclingzeitalter: nach dem Krieg war durch den Materialmangel jede Schraube kostbar, was noch verwertbar war, wurde mitgenommen

Flickwerk Straßenbahn

Die Wiederherstellung des beschädigten Wagenparks der Straßenbahn wurde nach dem Krieg sehr rasch von der eigenen Hauptwerkstätte, die damals 1060 Arbeiter beschäftigte, in Angriff genommen. Bald konnte ein Drittel der beschädigten Wagen wieder in den Dienst gestellt werden. Der bestehende Materialmangel machte sich bei der Straßenbahn aber noch jahrelang bemerkbar. Anfang 1949 waren immer noch fast die Hälfte der Triebwagen und ein Viertel der Beiwagen nicht einsatzfähig. Durch den drückenden Materialmangel wurde in den 1950er Jahren recycelt, was das Zeug hergab. Alte Fahrzeuge wurden laufend mit verschiedenen Neuerungen, vor allem bei den Sicherungsanlagen, nachgerüstet. Wagenheizungen, Leuchtstoffröhrenbeleuchtungen und Zweisichtdachsignale wurden montiert, Schienenbremsen eingebaut und auf alte Beiwagen-Fahrgestelle neue Wagenkästen angebracht. Ebenso wie die Fahrzeuge wurden auch die beschädigten Fahrleitungen sowohl in den eigenen Spezialwerkstätten als auch mithilfe von privaten Elektrofirmen wieder aufgebaut. Aber der Fortschritt der Arbeiten war auch hier durch das Fehlen von Fahrdraht, Lastwagen und Spezial-Turmwagen stark gehemmt.

Immer mehr Fahrgäste

Trotzdem konnten bis Februar 1946 von den 314 Kilometern Betriebslänge der Straßenbahn- und Stadtbahnstrecken vor dem Krieg rund 180 Kilometer relativ rasch betriebsbereit gemacht werden. Schon Ende des Jahres 1945 standen den Wienern wieder 35 Straßenbahnlinien zur Verfügung. Von Monat zu Monat stieg die Zahl der Fahrgäste. Im Mai 1945 wurden bereits sieben Millionen Fahrgäste befördert. Im Dezember 1945 waren es schon 37 Millionen. Das waren fast so viele wie vor dem Krieg, wo im Mai 1938 insgesamt 41 Millionen Kunden befördert wurden. Dadurch kam es aber zu Überfüllungen, da schon 90 % der Fahrgäste wieder unterwegs waren, aber erst 60 % der Strecken zur Verfügung standen. Jahr für Jahr verbesserte sich die Situation. Ende 1947 waren 80 % und Ende 1948 mehr als 90 % des Netzes wieder befahrbar – zwar mit langen Intervallen und überfüllt, aber immerhin.

Auf die Wiener wirkten die Straßenbahnen aus Amerika äußerst modern

Von A-Z, die ersten Nachkriegsfahrzeuge der Straßenbahn

Innenraum eines „Amerikaners" mit gepolsterten Sitzen

1   Amtsblatt der Stadt Wien vom 25. Oktober 1969, Seite 7

Die „Heidelberger" (Type „A")

Von der Firma Fuchs aus Heidelberg in Deutschland waren noch während des Krieges 30 Kriegsstraßenbahn-Triebwagen mit der Typenbezeichnung „A" übernommen worden. Diese waren jedoch ohne elektrische Einrichtungen geliefert worden. Erst nach dem Krieg war die Hauptwerkstätte der Verkehrsbetriebe in der Lage, die Fahrzeuge betriebsbereit zu machen. In den Jahren zwischen 1945 und 1949 wurden sie in Verkehr gesetzt. Nach ihrem Herkunftsort wurden die Fahrzeuge von den Wienern „Heidelberger" genannt. Sie hatten nur zwölf Sitzplätze, dafür aber 59 Stehplätze. Sie blieben mit ihren beleuchteten Trittbrettstufen 30 Jahre in Betrieb und wurden erst im Oktober 1975 ausgeschieden.

45 „Amerikaner" in Wien (Type „Z")

Gleich nach dem Krieg setzte in Amerika der Trend ein, Straßenbahnlinien aufzulassen und stattdessen nur mehr einen Busbetrieb zu führen. Die Straßenbahnstrecken der New Yorker Third Avenue Transit Corporation wurden folglich im Jahr 1948 komplett auf Autobusse umgestellt. Damit wurden viele erst 1938 gebaute vierachsige Straßenbahn-Großraumtriebwagen für die Amerikaner nutzlos. Nachdem einige Wagen schon an andere Länder verkauft worden waren, griffen auch die Wiener Verkehrsbetriebe zu. Mit Geldmitteln aus dem Marshallplan – dem Wirtschaftswiederaufbauprogramm der Amerikaner für Europa – kauften sie 45 Fahrzeuge, pro Stück um 10 000 Schilling.[1] Der damalige Direktor der Verkehrsbetriebe, Viktor

Der „Heidelberger" war das erste neue Straßenbahnfahrzeug, das nach dem Krieg in Betrieb ging. Er war der erste Wiener Triebwagen mit einem Liniendachsignal, das nicht nur von vorne, sondern auch von der Seite gelesen werden konnte

Benesch, fuhr zwecks Besichtigung der Fahrzeuge persönlich nach Amerika.[2]

„Ein großes Sorgenkind sind die Wiener Verkehrsbetriebe ... Obwohl kein Mangel an Kundschaft verzeichnet werden kann, schließen die Verkehrsbetriebe mit einem Defizit von 29 Millionen Schilling ... Der Wagenpark der Verkehrsbetriebe befindet sich in einem bedenklichen Zustand. Bekanntlich haben die Wiener Verkehrsbetriebe bei einer österreichischen Firma 50 Triebwagen in Arbeit gegeben, von denen jeder ohne Motor 8,5 Tonnen Eisen erfordert. Ferner ist der Kauf von 40 gebrauchten vierachsigen Triebwagen in den Vereinigten Staaten geplant. In Amerika an Ort und Stelle angestellte Studien konnten positiv abgeschlossen werden, so daß diese Wagen eventuell schon im Sommer 1949 im Wiener Stadtbild erscheinen werden. Zunächst werden sie auf den Linien nach Floridsdorf eingesetzt, wobei Umbauarbeiten der Gleisanlagen mit einem Sachaufwand von 1 Million Schilling notwendig sind."[3]

Die Wagen kamen Mitte des Jahres 1949 per Schiff nach Rotterdam und anschließend mit der Eisenbahn nach Wien. Nach entsprechendem Umbau wurde der erste „Amerikaner" am 13. März 1950 auf der Linie 331 von der Esslinggasse nach Stammersdorf in Betrieb genommen.[4] Durch ihre ungewöhnliche Breite von 2,5 Metern gegenüber 2,2 Metern bei herkömmlichen Wagen blieb ihr Einsatz aber auf Strecken der ehemaligen Dampftramway, wo der Abstand zwischen den Hin- und Rückfahrgleisen groß genug war, beschränkt. Die Garnituren waren für das aufgrund des Krieges technisch rückständige Wien beeindruckend modern. Druckluftbremsen, selbstschließende elektropneumatische Türen, elektrische Klingel und in die Fahrtrichtung umstellbare gepolsterte Sitzbänke beeindruckten die Wiener. Mit dem Schließen der Türen wurden automatisch die Trittbretter gehoben. Da das Anbringen einer Anhängerkupplung aus Konstruktionsgründen nicht möglich war, konnten die Triebwagen aber keine Beiwagen mitführen. Die Fahrgäste durften nur bei der hinteren Tür zusteigen und über die vordere Plattform aussteigen. Infolge der schwierig zu bedienenden Druckluftbremse waren die „Amerikaner" aber überdurchschnittlich oft in Unfälle verwickelt. Am 5. September 1969 verkehrte die letzte Garnitur.

Der erste Nachkriegswiener (Type „B")

Der erste nach dem Krieg neu gebaute Wagentyp der Wiener Straßenbahn war der B-Triebwagen. Er wurde von der Firma Simmering-Graz-Pauker in Simmering hergestellt. Für die damalige Zeit äußerst modern, hatte er einen Wagenkasten in Stahlbauweise, elektropneumatisch funktionierende Doppelschiebetüren, elektrische Beheizung, einen Fahrersitzplatz und eine elektrische Abfertigungs- und Türkontrollanlage. Am 8. März 1951 nahmen der damalige Bürgermeister Theodor Körner und der zuständige Stadtrat Richard Nathschläger an der Jungfernfahrt teil. Der erste Einsatz im Regelbetrieb erfolgte am 9. September 1951. Im Jahr 1952 wurde auch ein dazugehöriger Beiwagen der Bezeichnung „b" in Betrieb genommen.

2 Farthofer Walter, Die kommunalen Wiener Verkehrsbetriebe (1903-1999), Wien 2006, Seite 155
3 der amtsführende Stadtrat für die städtischen Unternehmungen Dr. Erich Exel in der Gemeinderatssitzung vom 22. Dezember 1948
4 Amtsblatt der Stadt Wien, Nr. 22 vom 18. März 1950, Seite 2

Bushaltestelle und reger Straßenverkehr vor dem Wiener Westbahnhof

Zukunft Kraftomnibus

1 Amtsblatt der Stadt Wien, Nr. 42, vom 26. Mai 1948, Seite 2

Städtische Autobusse – requiriert, zerstört, verschleppt

Vor dem Krieg – im Jahr 1935 – hatten die Verkehrsbetriebe über 154 Autobusse und fünf Oberleitungsomnibusse verfügt, mit denen neun Tag- und acht Nachtlinien betrieben wurden. Nach Kriegsende waren von der Busflotte nur mehr neun Fahrzeuge fahrfähig und 54 beschädigt vorhanden. Die restlichen waren für den Kriegseinsatz abtransportiert, durch Luftangriffe vernichtet oder nach Kriegsende verschleppt worden. Von den Autobusgaragen waren nur zwei baulich unversehrt geblieben. Während des Krieges war der Autobusbetrieb daher reduziert und im Dezember 1941 komplett aufgelassen worden. Erst 1947 konnte wieder ein eingeschränkter Linienbetrieb aufgenommen werden.

„Autobusse anzuschaffen ist überhaupt die Zukunftsplanung, um eine gewisse, dem Verkehrsskandal langsam entwachsende Verkehrsbedienung der Wiener Bevölkerung bringen zu können. So haben die Wiener Verkehrsbetriebe bei der inländischen Industrie 30 Autobusse bestellt, wendige Einmannwagen für den Verkehr in der Inneren Stadt und für die Schnellinie nach Floridsdorf. Bei den Saurerwerken sind 53 neue Dieselautobusse bestellt."[1]

Ende des Jahres 1948 ging der wichtige Busverkehr zur Erschließung der Inneren Stadt wieder in Betrieb:

„Am 6. Dezember 1948 haben die Wiener Verkehrsbetriebe mit zwei Linien den innerstädtischen Autobusverkehr wieder aufgenommen. Die beiden ersten Strecken, die die wichtigsten

Zwischen 1946 und 1958 fuhr ein O-Bus vom Währinger Gürtel nach Salmannsdorf

Buslenker waren immer mehr gefragt

Verkehrspunkte der Ringstraße mit der Stadtmitte verbinden, konnten im Laufe des Jahres auch zu den Bahnhöfen verlängert werden."[2]

Der Fahrzeugpark umfasste aber nur 24 betriebsfähige Autobusse und sechs O-Busse. Erst im Jahr 1949 waren die heimischen Firmen produktionstechnisch in der Lage, die bestellten 30 modernen Autobusse und im folgenden Jahr weitere 40 Stück zu liefern.

70 Buslinien

Die „Modeerscheinung" Autobus blieb aber nicht auf die Verkehrsbetriebe beschränkt. In den 1950er Jahren verkehrten im Wiener Stadtgebiet bereits 70 Buslinien, die teils von den Verkehrsbetrieben, teils von der Postverwaltung, teils von den Bundesbahnen, aber auch von privaten Unternehmungen betrieben wurden. Der Ausgangspunkt fast aller Linien befand sich im Zentrum der Stadt. Die Busse der Bundesbahnen hatten ihren Ausgangspunkt am Karlsplatz, am Schwarzenbergplatz und in der Friedrichstraße, die Postautobusse fuhren vom Schillerplatz weg. Im Laufe der Jahre wurde durch die stetige Zunahme an Bussen die Errichtung größerer Busbahnhöfe, wie auf der Landstraße oder am Südtiroler Platz, notwendig.

Neue Busgaragen

Mit dieser veränderten Schwerpunktsetzung in Richtung Busbetrieb seitens der Verkehrsbetriebe gingen auch umfangreiche infrastrukturelle Maßnahmen einher. Mit Beginn der Autobuslieferungen im Jahr 1949 musste in der Engerthstraße mit dem Bau einer Großgarage für 100 Busse begonnen werden, da die Garage in der Pernerstorfergasse von russischen und die Garage in der Schanzstraße von amerikanischen Truppen besetzt worden waren. Mit 37 Metern freier Spannweite war sie damals eine der größten Hallen Österreichs. Sie wurde 1952 eröffnet.

Der O-Bus, wieder eingeführt und wieder eingestellt

Im Oktober 1946 wurde vom Währinger Gürtel bei der Nußdorfer Straße über die Krottenbachstraße nach Salmannsdorf ein O-Bus-Verkehr, die Linie 22, eingeführt. Die sechs im Jahr 1946 dafür vorhandenen O-Busse wurden später um weitere zehn vermehrt. Von diesen 16 Wagen waren sechs Anhängerwagen. Die Stromversorgung erfolgte durch zwei Unterwerke mit je zwei Speisepunkten. Auf einer kurzen Strecke wurden sie mit Strom aus dem Oberleitungsnetz der Straßenbahn versorgt. Die Spannung betrug 550 Volt. Aber schon am 2. Dezember 1958 wurde der O-Bus-Betrieb wieder eingestellt und die O-Busse durch gewöhnliche Autobusse ersetzt, da die notwendigen Wartungseinrichtungen für eine einzige Linie unwirtschaftlich waren. Die noch vorhandenen Autobusse und die Reserveteile wurden an die Mürztaler Verkehrs-Gesellschaft m.b.H. in Kapfenberg verkauft.

2 Amtsblatt der Stadt Wien, Nr. 100 vom 14. Dezember 1949, Seite 1

Trittbrettfahren war vor allem bei der Jugend ein beliebter, aber gefährlicher Sport

Umorganisationen und Neueinführungen

Die Gründung der Wiener Stadtwerke

In der Sitzung vom 28. März 1946 beschloss der Wiener Gemeinderat die Errichtung einer „Generaldirektion für die städtischen Unternehmungen Elektrizitätswerke, Gaswerke und Verkehrsbetriebe" als ersten Schritt für einen späteren Zusammenschluß dieser Unternehmen. Diese Strategie, städtische Unternehmungen, insbesondere Versorgungsunternehmungen, aus wirtschaftlichen Gründen zu Stadtwerken zusammenzuschließen, war damals bereits von mehreren Städten in Deutschland und in Österreich verwirklicht worden. Der damalige Direktor der Verkehrsbetriebe Johann Resch wurde mit dieser Aufgabe betraut. Er erhielt dafür den Titel Generaldirektor der Wiener Stadtwerke. Diese Generaldirektion sollte die Einheitlichkeit der Geschäftsführung der drei Unternehmungen wahren, die Wirtschaftlichkeit ihrer Betriebsführung fördern und – wenn wirtschaftlich oder organisatorisch vorteilhaft – die sich bei diesen Unternehmungen ergebenden gleichartigen Geschäfte selbst führen. Tatsächlich beschloss der Gemeinderat am 23. Dezember 1948, diese drei bis dahin selbstständigen Unternehmungen Elektrizitätswerke, Gaswerke und Verkehrsbetriebe zu den „Wiener Stadtwerken" zusammenzufassen. Am 1. Jänner 1949 wurde der Zusammenschluss vollzogen. Um dieser Umorganisation auch nach außen hin Rechnung zu tragen, wurde ab diesem Zeitpunkt das Kreuzwappen der Fahrzeuge der Verkehrsbetriebe um den zusätzlichen Schriftzug „WStW" ergänzt. Dieses neue Logo auf den Fahrzeugen bestand bis 1978. Am 1. Jänner 1953 kam die städtische Bestattung als vierte Unternehmung zu den Stadtwerken hinzu. Mit dieser neuen Struktur wurde es möglich, den durch die schweren Kriegsschäden „kapitalhungrigen" Verkehrsbetrieben mit Zuschüssen der gewinnbringenden E-Werke auszuhelfen.[1] Am 27. Juni 1955 übersiedelte die Generaldirektion von der Ebendorfer Straße in den Ringturm.

Das leidige Rauchen in den Öffis

Vor dem Einmarsch Hitlers in Österreich war in der Wiener Straßenbahn und in der Stadtbahn das Rauchen in bestimmten, als Raucherwagen gekennzeichneten Bereichen möglich. Bei der Straßenbahn war dies im Allgemeinen der letzte Beiwagen und bei der Stadtbahn ein besonders gekennzeichneter Raucherwagen. Dies war international gesehen durchaus ungewöhnlich, da weder in Berlin noch in anderen deutschen Städten oder in Amerika das Rauchen in den Waggons erlaubt war. Die Nationalsozialisten verhängten daher auch in Wien bald ein generelles Rauchverbot in den öffentlichen Verkehrsmitteln. Nach dem Krieg war jedoch nicht klar, ob dieses aus den vergangenen finsteren Zeiten stammende Verbot weiterhin Geltung hatte.

Ein Wiener Werkmeister

Im Jahr 1949 griff daher ein Wiener Werkmeister[2], der es wissen wollte, in einer Straßenbahn zum „Glimmstängl" und erhielt nach entsprechender Beanstandung eine Geldstrafe von fünf Schilling. Nach erhobenem Einspruch musste die Strafe jedoch mangels gesetzlicher Grundlage tatsächlich aufgehoben werden. Die notwendige Regelung, wo geraucht werden darf und wo nicht, war rechtlich im postfaschistischen Vakuum der späten 1940er Jahre unter die Räder gekommen.

Rauchverbot im „Völkischen Beobachter"

Das Bundesministerium für Verkehr stellte mit Bescheid vom 27. April 1949 jedoch fest, dass das Rauchverbot für alle Straßenbahn- und Stadtbahnwagen sowie für alle Fahrzeuge des Omnibuslinien- und Oberleitungsomnibusverkehrs der Stadt Wien aus dem Jahr 1944 weiterhin Gültigkeit habe, da es damals ordnungsgemäß im „Völkischen Beobachter" veröffentlicht worden sei.[3] Viele Raucher konnten sich jetzt aber plötzlich nicht mehr an den „Völkischen Beobachter" erinnern und begannen ebenfalls in der Straßenbahn und in der Stadtbahn zu rauchen.

„Zur Rede gestellt, verweisen diese häufig auf gleichzeitig im Wagen anwesende Angehörige irgendeiner Besatzungsmacht, die sich durch das Rauchverbot bekanntlich nicht behindern lassen. Diesen gegenüber aber versagt gewöhnlich die Autorität des Schaffners."[4]

Trotz dieses Hinweises der Raucher war das generelle Rauchverbot in den öffentlichen Verkehrsmitteln nicht aufzuhalten gewesen und gilt bis heute.

Die Geburt des „Schwarzkapplers"

Zu ähnlich hitzigen Diskussionen führte eine andere Neuerung bei den Verkehrsbetrieben. Mit Montag, dem 5. Dezember 1949, wurde eine Funktion eingeführt, mit der in der Zwischenzeit fast schon alle Wiener in irgendeiner Form Bekanntschaft gemacht haben: der „Schwarzkappler". Die Verkehrsbetriebe sahen sich veranlasst, diese Maßnahme zu setzen, da es *„besonders bei den jüngeren Jahrgängen"* eine Art Sport wurde, die Straßenbahn zu benützen, ohne das Fahrgeld zu bezahlen. Die Einführung der Schwarzkappler fand ein derart nachhaltiges Echo in der Öffentlichkeit, *„wie es sonst kaum eine der vielen Verkehrsverbesserungen, Errichtung von neuen Straßenbahnlinien, Einführung von neuen Autobuslinien gefunden hat"*.[5] Jedenfalls hat sich diese Maßnahme im Laufe der folgenden Jahrzehnte bewährt.

Trittbrettfahrer

Mit dem wachsenden Verkehr machte sich auch eine gefährliche Unsitte auf der Straßenbahn und der Stadtbahn breit, die besonders unter Schülern breiten Anklang fand, im heutigen Verkehrsgeschehen aber völlig undenkbar wäre: das Trittbrettfahren. Es war dies in Wien wegen Überfüllung der Straßenbahnen vor allem nach Sportveranstaltungen eine zwar gern geübte Praxis, wurde aber in den 1950ern anscheinend immer mehr zu einer sportlichen Übung:

„In letzter Zeit greift immer mehr eine Unsitte bei der Schuljugend um sich, ihre Straßenbahnfahrten mit Vorliebe auf den Trittbrettern abzuwickeln. Die Schülertrauben, die täglich vor 8 Uhr auf verschiedenen Linien der Verkehrsbetriebe an den Trittbrettern der Züge hängen, sind jedoch in den meisten Fällen keineswegs Anzeichen der Überfüllung, sondern Beweis für mangelnde Verkehrsdisziplin."[6]

Die Direktion der Verkehrsbetriebe sah sich daher genötigt, sich zwecks Hinweises auf die Gefährlichkeit solcher Aktionen an den Stadtschulrat zu wenden. Man kann sich aber gut vorstellen, dass eine solche Mahnung bei vielen Schülern nur auf taube Ohren stieß.

Das Rauchen in den öffentlichen Verkehrsmitteln war nach dem Krieg in heftiger Diskussion

---

1 Fünfzig Jahre nach ihrer Gründung begann für die Stadtwerke eine neue Epoche. Am 1. Jänner 1999 wurden sie privatisiert. Die Stadtwerke blieben als Ganzes im Eigentum der Stadt Wien, wurden jedoch zu einer privatrechtlichen Holding AG, der die Teilunternehmen mit neuem Namen als Tochtergesellschaften unterstellt wurden. Aus den Wiener Verkehrsbetrieben wurde die Wiener Linien GmbH & Co KG. Damit sollten die Stadtwerke flexibler werden, um sich den geänderten Konkurrenzbedingungen im Rahmen der EU-Richtlinien besser anpassen zu können. Die Stadtwerke konnten jetzt im Rahmen der Kontrolle des Aufsichtsrates selbstständiger agieren und benötigten nicht mehr für alle geplanten Tätigkeiten die Genehmigung des Wiener Gemeinderates.
2 Amtsblatt der Stadt Wien, Nr. 40 vom 18. Mai 1949, Seite 7
3 Amtsblatt der Stadt Wien, Nr. 54 vom 6. Juli 1949, Seite 12
4 Amtsblatt der Stadt Wien, Nr. 18 vom 3. März 1948, Seite 2
5 Amtsblatt der Stadt Wien, Nr. 2 vom 7. Jänner 1950, Seite 1
6 Amtsblatt der Stadt Wien, Nr. 48 vom 17. Juni 1953, Seite 1

Wien in der 2. Hälfte des 20. Jahrhunderts

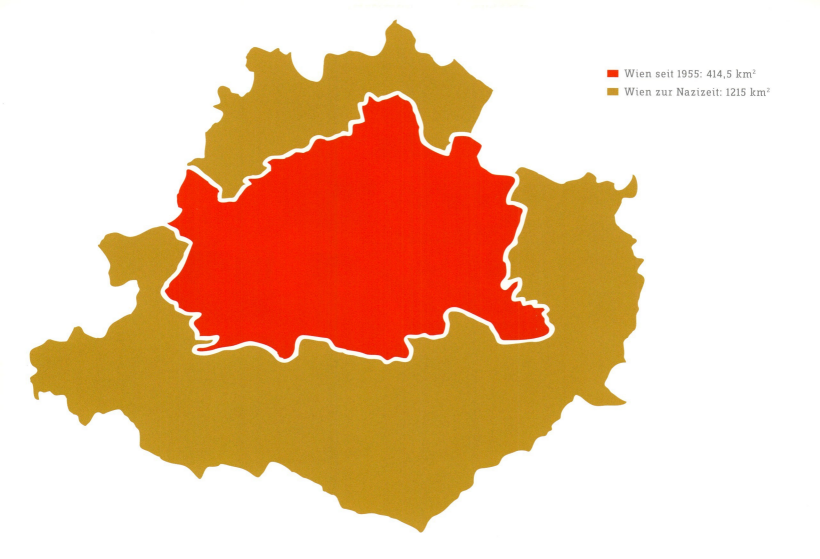

■ Wien seit 1955: 414,5 km²
■ Wien zur Nazizeit: 1215 km²

Wiens erste Stadtverkleinerung

Weg von Wien

Im Jahr 1945 entschieden die vier alliierten Siegermächte, dass Österreich in den Grenzen wie vor Hitlers Einmarsch wiedererstehen sollte. Diese Festlegung galt auch für innerösterreichische Bereiche wie die Grenze zwischen Wien und Niederösterreich. Damit war von den Alliierten die Verkleinerung Wiens auf die alten 21 Wiener Bezirke vorgegeben. Die Stimmung in der Bevölkerung war aber für Beibehaltung der von den Nazis gezogenen Grenzen von Groß-Wien. Eine klare Mehrheit der 1938 zu Wien gekommenen Gemeinden wollte bei Wien bleiben und brachte dies in Kundgebungen, Unterschriftenaktionen und Abstimmungen auch zum Ausdruck.[1] Die Alliierten verweigerten jedoch ihre Zustimmung. Vor allem der unmittelbar mit Kriegsende einsetzende „Kalte Krieg" zwischen den Westmächten und der Sowjetunion machte Änderungen bestehender Abmachungen beinahe unmöglich. Von den Besatzungsmächten wurde eifersüchtig auf unzulässige Machtverschiebungen geachtet, was der niederösterreichischen Landesregierung, die nur den Verbleib einiger weniger Gemeinden bei Wien akzeptieren wollte, entgegenkam. Nach jahrelangen Verhandlungen trat mit 1. September 1954 das Randgemeindengesetz in Kraft, womit 80 Gemeinden zu Niederösterreich zurückkehren mussten. Darunter waren viele eng mit Wien verbundene Gemeinden wie Schwechat, Mödling oder Klosterneuburg. 17 Gemeinden gelang es, bei Wien zu bleiben. Diese wurden vor allem in den neuen Bezirken XXII und XXIII zusammengefasst. Andere wurden bestehenden Bezirken zugeschlagen, wie Hadersdorf-Weidlingau dem XIV. Bezirk, Albern dem XI., Ober-, Unterlaa und Rothneusiedl dem X. und Stammersdorf dem XXI. Bezirk. Wien hatte nun insgesamt 23 Bezirke. Die Gesamtfläche der Stadt reduzierte sich von 1 215 km² auf 414,5 km² und die Bevölkerung von 1 766 102 auf 1 616 125 Einwohner.[2]

1 Mayer Wolfgang, Territoriale Veränderungen im Raume Wien 1938–1945, in Wiener Geschichtsblätter, 1975, Heft 3, Seite 285
2 Volkszählung vom 1. Juni 1951

Die ansteigende Motorisierung der Stadt führte zu einem immer dichteren Verkehr auf der Straße

Stadtverkleinerung, aber Problemvergrößerung

Damit handelte man sich im Großraum Wien vor allem im Verkehrswesen einige Probleme ein, die bis heute nicht gelöst sind. Eine Wiener U-Bahn nach Niederösterreich zu führen, ist aus verschiedensten Gründen nicht möglich bzw. nur unter enormen vertraglichen, finanziellen, logistischen und EU-rechtlichen Schwierigkeiten denkbar. Aufgrund des anhaltenden Trends der Urbanisierung der österreichischen Bevölkerung wird aber Wien weiter mit seinem Umland zusammenwachsen. Für ein Dauerthema in Fragen der öffentlichen Verkehrserschließung ist somit gesorgt. Nach dem Ende des Zweiten Weltkriegs war dieses Problem durch die Nähe des „Eisernen Vorhangs" noch nicht vordringlich. Wien hatte eine sukzessiv schrumpfende Bevölkerung. Lebten in den 1950er Jahren noch 1,6 Millionen Menschen in Wien, so wurde im Jahr 1981 mit nur 1,5 Millionen Wienern ein absoluter Tiefpunkt im Hinblick auf die Einwohnerzahl der Stadt erreicht. Bürgermeister Leopold Gratz bezeichnete Wien damals als *„die Endstation des freien Westens vor dem Eisernen Vorhang".[3]*

Das Rote Wien – Teil 2

Bei den ersten Landtags- und Gemeinderatswahlen nach dem Zweiten Weltkrieg am 25. November 1945 erreichten die Sozialisten wiederum – wie schon nach dem Ersten Weltkrieg – die absolute Mehrheit in Wien und gaben die Regierungsverantwortung bis heute nicht mehr ab. Naturgemäß führte dies in der zweiten Hälfte des 20. Jahrhunderts zu einer Dominanz sozialistischer Gemeindepolitik, die Wien als „Wohlfahrtsstadt" forcierte. Das von Liberalen immer propagierte „freie Spiel der Wirtschafts- und Marktkräfte" wurde zu verhindern getrachtet, indem die Stadtverwaltung möglichst weitreichend Verantwortung für alle Lebensbereiche übernahm. Ob im Wohnungs-, Verkehrs- oder Fürsorgewesen, die SPÖ – und damit in der Folge die Verwaltung Wiens – versuchte, sich in allen Belangen um die Wiener zu kümmern. Diese Dominanz bei kleinen wie bei großen Fragen der Gemeindepolitik stieß bei den politischen Gegnern natürlich auf Unbehagen. Schon in der Gemeinderatssitzung vom 16. Mai 1946 stellten die ÖVP-Gemeinderäte Franz Hengl, Franz Bauer und Josef Kresse den Antrag:

3   Stimmer Kurt, Wien 2000, Wien 1999, Seite 144

„Am vergangenen 1. Mai wurde von der Wiener Bevölkerung mit Bedauern festgestellt, daß bei der Beflaggung der städtischen Straßenbahnwagen, der Schul-, Wohn- und sonstigen städtischen Gebäude ausschließlich rote Fahnen verwendet wurden. Dieses Vorgehen der Gemeindeverwaltung entspricht nicht den demokratischen Grundsätzen, die in Wien Anwendung finden sollten, und könnte zu der Meinung führen, daß die städtischen Verkehrsmittel sowie die Schul- und Wohngebäude ausschließlich Eigentum einer bestimmten Partei sind. Es wäre daher Vorsorge zu treffen, daß in Hinkunft bei allen Anlässen, bei denen beflaggt wird, nur Farben der Stadt Wien Anwendung finden."

Der geplante kommunistische Generalstreik

Kritik kam aber auch von links. Die KPÖ, die sich durch ihre bedeutende Rolle im Widerstand gegen die Naziherrschaft bei den demokratischen Wahlen wesentlich mehr Zulauf erhofft hatte als die tatsächlich erzielten 5 % Wählerstimmen bei den Nationalratswahlen bzw. 8 % bei den Gemeinderatswahlen, wollte im Schutz der russischen Besatzungsmacht das politische Kräfteverhältnis außerhalb der demokratischen Institutionen etwas zu ihren Gunsten verschieben. In den ersten Oktobertagen des Jahres 1950 versuchte die KPÖ, einen Generalstreik in Österreich auszurufen. Vor allem in der russischen Zone in Wien gingen die Kommunisten daran, den Verkehr zu unterbinden. Am Morgen des 5. Oktober kam es auf der Wiedner Hauptstraße zu einem schweren Zwischenfall, als die Streikenden die Straße mit Pflastersteinen verbarrikadierten und eine Straßenbahngarnitur aus den Gleisen hoben. Dieser Konflikt konnte aber auf sehr wienerische Weise beigelegt werden, denn inmitten des Tumultes erschien plötzlich der gestrenge Wiener Bürgermeister Theodor Körner:

„Was ist los? Geschrei, Erregung, die Straßenbahner hätten angefangen, heißt es. So, die Straßenbahner haben angefangen. Schön, wir werden das feststellen. Im übrigen sind das keine Methoden, um höhere Löhne zu kämpfen, fügt er scharf hinzu. Alle halten den Atem an, als erwarten sie, daß der Bürgermeister noch etwas sagen sollte. Aber Körner sieht sich nur noch einmal um, mit dem Blick, in dem mehr Strafe liegt als in den gröbsten Worten, und wendet sich zum Gehen. Schweigend weichen die Demonstranten. Sehen ihm nach, wie er, nur von zwei Beamten des Rathauses begleitet, um die nächste Ecke ver-

Oktoberstreik 1950: Auseinandersetzung zwischen Bauarbeitern unter Führung des Gewerkschafters Franz Olah und Streikenden

schwindet. Die Menschen verlaufen sich. Zurück bleibt, grotesk anzusehen, ein umgestürzter Straßenbahnzug." [4]

Die Straßenbahn in den 1950er Jahren

Dieser eine umgestürzte Straßenbahnzug sollte den Verkehrsbetrieben aber keine Probleme bereiten. In den 1950er Jahren besorgten bereits 65 Straßenbahn-, Stadtbahn-, Bus- und Omnibuslinien als Radial- oder Rundlinien den öffentlichen Verkehr in der Stadt. Im Netz der Straßenbahn gab es 661 Haltestellenpaare in Abständen von durchschnittlich 402 Metern.[5] Die längste Straßenbahnlinie war die Linie 317 mit 11,3 Kilometern, die kürzeste, die Linie 158, war dafür nur 1,1 Kilometer lang. 17 Betriebsbahnhöfe mit 46 Wagenhallen waren im Netz der Straßenbahn verteilt. Der Betrieb begann zwischen 5 und 6 Uhr morgens und endete um etwa Mitternacht. Die Weichen wurden noch vom Fahrer mit der Weichenkrücke oder vom Schaffner durch Betätigung eines seitwärts in einem Kasten angebrachten Stellhebels gestellt. Aber schon bald waren die ersten elektrischen Weichen mit elektromagnetischer Zugvorrichtung in Verwendung. Dabei musste der Fahrer nicht mehr umständlich aussteigen, was eine enorme Zeitersparnis brachte. Trotzdem wuchsen durch die explosionsartig ansteigende Motorisierung der Stadt die Probleme der Verkehrsbetriebe. In unmittelbarer Konkurrenz mit dem Autoverkehr mussten andere, einschneidende Verbesserungen im öffentlichen Verkehr gefunden werden. Wieder stand die alte Frage einer U-Bahn für Wien im Raum.

In den 1950er Jahren gab es noch in jedem Straßenbahnwagen einen Schaffner

4 Leitner Thea, Körner aus der Nähe, Wien ca. 1955, Seite 128
5 Frank Ferdinand, in wien um die mitte des XX jahrhunderts, Wien 1958, Seite 679

Hatten sich nicht viel zu sagen: Wiens Stadtplaner Karl Heinrich Brunner (links) und Bürgermeister Franz Jonas (rechts)

U-Bahn – ja oder nein?

Angriffe auf den Planungsdirektor

In dieser Phase zu Beginn der 1950er Jahre begannen von verschiedenen Seiten Intrigen gegen den Planungsdirektor und U-Bahn-Befürworter Brunner zu laufen. Zum Sprachrohr diverser Anschuldigungen wurde der kommunistische Gemeinderat Viktor Matejka. In der Gemeinderatssitzung vom 20. Jänner 1950 richtete er an Bürgermeister Körner u. a. folgende Anfragen:

„*Ist dem Herrn Bürgermeister bekannt, daß gegen die von Herrn Professor Dr. Brunner aufgestellten Einzelpläne in Fachkreisen starke Bedenken geäußert wurden? Ist dem Herrn Bürgermeister bekannt, welche besonderen Umstände den Stadtsenat dazu veranlaßt haben, zum ‚Generalstadtplaner' den zu diesem Zweck aus Kolumbien zurückberufenen Professor Dr. Brunner zu bestellen? Ist dem Herrn Bürgermeister bekannt,* *daß Herr Professor Dr. Brunner in Kolumbien im Zusammenhang mit seiner Tätigkeit als Stadtplaner im Mittelpunkt heftiger Angriffe stand?*"

Bürgermeister Körner stellte sich in seiner Anfragebeantwortung jedoch voll hinter Brunner. Den Vorwürfen zugrunde liegende Zeitungspolemiken und Kommentare waren ohne konkrete Daten oder nachweisbare Fakten veröffentlicht worden. Für Körner war es somit nur eine – in Wien nicht ungewöhnliche – „Wadlbeißerei". Dem Planungsdirektor war ohnehin ein achtköpfiger Fachbeirat aus Technikern und Planungsexperten beratend zur Seite gestellt.

U-Bahn-Bau wird Politikum

Nachdem bereits im Jahr 1946 vom kommunistischen Gemeinderat Karl Altmann der Antrag zur Planung einer Wiener U-Bahn gestellt worden

Auch im Konstruktionsbüro der Verkehrsbetriebe wurde eifrig entworfen und verworfen

war, übernahm in der Gemeinderatssitzung vom 22. März 1951 nun die ÖVP unter ihrem Stadtplanungs- und Verkehrssprecher Pius Michael Prutscher die Initiative. Prutscher beantragte die grundsätzliche Genehmigung des alten U-Bahn-Projektes der Siemens-Bauunion aus der Vorkriegszeit. Bürgermeister Körner verwies die Anträge in Unterausschüsse, packte seine Sachen und kandidierte für das Amt des Bundespräsidenten, das er nach erfolgreicher Wahl im Mai 1951 auch antrat. In der folgenden Beantwortung der ÖVP-Anfrage zeigte sich, dass die Verantwortlichen durchaus gewillt waren, die U-Bahn-Planungen beschleunigt fortzusetzen, wobei diese wichtige Aufgabe Karl Heinrich Brunner übertragen werden sollte:

„Der Unterausschuß für Verkehrsfragen, der unter dem Vorsitz der Stadträte Afritsch (SPÖ) und Dkfm. Nathschläger (ÖVP) wiederholt tagte, hat bei seiner Sitzung am 29. Mai 1951 festgestellt, daß zur endgültigen Festlegung der U-Bahntrassen die Ergebnisse der Volkszählung von Wichtigkeit sind, da angenommen wird, daß sich die Bevölkerungsverhältnisse seit Erstellung eines U-Bahnprojektes in den Jahren 1938/1939 verschoben haben. Da die Festlegung der U-Bahntrassen für die Planung der Stadt an sich und für eine sparsame Durchführung aller anderen Arbeiten (Rücksichtnahme auf spätere Einbauten usw.) von größter Bedeutung ist, sollen diese Arbeiten beschleunigt fortgesetzt werden. Im Hinblick darauf, daß die Tätigkeit des Herrn Professor Brunner als Generalstadtplaner mit Ende dieses Jahres abläuft und der Genannte über große Erfahrungen auf dem Gebiete des Untergrundbahnbaues aus dem Auslande verfügt, wird empfohlen, Herrn Professor Brunner auch weiterhin mit der Durchführung dieser Planungsaufgaben im Speziellen zu betrauen." [1]

Einen Monat später trat der neue Wiener Bürgermeister Franz Jonas sein Amt an. Dessen Antrittsrede am 22. Juni 1951 im Wiener Gemeinderat zeichnete ihn aber nicht als großen Visionär und vorausdenkenden Stadtplaner aus, sondern ließ ihn sehr nüchtern und zurückhaltend nur den Wiederaufbau der Stadt als Schwerpunkt seiner Tätigkeiten bezeichnen:

[1] Amtsblatt der Stadt Wien, Nr. 9 vom 30. Jänner 1952, Seite 7

Besonders die Kärntner Straße wurde in Wien von der Verkehrslawine überrollt

Bürgermeister Franz Jonas betrieb eine Verkehrspolitik der kleinen Schritte

„Der Wiederaufbau der kriegszerstörten Wohnungen, der städtischen Wirtschafts- und Wohlfahrtseinrichtungen, der Industrie-, Gewerbe- und Verkehrsanlagen wird uns noch jahrelang beschäftigen."[2]

Brunners Weiterbeschäftigung als U-Bahn-Planer war damit vom Tisch. Am 19. November 1952 wurden abschließend der Öffentlichkeit im Rahmen einer Enquete der „Gemeinderätlichen Planungskommission" die aus seiner bisherigen Tätigkeit resultierenden Vorschläge und Empfehlungen präsentiert. Im Mittelpunkt standen nur seine beiden geplanten Verlängerungen der Gürtelstadtbahn von der Gumpendorfer Straße über den Margaretengürtel zum Matzleinsdorfer Platz sowie von der Nußdorfer Straße Richtung Norden nach Floridsdorf. Hinsichtlich des U-Bahn-Baus hieß es jetzt:

„Was die Festlegung der U-Bahn-Trassen betrifft, sind die Unterkommission sowohl wie die Hauptkommission nach eingehenden Debatten zu dem Ergebnis gekommen, die weitere detailplanliche Bearbeitung der Trassen solange zurückzustellen, bis die bezügliche Auswertung der Volkszählung vorliegt. Weiter regt die Kommission an, die Stadtbaudirektion möge die Trassenführung der U-Bahn neu studieren."[3]

Das leidige Geld

Bürgermeister Franz Jonas war kein Gegner des U-Bahn-Baus, nur war ihm nicht klar, wie er diesen finanzieren sollte. Auf Bundesebene regierte ab Februar 1953 eine ÖVP-SPÖ-Koalition unter Bundeskanzler Julius Raab, die in Vorbereitung des Staatsvertrages andere Sorgen als die Mitfinanzierung einer U-Bahn in Wien hatte. Anlässlich der 50-Jahr-Feier der Gründung der stadteigenen Verkehrsbetriebe im Jahr 1953 sprach Bürgermeister Franz Jonas:

„Dabei bleibt nur zu bedauern, daß die Frage einer Wiener Untergrundbahn bisher nicht gelöst wer-

2 Amtsblatt der Stadt Wien, Nr. 52 vom 30. Juni 1951, Seite 2
3 Amtsblatt der Stadt Wien, Nr. 96 vom 29. November 1952, Seite 2

den konnte und mangels der riesigen, hiefür erforderlichen Mittel noch genau so problematisch ist wie vor vierzig Jahren. Der Ausbau unserer städtischen Massenverkehrsmittel hat in diesem halben Jahrhundert manchen Fortschritt gezeigt, aber seine höchste und letzte Stufe noch nicht erreicht."
Auch für die ÖVP war ein Wiener U-Bahn-Bau noch Zukunftsmusik, aber – neben der ebenso zu realisierenden Umstellung von Straßenbahnen auf Busbetrieb – für das Funktionieren der Stadt auf lange Sicht unentbehrlich. Der für die städtischen Unternehmen zuständige ÖVP-Stadtrat Richard Nathschläger schrieb:
„Was aber eine wirkliche Aufgabe und ein in harter Arbeit anzustrebendes Ziel auf lange Sicht sein wird, ist dies: die sukzessive und planmäßige Ablösung des Straßenbahnverkehrs durch den Autobus und Obus und der Bau von Untergrundbahnen, die späterhin die Masse des oberstädtischen Verkehrs zu übernehmen haben werden."[4]

Die Motorisierungswelle

Die wachsenden Verkehrsprobleme der Stadt konnten aber nicht ignoriert werden und verlangten von der Politik Taten. Der zunehmende Autoverkehr und damit verbunden die Fragen des öffentlichen Verkehrs wurden zum Dauerthema. Wien hatte, wie alle großen Städte Europas, durch die rasant zunehmende Motorisierung mit immer größeren Verkehrsproblemen zu kämpfen. Im Jahr 1914 waren 1 684 Autos in Wien registriert gewesen, 1934 waren es 35 723 und nach dem Zweiten Weltkrieg im Jahr 1950 bereits 62 000. Die Mitte Juni 1951 registrierten 74 000 Kraftfahrzeuge bedeuteten gegenüber dem Jahr 1937 eine Verdoppelung des Individualverkehrsaufkommens.[5] Im Jahr 1960 war es mit 203 000 in Wien gemeldeten Autos[6] sogar zu einer Verdreifachung der Zulassungen innerhalb eines Jahrzehnts gekommen. Mit zunehmendem Wohlstand hatte eine nicht für möglich gehaltene Motorisierungswelle eingesetzt. Neben der Anschaffung einer Waschmaschine und eines Fernsehapparates wollte jeder auch stolzer Besitzer eines Autos sein. Die steigende Zahl an Kraftfahrzeugen in der Stadt führte zu einem enormen Anstieg der Verkehrsunfälle. Im Jahr 1950 wurden allein in Wien monatlich rund 1 100 Unfälle registriert. 1958 musste die erschreckend hohe Zahl von 229 Toten und 12 737 Verletzten beklagt werden (zum Vergleich: Im Jahr 2014 forderte der Straßenverkehr in Wien insgesamt 21 Verkehrstote).

Sinkende Fahrgastzahlen

Parallel zum ansteigenden Individualverkehr war in den 1950er Jahren ein konstanter Rückgang an Fahrgästen in den öffentlichen Verkehrsmitteln zu verzeichnen. Daran konnten Maßnahmen wie die 1953 eingeführten neuen, „schickeren" Uniformen für die Straßenbahnbediensteten natürlich nichts ändern. Schön langsam wurden einschneidende, zukunftsorientierte Verbesserungen im öffentlichen Nahverkehr dringend notwendig.

1953 führten die Verkehrsbetriebe neue „schickere" Uniformen ein

Der Autoverkehr forderte in der Stadt einen hohen Blutzoll

4   Amtsblatt der Stadt Wien, Nr. 75 vom 19. September 1953, Seite 4
5   Amtsblatt der Stadt Wien, Nr. 56 vom 14. Juli 1951, Seite 1
6   zehn Jahre später waren es bereits mehr als doppelt so viele, nämlich 415 000. Diese Zahl stieg bis zum Jahr 1980 auf 560 000, im Jahr 1990 waren bereits 655 000 und im Jahr 2014 fast 700 000 Autos in Wien gemeldet

Fußgängerpassagen und Unterführungen waren in den 1960ern das Rezept gegen das Verkehrs-Chaos

Eine Politik der kleinen Schritte

Punktuelle Verbesserungen an Fahrzeugen und Verkehrsanlagen

Noch hoffte man in Wien, die zunehmenden Verkehrsprobleme mit vereinzelten organisatorischen Änderungen sowie punktuellen baulichen Maßnahmen in neuralgischen Verkehrsbereichen in den Griff bekommen zu können. Dazu gehörten auch die Versuche, durch die Anschaffung von größeren Straßenbahnfahrzeugen oder Bussen den öffentlichen Verkehr attraktiver zu machen oder durch den Bau von zusätzlichen Verkehrsebenen mehr Verkehrsraum zu schaffen. Dabei wurden in überlasteten Kreuzungsbereichen abwechselnd einmal für Autos, einmal für Fußgänger oder Straßenbahnen Unterführungen bzw. unterirdische Passagen errichtet. Für die Realisierung eines Gesamtverkehrskonzeptes mit aufeinander abgestimmten Maßnahmen und konsequenter Bevorrangung des öffentlichen Verkehrs fehlten – trotz der guten Ideen des Generalstadtplaners Karl Heinrich Brunner – vorläufig die Einsicht und vor allem das Geld.

„*Die Frage der U-Bahn-Planung, die seit dem Jahre 1936 lebhaft erörtert wird, bleibt so lange ein Streitobjekt von Meinungen, Wünschen und Möglichkeiten, solange nicht die anderen konkreten Voraussetzungen zum Bau eines solchen gigantischen Bauwerkes gegeben sind, wie sie vorhin aufgestellt wurden. Jedenfalls wird noch eine Zeitlang mit der dringend notwendigen Verbesserung der vielen städtischen Verkehrsverhältnisse, besonders Ausbau und Weiterführung der Stadtbahn, des Straßenbahnnetzes und des Obusnetzes, das Auslangen gefunden werden können, wenn sich zugleich auch die Stadtstruktur in der entsprechenden organischen Weise entwickeln wird. Der Bau einer U-Bahn ist nicht immer das Zeichen für eine moderne Stadtentwicklung. Auch in London hat die U-Bahn nicht verhindern können, daß der Oberflächenverkehr ein Ausmaß*

Eine Großraumstraßenbahngarnitur der Type „C" mit Beiwagen der Type „c" in der Stadt unterwegs

angenommen hat, an dem die Stadt zu ersticken droht. Mit dem Bau von ‚Nachbarschaften', die im Süden, Norden und Nordosten von Wien möglich sind, werden auch hier Verkehrslösungen zu finden sein, die es verhindern, daß die Verkehrsverdichtung in den inneren Bezirken zu einem unerträglichen Maß anschwillt."[1]

Großraumfahrzeuge der Type „C"

Obwohl sich in den Nachkriegsjahren der Betrieb der Straßenbahn allmählich erholt hatte, verringerte sich mit der Verdichtung des Individualverkehrs sukzessive die Zahl der Kunden der Verkehrsbetriebe. Die wirtschaftlichen Folgen des Fahrgastschwundes sollten durch Rationalisierungen aufgefangen werden. Eine der größten Rationalisierungsmaßnahmen war die Entwicklung und Einführung eines Großraumwagens mit Fahrgastfluss; es waren dies die ersten Ein-Richtungsfahrzeuge in Wien. Sie verfügten über Pressholzsitze, feste Schaffnersitze und eine Lautsprecheranlage. Beleuchtet wurden die Wagen mit – damals modernen – Leuchtstoffröhren. Diese neue Generation von Straßenbahnfahrzeugen, die von der SGP (Simmering Graz Pauker) in Simmering gebaut worden war, wurde dem Publikum auf der Wiener Herbstmesse des Jahres 1953 erstmals vorgestellt. Die Jungfernfahrt des als Type „C" bezeichneten Triebwagens erfolgte am 22. Mai 1954 auf der Linie 46.[2] Da die Straßenbahn der Liebling vieler Wiener ist, stand entlang der ganzen Strecke ein dichtes Spalier von Neugierigen.[3]

„Damit haben die Verkehrsbetriebe, wie Stadtrat Dkfm. Nathschläger betonte, endlich den Anschluß an die Verkehrsverhältnisse in den westeuropäischen Großstädten gefunden. Mit dem neuen Großraumwagen besitzt Wien im übrigen das modernste Fahrzeug dieser Art."[4]

Die Wagen wurden während der 1950er Jahre laufend Verbesserungen unterzogen. So gab es bald auch Beiwagen der Type „c2" und „c3". Aufgrund ihrer vierachsigen Bauweise hatten auch sie sehr gute Laufeigenschaften. Eine lange Betriebsdauer war der Type „C" aber nicht beschieden, da sie trotzdem auf mehr Werkstättenaufenthalte als Betriebstage kam.[5] Streitereien zwischen Auftraggeber und Auftragnehmer waren dadurch an der Tagesordnung. Im Personenverkehr fuhr sie nur zehn Jahre, bis 1963, und wurde ab Ende der 1950er Jahre sukzessive durch die verbesserten Garnituren der Type „C1" bzw. „c1" ersetzt.

1 Schimka Anton, Das neue Wien, in wien um die mitte des XX. jahrhunderts, Wien 1958, Seite 377
2 Marincig Harald, Auf Schienen durch Wien, Wien 1995, Seite 82
3 Amtsblatt der Stadt Wien, Nr. 104 vom 31. Dezember 1958, Seite 119
4 Amtsblatt der Stadt Wien, Nr. 73 vom 12. September 1953, Seite 1
5 Marincig Harald, 150 Jahre öffentliche Verkehrsmittel in Wien, Wien 2015, Seite 128

Der erste sechsachsige Straßenbahn-Gelenktriebwagen Type „E" im Prater 1959

Der erste Gelenktriebwagen der Verkehrsbetriebe, Type „D"

Der nächste Verbesserungsschritt war die Entwicklung von Gelenktriebwagen. Am 14. Februar 1958 stellte der amtsführende Stadtrat für die städtischen Unternehmungen Nathschläger den ersten Gelenktriebwagen der Verkehrsbetriebe vor. Am 17. Februar kam dieser auf der Linie 171 erstmals zum Einsatz. Der neue Wagen war – passend in die Zeit des Wiederaufbaus – ein Produkt von Recyclingmaßnahmen, da er von der Firma Gräf & Stift aus zwei alten Stadtbahnwagen zusammengebaut worden war. 121 Fahrgäste hatten darin Platz. Der Wagen bestand aus drei Teilen, dem Bugwagen, einem Mittelteil und dem Heckwagen, die durch Teleskopwände miteinander verbunden waren. Die Innenausstattung ähnelte den Großraumtriebwagen. Der Gelenkwagen war in den Herstellungskosten gegenüber dem Großraumwagen aber wesentlich billiger, da er nur 1,2 Millionen Schilling gegenüber dessen 2,4 Millionen kostete.

Der „Emil"

Im Jahr 1959 stellte die Firma Bombardier-Rotax – damals noch Lohnerwerke – den ersten sechsachsigen Straßenbahngelenktriebwagen nach DÜWAG-Lizenz fertig. Der erste Wagen, der am 6. Juni 1959 ausgeliefert wurde, war für Wien eine Sensation.[6] Er erhielt die Bezeichnung „E" mit der Nummer 4401. Die erste Fahrt im Personenverkehr absolvierte dieser Gelenktriebwagen am 7. Oktober 1959 auf der Linie 71.[7] Ein Generationswechsel im Wagenpark der Verkehrsbetriebe wurde damit eingeleitet. Motorisch stärkere und weiterentwickelte Wagen wurden etwas später als „E1" (von 1966 bis 1976) und „E2" (von 1977 bis 1991) in Betrieb gestellt. Für die Stadtbahn am Gürtel bzw. die später daraus hervorgegangene U6 kamen spezielle Zwei-Richtungs-E6 zum Einsatz. Am 14. März 1991 wurde nach über 30 Jahren der letzte „Emil" ausgeliefert. Nun begann das Zeitalter der Niederflurtechnologie. Sowohl Bombardier-Rotax als auch SGP hatten mit dieser Neuentwicklung bereits begonnen. Einigen der „Emils" war aber noch ein Weiterleben in anderen europäischen Städten wie Sarajevo und Rotterdam beschieden.

6 Seelmann Peter, in Eisenbahn, Wien 6/1991, Seite 112
7 Marincig Harald, 150 Jahre öffentliche Verkehrsmittel in Wien, Wien 2015, Seite 143

Die Straßenbahn war das Rückgrat des öffentlichen Verkehrs in Wien, im Hintergrund die 1962 abgerissene Stadtbahnstation Hietzing

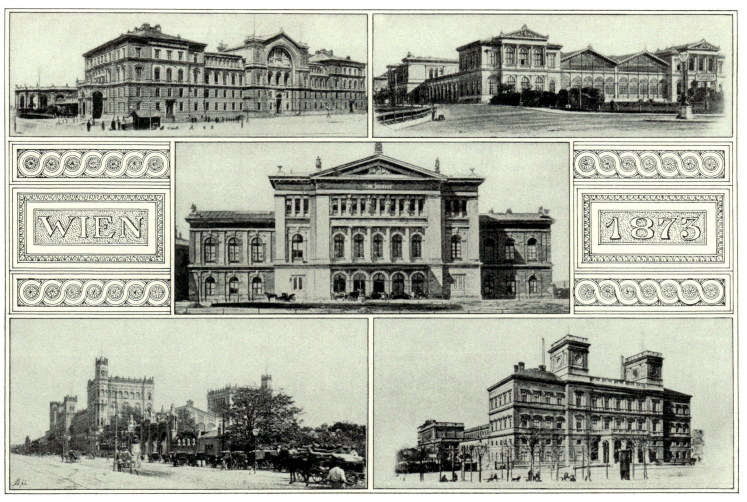

Keiner der hier abgebildeten Bahnhöfe überlebte die Nachkriegsära (Nordwestbahn, Ostbahn, Südbahn, Nordbahn, Franz-Joseph-Bahn)

Großes Wiener Bahnhofs- und Stationssterben

In den Kriegsjahren waren alle historischen Wiener Bahnhofsgebäude der Bundesbahnen durch Bombentreffer schwer in Mitleidenschaft gezogen worden und baufällig. Nach Kriegsende konnte man sich jedoch nicht aufraffen, diese Baujuwelen aus dem 19. Jahrhundert denkmalschützend zu restaurieren oder zumindest respektvoll zu adaptieren. Jahr für Jahr fiel daher ein eisenbahnhistorischer Prachtbau nach dem anderen der Spitzhacke zum Opfer. Kein einziger der beeindruckenden Wiener Bahnhofsbauten, die alle um das Jahr 1873 – zur Zeit der großen liberalen Aufbruchsära rund um die Wiener Weltausstellung – entstanden waren, überlebte die Nachkriegszeit. Das große Bahnhofssterben begann in den 1950er Jahren und war begleitet von einem Wiener Stationssterben, denn viele Stadtbahnstationen von Otto Wagner, wie die Stationen Westbahnhof, Schwedenplatz, Schottenring, Meidling, Hietzing, Ober St. Veit und Braunschweiggasse mussten ebenfalls gesichtslosen Neubauten weichen.

Der Spitzhacke und dem Presslufthammer fiel die im Hintergrund zu sehende historische Stadtbahnstation Hietzing zum Opfer, als 1962 mit dem Umbau der Hietzinger Brücke begonnen wurde. Am 7. Juni 1964 wurde das neue Verkehrsbauwerk eröffnet, wobei die Brücke dem Zeitgeist entsprechend in Kennedy-Brücke umgetauft wurde

Neubau des Westbahnhofs und Abriss des Stadtbahn-Aufnahmegebäudes von Otto Wagner im Jahr 1951

Die neue Stadtbahnstation Westbahnhof: Wiens erste Untergrundstation

In zeitlicher Abstimmung mit dem Bau des neuen Westbahnhofs der ÖBB, der anstelle des im Zweiten Weltkrieg ausgebombten historischen Kaiserin-Elisabeth-Westbahnhofs errichtet wurde, begann am 9. März 1951 auch der Umbau der Stadtbahnstation vor dem Westbahnhof zu Wiens erster Untergrundstation. Fatalerweise entschloss man sich, nicht nur den Kaiserin-Elisabeth-Westbahnhof, sondern auch das historische Otto-Wagner-Aufnahmegebäude der Stadtbahnstation Westbahnhof abzureißen und durch eine moderne, mehr als 100 Meter lange unterirdische Stationsanlage zu ersetzen. Dazu musste der bisher offene Einschnitt der Stadtbahn überdeckt werden. Zusätzlich wurden kurze, 4,5 Meter breite Quertunnel für unterirdische Zugänge sowohl zum Westbahnhof als auch in die Gürtelmitte zu den Straßenbahnhaltestellen errichtet. Nach einer heute kaum mehr nachvollziehbar kurzen Bauzeit von wenigen Monaten erfolgte noch im selben Jahr die Eröffnung. Gleichzeitig wurde mit dem Umbau der Mariahilfer Straße begonnen. Dabei wurden die Straßenbahngleise vom Gürtel bis zum Ring in die Mitte der Straße verlegt.

Die Stadtbahnstation Westbahnhof, ursprünglich im offenen Einschnitt (links), wurde zu Wiens erster Untergrundstation umgebaut

Die Unterführung Matzleinsdorfer Platz war die zweite Unterführung für den Autoverkehr in Wien

Unterführung Matzleinsdorfer Platz

Der Matzleinsdorfer Platz stellte als Kreuzungsbereich der Ausfahrt von Wien in den Süden mit der Gürtelstraße einen überaus neuralgischen Punkt im Wiener Straßennetz dar. Ausgehend von einer Studie unter Generalstadtplaner Brunner wurde in einer ersten Bauphase nur die Gürtelfahrbahn tiefer gelegt, nicht aber die parallel laufenden Straßenbahnen entlang des Gürtels. Auf eine Erweiterungsmöglichkeit durch spätere Tieferlegung auch der Straßenbahnen wurde baulich jedoch Rücksicht genommen. Das Unterführungsbauwerk war 250 Meter lang und 9,2 Meter breit und wurde mit Schlitzwänden errichtet. Die querende Brücke war 50 Meter breit und erlaubte eine Durchfahrtshöhe von 4,5 Metern.[8] Es war dies nach der Unterführung der Schönbrunner Straße in Hietzing im Jahr 1937 die zweite Unterführung für den Autoverkehr in Wien. Bürgermeister Franz Jonas nahm am 22. Dezember 1951 die Eröffnung der Unterführung vor. Da sich diese Unterführung mit nur zwei Fahrspuren sehr schnell als zu schmal erwies, wurde sie im Jahr 1964 im Zuge des Baues der USTRAB (Unterpflasterstraßenbahn) in diesem Bereich auf vier Spuren verbreitert. Dem Vorwurf, nicht gleich von Anfang an entsprechend groß dimensioniert zu haben, konterte Jahre später Bürgermeister Bruno Marek:

„Bei dieser Gelegenheit möchte ich übrigens auf den wiederholt geäußerten Vorwurf eingehen, die alte Unterfahrung Matzleinsdorfer Platz aus dem Jahr 1951 sei eine Fehlinvestition gewesen. Sie konnte in der Form, in der sie der damaligen Gesamtsituation auf diesem Gebiet entsprechend gebaut wurde, immerhin durch nahezu eineinhalb Jahrzehnte ihrer Aufgabe einer Leistungssteigerung für den Gürtelverkehr weitgehend nachkommen und ohne nennenswerten verlorenen Bauaufwand in das große Verkehrskonzept für den Matzleinsdorfer Platz eingegliedert werden."[9]

Bürgermeister Franz Jonas beim Durchschneiden des Bandes, rechts neben ihm Vizebürgermeister Karl Honay und Baustadtrat Leopold Thaller

8 Ernst Rudolf, Der neue Matzleinsdorfer Platz, in Amtsblatt der Stadt Wien, Nr. 102 vom 22. Dezember 1951, Seite 2
9 Amtsblatt der Stadt Wien vom 13. Jänner 1969, Seite 5

Im Verkehrsbauwerk Südtiroler Platz fuhr erstmals in Wien eine Straßenbahn unterirdisch

Tieferlegung auch der Straßenbahn am Südtiroler Platz

In den Jahren von 1955 bis 1961 wurden auch die beiden nebeneinander liegenden historischen Bahnhöfe der Südbahn und der Ostbahn geschliffen und durch einen gemeinsamen Süd-Ostbahnhof ersetzt, ohne zur Verbindung der beiden Bahnlinien die Gleise im neuen Bahnhof auf dieselbe Höhenlage zu bringen. Parallel zum Bahnhofsausbau erfolgte 1957 die Erweiterung der Gürtelfahrbahnen zwischen Argentinierstraße und Prinz-Eugen-Straße auf fünf Spuren. Gleichzeitig wurde der Umbau bzw. die Unterfahrung des Südtiroler Platzes in der Nähe des Gürtels, der schon damals eine Hauptverkehrsachse Wiens war, geplant. Der Bereich galt verkehrstechnisch ebenfalls als problematisch, da sich dort allein im Jahr 1955 insgesamt 105 Verkehrsunfälle ereignet hatten. Im Oktober 1957 wurde das Umbauprojekt nach vierjähriger Planungsarbeit als *„eine der bedeutendsten Verkehrssanierungen, die je in Wien geplant wurden"* von Baustadtrat Leopold Thaller präsentiert. Dabei sollte die Gürtelfahrbahn für den Autoverkehr wieder tiefer gelegt werden – ähnlich wie bereits Jahre zuvor am Matzleinsdorfer Platz. Erstmals wurde in Wien parallel dazu auch eine Straßenbahnlinie unterführt, nämlich die Linie 118[10], die entlang des Gürtels verkehrte. Entscheidend für die Tieferlegung der Straßenbahn war der von den ÖBB geplante Bau einer Schnellbahn entlang der Trasse der alten Verbindungsbahn zwischen Meidling und Floridsdorf. Dabei war beabsichtigt, die Schnellbahn im Bereich des Südtiroler Platzes und des Südbahnhofs unterirdisch zu führen. Mit der gleichzeitigen Tieferlegung der parallel geführten Straßenbahn in diesem Bereich sollten den Schnellbahn- und Straßenbahnbenutzern kurze Umsteigwege ohne Fahrbahn- bzw. Gleisquerungen ermöglicht werden. Beginn der Bauarbeiten war am 17. Februar 1958. Das unterirdische Bauwerk mit einem umbauten Raum von rund 40 000 m³ wurde in Gemeinschaftsarbeit zwischen der Stadt Wien und den ÖBB errichtet und hatte eine Ausdehnung von 80 mal 65 Metern, die Rampen der vierspurigen Gürtelstraße und der Straßenbahn nicht mitgerechnet. Die Rampen zum Autotunnel wurden 130 Meter lang, die Straßenbahnrampen 180 bzw. 220 Meter. Der Autotunnel selbst wurde mit einer

Bürgermeister Franz Jonas besichtigte am 8. Juli 1958 Wiens größte Baustelle am Südtiroler Platz

---

[10] 1961 musste die Linie 118 in Linie 18 umbenannt werden, da die Lochzange zum Entwerten der Fahrscheine ausgedient hatte und durch die Mako-Zange ersetzt wurde. Diese „Stempelzange" zum Dokumentieren der Fahrtroute konnte aber bei der Linienbezeichnung nur zweistellige Ziffern drucken.

Blick vom Südtiroler Platz Richtung innere Favoritenstraße

Das moderne Verknüpfungsbauwerk Südtiroler Platz

Breite von 12 Metern gebaut. Das Bauwerk reichte bis zu 13 Meter unter das Straßenniveau und war in drei Stockwerke gegliedert. Die gesamte unterirdische Halle ruhte auf insgesamt 28 Säulen von 60 Zentimetern Durchmesser und hatte eine Fläche von 5 000 m³. Es gab zehn Abgänge zu den drei Geschoßen, wovon sechs mit insgesamt 14 ab- und aufwärts führenden Rolltreppen ausgestattet waren. Die seitlichen Wände wurden für die schaulustigen Wiener mit damals beliebten Vitrinen ausgestaltet. Die Rohbauarbeiten waren bereits Ende des Jahres 1958 abgeschlossen. Am 7. Mai 1959 eröffnete Bürgermeister Franz Jonas das Verkehrsbauwerk, an dessen Ausführung mehr als 60 Firmen beteiligt gewesen waren.

Marienbrücke und Schwedenbrücke am Donaukanal

Im Zusammenhang mit dem Wiederaufbau der Marienbrücke über den Donaukanal in den Jahren 1951 bis 1953 und der Neugestaltung des Franz-Josephs-Kais wurde auch ein zweiter Zugang zum stadtseitigen Bahnsteig der Stadtbahnhaltestelle Schwedenplatz errichtet. Dieser Zugang wurde durch Anschluss eines Personentunnels zur Rotenturmstraße verlängert und am 25. Oktober 1953 von Bürgermeister Franz Jonas eröffnet. Als im August 1954 auch mit dem Wiederaufbau der Schwedenbrücke begonnen wurde, ersetzte man – aus heutiger Sicht gedankenlos – die historischen Otto-Wagner-Aufnahmegebäude der Stadtbahnstation Schwedenplatz durch zwei neue Stationsgebäude aus Stahl und Glas. Am 10. Dezember 1955 wurden die Schwedenbrücke und gleichzeitig auch die neuen Stationsgebäude der Stadtbahn dem Verkehr übergeben.

Unterführung Opernkreuzung

Neben dem Gürtel war in Wien immer schon der Ring, vor allem im Bereich der Kreuzung mit der Kärntner Straße, ein überlasteter Verkehrsknoten. Zusätzlich zum starken Autoverkehr kehrten dort in den 1950er Jahren sechs Straßenbahnlinien und die Badner-Bahn ihre Linien um. Täglich mussten rund 10 000 Fußgänger diese Kreuzung überqueren, während 3 200 Fahrzeuge diesen Bereich passierten. Nicht verwunderlich, dass sich dort im Jahr 1954 rund 80 Unfälle ereigneten. Die Errichtung einer unterirdischen Fußgängerpassage sollte Abhilfe schaffen. Aufgrund der besonderen Lage und der in viele Richtungen führenden Wege wurde eine elliptische Grundform gewählt. Dadurch sollten sowohl von den umsteigenden Straßenbahnfahrgästen als auch von den die Ringstraße querenden Passanten nur kurze Strecken zurückgelegt werden müssen. Die Unterführung wollte man für die Fußgänger durch den Einbau von damals in Wien nur in Kaufhäusern gesehenen Rolltreppen so bequem und attraktiv wie möglich gestalten. Sieben Zugänge mit festen Stiegen und Rolltreppen wurden errichtet. Die Stiegenabgänge wurden mit Rücksicht auf die Nähe der Oper in möglichst schlichter Form mit freiem Durchblick überdacht. Die Passage selbst hat eine Höhe von 2,9 Metern. Darüber hinaus sollte der Einbau von 19 Geschäftslokalen dem Bauwerk den Charakter eines bloßen Durchgangs nehmen. Auch an eine spätere Verwendung als U-Bahn-Kassenhalle wurde bereits gedacht:

Am 7. Mai 1959 fährt der erste 118er in das unterirdische Verkehrsbauwerk Südtiroler Platz ein. Von links: Vizebürgermeister Karl Honay, Bürgermeister Franz Jonas, Stadtrat Josef Afritsch, Vizebürgermeister Lois Weinberger und Baustadtrat Kurt Heller

Die Opernpassage wurde im Jahr 1955 als eines der modernsten Bauwerke der Stadt eröffnet

„Diese Halle kann bei allfälliger späterer Errichtung von U-Bahn-Stationen an der Kärntner Kreuzung den Abgang zu diesen vermitteln und als Kassenraum Verwendung finden. Bei der baulichen Gestaltung wurde auf diese Möglichkeit Rücksicht genommen."[11]

Die Bauarbeiten begannen am 7. März 1955. In der für heutige Begriffe unvorstellbar kurzen Zeit von acht Monaten war das Bauwerk fertig. Am Freitag, dem 4. November 1955, konnte die Opernpassage als eines der größten und modernsten Bauwerke der Stadt eröffnet werden.

Weitere Ringpassagen beim Schottentor, der Bellaria und der Babenbergerstraße

Die Opernpassage wurde zum Vorbild für andere Ringunterquerungen. 1959 wurden zwei weitere unterirdische Ringpassagen genehmigt: bei der

Um den Blick auf die Ringstraßenbauwerke nicht zu beeinträchtigen, wurde bei den Passagenzugängen (hier die Babenbergerpassage) eine möglichst schlichte Einhausung gewählt

11 Koller Rudolf, in Amtsblatt der Stadt Wien, Nr. 87 vom 2. November 1955, Seite 2

Schon kurz nach Baubeginn war der ovale Grundriss des „Jonasreindls" zu erkennen

Am 16. September 1961 eröffnete Bürgermeister Franz Jonas die Schottentorpassage; links vor dem Rednerpult Vizebürgermeister Felix Slavik, hinter ihm Polizeipräsident Josef Holaubek, links von diesem Heinz Conrads

Kreuzung des Rings mit der Babenbergerstraße und bei der Bellaria. Zur selben Zeit wurde auch der Umbau des Bereiches Ring/Schottentor zu einem weiträumigen unterirdischen Verkehrsbauwerk beschlossen. Im Februar 1960 wurde mit den Arbeiten an allen drei Passagen begonnen. Die Babenberger- und die Bellariapassage wurden am 14. Juli 1961 von Bürgermeister Franz Jonas eröffnet. In diesem Bereich überquerten in der Früh- und Abendspitze bis zu 6 000 Menschen den Ring. Wiederum wurden großzügig Rolltreppen zum bequemen Unterqueren des Rings eingebaut. Um den Passantenfluss störende Säulen in den Passagen zu vermeiden, wurden als Tragkonstruktionen sogenannte trigonale Trägerroste gewählt, die eine Überdeckung ohne Zwischenstützen erlaubten. Nach Umwandlung der Babenbergerpassage in eine Discothek im Jahr 2003 profitieren heute exzessive Tänzer von der Säulenfreiheit der 1960er Jahre. Am 16. September 1961 wurde auch das Verkehrsbauwerk Schottentor fertig und von Bürgermeister Franz Jonas unter reger Anteilnahme der Wiener Prominenz und der Bevölkerung eröffnet.

„Hierauf schritt Bürgermeister Jonas zu der neben dem Podium befindlichen Rolltreppe und schaltete sie ein. Dabei kam es zu einem heiteren Zwischenfall. Die Photographen, die sich alle schon auf der Rolltreppe postiert hatten, erwarteten, daß sie sich abwärts bewegen werde, stattdessen begann die Treppe plötzlich aufwärts zu rollen, so daß der Bürgermeister fast von den Meistern des Blitzlichtes überfahren worden wäre."[12]

Das Bauwerk wurde aufgrund seines ovalen Grundrisses von den Wienern bald liebevoll „Jonasreindl" genannt. Eine ironische Bezeichnung, die sich bis heute im Sprachgebrauch der Stadt gehalten hat.

[12] Amtsblatt der Stadt Wien vom 27. September 1961, Seite 7

Bauarbeiten an der Bellariapassage im Jahr 1960

Das Verkehrsbauwerk Schottentor wird wegen seiner ovalen Struktur von den Wienern noch heute „Jonasreindl" genannt

Die von der Albertina weit entfernte Albertinapassage

Am 25. Februar 1963 folgte der Bau einer zweiten Opernpassage am Ring. Da man die erste Opernpassage in Verlängerung der Kärntnerstraße bereits als „Opernpassage" bezeichnet hatte, musste man, um Verwirrungen zu vermeiden, für die zweite Opernpassage in Verlängerung der Operngasse einen anderen Namen suchen. Man wählte dafür „Albertinapassage", obwohl die Albertina etwas weit davon entfernt liegt. Am 30. Juli 1964 konnte auch diese Passage den Fußgängern übergeben werden. Damit war aber nun Schluss mit weiteren Fußgängerunterführungen am Ring, da diese in der Folge oft nicht angenommen wurden. Viele Passanten zogen das Warten vor Ampelanlagen dem Hinunter und Hinauf bei den Unterführungen vor. International waren Fußgängerpassagen bald ohnedies nicht mehr der letzte Schrei, da sie mit der zunehmenden Drogenproblematik in den 1970er Jahren oft zu Aufenthaltsorten zwielichtiger Gestalten wurden, denen gewöhnlich Passanten gerne auswichen.

Fußgängertunnels am Praterstern

Auch einer der schönsten Bahnhöfe Europas, der Wiener Nordbahnhof beim Praterstern, war durch die Bombenabwürfe während des Krieges schwer in Mitleidenschaft gezogen worden. Im Zuge des Wiederaufbaus wurde der Praterstern im Jahr 1955 völlig neu gestaltet, der Nordbahnhof aber dem Verfall preisgegeben und 1965 komplett abgerissen. Im Verlauf der Sanierung des Pratersterns errichtete man kreisum insgesamt sieben Fußgängertunnels. Die Tunnels verliefen unter den Ausfallstraßen wie der Lassallestraße, der Ausstellungsstraße und der Franzensbrückenstraße. Sie waren rund 6 Meter breit und 2,5 Meter hoch und hatten insgesamt immerhin eine Länge von 267 Metern.

Planentwurf der Albertinapassage (Passage Operngasse) von Architekt Adolf Hoch

Die Albertinapassage kurz vor der Eröffnung

Bürgermeister Franz Jonas besucht interessiert die Baustelle Albertinapassage; links neben ihm der Leiter der Brückenbauabteilung MA 29 Max Ellinger

Generaldirektor der Stadtwerke Philipp Frankowski (1893–1983): „U-Bahn erst, wenn sonst nichts mehr geht."

Die 1. Wiener Straßenverkehrsenquete

Noch während im Untergrund an den ersten Passagen und Unterführungen gebaut wurde, lud Bürgermeister Franz Jonas vom 7. bis 16. November 1955 zu einer Straßenverkehrsenquete ins Wiener Rathaus. Die Verkehrssituation in Wien sollte analysiert und Lösungsvorschläge erarbeitet werden. Insgesamt tagten fünf Kommissionen, die 109 Empfehlungen erarbeiteten und der Stadt Wien bzw. der Stadtverwaltung übergaben.

Die letzte Bim?

Da Paris bereits 1936 den Straßenbahnbetrieb eingestellt hatte und 1955 auch in London die letzte Bim fuhr, wäre es nicht überraschend gewesen, hätte man auch in Wien dem internationalen Trend, Straßenbahnen durch Busse zu ersetzen, Rechnung getragen. In ihrer Gesamtheit ergaben die Empfehlungen jedoch ein anderes Bild. Die Straßenbahn als das Massenverkehrsmittel mit dem damals größten Leistungsausmaß sollte als Rückgrat des öffentlichen Verkehrs in Wien möglichst leistungsfähig weiter ausgebaut werden. Vor allem sollten moderne Großraumtriebwagen eingesetzt und einer Erhöhung der Reisegeschwindigkeit verstärktes Augenmerk geschenkt werden.

„Ein genereller Ersatz der Straßenbahn durch Buslinien ist nach Meinung der überwiegenden Mehrheit der Enqueteteilnehmer derzeit nicht diskutabel."[13]

Statt U-Bahn-Bau, bitte Kleingeld in der Straßenbahn bereithalten

Hinsichtlich eines U-Bahn-Baus in Wien waren sich die einzelnen Kommissionen aber nicht einig. Die Kommission I „Grundsätzliches" unter der Leitung des Rotterdamer Planungsdirektors van Traa gab die Empfehlung ab, die bisherigen U-Bahn-Planungen – vor allem die Erschließung des I. Bezirkes – einer genauen technischen und wirtschaftlichen Überprüfung zu unterziehen und dabei der Bauausführung der Linie Praterstern – Innere Stadt – Westbahnhof den Vorzug zu geben. Dem standen die Empfehlungen der Kommission III „Baulich-technische Fragen" unter dem Grazer Dr. Pendl und der Kommission V „Verkehrspolitik und öffentlicher Verkehr" unter dem Generaldirektor der Wiener Stadtwerke, Philipp Frankowski, entgegen. Die U-Bahn als das kostspieligste aller Massenverkehrsmittel sollte erst dann gebaut werden, wenn sämtliche Straßenverkehrsmittel und straßenbautechnischen Möglichkeiten ausgeschöpft und die Straßenverhältnisse durch das sprunghafte Ansteigen des privaten Kraftwagenverkehrs so unleidlich geworden wären, dass schwere wirtschaftliche Schäden ausgelöst würden und nur in der Heranziehung einer zweiten Ebene für die Massenverkehrsmittel eine Erleichterung geschaffen werden könnte. Was man sich an alternativen Maßnahmen zum U-Bahn-Bau zur Beschleunigung des öffentlichen Verkehrs u. a. vorstellte, ist in den „Wiener Notizen" des Wiener Amtsblattes vom 18. April 1956 zu lesen:

„Die Fahrgäste werden ersucht, bei Benützung der Großraumbeiwagen die Anordnung der Türen besonders zu beachten und zur reibungslosen Verkehrsabwicklung dadurch beizutragen, daß sie beim Einsteigen nur die hinteren Einstiegtüren, bei Aussteigen jedoch die hiefür bestimmten Ausstiegtüren benützen. Ferner wird gebeten, möglichst Kleingeld bereit zu halten."

Leider konnten sich die Kleingeister der Kommissionen III und V durchsetzen, da bis zum tatsächlichen Bau der Wiener U-Bahn im Jahr 1969 wirklich alles an alternativen Verkehrsmaßnahmen durchprobiert wurde, was zur Diskussion gestanden war. Bis endlich die Erkenntnis reifte, dass die Verkehrsverhältnisse in einer Millionenstadt ohne U-Bahn nur marginal verbessert werden können und somit unleidlich bleiben, wurde – gerade von den Sparefrohs – unnötig viel Geld vergraben.

Kurz parken oder gar nicht parken

Was man unter straßenbautechnischen Maßnahmen verstand, bekamen bald die Autofahrer zu spüren. Ihnen wollte man die Lust an der ungehemmten Benützung des Autos verleiden, indem man das Parken in der Stadt durch strenge und oft kaum verständliche Parkregeln erschwerte oder ganz verbot. Der Kernbereich der Inneren Stadt um Stephansplatz und Kärntner Straße wurde ab 16. März 1959 zur Kurzparkzone erklärt, wobei das Parken auf eine Stunde beschränkt wurde, jedoch noch gebührenfrei blieb. Bei Parkzeitüberschreitung waren Geldstrafen von bis zu 1000 Schilling oder Arrest bis zu vier Wochen vorgesehen. Die Autofahrer wurden ab den 1960er Jahren von der öffentlichen Hand als „Melkkühe der Nation" erkannt und abgaben- und steuermäßig ins Visier genommen – und bis heute nicht mehr losgelassen.

Auflassung von Haltestellen

Zu Beginn des Jahres 1964 begannen die Verkehrsbetriebe auch dutzende Straßenbahn- und Bushaltestellen aufzulassen. Durch die Zusammenlegung von Haltestellen erhoffte man sich eine bessere Einhaltung der Fahrpläne und eine Erhöhung

---

13 Amtsblatt der Stadt Wien vom 29. Februar 1956, Seite 4

Schön langsam wurden in Wien, wie hier am Schwedenplatz, die Parkplätze knapp

Neue Parkregeln waren für die Autofahrer oft eine visuelle und intellektuelle Herausforderung

Bei Uneinbringlichkeit der Parkstrafen gab es bis zu vier Wochen Arrest für die Autofahrer

Geburtsstunde der „Blauen Zone"

EINE POLITIK DER KLEINEN SCHRITTE

der durchschnittlichen Reisegeschwindigkeit der immer wieder im Stadtverkehr steckenbleibenden Massenverkehrsmittel.

U-Bahn-Bau bleibt Dauerthema

Dem ÖVP-Vizebürgermeister Weinberger waren diese Maßnahmen verständlicherweise zu wenig bzw. gingen in die falsche Richtung. Er eröffnete anlässlich eines Empfanges bei Bürgermeister Franz Jonas Ende 1956 die politische Front, indem er die Linie seiner Partei zu Verkehrsfragen vorstellte:

„Ganz bedrückend ist aber ohne Zweifel die Verkehrssituation in Wien. Wenn wir nicht wollen, daß der Verkehr eines nahen Tages nicht nur in der Inneren Stadt, sondern auch sonst buchstäblich stecken bleibt, müssen wir uns auch hier zu großen Lösungen entschließen. Eine zweite Verkehrsebene wird immer dringender. Einbahnen und Parkverbote können nur mildern. Helfen können einzig und allein eine U-Bahn, Schnellbahnen und andere bewegliche Verkehrsmittel." [14]

Anfang 1958 wurde der gegenüber dem U-Bahn-Bau sehr zurückhaltende Generaldirektor der Wiener Stadtwerke Frankowski in den Ruhestand verabschiedet. Dem neuen Generaldirektor, Wilhelm Horak, gab der zuständige ÖVP-Stadtrat Richard Nathschläger gleich die Richtung vor:

„Bei den Verkehrsbetrieben werden wahrscheinlich eine Reihe von revolutionären Veränderungen vor sich gehen müssen. Man wird Straßenbahnlinien auf Autobusbetrieb umzustellen, die Stadtbahn zu einer wirklichen Schnellbahn umzugestalten und ihr Netz auszubauen haben, es werden schließlich die Fragen der U-Bahn oder der Alweg-Bahn zu lösen sein." [15]

Alternative Alweg-Bahn – oder der „reitende Autobus"

Nathschläger bezog sich mit der Alweg-Bahn auf die damals auch in Wien diskutierte Frage, ob dieses Schnellverkehrsmittel eine billige Alternative zum teuren U-Bahn-Bau sei. Der Leitgedanke war, eine Einschienenbahn in Hochlage mit möglichst schmaler und einfacher Ausgestaltung sowie optimaler Anpassung an das Gelände als kreuzungsunabhängiges Massenverkehrsmittel zu errichten. Durch Hebung der Einschienenfahrbahn von der Straßenoberfläche auf eine zweite Ebene würden die Straßen, abgesehen von den Fahrbahnstützen, zur Gänze für den Individualverkehr frei bleiben. Zwar hatte es schon zu Beginn des 20. Jahrhunderts vereinzelt solche Bahnen wie die 13 Kilometer lange Schwebebahn in Deutschland zwischen Elberfeld und Barmen gegeben, das System konnte sich international im öffentlichen Nahverkehr jedoch nicht durchsetzen. In den 1950er Jahren waren aber neue, alternative Beförderungssysteme zur Behebung der zunehmenden Verkehrsschwierigkeiten in den Großstädten entwickelt worden und daher wieder in Diskussion. Bei der Alweg-Bahn, die nach den Anfangsbuchstaben ihres Managers, des schwedischen Großindustriellen Axel Lenard Wenner-Gren, benannt wurde, fuhr das Fahrzeug in luftiger Höhe nicht auf einer Schiene, sondern auf einem Betonbalken. Der aus mehreren Einheiten bestehende Zug verfügte pro Einheit über zwei Achsen mit einem Räderpaar, welches entlang des durchgehenden Betonbalkens lief, wobei der Zug noch durch beidseitig quer zur Fahrtrichtung montierte Räder stabilisiert wurde. Die Züge konnten entweder elektrisch oder mit Diesel betrieben werden. Aufgrund dieser Konstruktion verblieben vom gesamten Wagenquerschnitt jedoch nur 60 % als Fahrgastraum. Ein weiterer Nachteil war, dass die Balken und Träger bei Streckenkrümmungen nicht serienmäßig, sondern aufwändig als Spezialanfertigungen hergestellt werden mussten.[16] Für eine zweigleisige Bahn mussten die Träger zudem entsprechend massiv geplant werden, was städtebaulich äußerst problematisch war, da der Straßenverkehr aufgrund des dadurch gegebenen Raumbedarfs wieder eingeschränkt wurde. Für innerstädtische Trassen mit engen Krümmungen und rechtwinkeligen Straßenkreuzungen war dieses System daher nicht wirklich geeignet. Nachdem in Fühlingen bei Köln eine 1,6 Kilometer lange Versuchsstrecke errichtet worden war, machte sich nichtsdestotrotz Anfang 1958 eine hochrangige Wiener Delegation, der die Stadträte Felix Slavik und Richard Nathschläger angehörten, dorthin auf den Weg.

„Die Wiener Studiendelegation hat jedenfalls außerordentlich günstige Eindrücke gewonnen", [17] war das Fazit. Die anschließenden Detailuntersuchungen ergaben jedoch ein anderes Bild. In Wien war eine Alweg-Bahn – wenn überhaupt – nur in stark eingegrenzten Gebieten möglich.

„Für eine Vergleichsuntersuchung könnte das Projekt einer Verkehrsverbindung zwischen der Schnellbahnstation Meidling-Südbahnhof und der Stadtbahnstation Gumpendorfer Straße herangezogen werden. Es wird vorgeschlagen, dieses Projekt in Ausführung als Schienenschnellbahn und alternativ als Alweg-Bahn sowohl in bauli-

---

14 Amtsblatt der Stadt Wien vom 3. Jänner 1957, Seite 6
15 Amtsblatt der Stadt Wien vom 8. März 1958, Seite 3
16 Petroni E., Einschienenbahnen, in „Eisenbahn", Wien 7/1960, Seite 107
17 Amtsblatt der Stadt Wien vom 15. Februar 1958, Seite 3

cher als auch betrieblicher Hinsicht ausarbeiten zu lassen."[18]

Anfang 1959 wurde daher die Alweg Corporation in Köln beauftragt, ein Einschienenbahnprojekt für die Strecke zwischen der Stadtbahn im Wiental und dem geplanten Schnellbahnhof Meidling auszuarbeiten. Vier Varianten wurden vorgelegt. Zwei gingen von der Gürtellinie bei der Dunklergasse aus und führten die Alweg-Bahn über die Längenfeldgasse bzw. die Wilhelmstraße zum Bahnhof Meidling in der Nähe der Philadelphiabrücke. Die beiden anderen Varianten führten von der Stadtbahnhaltestelle Gumpendorfer Straße über den Margaretengürtel nach Meidling, wobei eine Variante bis zur Kundratstraße ging. Am Gürtel waren Stationen bei der Arbeitergasse und zwischen Kaiser-Franz-Josef-Spital und dem Unfallkrankenhaus Meidling vorgesehen, bei der Variante Längenfeldgasse nur bei der Steinbauergasse. In der Zwischenzeit hatte die Firma Friedrich Krupp, die bereits zur Hälfte an der Alweg-Bahn beteiligt war, das Unternehmen zur Gänze übernommen.

„Am 29. November (1961) traf der Generalbevollmächtigte der Firma Krupp aus Essen mit seiner Begleitung in Wien ein und hatte noch am Abend mit Vizebürgermeister Slavik, den Stadträten Heller und Schwaiger und Obersenatsrat Dr. Ertl eine Besprechung über den Bau einer Alweg-Bahn in Wien. Noch in der Nacht besichtigte Vizebürgermeister Slavik gemeinsam mit dem Krupp-Beauftragten Beitz und Direktor Lukesch von der VÖEST die Probestrecke, auf der vorerst die Alweg-Bahn gebaut werden soll, und nachher auch jene Strecke, die für eine Alweg-Linie in Betracht kommt, wenn der Betrieb auf der Probestrecke einwandfrei funktionieren sollte."[19]

Letztlich ließen detailliertere Untersuchungen und Wirtschaftlichkeitsberechnungen zu viele Nachteile des Alweg-Bahn-Systems für den täglichen Massenverkehr erkennen. Jahre später, bei der Gartenbauausstellung WIG 74 im Kurpark Oberlaa, konnten die Wiener jedoch eine solche Einschienenbahn benutzen. Obwohl diese gegenüber der Sesselliftanlage bei der Wiener Internationalen Gartenbauausstellung WIG 64 im Donaupark in Floridsdorf einen technischen Fortschritt bedeutete, erwies sie sich jedoch als defizitär und wurde bald wieder abgebaut, vor allem, nachdem auf Grund einer technischen Störung mehrere Fahrgäste von der Feuerwehr aus luftiger Höhe geborgen werden mussten.

18 Amtsblatt der Stadt Wien vom 16. Juli 1958, Seite 4
19 Amtsblatt der Stadt Wien vom 9. Dezember 1961, Seite 3

Eine Alweg-Bahn (benannt nach Axel Lenard Wenner-Gren), wie hier auf der Versuchsstrecke in Köln, blieb den Wienern erspart

Roland Rainer wird von Bürgermeister Jonas zum Amtsantritt als Planungsdirektor der Stadt Wien beglückwünscht

Roland Rainer zum Stadtplaner bestellt

Der Wiener Stadtsenat hat am 17. Juni nach einem Referat des Personalreferenten Stadtrat Riemer beschlossen, den Wiener Hochschulprofessor Arch. Dr. Roland Rainer zum Stadtplaner von Wien zu bestellen. Prof. Rainer wird für die Dauer von sechs Jahren verpflichtet. Er hat nach Ablauf von drei

**Architekt Professor Dr. Roland Rainer
Der neue Stadtplaner der Bundeshauptstadt**

Jahren ein Generalkonzept für den Wiener Stadtplan vorzulegen und in weiteren drei Jahren die Durchführungsrichtlinien sowie Detailpläne auf Grund dieses Konzepts auszuarbeiten. Zu seiner Beratung, aber auch als kontrollierende Körperschaft, wird eine gemeinderätliche Planungskommission eingesetzt, wie sie bereits in früheren Jahren bestanden hat. Dieser Kommission wird der Stadtplaner Zwischenberichte erstatten und jeweils die von ihm erarbeiteten Vorschläge zur Begutachtung unterbreiten.

Der Stadtplaner und sein Büro werden organisatorisch der Bauamtsdirektion der Stadt Wien als Gruppe eingegliedert. Er wird dienstlich dem Amtsführenden Stadtrat für Bauangelegenheiten unterstellt. Alle Planungsaufgaben, die derzeit von verschiedenen Abteilungen des Magistrats und sonstigen Dienststellen der Gemeinde besorgt werden, gehen auf den Stadtplaner und sein Büro über. Damit wird eine zweckmäßige Form der Koordinierung aller Planungsabsichten im Bereich der Stadtverwaltung und ihrer Unternehmungen gesichert.

Der Beschlußfassung über die Ernennung von Prof. Rainer zum Stadtplaner ging eine eingehende Debatte voraus, an der sich fast alle Mitglieder dieser Körperschaft beteiligten. Dabei erklärten die Vertreter der Österreichischen Volkspartei, daß sie den 1. Beigeordneten des Siedlungsverbandes Ruhrkohlenbezirk, Dipl.-Ing. Dr. Josef Umlauf, dem Wiener Kandidaten vorziehen. Bei der Abstimmung über Prof. Rainer kam es daher auch nur zu einem Mehrheitsbeschluß, weil die ÖVP-Fraktion dagegen stimmte.

In den der Beschlußfassung des Stadtsenats zugrunde liegenden Vereinbarungen zwischen der Gemeindeverwaltung und dem Stadtplaner wurde festgelegt, daß Prof. Dr. Rainer seine Lehrtätigkeit als Professor an der Akademie für bildende Künste weiterhin ausüben wird. Bezüglich seiner Tätigkeit als freischaffender Architekt und Baukünstler wurde festgelegt, daß Prof. Rainer innerhalb der sechsjährigen Verpflichtung als Stadtplaner weder Gemeindeaufträge erhält noch im Gebiet von Wien Architektenaufträge übernehmen wird. Innerhalb der ersten drei Jahre als Stadtplaner wird er auch außerhalb Wiens oder Österreichs keine solchen Aufträge übernehmen. Dagegen wurde ihm das Recht eingeräumt, die bereits übernommenen Aufträge innerhalb und außerhalb von Wien oder Österreich auszuführen beziehungsweise zu beenden. Sein Architekturbüro wird er entsprechend der Reduzierung der Privataufträge im entsprechenden Ausmaß gleichfalls einschränken. Prof. Dr. Rainer wird seinen Dienst als Stadtplaner am 1. Juli 1958 antreten.

Die Ära Roland Rainer

Ein neuer Stadtplanungsdirektor

Da ein billiges und trotzdem effizientes Massenverkehrsmittel auf einer eigenen, d. h. kreuzungsfreien Ebene nicht zu realisieren war und die vielen anderen in den 1950er Jahren gesetzten baulichen und organisatorischen Verkehrsmaßnahmen nichts gefruchtet hatten, beschlossen die politisch Verantwortlichen, den seit 1952 verwaisten Posten eines Wiener Planungsdirektors wieder zu besetzen. Die vielen offenen Fragen hinsichtlich der zukünftigen Stadt- und Verkehrsentwicklung Wiens sollten zentral und koordiniert von einem kompetenten Stadtplaner gelöst werden. Nach einem Hearing mit drei in die engere Wahl gekommenen Kandidaten wurde mit Beschluss des Gemeinderates vom 17. Juni 1958 der Architekt und Leiter der Meisterklasse für Architektur und Städtebau an der Akademie der bildenden Künste in Wien, Roland Rainer, gegen die Stimmen der ÖVP-Fraktion mit 1. Juli für sechs Jahre zum „Stadtplaner" bestellt. Die U-Bahn-freundlichen Politiker wussten schon, warum sie gegen Rainer gestimmt hatten. Rainer hatte bei der Ausschreibung des Postens den Vorteil, dass er durch die Eröffnung der von ihm geplanten Wiener Stadthalle am 21. Juni gerade in aller Munde war. Drei Jahre hatte er nun Zeit für ein Generalkonzept und weitere drei Jahre standen für die Ausarbeitung der Detailpläne zur Verfügung. Eine gemeinderätliche Stadtplanungskommission sollte seine Tätigkeit überprüfend begleiten.

Roland Rainer

Der 1910 in Klagenfurt geborene Roland Rainer war 1937 als Architekt an die Deutsche Akademie für Städtebau nach Berlin gegangen. Nach dem Zweiten Weltkrieg, in dem er als Leiter verschiedener Heeresbauämter Verwendung gefunden hatte, kehrte er nach Wien zurück. Hier errichtete er die Freiluftschule in Siebenhirten und bekam Mitte der 1950er Jahre den Auftrag zur Planung der Wiener Stadthalle. Von 1956 bis 1980 war er Meisterschulleiter an der Akademie der bildenden Künste in Wien.[1]

Ein „amerikanischer" Planungsdirektor

Seiner grundsätzlichen städtebaulichen Philosophie nach sollten zu dicht verbaute Gebiete aufgelockert und zu locker besiedelte Gebiete verdichtet werden. Vorbilder waren damals als modern empfundene Städte wie Los Angeles, bei denen kein eigentlicher Stadtkern auszumachen ist. U-Bahnen zog Rainer überhaupt nicht in Erwägung, da gerade U-Bahn-Stationen zu jenen städtebaulichen Verdichtungen führen, die Rainer unbedingt vermieden sehen wollte. Das freute den seit 1957 amtierenden Wiener Finanzstadtrat Felix Slavik, der auf das Geld schauen musste. In der Budgetdebatte für das Jahr 1959 sagte er, das knappe Familienbudget der Wiener ins Spiel bringend:

„Wenn man über den Bau einer Untergrundbahn eine Volksabstimmung abhalten wollte, dann müßte man der Bevölkerung auch sagen, daß die 43 Kilometer, die in Wien geplant waren, jede Wiener Familie 17.000 Schilling kosten würden."[2]

ÖVP-Stadtrat Richard Nathschläger konterte, indem er trotzig zumindest von einem „kleinen U-Bahn-Programm" sprach:

„Sicherlich wird es in gemeinsamer Anstrengung auch künftighin gelingen, im Verkehrswesen das Notwendige im Interesse der gesamten Wiener Bevölkerung vorzukehren. Wenn ich dabei in besonderer Weise auch an die Realisierung des von mir angeregten kleinen U-Bahn-Programms denke, so fassen Sie das als eine unabdingbare Notwendigkeit der Großstadt Wien auf, die ebenso realisiert werden muß wie etwa das neue Allgemeine Krankenhaus oder die Einbindung der Autobahn oder das Expreßstraßennetz, das der Stadt zweifellos ein weltstädtisches Gepräge geben wird."[3]

Ergebnis der Nahverkehrsplanungen von Roland Rainer

Olympiabewerbung und Weltausstellung

Gegen Ende der 1950er Jahre – eineinhalb Jahrzehnte nach dem Ende des Zweiten Weltkriegs – stand es aber gar nicht so schlecht um die finanzielle Situation Wiens. Die Stadt war durchaus investitionsfreudig und zukunftsorientiert. Die Finanzen waren so weit in Ordnung, dass man sich Ende 1958 sogar ambitioniert um die Ausrichtung der Olympischen Sommer-Spiele 1964 bewarb. Auch

Stadtrat Josef Afritsch (Mitte) präsentiert in Lausanne die offizielle Bewerbung Wiens für die Olympischen Sommerspiele 1964

1 Sarnitz August, Drei Wiener Architekten, Wien 1984, Seite 109
2 Amtsblatt der Stadt Wien vom Jänner 1959, Sonderausgabe (Der Haushaltsplan der Bundeshauptstadt Wien für das Jahr 1959)
3 ebenda

Der hemdsärmelige Baustadtrat Kurt Heller konnte sich mit den Planungsergebnissen Rainers nicht anfreunden

an der Abwicklung der Weltausstellung 1966 bzw. 1967 bestand Interesse. Man wollte der Welt stolz das neue, wiedererstandene Wien als Brücke zwischen Ost und West präsentieren. Trotzdem dachte man nicht an den Bau einer U-Bahn, da die Ideen des Stadtplaners in eine ganz andere Richtung gingen. In der Antrittsrede von Bürgermeister Franz Jonas nach seiner Wiederwahl am 11. Dezember 1959 kam das Wort U-Bahn ebenfalls nicht vor. Nur der geplante Bau der Wiener Schnellbahn, die an zwei Stellen mit der Stadtbahn verbunden werden sollte, wurde erwähnt. Die Olympischen Spiele gingen an Tokio und auch bei der Weltausstellung konnte man sich gegen Moskau und Montreal nicht durchsetzen. Vielleicht war es nicht zuletzt das Fehlen einer modernen U-Bahn, welches die Entscheidungen zugunsten der anderen Städte beeinflusste.

Der Vater der Wiener USTRAB

Für Rainer war die Straßenbahn das wichtigste Verkehrsmittel und sollte daher entsprechend ausgebaut werden. Wo die Führung in einem eigenen, von den übrigen Verkehrsteilnehmern abgetrennten Bereich nicht möglich war, sollten Unterpflasterstrecken errichtet werden. Konkret auf der 2er Linie sowie zwischen der Eichenstraße und dem Südtiroler Platz. Im Sinne einer autogerechten Stadt sollten Straßenbahnen und Fußgänger in Konfliktbereichen unter die Erde verlegt werden. Zur Erschließung der Inneren Stadt waren öffentliche Autobusse ausreichend. Die bestehende Strecke der Gürtelstadtbahn sollte Richtung Süden nach Siebenhirten und nach Norden bis zur Engerthstraße verlängert und die Badner Bahn eingestellt werden.

Überlastete Lastenstraße

Mitte 1959 begannen die Diskussionen hinsichtlich des Umbaus der überlasteten Lastenstraße, wobei ursprünglich von einer Tieferlegung der hier verkehrenden Straßenbahnen nicht die Rede war:

„Im Zuge des Umbaues wird angestrebt, möglichst sechs Spuren für den Fahrzeugverkehr zu schaffen, wobei für die Frage, ob die Straßenbahn in die Mitte der Straße verlegt oder ganz aufgelassen und durch Autobusse ersetzt wird, noch ein Fachgutachten als weitere Grundlage eingeholt werden soll." [4]

In der gemeinderätlichen Stadtplanungskommission vom 24. Mai 1961 schlug Rainer erstmals den Bau einer Unterpflasterstraßenbahn auf der 2er Linie vor:

„Ein leistungsfähiger Ausbau der Zweierlinie mit Führung der Straßenbahn auf gesondertem Bankett ist fast überall im Bereich der äußeren Ringstraße möglich, stößt aber im Bereich des Getreidemarktes auf einen bedeutenden Engpaß. Hier wird die Führung der Straßenbahn als Unterpflasterbahn vom Naturhistorischen Museum bis zur Secession vorgeschlagen, wobei technische Vorkehrungen für eine später notwendige Verlängerung getroffen werden können." [5]

Ein Jahr später beschloss die gemeinderätliche Stadtplanungskommission, dieser Empfehlung nachzukommen und die Strecke sogar bis zur Universitätsstraße auf über 1,8 Kilometer zu verlängern. Am 22. Juni 1962 stimmte auch der Wiener Gemeinderat dem Projekt zu. Von nationalen und internationalen Experten war vor solch teuren und ineffizienten Baumaßnahmen immer wieder gewarnt worden, da Störungen an der Oberfläche von einer Straßenbahn in den Tunnel mitgebracht werden. Wenn schon Tunnels gebaut werden, dann gleich für eine von den anderen Verkehrsteilnehmern unabhängige U-Bahn:

„Viele Großstädte haben die Chance, den öffentlichen Nahverkehr mit Hilfe der zum Teil unterirdisch, sonst weitgehend auf eigenen oberirdischen Streckenanlagen geführten Straßenbahn wieder voll leistungsfähig und attraktiv zu machen. Die größeren unter ihnen sollten aber schon heute überlegen, ob die überschaubare Entwicklung der Stadt und ihrer Umgebung nicht doch den Bau einer U-Bahn erfordert. Diesen Rat gibt der Ausschuß für Verkehrsplanung des Verbandes öffentlicher Verkehrsbetriebe (VÖV) im Zusammenhang mit einer umfangreichen Untersuchung technischer Einzelheiten des Tieftrambaus." [6]

Rainers U-Bahn-„Njet"

Am 30. Juni 1961 legte Rainer dem Gemeinderat sein städtebauliches Grundkonzept vor. In seiner programmatischen Rede erteilte er einem U-Bahn-Bau in Wien eine klare Absage:

„In der Tatsache, daß die Verkehrsplanung der westeuropäischen Länder von den langen und teuren Untergrundbahnstrecken abgekommen ist, und diese Strecken in kurze Unterpflasterbahnstrecken in Citygebieten zu reduzieren beginnt, läßt sich eine rückläufige Tendenz hinsichtlich kostspieliger Verkehrsanlagen erkennen, die im Sinne bekannter amerikanischer Vorschläge schließlich auf die völlige Schonung der Altstadtkerne und ihre Entlastung durch dezentralisierende Maßnahmen hinauslaufen dürften." [7]

4 Amtsblatt der Stadt Wien vom 15. Juli 1959, Seite 3
5 Amtsblatt der Stadt Wien vom 3. Juni 1961, Seite 8
6 Zeitung für kommunale Wirtschaft, München, 4. April 1964
7 Amtsblatt der Stadt Wien vom 19. Juli 1961, Seite 9

Der Leiter der Stadt- und Landesplanung Architekt Georg Condit referiert vor der Gemeinderätlichen Stadtplanungskommission

Damit stieß er all jene vor den Kopf, die seit Jahrzehnten den U-Bahn-Bau in Wien gepredigt hatten. Aber auch die Gruppe um Vizebürgermeister Felix Slavik, die das Alweg-Bahn-Projekt von der Längenfeldgasse zur Philadelphiabrücke forcierte, machte lange Gesichter, da Rainer statt einer Alweg-Bahn die Stadtbahn nach Süden verlängern wollte:

„Eine Verlängerung der Stadtbahn nach Süden bis Philadelphiabrücke allein reicht dagegen keineswegs aus. Mit Rücksicht auf die besonders lebhafte Entwicklung der siedlungsgeographisch sehr begünstigten südlichen Gebiete, mit Rücksicht auf das Liesinger Industriegebiet erscheint die baldige Verlängerung der Stadtbahn bis zur Stadtgrenze südlich Siebenhirten derzeit die wichtigste und dringendste Maßnahme des Massenverkehrs." [8]

Bei der Gemeinderatsdebatte am 29. November 1961 über Rainers städtebauliches Grundkonzept wurde Roland Rainer von Stadtrat Kurt Heller in die Schranken gewiesen:

„Um Mißverständnisse auszuschließen: wenn hier von der Verlängerung der Stadtbahn gesprochen wird, so soll damit noch keine Entscheidung über die Art der Betriebsmittel getroffen werden. Es gehört nicht in das städtebauliche Grundkonzept, eine endgültige Aussage darüber zu machen, mit welchen Betriebsmitteln die Stadtbahnverlängerung vor sich gehen soll. Wir wissen, daß es hierfür verschiedene Möglichkeiten gibt: einen Ausbau der Stadtbahn in der heutigen Form, einen Umbau auf einen Vollbahnbetrieb, der den Übergang auf die anschließenden Linien der Österreichischen Bundesbahnen ermöglicht, oder einen Ausbau in Form der Alwegbahn." [9]

Abgang im Streit

Als Rainer daraufhin den acht Mitgliedern des Fachbeirats für Stadtplanung – unter ihnen auch der Architekt, Raumplaner und spätere Planungsstadtrat Rudolf Wurzer [10] – in einem Rundfunkinterview ausrichten ließ, dass sie „keine Fachleute" seien, wollten diese geschlossen von ihrer Funktion zurücktreten. Das Machtspiel aber verlor Rainer. Nachdem es auch zwischen seiner Stadtplanungsgruppe im Rathaus und der Stadtregulierungsabteilung MA 18 zu Auseinandersetzungen gekommen war, waren seine Tage als Stadtplaner gezählt. Im Oktober 1963 wurde die MA 18 mit der ehemaligen Stadtplanungsgruppe von Rainer fusioniert und der Architekt Georg Condit zu deren Leiter ernannt. Damit *„musste Roland Rainer in Wien die Zügel aus der Hand geben".*[11] Alle Stadtplanungsagenden waren nun wieder in Händen des Magistrats.

8 Amtsblatt der Stadt Wien vom 19. Juli 1961, Seite 8
9 Amtsblatt der Stadt Wien vom 20. Dezember 1961, Seite 8
10 Rudolf Wurzer war in der Folge von 1976 bis 1983 Wiener Planungsstadtrat.
11 Teut Anna, im Amtsblatt der Stadt Wien vom 8. April 1964, Seite 7

Der Individualverkehr wurde in den 1960er Jahren immer belastender, hier am Getreidemarkt

Fortsetzung der Politik der kleinen Schritte

In den „Kraftomnibussen" schien die Zukunft des öffentlichen Verkehrs zu liegen

Bus statt Straßenbahn

Die bereits seit einem Jahrhundert in Wien geschmiedeten U-Bahn-Pläne hatte Stadtplaner Roland Rainer in den beginnenden 1960er Jahren erfolgreich abgewürgt, seine empfohlenen USTRAB-Strecken waren absehbare Fehlinvestitionen. Die Verkehrsentwicklung auf den Straßen nahm auf diese unglückliche Konstellation keine Rücksicht und ließ öffentlichen Verkehr und Individualverkehr gemeinsam im Stau stehen. Viele Verkehrsexperten und auch die Verkehrsbetriebe glaubten, durch die Einstellung von Straßenbahnen und deren Ersatz durch die flexibleren Autobusse eine flüssigere Verkehrsabwicklung erreichen zu können. Dieser Trend war international. Aufgrund der weltweit einsetzenden Motorisierungswelle hatte sich wie in Amerika auch in Europa die Überzeugung breitgemacht, dass die Zukunft des öffentlichen Verkehrs der Großstädte in den dieselbetriebenen Bussen – damals in Wien stolz „Kraftomnibusse" genannt – liege. Die gleisabhängigen Straßenbahnen waren in den modernen Wirtschaftswunderzeiten ein Relikt aus der Vorkriegszeit. Vor allem die Autofahrerlobby warf der Straßenbahn in Wien vor, den flotten Autoverkehr zu behindern und konnte dabei auf Beispiele in anderen Ländern verweisen, wo man die Straßenbahn abgeschafft hatte. Also wurden auch in Wien Zugeständnisse in diese Richtung gemacht und in erster Linie neue Autobusse angeschafft – u. a. in der Hoffnung, damit den damals rückläufigen Trend der Fahrgastzahlen stoppen zu können.

Im ersten Stock

So wurden mit Beginn der 1960er Jahre die in London so beliebten Doppeldeckerbusse eingeführt, die in Wien auch Stockautobusse genannt wurden. Die ersten Bustypen dieser Art waren Eigenkonstruktionen der Firma Gräf & Stift. Sie waren für 104 Fahrgäste konzipiert und hatten 36 Sitzplätze im Oberdeck. Bei diesen Fahrzeugen wurde besonders auf das wesentlich höhere Sitzplatzangebot gegenüber den Straßenbahnen verwiesen. Durch die größere Chance, in diesen Autobussen einen Sitzplatz zu ergattern, sollten verloren gegangene Kunden wieder für die Öffis zurückgewonnen werden. Zum ersten Einsatz der Stockautobusse kam es im April 1960 auf der Linie 4. Das Oberdeck wurde aber – außer von Kindern und Schülern – nicht gerne genützt, da bei den Wienern anscheinend immer die Angst mitfuhr, den Ausstieg über die steile Wendeltreppe nicht rechtzeitig erreichen zu können.

Groß und gelenkig

Ausreichend Sitzgelegenheiten, aber weniger Angst, zu spät zum Ausstieg zu gelangen, hatte man in den einige Jahre später eingeführten Gelenkautobussen. Diese haben sich in Wien sehr bewährt und gehören im Gegensatz zu den bereits ausgeschiedenen Stockautobussen noch heute – in zeitgemäßer Niederflurausführung – zum Stadtbild Wiens. Von den Autobusschaffnern mussten die Fahrgäste aber Abschied nehmen. Sukzessive wurden die Busse für den schaffnerlosen Einsatz mit Entwertern und Türautomatik ausgerüstet. Im Laufe der Zeit brachten die technischen Entwicklungen der Großraumbusse, Gelenkbusse und später der Niederflurbusse immer mehr Bequemlichkeit – sowohl für die Fahrgäste als auch für die Busfahrer.

Ein höheres Sitzplatzangebot gab es in den neu eingeführten Doppeldeckerbussen

Mitte des Jahres 1963 begannen Versuchsfahrten mit den neuen Gelenkautobussen

Die Linie 158 war die erste Linie, die von Straßenbahn auf Bus umgestellt wurde

> **Amtsblatt der Stadt Wien** — Nr. 36 / 3. Mai 1958
>
> ## Autobus soll Straßenbahn ersetzen
>
> Ein Versuch der Verkehrsbetriebe — In den nächsten fünf Jahren Umstellung von elf Straßenbahnlinien — 200 Autobusse erforderlich
>
> In einer Pressekonferenz am 24. April im Wiener Rathaus gab der Amtsführende Stadtrat für die Städtischen Unternehmungen vor in- und ausländischen Journalisten die Pläne bekannt, die zur versuchsweisen Umstellung von Straßenbahnlinien auf den Autobusbetrieb in den nächsten fünf Jahren verwirklicht werden sollen. Geplant ist die Umstellung von elf Linien, und zwar 5, 6, 9, 13, 33, 40, 48, 57, 61, 63 und 158 (in arithmetischer Reihenfolge). 200 Autobusse sind dafür notwendig. Als erste hofft man die Straßenbahnlinie 63 auf Autobusbetrieb umstellen zu können. Wenn alles klappt, wird noch Ende 1958 oder Anfang nächsten Jahres auf dieser Strecke der Autobus die Straßenbahn abgelöst haben. Dabei wird zunächst der Straßenbahnfahrschein auch auf den neuen Autobuslinien gelten. Später soll allerdings ein Umbau des gesamten Tarifsystems der Verkehrsbetriebe vorgenommen werden.
>
> Stadtrat Dkfm. Nathschläger begann seine Ausführungen, indem er an eine Empfehlung erinnerte, die bei der ersten Straßenverkehrsenquete im Jahre 1955 gemacht wurde. Darin heißt es unter anderem: „Die Frage eines Ersatzes der Straßenbahn durch Autobus oder Obus ist unter alleiniger Bedachtnahme auf die betriebliche Leistungsfähigkeit, Beanspruchung der Straßenfläche und der Betriebswirtschaftlichkeit zu entscheiden. Ein genereller Ersatz der Straßenbahn durch Autobus oder Obus kann ... in absehbarer Zeit nicht in Frage kommen." Die gemeinsame Erklärung der beiden Parteien in der Gemeinderatssitzung, bei der Tarifänderungen beschlossen wurden, hält in diesem Zusammenhang bereits genauere Details fest. Dabei wird die Umstellung von Straßenbahnlinien auf den Autobusbetrieb festgehalten, die einen schwächeren Verkehr aufweisen und durch beengte Straßenzüge führen.
>
> Man erwartet sich von der geplanten Umstellung vor allem eine Besserung der Verkehrsverhältnisse, weil gerade in engen Straßen die schienengebundene Straßenbahn ein Verkehrshindernis darstellt. Vor allem aber will man durch die bequemere Beförderung der Fahrgäste in Großraumautobussen, Eineinhalb- und Doppeldeckern, den Wienern einen Anreiz bieten, ihr Moped oder sogar das Auto zu Hause zu lassen und die öffentlichen Verkehrsmittel zu benützen. Beim Doppeldecker, der unter Umständen für Wien in Frage kommt, gibt es zum Beispiel 60 Sitzplätze, aber nur 31 Stehplätze, während bei den derzeit verwendeten Autobussen 27 Sitzplätze und 46 Stehplätze vorgesehen sind.
>
> Bei den Umstellungsplänen hat man natürlich auch die Wirtschaftlichkeit berechnet. Nach den Berechnungen der Verkehrsbetriebe, die von ausländischen Fachleuten überprüft wurden, kommt der Verkehr mit Autobus bei manchen Linien billiger als die Straßenbahn, bei anderen Linien sind die Kosten ungefähr gleich.
>
> Es werden nicht durchwegs Doppeldecker oder Eineinhalbdecker eingesetzt werden. Feststeht bereits, daß auf den Linien 33, 40 und 63 die üblichen Großraumautobusse zu 73 Plätzen verwendet werden, auf der Linie 158 kleinere Autobusse zu 42 Plätzen, während auf den übrigen Linien Doppeldecker oder Eineinhalbdecker, die allerdings etwas länger sind, in Frage kommen dürften. Eine endgültige Entscheidung wurde noch nicht getroffen. Überhaupt, so betonte Stadtrat Dkfm. Nathschläger, will man die Erfahrungen abwarten, die nach der Umstellung der ersten Linien gemacht werden. Es ist ohne weiteres möglich, daß daraufhin eine Änderung oder Ergänzung in der Auswahl der Straßenbahnlinien vorgenommen wird, die durch Autobus ersetzt werden sollen.
>
> Die 200 Autobusse, die für die Umstellung erforderlich sind, brauchen natürlich auch zusätzlichen Garagenraum. Drei Garagen werden notwendig sein. Für den Kauf der Autobusse rechnet man mit 160 Millionen Schilling. 32 Millionen Schilling wird die Errichtung einer neuen Autobushauptwerkstätte beanspruchen und 33 Millionen der Bau der neuen Garagen. Insgesamt sind also 225 Millionen Schilling erforderlich, die in einem Fünfjahresinvestitionsplan eingebaut werden sollen.
>
> Genaue Termine für die Umstellung lassen sich heute noch nicht nennen. Zunächst sollen möglichst bis Ende 1959 oder Mitte 1960 die Linien 40, 57, 61, 63 und 158 (arithmetisch gereiht) umgestellt werden. Abschließend betonte Stadtrat Nathschläger, daß der vorliegende Plan nur ein Teil dessen ist, was im Interesse einer Verbesserung des Gesamtverkehrs in Wien künftig geschehen soll. Die Durchführung des Planes wird aber sicherlich in beschränkten Grenzen bereits fühlbare Erleichterungen schaffen.

Linie um Linie

In den 1960er Jahren wurde Linie um Linie der Straßenbahn konsequent durch die neuen Busse ersetzt. Diese Umstellung fiel den Verkehrsbetrieben auch deswegen leicht, da durch eine neue Straßenbahnverordnung alle Straßenbahnwagen bis zum 1. Jänner 1961 auf sicherere Schienenbremsen umgestellt werden mussten. Dafür war der damals gewaltige Betrag von 1 Milliarde Schilling notwendig. Um dieses Geld bekamen die Verkehrsbetriebe nagelneue Autobusse in ausreichender Anzahl. Als erste Straßenbahnlinie in Wien wurde ab 28. Juli 1958 die Linie 158 in der Hietzinger Hauptstraße durch Busse ersetzt. 20 weitere Linien sollten im Laufe der Jahre folgen. Spektakulär war die Umstellung der Linie 13. Mit einem großen Abschiedsfest am 1. Juli 1961 wurde die „13er Bim" in den Ruhestand geschickt. Die neuen Doppeldeckerbusse, die jetzt zwischen Südbahnhof und Alser Straße verkehrten,[1] zogen Massen von Schaulustigen an. Die Fahrtstrecken vieler anderer Straßenbahnlinien wurden gekürzt oder geändert, Haltestellen verlegt oder aufgelassen und Linien, die von Außenbezirken kamen und über den Ring verliefen, vor dem Ring gekappt. Parallel dazu schritt der Ausbau des Autobusnetzes stetig voran. 1965 gab es bereits sechs innerstädtische Linien, 13 periphere Linien und acht Nachtlinien. Der Wagenpark der Verkehrsbetriebe bestand aus 365 Autobussen, darunter 44 Doppeldeckerbusse und elf Gelenkautobusse. Als Rationalisierungsmaßnahme und aufgrund der Personalknappheit wurde am 7. Mai 1966 der Autobusbetrieb der Linie 73 erstmals dem privaten Verkehrsunternehmen Dr. Richard übertragen. In der Folge wurden solche „Auftragslinien" mit den Tarifen und Beförderungsbestimmungen der Verkehrsbetriebe auch an andere Firmen vergeben. Diese Buslinien sowie jene der Wiener Linien erhielten ab 29. Juni 1974 den Buchstaben „A" zur Liniennummer dazu. Privatlinien, die nur in Tarifgemeinschaft mit den Verkehrsbetrieben fuhren, d. h. in denen Fahrscheine der Verkehrsbetriebe zwar anerkannt, aber nicht verkauft wurden, erhielten zur Liniennummer den Buchstabenzusatz „B". Die Zahl der eigenen oder an andere Verkehrsunternehmen vergebenen Autobuslinien erhöhte sich bis in die 1970er Jahre auf 40 und verdreifachte sich beinahe auf 115 Linien heute. Trotz dieses enormen Wachstums des Busnetzes bestand in Wien im Gegensatz zu vielen anderen europäischen Städten immer ein umfangreiches Straßenbahn-

---

1 bis 1974 ebenfalls als Linie 13, dann 13A genannt.

Die Busgarage Spetterbrücke wurde am 27. Oktober 1962 von Bürgermeister Franz Jonas eröffnet

Die Garage Raxstraße: für 100 Autobusse geplant und Ende des Jahres 1960 fertiggestellt

netz. Bis zu Beginn des U-Bahn-Betriebes gegen Ende der 1970er Jahre konnte der Autobusbetrieb maximal ein Viertel der Fahrgäste der Straßenbahn erreichen.

Busse brauchen Garagen

Um dem vermehrten Einsatz von Bussen zu Beginn der Motorisierungswelle Rechnung zu tragen, mussten zwei neue Garagen für hunderte von Bussen errichtet werden: eine in der Raxstraße in Favoriten für 100 Wagen, die im Jahr 1960 fertiggestellt wurde, und eine zweite bei der Spetterbrücke im 16. Bezirk, die für 70 Autobusse mit einer Erweiterungsmöglichkeit auf 200 Wagen konzipiert war und 1962 eröffnet werden konnte. Die Busse waren nicht mehr in baulich aufwändigen und daher teuren geschlossenen Garagen, sondern nur mehr auf überdachten Flächen untergebracht. Im Zuge der Umstellungseuphorie wurde auch die Straßenbahnremise in Grinzing aufgelassen und, um Platz für weitere 100 Autobusse zu schaffen, entsprechend umgebaut.

Flüssiggas statt Diesel

Zur Verringerung der Luftverschmutzung wurde die Busflotte der Verkehrsbetriebe ab 1963 auf Flüssiggas-Diesel-Gemisch umgestellt. Die ersten Versuche, mit einem Mischungsverhältnis von 60 % Diesel und 40 % Flüssiggas zu fahren, waren erfolgreich gewesen. Die Auspuffrückstände waren um 65 % geringer als bei reinem Dieselbetrieb. Darüber hinaus war der Ankaufpreis für Flüssiggas billiger, da die ÖMV dieses Abfallprodukt bei der Dieselölproduktion den Verkehrsbetrieben günstig anboten. Dafür waren – die Kehrseite der Medaille – wieder hohe Investitionen in die Garagen und Werkstätten der Verkehrsbetriebe notwendig.

„... gegenwärtig nicht sehr gut ..."

Trotz vermehrter Umstellung von Straßenbahn- auf Busbetrieb blieb die Situation für die Verkehrsbetriebe in den 1960er Jahren sehr schwierig. Rückläufige Kundenzahlen und eine Atmosphäre zwischen Verkehrsbetrieben und Bevölkerung, die *„gegenwärtig als nicht sehr gut bezeichnet werden muß"*,[2] ließen Reformbedarf erkennen. Wien hatte im Vergleich zu anderen großen Städten bei der Straßenbahn mit 13,7 km/h die geringste Reisegeschwindigkeit. In Hamburg lag sie bei 18,3 und in Essen sogar bei 19,1 km/h.[3] Beim schnelleren Autobusverkehr war die Situation ähnlich. Während Wien damals immerhin auf 19,1 km/h durchschnittliche Reisegeschwindigkeit kam, lag diese in Stuttgart bereits bei 27,5 km/h.

Vorstufe zum VOR

Am 27. März 1961 trat bei den Wiener Verkehrsbetrieben eine zukunftsweisende Tarifreform in Kraft. Neben den meisten städtischen Autobuslinien wurde auch die seit 31. Mai 1959 mit Dampf-

---

2 lt. Generaldirektor der Stadtwerke Wilhelm Horak am 26. Jänner 1962 anlässlich der Vorstellung der neuen Direktoren der Verkehrsbetriebe Ernst Görg und Carl Mauric

3 Amtsblatt der Stadt Wien vom 2. Juni 1962, Seite 7

und Diesellokomotiven unregelmäßig befahrene Bahnstrecke der ÖBB zwischen Floridsdorf, Praterstern und Landstraße ins Tarifsystem der Straßenbahn einbezogen. Diese Aufnahme einer ÖBB-Strecke war ein Vorgriff auf den kommenden Tarifverbund mit der noch in Bau befindlichen Schnellbahn der ÖBB zwischen Floridsdorf und Meidling, die in der Folge dadurch von den Kunden sehr gut angenommen wurde. Dieser ersten Tarifgemeinschaft zwischen den Verkehrsbetrieben und einem anderen Verkehrsunternehmen folgte 1967 die Einbeziehung der privaten Autobuslinien ins Wiener Tarifsystem. Damit waren die ersten Schritte für den am 3. Juni 1984 gegründeten VOR – Verkehrsverbund Ostregion – gesetzt, der heute Wien, einen großen Teil Niederösterreichs und einen Teil des Burgenlandes umfasst. Dieses 1600 Kilometer lange Verkehrsnetz mit einer Flächendeckung von 7000 km² erreicht 2,3 Millionen Menschen in einem Umkreis von 50 Kilometern von Wien mit einem einheitlichen, nach Zonen gegliederten Tarifsystem.

„Zwickts mi"

Eine weitere Änderung der Tarifreform betraf die Umstellung der Fahrscheinentwertung von der klassischen Loch- auf die Markierzange (Mako-Zange), mit welcher der Fahrschein abgestempelt werden konnte. Dies brachte zwar keine Beschleunigung in der Abfertigung der Fahrgäste, dafür aber das Ende der dreistelligen Linienbezeichnung der Linie 118, die nun als 18er unterwegs war: Auf der neuen Zange blieb für die Linienbezeichnung nur mehr Platz für zwei Ziffern.

Die Wiener Schnellbahn

Einen nicht zu unterschätzenden Einfluss auf das weitere Verkehrsgeschehen in der Stadt hatte die Fertigstellung und Inbetriebnahme der Schnellbahn. Zur Verbesserung des Nahverkehrs gab es bei den ÖBB seit Ende der 1950er Jahre Pläne, die bestehende Verbindungsbahn auf der Strecke von Floridsdorf bis Meidling für den innerstädtischen Personenverkehr auszubauen. Daneben sollten auf der Strecke auch Züge in den Norden bis Gänsern-

„Zwickts mi": die Straßenbahner mussten mit der neuen Mako-Zange die Fahrscheine entwerten

Ein Erfolgsprojekt: die im Jahr 1962 eröffnete Wiener Schnellbahn zwischen Floridsdorf und Meidling

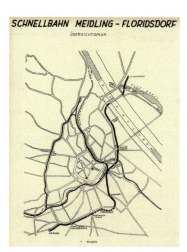

Schnellbahn und Stadtbahn auf einem Plan aus dem Jahr 1962

dorf und Stockerau sowie in den Süden bis Baden und Leobersdorf geführt werden.

Wiener Finanzhilfe

Um die vorgesehene sechsjährige Bauzeit zu verkürzen, griff Wien den ÖBB finanziell unter die Arme, indem es dem Bund ein Darlehen über die gesamten Baukosten von 634 Millionen Schilling zur Verfügung stellte. Die Rückzahlungen erfolgten über einen Zeitraum von zehn Jahren, wobei sich Wien und der Bund die Zinsen teilten. Vorteil für Wien bei dieser Konstruktion war, dass man ein Schnellverkehrsmittel für die Stadt bekam, dessen Betriebskosten von den ÖBB alleine getragen wurden und somit die chronisch defizitären Verkehrsbetriebe durch den Schnellbahnbetrieb nicht zusätzlich belastet waren.

Augenscheinliche Vorteile

Am Mittwoch, dem 17. Jänner 1962,[4] eröffneten Bundespräsident Adolf Schärf, Verkehrsminister Karl Waldbrunner und der Wiener Bürgermeister Franz Jonas Wiens erstes echtes Schnellverkehrsmittel.[5] Hatte man bisher für die fast 14 Kilometer lange Strecke zwischen Floridsdorf und Meidling eine ganze Stunde Fahrzeit benötigt, brauchte man jetzt nur mehr 22 Minuten. Mit einem Intervall von 15 Minuten gegenüber dem 4-Minuten-Intervall der Stadtbahn blieben jedoch noch einige Wünsche offen. Dafür gab es in den Zugsgarnituren eigene Raucherabteile. Auch U-Bahn-Gegner konnten nun die Vorteile eines lokalen kreuzungsfreien Schnellverkehrsmittels erkennen. In der ersten Ausbauphase der Schnellbahn gab es die sieben Stationen Floridsdorf, Traisengasse, Praterstern, Landstraße, Südbahnhof, Südtiroler Platz und Meidling, die später um weitere Stationen wie Strandbäder, Rennweg und Matzleinsdorfer Platz ergänzt wurden. Stündlich konnte man ohne Umsteigen auch aus der Stadt hinaus nach Gänserndorf und Stockerau oder von Meidling Richtung Süden weiterfahren.

Großer Erfolg

Die Schnellbahn war schon im ersten Jahr ihres Betriebes ein voller Erfolg, zu dem neben der Tatsache, dass sie tatsächlich eine schnelle Bahn war, auch ihre Einbeziehung ins Tarifsystem der Wiener Verkehrsbetriebe beigetragen hatte. In der Folge begannen Verhandlungen Wiens mit den ÖBB über eine Ausweitung des Schnellbahnsystems in der Stadt auf ein Streckennetz von über 100 Kilometern, sogar unter Einbeziehung des gesamten Wiener Stadtbahnnetzes. Letztlich scheiterten diese in der ersten Euphorie angestellten Überlegungen sowohl an den ÖBB, die mit enormen zusätzlichen

4 allgemeine Betriebsaufnahme war am 18. Jänner 1962
5 die Wiener Stadtbahn konnte auch nach ihrer Elektrifizierung kaum als Schnellverkehrsmittel bezeichnet werden

Die Verkehrsbetriebe nehmen Bedienstete auf

Die Wiener Stadtwerke-Verkehrsbetriebe suchen männliche und weibliche Bedienstete.
Aufgenommen werden:

Männer für die Wagenrevisions- und Garagenwerkstätten, die später als Schaffner, Fahrer und Autobuslenker Verwendung finden können. Aufnahmebedingungen: Mindestalter 18 Jahre, körperliche Eignung, Wohnort Wien.

Frauen für den Dienst als Schaffnerin. Aufnahmebedingungen: Alter 21 bis 50 Jahre, Mindestgröße 158 Zentimeter, körperliche Eignung, Wohnort Wien.

Nähere Auskünfte erteilt die Personalabteilung der Wiener Stadtwerke-Verkehrsbetriebe, Wien IV, Favoritenstraße 9, 3. Stock, Tür 647, Telephon 65 36 91, Klappen 431 und 478.

Schriftliche Gesuche mit Lebenslauf und Angabe der bisherigen Beschäftigung sind an das Büro der Geschäftsgruppe I, Wien I, Rathaus, 711 richten. **Achtung: Erhöhte Anfangsbezüge!**

Personalsuche im Amtsblatt vom 9. Nov. 1960

Betriebskosten zu rechnen gehabt hätten, als auch an den Verkehrsbetrieben, die als hauptsächliche Versorger der Stadt mit öffentlichen Verkehrsmitteln ihre dominierende Stellung nicht auf eine reine Zubringerfunktion reduziert sehen wollten. Für die Wiener Verkehrsbetriebe begann sich immer mehr die U-Bahn als alternatives Schnellverkehrsmittel abzuzeichnen, da ein U-Bahn-Betrieb gegenüber dem Bus- oder Straßenbahnbetrieb auch einen wesentlich geringeren Personaleinsatz versprach.

Schaffnerlos

In den 1960er Jahren war die Personalsituation bei den Verkehrsbetrieben immer schwieriger geworden. Trotz des Einsatzes von Großraumfahrzeugen fuhren immer noch sehr viele personalintensive Zweiachsfahrzeuge im Netz. Ein entsprechender Dreiwagenzug musste mit einem Fahrer und drei Schaffnern besetzt sein. Die Verkehrsbetriebe hatten deshalb zu Beginn der 1960er Jahre noch über 12 000 Beschäftigte, deren Dienst mit den Nacht- und Wochenendschichten in Zeiten des Wirtschaftsaufschwungs und der Vollbeschäftigung nicht gerade attraktiv war.

„Ein weiterer Bericht über Personalprobleme beleuchtete den akuten Personalmangel bei den Verkehrsbetrieben. Es fehlen insgesamt 990 Bedienstete, davon allein 900 im Fahrdienst. Daß der Betrieb trotzdem aufrechterhalten werden kann, ist nur den ständigen Rationalisierungsmaßnahmen zu verdanken, den Fahrzeitverkürzungen, der Modernisierung des Wagenparkes und vor allem der ständigen Mehrdienstleistung des vorhandenen Personals." [6]

Auch konnten die öffentliche Hand und damit auch die Verkehrsbetriebe in den 1960er Jahren bei den Gehältern der Beamten nicht mit der boomenden, sehr gut bezahlenden Privatwirtschaft mithalten.[7] Der immer spürbarer werdende Personalmangel zwang bereits zu betrieblichen Einschränkungen: *„Besonders in der Sommerurlaubszeit mußte sich der Verkehr nach dem zur Verfügung stehenden Personal richten."* [8]

Auf der Suche nach Möglichkeiten weiterer Rationalisierungen wurde eine „Kommission zum Studium der wirtschaftlichen und betrieblichen Verhältnisse bei den Wiener Verkehrsbetrieben" gegründet, die 1963 die Bestellung eines Probewagens für einen schaffnerlosen Betrieb initiierte.

Das Ende der Trittbrettfahrer

Eine der Voraussetzungen für einen schaffnerlosen Betrieb waren automatisch schließende Türen. Die entsprechende Technik stand bereits seit 1954 zur Verfügung und wurde sukzessive in die Fahrzeuge eingebaut. Das beliebte Auf- und Abspringen während der Fahrt und das Mitfahren auf dem Trittbrett – in den Kriegs- und Nachkriegsjahren wegen der Überfüllung der Wagen oft unvermeidlich – waren nun Geschichte. Die Zahl der Unfälle mit Straßenbahnen sank dadurch rapide. Gab es in den 1940er- und 1950er Jahren

Fahrscheinautomaten ersetzten die Schaffner

---

6   Bericht der Direktion der Verkehrsbetriebe an die Verkehrsbetriebe-Kommission am 9. Juni 1964
7   eine Tatsache, die von sogenannten Pensionsexperten, die gerne den Neid auf die Beamten schüren, vergessen wird
8   Jahrbuch der Stadt Wien 1965, Seite 226

Kundeninformation vom Dezember 1964

aus diesem Grund noch rund 20 Tote und über 400 Verletzte jährlich, so sank diese Zahl bald auf null.

Schaffnerlose Beiwagen

Am 1. Dezember 1964 konnte der erste schaffnerlose Beiwagen der Wiener Straßenbahn seinen Probebetrieb auf der Linie 43 aufnehmen. Die Türen hatten Druckknöpfe sowie eine Schließautomatik mit Trittstufen- und Türsensoren. Im Wagen waren Entwerter-Automaten eingebaut. Anfangs fuhr nur ein schaffnerloser Beiwagen als zweiter Beiwagen eines Dreiwagenzuges, und auch dies nur während der Hauptverkehrszeit. Nach und nach wurden aber alle Fahrzeuge entsprechend umgebaut und der schaffnerlose Betrieb bei den Beiwagen ganztägig eingeführt.

Schaffnerlose Triebwagen

Bei den Straßenbahn-Triebwagen begann die Umstellung erst später. Die zweite Generation der E-Triebwagen, die E1-Züge, waren die ersten Triebwagen, die auf schaffnerlosen Betrieb umgestellt wurden. Am 11. Mai 1972 fuhr der erste komplett schaffnerlose Zug auf der Linie 26. Jetzt musste aber notgedrungen der Fahrer auch Fahrscheine verkaufen, was wiederum umständlich und vor allem zeitraubend war. In der Folge kamen daher die ersten Fahrscheinautomaten in den Wagen zum Einsatz, die damals noch den Nachteil hat-

Verkehrsbetriebedirektor Günther Grois (links) verabschiedet die letzte Schaffnerin

Von der Schaffnerin zur Zugführerin: die ersten Straßenbahnfahrerinnen der Verkehrsbetriebe

ten, kein Wechselgeld herausgeben zu können. Bei einem Fahrscheinpreis von 19 Schilling in späteren Jahren musste daher eine Straßenbahnfahrt sehr genau geplant sein.

Die letzten Schaffner, die ersten Straßenbahnfahrerinnen

Somit verschwand über die Jahre aufgrund der technischen Entwicklungen eine traditionell liebenswerte, manchmal auch autoritäre Wiener Figur aus dem Alltagsleben der Stadt: die Schaffnerin bzw. der Schaffner. Als am 20. Dezember 1996 der letzte mit Schaffnersitz ausgerüstete C1-Zug auf der Linie 46 seine Schlussrunde drehte, war dies der Abschied von den letzten Straßenbahnschaffnern in Wien. Schon ab dem Jahr 1970 waren dafür auch Frauen als Straßenbahnfahrerinnen im Fahrerstand zu sehen.

Stadtbahn ohne Bahnsteigabfertiger

Die Personaleinsparungen machten auch vor der Stadtbahn nicht halt. Ab August 1965 gab es keinen Bahnsteigabfertiger in den Stationen mehr. Deshalb mussten die Zugsbegleiter von ihrem Platz neben dem Fahrer in den mittleren Waggon wechseln, den Zug in den Stationen verlassen und über Bahnsteigmikrofone den Stationsnamen und das „Achtung, Zug wird abgefertigt" durchsagen. Die laufende Kontrolle des Fahrers übernahm jetzt eine Totmanneinrichtung, die den Zug bei Nichtbetätigung durch den Fahrer automatisch zum Stehen brachte.

Die neue Type „F" der Gelenktriebwagen

Ende Mai 1964 wurden auf den Floridsdorfer Linien 231 und 331 erstmals neue Gelenktriebwagen der Type „F" eingesetzt. Der amtsführende Stadtrat für die städtischen Unternehmungen, Anton Schwaiger, Generaldirektor Wilhelm Horak und der Direktor der Verkehrsbetriebe, Carl Mauric, präsentierten diese neue Generation von Gelenkwagen. Ursprünglich war geplant, diese Wagen getrennt als Trieb- und Beiwagen zu bauen. Dem Zug der Zeit entsprechend entschloss man sich jedoch, diese Type in einem einzigen Gelenktriebwagen zusammenzubauen. Damit konnte Personal eingespart werden. Gegenüber den bisher im Einsatz befindlichen Gelenktrieb-

Offene Baugrube auf der 2er Linie beim Bau der USTRAB im Jahr 1965

wagen gab es eine effizientere Heizung sowie verbesserte Bremsen.

Ein modernes Tarifsystem

Der schaffnerlose Betrieb hatte zwangsläufig eine Umstellung des Tarifsystems zur Folge. Da bis in die 1960er Jahre 80 % der Tagesfahrscheine bei den Schaffnern gekauft wurden – wobei diese die Fahrscheine auch gleich entwerteten – wurden mit einer grundlegenden Umstellung des Tarifsystems im Jahr 1967 die Zeit- und Streckenkarten sowie die Vorverkaufsscheine gegenüber dem Tagesfahrschein wesentlich ermäßigt. Somit war es günstiger, den Fahrschein nicht mehr im Wagen zu kaufen. Gleichzeitig erfolgte dessen Verkauf nicht mehr nur bei den Vorverkaufsstellen der Verkehrsbetriebe, sondern auch in Trafiken.

Die USTRAB auf der 2er Linie

Ende 1963 wurde mit dem Bau der unterirdischen Straßenbahntrasse zwischen Secession und Landesgericht begonnen. Das Verkehrsbauwerk war einschließlich der beiderseitigen Rampen 1 837 Meter lang, von denen 1 583 Meter auf die 7,1 Meter breite und 4,5 Meter hohe Tunnelstrecke entfielen. Der Oberbau wurde in einem normalen Schotterbett mit auf Holzschwellen gelagerten Vignolschienen errichtet. Der USTRAB-Bau wurde so vorgenommen, dass eine Verlängerung des Tunnels nach beiden Seiten möglich war. Von den vier je 75 Meter langen Doppelstationen Friedrich-Schmidt-Platz, Lerchenfelder Straße, Burggasse und Mariahilfer Straße verfügte nur Letztere sowohl über ein Straßenbahn- als auch über ein Fußgängergeschoß. Die Tunnelwände wurden in offener Bauweise nach der damals vom österreichischen Bauingenieur Christian Veder entwickelten Schlitzwandmethode hergestellt, eine Baumethode, die noch heute international in vielen Bereichen zur Anwendung gelangt.

Schon bei der Eröffnung überholt

Am 8. Oktober 1966 wurde die Tunnelstrecke zwischen Landesgericht und Secession von Bürgermeister Bruno Marek dem Straßenbahnverkehr übergeben. Die Öffentlichkeit hatte aber schon einen Monat zuvor erfahren, dass dies nur eine Zwischenlösung darstellte und bald eine U-Bahn die Straßenbahn in diesem Tunnel ablösen würde.

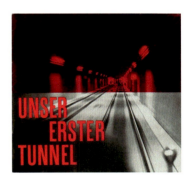

Infobroschüre zur Eröffnung

Bau der USTRAB am Matzleinsdorfer Platz, Blickrichtung Meidling im Jahr 1966

Die USTRAB am Gürtel

Im Jahr 1963 wurde auch der Bau der zweiten Wiener USTRAB-Strecke beschlossen, nämlich die Tieferlegung der Straßenbahnlinien 62 und 65 von der Wiedner Hauptstraße zum Matzleinsdorfer Platz sowie der Linien 6 und 18 entlang des Gürtels zwischen der bereits seit 1959 fertigen Unterführung Südtiroler Platz und der Eichenstraße. Die Bauarbeiten begannen ohne offiziellen Spatenstich am 3. August 1964 im Bereich des Matzleinsdorfer Platzes. Dieser wurde zur Großbaustelle, da die ÖBB als Verbindung zur USTRAB für die im Jänner 1962 in Betrieb gegangene Schnellbahn zwischen Meidling und Floridsdorf eine zusätzliche Station Matzleinsdorfer Platz errichteten. Für die USTRAB wurden nach der unterirdischen Station Südtiroler Platz, die mit der in diesem Bereich unterirdisch geführten Schnellbahn verbunden ist, entlang des Margaretengürtels die Tiefstationen Blechturmgasse, Kliebergasse, Matzleinsdorfer Platz und Eichenstraße mit 75 Meter langen Seitenbahnsteigen gebaut.

Eine geplante U5 entlang des Gürtels

Nach der Haltestelle Kliebergasse führt eine Abzweigung noch im Untergrund auf gleichem Niveau Richtung Wiedner Hauptstraße. Auf dieser Abzweigungsstrecke Richtung Innere Stadt befindet sich auch die Station Laurenzgasse. Hier wurden die Bohrpfähle aufgrund der bereits für diesen Bereich laufenden U-Bahn-Planungen so tief abgeteuft, dass ein Umbau dieses USTRAB-Streckenteils in der Wiedner Hauptstraße auf eine damals geplante Linie U1/A möglich war. Diese U1/A sollte vom Karlsplatz über einen beim Bau der U-Bahn-Station Karlsplatz später tatsächlich errichteten Weichenschacht von der U1 abzweigen und über die Station Laurenzgasse zur Kliebergasse führen. Dort sollte die U1/A mit der damals entlang des Gürtels zwischen St. Marx/Arsenal und der Längenfeldgasse geplanten U5 verbunden werden.

Mit Schlitzwänden und Bohrpfählen

Der Umbau der USTRAB in der Lastenstraße auf die U-Bahn-Linie U2 erfolgte Ende der 1970er Jahre, die zweite Wiener USTRAB-Strecke in der Wiedner Hauptstraße und am Gürtel blieb aber bis heute in ihrer damaligen Form erhalten. Die Tunnelwände wurden sowohl mit 12–20 Meter tiefen Bohrpfählen als auch mit Schlitzwänden errichtet. Grund dafür war, dass das Projekt in zwei Baulose geteilt wurde und jeweils andere Baufirmen

Die Tunnelanlagen für die USTRAB in der Wiedner Hauptstraße wurden mittels Bohrpfählen errichtet

Die Rauchfangkehrerkirche in der Wiedner Hauptstraße musste dem USTRAB-Bau weichen

den Zuschlag erhielten. Nach deren Fertigstellung und einem Teilaushub wurden die Tunneldecken in Stahlbeton gefertigt. Der Oberflächenverkehr konnte dann über die fertigen Tunneldecken relativ rasch wieder aufgenommen werden, während darunter der eigentliche Tunnelaushub erfolgte. Der Tunnel wurde mit 7,5 Metern Breite und 4,4 Metern Höhe so groß ausgelegt, dass er auch für einen U-Bahn-Betrieb geeignet sein würde.

"Sowohl die Straßenbahntiefführung in der Lastenstraße als auch die am Gürtel wurde so angelegt und ausgestattet, daß sie mit relativ geringfügigen baulichen Änderungen zu gegebener Zeit für das U-Bahn-Netz Verwendung finden können." [9]

An den Gleisverzweigungen Matzleinsdorfer Platz und Kliebergasse wurden erstmals halbautomatische Stellwerke, die nur durch die Züge beeinflusst wurden und ohne Personal steuern konnten, eingebaut. Damals neuartige computerähnliche Geräte in den Stellwerken speicherten die Anmeldungen der vor den Weichen stehenden Züge und gaben die entsprechenden Freizeichen. Immerhin mussten damals im unterirdischen Gleisdreieck zu den Spitzenzeiten 140 Züge pro Stunde gesteuert werden.

Das größte Verkehrsbauwerk nach dem Zweiten Weltkrieg

Ab November 1968 konnte nach Versuchsfahrten mit dem Schulungsbetrieb für das Fahrpersonal begonnen werden. Bei den Rampen wurden Beleuchtungen mit speziellen Anpassungsschaltungen montiert, damit sich die Augen des Fahrers langsam an die Lichtverhältnisse im Tunnel anpassen konnten. Am Samstag, dem 11. Jänner 1969, eröffnete Bürgermeister Bruno Marek nach 4½-jähriger Bauzeit die 3,4 Kilometer lange USTRAB-Strecke am Gürtel. Diese war damals das aufwändigste Verkehrsbauwerk, das seit Kriegsende von der Stadt errichtet worden war.

Eine Kirche musste weichen

Als einziger Wermutstropfen – neben der Tatsache, dass man sich bei dieser Strecke nicht für eine U-Bahn entscheiden konnte – verblieb der Abriss der mitten in der Wiedner Hauptstraße situierten Florianikirche, auch Rauchfangkehrerkirche genannt. Diese musste 1965 im Zuge der Bauarbeiten dem Verkehrsbauwerk weichen. Zuvor war aber, um es sich mit den höheren Mächten nicht ganz zu verscherzen, seitlich in der Wiedner Hauptstraße ein neues Gotteshaus errichtet worden.

Eröffnung am 11. Jänner 1969

Die Station Matzleinsdorfer Platz

9 Bürgermeister Bruno Marek im Amtsblatt der Stadt Wien vom 13. Jänner 1969

Schnitt durch das Verkehrsbauwerk Stephansplatz, Kreuzungsstation zwischen U1 und U3

Das beginnende U-Bahn-Zeitalter

„Wie von Geisterhand"

Während man in Wien zu Beginn der 1960er Jahre noch darauf hoffte, dass Bund und ÖBB das Schnellbahnnetz stadtumspannend ausbauen und betreiben würden, verließen sich andere Städte in punkto Schnellverkehr nicht auf Initiativen der überregionalen Eisenbahnen. U-Bahnen zu bauen, kam international in Mode: München, Frankfurt, Prag, Brüssel, Mailand, Rotterdam, Oslo, Lissabon, Tiflis, Baku, Charkow, Taschkent, São Paulo, Montreal, Mexico City, San Francisco, Peking und Sapporo, also auch Städte, die viel kleiner waren als Wien und weniger Einwohner hatten, wussten, in welche Richtung der Zug der Zeit ging. Dem Wiener Bürgermeister Franz Jonas blieb das U-Bahn-System jedoch fremd:

„Was soll sich der Laie vorstellen, wenn er zum Beispiel hört, daß in manchen Städten bereits Versuche mit vollautomatischen Untergrundbahnen gemacht werden, die ohne Motorführer, wie von Geisterhand gelenkt und betrieben, durch die U-Bahn-Tunnels jagen. Eher versteht ein Laie noch die Referate über die Modernisierung und Rationalisierung der städtischen Verkehrsbetriebe oder über die Vereinfachung und Mechanisierung der Fahrgastabfertigung."[1]

Franz Jonas kandidierte bei der Bundespräsidentenwahl im Jahr 1965 und wurde von den Österreichern zum neuen Bundespräsidenten gewählt. Darauf zog er vom Rathaus in die Hofburg. Neuer Wiener Bürgermeister wurde der Direktor der Wiener Messe, Bruno Marek.

1 Franz Jonas am 19. Mai 1963 in der Sendereihe Wiener Probleme im Programm Österreich Regional von Radio Wien

Bürgermeister Franz Jonas (1899–1974): „Untergrundbahnen? Was soll sich der Laie vorstellen?"

Ab 1965 hatte Bruno Marek in Wien die Zügel in der Hand. Links neben ihm die Stadträtinnen Maria Jacobi und Maria Schaumayer

Computerhilfe

Noch während der großen Euphorie um den erfolgreichen Schnellbahnbetrieb und die gerade begonnenen Bauarbeiten an der USTRAB war es zumindest auf Ebene der Beamten und Verkehrsplaner zum großen Umdenken gekommen. Nach dem Ende der Ära Roland Rainer und der Übernahme der Planungsagenden durch die MA 18-Stadtplanung wurde der Verkehrswissenschaftler Edwin Engel vom Institut für Eisenbahnwesen der TU-Wien beauftragt, alle vorhandenen Daten in – damals noch neuartige – EDV-unterstützte Verkehrsmodellrechnungen einzuarbeiten.

„Mit der Planung der Linienführung waren viele Institute für Planungs- und Wirtschaftsfragen befaßt. Die Ergebnisse aller Ermittlungen und Studien wurden von einer elektronischen Datenverarbeitungsanlage verglichen und die günstigste Linienführung errechnet." [2]

In den 1960ern waren Computer noch etwas Exotisches und Computerberechnungen auch im Wissenschaftsbereich nicht alltäglich. Aus den so ermittelten Daten ging unmissverständlich und eindeutig hervor, dass das prognostizierte Verkehrsaufkommen nur mit einer U-Bahn oder einem U-Bahn-ähnlichen System zu bewältigen sein würde:

„Die Verkehrsbelastung der Netzvariante U-Strab beweist erneut, daß ein Unterpflaster-Straßenbahnnetz dieser Art für Wien nicht geeignet ist. Die Leistungsfähigkeit dieser Linien würde nicht ausreichen, das derzeitige Verkehrsaufkommen anstandslos zu bewältigen. Eine Leistungsreserve, die von neuen Linien zu verlangen ist, ist überhaupt nicht vorhanden. Somit muß ein anderes Verkehrssystem für die inneren Stadtgebiete Wiens gefordert werden, das in einer Stadtschnell-

2 Handbuch der Stadt Wien, Wien 1967, Seite 267

Edwin Engel, Wissenschaftler an der TU-Wien

Otto Engelberger (1925–2009), Leiter der Wiener Stadtplanung

Rupert Schickl (1922–1992), Zivilingenieur und U-Bahn-Planer der ersten Stunde

bahn mit U-bahnmäßiger Betriebsform erblickt wird, wie es die vorhandene Wiener Stadtbahn bereits darstellt."[3]

Damit waren auf fachlicher Ebene die Würfel pro U-Bahn gefallen. Auch für die nostalgischen Straßenbahn-Fanatiker war es jetzt nicht mehr leicht, diese wissenschaftlich fundierten Ergebnisse zu ignorieren oder in Zweifel zu ziehen.

U-Bahn-Feier in Steyr

Noch gab es aber auf politischer Ebene keine Zustimmung zur U-Bahn. Erst auf einer Klubtagung der sozialistischen Gemeinderatsfraktion am 30. September 1965 in Steyr konnte der Leiter der Planungsabteilung des Magistrats, Otto Engelberger, mit Unterstützung von Magistratsdirektor Rudolf Ertl den seit Mitte 1965 amtierenden neuen Wiener Bürgermeister Bruno Marek und tatendurstige junge Gemeinderäte, wie den späteren Planungsstadtrat Fritz Hofmann, von der U-Bahn überzeugen. Auch der „Säcklwart", Finanzstadtrat Felix Slavik, musste nun – mehr oder weniger freiwillig – auf „U-Bahnlinie" einschwenken. Die hohen Kosten einer U-Bahn haben ihm ziemlich sicher schlaflose Nächte bereitet, denn noch Jahre später, im Jahr 1974, schrieb er in einer Publikation:

„Wahrscheinlich wird die Verwaltung sehr genaue Berechnungen anstellen müssen, ob die Erleichterungen, die durch den U-Bahn-Bau erreicht werden können, den hohen finanziellen Aufwand rechtfertigen."[4]

Aber auch bei ihm dürften die klaren Rechenergebnisse der TU-Wien und der gerade beginnende U-Bahn-Bau in der „Schwesterstadt" München ein Umdenken bewirkt haben. Damit waren nun auch auf politischer Ebene die Weichen gestellt.[5] Vorerst schien man sich jedoch aus politischen Gründen auf ein Stillschweigeabkommen geeinigt zu haben. Kurt Heller nahm als Stadtrat für Bauangelegenheiten in seiner Rede „Rückblick 1965 – Vorschau 1966" vor dem Wiener Gemeinderat am 15. Dezember 1965 das Wort U-Bahn nicht in den Mund. Auch nicht Otto Engelberger in seinem Artikel „Verkehrsplanung und Stadtentwicklung" in der Zeitschrift „der Aufbau" vom Dezember 1965. Man plante und arbeitete anscheinend lieber still und heimlich im Untergrund.

Die U-Bahn-Planer

Das Team aus Otto Engelberger, Edwin Engel und dem Zivilingenieur Rupert Schickl *„... entwickelte mit seinen Mitarbeitern in 8 Planungsphasen, die*

---

3 Engel Edwin, Ausbau des öffentlichen Verkehrs in Wien, Wien 1967, Seite 14, Schlussfolgerungen Juni 1966
4 Slavik Felix, Wien, am Beispiel einer Stadt, Wien 1974, Seite 159
5 siehe auch: Hofmann Fritz, Leitlinien, Wien 2008, Seite 118

sich über 8 Jahre erstreckten, mehr als 20 U-Bahn-Netzvorschläge und 30 Ausbauvarianten, die größtenteils mit Hilfe der EDV in den städtebaulichen und verkehrstechnischen Beziehungen optimiert wurden".[6]

Die Ergebnisse wurden von manchen noch von Roland Rainer beeinflussten Stadtplanern durchaus kritisch gesehen, da die Netzentwürfe historisch bedingt stark auf die Erschließung der Inneren Stadt ausgelegt waren:

„Die Verkehrsplanung führt in dieser Zeit ein mächtiges Eigenleben, eine Korrektur durch die Stadtentwicklungsplanung ist nicht erkennbar. Ohne besondere übergeordnete Vorstellung folgt man spontan dem sogenannten ‚gesunden Menschenverstand', man übersetzt das vorgefundene Straßenbahnnetz vergröbert in ein kraß radiales U-Bahnnetz. Dabei wird erst gar nicht der Versuch unternommen, die in Wien und im Wiener Umland ebenfalls vorhandenen Ansätze zu polyzentrischen Strukturen aufzugreifen und durch mehr tangentiale Trassenführungen der U- und S-Bahn zu stärken."[7]

Die Geburt des Wortes „U-Bahn" in Wien

Am 14. September 1966 wurde anlässlich eines Berichtes von Otto Engelberger über die Planungsarbeiten, in dem immer wieder das Wort „Stadtbahn-Schnellbahn" vorkam, von der Gemeinderätlichen Stadtplanungskommission beschlossen, für dieses Verkehrsmittel die Bezeichnung „U-Bahn" zu wählen.[8] Jahrelange diesbezügliche semantische Verwirrungen waren damit beendet, denn die in den letzten hundert Jahren kursierenden unterschiedlichen Bezeichnungen wie „Lokalbahn", „Stadtschnellbahn", „Stadtbahn-Schnellbahn", „Verbindungsbahn", „Metropolitanbahn", „Untergrundschnellbahn", „Tunnelbahn", „U-Bahn" u. a. m. hatten nur zur Verwirrung beigetragen.

Der historische U-Bahn-September 1966

Dann ging es aber Schlag auf Schlag. Die Gemeinderätliche Stadtplanungskommission beschloss noch in derselben Sitzung, dem Gemeinderat das U-Bahn-Konzept des Stadtbauamtes zur Beschlussfassung zu empfehlen. In der folgenden Pressekonferenz wurde, gut vorbereitet, der staunenden Öffentlichkeit sogar schon das Modell eines U-Bahn-Wagens präsentiert.

„Für die Lösung des Verkehrsproblemes in Wien war das Jahr 1966 von ganz entscheidender Bedeutung. Mitte September wurde von der Gemeinde-

Bürgermeister Marek (2. von links) präsentiert mit den Stadträten Kurt Heller, Maria Schaumayer und Felix Slavik (von links nach rechts) das Modell des U-Bahn-Wagens

rätlichen Stadtplanungskommission ein Massenverkehrskonzept, das nach acht Jahren intensiver Untersuchungen, Befragungen und Studien von den Planungsstellen des Wiener Stadtbauamtes erstellt wurde, dem Gemeinderat zur Beschlussfassung empfohlen. Die zur Bewältigung des Massenverkehrs ausgearbeiteten Varianten sehen den Bau eines teils unterirdischen teils auf den bereits bestehenden Stadtbahnbauwerken verlaufenden U-Bahn-Netzes vor, das einige Straßenbahnlinien ersetzen und eine Reihe von neuen Verkehrsverbindungen zwischen peripheren Stadtteilen und der Innenstadt schaffen wird."[9]

Modell des legendären „Silberpfeils"

Das Grundnetz

Von der Stadtplanungskommission wurde in der Folge dem Gemeinderat ein Netz aus vier U-Bahn-Linien empfohlen. Im Einzelnen waren folgende Linien angeführt:

- Linie 1: Reumannplatz-Karlsplatz-Stephansplatz-Praterstern,
- Linie 2: Ringturm-Lastenstraße-Karlsplatz-Rennweg-St. Marx,
- Linie 3: Ost-West-Durchmesser durch die Innenstadt und
- Linie 4: Wiental und Donaukanallinie der Stadtbahn.

Im Vorwort der dem Gemeinderat vorgelegten Planmappe „Eine U-Bahn für Wien" schrieb Bürgermeister Bruno Marek:

„Ich möchte schließlich auf die Vorwürfe eingehen, die Planung des U-Bahn-Netzes sei zunächst in unzulässiger Weise geheimgehalten worden,

---

6 Kurz Ernst, Die städtebauliche Entwicklung der Stadt Wien in Beziehung zum Verkehr, Wien 1981, Seite 186
7 Kainrath Wilhelm, Die Bandstadt, Wien 1997, Seite 97
8 Stadtbauamt Wien, MA 18 Stadt- u. Landesplanung, Eine U-Bahn für Wien, Planung einer U-Bahn für Wien, Planungsstand August 1966, Vorbemerkung, Seite 1
9 Handbuch der Stadt Wien, Wien 1967, Seite 266

Erste Werbekampagne für die Wiener U-Bahn

Das engere Wiener U-Bahn-Grundnetz, das zwischen 1969 und 1982 gebaut wurde

jetzt aber solle ein übereilter Beschluß gefaßt werden. Eines stimmt daran: tatsächlich wurde jahrelang – mit einem Aufwand von über 14 Millionen Schilling – an der U-Bahn-Planung gearbeitet, ohne daß wir viel Worte darüber verloren haben. Eine Diskussion in der Öffentlichkeit und eine demokratische Willensbildung haben bei einem Problem wie dem U-Bahn-Bau unseres Erachtens erst dann einen Sinn, wenn sie sich auf sachlich einwandfreie Grundlagen beziehen können und nicht bloß auf mehr oder weniger irreale gefühlsmäßige Motive."

Das engere Grundnetz

In der Empfehlung der Stadtplanungskommission war unter Punkt 5 weiters festgehalten:

„Der Magistrat wird beauftragt, dieses Grundnetz vor Beschlußfassung im Gemeinderat, Kammern, Gremien und ausgewählten Einzelpersonen, die entweder als Interessensvertretungen oder infolge besonderer fachlicher Qualifikation beziehungsweise entsprechender Erfahrung dazu befähigt sind, zur Stellungnahme vorzulegen. Außerdem ist das Konzept in geeigneter Form, allenfalls durch eine Ausstellung, der Bevölkerung mitzuteilen, um eine Diskussion auch auf breitester Basis anzuregen."

In der Folge erfuhr das geplante Netz für die erste Bauphase bezüglich der Linie U2 eine entscheidende Reduktion, während die Linie U3 sogar komplett gestrichen wurde. Das engere Grundnetz, das in der Folge vom Gemeinderat in seinem Grundsatzbeschluss vom 26. Jänner 1968 genehmigt wurde, bestand jetzt nur mehr aus den Linien

- U1 vom Reumannplatz zum Praterstern (nach dem Einsturz der Reichsbrücke im Jahr 1976 kam die Verlängerung der U1 bis Kagran hinzu),
- U2 zwischen Schottenring und Karlsplatz und
- U4 von Hütteldorf nach Heiligenstadt.

Die Frage der U-Bahn-Finanzierung

Finanzstadtrat Felix Slavik stürzte sich sofort in die Finanzierungsüberlegungen. Von Wien allein waren die Kosten von geschätzten 5 063 Millionen Schilling – auf Preisbasis 1967 – nicht zu stemmen. Im Unterschied zu München oder anderen Städten, wo sich Stadt, Land und Staat die Kosten dritteln konnten, kam bei der speziellen verfassungsrechtlichen Situation Wiens als gleichzeitig Stadt und Land nur der Bund als Mitfinanzier infrage.

„Vor kurzem führten bekanntlich Finanzminister Professor Dr. Stephan Koren und Wiens städtischer Finanzreferent, Felix Slavik, ein klärendes Gespräch über die Aufteilung der Kosten des geplanten Baus der Wiener U-Bahn. Zunächst geht es um die Linien U1, U2 und U4, wofür nach den jetzigen Berechnungen 5 063 Millionen Schilling erforderlich sind." [10]

Auf Bundesebene regierte eine ÖVP-Alleinregierung unter Bundeskanzler Josef Klaus und Finanzminister Stephan Koren. Diese waren einer Bundesbeitragsleistung nicht abgeneigt, immerhin war der Bau einer Wiener U-Bahn eine alte Forderung der Wiener ÖVP. Darüber hinaus war die ÖVP-Stadträ-

10 Amtsblatt der Stadt Wien vom 4. Jänner 1969, Seite 9

Finanzstadtrat Felix Slavik hatte als Wiener Säcklwart Mühe mit der Finanzierung der U-Bahn

SPÖ-Wahlplakat für die Gemeinderatswahlen 1969

tin Maria Schaumayer (1931–2013) seit 1965 für die Wiener Stadtwerke zuständig. Im Dezember 1968 wurde ein Bundesbeitrag in Höhe von 2,4 Milliarden Schilling ausgehandelt; dies entsprach etwa der Hälfte der geschätzten Kosten.

„Finanzminister Dr. Koren lehnte bei den Verhandlungen angesichts zu großer Unsicherheitsfaktoren und fehlender Planungen die verlangte prozentuelle Beteiligung – etwa 33 Prozent – ab und fixierte den Bundesbeitrag für das Wiener U-Bahn-Projekt in einer absoluten Höhe."[11]

Damit war eine Valorisierung, d. h. eine jährliche Wertanpassung und somit eine Erhöhung des Bundesbeitrages, dezidiert ausgeschlossen, obwohl für die Bauarbeiten mit einer Bauzeit von zehn Jahren gerechnet wurde. Ein schwerer Fehler der Wiener Verhandler, wie die Baupreisexplosionen nach der Ölkrise von 1973 bald deutlich machen sollten. Zudem basierte die Kostenschätzung auf Untersuchungen aus dem Jahr 1967. In der Zwischenzeit hatten sich die geschätzten Kosten aber nicht unwesentlich erhöht.

„Für das Grundnetz der U-Bahn, das jetzt zum Ausbau vorgesehen ist und mit der umgebauten Wiental-Donaukanal-Linie der Stadtbahn rund 38 Kilometer Betriebslänge umfassen wird, muß einschließlich des neuen Fahrparks mit Gesamtkosten von 7,5 Milliarden Schilling gerechnet werden."[12]

Auf die Frage eines Journalisten an den damaligen ÖVP-Bundeskanzler Josef Klaus, ob in den Bundesländern aufgrund des Milliardenzuschusses zur Wiener U-Bahn nicht eine Anti-Wien-Stimmung aufkommen könnte, antwortete dieser:

„Es ist in aller Welt so, daß für die Rieseninvestitionen einer Metro von einer höheren Gemeinschaft ein Beitrag geleistet wird, also von den Ländern und vom Staat. Wenn wir auf allen möglichen Gebieten, wie beim Bundesstraßennetz, beim Ausbau der Donau und des Flugverkehrs Investitionen leisten müssen, so sind wir der Meinung, daß wir das auch bei einer U-Bahn tun müssen, schon im Hinblick auch auf den starken Berufsverkehr. Ich könnte nachweisen – als Föderalist – daß in jedem Bundesland Bundeshilfe geleistet wird. Denken wir doch an das Festspielhaus in Salzburg, das überwiegend aus Bundesmitteln gebaut worden ist."[13]

Am 11. Juni 1969 beschloss der Nationalrat einstimmig die Gewährung eines zweckgebundenen Zuschusses in Höhe von 2,4 Milliarden Schilling zum Wiener U-Bahn-Bau. Bei einer Netzlänge von 26 Kilometern waren folgende Fertigstellungstermine geplant: Die Linie U1 vom Reumannplatz zum Stephansplatz sollte im Jahr 1976 fertig werden und die Verlängerung vom Stephansplatz zum Praterstern im Jahr 1977, die Fertigstellung

11 ÖVP-Bundesrat Franz Walzer in der Bundesratssitzung vom 19. November 1970 (lt. stenographischem Protokoll, Seite 20)
12 Amtsblatt der Stadt Wien vom 13. Jänner 1969, Seite 5
13 Amtsblatt der Stadt Wien vom 25. Jänner 1969, Seite 9

Die Einführung der U-Bahn-Steuer (Dienstgeberabgabe) im Jahr 1969 führte zu geharnischten Protesten von Unternehmerseite

der Linie U2 von der Secession über die Lastenstraße und das Landesgericht zum Schottenring war für das Jahr 1978 geplant und die Eröffnung der Linie U4 von Heiligenstadt nach Hütteldorf für das Jahr 1980.

Wiener U-Bahn-Steuer

Für Felix Slavik war der Bundesbeitrag aber erst die eine Hälfte des Kuchens, denn auch zur Finanzierung des Wien-Anteils mussten frische Gelder aufgetrieben werden.

„Ich habe schon vor einigen Monaten als Finanzreferent der Stadt Wien vorgeschlagen, die sogenannte U-Bahn-Abgabe einzuführen und die Arbeitgeber zu verpflichten, für jeden Arbeitnehmer 10 Schilling pro Woche an U-Bahn-Abgabe zu leisten."[14]

Tatsächlich wurde diese Abgabe am 11. Juli 1969 vom Wiener Landtag beschlossen.

Doppeltes Spiel

In der Zwischenzeit waren die Pro-U-Bahn-Gefühle der ÖVP etwas abgekühlt, hatte doch bei den Wiener Gemeinderatswahlen vom 27. April 1969 die Wiener SPÖ ihre absolute Mandatsmehrheit weiter ausgebaut und dies zum Anlass genommen, die für die Stadtwerke zuständige ÖVP-Stadträtin Maria Schaumayer ab 6. Juni 1969 durch den Genossen Franz Nekula (1924–2011) zu ersetzen. Die Rechnung bekam Wien vom Bundesrat präsentiert. In diesem von den Bundesländern dominierten Gremium wurde die vom Nationalrat beschlossene Bundesbeteiligung am Wiener U-Bahn-Bau in der Sitzung vom 17. Juli 1969 beeinsprucht, d. h. nicht sanktioniert. Begründet wurde dies vordergründig mit der von der Stadt Wien eine Woche zuvor beschlossenen Dienstgeberabgabe. Die ÖVP war sich hinsichtlich des U-Bahn-Baus anscheinend nicht einig. Zum Glück für die U-Bahn stand die Regierung Klaus aber vor ihrem Ende. Auf Bundesebene begann nach der Nationalratswahl vom 1. März 1970 die SPÖ-Ära unter Bruno Kreisky. Es war daher dem neuen Finanzminister Hannes Androsch vorbehalten, im zweiten Anlauf das Bundesgesetz zur Mitfinanzierung des Wiener U-Bahn-Baus zu unterzeichnen.

Der 3. November 1969

Knapp vor Ende der 1960er Jahre war es dann endlich so weit: Nach über hundert Jahren der Planung wurde der U-Bahn-Bau in Wien – trotz der gewohnten Einwendungen von um die Finanzen der Stadt Besorgter und sentimentaler Freunde gemütlicher

1. März 1970: Bruno Kreisky wird Kanzler

Straßenbahnfahrten – endlich begonnen. Während die Amerikaner 1969 zum Mond flogen und in Woodstock die Gitarren heulten, feierte man in Wien am 3. November 1969 am Karlsplatz mit einem Umleitungszirkus den Beginn der U-Bahn-Bauarbeiten. Ein wirklich historisches Datum für die Kommunalgeschichte der Stadt, denn bis heute wurden die damals begonnenen Bauarbeiten in vier Ausbauphasen ohne Unterbrechung weitergeführt und werden durch den aktuellen Beschluss zum Bau der U5 zumindest die nächsten 15 Jahre noch fortgeführt. Nach fast einem halben Jahrhundert durchgehender Bauarbeiten darf man die Wiener U-Bahn zu Recht als das „Jahrhundertprojekt" der Stadt bezeichnen. Kein anderes kommunales Bauvorhaben hat Wien und seine bauliche Entwicklung so sehr geprägt wie der U-Bahn-Bau.

Ein Blick weit nach vorne

Der Bau des Grundnetzes war noch ganz auf den Karlsplatz fokussiert, da sich dort die ersten drei gebauten U-Bahn-Linien U1, U2 und U4 in einer Station trafen. Bis heute blieb das Verkehrsbauwerk Karlsplatz Wiens einzige U-Bahn-Station, in der sich drei Linien kreuzen. Der Gemeinderatsausschuss VI (Planung) war seiner Zeit aber schon weit voraus. Noch vor Beginn der Bauarbeiten am Grundnetz wurden 1969 bereits drei Studien zum weiteren Ausbau der U-Bahn genehmigt:

14 Felix Slavik am 6. Juli 1969 in der Sendereihe Wiener Probleme im Programm Österreich Regional von Radio Wien

Der Karlsplatz knapp vor Baubeginn. Ab Ende 1969 verwandelte er sich durch den U-Bahn-Bau in Europas größte Baustelle

Offene Baugrube am Karlsplatz

- für die Linie U1 vom Reumannplatz nach Oberlaa,
- für die Linie U2 von der Votivkirche Richtung Währing zum Türkenschanzpark und
- für die Linie U3 vom Stephansplatz nach Westen (Breitensee oder Ottakring).

Vom Sesselträger zum Silberpfeil

Der Fuhrpark der U-Bahn wurde so konzipiert, dass als Einzelwagen sogenannte Doppeltriebwagen mit Führerständen am vorderen und hinteren Ende beauftragt wurden, die zu dritt zu einem kompletten 110 Meter langen U-Bahn-Zug zusammengekoppelt werden konnten. Dies war notwendig, um einerseits bei schwächerem Verkehrsaufkommen die U-Bahn mit Kurzzügen wirtschaftlich bedienen zu können, und andererseits, um auch auf der Linie U2 mit Silberpfeilen fahren zu können, da die dortigen Bahnsteige der USTRAB nicht die nötige Länge für einen Betrieb mit Langzügen, d. h. mit drei Doppeltriebwagen, hatten. Am 31. Oktober 1972 – fast 300 Jahre

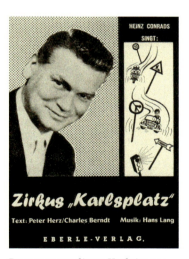

Dem notwendigen Umleitungszirkus am Karlsplatz widmete Heinz Conrads ein Lied

U-Bahn-Doppeltriebwagen Type „U"

Wiener Stadtwerke – Verkehrsbetriebe

Baufirma:	Simmering-Graz-Pauker, Werk Simmering
Erstes Baujahr:	1972
Länge:	36.800 mm
Breite:	2.800 mm
Höhe:	3.500 mm
Sitzplätze:	98
Stehplätze:	182
Höchstgeschwindigkeit:	80 km/h
Antrieb:	Vier längsliegende Gleichstrommotoren („GM 200") à 200 kW, auf jeweils beide Achsen der Drehgestelle wirkend. Steuerung der Motoren über ein von einem elektronisch gesteuerten Schaltwerksmotor betriebenes Nockenschaltwerk mit 35 Schaltstufen (über Widerstände).
Bremsen:	**1.** Fremderregte, elektronische Widerstandsbremse (von 80 km/h bis 20 km/h durch stufenlose Erregung der Motorfelder, unter 20 km/h durch 13 Bremsstufen über Schaltwerk und Widerstände.
	2. Direkte, elektropneumatisch bediente Druckluftbremse auf die Bremsscheiben aller Achsen wirkend.
	3. Indirekte Druckluftbremse auf die Bremsscheiben aller Achsen wirkend (Sicherheitsbremse).
	4. Federspeicherbremse mit elektropneumatischer Lösung auf eine Achse jedes Drehgestelles wirkend (Abstellbremse).

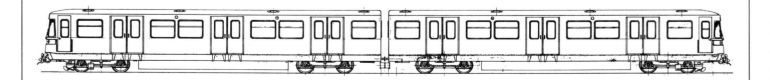

Da die U-Bahn im Eimannbetrieb geführt wird, sind Einrichtungen wie Rollband-Fahrzielanzeige, Betriebsfunk, Haltestellen-Ansage durch elektronische Sprachspeicher sowie Notsignal-, Notbrems- und Lautsprecheranlagen serienmäßig eingebaut.

nachdem in Wien die ersten Sesselträger mit ihren Tragsesseln ihre Dienste angeboten hatten – wurde der erste Doppeltriebwagen mit der Bezeichnung „U 2001+3001" geliefert, um auf der geplanten Probestrecke zwischen Friedensbrücke und Heiligenstadt zum Einsatz zu kommen. Ein größerer Kontrast bei Verkehrsmitteln ist wohl kaum vorstellbar. Die enormen technischen Entwicklungen in den letzten Jahrhunderten haben diesen Quantensprung in der Fortbewegung ermöglicht. Am 8. Mai 1976 wurde in Wien der U-Bahn-Probebetrieb auf der umgebauten Stadtbahnstrecke zwischen Friedensbrücke und Heiligenstadt aufgenommen.

Freitod einer Brücke

Wenige Wochen später, am Morgen des 1. August 1976, stürzte um 4.43 Uhr aufgrund Verkettung mehrerer unglücklicher baulich-technischer Umstände die erst 1938 neu errichtete Wiener Reichsbrücke ein. Traurige Berühmtheit erlangte dabei der Verkehrsbetriebe-Gelenkbus 8084 der Linie 26A, der als einziges Fahrzeug tagelang mitten im Strom auf der eingestürzten Brücke zu sehen war, so als hätte er alleine durch sein Gewicht die Reichsbrücke zum Einsturz gebracht und in den Strom gedrückt. Der Fahrer konnte unverletzt aus dem ohne Fahrgäste

Beginn des U-Bahn-Probebetriebs: Verkehrsstadtrat Franz Nekula (Bild Mitte), Karl Schmiedbauer, Bezirksvorsteher Alsergrund (links), Richard Stockinger, Bezirksvorsteher Döbling (rechts), im Hintergrund Stadtwerke Generaldirektor Karl Reisinger

unterwegs gewesenen Fahrzeug geborgen werden, ebenso der Bus, der nach entsprechender Reparatur noch bis 1989 im Linienverkehr eingesetzt war und heute in der REMISE, dem Straßenbahnmuseum der Wiener Linien, zu bewundern ist. Für den U-Bahn-Bau hatte dieses traurige Ereignis, das

Abtransport des mit der Reichsbrücke untergegangenen Gelenkbusses der Verkehrsbetriebe (heute im Wiener Linien Museum REMISE)

Stadtrat Franz Nekula bei seiner Eröffnungsrede in der Passage Karlsplatz am 25. Februar 1978

Rarität: U-Bahn-Briefmarke mit Ersttagsstempel 1978

ein Todesopfer forderte, insofern Auswirkungen, als dadurch die für später geplante Verlängerung der Linie U1 vom Praterstern über die Donau nach Kagran (zum Donauzentrum) zeitlich vorgezogen wurde. Bei der notwendigen raschen Errichtung der neuen Reichsbrücke wurden in deren Brückentragwerk entsprechende Hohlkästen für die U-Bahntrasse integriert.

Ein historisches Datum

Nach erfolgreicher Durchführung eines fast zweijährigen U-Bahn-Probebetriebes auf der Linie U4 folgte die erste „echte" U-Bahn-Eröffnung in Wien. Am 25. Februar 1978 nahmen Bundespräsident Rudolf Kirchschläger und Bürgermeister Leopold Gratz, der Felix Slavik bereits im Jahr 1973 in dieser Funktion abgelöst hatte, sowie Ressortstadtrat Franz Nekula die U1 zwischen Karlsplatz und Reumannplatz in Betrieb. Die Wiener stürmten begeistert das neue Verkehrsmittel. Die U-Bahn war von Anfang an ein großer Erfolg für die Verkehrsbetriebe. War man ursprünglich noch davon ausgegangen, auch mit zwei Doppeltriebwagen – also Vierwagenzügen – das Auslangen finden zu können, waren Kurzzüge auf der Linie U1 bald eine Seltenheit und es musste die volle Zuglänge von drei Doppeltriebwagen zum Einsatz kommen.

Die Linie U2

Bei den Umbauarbeiten von USTRAB auf U2 war ursprünglich geplant, das Straßenbahn-Gleisbett im Tunnel abzusenken, um den für U-Bahnen typischen stufenlosen, ebenen Einstieg in die Silberpfeile zu ermöglichen. Im Zuge der Bauausführung erwies es sich jedoch als wirtschaftlicher, die Bahnsteige – trotz durchgehender Aufrechterhaltung des Straßenbahnbetriebes – für den gleichen Effekt entsprechend zu heben. Am 30. August 1980 konnte die Linie U2 als 3,6 Kilometer lange, umgebaute und verlängerte USTRAB-Strecke mit den drei neuen Stationen Karlsplatz, Schottentor und Schottenring von Bürgermeister Leopold Gratz und Stadtrat Heinz Nittel eröffnet werden. Heinz Nittel war am 27. Februar 1979 Franz Nekula als Verkehrsstadtrat nachgefolgt.

Die Linie U4

Etappenweise in insgesamt sechs Teileröffnungen wurden nach der Probestrecke auch die restlichen Teilstrecken der U4, die unter laufender Führung des Stadtbahnbetriebes umgebaut werden mussten, in Betrieb genommen. Am 20. Dezember 1981 war die rund 80-jährige Stadtbahnära der Wiental- und Donaukanallinie zu Ende. Nun stand die gesamte Strecke zwischen Heiligenstadt und Hütteldorf den Kunden als U4 zur Verfügung.

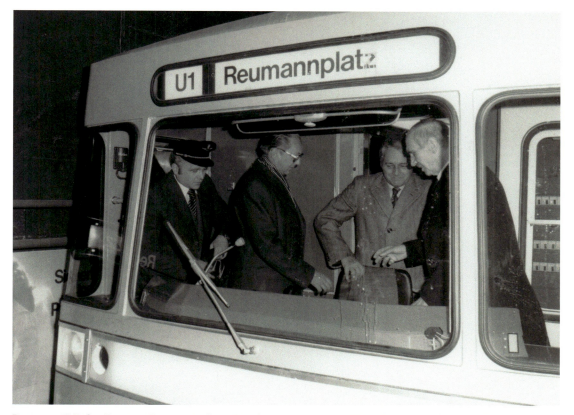

Der erste U-Bahn-Zug zum Reumannplatz: Bundespräsident Rudolf Kirchschläger (rechts), Bürgermeister Leopold Gratz, Verkehrsstadtrat Franz Nekula und ganz links Franz Novotny, der erste U-Bahnfahrer

Heinz Nittel, Franz Nekulas Nachfolger als Stadtrat, wurde am 1. Mai 1981 von einem palästinensischen Terroristen erschossen

Eine verwirrende Übergangslinie U2/U4

Um die gemeinsame Station von U2 und U4 am Schottenring nicht nur als Umsteigestation, sondern auch als Durchgangsstation zu nutzen, wurde eine Gleisverbindung eingebaut, um während des normalen Betriebes jeden zweiten Zug der U2 auf die Strecke der U4 Richtung Karlsplatz und Hietzing[15] übergehen lassen zu können. Damals fuhren beide Linien noch auf demselben Niveau in die Gemeinschaftsstation Schottenring ein (ähnlich den Linien U4 und U6 in der Station Längenfeldgasse). Damit wäre ein U-Bahn-Ring U2/U4 entstanden. Am 5. September 1981 begann die kurze Ära der U2/U4. Da aber sowohl die Elektronik der U-Bahn Leitstelle als auch zum Teil die Fahrgäste überfordert waren, wurde das Experiment nach zwei Wochen Durcheinander beendet. Seit diesem Zeitpunkt gibt es keine Linienüberlappungen in den Wiener U-Bahn-Betriebskonzepten mehr.

Ende der ersten Ausbauphase

Am 3. September 1982 war der Bau des um die Verlängerung der U1 nach Kagran erweiterten Grundnetzes abgeschlossen. Bei der Eröffnung in Kagran war neben Bürgermeister Leopold Gratz Stadtrat Fritz Hofmann dabei, der am 14. Mai 1981 die Nachfolge des am 1. Mai 1981 von einem palästinensischen Terroristen erschossenen Heinz Nittel angetreten hatte. Die Endstelle der U1 beim Donauzentrum hieß damals „Zentrum Kagran", was nach einigen Jahren auf „Kagran" reduziert wurde, da sich zu viele Touristen, die das Stadtzentrum suchten, ins Donauzentrum verirrt hatten.

Eine positive Bilanz

Die Wiener U-Bahn hatte sich von Beginn an als äußerst erfolgreich erwiesen. Die hohe Qualität der Beförderung in kurzen Intervallen und die große Betriebssicherheit trotz bisher nicht gekannter Zugsbeschleunigung und Fahrgeschwindigkeit sprachen für sich. Das weltstädtische Flair der modernen Architektur von Wilhelm Holzbauer von der AGU (Architektengruppe U-Bahn) sorgte für einen angenehmen Zugang zu den Bahnsteigen. Dazu kamen neben beschäftigungspolitischen Belebungen die enormen Wertschöpfungseffekte im Sog der U-Bahn. Die positiven städtebaulichen Veränderungen reichten von Fußgängerzonen bis zu hochwertigen Bebauungen im Nahbereich von U-Bahn-Stationen. Nicht nur verkehrstechnisch, auch volkswirtschaftlich konnte die U-Bahn von Anfang an zeigen, dass die Politiker, die sich letztlich gegenüber verkehrsorganisatorischen Besserwissern durchsetzen konnten, alles richtig gemacht hatten. Für die Wiener Linien begann mit der U-Bahn ein enormer Erfolgslauf,

15 die restliche Strecke der U4 von Hietzing nach Hütteldorf war zu diesem Zeitpunkt noch nicht fertiggestellt

Ohne die U-Bahn wären Fußgängerzonen in der City, wie hier am Graben, kaum umzusetzen gewesen

Zeitlos modernes Design kennzeichnet die Architektur der Wiener U-Bahn

da es schien, als hätten die Wiener nur auf ihre U-Bahn gewartet. Waren bis zur Inbetriebnahme der ersten U-Bahn-Strecke die Fahrgastzahlen der Wiener Linien noch rückläufig, so konnte mit dem Wachsen des U-Bahn-Netzes ab 1978 Jahr für Jahr ein Fahrgastrekord nach dem anderen aufgestellt werden. Trotzdem musste oft sehr mühsam fast jedes neu geplante U-Bahn-Teilstück verängstigten Straßenbahnnostalgikern und verirrten Verkehrsexperten von nüchtern rechnenden Planern und visionären Politikern schmackhaft gemacht werden.

Das leidige Geld

Finanziell sah die Situation für die Stadt Wien zu Beginn des U-Bahn-Baus aufgrund der hohen Kosten schwierig aus. Da der Bundesbeitrag zum Grundnetz als Fixbetrag vereinbart war, blieb die Stadt auf den Mehrkosten, die vor allem durch die jährlichen Preissteigerungen verursacht waren, allein sitzen. Der Baupreisindex während der 13-jährigen Bauzeit ab den 1970er Jahren stieg in manchen Jahren um über 10 %. Für die nächste Ausbauphase war daher für Finanzstadtrat Hans Mayr (1928–2006), der am 23. November 1973 in der Landesregierung unter Bürgermeister Leopold Gratz dem bisherigen Finanzstadtrat Otto Schweda nachgefolgt war, eine 50 %-Beteiligung des Bundes an den tatsächlichen Kosten eine „conditio sine qua non"[16]. Erleichtert wurden die Verhandlungen für die SPÖ-Stadtpolitiker dadurch, dass ihnen auf Bundesebene die SPÖ-Politiker Bruno Kreisky und Hannes Androsch gegenübersaßen.

16 eine unbedingte Voraussetzung

Erst durch den Bau der U-Bahn wurde Wien zu einer der attraktivsten Weltstädte

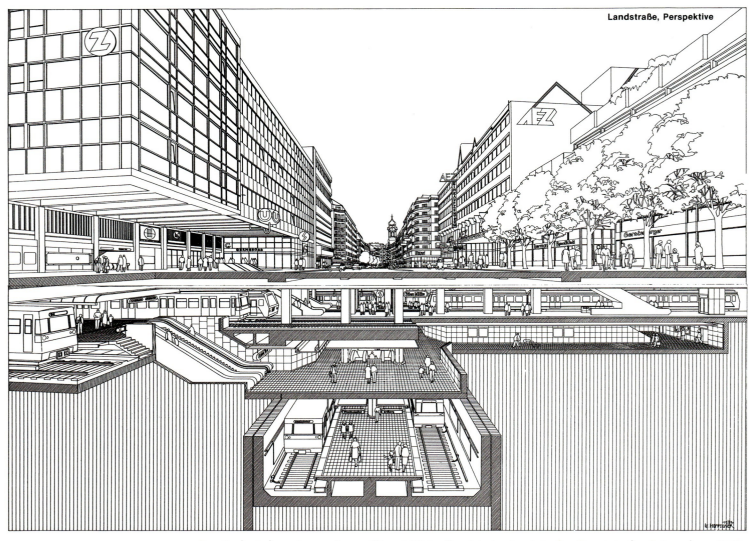

Landstraße, Perspektive

Das Verknüpfungsbauwerk von U3 und U4 im Bereich der Landstraßer Hauptstraße, Entwurf von 1983

Die zweite U-Bahn-Ausbauphase mit den Linien U3 und U6

Kostenteilung 50:50

Noch während an der Errichtung des U-Bahn-Grundnetzes gearbeitet wurde, konnte mit dem Bund am 30. April 1979 – nicht gerade zur Freude anderer Bundesländer – tatsächlich eine Kostenteilung von 50:50 für die zweite U-Bahn-Ausbauphase ausgehandelt werden.

„Markant ist der U-Bahn-Bau, der im November 1969 auf dem Wiener Karlsplatz begonnen hat. Wiederholt führt er zu Missfallen, vor allem der Landeshauptstädte. Diese sind der Ansicht, ihre Tramway-, Trolleybus- und Autobusbetriebe hätten unter dem ‚Milliardengrab' U-Bahn zu leiden."[1]

Nach dem Bau der aufwändigen innerstädtischen Nord-Süd-Durchmesserlinie U1 stand diesmal mit der U3 von Erdberg nach Breitensee eine weitere bautechnisch herausfordernde U-Bahn-Linie durchs Zentrum der Stadt – diesmal in Ost-West-Richtung – im Mittelpunkt des Bauprogramms. Zusätzlich war noch der Bau der U6 von Heiligenstadt nach Siebenhirten als Adaptierung der Stadtbahngürtellinie von Heiligenstadt zum Gaudenzdorfer Gürtel, Neubau einer Strecke zwischen der Längenfeldgasse und Meidling sowie Umbau der Straßenbahnstrecke der Linie 64 nach Siebenhirten auf U-Bahn vorgesehen.

---

1 Lindenbaum Hans, Schiene statt Verkehrslawine? Umgekehrt! in Geschichte der österreichischen Bundesländer seit 1945, Der Bund und die Länder, Wien 2003, Seite 386

Schienenverbund

Im Vertrag mit dem Bund war die U-Bahn Teil des sogenannten „Schienenverbundprojektes". U-Bahnen und Schnellbahnen sollten dabei so koordiniert gebaut werden, dass optimale Verknüpfungen dieser beiden Schnellverkehrsmittel entstehen würden. Bis heute wurden so viele Gemeinschaftsstationen bzw. direkte Umsteigemöglichkeiten von der Schnellbahn der ÖBB auf die U-Bahn der Wiener Linien errichtet.

Die Linie U3 – Mayrs ungeliebtes Kind

Die Ost-West-Durchmesserlinie U3 war laut Vertrag mit dem Bund aus dem Jahr 1979 von Erdberg nach Breitensee vorgesehen. Der seit 1973 als Finanzstadtrat amtierende Hans Mayr war aber punkto U-Bahn-Bau ein gebranntes Kind. Die schwierige Finanzierung des U-Bahn-Grundnetzes durch den nicht preisangepassten Bundeszuschuss war ihm trotz der Zusage der 50 %igen Beteiligung des Bundes an den Kosten der U3 noch zu frisch im Gedächtnis. Als Erstes initiierte er daher Verhandlungen mit der crème de la crème der österreichischen Bauwirtschaft, da er die Rohbauarbeiten an der U3 pauschal zu einem Fixbetrag an dieses interessierte Firmenkonsortium vergeben wollte. Dies wäre damals – vor Einführung der europaweiten Ausschreibungspflicht nach dem EU-Beitritt Österreichs am 1. Jänner 1995 – vergaberechtlich vielleicht noch möglich gewesen, scheiterte aber letztlich an der doch zu komplexen Materie. Dann ließ Mayr prüfen, ob diese Ost-West-Durchmesserlinie anstelle von U-Bahnen nicht mit Schnellbahnzügen der ÖBB bedient werden könnte. Damit sollte die Westbahnstrecke der ÖBB über die City mit der Flughafenbahn bei St. Marx verknüpft werden. Die im Zuge des Baus der U1-Station Stephansplatz bereits miterrichtete U3-Station Stephansplatz hätte dann zwar abgebrochen werden müssen, dafür hätten in der Folge die ÖBB die Betriebskosten auf dieser Eisenbahnverbindungslinie tragen müssen und Wien hätte sich 30 % der Baukosten erspart. Im Gegensatz zu U-Bahn-Projekten muss Wien bei Schnellbahnprojekten in der Stadt nicht 50 % sondern nur 20 % der Baukosten bezahlen. Letztlich wurde das Projekt vernünftigerweise nicht weiter verfolgt, da die Zahl der Nutznießer einer direkten Zugsverbindung von Salzburg über den Stephansplatz zum Flughafen Schwechat gegenüber den Nutznießern der U3 zwischen Simmering und Ottakring eine vernachlässigbare Größe darstellt. Die Bauarbeiten an der U3 begannen am 2. November 1983 im Bereich der Landstraßer Hauptstraße. Die äußerst komplizierten und herausfordernden Arbeiten an dieser, hauptsächlich in der Neuen Österreichischen Tunnelbaumethode (NÖT) errichteten U-Bahn-Tunnelstrecke, waren im ersten Teilstück zwischen Erdberg und dem Volkstheater am 6. April 1991 beendet. Helmut Zilk, seit 10. September 1984 Wiener Bürgermeister und Stadtrat Johann Hatzl, der seit 27. Mai 1983 für den öffentlichen Verkehr in der Stadt zuständig war, nahmen die Eröffnung vor.

Bundeskanzler Bruno Kreisky und Bürgermeister Leopold Gratz bei der Paraphierung des Schienenverbundvertrages, links im Bild Finanzminister Hannes Androsch

Finanzstadtrat Hans Mayr trug mit den U-Bahn-Kosten eine schwere Last

Verkehrshölle auf der Mariahilfer Straße vor dem U-Bahn-Bau

Offene Baugrube für die übereinander liegenden Strecken der U3

Durch die Lindengasse oder die Mariahilfer Straße?

Bei der Verlängerung der U3 vom Volkstheater Richtung Westbahnhof wurde aufgrund der Widerstände einiger Geschäftsleute in der Mariahilfer Straße in Planungsvarianten lange Zeit die Führung der U3 in der parallel verlaufenden Lindengasse überlegt.[2] Das war den Geschäftsleuten aber dann auch nicht recht, lieber nahmen sie Umsatzeinbußen während der Bauzeit in Kauf, die ihnen

„Volkstribun" Helmut Zilk beim Bad in der Menge zur U3-Eröffnung in der Mariahilfer Straße

2 siehe Plan auf Seite 59

Eine neue Lebensqualität bietet die Mariahilfer Straße heute

von der Stadt Wien ohnedies durch entsprechende Überbrückungshilfen und einkaufslustige Ungarn versüßt wurden. Am 2. Juli 1993 fuhr zum letzten Mal eine Straßenbahn in der Mariahilfer Straße. Die U-Bahn wurde am 4. September 1993 von Bürgermeister Helmut Zilk und dem seit 9. Dezember 1991 auch als Stadtwerkestadtrat agierenden Finanzstadtrat Hans Mayr wie üblich mit einem Volksfest und Massen von Besuchern eröffnet.

Besserwisser und unerwarteter Widerstand

Bei der heute unbestritten hohen Akzeptanz der U-Bahn in der Bevölkerung wundert es doch, dass sich in Wien immer wieder Außenseiter fanden und finden, die den U-Bahn-Bau zu verhindern suchen. In gewissen Planerkreisen, bei manchen Straßenbahnfreunden und bei politischen Parteien, von deren ideologischem Ansatz her man es nicht vermuten würde, regten sich noch bei jedem neuen U-Bahn-Projekt unverständlicher Weise Widerstand und Skepsis:

„Ein ähnlich kontroversielles Projekt ist die U-Bahnlinie U3. Seit nunmehr fast einem Jahrzehnt sprechen sich viele Planer gegen die U3 aus. Sie ist der Prototyp einer Radiallinie, die den Druck auf die City verstärkt und die monozentrische Tendenz fördert. Diese Linie steht in Konkurrenz zur U6, die – unter Einbeziehung der Stadtbahn am Gürtel – eine tangential zur City geführte Linie darstellt. Natürlich gab und gibt es mächtige Interessen, die für die U3 eintreten: Die Geschäftsleute der City und der Mariahilfer Straße, die Bezirkspolitiker, deren Bezirke unmittelbar an der U3 zu liegen kommen – allen voran Hans Mayr, der sowohl Bezirkspolitiker im 15. Bezirk als auch Finanzstadtrat ist und damit im engsten Nahverhältnis zu Wirtschaftskammer und Gewerkschaft steht, die Planungs- und Bauwirtschaft, die besonderen Gefallen an einer kostspieligen, innerstädtischen U-Bahnlinie gefunden hat, und schließlich die unbestimmte Ideologie der Zentralisierung. Letztere übt auf politische und wirtschaftliche ‚Führungskräfte' eine unausrottbare Faszination aus: ‚Eine U-Bahn muß zum Stephansplatz führen, wohin denn sonst?'" [3]

Die „Bösen", die der Bevölkerung eine U-Bahn zumuten, sind hier fast alle genannt, obwohl gerade Vizebürgermeister, Finanz- und Verkehrsstadtrat Hans Mayr – ebenso wie sein Vorgänger als Säcklwart Felix Slavik – dem teuren U-Bahn-Bau gegenüber immer sehr skeptisch eingestellt war. Aber so kann man sich eben irren.

[3] Kainrath Wilhelm, Die Bandstadt, Wien 1997, Seite 119

Sackgasse U3: die Endstelle der U3 in Ottakring macht eine Verlängerung der Linie beinahe unmöglich

Das Ottakringer Ende

Nachdem am 13. November 1986 aufgrund detaillierter Planungen die Verlegung des Endpunktes der U3 im Westen von Breitensee nach Ottakring beschlossen worden war, soll sich Mayr sehr positiv dazu geäußert haben, da durch das besondere „Ottakringer Ende" der U3 in Hochlage unmittelbar vor einem Block von Wohnhäusern gesichert ist, dass sich die Politik in Zukunft mit Forderungen nach einer weiteren Verlängerung der U3 von Ottakring Richtung Westen nicht herumschlagen müssen wird. Trotzdem gab Hans Mayr Verkehrsstadtrat Johann Hatzl nach, als am 27. Juni 1990 mit dem Bund nicht nur die Verlängerung der U6 von der Nußdorfer Straße zum geplanten Expo-Gelände in Floridsdorf, sondern auch die

„U-Bahn-Stadtrat" Johann Hatzl (1942–2011) beim U3-Spatenstich in seinem Heimatbezirk Simmering

Bürgermeister Michael Häupl beim Bad in der Menge anläßlich der U3-Eröffnung in Ottakring

Verlängerung der U3 vom östlichen Ende in Erdberg nach Simmering, dem Heimatbezirk Hatzls, beschlossen wurde. Der Spatenstich für die U3 nach Simmering am 30. Juli 1996 war sicherlich der persönliche Höhepunkt in Johann Hatzls politischer Karriere. Nach Rudolf Edlinger folgte ihm am 31. Jänner 1997 Brigitte Ederer nach, die neben dem Finanzressort auch den Stadtwerkebereich in Wien übernahm. Nach Verlängerung der U3 vom Westbahnhof zur Johnstraße am 3. September 1994 war am 5. Dezember 1998 auch das westliche Schlussstück der U3 nach Ottakring fertig und wurde von Michael Häupl, der am 7. November 1994 das Bürgermeisteramt von Helmut Zilk übernommen hatte, und Brigitte Ederer mit unzähligen Neugierigen in Betrieb genommen.

Brigitte Ederer, die „Erfinderin" der U2 zur Messe und zum Stadion über die Station Taborstraße

Bombenfest

Mit Eröffnung der U3-Verlängerung nach Simmering am 2. Dezember 2000 war die zweite Ausbauphase der Wiener U-Bahn abgeschlossen. Die Eröffnungsfeier begann mit einem kleinen Knalleffekt, da im Stationsgebäude Simmering, in dem die Eröffnungszeremonie abgehalten hätte werden sollen, ein unbeaufsichtigt stehender Koffer entdeckt wurde. Bis Polizei, Feuerwehr und Einsatzkommandos nach Sperre der Station den Koffer einem Musiker der Eröffnungs-Blaskapelle zuordnen konnten, waren die Ehrengäste schon quer durch die wartende Menschenmenge zum anderen Stationszugang marschiert. Die Simmeringer feierten ausgelassen entlang der ganzen Strecke ihre U-Bahn-Linie, da Simmering der letzte Bezirk Wiens gewesen war, der keinen U-Bahn Anschluss gehabt hatte. Die Eröffnung dieser U3-Verlängerung war eine der letzten politischen Tätigkeiten Brigitte Ederers, da sie zwei Wochen später, am 14. Dezember 2000, aus der Politik ausschied. Während ihrer Amtszeit hatte sie die Weichen für die Verlängerung der U2 zum Stadion und in den 22. Bezirk zur Aspernstraße gestellt. Aus der U-Bahn-Kurzstrecke U2 wurde so eine attraktive und für den Wirtschaftsstandort Wien sowie für die weitere Stadtentwicklung besonders wichtige U-Bahn-Linie.

Bessere Silberpfeile für die U3

Schon in den 1980er Jahren wurde an der Entwicklung eines verbesserten Silberpfeilmodells gearbeitet. Die neue Generation der Silberpfeile wurde als „U11" bezeichnet und konnte neben höherer Leistung und energieeffizienterer Fahrweise durch neuartige Drehgestelle auch wesentlich verbesserte Laufeigenschaften vorweisen. Äußerlich glichen die neuen Wagen aber den alten Silberpfeilen aufs Haar. Mit Inbetriebnahme der einzelnen Streckenteile der U3 in den 1990er Jahren kam diese neue Wagengeneration laufend zur Auslieferung und zum Einsatz.

Die Linie U6

Mit den Arbeiten an der Neubaustrecke der U6 war am 7. September 1983 in Meidling begonnen worden, wobei Bürgermeister Leopold Gratz und Johann Hatzl den Spatenstich mittels eines Baggers vornahmen. Die Neubaustrecke und die Umbauarbeiten an der Gürtelstadtbahnstrecke samt Umstellung auf Rechtsverkehr waren am 7. Oktober 1989 beendet. Gemeinsam mit Johann Hatzl eröffnete der Wiener Bürgermeister Helmut Zilk die neue U-Bahn-Linie zwischen Heiligenstadt und der Philadelphiabrücke.

Die Frage der richtigen U6-Fahrzeuge

Die Frage der Art des Umbaus der Stadtbahngürtellinie auf U6 war vor allem im Hinblick auf den Wagenpark lange nicht gelöst gewesen. Da die Verkehrsbetriebe auf der Stadtbahn aufgrund der überalterten Stadtbahngarnituren „N1" dringend einen neuen Wagenpark benötigten, mussten schon vor der Vertragsunterzeichnung über den Bau der U6 mit dem Bund im Jahr 1979 bei der Firma Bombardier in Floridsdorf (ehemalige Lohner-Werke) neue Stadtbahnzüge der Triebwagentype „E6" und der Beiwagentype „C6" bestellt werden. Diese sollten eventuell auch im Netz der Straßenbahn Verwendung finden können, falls doch Silberpfeile auch auf der U6 eingesetzt werden sollten. Damit war ein Präjudiz für die weiteren Planungen für die U6 gegeben, vor allem nachdem der Bund die E6/C6-Garnituren als U6-Garnituren akzeptiert hatte und die Hälfte der Kosten übernahm. Die Finanzierung einer weiteren Umstellung des Wagenparks auf Silberpfeile wäre dem Bund kaum zuzumuten gewesen. Genauere Planungen zeigten darüber hinaus, dass sich bei einer Umstellung der Gürtelstadtbahn auf Betrieb mit Silberpfeilen vor allem bei den Hochstationen kaum zu lösende bauliche Schwierigkeiten ergeben würden. Bei einem U-Bahn-Betrieb mit Silberpfeilen wäre eine Hebung der Bahnsteige um 60 Zentimeter unvermeidlich gewesen. Da die Bahnsteige in den Hochstatio-

Hilfe beim Stufensteigen: beim Einstieg in die Stadtbahngarnituren der U6 mussten Bürgermeister Helmut Zilk und Stadtrat Hatzl damals noch Stufen überwinden

Eine E6/C6-Stadtbahn bzw. U-Bahn-Garnitur auf der U6 in der Josefstädter Straße

nen der Gürtellinie oft in die historischen Brückenkonstruktionen von Otto Wagner hineinreichen, waren auch große technische Probleme vor allem auch im Hinblick auf den Denkmalschutz absehbar. Eine Vermutung, die sich bestätigte, da die Frage der Einbindung der historischen Gaudenzdorfer Gürtelbrücke in die U6-Strecke bald in heftiger Diskussion stand, nachdem der Bau einer neuen Brücke erwogen worden war. Am 29. November 1980 kamen die von Bombardier gelieferten Stadtbahnfahrzeuge auf der Strecke erstmals zum Einsatz und fuhren dort auch nach Umstellung der Stadtbahn auf U6 im Jahr 1989 weiter. Problematisch war der Stufeneinstieg in die E6/C6-Stadtbahngarnituren, da dieser den bei einer U-Bahn notwendigen raschen Fahrgastwechsel behinderte. Zusätzlich wurde eine rasche Zugsabfertigung durch den Lichtschranken in den Türen erschwert. Da die U6 schon vor ihren Verlängerungen nach Siebenhirten und Floridsdorf auf der Stammstrecke zwischen der Philadelphiabrücke und Heiligenstadt sehr stark befahren war, wurden die Betriebsbedingungen mit den Stufeneinstiegen immer unhaltbarer.

Die „Blade" als Rettung

Für Wien wurde dadurch die in den 1990ern international aufkommende neue Technologie der Niederflurwagen besonders wichtig. Eine grundlegende Neukonzeption des U6-Wagenparks wurde auch deswegen dringend notwendig, da der Umbau auf U-Bahn-typischen Betrieb mit Silberpfeilen zwar in den neuen Tunnelanlagen der U6 vom Lichtraumprofil her möglich, aber finanziell immer noch unrealistisch war. Es war naheliegend, dass sich die Firma Bombardier als Lieferant der E6/C6-Stadtbahnwagen besonders um die Entwicklung eines solchen Niederflurwagens bemühte. Die in der Folge vorgestellte Niederflurtype „T" – von kritischen Wienern als die „Blade" bezeichnet, weil sie

Das Niederflurfahrzeug Type „T", das speziell für die Linie U6 entwickelt wurde

im Vergleich zum schnittigen Silberpfeil ausladendere Formen hatte – war dementsprechend breiter als die E6/C6-Wagen. Vorweg mussten daher die Bahnsteigkanten entlang der U6 gekürzt und bis zur Inbetriebnahme des ersten T-Wagens mit rund 20 Zentimeter breiten Holzbrettern provisorisch abgesichert werden. In der Nacht zum 6. Jänner 1993 erfolgte die Umstellung, wobei gleichzeitig alle verbleibenden E6/C6-Wagen zusätzliche Trittbretter erhalten mussten, um den nun entstandenen Spalt zum verkürzten Bahnsteig zu überbrücken.

Ein kleiner Beitrag zur Gesundung des Bürgermeisters

Der T-Wagen fuhr aber nur im Probebetrieb. Erst mit 5. Dezember 1993 wurden typenreine Dreiwagenzüge eingesetzt. Da der Wiener Bürgermeister Helmut Zilk am selben Tag durch ein Briefbombenattentat schwer verletzt ins AKH eingeliefert wurde, hat er später den Blick vom Spitalsfenster auf die neuen U6-Zugsgarnituren als für ihn in dieser schweren Situation sehr aufmunternd und erfreulich bezeichnet. Gegen das Lotteriespiel, ob nun gerade ein barrierefreier Niederflurwagen oder noch ein alter Stadtbahnwagen mit Stufeneinstieg in die Station einfuhr, erhob sich sofort Protest. Ab 12. Februar 1994 wurden daher auch Mischzüge eingesetzt und ab 1995 konnte in jedem Zug in der Mitte ein Niederflurwagen bestiegen werden. Die letzten Stadtbahngarnituren mit Stufeneinstieg waren am 23. Dezember 2008 im Einsatz.

Neue Gürtelstationen – diesmal nicht von Otto Wagner

Auf der Gürtelstammstrecke war es schon lange vor dem Umbau auf U6 zu einigen Verbesserungen gekommen. Am 16. April 1978 wurde für die Station Burggasse-Stadthalle beim Urban-Loritz-Platz ein zweiter Zugang in Betrieb genommen und am 27. September 1980 konnte die neue Stadtbahnstation Thaliastraße eröffnet werden. Architektonisch kein Meilenstein und ohne jeden Bezug zu den anderen Stationen der Stadtbahn, konterkariert diese Station bis heute das Konzept Otto Wagners, der aus guten Gründen ein im Großen einheitliches, im Detail aber unterschiedliches Erscheinungsbild der Verkehrsanlagen am Gürtel entworfen hatte. Auch das Allgemeine Krankenhaus erhielt am 31. Oktober 1987 – noch vor der Umstellung auf U6 – eine eigene Station Michelbeuern-AKH, die, wenn schon nicht historisierend, so doch zumindest dem modernen Erscheinungsbild einer Wiener U-Bahn-Station entsprach.

Mit der U-Bahn in den Süden

Bereits am 27. September 1979 war als Vorläufer der U6-Verlängerung in den Süden die Linie 64 bis zur Rösslergasse und – exakt ein Jahr später – am 27. September 1980 bis Siebenhirten verlängert worden. Eine Investition, die man sich hätte sparen können, denn im Schienenverbundvertrag von 1979 war die Einbindung dieser Strecke ins U-Bahn-Netz bereits vorgesehen. Ursprünglich zwar mit Schrankenanlagen, aber in Erkenntnis der Absurdität einer U-Bahn mit Querverkehr, wurde am 27. Juni 1990 der Vollausbau zur heutigen U6-Strecke nach Siebenhirten beschlossen und 1991 die Rohbauarbeiten begonnen. Nach genau vier Jahren Bauzeit war die U6-Süd hauptsächlich in Hochlage als Umbau der Straßenbahnstrecke der Linie 64 auf U6 am 15. April 1995 fertig. Deren Architektur hob sich wesentlich von der bisherigen U-Bahn-Architektur ab, da Architekt Johann Georg Gsteu (1927–2013) speziell gewalzte Trapezbleche aus Aluminium in den Stationen dominierend einsetzte.[4] Mit der U6 Richtung Siebenhirten konnte mit Alt Erlaa erstmals eine der in den 1970er Jahren errichteten großen

4 siehe auch Wiener U-Bahn-Kunst, Wien 2011, Seite 276

Entwurfszeichnung von Architekt Friedrich Winkler für die Station Am Schöpfwerk, die von Georg Gsteu überarbeitet wurde

Wohnsiedlungen am Wiener Stadtrand – wie später auch der Rennbahnweg und die Großfeldsiedlung – ans U-Bahn-Netz angeschlossen werden. Die Eröffnung dieser Linie nahmen Bürgermeister Michael Häupl und Johann Hatzl vor.

Expo und U6

Die am 27. Juni 1990 beschlossene Verlängerung der U6 über die Donau nach Floridsdorf ist im Zusammenhang mit der gemeinsam mit Ungarn geplanten „Expo 1995" zu sehen. Schon zehn Jahre vor dem Zusammenbruch der kommunistischen Regime hinter dem „Eisernen Vorhang" im Jahr 1989 hatten Österreich und das im Vergleich zu vielen anderen kommunistischen Staaten liberalere Ungarn ab 1. Jänner 1979 die gegenseitige Visumpflicht aufgehoben. Als im Jahr 1987 den Ungarn von ihrer Regierung ganz offiziell die Ausreise in den Westen gestattet wurde, war dies einer der ersten Schritte zur Auflösung des Ostblocks. Als Einkaufstouristen stürmten die Ungarn nach Wien, vor allem in die Mariahilfer Straße, was den dortigen Geschäftsleuten die damals beginnenden Bauarbeiten an der U3 erträglicher machte, die Straße aber etwas in Verruf brachte. Erst mit Eröffnung der U3 wurde die Mariahilfer Straße wieder zu einem attraktiven Boulevard mit großstädtischem Flair. Im Sinne des guten Einverständnisses zwischen Österreich und Ungarn reifte in beiden Ländern die Idee der gemeinsamen Organisation einer Weltausstellung im Jahr 1995. Im Jahr 1987 wurden die entsprechenden Verträge unterschrieben. In Wien sollte das Weltausstellungsgelände im Bereich Bruckhaufen in der Nähe des Donauparks liegen. Man rechnete mit über 100 000 Besuchern pro Tag, hatte aber in diesem Bereich kein leistungsfähiges öffentliches Verkehrsmittel zur Hand. Dies bewog den „Spiritus Rector" der Weltausstellung, Finanzstadtrat Hans Mayr, trotz seiner U-Bahn-Skepsis, mit dem Bund 1990 in einem Erweiterungsvertrag zur zweiten Ausbauphase die Verlängerung der U6 nach Floridsdorf ins Bauprogramm aufzunehmen. Über eine U6-Station Neue Donau sollte die Anbindung ans Expo-Gelände erfolgen. Der Spatenstich für diese U6-Verlängerung war unter relativ großem Zeitdruck am 13. Mai 1991. Der Verbindungsbogen der Linie U6 zur U4 zwischen der Station Nußdorfer Straße und der Friedensbrücke wurde am 3. März 1991 zur Errichtung der neuen U6/U4-Verknüpfungsstation Spittelau stillgelegt. Bis dahin waren die Züge der Gürtelstrecke abwechselnd nach Heiligenstadt und zur Friedensbrücke gefahren. Im Bereich der Station Friedens-

Rohbauarbeiten an der U6-Station Neue Donau, die als Verbindung zum Expo-Gelände gedacht war

brücke hatte die U6 einen eigenen Behelfsbahnsteig, um den Betrieb der U4 nicht zu beeinträchtigen. Zwischen den Stationen Nußdorfer Straße und Heiligenstadt blieb der Betrieb der U6 bis zur Fertigstellung der U6-Verlängerung nach Floridsdorf aber aufrecht. Die Ankündigung der Weltausstellung löste in Wien allerdings – wie eigentlich nicht anders zu erwarten – heftige Diskussionen aus, sodass im Mai 1991 eine Volksbefragung dazu abgehalten wurde, die mit 65 % Ablehnung ein klares „Nein" zur Expo erbrachte. Somit wurde die U6 nach Floridsdorf unter etwas weniger Zeitdruck fertiggestellt und am 4. Mai 1996 von Bürgermeister Michael Häupl und Stadtrat Johann

Die fertige U6-Station Neue Donau, heute beliebter Zugang zum Erholungsparadies Donauinsel

Hatzl in Betrieb genommen. Etwas früher, seit 7. Oktober 1995, konnten sich die Kunden der Verkehrsbetriebe bereits über die neue U4-Station Spittelau freuen.

Wer waren die Entscheidungsträger?

So wichtig die Wiener Bürgermeister dieser Jahrzehnte Bruno Marek, Felix Slavik, Leopold Gratz, Helmut Zilk und Michael Häupl für die Spatenstiche und Eröffnungen der Wiener U-Bahn auch waren, grundsätzlich waren sie auf Vorarbeiten und Entscheidungen ihrer zuständigen Stadträte angewiesen. Dabei wurde das Match von Anfang an zwischen den für die Verkehrsbetriebe zuständigen Ressortstadträten von Franz Nekula über Fritz Hofmann bis zu Johann Hatzl einerseits und den Finanzstadträten Felix Slavik und Hans Mayr andererseits ausgetragen. Hatten die einen ihre Wünsche und Begehrlichkeiten hinsichtlich der U-Bahn, mussten die anderen auf das Geld schauen und bekamen naturgemäß bei der finanziellen Größenordnung eines U-Bahn-Baus Stirnrunzeln und manchmal auch tiefe Falten. Wie wichtig dabei die verschiedenen Planungsstadträte Fritz Hofmann, Rudolf Wurzer oder Johannes Swoboda auch waren, sie konnten zwar die Grundlagen schaffen und im Stadtsenat ihre Wünsche und Ideen einbringen, die Entscheidung, ob und wann was gebaut wurde, fiel aber zwischen den Verkehrsstadträten und den Finanzverantwortlichen. Dieses jährliche Tauziehen um den U-Bahn-Ausbau wurde erst beendet, als Hans Mayr, Brigitte Ederer und Sepp Rieder durch entsprechende Kompetenzzusammenlegung beide Funktionen – die des Finanzstadtrates und die des Ressortstadtrates für die Stadtwerke bzw. den Verkehr – in einer Person vereinen konnten. Es war für den U-Bahn-Bau von großem Vorteil, dass diese Kompetenzzuteilung im Stadtsenat auch bei Renate Brauner beibehalten wurde, die am 25. Jänner 2007 beide Funktionen von Sepp Rieder übernahm. Erst wenige Monate im Amt, konnte sie am 12. Juli 2007 in dieser Doppelfunktion mit dem Bund bereits ein Bau- und Finanzierungsübereinkommen für eine vierte U-Bahn-Ausbauphase abschließen und im Jahr 2015 auch den Bau der neuen U-Bahn-Linie U5 ankündigen. Hans Mayr wollte nach Fertigstellung der zweiten U-Bahn-Ausbauphase mit den Linien U3 und U6 den U-Bahn-Neubau in Wien beendet sehen. Er initiierte die Auflösung der U-Bahn-Bauabteilung des Magistrats, der damaligen MA 38, und übertrug die Mitarbeiter vorerst in die Baudirektion und in der Folge zu den Verkehrsbetrieben, wo sie im Rahmen der Tunnelerhaltung und anderer Bauprojekte Verwen-

Finanzstadtrat Hans Mayr (rechts), daneben Planungsstadtrat Johannes Swoboda

dung finden sollten. Als am 7. November 1994 unter dem neuen Wiener Bürgermeister Michael Häupl der bisherige Wohnbaustadtrat Rudolf Edlinger Hans Mayr als Finanzstadtrat nachfolgte und Johann Hatzl die Agenden Hans Mayrs als Stadtwerkestadtrat übernahm, wurden die Weichen aber sehr schnell wieder in die andere Richtung gestellt. Am 11. Juni 1996 konnten die beiden mit dem Bund einen Vertrag über eine dritte U-Bahn-Ausbauphase und damit die Weiterführung des U-Bahn-Baus aushandeln. Damit war Hans Mayrs oft abenteuerliche Verkehrspolitik die U-Bahn betreffend beendet. Wiens U-Bahn-Weg ins 3. Jahrtausend war nun richtungsweisend vorgezeichnet.

Powerduo: Bürgermeister Häupl und Stadtrat Hatzl

Wiener Verkehrsverbund: Schnellbahn, U-Bahn, Straßenbahn und Bus am Praterstern

Nicht nur U-Bahn

Die Vorortelinie der ÖBB

Im Schienenverbundprojekt von 1979 war auch die Revitalisierung der seit 1939 brachliegenden ehemaligen Stadtbahnstrecke auf der Vorortelinie beschlossen worden. Diese Strecke war 1924 bei den Staatsbahnen verblieben und nicht an die Verkehrsbetriebe zur Elektrifizierung und Betriebsführung übergeben worden. Die Kosten der Reaktivierung teilten sich nun Bund und Land Wien im Verhältnis 80:20. Den Betrieb hatten als Eigentümer die ÖBB zu führen. Im Zuge des großen Bahnhofs- und Stationssterbens in Wien während des Wiederaufbaus nach dem Zweiten Weltkrieg waren auf der Vorortelinie die prachtvollen Stationsgebäude Breitensee, Oberdöbling und Unterdöbling, die von Otto Wagner geschaffen worden waren und den Krieg heil überstanden hatten, der Spitzhacke zum Opfer gefallen. Andere Stationen wie Ottakring, Hernals und Gersthof waren dem Verfall preisgegeben. Mit den Revitalisierungsarbeiten wurde zuerst an den vielen Brückenkonstruktionen der Vorortelinie begonnen. Die dreiteilige Bogenbrücke über die Richthausenstraße konnte im originalen Bauzustand erhalten werden. Von Mitte 1983 an wurden die Stationen Gersthof, Hernals und Ottakring vorbildlich im Sinne Otto Wagners renoviert und die Stationen Breitensee, Krottenbachstraße und Oberdöbling neu errichtet.[1] Bei den neuen Stationen wurde im Hinblick auf das Gesamterscheinungsbild der Vorortelinie versucht, den formalen Anschluss an die Architektur Otto Wagners in moderner Form zu finden, ohne jedoch dessen Details zu kopieren. Die Döblinger Stationen Krottenbachstraße und Oberdöbling erhielten als Schallschutz eine Überdachung der Bahnsteige. Die Station Unterdöbling wurde jedoch – aus welchen

1 Schlöss Erich, Die Vorortelinie, Wien 1987, Seite 8

Bahnsteig der Station Oberdöbling der Vorortelinie S45 mit Überdachung aus Schallschutzgründen

Gründen immer – nicht wieder errichtet. In Heiligenstadt konnte unter Verwendung der ehemaligen Bahnsteigdächer der Wientallinie der Stadtbahn der Bahnsteig original nachgebildet werden. Die nicht von Otto Wagner stammende Station Penzing wurde ebenfalls restauriert, wobei die neuen Perronüberdachungen aus Holz den originalen Herstellungen entsprachen. Alle Bahnsteige wurden den 70 Meter langen Schnellbahngarnituren angepasst. Die gesamte Strecke wurde zweigleisig ausgebaut – mit Ausnahme des Endstückes zwischen Penzing und Hütteldorf, wo bis heute nur ein eingleisiger Betrieb möglich ist. Am 31. Mai 1987 wurde die Vorortelinie S45 mit 13 Kilometern Länge und 20 Minuten Fahrzeit als erstes fertiggestelltes Schienenverbundprojekt des Vertrages von 1979 zwischen Bund und Land Wien in Betrieb genommen. Bei der Eröffnung fuhren eine originale dampfende Stadtbahnzugsgarnitur und ein neuer Schnellbahnzug parallel über die gesamte Strecke. Die neue Station Krottenbachstraße konnte allerdings erst später in Betrieb gehen, da Einsprüche der dortigen Wohnbevölkerung für Bauverzögerungen gesorgt hatten. 1991 bekam die Vorortelinie in Hütteldorf noch einen eigenen seitlich liegenden Bahnsteig mit der Nummer 11. Eine betriebliche Weiterführung der Züge der S45 auf die Strecke der Westbahn bzw. in Heiligenstadt auf die Strecke der Franz-Josephs-Bahn wie bei der Stadtbahn zu Zeiten der Monarchie wurde nicht mehr ins Auge gefasst. Am 23. Mai 1993 wurde die Vorortelinie von Heiligenstadt bis zur Floridsdorfer Brücke verlängert und am 4. Juni 1996 mit der Eröffnung der U6 nach Floridsdorf – ganz im Sinne des Schienenverbundprojektes – bis zur neuen Verknüpfungsstation U6/Schnellbahn am Handelskai weitergeführt. Die Vorortelinie war durchaus erfolgreich und wurde von der Bevölkerung gut angenommen, vor allem nachdem auch die Verbindung mit der U3 in der Gemeinschaftsstation Ottakring am 5. Dezember 1998 weitere Fahrgäste brachte. Die ÖBB haben dies den Kunden mit einer Verkürzung der Intervalle von 15 auf 10 Minuten während der Spitzenzeiten gedankt.

Neue Busse

Für die Innere Stadt entwickelte die Firma Steyr-Daimler-Puch sogenannte „Citybusse", die ab 17. März 1976 in der Innenstadt zum Einsatz kamen und für Aufsehen sorgten. In den Jahren 1993 und 1994 kamen als Zwischengröße noch 21 Midibusse der Firma Gräf & Stift zur Auslieferung, die sich aber nicht sehr bewährt haben und bis 2007 wieder ausgemustert wurden. Die sich entwickelnde Niederflurtechnologie wurde auch für den Autobus eingesetzt. Am 31. März 1992 nahmen auf der Linie 7A

Der erste Niederflur-Normalbus wurde von Bürgermeister Helmut Zilk am 2. März 1992 präsentiert

Im Jahr 1976 kam der Citybus erstmals zum Einsatz

– sehr zur Freude von Müttern mit Kinderwagen und in ihrer Bewegung eingeschränkten Personen – die ersten Niederflurbusse der Verkehrsbetriebe ihren Probebetrieb auf. Eine neue Ära war damit eingeleitet. Bis Mai 2007 wurden alle Busse mit Stufeneinstieg ausgemustert. Als Begleitmaßnahme dazu haben sich die von Verkehrsstadtrat Johann Hatzl eingeführten Busspuren bewährt. Die traditionellen österreichischen Buserzeugerfirmen wie Gräf & Stift oder Steyr wurden im Zuge der Liberalisierungsvorgaben der EU bald zu Opfern der immer stärker werdenden Konzentration des Marktes auf wenige multinationale Großkonzerne wie MAN oder VOLVO, die diese mittelgroßen Unternehmen schnell schluckten. Meistens bestanden dann deren erste organisatorischen Maßnahmen nach der Übernahme in der Auslagerung der Produktion in die Niedriglohnländer des ehemaligen Ostblocks.

Eine neue Ära: Langbusse mit Niederflureinstieg

Ab 1986 begann in Wien, ausgehend vom Schwedenplatz, das neue Zeitalter der Nachtautobusse

Busse in der Nacht

Die üblichen Betriebszeiten der Verkehrsbetriebe sind zwischen etwa 5 Uhr morgens und 1 Uhr nachts. Ab August 1968 fuhren Nachtautobuslinien aus Einsparungsgründen nur mehr in den Nächten am Wochenende, bis sie zwei Jahre später, im August 1970, gänzlich aufgegeben wurden. Ab 28. Juni 1986 wurden aber an den Wochenendnächten ausgehend vom Schwedenplatz wieder acht Nachtbuslinien N1 bis N8 eingeführt, die ringförmig Strecken über die Außenbezirke fuhren, allerdings nur in eine Richtung. Am 4. September 1994 kam die Nachtbuslinie N11 hinzu, die in Kagran fuhr. Am 26. Oktober 1995 wurde spektakulär ein neues Nachtbusnetz mit insgesamt 22 Linien eröffnet, wobei nun die wichtigsten Regionen der Stadt in beiden Richtungen befahren wurden. Für die schwächer ausgelasteten Bereiche wurden Anruf-Sammeltaxis (telefonische Voranmeldung 30 Minuten vor Abfahrt mit Kleinbus) eingeführt. Zu Beginn waren in den Nachtbussen noch erhöhte Fahrpreise zu bezahlen, ab der Tarifreform vom 1. Juni 2002 wurde der Nachttarif aber wieder aufgelassen.

Neue Straßenbahnlinien

Mit dem U-Bahn-Bau und dem stetig wachsenden U-Bahn-Netz war aus wirtschaftlichen Gründen die Einstellung vieler parallel fahrender Straßenbahnlinien verbunden. Trotzdem konnten immer wieder auch Straßenbahnenstrecken wie die Linien 67 oder 71 verlängert werden. Dazu gehört auch die Linie D, deren Verlängerung im Zuge der provisorischen Inbetriebnahme des Hauptbahnhofs am 9. Dezember 2012 in Betrieb ging. Am spektakulärsten war sicher die fast fünf Kilometer lange Verlängerung der Linie 26 vom Kagraner Platz über den Gewerbepark Stadlau bis zur U2-Station Hausfeldstraße mit insgesamt elf neuen Haltestellen. Am 13. Jänner 2012 war Spatenstich für diese Verlängerung, die gleichzeitig mit der U2-Verlängerung in die Seestadt am 5. Oktober 2013 eröffnet wurde. In den letzten Jahrzehnten standen aber nicht so sehr Verlängerungen von Straßenbahnstrecken im Mittelpunkt, sondern die Beschleunigung der bestehenden Straßenbahnlinien. So wurden 1976 in Wien zur Beschleunigung des öffentlichen Verkehrs in der Nußdorfer Straße zwischen Währinger Straße und Alserbachstraße die ersten „Stuttgarter

Spatenstich der Verlängerung Linie 71, 1995: Stadtrat Johann Hatzl, Wiener Linien Direktor Günther Grois und der Simmeringer Bezirksvorsteher Franz Haas (1937–2008)

Trend hin zu Fahrzeugen mit kundenfreundlichem Niederflureinstieg hatte in Wien nicht nur auf die U6-Fahrzeuge großen Einfluss, sondern auch auf die Straßenbahn. Ein ebener Einstieg bringt nicht nur betriebliche Vorteile durch den schnelleren Aus- und Einstieg der Fahrgäste, sondern ist für manche Behindertengruppen und Mütter mit Kinderwagen die einzige Möglichkeit, das Verkehrsmittel ohne fremde Hilfe nutzen zu können. In einer Kooperation zwischen den Verkehrsbetrieben, der SGP-Verkehrstechnik und der Firma Porsche-Design wurde gemeinsam der sogenannte ULF (Ultra Low Floor) mit einer Einstiegshöhe von nur 197 Millimetern entwickelt. Ende 1992 wurde eine Serie von 150 ULFs für das Wiener Straßenbahnnetz bestellt. Am 10. Dezember 1995 konnten die ersten Fahrgäste mit den ULFs auf der Linie 67 fahren. Der Siegeszug der Niederflurtechnologie war nicht mehr aufzuhalten, denn nun wünschten sich alle Bezirke, dass ihre Straßenbahnlinien rasch auf diese kundenfreundliche Technik umgestellt würden. Am 1. Jänner 2006 trat in Österreich das Behindertengleichstellungsgesetz in Kraft, das den barrierefreien Zugang zu allen öffentlichen Einrichtungen fordert. Für Straßenbahnen wurden dabei allerdings entsprechend lange Übergangsfristen festgelegt. Das seit 150 Jahren bei der Tramway gewohnte Zu- und Absteigen über Stufen in die Fahrzeuge wird damit in Wien bald endgültig der Geschichte angehören.

Schwellen" angebracht. Als erfolgreich und effektiv erwiesen sich auch die von Stadtrat Johann Hatzl initiierten „Haltestellenkaps" bei Straßenbahnhaltestellen, die viel zur Sicherheit der Fahrgäste beitragen konnten.

Straßenbahnen mit Niederflureinstieg

Der sich zu Beginn der 1990er Jahre international bei den Straßenbahnherstellern abzeichnende

Die fünf Kilometer lange Verlängerung der Linie 26 erfolgte am 5. Oktober 2013

Die Straßenbahn war – egal ob mit Stufeneinstieg oder Niederflur – immer schon ein Liebling der Wiener Bevölkerung

Wiener im Ausland

Die aufgrund der modernen Niederflurtechnik ausgemusterten Straßenbahnwagen hatten oft noch lange nicht das Ende ihres Lebenszyklus erreicht und waren technisch noch einwandfrei und durchaus betriebsbereit. Die Verkehrsbetriebe versuchten sie daher an den Mann bzw. die Stadt zu bringen. Nach Sarajevo, der bosnischen Hauptstadt, die unter der jahrelangen serbischen Belagerung schwer gelitten hatte, wurden Mitte der 1990er Jahre von Wien 13 Straßenbahnzüge und 22 Flüssiggasbusse geliefert, wobei die Straßenbahnen bis 2004 dort im Einsatz waren. Zwölf Wiener Fahrzeuge gingen 2001 nach Rotterdam, von wo im Jahr 2005 neun Stück nach Rumänien weiterverkauft wurden. Andere Züge gelangten nach Miskolc in Ungarn und ab 2003 auch nach Krakau in Polen, wo über 50 Wiener Züge im Einsatz waren. Auch in Graz konnten ab dem Jahr 2008 alte Wiener Straßenbahnfahrzeuge bewundert werden. Für die ausgemusterten Stadtbahn/U6-Wagen der Type „E6/C6" fanden sich holländische Interessenten aus Utrecht und Amsterdam.

Zwei Generationen von Straßenbahngarnituren vor dem Wiener Rathaus

Wien zu Beginn des 21. Jahrhunderts

U6 Niederflurwagen der Type „T" nach der Ausfahrt aus der Station Thaliastraße

Neue Zeiten im neuen Jahrtausend

Reglementierungswut

Mit dem Beitritt Österreichs zur Europäischen Union am 1. Jänner 1995 begann den öffentlichen Unternehmungen ein wesentlich schärferer Wind entgegenzublasen. Die bis heute für die Union charakteristischen neoliberalen Tendenzen mit ihren wettbewerbsfördernden europaweiten Ausschreibungs- und Vergaberichtlinien und bis ins kleinste Detail gehenden Regulierungen von Allem und Jedem sind eben der Preis, den die Bürger für ein friedliches Europa zu bezahlen haben. Den schlauen Versuchen einzelner Länder, dieser Reglementierungs- und Normierungswut für sich zu entgehen, wird mit noch genaueren und detaillierteren Vorschriften begegnet, zu deren Verständnis und Umsetzung wiederum ein Heer von Spezialisten in der öffentlichen Verwaltung jedes Landes notwendig ist. In der Folge fordern dann meist dieselben, die diesen Wust an Vorgaben und Regeln initiiert haben, den Abbau der lähmenden Bürokratie und sogenannte „Verwaltungsreformen".

Trennung von Infrastruktur und Betrieb

Einer der Leitgedanken der europäischen Politik betreffend die „Daseinsvorsorger", zu denen alle städtischen Unternehmungen zu zählen sind, war, die infrastrukturellen Anlagen dieser Unternehmen organisatorisch eindeutig vom Betrieb dieser Anlagen zu trennen. Die öffentliche Verwaltung sollte die aufwändige Errichtung und Erhaltung baulicher Anlagen weiterhin beibehalten, der Betrieb derselben sollte jedoch dem freien Wettbewerb interessierter – meist multinationaler – Betreiberfirmen obliegen, egal ob es dabei um

Bahnstrecken, Friedhöfe, Strom- oder Kabelnetze geht. Für die Verkehrsbetriebe stand ursprünglich die Gefahr im Raum, dass das Unternehmen in einen Bau- und Erhaltungsbereich und in die einzelnen Betriebszweige Bus, Straßenbahn und U-Bahn zerschlagen werden müsse. In der Folge hätte dann die Stadt europaweit Verkehrsunternehmen einladen müssen, sich in Wien um den Betrieb der einzelnen öffentlichen Verkehrsmittel zu bewerben. Entsprechende Beispiele aus England oder Stockholm gab es bereits.

Umorganisation

Aus diesem Grund verwandelten sich die Verkehrsbetriebe im Rahmen der Wiener Stadtwerke – nun Wiener Stadtwerke Holding AG – am 12. Juni 1999 in die privatrechtlich organisierte Wiener Linien GmbH & Co KG. Die neue Gesellschaft blieb zu 100 % im Besitz der Stadt Wien. Die einzelnen Betriebszweige wurden in Profitcenter getrennt, damit auch buchhalterisch und budgetär die Einnahmen und Ausgaben der einzelnen Aufgabenbereiche der Wiener Linien transparent zu erkennen sind. Letztendlich wurde doch nicht so heiß gegessen wie gekocht, da sich die „big cities" im Rahmen der EU die Freiheit bewahren konnten, ihren eigenen Verkehrsunternehmungen unter bestimmten Auflagen direkt die Verkehrsdienstleistung zu übertragen.

Die dritte U-Bahn-Ausbauphase zu Beginn des 3. Jahrtausends

Nachdem im Jahr 1996 in einem Vertrag mit dem Bund eine dritte U-Bahn-Ausbauphase beschlossen worden war, konnte die Stadt die Weichen für die Stadtentwicklung im 21. Jahrhundert stellen. Im Ausbauprogramm waren die Verlängerung der U1 in den Norden zu den bestehenden großen Wohnsiedlungen Rennbahnweg und Großfeldsiedlung sowie eine südliche Verlängerung nach Rothneusiedl vorgesehen. Zusätzlich war eine Weiterführung der U6 von Floridsdorf nach Stammersdorf in ein städtebaulich ebenfalls noch nicht entwickeltes Stadtrandgebiet geplant. Damit sollte die U-Bahn an ihren äußersten Ästen als Impulsgeber für eine aktive Stadtentwicklung und eine urbane Aufschließung noch unbebauter Freiflächen dienen. Die U-Bahn-Stationen am Stadtrand sollten zu den neuen Stadttoren des 21. Jahrhunderts werden.[1] Wien war nach der Ostöffnung wieder zu einer wachsenden Stadt geworden. In der Volkszählung des Jahres 1991 war erstmals seit Jahrzehnten ein Bevölkerungszuwachs zu verzeichnen gewesen, auf den die Stadtplanung reagieren musste.

Umplanung auf U2

Bis zum Jahr 1999 richteten sich die Planungsprioritäten weg von den „Zukunftsbereichen" Stam-

Wiener Linien Unternehmensleitung 2015: Günter Steinbauer, Vorsitzender der Geschäftsführung, Alexandra Reinagl, kaufmännische Geschäftsführerin, Eduard Winter, Geschäftsführer für den betrieblichen Bereich und Vizebürgermeisterin Renate Brauner, Eigentümervertreterin

1 siehe auch Scheutz Martin, Der Ort in der Stadtgeschichte, Kapitel 3, Einleitung Innsbrucker Tagung Orte der Stadt im Wandel, 2012

Finanzstadträtin Brigitte Ederer beim Spatenstich

Erster Spatenstich im neuen Jahrtausend

Für die 3. U-Bahn-Ausbauphase erfolgte der Spatenstich am 12. April 2000 durch Brigitte Ederer vor dem Museumsquartier, da zuerst in den ehemaligen USTRAB-Stationen zwischen Museumsquartier und Rathaus mit der notwendigen Verlängerung der Bahnsteige für U-Bahn-Langzüge begonnen wurde. Die anderen U2-Stationen Karlsplatz und Schottentor, die im Zuge des U-Bahn-Baus in den 1970er Jahren bereits mit 115 Meter langen Perrons ausgestattet worden waren, blieben unverändert. Den Spatenstich für die Neubaustrecke der U2 nahm Sepp Rieder, der Brigitte Ederer am 14. Dezember 2000 in ihren Funktionen nachgefolgt war, am 12. Juni 2003 vor dem Ernst-Happel-Stadion vor.

Götze Fußball

Großer Termindruck entstand beim Bau dieser U2-Verlängerung durch die am 12. Dezember 2002 gefallene Entscheidung, die Fußball-Europameisterschaft 2008 in Österreich und der Schweiz durchzuführen. Sieben Spiele sollten im Ernst-Happel-Stadion ausgetragen werden, das mit der U2 erreichbar sein sollte. Für die Trasse entlang des Praters in der Ausstellungsstraße war ursprünglich eine Hochlage geplant, sie musste jedoch infolge von Protesten der Anrainer in Tieflage verlegt werden. Die U2 geht daher erst in der Vorgartenstraße in die Hochlage über. Einen Monat vor Beginn der EM konnte dieses wichtige U-Bahn-Teilstück – trotz schwierigster hydrogeologischer Bedingungen während des Tunnelbaus durch den 2. Bezirk – rechtzeitig am 10. Mai 2008 eröffnet werden.

mersdorf und Rothneusiedl in Richtung Donaustadt. Der 22. Bezirk war bereits ein äußerst dynamisch wachsender Bezirk, der durch die U1 nur peripher erschlossen war. Daher fiel die Entscheidung, anstelle der U1-Süd und der U6-Stammersdorf die Linie U2 vom Schottenring über den Praterstern zum Messegelände und zum Stadion sowie in der Folge über die Donau zur Aspernstraße zu verlängern. Dies sollte neben der besseren Positionierung Wiens als Messe-, Kongress- und Sportstadt mit dem Bau der U-Bahn-Station Taborstraße auch zu einer zentralen U-Bahn-Anbindung des 2. Bezirks samt entsprechender Aufwertung der Leopoldstadt führen. Obwohl von der Stadtplanung der Verlängerung der U2 vom Karlsplatz über die U3-Station Stubentor Richtung 2. Bezirk zum Praterstern der Vorzug gegeben wurde, entschied sich die damalige Finanzstadträtin Brigitte Ederer völlig zu Recht für die andere Variante vom Schottenring über die Station Taborstraße zum Praterstern, so wie sie dann tatsächlich realisiert wurde. Einziger „Zwangspunkt" für den weiteren Bau der U2 war die Donaustadtbrücke, die bedingt durch die notwendige Sperre und Hebung der Südosttangente über die Donau um 1,8 Meter im Zuge der Errichtung des Donaukraftwerkes Freudenau als Autoersatzbrücke bereits 1996 gebaut worden war. In weiser Voraussicht einer später notwendigen Erschließung des 22. Bezirks durch eine U-Bahn wurde die Brücke statisch schon so ausgelegt, dass nach dem Individualverkehr und einer Schnellbuslinie später auch die U-Bahn darüber fahren konnte.

Günter Steinbauer, Werner Faymann, Renate Brauner und Michael Häupl eröffnen

Der „V"-Wagen, die neue Generation der Wiener U-Bahn-Züge

Klimatisiert, „durchgehend" und freundlich in den Farben, der neue U-Bahn-Wagen

Zum dritten Mal über die Donau

Nachdem in Wien bereits die U-Bahn Linien U1 und U6 die Donau queren, begannen am 29. September 2006 die Arbeiten an einer dritten Donauquerung, diesmal im Zuge der Verlängerung der Linie U2 vom Stadion zur Aspernstraße im 22. Bezirk. 2010 waren auch die Arbeiten an der Verlängerung der U2 über die Donau beendet, womit der 22. Wiener Gemeindebezirk nun zentral durch die U-Bahn erschlossen war.

Der neue „durchgehende" U-Bahnwagen

Nach jahrelangen Planungsvorarbeiten lieferte die Firma Siemens Verkehrstechnik (ehemals SGP) den Wiener Linien zur Eröffnung der U3-Verlängerung nach Simmering am 2. Dezember 2000 den Prototyp eines neuen U-Bahn-Fahrzeugs, das sich vom Silberpfeil nicht nur äußerlich völlig unterschied, sondern als auffälligstes Merkmal innen durchgehend begehbar war. Der große Erfolg der U-Bahn hatte dazu geführt, dass Überlegungen hinsichtlich einer besseren Verteilung der Fahrgäste im Zug angestellt werden mussten. Auch war aufgrund der hohen Fahrgastfrequenz in der U-Bahn fast während der gesamten Betriebsdauer an ein Fahren mit Kurzzügen ohnedies nicht mehr zu denken, sodass

Eröffnungsfahrt im klimatisierten Zug nach Leopoldau: Bürgermeister Michael Häupl (rechts), Wiener Linien Direktor Günter Steinbauer, Vizebürgermeister Sepp Rieder und der Bezirksvorsteher des 22. Bezirkes, Norbert Scheed (1962-2014)

man jetzt mit zwei Fahrerständen gegenüber sechs bei einem aus drei Doppeltriebwagen bestehenden Silberpfeil einen nicht unbeträchtlichen Rationalisierungseffekt erzielen konnte. Zudem vergrößerte die „Durchschaubarkeit" des gesamten über 100 Meter langen klimatisierten Zuges das subjektive Sicherheitsgefühl jedes Einzelnen. Viele für den Kunden unsichtbare technische Verbesserungen im Zug erhöhten auch die Sicherheit der Fahrgäste. Nach jahrelanger Probe- und Adaptierungszeit aufgrund der immer strengeren behördlichen Vorgaben nach der Brandkatastrophe der Gletscherbahn in Kaprun am 11. November 2000 verließ am 4. Februar 2005 endlich der erste Serienwagen das Herstellerwerk in Simmering.

Eine heiße Eröffnung in Kagran

Mit den neuen V-Wagen sollte die für 2. September 2006 geplante Verlängerung der U1 von Kagran nach Leopoldau bedient werden. Das Bundesministerium für Verkehr, Innovation und Technologie (BMVIT) zog den Zulassungsbescheid der MA 64 aber in zweiter Instanz zurück. Das besorgte Arbeitsinspektorat, dem um die Sicherheit der Fahrer bange war, befürchtete das Schlimmste, da Dokumentationen und Gutachten über die Vibrationswerte in den Fahrerkabinen nicht in ausreichender Anzahl vorhanden waren. Ein Dutzend nagelneuer klimatisierter U-Bahn-Züge stand daher am Betriebsbahnhof in Erdberg nutzlos herum. Nach einem Medienrummel – ausgelöst durch die in diesen heißen Sommertagen in den alten, nicht klimatisierten Silberpfeilen schwitzenden Fahrgäste – erhielten die Wiener Linien am 23. August 2006 gerade noch rechtzeitig zur Betriebsaufnahme der U1-Verlängerung nach Leopoldau die Genehmigung für die neue Wagengeneration, ohne dass irgendeine Veränderung an den Zügen hätte vorgenommen werden müssen. Bürgermeister Michael Häupl und Stadtrat Sepp Rieder konnten die Eröffnungsfahrt plangemäß im klimatisierten, durchgehend begehbaren neuen U-Bahn-V-Wagen vornehmen.

Information ist alles

Kann man das 20. Jahrhundert noch dem Industriezeitalter zurechnen, so wird das 21. Jahrhundert als das Zeitalter der durchgehenden Digitalisierung, Globalisierung und der Information über Alles und Jeden in die Geschichte eingehen. Die rasanten technologischen und kommunikationstechnischen Entwicklungen sind begleitet von

Digitale Welt: eine moderne Fahrgastinformation

einem bis vor Kurzem kaum vorstellbar schnellen Datenaustausch und fast unbegrenzter Verfügbarkeit jedweder Information für jeden Einzelnen über jeden Einzelnen. Das Speichern von Daten, sie auszuwählen, zu filtern und weiterzuverkaufen, bedeutet eine enorme Machtfülle. Die Konsumenten sind es heute gewohnt, sich jederzeit und überall das gewünschte Wissen holen zu können. Lücken im Datenfluss oder einander widersprechende Informationen führen schnell zu Verärgerung. Besonders im öffentlichen Verkehr, der vom Grundsatz her auf penibel erstellten minutiösen Fahrplänen beruht, bewirkt jede Abweichung schnell Unruhe und das Bedürfnis nach entsprechend zeitnaher Auskunft. Wenn schon nichts gehen sollte, will man zumindest sofort wissen, warum.

Das rechnergesteuerte Betriebsleitsystem (RBL)

Die Herausforderung für die Wiener Linien bestand daher darin, dem Fahrgast – sobald es technisch möglich wurde – jene Informationen zukommen zu lassen, die er subjektiv zu benötigen glaubt. Den technologischen Entwicklungen der Zeit entsprechend hatten die Verkehrsbetriebe bereits 1992 begonnen, einen Anbieter für diese Digitalisierung und Zentralisierung der Betriebsführung zu suchen. Die Firma AEG wurde mit diesen Arbeiten betraut. Die praktische Erprobung erfolgte auf der Straßenbahnlinie 67 und der Buslinie 7A, denn beide Linien hatten ihren Ausgangspunkt am Reumannplatz. Zur Umstellung gehörte auch die entsprechende Ausrüstung der Fahrzeuge mit einem integrierten Bord-Informations-System, genannt IBIS, über das die gesamte Daten- und Sprachkommunikation zwischen Fahrzeug und Leitstelle und vor allem die Standortbestimmung der Fahrzeuge liefen. Bis zum Jahr 2007 konnte die komplette Umstellung aller Straßenbahn- und Buslinien abgeschlossen werden. Für den Kunden gab es nun die dynamischen Haltestellenanzeigen, die schrittweise in den meisten Haltestellen montiert wurden und darüber informieren, wann die nächste Straßenbahn oder der nächste Bus eintreffen wird. Mit Lautsprechern ausgerüstet, konnten nun auch vor Ort entsprechende Informationen durchgegeben werden.

Gehen oder laufen?

Am 9. September 2007 stellte Vizebürgermeisterin Renate Brauner im Zwischengeschoß der U1-Station Reumannplatz den ersten „Vorweganzeiger" vor, der in Verknüpfungsstationen für alle hier verkehrenden Linien die nächsten zwei Abfahrtszeiten ankündigt. Damit kann sich der Kunde einen schnellen Überblick über die aktuellen und kurz bevorstehenden Verkehrsbewegungen in der Station verschaffen und damit rasch seine persönliche Entscheidung – laufen, gehen, bummeln, umplanen, einkehren etc. – treffen.

Die vierte U-Bahn-Ausbauphase mit einer U-Bahn auf der Wiese

Die Weichen für eine vierte U-Bahn-Ausbauphase wurden 2007 mit einem weiteren Vertrag zwischen Bund und Land Wien gestellt. Wiens neue Vizebürgermeisterin Renate Brauner, die Sepp Rieder als für die Stadtwerke verantwortliche Politikerin am 25. Jänner 2007 abgelöst hatte, unterzeichnete mit Finanzminister Wilhelm Molterer in der erst

Neuer Vertrag: Renate Brauner, Wilhelm Molterer

Futuristisches Design für die U2-Station Aspern-Nord

halb fertigen U2-Station Krieau symbolstark den Vertrag für eine vierte U-Bahn-Ausbauphase. Drei neue Linienverlängerungen wurden beschlossen:
- die weitere Verlängerung der U2 von der Aspernstraße zum Flugfeld Aspern in den Bereich der neu zu erschließenden Seestadt,
- die aus der dritten Ausbauphase verschobene Verlängerung der U1 in den Süden vom Reumannplatz nach Rothneusiedl und
- die Verlängerung der U2 vom Karlsplatz Richtung Favoriten zur Gudrunstraße.

Besonders beim Bau der U2 in die Seestadt wurde massiv auf die städtebaulichen Impulse sowie die Wertschöpfungseffekte der U-Bahn als äußerst attraktives und hochleistungsfähiges Massenverkehrsmittel gesetzt. Mit diesen neuen U-Bahn-Verlängerungen sollten – wie es ursprünglich bereits bei der dritten Ausbauphase der U-Bahn geplant war – dynamische bauliche Entwicklungen in den Randbereichen der Stadt einsetzen. Brachland sollte in hochwertiges Bauland verwandelt werden, eine ganze „Seestadt" im Sog der U-Bahn-Anbindung am ehemaligen Flugfeld in Aspern entstehen.

Nette Wiener

Vor der Vertragsunterzeichnung im Jahr 2007 wollten Straßenbahnverehrer aus Wien diesen Vertrag noch hintertreiben und schickten einen wütenden Protestbrief ans Finanzministerium wegen dessen erneutem Milliardenzuschuss für den Wiener U-Bahn-Bau. Viel besser als eine U-Bahn in Wien wären Straßenbahnen – egal wo, sei es in Obergurgl oder Retz. Die verwunderten Beamten im Finanzministerium sahen die gefühlsschwangeren Argumente der Tramway-Nostalgiker aber nüchterner und bewilligten den U-Bahn-Zuschuss für Wien.

Schneller als die Stadtentwicklung

Am 28. Oktober 2009 fand am freien Flugfeld der Spatenstich für dieses Projekt statt. Nach ziemlich genau vier Jahren Bauzeit war am 5. Oktober 2013 die U-Bahn in die Seestadt – immer noch am freien

Frauenpower beim Spatenstich in der Seestadt: Vizebürgermeisterin Renate Brauner, Verkehrsministerin Doris Bures, Stadtwerke Generaldirektorin Gabriele Payr und Stadtwerke Vorstandsdirektorin Gabriele Domschitz

Flugfeld – fertiggestellt. Die Stadtentwicklung hatte sich zwar etwas verspätet, setzte aber in der Folge mit Fertigstellung der U-Bahn massiv ein.

Statt zum Fußball in die Therme

Das geplante Projekt der U1-Verlängerung nach Rothneusiedl war in gewisser Weise wie die U2 von der Fußballeuphorie in Wien aufgrund der bevorstehenden Fußball EM 2008 getragen. Der aus der Autozulieferindustrie kommende Investor Frank Stronach plante in Rothneusiedl für die Wiener Austria ein neues 30 000 Besucher fassendes Fußballstadion samt angeschlossenem Einkaufs- und Freizeitzentrum zu errichten. Als in der Öffentlichkeit bekannt wurde, dass ein Milliardär in Rothneusiedl Grundstücke kaufen wollte, schnellten die dortigen Grundstückspreise sofort in die Höhe. Die Situation war begleitet von Protesten mancher Favoritner, die lieber eine U-Bahn-Verbindung in ihre Therme nach Oberlaa gehabt hätten. Die Angelegenheit wurde immer komplizierter, nicht zuletzt, weil eine Förderung und Unterstützung des Projekts durch die Stadt Wien die Wettbewerbshüter in der Europäischen Union aufgeschreckt hätte. Als mit dem Zusammenbruch der New Yorker Investment Bank Lehman Brothers im Jahr 2008 die weltweite Wirtschaftskrise auch über Österreich hereinbrach, waren die Zeiten für große Stadtentwicklungsprojekte nicht gerade ideal. Vor allem aber zeigte Frank Stronach kein Interesse mehr am Fußball. Die Wiener Linien änderten daraufhin in Abstimmung mit der Stadt Wien und dem Bund ihre Planungen. Statt einer direkten Strecke nach Rothneusiedl wurde nun eine Liniengabelung bei der Donauländebahn gebaut, um vorerst mit der U-Bahn zur Therme nach Oberlaa fahren zu können. Nach entsprechender Stadtentwicklung in Rothneusiedl bleibt es auf diese Weise möglich, auch dieses Gebiet später mit der U-Bahn zu erschließen. Am 21. März 2012 begannen die Bauarbeiten an der U1-Verlängerung nach Oberlaa. Die Fertigstellung ist für 2017 geplant.

USTRAB-Relaunch

Als schnelle Sofortmaßnahmen gegen den Einbruch der Wirtschaft und die Erschütterung des Banken- und Kreditwesens im Jahr 2008 verordnete Wiens Vizebürgermeisterin Renate Brauner zur Ankurbelung der Bauwirtschaft und der Industrie der Stadt

Spatenstich für die U1 nach Oberlaa: Wiener Linien Direktor Günter Steinbauer, Vizebürgermeisterin Maria Vassilakou, Vizebürgermeisterin Renate Brauner und die Bezirksvorsteherin von Favoriten, Hermine Mospointner

Im neuen Licht erstrahlen seit 2010 die alten USTRAB-Stationen beim Gürtel, hier die Station Matzleinsdorfer Platz

ein forciertes Investitionsprogramm. Die Wiener Linien konnten Baumaßnahmen vorziehen, die für später geplant waren und österreichische Firmen konnten sich über volle Auftragsbücher freuen, was positive beschäftigungspolitische Effekte nach sich zog. Als besonders hervorstechende Maßnahme ist in diesem Zusammenhang die Modernisierung der USTRAB-Stationen auf der Wiedner Hauptstraße und am Gürtel in den Jahren 2009 und 2010 zu erwähnen, welche die schon in die Jahre gekommenen Untergrundstationen der Straßenbahn in neuem modernen Licht erscheinen ließ.

U-Bahn in der Nacht und große Tarifreform

Nach einer Volksbefragung im Februar 2010 wurde ab 4. September 2010 in den Nächten an Wochenenden ein U-Bahn-Nachtbetrieb mit einem 15-Minuten-Intervall eingeführt. Darüber hinaus trat ab Mai 2012 eine große, aufsehenerregende Tarifreform bei den Wiener Linien in Kraft, da der Preis für die Jahresnetzkarte auf 365 Euro oder einen Euro pro Tag reduziert wurde. Damit schnellten fast explosionsartig die Jahreskartenverkäufe der Wiener Linien in die Höhe. In der äußerst leistungsfähigen U-Bahn waren trotz Ver-

kürzung der Intervalle Überlastungen und Drängeleien bald nicht zu verhindern. Vor allem die Linie U6 war – was vor Jahren niemand für möglich gehalten hätte – in Teilbereichen an der Grenze ihrer Leistungsfähigkeit angelangt.

Die Verbilligung der Jahresnetzkarte erwies sich als großer Erfolg bei den Kunden

Die U2 Richtung Süden

In der Folge wurden von den Wiener Linien und der Stadtplanung im Zuge der Erstellung eines neuen Stadtentwicklungsplans und eines neuen Masterplans Verkehr alle weiteren Ausbaupläne von U-Bahn, Schnellbahn, Straßenbahn und Bus evaluiert. Dabei wurden nicht nur einzelne Varianten neuer Linien dargestellt und beurteilt, sondern die geforderten Kapazitäten im jeweiligen Netzzusammenhang abgebildet und anschließend hinsichtlich ihrer Kosten und Nutzen bzw. ihrer Auswirkungen beurteilt. In Summe sollten dann U-Bahn, Straßenbahn, Bus und S-Bahn ein integriertes öffentliches Verkehrsnetz bilden, das über die geforderte Leistungsfähigkeit verfügt und gleichzeitig auch in der Lage ist, eine Entlastung bestimmter Teile des bestehenden U-Bahn-Netzes herbeizuführen. Im Fokus stand dabei natürlich das dritte im Vertrag von 2007 enthaltene U-Bahn-Projekt, die Verlängerung der U2 vom Karlsplatz in Richtung Gudrunstraße.

Endlich die U5

Dabei zeigte sich, dass die bereits im Masterplan 2003 angeführte U-Bahn-Linienkreuzvariante U2/U5 im Vergleich zu allen anderen Optionen die beste Ergänzung zum bestehenden U-Bahn-Netz darstellt. Dieses U-Bahn-Projekt besteht aus einer Linie U2, die wie bisher vom Schottentor kommend beim Rathaus von der bestehenden Trasse abweicht und über Verknüpfung mit der U3 bei der Neubaugasse und der U4 bei der Pilgramgasse zum Matzleinsdorfer Platz führt, und einer Linie U5, die anstelle der bisherigen U2 vom Karlsplatz bis zum Rathaus fährt und dort Richtung Frankhplatz/Altes AKH abzweigt.

Die Zukunft

In der Folge sollen in einer weiteren, d. h. einer fünften U-Bahn-Ausbauphase entsprechende Verlängerungen der U2 vom Matzleinsdorfer Platz Richtung Wienerberg und der U5 vom Frankhplatz in Richtung Gürtel, AKH und weiter zum Elterleinplatz in Hernals realisiert werden. Die Verhandlungen mit dem Bund führten 2015 zu einem positiven Ergebnis. In beiderseitigem Einverständnis konnten Vizebürgermeisterin Renate Brauner und Verkehrsminister Alois Stöger am 14. Mai 2015 den Bau der neuen Linie U5 und die Verlängerung der Linie U2 zum Matzleinsdorfer Platz bekannt geben. Damit wird die grundsätzlich richtige Verkehrspolitik Wiens, die vor 150 Jahren mit der

So werden die Zugänge zu den Stationen der Linie U5 aussehen

Eröffnung der ersten Pferdetramway begonnen hatte und vor 50 Jahren mit dem Beschluss zum U-Bahn-Bau ihren Höhepunkt fand, konsequent und zukunftsorientiert fortgeführt. Die Voraussetzungen sind also gegeben, dass Wien weiterhin diesen schwierigen Spagat schafft, eine offene, weltstädtische Metropole zu sein und trotzdem den Bürgern ein umweltfreundliches, beinahe ländliches Lebensgefühl vermitteln zu können. Das endgültige Urteil über uns und unsere Entscheidungen werden die nachfolgenden Generationen, denen dann die Stadt gehören wird, fällen.

Das neue U-Bahn-Stationsdesign für die U5 mit der Linienfarbe türkis

150 Jahre öffentlicher Verkehr in Wien

Quellen: Olegnik Felix, Historisch-Statistische Übersichten von Wien, Wien 1957, Seite 50; Strobl Ewald, Wiener Linien, K32

In den vergangenen 150 Jahren ist – bis auf die Einbrüche während der Weltkriege – ein relativ konstantes Wachsen des Wiener Verkehrsnetzes zu erkennen. Von der reinen Kilometerleistung hat das Busnetz in den letzten Jahrzehnten am meisten zugenommen – Ende der 1950er und in den 1960er Jahren geschah dies aber zu Lasten der Straßenbahn. Das U-Bahn-Netz ist von der reinen Kilometerlänge her im Vergleich zu Bus und Straßenbahn sehr klein. Von der Gesamtnetzlänge der Wiener Linien von 1 080 Kilometern im Jahr 2014 entfallen nur 7,4 % auf das U-Bahn-Netz. Bei den Kundenfahrten ergibt sich jedoch ein völlig anderes Bild. Trotz der im Vergleich geringen Netzlänge befördert die U-Bahn 47 % der 931 Millionen Gesamtkunden der Wiener Linien (im Jahr 2014) und damit nur geringfügig weniger Kunden als Bus und Straßenbahn zusammen. Sowohl bei der Netzlänge als auch bei den Fahrgastzahlen der Wiener Linien ist ein steter Trend nach oben festzustellen. Während das Busnetz stark wächst, nimmt das U-Bahn-Netz kontinuierlich zu. Bei der Anzahl der Fahrgäste sind Jahr für Jahr ebenfalls konstante Steigerungen zu verzeichnen.

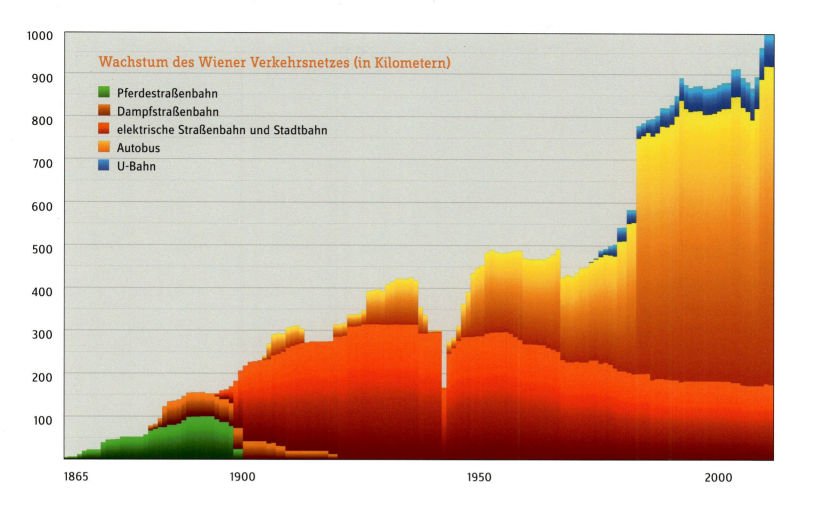
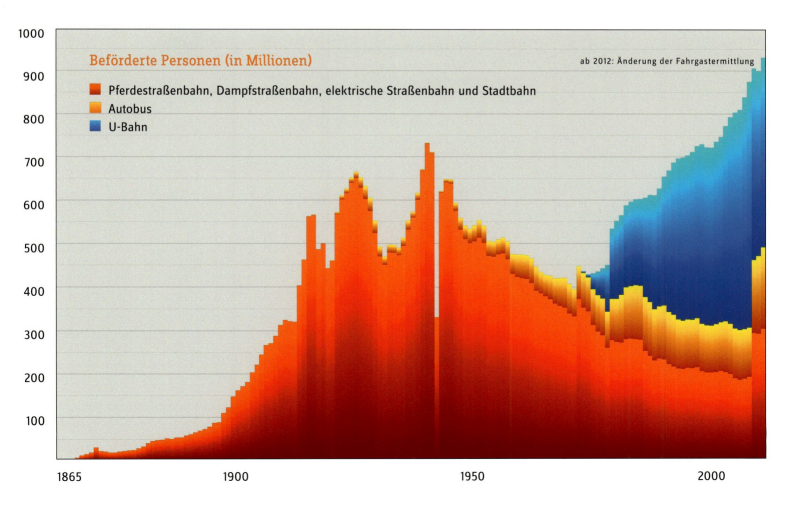

Dank

Wir danken Isabelle Exinger-Lang und Ursula Gass vom Wien Museum, vom Österreichischen Staatsarchiv Dr. Roman-Hans Gröger sowie Manfred Helmer und Erna Wenhardt von den Wiener Linien für die Unterstützung bei der Bild- und Dokumentenrecherche.

Bildnachweis

Amtsblatt der Stadt Wien: S. 311, 314, 326, 328, 333, 335, 336, 337, 338, 339, 341, 342, 343, 346, 347, 348, 349, 352, 353, 355, 356, 357, 365, 369

Archiv Hödl: Vorsatz vorne, S. 8, 9, 10, 11, 12, 14, 15, 16, 18, 19, 21, 22, 23, 24, 25, 26, 27, 28, 29, 30, 31, 35, 36, 37, 38, 40, 41, 43, 44, 45, 46, 47, 48, 49, 50, 51, 53, 54, 57, 58, 60, 61, 62, 63, 64, 66, 67, 68, 69, 70, 71, 72, 73, 74, 75, 76, 77, 78, 79, 80, 81, 82, 83, 84, 85, 86, 87, 88, 91, 92, 93, 94, 95, 96, 97, 98, 99, 100, 101, 102, 103, 104, 106, 107, 108, 109, 110, 111, 112, 113, 114, 115, 116, 118, 119, 120, 121, 122, 126, 127, 128, 130, 131, 132, 133, 134, 135, 136, 138, 139, 141, 142, 144, 146, 149, 150, 151, 152, 155, 157, 158, 159, 160, 161, 162, 163, 164, 165, 166, 167, 168, 169, 170, 171, 172, 173, 174, 177, 178, 179, 181, 182, 184, 185, 186, 190, 191, 192, 193, 194, 196, 197, 199, 201, 202, 203, 204, 205, 206, 207, 208, 209, 211, 213, 217, 218, 219, 223, 226, 227, 228, 229, 230, 231, 232, 236, 237, 238, 239, 242, 243, 245, 248, 249, 250, 251, 252, 253, 254, 255, 256, 257, 258, 261, 262, 264, 265, 267, 268, 269, 270, 271, 272, 273, 274, 275, 276, 277, 278, 279, 282, 285, 290, 292, 293, 295, 296, 297, 298, 299, 302, 303, 305, 309, 310, 320, 322, 333, 345, 367, 372

Archiv Magda Hoyos, Wien: S. 310

Archiv der Wiener Linien: S. 59, 111, 112, 116, 140, 143, 154, 158, 175, 176, 180, 183, 187, 188, 189, 190, 195, 198, 200, 212, 216, 220, 221, 222, 224, 225, 230, 233, 234, 235, 246, 263, 266, 268, 280, 281, 284, 286, 287, 288, 300, 301, 304, 306, 307, 309, 312, 313, 314, 315, 316, 317, 318, 319, 324, 327, 328, 329, 330, 331, 332, 334, 335, 336, 337, 338, 339, 340, 341, 343, 350, 351, 352, 353, 354, 355, 356, 358, 359, 360, 361, 362, 363, 364, 365, 366, 369, 370, 371, 374, 376, 383, 384, 385, 388, 390, 391, 392, 393, 395, 396, 398, 400, 401, 402, 403, 404, 405

Barowski Winfried: S. 6, 89

Blaha Franz: S. 308

Erben Mischa: S. 374, 379

media wien: S. 369, 372, 373, 377, 378, 380, 381, 382, 386, 387, 397, 399, 402, 406

Mossburger ZT GmbH: Vorsatz hinten

Österreichische Gesellschaft für Festungsforschung: S. 56

Österreichische Nationalbibliothek: S. 127, 145, 291, 308, 320

Österreichisches Staatsarchiv: S. 90, 124, 147, 171, 194, 215, 240

Strobl Peter: S. 1, 2, 289, 375, 394

Wiener Stadt- und Landesarchiv: S. 153

Wien Museum: U1, S. 12, 18, 20, 21, 24, 30, 31, 32, 34, 38, 39, 40, 50, 52, 55, 65, 90, 91, 109, 110, 117, 137, 175, 210, 260

Hinweise

Für die im Buch wiedergegebenen Meinungen zeichnet der Autor verantwortlich. Sie müssen nicht mit der Meinung der Wiener Linien ident sein.

Der leichteren Lesbarkeit halber wurde auf das „Binnen I" bzw. die Anführung beider Geschlechter bei personenbezogenen Substantiven wie z. B. „die Wiener", „die Bewohner", „die Arbeiter" und dergleichen verzichtet. Dem Autor liegt grundsätzlich jede Form von Diskriminierung fern.

Die Wiener Linien haben sich bemüht, alle Inhaber von Urheberrechten ausfindig zu machen. Sollten noch begründete Rechtsansprüche bestehen, sind die Wiener Linien bereit, diese im üblichen Rahmen abzugelten.

Die vollständige oder auszugsweise Speicherung, Übertragung sowie Vervielfältigung dieses Werkes, ob elektronisch oder mechanisch, ist ohne vorherige Genehmigung der Wiener Linien urheberrechtlich untersagt.